I0397990

www.ingramcontent.com/pod-product-compliance
Lightning Source LLC
Chambersburg PA
CBHW080904170526
45158CB00008B/1986
* 9 7 8 1 3 0 4 5 8 3 4 0 6 *

المؤتمر الدولي الثاني لتقنيات المعلومات و الإتصالات في التعليم و التدريب

الدكتور جميل إطميزي و الدكتورة حذام عاشور و الدكتور أحمد الفرشيشي

المحررون

© حقوق التأليف، مؤسسة فيليبس للنشر، 2013
جميع الحقوق محفوظة

ينص قانون الولايات المتحدة الخاص بحقوق التأليف، أن نسخ و خزن و إرسال أي جزء من هذا الكتاب، بأي وسيلة كانت، بما فيها الوسائل الإلكترونية، أو الميكانيكية، أو بالنسخ، أو بالمسح، أو بالتسجيل ممنوع منعا باتا بدون رخصة من مؤسسة النشر، بإستثناء الحالات التي ينص عليها الفصلان 107 و 108 من هذا القانون. يمكن الحصول على رخصة من مؤسسة النشر بمراسلتها في العنوان التالي:
copyright@phillips-publishing.com

الرقم العياري الدولي للكتاب: 978-1-304-58340-6

TICET 2013 تسات

المؤتمر الدولي الثاني لتقنيات المعلومات والاتصالات في التعليم والتدريب

الحمامات – تونس 4 – 5 – 6 نوفمبر 2013

www.t-m-s-s.org

الجمعية التونسية لعلوم التصرف

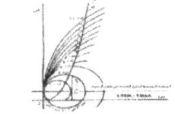

TMSS / ATSM

بيان لجنة الإشراف

بسم الله الرحمن الرحيم
سيداتي / سادتي
السلام عليكم ورحمة الله وبركاته

تتوجه **لجنة الإشراف** بجزيل الشكر للجهات التي دعمت هذه الدورة الثانية، وللجنة التنظيمية واللجنة العلمية للمجهودات العملية التي بذلت، من أجل جعل هذه الدورة الثانية لمؤتمر تسات واقعا ملموسا.

نعدكم بمواصلة مجهوداتنا، من أجل الإرتقاء بمؤتمر تسات: مؤتمر المعلومات والاتصالات في التعليم والتدريب، إلى المراتب الدولية الأولى، خدمة للبحث والتعليم في العالم العربي.

نتمنى لكم إقامة طيبة مع التوفيق والنجاح في أعمالكم، والسلام.

لجنة الإشراف

أبو القاسم البدري، أحمد الفرشيشي، جميل إطميزي، هاني عمار، علي الميلي، يحيى الحاج

بيان اللجنة التنظيمية

بسم الله الرحمن الرحيم
سيداتي / سادتي
السلام عليكم ورحمة الله وبركاته

تتوجه **اللجنة التنظيمية** بجزيل الشكر للجهات الداعمة لمساندتها المعنوية والمادية، وللجنة العلمية للمجهودات التي بذلتها خلال تصميم المحتوى وتحكيم البحوث واختيار الشخصيات العلمية المستضافة. كما تتوجه بالشكر لجميع المشاركين الحاضرين لثقتهم ومجهوداتهم واحترامهم لإجراءات التنظيم المرسومة.

نعلمكم أن المشاركين المسجلين رسميا لمتابعة الفعاليات موزعين جغرافيا على عددا من الدول العربية.

كما نعلمكم أنه في نطاق فعاليات الترحيب المصاحبة للفعاليات العلمية، وبالنسبة للذين لم يستطيعوا مواكبة الرحلة السياحية المنتظمة يوم الأحد، أنه بإمكانهم الإلتحاق بالرحلة السياحية الثانية المنتظمة يوم الإربعاء بعد الفترة الصباحية الأولى مباشرة.

كما نذكركم بأن عشاء يوم الثلاثاء سوف يكون ساهرا، ويخصص للإعلان عن البحوث التي تميزت وعن الجوائز التي حددت، وعن الشهادات التي أسندت.

نتمنى لكم إقامة طيبة مع النجاح والتوفيق في أعمالكم، والسلام.

<u>اللجنة التنظيمية</u>
روضة مروان وكوثر نويرة

بيان اللجنة العلمية

بسم الله الرحمن الرحيم
سيداتي / سادتي
السلام عليكم ورحمة الله وبركاته

تتوجه **اللجنة العلمية** بتهانيها للمشاركين الذين قبلت بحوثهم، وتدعو للآخرين بالتوفيق في الدورات القادمة.
نعلمكم بأننا في اللجنة العلمية المكونة من (30) عضوا قد استقبلنا 70 بحثا، قُبل منها 23 بحثا.

كما نعلمكم أن البرنامج العلمي لهذه الدورة الثانية يعرض عليكم، 5 محاضرات مستضافة، و 5 درسا، و23 بحثا.
هذا، ونذكركم أن كتاب أعمال الملتقى سيتم نشره من طرف مؤسسة فيليبس المختصة في نشر الكتب العلمية باللغة العربية، وأن البحوث التي تميزت سوف تنشر في مجلات علمية متخصصة وبعضهما مرشح للحصول على جائزة المؤتمر للبحوث المتميزة.

نتمنى لكم إقامة طيبة مع النجاح التوفيق في أعمالكم، والسلام.

<u>اللجنة العلمية</u>

جميل إطميزي وحذام عاشور

محاور المؤتمر

- محور 01: المعايير والتقييم والجودة.
- محور 02: تجارب ودراسات تحليلية.
- محور 03: الخدمات الرقمية في المؤسسات التعليمية.
- محور 04: تقنيات واعدة وطرق ذكية للتعليم الالكتروني.
- محور 05: الملصقات العلمية (البوسترات).
- محور 06: المحاضرات العامة.
- محور 07: الدروس القصيرة وورش العمل.

محور 01: المعايير والتقييم والجودة:

- **Evaluating the developed e-enabled content in Higher Education in Bethlehem University with the Quality Assurance Standards**
  - أنور جبر: سلطة النقد الفلسطينية، رام الله، فلسطين.
  - رشا بغدادي، جامعة بيرزيت، فلسطين.
- **فاعلية برنامج محاكاة في إكساب مهارات التشريح وخفض زمن التعلم في مادة الأحياء لدى طلاب كلية العلوم بالخواة**
  - عبدالعزيز العُمري: وزارة التربية والتعليم، المخواة، السعودية.
- **The Effect of Using Computer on Classroom Interaction**
  - أحمد رباع، جامعة النجاح الوطنية، نابلس، فلسطين.
- **العمر البيداجوجي والتكنولوجي: هل يكفي لتغيير نمط التدريس لدى أعضاء هيئة التدريس بالجامعات؟ "دراسة حالة"**
  - حمدي عبدالعزيز، كلية الدراسات العليا، جامعة الخليج العربي، البحرين.
- **بناء برنامج الكتروني لتصحيح أسئلة الاختبارات ذات الأجوبة النصية القصيرة وقياس مدى فعاليتها**
  - عبد الرازق عوض سليمان، جامعة الملك خالد، السعودية.
  - الملك المساعد عبد الرحيم، جامعة الملك خالد، السعودية.

محور 02: تجارب ودراسات تحليلية:

- **Integrating Eluminate in EFL Grammar Instruction**
  - ريما الجرف، جامعة الملك سعود، السعودية.
- **التعليم الإلكتروني بالجزائر تقليد ضروري أم حاجة تكنولوجية دراسة حالة لمشاريع الجزائر الإلكترونية**
  - خالدة هناء سيدهم، جامعة الحاج لخضر، باتنة، الجزائر.
- **فعالية تقديم مقرر "مقدمة في تكنولوجيا المعلومات" من خلال نظام الموودل لطلبة البرنامج التأسيسي بجامعة السلطان قابوس**
  - طلال عامر، كلية التربية، جامعة السلطان قابوس، عُمان.
- **واقع استخدام الحاسب الآلي وتطبيقاته في مدارس التعليم العام الحكومية بمنطقة جازان بالمملكة العربية السعودية**
  - سعد علوان، كلية العلوم التطبيقية، عبري، عُمان.
  - مصطفي مهناوي، كلية الحاسب الآلي ونظم المعلومات، جامعة جازان، السعودية.
- **انتشار الحواسيب اللوحية والهواتف الذكية وتطبيقاتها في مؤسسات التعليم العالي "دراسة استطلاعية**
  - ماجد حمايل، جامعة القدس المفتوحة، فلسطين.
- **تطوير التعليم الإلكتروني في المدارس الفلسطينية من وجهة نظر المعلمين خلال العام الدراسي 2014/2013**
  - علي "داود قشمر"، وزارة التربية والتعليم الفلسطينية، فلسطين.

محور 03: الخدمات الرقمية في المؤسسات التعليمية.

- **توظيف المكتبة الإلكترونية في المجال التربوي والتعليمي مدارس مدينة طرابلس: ليبيا انموذجاً**
  - لطفية الكميشي، جامعة طرابلس، ليبيا.

- **The Importance of Digital Libraries in the Palestinian Universities**
  - جميل إطميزي، جامعة فلسطين الأهلية، بيت لحم، فلسطين.

- **اتجاهات طلبة جامعة الطفيلة التقنية نحو القراءة وارتياد المكتبة**
  - نايل الحجايا، جامعة الطفيلة، الأردن.

- **التعليم عن بعد بالجامعة الجزائرية وتجربتها في التكوين المستمر: جامعة التكوين المتواصل**
  - نبيل عكنوش، جامعة قسنطينة 2، الجزائر.
  - مريم بن تازير، جامعة الأمير عبد القادر، قسنطينة، الجزائر.
  - ساسي صفية، مديرية المجاهدين، الجزائر.

- **البرمجيات الحرة والمفتوحة المصدر آفاق وتكنولوجيا**
  - خديجة أبوزقية، جامعة المرقب، الخمس، ليبيا.

محور 04: تقنيات واعدة وطرق ذكية للتعليم الالكتروني.

- **A heuristic ISD Model for Designing Online Courses for Higher Education in Palestine**
  - زهير خليف، جامعة النجاح الوطنية، نابلس، فلسطين.

- **Visualization and Analysis of Re-tweeting Activity on Twitter**
  - عماد نزال، إبراهيم خليل، مؤمن طبش، جامعة القدس المفتوحة، فلسطين.

- **Smart Crawler Based e-Learning**
  - هيثم حجازي، جامعة فلسطين الأهلية، بيت لحم، فلسطين.
  - جميل إطميزي، جامعة فلسطين الأهلية، بيت لحم، فلسطين.

- **التعليم الإلكتروني وتطبيقات الويب 2.0**
  - سوهام بادي، جامعة تبسة، قسنطينة، الجزائر.

- **فلسفة المقررات الجماعية العامة المباشرة MOOCs وجدوى توظيفها في مؤسسات التعليم العالي في ضوء جودة التعليم وحرية الاستخدام**
  - علي شقور، جامعة النجاح الوطنية، نابلس، فلسطين.

- **Les EIAH basés sur le raisonnement a partir de cas pour l'apprentissage des methodes**
  - ياسر يحياوي، المركز الجامعي بالنعامة، الجزائر.
  - شاكر عبد القادر، المدرسة العليا لأساتذة التعليم التقني وهران، الجزائر.
  - سعاد رحماني، المدرسة العليا لأساتذة التعليم التقني وهران، الجزائر.

- **The Confusing Concepts: Web 2.0, Semantic Web and Web 3.0**
  - طروب عيسى، جامعة القدس المفتوحة، فلسطين

محور 05: الملصقات العلمية (البوسترات).

- **The role of e-learning in Algerian universities in the development of a knowledge society**

– عواد بوخليف، جامعة جيلالي ليابس - سيدي بلعباس ، الجزائر

محور 06: المحاضرات العامة - المتحدثون الرئيسيون (Keynote Speakers)

- **د. أبو القاسم البدري، منظمة الألكسو، تونس.**

التقنيات التعليمية في مشاريع الألكسو.

- **Dr. Paola Monaches, Utrecht University, The Netherlands.**

Services that facilitate learners and tutors in accessing formal and informal knowledge sources in the context of a learning task

- **د. بشير العلوش، الجامعة الافتراضية بتونس، تونس.**

L'Université Virtuelle de Tunis : Réalisations et Perspectives

- **د. مجدي العياري، معهد الفرانكوفونية لهندسة المعرفة والتعلم عن بعد، تونس.**

Quelle Approche doit-on avoir pour déployer les MOOCs dans nos Universités

- **د. علي شقور، جامعة النجاح الوطنية، فلسطين.**

اتجاهات حديثة في إعداد معلم المستقبل، إطار تيباك نموذجا،

- **د. ماجد حمايل، جامعة النجاح الوطنية، فلسطين.**

المصادر المفتوحة ودورها في بناء المعرفة

محور 07: الدروس القصيرة وورش العمل

- **د. ماجد حمايل، جامعة النجاح الوطنية، فلسطين.**

نماذج من تصاميم المقررات الإلكترونية المدمجة – تجربة جامعة القدس المفتوحة

- **سميحة خليفي، حفصي بالضيوفي، الوكالة الجامعية الفرنكوفونية، تونس**

Les Outils Web 2 .0 pour l'enseigant

- **م. د. نذير دوما، مؤسسة e-Taalim.com، تونس.**

Building a Multilingual eBookstore in the Cloud

- **أ. زهير خليف، مؤسسة الاوس التعليمية وجامعة النجاح الوطنية، فلسطين.**

كتابة السيناريو لتصميم المحتوى الإلكتروني.

محور 01: المعايير والتقييم والجودة.

- **Evaluating the developed e-enabled content in Higher Education in Bethlehem University with the Quality Assurance Standards**
    - أنور جبر: سلطة النقد الفلسطينية، رام الله، فلسطين
    - رشا بغدادي، جامعة بيرزيت، فلسطين.

- **فاعلية برنامج محاكاة في إكساب مهارات التشريح وخفض زمن التعلم في مادة الأحياء لدى طلاب كلية العلوم بالخواة**
    - عبدالعزيز العُمري: وزارة التربية والتعليم، المخواة، السعودية

- **The Effect of Using Computer on Classroom Interaction**
    - أحمد رباع، جامعة النجاح الوطنية، نابلس، فلسطين

- **العمر البيداجوجي والتكنولوجي: هل يكفي لتغيير نمط التدريس لدى أعضاء هيئة التدريس بالجامعات؟ "دراسة حالة"**
    - حمدي عبدالعزيز، كلية الدراسات العليا، جامعة الخليج العربي، البحرين

- **بناء برنامج الكتروني لتصحيح أسئلة الاختبارات ذات الأجوبة النصية القصيرة وقياس مدى فعاليتها**
    - عبد الرازق عوض سليمان، الملك المساعد عبد الرحيم، جامعة الملك خالد، السعودية

Evaluating the developed e-enabled content in Higher Education in Bethlehem University with the Quality Assurance Standards

| Mr. Anwar Ali Jabr | Master in Business Administration | Palestine |
| Mrs. Rasha Abdullah Baghdadi | Master in Mathematic Education | Palestine |

Abstract

This study examined the standards that could be used when starting to design and develop e-enabled Palestinian content in a way that insures the quality element to be embedded and aimed to evaluate the first two modules from the e-enabled professional diploma content at Bethlehem University.

To achieve the aim of the study the researchers analyzed the literature and recognized the differences between the online quality standards and decided to use the NACOL guidelines with adding some modifications, and the researchers with other two researchers reviewed the online content of each module separately and gave a rating score for each statement at the evaluation tool, and then the researchers took the average of the rating score.

The results showed that the module1 content needs discretionary improvement but the content of module 2 needs targeted improvements. The researchers believe that this difference may refer to the subject matter expert's proficiency in developing the online content with interactive text and tools. The subject matter experts must ensure that online learners are properly motivated by including instructional elements that catch and hold learners' attention. The instructional design at the two modules was good enough because the instructional designer for this diploma, as the researchers' knowledge, had previous experience in arranging media and content together to produce e-enabled content. But the student assessment at module 1 was good in terms of using different ways to assess the learners understand, and the students assessments at module 2 needed targeted improvement by adding different assessment strategies and tools. The technology at the two modules was very satisfactory. The IT experts used a well-known learning management system (LMS) named MOODLE; it is very easy to utilize and use by the students and subject matter experts, it is user friendly and includes the needed online communication tools like forums, chat and voice chat. The course management was satisfactory at the two modules and need optional improvements.

Keywords

Blended Learning, E-enabled content, Instructional Design, Learning Management System

Introduction

In the new world of digital technology, the Internet has had an irrevocable impact on all aspects of higher education, from teaching and learning to research and administration. (Levine and Sun, 2002) suggest that the Internet will reconfigure the landscape of university education resulting in three types of institutions: brick, click, and click and brick. The brick institutions are the traditional universities that deliver only face-to-face instruction; the click universities are virtual universities that deliver instruction electronically; and click and brick institutions deliver programs through a combination of traditional and e-learning modes. Many higher education institutions prefer the click and brick model.

One of the popular technology paradigms emerging to support the constructivist approach is e-learning. Over the past few years, numerous definitions for e-learning have emerged. Some define e-learning as "learning activities based on any electronic format". Another definition is "the delivery of learning, training or education program by electronic means. E-learning involves the use of a computer or electronic devices to provide training, educational or learning material". Another more comprehensive definition is "learning facilitated and supported through the use of information and communications technology, e-learning can cover a spectrum of activities from supported learning, to blended learning (the combination of traditional and e-learning practices), to learning that is entirely online." (Raytheon, 2006).

Teaching online requires many of the same skills and techniques instructors use in traditional classes, but there are some differences. In an online course, students access the course materials over the Web at any time of day or night. Much of the information students acquire in the course comes a successful combination of text-based lecture content prepared in advance, and other readings, along with information shared through the numerous communication channels, such as online forums, text chat, and voice chat. At times, videos, library research, additional Internet resources, CD-ROMs, and other resources are used.

Therefore Bethlehem University launches the first Online Professional Diploma Program as new experience to the Palestinian continuing education field. Bethlehem University has taken this initiative to serve the community professional development needs in an innovation manner using technology as a tool for facilitating learning.

1. Study Problem and Importance

This study aimed to identify the quality standards used in developing the online content, and evaluating two online modules developed at Bethlehem University according the international standards.

This study will be as the researchers' knowledge the first study investigating the correspondence between the developed professional diploma e-enabled content along with the international quality standards.

Course content forms the core of any course. So to develop a well done e-enabled content, developers should employ the international quality standards.

1.1 Study Questions

The following are the questions:

1. What are the quality online standards needed to evaluate the e-enabled content of the professional diploma?
2. Specify the degree of correspondence between the e-enabled content developed at Bethlehem University along with the quality standards?

1.2 Study Justification

This study aimed to identify the standards that could be used when starting to design and develop e-enabled Palestinian content in a way that insures the quality element to be embedded and to evaluate the e-enabled professional diploma content at Bethlehem University.

The Palestinian faced many problems in transformation between cities and villages, these obstacles such as the siege, closure, and military checkpoints that may result in taking long time to pass short distance. To overcome this situation we need to use a virtual tool to continue the school leading role in teaching. The e-learning could provide us this utility and could support the usual learning process by using the combination between the e-enabled content and the face-to-face class meetings.

1.3 Study Objectives

This study aimed to: identify the standards that could be used when starting to design and develop e-enabled Palestinian content in a way that insures the quality element to be embedded. And evaluate the first two modules from the e-enabled professional diploma content of Bethlehem University.

1.4 Study Limitations

The study evaluated the first two modules at the professional diploma titled "Professional Diploma Program in Project Management" at Bethlehem University. This diploma consists of 8 modules of 40 contact hours each, and lasts over a period of about one year. This program targeted entrepreneurs and managers of small and medium sized enterprises who have practical experience and look to improve their managerial competencies. This diploma is being delivered through blended learning a combination of online learning and face to face sessions. Second the researchers will evaluate just the online sessions. During this study the researchers will evaluate just the first and second modules.

2. Theoretical Background

This theoretical background emphasizes on the importance of referring to the learning theories when dealing with e-learning; presenting three different learning theories: Behaviorism, Cognitivism, and Constructivism, and the three types of e-learning ending by describing the means by which these learning theories can be implemented through the different types of e-learning.

Behaviorism is an approach to Psychology which purports that learning is the result operant conditioning. A behavior may result either in reinforcement, which increases the likelihood of that behavior occurring again; or punishment, which decreases the likelihood of the same behavior recurring in the future (Mödritscher, 2006). Behaviorism is the basic learning theory underlying most traditional teaching, the teacher's job to transmit knowledge and the learner adapt this knowledge so the learning process is seen largely as a passive process. The learner merely responds to the "demands" of the environment. These include the demand to cram the facts dictated by the teacher in a lecture and to regurgitate same to pass exams. The strength for the Behaviorism approach is that the learner is focused on a clear goal and can respond automatically to the cues of that goal, but the weakness of this approach is that the learners may find themselves in a situation where the stimulus for the correct response does not occur, therefore the learners cannot respond. Behaviorists were unable to explain certain social behaviors. For example, children do not imitate all behavior that has been reinforced. Additionally, children may model new behavior days or weeks after their first initial observation without having been reinforced for the behavior. All these observations, led to the creation of Cognitive Theory, which takes into account the environment, behavior, and the person's psychological processes (Raytheon, 2006).

Cognitivism became the dominant force in psychology in the late 20th century, replacing behaviorism as the most popular paradigm for understanding mental function (Mödritscher, 2006). Cognitive theorists view learning as involving the acquisition or reorganization of the cognitive structures through which human's process and store information. In the learning process, new information is compared to existing schemas, also known as cognitive structures. Schemas may be combined, extended or altered to accommodate or assimilate new information. The strength for the Cognitive approach is that the goal is to train learners to do a task the same way to enable consistency, but the weakness is that the learner learns a way to accomplish a task, but it may not be the best way, or suited to the learner or the situational context (Raytheon, 2006).

Finally constructivism views learning as a process in which the learner constructs new ideas or concepts based upon current and past knowledge. The teacher acts as a facilitator who encourages learners to discover principles for themselves and to construct knowledge by working to solve realistic problems. Constructivism itself has many variations such as Generative Learning, Discovery Learning, and Knowledge Building. Regardless of variety, constructivism promotes a student's free exploration within a given framework or structure (Mödritscher, 2006). Constructivism recognizes the importance of learner and environmental context in the learning process. Through constructivism the learner is able to interpret multiple realities and to deal with real life situations (Raytheon, 2006).

In differentiating the approaches, a behavioral approach can effectively facilitate mastery of the content of a profession (knowing what); cognitive strategies are useful in teaching problem - solving tactics where defined facts and rules are applied in unfamiliar situations (knowing how); and constructivist strategies are especially suited to dealing with ill-defined problems through reflection-in-action (knowing why) (Raytheon, 2006).

The technological evolution enabled designers to move toward e-learning, which is a more constructivist approach towards the design of the instruction.

3. Literature Review

The aim of this study is to evaluate a module from the e-enabled content of the professional diploma titled "Professional Diploma Program in Project Management" in Bethlehem University, in corresponding to the National Standards of Quality for Online Courses. As a result researchers present some studies that discussed the importance of using quality standards for online courses and the advantages of using the e-learning at the higher education.

The transition from face to face learning to the delivery of e-enabled content through the web is not only effective, but have benefits to students, instructors, and administrators. Course websites are learning objects that when used in conjunction with sound pedagogy, learning outcomes, and content can support traditional,

authentic, and alternative learning and assessment protocols (More and Pinhey, 2006).

The adoption of standards and guidelines for the design and evaluation of learning objects is an important means of quality assurance that supports the communication of meaningful feedback to instructional designers for product improvement (More and Pinhey, 2006). In order to ensure that learning objects that support fully online instruction are well developed, a set of standards has been developed.

The standards for online course quality developed by Canadian Association for Community Education (Barker, 2002), the report aimed to serve both providers and consumers of distance learning whom want education and training products and services to be effective and efficient. These guidelines are intended to help those who want to design, deliver, evaluate and purchase quality e-learning products and services for students. These guidelines include three main categories and there corresponding indicators which are: quality outcomes from e-Learning products and services, quality process and practices in e-learning products and services, and quality inputs and resources for e-learning products and services, and quality of the curriculum content and teaching/learning materials.

On the other hand (the institute of IT training, 2005) developed standards for e-learning materials. The standards consist of several categories such as, learner support, material and content design, flexibility and user friendly. Also the American Society for Training and Development (ASTD, 2005), developed quality standards by which to evaluate e-learning courseware these standards designed to evaluate the compatibility, interface, production quality and instructional design of e-learning courseware. And the *Michigan Virtual University* (MVU, 2002) developed standards to be used to design and evaluate online courses. MVU's standards are divided into four groups: Technology, Usability, Accessibility and Instructional Design. Each group is broken down into main standards and sub-standards, which have a variety of attributes. MVU's Instructional Design standards dependent upon the type and number of performance objectives in a course. These standards were derived partially from David Merrill's Component Display Theory and Jeroen van Merriënboer's Complex Cognitive Skills and Knowledge Theory.

Another significant research in this field, was the innovation in distance education that launched by Pennsylvania State University (PSU, 1998). The guiding principles for distance education grouped into five components. They are learning goals and content presentation, interactions, assessment and measurement, learner support and services, and instructional media and tools. Each of the five categories is addressed by its related principles; the overall document had 25 principles. In similar, the Florida Gulf Coast University (FGCU, 2003) offered distance learning programs. During the first two years, 224 courses were designed using the Internet and the effective instructional technology. After two years of implementation, the courses developers indicate that there is a need for a set of principles for using technology as an instructional tool. As a result of this need, a group of researchers designed a student evaluation of distant education experience form; this form was distributed to 721 students who were enrolled in one or more distance learning courses. Based on the results of the study the principles for online learning were developed to guide the design, development and delivery of online courses at FGCU. Each principle consists of a main principle with sub-principles, practices, and examples. These principles are the instructional design principle, the instructional media interaction and feedback, the instructional media, the course management principle and the organizational support services.

The North American Council for Online Learning (NACOL) developed national standards for online course to provide a set of quality guidelines for online courses, the standards are course content, instructional design, technology, student assessment, and course management (NACOL, 2007).

(More and Pinhey, 2006) study aimed to identify the guidelines and standards used to develop the online courses. The researchers identified the online course learning object evaluation rubric that used to evaluate online courses in the University of Maryland Eastern Shore (UMES), this scaled rubric consists of 18 criteria, each criteria described progressively from 0 to 3.

Another study concerned with design and use of e-learning technology to develop education qualitatively (Dalsgaard, 2005). The purpose of this study is to develop a framework for a pedagogical evaluation of e-learning technology. The researcher argues the importance of grounding the evaluation and design in a learning theoretical approach, and it is argued that it is necessary to make a reflection of technology in relation to activities, learning principles, and a learning theory in order to qualitatively develop education. The study presents three frameworks developed on the basis of cognitivism, radical constructivism, and activity theory. Finally, the study focused on design of technology that explicitly supports a certain pedagogical approach and that design should direct its focus towards design of activities.

4. Study Procedure

To achieve the objectives of the study, the descriptive analytical design was followed.

As a result of the research review the researchers used the National Standards for Online Course Quality that designed by North American Council for Online Learning (NACOL, 2007), as the researchers believe these guidelines are the most comprehensive guidelines. These standards consist of a set of quality guidelines for online course content, instructional design, technology, student assessment, and course management. The NACOL evaluation tool consist of (58) standards. The researchers with other two external evaluators reviewed these standards and modified them. The final list consist of (49) statement.

4.1 Population:

The professional diploma titled "Professional Diploma Program in Project Management" at Bethlehem University. This diploma consists of 8 modules of 40 contact hours each, and will lasts over a period of about 12 months.

4.2 Sample:

The researchers evaluated the first two modules in corresponding to the developed Standards for Online Course Quality.

4.3 Study Tool:

The researchers (one researcher with MA degree in Education and one with MA degree in Business Administration) reviewed these standards and modified them to fit the population study.

A visit to the Institute for Community Partnership at Bethlehem University (ICP) has been done by the researchers and interviewed the project manager of the online diploma project. One of the researchers attended the Project Management Online Diploma

The four evaluators reviewed the first two modules and identify the correspondence between these modules with the quality standards of online courses.

Each researcher used the final form of the evaluation tool to rate the score of each statement. The detailed instructions were at the evaluation tool instruction booklet (Appendix 1).

The first module titled "Project Management" and consists of 13 sessions, 2 of them are face-face. The second module titled "General Management" and consists of 14 sessions, 2 of them are face-face.

Table (3-1) presents each session subject at Module 1

Module 1: Project Management Module		
Mode of Delivery	**Session Title**	**Session #**
Face2Face	Introduction	Session 1
Virtual	The Project	Session 2
Virtual	Project Management	Session 3
Virtual	The project Manager& His / Her Environment	Session 4
Virtual	Project Planning	Session 5
Virtual	The Planning Process	Session 6
Virtual	face 2 face session	Session 7
Virtual	Project Organization	Session 8
Virtual	Project Organization – the Different Structures	Session 9
Virtual	Leadership - The Project Manager as a Leader	Session 10
Virtual	Motivation - The Project Manager as a Motivator	Session 11
Virtual	Team Building - The Project Manager and Team Development	Session 12
Face2Face	face to face	Session 13

Table (3-2) shows each session subject at Module 2

Module 2: General Management Module		
Mode of Delivery	Session Title	Session #
Face2Face	Introduction to Management	Session 1
Virtual	Organizational Environment	Session 2
Virtual	Planning	Session 3
Virtual	Decision Making	Session 4
Virtual	Strategic Management	Session 5
Virtual	Organizing	Session 6
Virtual	leading	Session 7
Virtual	Control	Session 8
Face2Face	Case analysis	Session 9
Virtual	Communication	Session 10
Virtual	Staffing and Human Resource Management	Session 11
Virtual	Motivation	Session 12
Virtual	Time management	Session 13
Virtual	Growing your organization	Session 14

5. Results

Following are the results of the evaluation of the online content of the professional diploma at Bethlehem University for each Module.

The average of the rating scores from the evaluators about the online content at Module 1. Table (4-1) shows the results of the evaluation of Module 1.

Table (4-1): Demonstrate the evaluation results of the online content at Module 1

Module #1 "Project Management" - Evaluating of Online Content According to the Quality Online Standards	
Quality Online Evaluation Tool Five Domains	
Average	Domains
2.9	Content
3.2	Instructional design
3.1	Student Assessment
3.8	Technology
3.4	Course Management

Table (4-1) shows that module1 content, instructional design, student assessment and course management need discretionary improvement, but there is no improvement needed for the technology.

The average of the evaluators rating scores for the online content at Module 2, are presented in Table (4-2).

Table (4-2): Demonstrate the evaluation results of the online content at Module 2

Module #2 "General Management" - Evaluating of Online Content According to the Quality Online Standards	
Quality Online Evaluation Tool Five Domains	
Average	Domains
2.4	Content
3.3	Instructional design
2.6	Student Assessment
3.9	Technology
3	Course Management

Accordingly the content needs targeted improvements, while instructional design, student assessment and course management need discretionary improvement, finally there is no improvement needed for the technology.

5.1. Results Summary:

Table (4-3) Results for modules 1 & 2.

Evaluation Results For The Two Modules					
Course Management	Technology	Student Assessment	Instructional design	Content	
3.4	3.8	3.1	3.2	**2.9**	Module 1
3	3.9	2.6	**3.3**	2.4	Module 2

As it appears in table (4-3) the differences between the two modules are:

According to the Content domain the first module is very good and needs just optional improvement, and that could be achieved as the researcher believes by the continuous review and updates. But the Content domain at the second Module needs targeted improvements.

Also, the average of the evaluation results at the Instructional Design and Student Assessment need optional improvements at the first and second module.

The technology domain needs no improvement at the first and second module.

Finally, the course management domain at the two modules needs optional improvements.

6. Discussion and Recommendations

This study aims to identify the standards that could be used when starting to design and develop e-enabled Palestinian content in a way that insures the quality element to be embedded and to evaluate the first two modules from the e-enabled professional diploma content at Bethlehem University.

To discuss the first study question which is, what are the quality online standards needed to evaluate the e-enabled content of the professional diploma? The researchers analyzed the literature and recognized the differences between the online quality standards and decided to use the NACOL guidelines with adding some modifications. The final online quality standards list consists of 49 statements (Appendix1).

To discuss the second study question which is, specify the degree of correspondence between the e-enabled content developed at Bethlehem University along with the quality standards? The researchers with other two researchers reviewed the online content of each module separately and gave a rating score for each statement at the evaluation tool, and then the researchers took the average of the rating score. The results showed that the module1content needs discretionary improvement but the module 2 content needs targeted improvements. The researchers believe that this difference may refer to the subject matter expert's proficiency in developing the content online with interactive text and tools. The subject matter experts must ensure that online learners are properly motivated by including instructional elements that catch and hold learners' attention. The instructional design at the two modules was good enough. The instructional designer for this diploma as the researchers' knowledge had previous experience in arranging media and content together to produce e-enabled content. But the student assessment at module 1 was good in terms of using different ways to assess the learners' understandings, and the students' assessments at module 2 needed targeted improvements by adding different assessment strategies and tools. The technology at the two modules was very satisfactory. The IT experts used a well known learning management system (LMS) named MOODLE; it is very easy to utilize and use by the students and subject matter experts, it is user friendly and includes the needed online communication tools like forums, chat and voice chat. The course management was satisfactory at the two modules and need optional improvements.

7. Recommendations:

The following recommendations concluded from the results of this study .

A. Recommendations in terms of the literature review:

1. Make a deeper literature review referring also to the researchers' tool about the online quality standards and develop a comprehensive list appropriate to the Palestinian context.

B. Recommendations in terms of the study results:

1. Adopt a quality assurance system when design, develop and deliver online program
2. Give the SME, instructional designer and multimedia specialist a special training on how to develop, design and deliver online content

C. Recommendations in terms for future studies:

1. Evaluate a complete online course or diploma at higher education level along with the face2face classes
2. Evaluate a complete online school text book in different subjects to see if we can apply the online methodology at schools

References

1. American Distan Education Consortium (2003). *ADEC Guiding Principle for Distance Teaching and Learning.* http://www.adec.edu/admin/papers/distanceteaching/

2. ASTD (2005). *E-Learning Courseware Certification (ECC) Fact Sheet.* (http://www.saleshelp.com/webtraining/astdfactsheet.html).
3. Barker, D.(2002). *Canadian Recommended E-Learning Guidelines.* Vancouver: Future and Canadian Association for Community Education.
4. More, N., & Pinhey, K. (2006). *Guidelines and Standards for the Development of Fully Online Learning Objects.* Retrieved, *2,* 96-104. from http://portal.unesco.org/ci/en/ev.php-URL_ID=22982&URL_DO=DO_TOPIC&URL_SECTION=201.html

5. Dalsgaard, C. (2005). *Pedagogical Quality in E-Learning: Designing ELearning from a Learning Theoretical Approach.* (http://www.eleed.campussource.de/archive/78index_html.). http://www.eurodl.org/materials/contrib/2004/online_master_cops.html

6. FGCU-Florida Gulf Cost University (2003). *Principles of Online Design.* (http://www.fgcu.edu/onlinedesign/index.html.)

7. Levine, Arthur, & Sun, Jeffrey.(2002). *Barriers to distance education. American Council on Education Center for Policy Analysis*: Washington, DC. Retrieved March 11, 2008, from www.educause.edu/asp/doclib/abstract.asp?ID=PUB5106
MVU - Michigan Virtual University (2002). *Standards for Quality Online Courses.*(http://www.standards.mivu.org/index.html).

8. Mödritscher, F. (2006) " e-Learning Theories in Practice: A Comparison of three Methods" *Journal of Universal Science and Technology of Learning,* Vol. 0, No. 0, p.p. 3-18

9. More, N. & Pinhey, K. (2006) "Guidelines and Standards for the Development of Fully Online Learning Objects" *Interdisciplinary Journal of Knowledge and Learning Objects*, Vol. 2, p.p. 95 – 103

10. NACOL - North American Council for Online Learning (2007). http://www.csufresno.edu/digitalcampus/faculty/standards_draft_revised5-2-02.pdf

11. Raytheon, B. (2006). *e-learning Standards, an Augmented Cognition Perspective.* Retrieved March 11, 2008, from

12. The Institute of IT Training Standards (2005). Standards for E-Learning Materials. Retrieved from (http://www.iitt.org.uk/public/standars/e-learning/matsstand.asp).

13. PSU - Pennsylvania State University (1998). *An Emerging Set of Guiding Principles and Practices for the Design and Development of Distance Education.*(http://www.outreach.psu.edu/de/ide).

Appendix 1

Analyzing the e-enabled Professional Diploma Program in Project Management at Bethlehem University

Standards of Quality for Online Courses

Introduction
To increase educational opportunities and enhance learning we need to develop online teaching and learning. Many international institutes and organizations worked through to design Standards for Online Courses. A set of quality guidelines developed based on the North American Council for Online Learning (NACOL). The following tool consists of 49 statements distributed in the following parts:
1. Content
2. Instructional design
3. technology
4. student assessment
5. Course management.

You are kindly asked to fill the standards of online course tool according to the following instructions. Your cooperation is highly appreciated

Instructions to fill the standards of quality for online courses tool:
Terminology:
1. Content: the material presented including the related activities, assignments and examples.
2. **Instructional Design:** is the practice of arranging media and content to help learners and teachers transfer knowledge most effectively.
3. Student Assessment: using variety of evaluation tools
4. Technology: technical support and technical requirements
5. Course Evaluation and Management: the students evaluation used to improve the course design and the students information remains confidential

Please put the appropriate rating scale to each statement:

Rating Scale
0 Absent—component is missing
1 Unsatisfactory—needs significant improvement
2 Somewhat satisfactory—needs targeted improvements
3 Satisfactory—discretionary improvement needed
4 Very satisfactory—no improvement needed

Professional Diploma Program in Project Management at Bethlehem University				Content Name	
	Date			Analyst Name	
	Module Name			Module #	
	Lesson Name			Lesson #	
Score	Content				A
	The course objectives are measurable that's meant they are clearly state what the participants will do at the end of the course.				1.
	The course assignments are aligned with state's content.				2.
	Course assessment tasks are aligned with the objectives of the course.				3.
	The instant feedback for the activities helped me in learning the course material.				4.
	The material is organized in such a manner that learners can realize relationships between parts of the course				5.
	The presentation of the material was clear and easy to follow				6.
	A clear, complete course overview and syllabus are included in the course.				7.
	Information is provided to students on how to communicate with the online teacher				8.
	Issues associated with the use of copyrighted materials are addressed.				9.
	Instructor resources and notes are included.				10.

	Assessment and assignment answers and explanations are included.	11.
Score	**Instructional Design**	**B**
	Course design reflects a clear understanding of student needs.	1.
	The interface of the online content was user friendly.	2.
	The course is organized into units and lessons.	3.
	The course unit overview describes the objectives, activities and resources of the unit.	4.
	Each lesson includes a lesson overview, content and activities, assignments, and assessments to provide multiple learning opportunities for students to master the content.	5.
	The course is designed to teach concepts that students will retain over time.	6.
	The course instruction includes activities that engage students in active learning.	7.
	Instruction provides students with multiple learning paths to master the content, based on student needs.	8.
	The teacher engages students in learning activities that address a variety of learning styles and preferences.	9.
	The course provides opportunities for students to engage in higher-order thinking, critical-reasoning activities and thinking in increasingly complex ways.	10.
	The course design provides opportunities for appropriate instructor-student interaction, including timely and frequent feedback about student progress.	11.
	The course provides opportunities for appropriate instructor-student and student –student interaction to foster mastery and application of the material and a plan for monitoring that interaction.	12.
	The course provides opportunities for appropriate student interaction with the content to foster mastery and application of the material.	13.
	Students have access to resources that enrich the course content.	14.
Score	**Students Assessment**	**C**
	Student evaluation strategies are consistent with course objectives.	1.
	Classroom meeting is mainly used for discussion and problem solving activities.	2.
	The course structure includes adequate and appropriate methods and procedures to assess students' mastery of content.	3.
Score	**Students Assessment**	**C**
	Ongoing and frequent assessments are conducted to verify each student's readiness for the next lesson.	4.
	Assessment strategies and tools make the student continuously aware of his/her progress in class and mastery of the content beyond letter grades.	5.
	Assessment materials provide the teacher with the flexibility to assess students in a variety of ways.	6.
	Grading rubrics and models of partially to fully completed assignments are provided to the teacher.	7.
	Grading policy and practices are easy to understand.	8.
Score	**Technology**	**D**
	The course architecture permits the online teacher to add content, activities and assessments to extend learning opportunities.	1.
	The online course provided privacy and security.	2.
	The course is easy to navigate.	3.
	There were clear instructions on navigating the online course material.	4.
	Prerequisite skills in the use of technology are identified.	5.
	The course provider offers the course teacher, school coordinator assistance with technical support and course management.	6.
	The course provider offers orientation training.	7.
Score	**Course Evaluation and Management**	**E**
	The results of student evaluations of courses are available.	1.
	Course provider uses multiple ways of assessing course effectiveness.	2.
	The course is evaluated regularly for effectiveness, and the findings are used as a basis for improvement.	3.
	The course is updated periodically to ensure timeliness.	4.
	The teacher has academic credentials in the field in which he or she is teaching and has been trained to teach online and to use the course.	5.
	Student information remains confidential	6.

فاعلية برنامج محاكاة في إكساب مهارات التشريح وخفض زمن التعلم في مادة الأحياء لدى طلاب كلية العلوم بالمخواة

الاسم	البريد الإلكتروني	المؤسسة	المدينة	البلاد
عبدالعزيز أحمد العمري	omari2011@hotmail.com	وزارة التربية والتعليم	المخواة	السعودية

مستخلص

هدفت هذه الدراسة إلى الكشف عن فاعلية برنامج محاكاة في إكساب مهارات التشريح وخفض زمن التعلم في مادة الأحياء لدى طلاب كلية العلوم بالمخواة . واعتمدت الدراسة على المنهج التجريبي ذي المجموعتين (التجريبية والضابطة)، حيث درس طلاب المجموعة التجريبية المحتوى العلمي المرتبط بمهارات التشريح وفقاً للبرنامج الافتراضي المقترح وعددهم(21) طالب، بينما درس طلاب المجموعة الضابطة وفق الطريقة المعتادة في التدريس(المعمل الحقيقي)، وعددهم (21) طالب. كما اعتمد الباحث في تحليل النتائج على استخدام حزمة البرامج SPSS لحساب قيمة تحليل التباين " ف" ONE WAY ANOVA، لتحديد مدى التباين بين المجموعتين نتيجة تأثير المتغير المستقل (برنامج المحاكاة الافتراضي) على المتغير التابع (مهارات التشريح، وزمن التعلم).

وقد جاءت نتائج الدراسة لصالح طلاب المجموعة التجريبية وفق ما يلي:

مستوى التباين بين أداء طلاب المجموعتين التجريبية والضابطة في التطبيق البعدي لبطاقة ملاحظة الأداء العملي لمهارات تشريح الكائن الحي (الضفدع) دال إحصائياً عند مستوى دلالة (0,05)، ودرجة حرية (40)، حيث بلغت قيمة "ف" المحسوبة (17,971) لصالح المجموعة التجريبية، وهي دالة عند مستوى (أقل من 0,05).

مستوى التباين بين أداء طلاب المجموعتين التجريبية والضابطة في التطبيق البعدي لبطاقة الملاحظة على مستوى زمن التجربة دال إحصائياً عند مستوى دلالة (0,05)، ودرجة حرية (40)، حيث بلغت قيمة "ف" المحسوبة (45,344) لصالح المجموعة التجريبية، وهي دالة عند مستوى (أقل من 0,05) .

ولذا يُوصى في نهاية الدراسة بضرورة تصميم كثير من البرمجيات المشابهة للبرمجية المستخدمة في الدراسة الحالية، بحيث تساعد معلمي العلوم في التعليم قبل الجامعي، وتُيسّر أدوارهم التوجيهية والإرشادية خلال معالجة الموضوعات العلمية المختلفة.

الكلمات الجوهرية: برنامج محاكاة، مهارات التشريح، خفض زمن التعلم، مادة الأحياء

Abstract

The Effectiveness of a Virtual Simulation Program in Anatomy Skills Acquisition and Reduction of Learning Time in Science course for Makhwah Faculty of Science

The study aimed the effectiveness of a virtual simulation program in anatomy skills acquisition and reduction of learning time in science course for makhwah faculty of science

This study depended on using the experimental design of two groups (experimental group and control group), the experimental group (21 student) were taught the anatomy skills using the virtual simulated software, while the control group (21 student) were taught using the traditional method. The researcher depended on using Spss statistical program for computing the values in F-test, to evaluate the effect of using the suggested software (the independent variable) on anatomy skills and learning time (the dependent variable).

The results referred to the following:

- Existence of statistically significant variance between the means of the experimental group and the control group scores in the post implementation of the descriptive tool for the benefit of the experimental group. As the F value equals to (17.971) which significant at less than 0.05.

- Existence of statistically significant variance between the means of the experimental group and the control group scores in the learning time for the benefit of the experimental group. As the F value equals to (45.344) which significant at less than 0.05.

In the end of the study, it is also recommended to direct teachers to design and use technological software similar to tha suggested in this study in teaching the different scince content.

1. مدخل عام الى البحث

مقدمة:

تعد مادة الأحياء من المواد الدراسية الهامة في مناهج التعليم في كافة دول العالم لأنها تسهم بشكل مباشر في تشكيل شخصية المتعلم بتنمية قدراته العقلية واتجاهاته ومهاراته العملية اللازمة لمواجهة التطورات السريعة والمتلاحقة في جميع مجالات الحياة، والجدير بالذكر أن هذه المادة تتميز بتطور ملحوظ وسريع في المستحدثات التقنية التي تخدمها ومنها برامج المحاكاة التي تجسد الواقع الافتراضي بتوظيف من الحاسوب، حيث يستخدم الحاسوب في مجال التشريح في تشريح الكائن الحي بطرقه المتسلسلة والمترابطة والمستخدمة لأدوات خطرة كأدوات التشريح وتجعل المستخدم يتقن هذه المهارة بسهولة ثم يطبقها على الواقع مسترشداً بما سبق في المحاكاة، ويعود ذلك على المستخدم بإتقان التجربة وخفض زمن التعلم لديه.

ومن المعلوم أن الزمن يقاس بمقدار ما ينجز فيه من أعمال، وليس من قبيل الصدف أن يكون قياس الزمن في الحقل التربوي من الدقة بمكان باعتبار ظاهرة التعلم، لأن الحصص الدراسية تقاس بالدقائق، وبناء على ذلك تحضر الدروس وتنجز بناء على قياس قوامه الدقائق.

ويرى نوفل (2007) أن تكنولوجيا الواقع الافتراضي تعتبر إحدى وسائل التكنولوجيا المستحدثة والتي استخدمت في تدريس كافة المواد والمقررات الدراسية في مراحل الدراسة المختلفة , وفى أنواع مختلفة من التعليم , وأثبتت فعالية في العملية التعليمية, كما أثبتت تكنولوجيا الواقع الافتراضي فائدة كبيرة في مجالات نفعية وخدمية كالطب والعلاج والسياحة وكافة مناحي الحياة.

"وقد أصبح التحديث والتطوير سمة واضحة من أهم سمات وملامح الميدان التربوي وباتت الحاجة إليه مستمرة، ففي عصر العلم والتكنولوجيا بكافة صورها وأنواعها والذي شهدت فيه السنوات الأخيرة ثورة هائلة في مجال الحاسوب واستخداماته في الحياة بشكل عام والتعليم بشكل خاص ، حتى أصبح البعض يطلق مصطلح (مجتمع الحاسوب) على مجتمع المستقبل ، وهو تعبير صادق بدرجة كبيرة ، نتيجة للدور المتزايد والأهمية البالغة التي يقوم بها الحاسوب في حياتنا" (طافش، 1993، P:107) .

ونتيجة للتطورات التكنولوجية السريعة التي شهدها العالم في كثير من نواحي الحياة المختلفة، تمّ تصميم برمجية متطورة لمختبر (معمل) افتراضي(virtual lab) عن طريق الحاسوب،" عبارة عن معمل لإجراء التجارب والأنشطة المعملية، يقوم بمحاكاة للمعمل الحقيقي في وظائفه وأحداثه، ومنها معامل الفيزياء، الكيمياء، الأحياء.. " (بركة، 1432، P:3) .

وتختلف برمجيات الواقع الافتراضي عن مجرد الإحساس بثلاثية الأبعاد وإنما تتعدى ذلك إلى محاكاة التفاعل مع الأجسام ثلاثية الأبعاد بصورة واقعية عن طريق تكوين مواقف متغيرة باستمرار حسب رغبة المستخدم وليست مبرمجة في مسار ثابت محدد سلفاً . ويبحث التربويون باستمرار عن أفضل الطرق والوسائل لتوفير بيئة تعليمية تفاعلية لجذب اهتمام الطلبة وحثهم على تبادل الآراء والخبرات والبحث عن جديد العلم .

ويأمل الباحث أن تقدم هذه الدراسة فائدة للمهتمين بمجالات التشريح المختلفة من خلال برنامج المحاكاة لإكساب مهارات التشريح وخفض زمن التعلم المطلوب من خلال الحصة أو الدرس العملي .

مشكلة البحث وتساؤلاته:

بناء على ما ورد في المقدمة واستشعار الباحث مشكلة الدراسة من خلال عمله معلماً لمادة الأحياء في المرحلة الثانوية لسنوات عدة ومن خلال عمله مشرفاً تربوياً للنشاط العلمي ثم عمله مشرفاً تربوياً بقسم تقنيات التعليم (شعبة المختبرات المدرسية) حيث لاحظ ما يلي :

1- قصور واضح في تفعيل التجارب المعملية وخاصة المتعلقة بالتشريح.

2- وجود معيقات كثيرة تساهم في هذا القصور من أهمها : عدم توفر مواد أو كائنات التجارب، أو تخّوف من قبل الطلاب في تنفيذ التجارب، أو تقليل فرص العمل الفردي لكثرة الأخطاء التي يقع فيها الطلاب أثناء التجارب.

3- زمن التجارب الفعلي يستغرق وقتاً طويلاً خاصة في حالة التنفيذ الفردي.

كما أشارت لهذه الملاحظات نتائج الدراسة الاستطلاعية التي أجراها الباحث حول مدى فاعلية البرامج الافتراضية في إكساب المهارات المعملية ومنها مهارة التشريح ومدى مساهمتها في خفض زمن التعلم لدى طلاب مادة الأحياء، حيث تم استطلاع آراء (17) معلماً لمادة الأحياء بالإضافة إلى ثلاثة مشرفين للمادة، وقد ذكر أغلبية أفراد الدراسة على وجود مشكلة في إجراء التجارب المعملية لمادة الأحياء عند الطلبة، وطول زمن التجربة الفردية خاصة، مما قد يفقد المعلم دروساً جراء طول زمن التجارب، الأمر الذي ينعكس سلبياً في تقليل مهارة التشريح لديهم.

وأكد ذلك أيضاً العديد من نتائج الدراسات والبحوث التي تم الإطلاع عليها والتي أشارت إلى القصور في تفعيل دور المختبرات التقليدية في تدريس الأحياء بالمرحلة الثانوية وخاصة المتعلقة بالتشريح، حيث أتضح من خلال نتائج الدراسات السابقة التي تم الرجوع إليها أن مادة الأحياء في المملكة العربية السعودية تدرس بطريقة نظرية بعيد عن التجريب والمعمل وذلك كما في دراسة (المنتشري، 2007)، ودراسة (العسيري، 1422هـ)، ودراسة (الزهراني، 1422هـ) وهذا يتعارض مع أهداف تدريس مادة الأحياء التشويقية والعملية عندما يقوم الطالب بإجراء التجارب بنفسه في المختبر التقليدي أو باستخدام المختبرات الافتراضية التي تساعد في إكساب المتعلم للمهارات اللازمة لتكامل المعرفة النظرية والعملية لديه.
من هنا، نسعى في هذه الدراسة إلى الإسهام في حل مشكلة تدني مهارة التشريح لدى طلاب كلية العلوم قسم الأحياء، وخفض زمن التعلم المستغرق في تنفيذ التجارب. وعلى وجه التحديد، نحاول من خلال هذه الدراسة الإجابة عن السؤال التالي :
ما فاعلية برنامج محاكاة في إكساب مهارات التشريح وخفض زمن التعلم في مادة الأحياء لدى طلاب كلية العلوم بالمخواة ؟

أهداف البحث:

تسعى الدراسة إلي تحقيق الأهداف الآتية :
1- التعرف على الفروق في اكتساب مهارة (التشريح) بين مجموعة الطلاب التي سيتم تدريسها باستخدام (برنامج المحاكاة) والمجموعة التي سيتم تدريسها باستخدام (مختبرات الأحياء التقليدية).
2- خفض زمن التعلم بين مجموعة الطلاب التي سيتم تدريسها باستخدام (برنامج المحاكاة) والمجموعة التي سيتم تدريسها باستخدام (مختبرات الأحياء التقليدية) .

أهمية البحث:
تكمن أهمية الدراسة الحالية فيما يلي:
1- تساير الدراسة الاتجاهات الحديثة في تدريس وتجريب نماذج وطرق جديدة قد تؤدي إلى نتائج إيجابية
2- تقلل الأعباء الإدارية والمالية
3- قد تكشف عن طرق تعلم ذاتية جديدة في مجال الأحياء
4- قد تكسب هذه الدراسة الطالب مهارة التشريح في زمن تعلم جيد
5-تقلل من الأخطاء الناتجة عن استخدام أدوات التشريح المباشرة مع الكائن الحي(كائن التجربة).

حدود البحث :
يتحدّد تعميم نتائج الدراسة في إطار الحدود الآتية:
- **الحدود الموضوعية:** تقتصر الدراسة الحالية على فاعلية برنامج محاكاة في إكساب مهارات التشريح وخفض زمن التعلم لدى طلاب كلية العلوم بالمخواة لمادة الأحياء.
- **الحدود المكانية:** تقتصر الدراسة الحالية على جمع البيانات من خلال تطبيق أدوات الدراسة على عيّنة عشوائية بسيطة من الطلبة الذكور المسجلين في المستوى الرابع بكلية العلوم (قسم الأحياء) بمحافظة المخواة والتابعة لوزارة التعليم العالي في المملكة العربية السعودية.
- **الحدود الزمنية:** سيتم جمع البيانات خلال الفصل الدراسي الثاني من العام الدراسي 1434/1433هـ.

مصطلحات البحث:
ورد في الدراسة الحالية بعض المصطلحات التي اقتضى تعريفها إجرائياً على النحو الآتي:
المحاكاة (Simulation) : هي عملية تقليد محكم لظاهرة أو سلوك أو موقف، أو لحالة أو مشكلة أو نظام حقيقي.. ويتمّ تقديم ذلك عن طريق نموذج أو مثال لموقف من الحياة الحقيقية، يستهدف تدريسه حل المشكلات واتخاذ القرارات واكتساب المهارات.. وهي من أكثر الوسائل فعالية في التعليم والتدريب (صبري، توفيق، 2005).
وتعرف إجرائياً في هذه الدراسة بأنها عملية تصميم نموذج يمثل جسم الكائن الحي المطلوب دراسته (الضفدع) وعرضه في شكل صور او رسوم متحركة أو فلاشات مع مؤثرات صوتية او حركية وذلك من خلال برامج الحاسوب التطبيقية المناسبة، بهدف اكتساب المهارات العملية المطلوبة.
المهارة (Skill) : عرفها زيتون (1994) بأنها " القدرة المكتسبة التي تمكن الفرد المتعلم من إنجاز ما توكل إليه من أعمال بكفاءة وإتقان بأقصر وقت ممكن وأقل جهد وعائد أوفر" (p107). وتعرف إجرائيا في هذه الدراسة على أنها قيام الطالب

بأداء بعض من الأعمال الموكلة إليه من خلال التجارب المخبرية, وأن يكون أداؤها على درجة كبيرة من الإتقان والسرعة والدقة.

علم التشريح (Anatomi): هو أحد فروع علم الأحياء الذي يتناول دراسة بنية وتنظيم الكائنات الحية وتركيب أعضائها المتنوعة. يمكن تقسيمه إلى تشريح حيواني وتشريح نباتي. كما يتضمن عدة فروع تخصصية ضمنه أهمها : التشريح المقارن، وعلم النسج، والتشريح البشري.

زمن التعلم (Learning Time) : يعرفه Anderson(1976) بأنه مدة معينة يستغرقها فعل أو حدث ما، أو كبعد يمثل تعاقب الأفعال والأحداث. ويكون الفعل قابل للقياس بوحدات زمنية، وأن مقدار الوقت المطلوب لإتقان مهمة يمكن أن يتضاءل مع مرور الوقت إذا درس بشكل صحيح، ويظهر أنه مع تطور القدرة على التعلم أدى إلى انخفاض الوقت الفعلي للتعلم ولتطبيق التجربة. ويعرف إجرائياً في هذه الدراسة على أنه الزمن الذي يستغرقه الطالب لإتقان مهارة التشريح.

الأحياء (Biology) : يعرفه حجي (1997) بأنه"العلم الذي يتضمن دراسة الشكل ووظائف الكائن الحي، وطرق تكاثره، وانتقال صفاته الوراثية في الأجيال المتعاقبة" (p13)، ويعرفه الباحث إجرائياً بأنه مقرر الأحياء لطلاب كلية العلوم بالمخواة.

2. الأدب النظري والدراسات السابقة

يتناول هذا الفصل الأدبيات المتعلقة بموضوع الدراسة؛ حيث تم تقسيمها إلى مبحثين، عن المحاكاة والتشريح ، كما يتناول الدراسات السابقة ذات الصلة والتعليق عليها .

محور المحاكاة Simulation :

أولاً: المحاكاة:

يعرفها سيد(1995) بأنهاعملية تمثيل أو إنشاء مجموعة من المواقف تمثيلاً أو تقليداً لأحداث من واقع الحياة حتى يتيسر عرضها والتعمق فيها لاستكشاف أسرارها والتعرف على نتائجها المحتملة عن قرب . وتنشأ الحاجة إلى هذا النوع من البرامج عندما يصعب تجسيد حدث معين في الحقيقة نظراً لتكلفته أو لحاجته إلى إجراء العديد من العمليات المعقدة.

ثانياً: المحاكاة التجريبية (Experimental Simulation) :

هي مواقف تعليمية تمثل العالم الحقيقي (تجارب) وفيها يدخل المتعلم ويقوم بإجراء التجربة وتسجيل البيانات وطورت لتزويد المتعلم بالتفاعلات في الحالات الخطرة جدا أو الغالية (Kovalchick & Kara 2003,p:518).

ثالثاً: مختبر الأحياء بالمحاكاة:

عرفه Firmeza & Ramos (1998) بأنه بيئة التعلم المستخدم فيها الوسائط الثنائية والثلاثية الابعاد وتستخدم Java كمعزز لصفحات HTML .

كما عرفه زيتون (2005) بانه بيئة تعليم وتعلم افتراضية تستهدف تنمية العمل المخبري لدى الطلاب وتقع هذه البيئة على احد المواقع في شبكة الانترنت و يضم الموقع عادة صفحة رئيسة ولها عدد من الروابط او الايقونات (الادوات) المتعلقة بالانشطة المختبرية و انجازاتها و تقويمها.

رابعاً: المحاكاة الحاسوبية (Computer Simulation) :

يعرفها سلامة وأبو ريا(2000) بأنها عبارة عن " تكرار لسلوك أو ظاهرة أو نشاط ما في الطبيعة يصعب تنفيذه كما هو في الواقع، أو يستحيل، إما بسبب الناحية الأمانية، أو بسبب التكلفة المادية، أو لطول المدة الزمنية لمعرفة نتائجها" (p:269)

كما عرفها جابر(1998) بأنها " نموذج يتم فيه تبسيط عناصر العالم الواقعي ويعرض في صيغة يمكن توفيرها في حجرة الدراسة أو حجرة المعيشة " (p:329).

الخلفية النظرية:

ذكر Billings & Halstead (1998) بأن المحاكاة تبنى على استخدام التعلم التجريبي و الملاحظة , وتتيح الفرصة للمتعلم للممارسة و التعلم وتوفر له بيئة تعلمية يمكن السيطرة عليها عند الخطا و المحاكاة هي مثال ممتاز لتطبيق نظرية التعلم الادراكية لانها تدفع المتعلم لكي يكون نشط في موقف التعلم و يتطلب منه استخدام المعرفة السابقة و المهارات والتوجه نحو الهدف.

وذكرز غلول(2003) لقد شاع استخدام التعلم بالمحاكاة في كثير من المجالات في قيادة السيارات وفي المجال العسكري و مجال الطب وغيرها , اذ يوضع المتعلم في موقف يشبة المواقف في الحياة الواقعية ليقوم باداء دوره فيها ويكون مسؤلا عن اتخاذ القرارات وان اخطا لا يترتب على خطئه خطورة . وفي الوقت الحاضر تعد المحاكاة اهم استخدامات الكومبيوتر في التعلم الفعال اذ تنقل المتعلم الى بيئة تفاعلية تسمح له بالتجريب الامن و الاستمتاع و القيام بالتجارب والتوصل الى النتائج.

كما يعد مختبر الأحياء بالمحاكاة أداة فعاله في التعلم إذ يكامل بين :

التعلم النشط : يتعلم المتعلم بشكل أفضل خلال الأنشطة التي تتطلب منه اشتراكا نشيطا.

التعلم التجريبي: يوفر مختبر الأحياء بالمحاكاة تعلم في بيئة آمنة اذ يمكن للمتعلم معايشة التجربة و ممارستها .

أنماط التعلم : يلبي مختبر الأحياء بالمحاكاة حاجات المتعلمين و توقعاتهم من خلال توفير التعلم المناسب لأنماط تعلمهم (الصوري , السمعي , الحركي) .

التعلم التشاركي : يزيد مختبر الأحياء بالمحاكاة من التفاعل الاجتماعي للمتعلم من خلال تبادل الاراء مع الاقران او المدرس .

ولذلك تعتبر المحاكاة التجريبية الافتراضية طريقة من طرق التعليم الالكتروني فهي تسمح للمتعلم باعادة التجربة بدون الخوف من الفشل وعن طريقها يمكن ان نعدل السلوك و الاداء للمتعلم فالمتعلم يختار التجربة و يتابع عملها بنفسة ويتحكم في متغيراتها.

خصائص المحاكاة:

تقدم للمتعلم تجارب تفاعلية يصعب اجرؤها في العالم الحقيقي , وتعمل على بناء المعرفة لدية كما تزودة باستبصار لتطبيق المعرفة في مواقف جديدة و تتكون المحاكاة التجريبية من عدة مكونات هي :

- سيناريو التجربة او المشكلة المعقدة و الذي ياخذ اتجاهات عديدة .
- تحديد ادوار المتعلمين و التي تتضمن المسؤوليات و المصادر و المحددات .
- سيطرة المتعلم في اتخاذ القرارات.
- تغير في المشكلة او التجربة نتيجة لاجراءات يقوم بها المتعلم .
- يقوم الحاسوب بتعديل البيانات كلما قام المتعلم باجراء معين .

والمحاكاة تعمل على تجسير الفجوة بين قاعة الدرس و العالم الحقيقي وتعمل على تصحيح الفهم الخاطئ للمفاهيم العلمية(Kovalchick & Kara, 2003).

الاعتبارات الواجب مراعاتها في برامج المحاكاة:

1- التخطيط الجيد والبرمجة الصحيحة لتصبح المحاكاة فعالة ومؤثرة وشبيهة بالظروف الطبيعية .

2- توافر أجهزة الحاسب ومعدات Hardware ذات مواصفات خاصة .

المختبر المدرسي (School Laboratory) :

يعتبرشاهين وحطاب (2005) أن المختبر المدرسي ركيزة أساسية من ركائز مناهج العلوم الحديثة, حيث يؤدي استخدامه إلى توفير خبرات حسية متنوعة ومتعددة تعد أساسا لفهم الكثير من الحقائق والمعلومات والتطبيقات العلمية, إضافة إلى استخدام المختبر يساعد الطلبة على اكتساب المهارات والمعلومات, وعلى تكوين اتجاهات وميول تخدم أهداف تدريس العلوم, لأنها تضفي واقعية على المعلومات والأفكار النظرية التي يسمعها أو يقرأها الطالب, مما يؤدي إلى فهم أفضل لطبيعة العلم, ويساهم في رسوخ المعلومات التي يتعلمها الطالب إلى أمد بعيد مقارنة بالمعلومات التي يتعلمها نظريا.

والمختبرات في المملكة العربية السعودية شأنها شأن العديد من دول العالم تتسم بنقص الإمكانات اللازمة لتفعيل تلك المختبرات وأيضا نقص الثقافة العلمية والإعداد المسبق لدى العديد من معلمي ومعلمات العلوم.

ونظرا لأهمية مشروع تفعيل المختبرات المدرسية في مدارس التعليم الثانوي و التي تبنت هذا المشروع, وحرص وزارة التربية والتعليم بالرياض على توفير كافة الإمكانات المادية والبشرية ومعالجة كافة الصعوبات والمعوقات التي تحول دون نجاح المشروع والعمل على تفاديها أو التخفيف منها بقدر الإمكان للحد من أثارها السلبية, وعليه فقد تم تفعيل المختبرات المدرسية على أساس أن تقوم كل طالبة بمفردها بعمل التجارب الفيزيائية.

الدراسات السابقة :

نماذج وتجارب ودراسات عالمية وعربية في مجال المحاكاة أو المختبرات الافتراضية:

اختار الباحث عدداً من الدراسات على أساس وجود علاقة بين موضوعاته وموضوع الدراسة. وتجدر الإشارة إلى أن بعض الدراسات استخدمت مصطلح المختبر الافتراضي كبديل عن المحاكاة وقد رتبت هذه الدراسات من الأحدث للأقدم .

1- **دراسة الشهري (2009)** والتي أوصت بأهمية تطبيق تقنية المختبرات الافتراضية في تدريس الأحياء بالمرحلة الثانوية لما له من أثر جيد في اكتساب المهارات المعملية، وكذلك الاستفادة من هذه التقنية لتجاوز المشكلات والعوائق التي تواجه المعلمين والطلاب في دراسة الجانب العملي من علم الأحياء . واستخدم فيها الباحث المنهج شبه التجريبي ، وتمت الدراسة على (68 طالباً) مقسمين إلى مجموعتين : تجريبية وعددها (34) طالباً تم تدريسهم باستخدام المختبرات الافتراضية، وضابطة عدها (34) طالباً تم تدريسهم بالمختبر التقليدي. خلصت نتائج الدراسة إلى وجود فروق ذات دلالة إحصائية عند مستوى (0.05) بين متوسطي درجات اكتساب مهارات التشريح والفسيولوجيا والمهارات الكلية لطلاب المجموعة التجريبية والمجموعة الضابطة، وعدم وجود فروق ذات دلالة إحصائية عند مستوى (0.05) بين متوسطي درجات اكتساب مهارات المورفولوجيا لطلاب المجموعتين.

كما خلصت الدراسة إلى وجود فروق ذات دلالة إحصائية عند مستوى (0.05) بين المتوسطات الحسابية لدرجات الطلاب (قبل استخدام تطبيقات الحاسوب والمختبرات الافتراضية) و (بعد استخدام تطبيقات الحاسوب والمختبرات الافتراضية) لصالح درجات الطلاب (بعد استخدام تطبيقات الحاسوب والمختبرات الافتراضية) .

2- **دراسة لال (2009)** : عنوانها : الاتجاه نحو استخدام المختبرات الافتراضية في التعليم الإلكتروني وعلاقته ببعض القدرات الإبداعية لدى عيّنة من طلاب وطالبات التعليم الثانوي العام في مدينة مكة المكرمة بالمملكة العربية السعودية.

هدف البحث الكشف عن العلاقة بين الاتجاه نحو استخدام المختبرات الافتراضية وبعض القدرات الإبداعية (الطلاقة– المرونة– الأصالة). إلى جانب التعرف على

الفروق في هذه القدرات الإبداعية وفقاً لتفاعل متغيرات الاتجاه نحو استخدام المختبرات الافتراضية في التعليم الالكتروني (مرتفع – منخفض)، والنوع (ذكور – إناث)، والصف الدراسي (ثان – ثالث). ولتحقيق هذا، تم تصميم استبانة الاتجاه نحو استخدام المختبرات الافتراضية في التعليم الالكتروني وحساب خصائصها السيكومترية من صدق وثبات، إلى جانب حساب صدق وثبات مقياس القدرات الإبداعية على عينة من طلاب وطالبات مدارس التعليم العام بمدينة مكة المكرمة. وتكونت عينة البحث من (520) طالباً وطالبة من طلاب وطالبات التعليم العام الثانوي من القسم العلمي من الفرقة الثانية والثالثة. وانتهت النتائج إلى وجود علاقة موجبة دالة إحصائياً بين الاتجاه نحو استخدام المختبرات الافتراضية في التعليم الالكتروني وبعض القدرات الإبداعية) الطلاقة– المرونة– الأصالة). كما تبين أن الطلاب الذكور مرتفعي الاتجاه نحو استخدام المختبرات الافتراضية في التعليم الالكتروني في الصف الثالث الثانوي أكثر قدرة على الإبداع. وتم تفسير النتائج والوصول إلى اقتراح بعض التوصيات والبحوث.

3- **دراسة الجوير (2008)** : والتي هدفت للتعرف على أثر استخدام المختبرات المحوسبة وبرامج المحاكاة الحاسوبية على تحصيل الطلاب واتجاهاتهم نحو الكيمياء، إضافة إلى اتجاهاتهم نحو المختبرات المحوسبة وبرامج المحاكاة الحاسوبية واستخدم الباحث المنهج التجريبي وأداتين لدراسته هي الاختبار التحصيلي والاستبانة، وبلغت عينة البحث (51) طالباً تم توزيعهم إلى ثلاث مجموعات : المجموعة الضابطة، ومجموعتين تجريبيتين، إحداهما للمختبرات المحوسبة، والأخرى للمحاكاة الحاسوبية وجاءت نتائج الدراسة كالتالي :

1- لا توجد فروق فردية ذات دلالة إحصائية عند مستوى (0.05) بين متوسط درجات طلاب المجموعة الضابطة وطلاب المجموعة التجريبية الأولى والتي درست باستخدام المختبرات المحوسبة في الاختبار التحصيلي لفصلي المحاليل الموصلة للكهرباء والحسابات المتعلقة بالحموض والقواعد في مادة الكيمياء للصف الثالث الثانوي.

2- لا توجد فروق فردية ذات دلالة إحصائية عند مستوى (0.05) بين متوسط درجات طلاب المجموعة الضابطة وطلاب المجموعة التجريبية الأولى والمجموعة التجريبية الثانية في مقياس الاتجاه نحو مادة الكيمياء .

3- توجد اتجاهات إيجابية نحو استخدام المختبرات المحوسبة وبرامج المحاكاة الحاسوبية في تعلم الكيمياء.

4- **دراسة المنتشري (2007)** والتي سعت إلى معرفة الواقع الفعلي لاستخدام المختبر المدرسي في تدريس الأحياء بالمرحلة الثانوية والتعرف على أثر المؤهل وطبيعة العمل وسنوات الخدمة في تنفيذ النشاطات العملية في تدريس الأحياء بالمرحلة الثانوية وأبرز معوقات استخدام المختبر في تدريس الأحياء واقتراح الحلول المناسبة لذلك واستخدم الباحث المنهج الوصفي المسحي منهجاً للدراسة وتوصل إلى نتائج عدة ، من أهمها :

1- أن واقع استخدام المختبر المدرسي في تدريس الأحياء بمحافظة القنفذة يشير على تدني في مستوى استخدام المختبر عن الدور المأمول تحقيقه .

2- وجود فروق ذات دلالة إحصائية عند مستوى (0.05) في استجابة مجتمع الدراسة في تقييمهم لواقع استخدام المختبر المدرسي في تدريس الأحياء تعود لصالح المشرفين التربويين

3- تركزت معوقات استخدام المختبر المدرسي في تدريس الأحياء بالمرحلة الثانوية في : قلة المخصصات المالية – قلة المواد اللازمة لإجراء التجارب – ضعف مهارات طلاب المرحلة الثانوية في التعامل مع المواد الكيميائية وزيادة النصاب التدريسي للمعلم على التوالي .

5- في الولايات المتحدة أشار ديلون (Dillon) على أن هناك 25 ولاية في أمريكا قامت بتطبيق نظام المدارس التي تعتمد على الإنترنت كوسيلة تعليمية. فلقد أكد مجلس الشمال الأمريكي أن هناك ما يبلغ (6000) طالب من المدارس العامة قاموا بالتسجيل في دورات العلوم الإلكترونية المتمثلة في المختبرات الافتراضية. وقال أساتذة العلوم إنّ استخدام المحاكاة الالكترونية من الممكن أن يعطي نتائج جيدة للغاية حيث أنها تستخدم كإضافة وتكميل للأعمال التي يقوم بها الطلبة في المختبر الحقيقي، ولكنها تركّز اهتمامها على تدعيم الطلبة الذين ليس لديهم أي خبرة عملية في كيفية التعامل مع المختبرات الحقيقية. وقالت سوزان باتريك رئيسة المجلس الشمالي الأمريكي إنّه "يوجد آلاف من المدارس الريفية لا توجد فيها مختبرات للعلوم، ولكن يوجد فيها طلاب يرغبون في الالتحاق بالجامعة، وإنّهم في حاجة إلى اكتساب الخبرات التي تؤهلهم لذلك" (Dillon, 2007).

6- دراسة الشايع (2006) والتي أجريت لمعرفة واقع استخدام المختبرات التي قامت بتأمينها وزارة التربية والتعليم ، حيث جهزت أكثر من ستين مختبراً محوسباً في المدارس الثانوية للبنين في بداية العام الدراسي 1423-1424 في سبع من مناطق المملكة (مكة المكرمة، المدينة المنورة، الرياض، المنطقة الشرقية، القصيم، عسير، جازان) بعد سنة من تجريبها ودراسة اتجاهات معلمي العلوم والطلاب نحوها من حيث التجهيز والاستخدام وتأثيرها على تعلم وتعليم العلوم وتأثيرها على اتجاهاتهم نحو العلوم والحاسب الآلي. وشارك في هذه الدراسة 118 معلماً 580 طالباً.

وجاءت أبرز نتائج الدراسة كالتالي:

- أن 37.7% من المعلمين في عينة الدراسة لم يستخدموا مختبرات العلوم المحوسبة مطلقاً، بينما أكد 62.3%استخدامهم لها لمرة واحدة على الأقل. وأن معلمي المواد العلمية المختلفة (الفيزياء والكيمياء والأحياء) متقاربين إلى حد كبير في مدى استخدامهم لها، وأكدت الدراسة على وجود اتجاهات ايجابية لدى معلمي العلوم والطلاب نحو مختبرات العلوم المحوسبة بشكل عام، وكان أكثر هذه الاتجاهات إيجابية هو تأثيرها على تنمية الاتجاهات الإيجابية لدى عينة الدراسة نحو الحاسب الآلي والعلوم.

- وجود فروق ذات دلالة إحصائية في اتجاهات المعلمين نحو مختبرات العلوم المحوسبة في محور التجهيز والاستخدام ومحور تعلم وتعليم العلوم وفي الاتجاه العام لحساب معلمي المنطقة الشرقية على حساب معلمي منطقة عسير.

- وجود فروق ذات دلالة إحصائية في اتجاهات طلاب منطقتي القصيم وجازان في جميع محاور الدراسة على حساب طلاب منطقة عسير.

- عدم وجود فروق ذات دلالة إحصائية بين اتجاهات المعلمين بناء على متغير المادة الدراسية.

- وجود فروق ذات دلالة إحصائية في اتجاهات المعلمين والطلاب نحو مختبرات العلوم المحوسبة في جميع محاور الدراسة لصالح الطلاب ذوي المهارة العالية في استخدام الحاسب الآلي على زملائهم ذوي المهارة الضعيفة (ما عدا محور تنمية الاتجاهات نحو الحاسب الآلي والعلوم بالنسبة للمعلمين).

7- دراسة شيه (Shih, 2005) وهدفت إلى تعزيز دور المختبرات الافتراضية في العملية التعليمية، وقد تم الأخذ بآراء (1898) من طلبة المرحلة الثانوية من مدارس التعليم العام من ولاية يوتا الأمريكية، وأتضح من النتائج بأن 73% يؤيدون هذا الاتجاه، وهي خطوة جديدة لأن تكون المختبرات الافتراضية وسيلة للتعلم عن بُعد لحل جزء كبير من المعاناة مع بعض المدارس التي ترتبط جداولها المعملية بتوفير المواد الخام (لال,2005).

8- دراسة بالموش ودومبرافيا (Balmush & Dumbraveanu, 2005) دراسة في مالدوفا هدفت إلى تطوير مختبر افتراضي في مادة الفيزياء لتدريس طلاب المرحلة الجامعية. وتوصلت هذه الدراسة إلى مجموعة نتائج، من أهمها: إنّ للمختبر الافتراضي أثر ايجابي على أداء الطلاب، حيث أدى إلى فهم أعمق للظواهر الفيزيائية مع إمكانية فحص الظواهر الفيزيائية الكامنة التي لا يمكن التعرف عليها في المختبر الحقيقي، وبالتالي تحسّن استيعابهم للظواهر الفيزيائية.

9 **- دراسة دافي وكمبتون (Davis, Compton, 2004)** وعنوانها "الدمج بين المختبر الافتراضي والمختبر البيتي" هدفت إلى تقويم تجربة كلبر (Dr. kleepr) الذي قام بدمج استعمال المختبر الافتراضي ومختبر البيت إلى فصله عندما

درَّس طلبة جامعة أيوا الأهلية مادة الكيمياء اللاعضوية عن طريق الإنترنت (التعليم عن بعد) وذلك باستخدام مختبر كيميائي افتراضي واستخدام مطبخ البيت لإجراء بعض التجارب، ومن ثم التواصل والتحقق من النتائج مع الباحث كلبر الموجود في الجامعة.. وقد قارن الباحثان نتائج الطلاب الذين درسوا بالتعليم عن بعد والطلاب التقليديين الذين جاؤوا إلى المختبر المجهز بشكل جيد وغرفة حلقته الدراسية في الكلية، وتوصلا إلى نتيجة مفادها أنه لا يوجد فرق في تحصيل مادة الكيمياء بين المجموعتين وهذا يدل على فاعلية هذه الطريقة.

التعقيب على الدراسات السابقة :

تجدر الإشارة إلى أن بعض الدراسات استخدمت مصطلح المختبر الافتراضي كبديل عن المحاكاة. واتفقت هذه الدراسة مع بعض الدراسات في المنهج مثل **دراسة الشهري (2009) ودراسة المنتشري (2007)** وفي **دراسة لال (2009)** والتي أوصت بأهمية تطبيق تقنية المختبرات الافتراضية في تدريس الأحياء بالمرحلة الثانوية لما له من أثر جيد في اكتساب المهارات المعملية، وأختلفت عن هذه الدراسة في الفئة المستهدفة وهم طلاب المرحلة الجامعية وكذلك قياس زمن التجربة . **وأثبتت دراسة الجوير (2008) وفي دراسة دافي وكمبتون (Davis, Compton, 2004)** التيأثبتت وجود اتجاهات إيجابية نحو استخدام المختبرات المحوسبة وبرامج المحاكاة الحاسوبية في تعلم الكيمياء، وأتفقت مع النتائج مع هذه الدراسة وأختلفت هذه الدراسة بأنها في منهج الأحياء ووجد نتائج إيجابية في استخدام المختبرات الافتراضية. **وركز الشايع (2006)** في دراسته على مقياس الاتجاه بينما دراستنا هذه تركزت على إكتساب المهارة وخفض زمن التجربة. وفي **دراسة شيه (Shih, 2005)**التي ذكرها لال 2005 والتي هدفت إلى تعزيز دور المختبرات الافتراضية في العملية التعليمية، وأتضح بأن 73% يؤيدون هذا الاتجاه، وهي خطوة جديدة لأن تكون المختبرات الافتراضية وسيلة للتعلم عن بُعد لحل جزء كبير من المعاناة مع بعض المدارس التي ترتبط جداولها المعملية بتوفير المواد الخام، وهذا ما اتفقت معه هذه الدراسة بتعزيز دور المختبرات الافتراضية. وفي **دراسة بالموش ودومبرافيا (Balmush & Dumbraveanu, 2005)** والتي توصلت إلى مجموعة نتائج، من أهمها: إنّ للمختبر الافتراضي أثر ايجابي على أداء الطلاب، وهذا ما اتفقت معه هذه الدراسة من نتائج واختلفت هذه الدراسة بأنها في علم الأحياء وحدة التشريح .

ولذلك يُلاحظ من خلال استعراض الدراسات السابقة أن معظم الدراسات السابقة أشارت إلى وجود أثر إيجابي لبرامج المحاكاة المعتمدة على الحاسب الآلي في إكساب الطلاب للمهارات المعملية اللازمة والمطلوبة لتتكامل المعرفة النظرية والعملية وهذا ما أثبتته هذه الدراسة أيضاً ووأوصت بعض الدراسات بأهمية تطبيق تقنية المختبرات الافتراضية في تدريس الأحياء بالمرحلة الثانوية لما له من أثر جيد في اكتساب المهارات المعملية، وكذلك الاستفادة من هذه التقنية لتجاوز المشكلات والعوائق التي تواجه المعلمين والطلاب في دراسة الجانب العملي من علم الأحياء للمتعلم في هذه المرحلة الهامة، وأتفقت هذه الدراسة مع ذلك. كما أكدت الدراسات على وجود اتجاهات ايجابية لدى معلمي العلوم والطلاب نحو مختبرات العلوم المحوسبة بشكل عام وأشارت النتائج إلى أن التعليم المبرمج بمساعدة الحاسب الآلي (المحاكاة) ذا فعالية في زيادة مستوى التحصيل وخفض زمن التعلم، وهو أبرز النتائج التي توصلنا لها في هذه الدراسة. غير أن هذه الدراسة أختلفت عن الدراسات السابقة في مهارة التشريح ولم تتحدث أي دراسة سابقة عن ذلك وكذلك قياس زمن التجربة مع عملية التشريح وأختلفت في الفئة المستهدفة من ذلك حيث أن هذه الدراسة ركزت على طلاب المستوى الرابع من الجامعة في قسم الأحياء.

بالاضافة لذلك أستفاد الباحث من الدراسات السابقة في عدة امور منها :

1- تنظيم الإطار النظري للدراسة الحالية .
2- اختيار منهجية البحث (تجريبي) واختيار عينة الدراسة .
3- اختيار التصميم التجريبي المناسب لهذه الدراسة وهو التصميم القائم على مجموعتين متكافئتين (تجريبية وضابطة).
4- بناء برنامج المحاكاة.
5- استخدام الأساليب الاحصائية المناسبة.
6- التعرف على العديد من الكتب والمجلات العلمية والمراجع التي تخدم وتثري هذه الدراسة.
7- استفادت الدراسة الحالية أيضاً من الدراسات السابقة في بناء الاختبار التحصيلي وبطاقة الملاحظة.
8- استفادت الدراسة الحالية أيضاً من الدراسات السابقة في المقارنات العلمية للنتائج.

فرضيات البحث:

1- لا توجد فروق ذات دلالات إحصائية عند مستوى (0.05) بين متوسطي درجات اكتساب مهارات التشريح لطلاب المجموعة التجريبية (التي درست باستخدام برنامج المحاكاة) وطلاب المجموعة الضابطة (التي درست باستخدام مختبر الأحياء التقليدي) في الملاحظة البعدية بعدضبط التطبيق القبلي .

2- لا توجد فروق ذات دلالات إحصائية عند مستوى (0.05) بين متوسطي زمن تنفيذ التجربة بين طلاب المجموعة التجريبية (التي درست باستخدام برنامج المحاكاة) وطلاب المجموعة الضابطة (التي درست باستخدام مختبر الأحياء التقليدي) .

3. منهجية البحث وإجراءاته

أولاً: منهج البحث:

استخدم الباحث في هذه الدراسة المنهج التجريبي ذي المجموعتين (التجريبية والضابطة)، حيث تدرس المجموعة التجريبية مهارات التشريح باستخدام برنامج محاكاة، بينما تدرس المجموعة الضابطة المهارات نفسها باستخدام الطريقة االتقليدية (المعمل الحقيقي)؛ وذلك للتحقّق من صحة فروض الدراسة.

ثانياً: مجتمع البحث:

تكوَّن مجتمع الدراسة من طلاب المستوى الرابع تخصص الأحياء في كلية العلوم والآداب بمحافظة المخواة ، خلال العام الدراسي 1434/1433، وقد استخدم الباحث العينة العشوائية البسيطة في اختيار عينة الدراسة التي ستقوم بدراسة المحتوى العلمي المرتبط بمهارات التشريح باستخدام برنامج المحاكاة الذي صممه الباحث.

ثالثًا: عينة البحث:

لتنفيذ تجربة الدراسة تم اختيار شعبتين من شعب قسم الأحياء بكلية العلوم والآداب بالمخواة، لتمثّل الشعبة الأولى وعددها (21 طالب) المجموعة التجريبية، وتمثّل الآخرى وعددها (21 طالب) المجموعة الضابطة.

رابعًا: أدوات البحث:

أعد الباحث اختبار يقيس مستوى تحصيل الطلاب للمحتوى العلمي المرتبط بمهارات التشريح المقررة عليهم (الجانب النظري لمهارات التشريح)، فضلاً عن إعداد بطاقة لملاحظة مهارات التشريح العملية (الجانب العملي لمهارات التشريح)، بوصفها أداة الدراسة الرئيسة، وتطبيقها بعدياً- بعد تقنينها وضبطها من حيث الصدق و الثبات - على أفراد المجموعتين التجريبية والضابطة، المختارتين بطريقة عشوائية.

خامساً: خطوات إجراء تجربة الدراسة:

اعتمد تنفيذ تجربة الدراسة على المنهج التجريبي ذي المجموعتين التجريبية والضابطة، حيث تدرس المجموعة التجريبية باستخدام الموقع الإلكتروني المصمم على الشبكة المعلوماتية (الانترنت) في إجراء التجارب المقررة على طلاب المستوى الرابع تخصص أحياء، في حين تدرس المجموعة الضابطة وفق الطريقة المعتادة (المعمل الحقيقي)، ومن خلال التطبيق القبلي والبعدي للاختبار التحصيلي وبطاقة ملاحظة أداء الطالب لمهارات تشريح الكائن الحي، يمكن اختبار صحة فروض الدراسة الأساسية الموضحة في الفصل الأول من الدراسة.

التصميم التجريبي:

لتنفيذ تجربة الدراسة، تم اتباع التصميم التجريبي الموضّح في الشكل التالي:

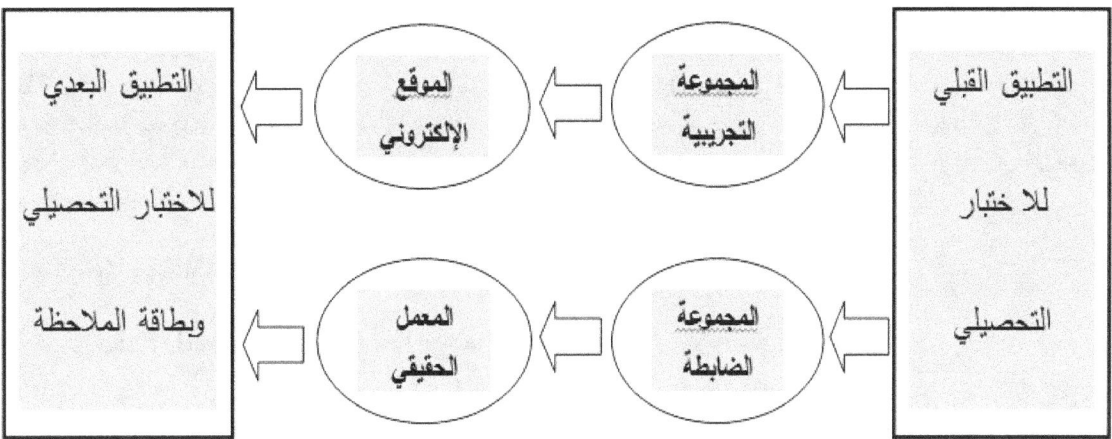

شكل (1): التصميم التجريبي للدراسة.

وقد نُفذت التجربة على المجموعتين الضابطة والتجريبية في الفترة الزمنية نفسها التي بدأ فيها تدريس مهارات التشريح المحددة في الدراسة التجريبية الحالية، حيث تم اختيار شعبتين من شعب قسم الأحياء المستوى الرابع، بحيث تمثل الشعبة الأولى المجموعة الضابطة، وتمثل الشعبة الثانية المجموعة التجريبية.

تطبيق الاختبار التحصيلي (قبلي وبعدي):

قام الباحث بتطبيق الاختبار التحصيلي قبليًا على مجموعتي الدراسة التجريبية والضابطة، وذلك قبل تنفيذ تجربة الدراسة، وبعدياً بعد تنفيذ تجربة الدراسة مباشرة.

تطبيق بطاقة الملاحظة (بعدياً):

قام الباحث بتطبيق بطاقة الملاحظة بعديًا على مجموعتي الدراسة التجريبية والضابطة، وقد استغرقت عملية الملاحظة لكل تلميذ زمنًا قدره (25) دقيقة تقريبًا. واقتصرت تعليمات، على أن يقوم الباحث بمتابعة كل طالب منفرداً في كل مهارة من مهارات التشريح المحددة سلفاً، وتسجيل الزمن الذى استغرقه كل طالب في تنفيذ تجربة التشريح في ورقة الملاحظة الخاصة به.

المعالجة الإحصائية:

تم رصد جميع الدرجات الخام في كل من التطبيقين القبلي والبعدي للاختبار التحصيلي وبطاقة الملاحظة في استمارة البيانات التي أعدها الباحث لهذا الغرض، وقد تم اختيار الأساليب الإحصائية المناسبة كما يلي:

اختبار "ف" (F-Test):

نظرًا لأن عينة الدراسة وحدتها الشعبة، وليس الأفراد، ولصعوبة ضبط بعض العوامل التجريبية، مثل: الحالة الاقتصادية، والاجتماعية، ونسبة الذكاء التي تؤثر بدورها على نتائج البحث؛ كان اللجوء إلى الضبط الإحصائي. لذلك فقد عمد الباحث إلى استخدام اسلوب تحليل التباين الأحادي ONE WAY ANOVA، لحساب قيمة تحليل "ف" بين متوسطي درجات طلاب المجموعتين التجريبية والضابطة؛ للتأكد من عدم وجود فرق ذي دلالة إحصائية بين طلاب المجموعتين في التطبيق القبلي للاختبار التحصيلي. وقد جاءت النتائج الإحصائية كما في الجدول التالي:

جدول (6) نتائج تحليل التباين الأحادي لدرجات طلاب المجموعتين التجريبية والضابطة في التطبيق القبلي للاختبار التحصيلي، ودلالتها الإحصائية.

دلالة "ف"	قيمة "ف"	متوسط مجموع المربعات	درجة الحرية	مجموع المربعات	مصدر التباين	طلاب المجموعة التجريبية		طلاب المجموعة الضابطة	
						ع	م	ع	م
0.084	3.173	29.16	1	29.16	بين المجموعات	2.65	12.38	3.39	14.4
		9.29	40	371.9	داخل المجموعات				

ويظهر من نتائج الجدول السابق، أن مستوى التباين في أداء المجموعتين على الاختبار التحصيلي للتشريح غير دالة إحصائيًا عند مستوى دلالة (0.05)، وأن قيمة "ف" للاختبار تساوي (3.173) بين متوسطي درجات المجموعتين التجريبية والضابطة في التطبيق القبلي، وهذه القيمة دالة إحصائيًا عند مستوى (0.084)، بمعنى أنها غير دالة إحصائيًا عند مستوى دلالة 0.05، ودرجة حرية (40)، ومن ثم يمكن أن نؤكد بدرجة ثقة 95%، أنه لا يوجد تباين دال إحصائيًا بين أداء طلاب المجموعتين التجريبية والضابطة في التطبيق القبلي للاختبار التحصيلي للتشريح، وبذلك يمكن أن نُعزي أى فروق بين المجوعتين في التطبيق البعدي للبرمجية المقترحة.

4. نتائج البحث ومناقشتها

الإجابة عن السؤال الأول: (فيما يتعلق باكتساب الطلاب لمهارات التشريح على مستوى التحصيل)

للإجابة عن السؤال الأول من أسئلة الدراسة وهو: " ما فاعلية برنامج محاكاة في إكساب مهارات التشريح في مادة الأحياء لدى طلاب كلية العلوم بالمخواة "، اتبع الباحث الإجراءات الإحصائية التالية:

أولاً: فيما يتعلق بالشق النظري (تحصيل الطلاب للمحتوى العلمي المرتبط بمهارات التشريح): فقد حُسب المتوسط الحسابي لدرجات طلاب المجموعتين التجريبية والضابطة في الاختبار التحصيلي المرتبط بمهارات التشريح، وجاءت النتائج كما هو موضح في الجدول التالي:

جدول (7) يوضح المتوسط الحسابي لدرجات طلاب المجموعتين التجريبية والضابطة في الاختبار التحصيلي لمهارات التشريح.

المجموعة	عدد الطلاب (ن)	المتوسط (م)	الانحراف المعياري (ع)
التجريبية	21	17.95	2.41
الضابطة	21	19.91	1.84

ويوضح الشكل التالي التمثيل البياني لمتوسطي درجات طلاب المجموعتين التجريبية والضابطة في الاختبار التحصيلي لمحتوى مهارات التشريح.

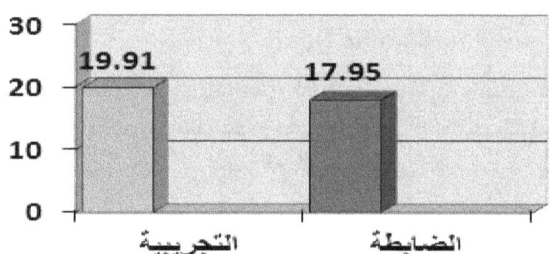

شكل (2): التمثيل البياني لمتوسطي درجات طلاب المجموعتين التجريبية والضابطة في الاختبار التحصيلي لمهارات التحصيل

ونستخلص من بيانات الجدول السابق، والتمثيل البياني لها عددًا من الاستنتاجات، يمكن إجمالها فيما يلي:

- وجود فرق بين متوسطي درجات المجموعتين التجريبية والضابطة، حيث بلغ متوسط درجات طلاب المجموعة التجريبية في الاختبار التحصيلي المرتبط بالمحتوى العلمي لمهارات التشريح (19.91)، بينما بلغ متوسط درجات طلاب المجموعة الضابطة في التطبيق البعدي للاختبار نفسه (17.95)؛ مما يدلُّ على تفوُّق طلاب المجموعة التجريبية، الذين درسوا باستخدام برنامج المحاكاة، على طلاب المجموعة الضابطة، الذين درسوا وفق الطريقة المعتادة، ويوضِّح التمثيل البياني السابق الارتفاع الملحوظ في متوسطي درجات المجموعتين.
- التأثير الواضح لبرنامج المحاكاة على أداء طلاب المجموعة التجريبية، بالدرجة التي يتفوّق فيها على تأثير المعمل الحقيقي، كما هو واضح من بيانات الجدول السابق، والتمثيل البياني للمتوسطين.

ولدراسة دلالة الفرق بين متوسطي درجات المجموعتين التجريبية والضابطة في الاختبار التحصيلي المرتبط بمهارات التشريح، حُسبت قيمة التحليل التباين الآحادي "ف" بين المتوسطين باستخدام اسلوب تحليل التباين الآحادي ONE WAY ANOVA، وقد جاءت النتائج كما هو موضح في الجدول التالي:

جدول (8) نتائج تحليل التباين الأحادي لدرجات طلاب المجموعتين التجريبية والضابطة في التطبيق البعدي للاختبار التحصيلي، ودلالتها الإحصائية.

طلاب المجموعة الضابطة		طلاب المجموعة التجريبية		مصدر التباين	مجموع المربعات	درجة الحرية	متوسط مجموع المربعات	قيمة "ف"	دلالة "ف"
م	ع	م	ع	بين المجموعات	40.02	1	40.02	8.665	دالة
17.95	2.41	19.91	1.84	داخل المجموعات	184.76	40	4.619		

وبتحليل بيانات الجدول، يمكن استنتاج عدد من الملاحظات، أهمها ما يلي:

- مستوى التباين بين أداء طلاب المجموعتين التجريبية والضابطة في التطبيق البعدي للاختبار التحصيلي المرتبط بمهارات التشريح دال إحصائياً عند مستوى دلالة (0.05)، ودرجة حرية (40)، حيث بلغت قيمة "ف" المحسوبة (8.665)، وهي دالة عند مستوى (أقل من 0.05)؛ ولذلك نرفض الفرضية الصفرية، ونقبل الفرضية البديلة التي تنصُّ على وجود تباين دال إحصائيًا بين متوسطي درجات طلاب المجموعتين التجريبية والضابطة في الاختبار التحصيلي المرتبط بمهارات التشريح؛ لصالح المجموعة التجريبية.
- دلالة التباين بين أداء طلاب المجموعتين التجريبية والضابطة، تؤكّد تفوُّق تأثير برنامج المحاكاة على تأثير المعمل الحقيقي، وهذا بدوره يُبيّن مدى نجاح برنامج المحاكاة في أداء دور المعمل الحقيقي نفسه، ومن ثمَّ يمكن أن يحلَّ المعمل الافتراضي مكان الحقيقي الحقيقي في رفع مستوى أداء الطلاب أثناء تحصيلهم المحتوى العلمي المرتبط بمهارات التشريح.

ثانياً: فيما يتعلق بالشق العملي (أداء الطلاب لمهارات تشريح الكائن الحي): للتأكد من صحة النتيجة السابقة التي تشير إلى " فاعلية برنامج محاكاة في إكساب مهارات التشريح في مادة الأحياء لدى طلاب كلية العلوم بالمخواة "، فقد حُسب المتوسط الحسابي لدرجات طلاب المجموعتين التجريبية والضابطة في بطاقة ملاحظة أداء الطلاب لمهارات التشريح بصورة عملية، وجاءت النتائج كما هو موضح في الجدول التالي:

جدول (9) : يوضح المتوسط الحسابي لدرجات طلاب المجموعتين التجريبية والضابطة في بطاقة ملاحظة مهارات التشريح.

المجموعة	عدد الطلاب (ن)	المتوسط (م)	الانحراف المعياري (ع)
الضابطة	21	15.43	3.67
التجريبية	21	19.05	1.36

ويوضح الشكل التالي التمثيل البياني لمتوسطي درجات طلاب المجموعتين التجريبية والضابطة في الاختبار التحصيلي لمحتوى مهارات التشريح.

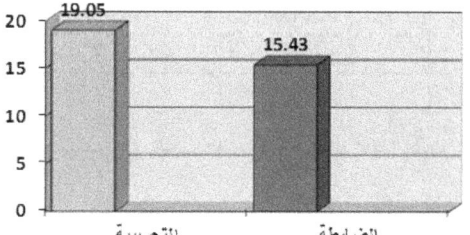

شكل (3): التمثيل البياني لمتوسطي درجات طلاب المجموعتين التجريبية والضابطة في التطبيق البعدي لبطاقة ملاحظة مهارات التشريح عملياً

ونستخلص من بيانات الجدول السابق، والتمثيل البياني لها عددًا من الاستنتاجات، يمكن إجمالها فيما يلي:

- وجود فرق بين متوسطي درجات المجموعتين التجريبية والضابطة، حيث بلغ متوسط درجات طلاب المجموعة التجريبية في التطبيق البعدي لبطاقة ملاحظة الأداء العملي لمهارات تشريح الكائن الحي (الضفدع) (15.14)، بينما بلغ متوسط درجات طلاب المجموعة الضابطة في التطبيق البعدي لنفس البطاقة (12.85)؛ مما يدلُّ على تفوُّق طلاب المجموعة التجريبية، الذين درسوا باستخدام برنامج المحاكاة، على طلاب المجموعة الضابطة، الذين درسوا وفق الطريقة المعتادة، ويوضّح التمثيل البياني السابق الارتفاع الملحوظ في متوسطي درجات المجموعتين.
- التأثير الواضح لبرنامج المحاكاة على أداء طلاب المجموعة التجريبية، بالدرجة التي يتفوّق فيها على تأثير المعمل الحقيقي، كما هو واضح من بيانات الجدول السابق، والتمثيل البياني للمتوسطين.

ولدراسة دلالة الفرق بين متوسطي درجات المجموعتين التجريبية والضابطة التطبيق البعدي لبطاقة ملاحظة الأداء العملي لمهارات تشريح الكائن الحي (الضفدع)، حُسبت قيمة التحليل التباين الآحادي "ف" بين المتوسطين باستخدام اسلوب تحليل التباين الآحادي ONE WAY ANOVA، وقد جاءت النتائج كما هو موضح في الجدول التالي:

جدول (10) نتائج تحليل التباين الأحادي لدرجات طلاب المجموعتين التجريبية والضابطة في التطبيق البعدي لبطاقة ملاحظة مهارات التشريح، ودلالتها الإحصائية.

طلاب المجموعة الضابطة		طلاب المجموعة التجريبية		مصدر التباين	مجموع المربعات	درجة الحرية	متوسط مجموع المربعات	قيمة "ف"	دلالة "ف"
م	ع	م	ع	بين المجموعات	137.523	1	137.523	17.971	دالة
15.43	3.76	19.05	1.36	داخل المجموعات	306.095	40	7.652		

وبتحليل بيانات الجدول، يمكن استنتاج عدد من الملاحظات، أهمها ما يلي:

- مستوى التباين بين أداء طلاب المجموعتين التجريبية والضابطة في التطبيق البعدي لبطاقة ملاحظة الأداء العملي لمهارات تشريح الكائن الحي (الضفدع) دال إحصائياً عند مستوى دلالة (0.05)، ودرجة حرية (40)، حيث بلغت قيمة "ف" المحسوبة (17.971)، وهي دالة عند مستوى (أقل من 0.05)؛ ولذلك نرفض الفرضية الصفرية، ونقبل الفرضية البديلة التي تنصُّ على وجود تباين دال إحصائيًّا بين متوسطي درجات طلاب المجموعتين التجريبية والضابطة في الأداء العملي لمهارات تشريح الكائن الحي (الضفدع) ؛ لصالح المجموعة التجريبية.
- دلالة التباين بين أداء طلاب المجموعتين التجريبية والضابطة، تؤكّد تفوُّق تأثير برنامج المحاكاة على تأثير المعمل الحقيقي، وهذا بدوره يُبيّن مدى نجاح برنامج المحاكاة في أداء دور المعمل الحقيقي نفسه، ومن ثَمَّ يمكن أن يحلّ المعمل الافتراضي مكان الحقيقي في رفع مستوى الأداء العملي للطلاب أثناء ممارستهم مهارات تشريح الكائن الحي.

الإجابة عن السؤال الثاني:

للإجابة عن السؤال الثاني من أسئلة الدراسة وهو: " ما فاعلية برنامج محاكاة في خفض زمن التعلم في مادة الأحياء لدى طلاب كلية العلوم بالمخواة "، فقد حُسب المتوسط الحسابي لدرجات طلاب المجموعتين التجريبية والضابطة خلال ممارستهم مهارات تشريح الكائن الحي (الضفدع)، وجاءت النتائج كما هو موضح في الجدول التالي:

جدول (11): يوضح المتوسط الحسابي لدرجات طلاب المجموعتين التجريبية والضابطة فيما يتعلق بزمن إجراء التجربة.

المجموعة	عدد الطلاب (ن)	المتوسط (م)	الانحراف المعياري (ع)
التجريبية	21	12.09	1.43
الضابطة	21	18.35	4.01

ويوضح الشكل التالي التمثيل البياني لمتوسطي درجات طلاب المجموعتين التجريبية والضابطة في الاختبار التحصيلي لمحتوى مهارات التشريح.

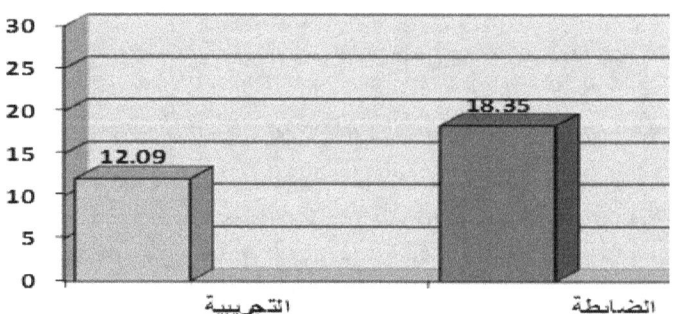

شكل (4): التمثيل البياني لمتوسطي درجات طلاب المجموعتين التجريبية والضابطة في زمن إجراء التجربة

ونستخلص من بيانات الجدول السابق، والتمثيل البياني لها عددًا من الاستنتاجات، يمكن إجمالها فيما يلي:

- وجود فرق بين متوسطي درجات المجموعتين التجريبية والضابطة، حيث بلغ متوسط درجات طلاب المجموعة التجريبية في زمن إجراء تجربة تشريح الكائن الحي (الضفدع) (12.09)، بينما بلغ متوسط درجات طلاب المجموعة الضابطة في التطبيق البعدي للمهارة نفسها (18.35)؛ مما يدلُّ على تفوُّق طلاب المجموعة التجريبية، الذين درسوا باستخدام برنامج المحاكاة في إجراء عملية تشريح الضفدع في زمن أقل بكثير مقارنة بطلاب المجموعة الضابطة، الذين درسوا وفق الطريقة المعتادة، ويوضِّح التمثيل البياني السابق التباين الملحوظ في متوسطي زمن المجموعتين.
- التأثير الواضح لبرنامج المحاكاة على أداء طلاب المجموعة التجريبية، بالدرجة التي يتفوّق فيها على تأثير المعمل الحقيقي، كما هو واضح من بيانات الجدول السابق، والتمثيل البياني للمتوسطين.

ولدراسة دلالة الفرق بين متوسطي درجات المجموعتين التجريبية والضابطة في زمن إجراء تجربة تشريح الضفدع، حُسبت قيمة التحليل التباين الآحادي "ف" بين المتوسطين باستخدام اسلوب تحليل التباين الآحادي ONE WAY ANOVA، وقد جاءت النتائج كما هو موضح في الجدول التالي:

جدول (13) نتائج تحليل التباين الأحادي لدرجات طلاب المجموعتين التجريبية والضابطة في زمن إجراء تجربة التشريح ، ودلالتها الإحصائية.

طلاب المجموعة الضابطة		طلاب المجموعة التجريبية		مصدر التباين	مجموع المربعات	درجة الحرية	متوسط مجموع المربعات	قيمة "ف"	دلالة "ف"
م	ع	م	ع	**بين المجموعات**	411.09	1	411.09	45.344	دالة
18.35	4.01	12.09	1.43	**داخل المجموعات**	362.646	40	9.066		

وبتحليل بيانات الجدول، يمكن استنتاج عدد من الملاحظات، أهمها ما يلي:

- مستوى التباين بين أداء طلاب المجموعتين التجريبية والضابطة في التطبيق البعدي لبطاقة الملاحظة على مستوى زمن التجربة دال إحصائياً عند مستوى دلالة (0.05)، ودرجة حرية (40)، حيث بلغت قيمة "ف" المحسوبة (45.344)، وهي دالة عند مستوى (أقل من 0.05)؛ ولذلك نرفض الفرضية الصفرية، ونقبل الفرضية البديلة التي تنصُّ على وجود تباين دال إحصائيًّا بين متوسطي درجات طلاب المجموعتين التجريبية والضابطة في زمن إجراء عملية تشريح الضفدع؛ لصالح المجموعة التجريبية.
- دلالة التباين بين أداء طلاب المجموعتين التجريبية والضابطة، تؤكّد تفوُّق تأثير برنامج المحاكاة على تأثير المعمل الحقيقي، وهذا بدوره يُبيّن مدى نجاح برنامج المحاكاة في أداء دور المعمل الحقيقي نفسه، ومن ثمَّ يمكن أن يحلّ المعمل الافتراضي مكان الحقيقي الحقيقي في خفض زمن التعلم.

5. ملخص النتائج والتوصيات

ملخص النتائج:

وبما أن النتائج في مجملها تشير إلى وجود تباين كبير بين أداء طلاب المجموعة التجريبية وأداء طلاب المجموعة الضابطة في مهارات تشريح الكائن الحي ككل من ناحية، وفيما يتعلق بزمن إجراء التجربة من ناحية أخرى. ويمكن أن نعزي تفوق برنامج المحاكاة على تأثير المعمل الحقيقي إلى عدد من الأسباب يمكن إجمالها فيما يلي:

- تفاعل الطالب مع البرمجية كونه يجري عملية تشريح الكائن الحي في مناخ آمن بعيد عن المخاطر التي يمكن أن يواجهها في حالة استخدام أدوات المعمل الحقيقي.
- تمكن الطالب من إعادة عملية الترشيح أكثر من مرة، بما يمكنه من التركيز على المهمات الصعبة، ويساعده على التأكد من دقة إتقانه للمهارات الفرعية.
- تمكن الطالب من مشاهدة حدوث عملية تشريح الكائن الحي بصورة واضحة، ووفق معدل تعلمه الخاص به، ووفق ما بينهم من فروق فردية في معدلات التعلم، وأسلوب التعلم.

أولاً: توصيات الدراسة:

في ضوء نتائج الدراسة الحالية، يمكن الخروج بعدد من التوصيات البحثية المهمة المتمثلة في:

- ضرورة تصميم كثير من البرمجيات المشابهة للبرمجية المستخدمة في الدراسة الحالية.

- ضرورة التخطيط والإعداد لدورات تدريبية تأهيلية لأعضاء هيئة التدريس بالتخصصات العلمية خاصة قسم الأحياء، لتدريبهم على كيفية التدريس باستخدام البرامج المعتمدة على استخدام برامج المحاكاة في إجراء التجارب المعملية المختلفة من ناحية، وتدريبهم على إعداد برمجيات مماثلة بأنفسهم.
- ضرورة توفر كوادر فنية في التكنولوجيا التعليم بالكليات العلمية في المملكة العربية السعودية، بحيث تساعد هذه الكوادر الفنية المتخصصة أعضاء هيئة التدريس على تصميم وإعداد برمجيات لتفعيل التعلم الإلكتروني خاصة برامج المحاكاة، واستخدامها في تحسين عمليتي التعليم والتعلم، بما يرفع مستوى أداء الطلاب.
- ربط موضوعات المحتوى العلمي للتخصص باستخدام التكنولوجيا الحديثة، خاصة في المرحلة الجامعية؛ لأن هذه الأساليب بدورها تضفي الإثارة والمتعة على مناخ العملية التعليمية، وهذا أمر ضروي لاستمرار التعلم بصورة جيدة.
- تشجيع أعضاء هيئة التدريس معنويًّا وماديًّا للقيام بمحاولات تتضمَّن تصميم برمجيات قائمة على توظيف التعلم الإلكتروني، خاصة التعلم الافتراضي في توضيح المفاهيم العلمية التخصصية، خاصة المفاهيم الغامضة، التي يصعب على الطلاب إدراكها بسهولة، أو تحتوي على درجة مخاطرة.

ثانيًا: الدراسات المستقبلية المقترحة:

في ضوء نتائج الدراسة الحالية، يمكن اقتراح عدد من الدراسات والبحوث المستقبلية :

- دراسة فعالية استخدام تكنولوجيا المعامل الافتراضية في تنمية تحصيل الطلاب في التخصصات العلمية المختلفة بالمرحلة الجامعية.
- تقويم برامج التعلم الافتراضية المستخدمة بالتعليم الجامعي: دراسة تحليلية في ضوء معايير التعليم الافتراضي.
- دراسة فاعلية استخدام المعامل الافتراضية في تنمية مهارات إجراء التجارب الفيزيائية والكيميائية لدى طلاب الكليات العلمية.

قائمة المصطلحات التي وردت بالدراسة

عربية	انجليزية
الأحياء	Biology
زمن التعلم	Learning Time
علم التشريح	Anatomi
المحاكاة	Simulation
المحاكاة التجريبية	Experimental Simulation
المحاكاة الحاسوبية	Computer Simulation
المختبر المدرسي	School Laboratory
معمل افتراضي	virtual lab
المهارة	Skill

المراجع

أولاً / المراجع العربية:

(1432، ربيع الأول). بركة، خلود" ***اتجاهات الطلبة نحو استخدام المختبر الكيميائي الافتراضي في تدريس الجانب العملي لمادة الكيمياء"***. بحث مقدم في المؤتمر الدولي الثاني للتعلم الالكتروني والتعليم عن بعد : تعلم فريد لجيل جديد. المركز الوطني: الرياض.

(1998)جابر ، عبدالحميد ***" التدريس والتعلم ، الأسس النظرية - الاستراتيجيات والفعالية "*** دار الفكر العربي ، القاهرة.

(2008) الجوير, يوسف بن فراج بن محمد, ***"أثر استخدام المختبرات المحوسبة وبرامج المحاكاة على تحصيل طلاب المرحلة الثانوية واتجاهاتهم نحو مادة الكيمياء"*** , رسالة ماجستير غير منشورة, كلية التربية, جامعة الملك سعود, الرياض.

(1997) حجي عدنان محمد ***'مقدمة لفونة المملكة العربية السعودية العربية السعودية"*** ، ط1، مطابع الصفا، مكة المكرمة .

(2003) زغلول , عاطف حامد "فاعلية المحاكاة باستخدام الكومبيوتر في تنمية المفاهيم العلمية لدى الاطفال الفائقين بمرحلة رياض الاطفال" , ***المؤتمر السابع للجمعية المصرية للتربية العملية*** , كلية التربية بجامعة عين شمس , القاهرة.

(2005) زيتون, حسن رؤية جديدة في التعليم"***التعليم الإلكتروني, المفهوم – القضايا – التطبيق – التقييم***" , الدار الصولتية للنشر والتوزيع, الرياض, المملكة العربية السعودية.
(1994) زيتون، عايش"***أساليب تدريس العلوم***" ط1، دار الشروق للنشر والتوزيع، عمَّان
(2000) سلامة، عبدالحافظ وأبو ريا،محمد"***الحاسوب في التعليم***" الأهلية للنشر والتوزيع، عمان، الأردن
(1995) سيد , عبد الحليم فتح الباب:" **الكومبيوتر في التعليم**" , عالم الكتب , القاهرة .
(2005) شاهين، جميل وحطاب، خولة " ***المختبر المدرسي ودوره في تدريس العلوم*** " ، دار عالم الثقافة للنشر والتوزيع، عمان، الأردن .
(2006) الشايع، فهد بن سليمان "واقع استخدام مختبرات العلوم المحوسبة في المرحلة الثانوية واتجاهات معلمي العلوم والطلاب نحوها" ***مجلة جامعة الملك سعود***، مج19.
(2009) الشهري, علي بن محمد بن ظافر الكلثمي "***أثر استخدام المختبرات الافتراضية في إكساب مهارات التجارب المعملية في مقرَّر الأحياء لطلاب الصف الثالث الثانوي بمدينة جدة***" , رسالة دكتوراه غير منشورة, كلية التربية, جامعة أم القرى: مكة المكرمة .
(2005) صبري، ماهر وتوفيق، صلاح الدين "***التنوير التكنولوجي وتحديث التعليم***" ، المكتب الجامعي الحديث، الإسكندرية: مصر.
(1993) طافش، محمود " استخدام الحاسوب في الأغراض التربوية"***مجلة التربية الإماراتية*** ،ع 105.
(2009) لال ،زكريا بن يحيى " ***الاتجاه نحو استخدام المختبرات الافتراضية في التعليم الالكتروني وعلاقته ببعض القدرات الإبداعية لدى عينة من طلاب وطالبات التعليم الثانوي في مدينة مكة المكرمة*** " , المملكة العربية السعودية, كلية التربية، جامعة أم القرى ,مكة المكرمة.
(2007) المنتشري، عبدالله بن ناصر " ***واقع استخدام المختبر المدرسي في تدريس الأحياء بالمرحلة الثانوية بمحافظة القنفذة التعليمية في ضوء آراء المعلمين والمشرفين ومحضري المختبرات المدرسية*** " رسالة ماجستير غير منشورة ، كلية التربية ، جامعة أم القرى: مكة المكرمة .
(2007) نوفل، خالد محمود " ***برنامج مقترح لإكساب طلاب قسم تكنولوجيا التعليم بعض مهارات إنتاج برمجيات الواقع الافتراضي التعليمية*** " رسالة دكتوراة ،كلية التربية النوعية، جامعة عين شمس: جمهورية مصر العربية.

ثانياً- المراجع الأجنبية:

(1976).Anderson, L. "An empirical investigation of individual differences in time to learn". ***Journal of Educational***
Balmush. N ; Dumbravianu.R. (2005):" Virtual laboratory in optics" ***Third International Conference on Multimedia and Information &Communication Technologies in Education june*** 7-10th,2005
(1998) Billings, D. & Halstead, J" ***Teaching in nursing"*** a guide for faculty.
(1999) Chu, K. C: "What are the benefits of a virtual laboratory for student learning". ***HERDSA Annual International Conference,*** Melbourne, 12-15 July.
(2003) Dalgarno,b; Bishop,A & Bedgood Jr,D : ***The Potential of Virtual Laboratories for Distance Education Science teaching : Reflections from The Development and Evaluation of a Virtual Chemistry Laboratory*** , Uni Serve Science Improving Learning Outcomes Symposium Proceeding, Charles Sturt University .

(2004) Davis, Niki / Compton, Lily"***Chemistry: Blending Virtual andHome-based Labs*** "

(1998) Firmeza, J. N. &, Ramos, M. S: "Designing a Distance Learning Teleproducts System Supported On The Web", ***AACE ED-MEDIA World Conference on Educational Multimedia, Hypermedia & Telecommunications.***
(2003) Kovalchick ,Ann & Kara Dawson: ***Education and technology***, printed on acid-free paper Manufactured in the United States of America. (p:518)

"The Effect of Computer on Classroom Interaction"

Ahmed Awad Amin Mahmoud
Coordinator of the M.A students (Curricula and Teaching Methods)
Faculty of Education - An-Najah University
ahmedawad_amin@yahoo.com, ahmedm@najah.edu, mahmahmed@gmail.com

Abstract

The purpose of this study is to shed light on using computer as a method of teaching communication skills and interaction in the classroom to the eleventh grade students, of government schools in Nablus District. Also it aims at determining the effect of the independent variables, students' gender, and place of living and students' level of achievement in English on their attitudes towards using computer in teaching and learning English language skills in the classroom.

A questionnaire was developed as the only tool to the purpose of the study. It includes 46 items distributed on three domains on the study. The population of the study was the eleventh grade students in the government schools in Nablus District. The size of the proposed population was (6843) students. They were distributed among 15 government schools. The sample was chosen randomly, and it consists of (356) male and female students with a percentage of 5.2% of the original study

The study has shown that there is a significant difference at (a=0.05) of the eleventh grade students' responses towards the degree of relationship between using computer and classroom interaction due to gender, achievements and the student's place of residence.

" اثر استخدام الكمبيوتر على التفاعل الصفي"

هدفت هذه الدراسة لتسليط الضوء على استخدام الكمبيوتر كأحد طرق تدريس مهارات الاتصال والتفاعل الصفي. لتحقيق هذا الهدف قام الباحث بهذه الدراسة وطبقها على طلبة الصف الحادي عشر في محافظة نابلس. كذلك هدفت هذه الدراسة إلى تحديد اثر المتغيرات المستقلة فيما يتعلق بمتغير الجنس، مكان السكن ومستوى وتحصيل الطالب.

لقد صمم استبيان للإجابة على هذه الأسئلة ولقياس غرض هذه الدراسة. لقد احتوى هذا الاستبيان على 46 فقرة موزعة على مجالات الدراسة الثلاثة. مجتمع هذه الدراسة تشكل من (6843) طالب وطالبة موزعين على 15 مدرسة، ولقد اختيرت هذه العينة عشوائيا ولقد بلغ حجمها(356) طالبا و طالبة، أي ما يقارب 5.2% من مجتمع الدراسة الأصلي.

لقد أظهرت نتائج الدراسة أن هناك فروق ذات دلالة إحصائية عند مستوى الدلالة (α= 0.05) في درجة العلاقة بين استخدام الكمبيوتر والتفاعل الصفي(داخل غرفة الصف) تعزى لمتغيرات الجنس، التحصيل ومكان سكن الطالب.

Background of the Study:

When it comes to teaching English as a second or foreign language, there are several methods and approaches to choose from, ranging from the Grammar-Translation Approach, passing through to reach the Eclectic Approach. In this study the researcher finds it is very logic to try another approach and to make shift to use other technique in teaching and learning English as a foreign language by using computer.

Computer is now part of every working person's life and it still play a relatively small role in the learning and teaching experience of most students. This study we will explore how computers are being used in teaching and learning, and to what extent it enhances classroom interaction.

Daif (1989) has asserted that the evolution of Computer Assist Language learning (CALL) was greatly influenced by developments in four areas of research: (a) individualization of instruction, (b) experiments in programmed instruction, (c) developments in computational linguistics, (d) work on machine translation in the 1950. He also pointed out to the advantages and disadvantages of CALL, indicating that the advantages of CALL can be summarized as the following:

1- CALL programs present the learning with a novelty. They teach the language in different and more interesting learning conditions, and present language through games and problem-solving techniques. As a result, even the tedious pattern drills can become more interesting.
2- These programs can offer a valuable source of self- access study adaptable to the learner's level. Also it provides immediate feedback for error identification and self-correction.
3- Using the computer in teaching languages can offer unlimited types of activities with considerable potential for learning situations. The computer can be connected to a video for visual input or to a cassette recorder for listening comprehension.
4- CALL programs, besides teaching a foreign language, will provide the learner with some sort of computer literacy.

On the other hand, Daif, has pointed out also to the disadvantages of CALL programs as the following:-

1- Learners who don't have prior experience in using the keyboard may waste a lot of valuable time identifying letters on the keyboard in order to print their responses.
2- Working with computers normally means that the learners work in isolation. This obviously does not help in developing normal communication between the learners, which is a crucial aim in any language lesson.
3- CALL programs deal mainly with developing communicative interaction normally present predetermined uses of language based on the writer's imagination of what would take place rather than what people really say in real situation.
4- CALL programs deal mainly with reading and writing skills, and although some listening programs have been developed recently, they are very limited.

McGreal (1988) has agreed with Daif (1989) that a major advantage of the computer lies in its ability to interact individually with students. He added that it is especially well suited for providing personal attention to the learner, indicating that computer can be looked upon at a less than human but not necessarily less humane, or less stimulating level. He also stressed on the necessity to differentiate between Computer Assisted Instruction (CAI) which is a term used to describe computer programs designed to teaching, and with CALL (Computer Assisted Language).

Simpson (2001) pointed out that Computer- Mediated Communication (CMC) is an umbrella term which refers to human communication via computers. He added that a distinction can be made between synchronous CMC, where interaction takes place in real time, and asynchronous CMC, where participants are not necessarily online simultaneously. Synchronous CMC includes various types of text-based online chat, computer, audio, and video conferencing; asynchronous CMC, encompasses email, discussion forums, and mailing lists.

Warschauer (1997) also indicated that networked CMC generated more equal participation among language learners than oral discussions did. In addition, he analyzed current research on CMC according to five features and stated that text based and computer mediated interaction has value in one to one communication, citing Koonenberg's high school French studies.

Holiday (1995) also asserts that participation in on line literacy via networked computers empowers language learners in several ways and enhances their language learning capacities. First, learners are empowered because they are able to communicate with their peers and take charge of their literacy experiences. Second, the network of collaborative support and appreciation learners receive from their peers provides a highly stimulating environment for learning literacy skills.

Pelletieri (1999) suggests in this regard that synchronous CMC can play a great role in the development of grammatical competence. Conversely, Blake (2000) raises a question on the focus of Form Approach, in particular, the issue of grammatical development, indicating that lexical negotiations predominate these networked exchanges. He adds that the majority of negotiations produced during CMC were focused on lexicon. Corrective feedback was rarely offered on morphology and syntax. This might be because, as Blake suggests, the leaner at this level doesn't have "a solid syntactic base with which to help or correct peers".

Berge (1995) agrees with Simpson (2001) that Computer-mediated communication (CMC) promotes a type of interaction that is often lacking in the traditional teacher- based classroom. It allows learners the freedom to explore alternative pathways-to find and develop their own style of learning. He added that if the content could be delivered in the form of graphics, text, and full-motion video, whenever and wherever in the world it is requested. He continues to add that the responsibility of the teachers and educators are to size this new technology and to work with.

Sotillo (2000) goes further and suggests that not only the written discourse improves, but so does the oral discourse. "As with face-to-face communication, the synchronous discussion data show the functional uses of language as students engaged in interaction, such as requesting personal information, flirting, making assertions, challenging classmates, and joking among themselves. Synchronous communication seems to encourage communicative fluency, which is generally understood as a quality of oral communication that expresses itself in coherence, fluidity, and appropriate lexical choice."

Nelson (1991) Describes a classroom research project that explores an important feature of the learning context of computer-integrated basic writing classes: verbal response to on-screen student text. He explains methods designed and used, of how teachers can work more effectively with basic writers in a computer classroom where writing practice and oral feedback are emphasized.

Kreeft (1989) provides an annotated citation to articles, research reports, resources guides, and a newsletter about the use of computer networks for real-time written interaction in writing classrooms. He noted that these annotations offer a broad and varied introduction to computer networking in the writing classroom.

Dodson (1999) indicated that thoughtful and meaningful discussion occurred in both mediums of conversations when students took a dialogical stance to the topics they introduced and maintained. He added that this stance was evident in the ways class members signaled a willingness to contribute and consider additional information and alternative perspectives. Aspects of conversational depth in terms of levels or iterations of comments were influenced by topic sponsorship and an investment in the topic itself. Along these lines, topics introduced as statements consisting of well-defined facts reflected a monological stance to the topic and invited and received less participation and thoughtful discussion. These comments seemed to have the purpose of transmitting or presenting information rather than being put forward as a basis for explanation or discussion.

Floyd (1981) conducted a study on teaching science by computer. The results of this study demonstrate that a computer program simulation was effective in teaching science classroom laboratory safety to pre-service teachers. The study also demonstrated that the subjects transferred the ability to correctly recognize and prioritize safety hazards in another simulated science classroom laboratory setting.

Poole (1984) pointed out that an effective computer simulation of a class responding to a teacher promises can be a useful tool for both teachers-in-training and for educational researchers. This study explores the possibility that the analysis of teaching moves provided by Orme (1978) can be used as the basis for such a program. An initial version of the program, which has been called CLASIM, was developed using relatively ad hoc formulations to provide student responses which would encourage trainee-teacher users to increase their probing and questioning.

Ronald (1987) conducted a study to determine the relationship of field independence/dependence and a deductive/inductive approach to computer-assisted instruction materials. He pointed out to the individual differences in terms of cognitive style were predicted to interact with the presentation approach of the computer program and, thus, produce different outcomes in learning. The cognitive style of the subjects was hypothesized not to make a difference in learning achievement, whether the treatment was an inductive or deductive program. A second hypothesis stated that learning style would not be a factor in determining preference of treatment.

Mubina (1987) Analyzed the patterns of social interactions between teachers and students who are using computers in classrooms in Kenya; (2) Present data on how computers and the Logo, computer language were introduced and integrated by planners and teachers into the Geometry curriculum; (3) Report student achievement on Mathematics tests in computer using classrooms and classrooms not using computers. The first aim forms the major part of the investigation while the second provides the information necessary in understanding the background of my research. The test results are used as a way to introduce and discuss any relation between the social interactions and student achievement.

Zack (1987) investigated peer interaction and its relationship to the learning of Logo geometry concepts within an elementary school computer lab classroom environment. The work of four focal children (10-11 years old) and their partners was analyzed. The study looked at (1) the kind of working relationships which existed between the partners, (2) the verbal strategies used by the partners during their mathematics disagreement, and (3) the ways in which the talk between the partners and the strategies they used both contributed to their learning, and reflected their learning, of the geometry concepts (with an emphasis upon the aspect of angular rotation).

Herr (1994) conducted a study at University of Delaware, which shows that student-teacher communication within the classroom was enhanced through the implementation of a versatile, yet cost efficient, application of computer technology. He used a single microcomputer at a teacher's station controls a network of student keypad/display stations to provide individual channels of continuous communication from each student to the teacher. This study evaluates the technology at the postsecondary level, in the context of an introductory astronomy course. The most successful use was interactive lectures guiding students through multi-step numerical problems. The technology allows for more individual communication between the teacher and each student, showing the students what the teacher is expecting them to get from the lecture, and showing the teacher if the students are getting it.

Sills (1996) examines how physical proximity between teachers and students differs between classroom and computer lab environments. He finds that teachers either worked at intimate (up to 1.5 feet) or personal (1.5 to 4 feet) distances with students or, except rarely, did not approach closer than 12 feet or did not interact at all. Therefore, Kern (1995) examined the use of "Daedalus Interchange", a local area computer network application, to facilitate communicative language use among college students in two elementary French courses. He found that students had more turns and used a greater variety of discourse functions when working in Interchange than they did in their oral discussions. At the same time, Beil (1989) indicated a broad spectrum of teachers using or considering using computers networks for written interaction, he said that the teacher's guide presents techniques and behaviors that encourage and support learning on a computer classroom environment.

Goernert (1994) conducted a study about using computer in teaching. He finds that classroom discussions of human memory often involve descriptions of classic memory experiments and the data from them presents the computer software program, MindLab, and describes two classroom memory experiments. He come to a conclusion that experiments may help enhance understanding.

Russin (1995) conducted a study of two sixth-grade classes at Bayshore Middle School (Middletown, New Jersey) who were enrolled in a 7-week keyboarding class. The first class met from October 31 through December 23, 1994; the second class met from January 3 through March 1, 1995. The instruction of the first group was teacher directed, and the students typed from a keyboarding textbook. After an introduction to keyboarding from the instructor, students in the second group received instruction from computer software, which was the same material as in the textbook.

He added that both groups were pre-tested and post-tested on their one-minute typing speeds measured in gross words per minute and on their knowledge of the location of the letters and punctuation in the first three rows of the keyboard. The hypothesis that students who are taught the touch method of keyboarding with teacher-directed instruction in conjunction with the use of a keyboarding textbook will not perform more effectively than students who are taught the touch method of keyboarding using an interactive computer software program proved to be correct. The students made similar measurable gains in their progress regardless of the method of instruction. A section of related literature on teaching keyboarding is included, and appendices provide test scores.(ibid, 1995)

Ainsa (1993) examined the effects of parent educational level on parental attitudes toward the importance of education for their children, Mexican parents' and teachers' attitudes toward the importance of computer training in Mexican schools, and the effects of a parent literacy/computer literacy program on low-income, low-literacy parents and their preschool children.

Tierney (1992) examined that six students were followed through 4 years of high school, documenting the impact of unlimited access to new learning tools-such as computers, scanners, and videodisc players-on their thinking, their approach to learning, and their interactions with others. He added that the students were in two different classes and the years of case studies overlapped. After a total of 5 years of detailed observations of the students, as well as lengthy general and debriefing interviews, researchers saw dramatic shifts in students' thinking, learning, and interaction. The goal was to detail the extent to which students use the computer to expand their choices and ways of knowing, sharing, and collaborating.

Wolfman (2004) conducted a study, in which he describes a series of three Tablet PC-based educational technologies and their use to study and promote interaction in the university classroom. All three tools take advantage of the critical role presentation slides play in mediating learning in many modern university classrooms. This study describes the Classroom Presenter system for Tablet PC-based presentation, the Classroom Feedback System for student feedback in the context of lecture slides, and the Structured Interaction Presentation System for unified design of interactive and static presentation material.

Edmonds (1997) examined the perceptions and experiences of students, teaching assistants and administrators who employed interactive multimedia (IMM) and computer based language learning (CALL) to teach and learn French. The individuals involved in the study were with the Department of Foreign Languages at a northeastern, private university. The computer language lab that served as the setting for the study consisted of twenty computers and associated hardware and software.

Review of the Literature:

A number of studies have explored the types of oral communications that students engage in during project-oriented classes that utilize computers. There is evidence that interaction in such classes creates unique learning opportunities and that the language produced in them is linguistically different from the language of more traditional classrooms.

Ewing (2000) found out that who support the idea of CALL programs in the classrooms produced a more varied flow of rhetorical relations and students had more control over the linguistic means they used to express themselves. He concluded that CALL classes provided students with opportunities to develop linguistics skills unavailable in traditional L2 classrooms. Mueller-Hartmann (2000) found that project-oriented learning allowed learners to develop and express their views and made meaningful communication possible.

Gu (2002) goes at the same track of Ewing (2000) that CALL classes in general and EFL tertiary setting in China have provided students with authentic interaction with a variety of audiences, increased their levels of input and output, and enhanced motivation, engagement, and willingness to learn collaboratively. Toyoda and Harrison (2002) found that difficulties in understanding each other in a project-oriented classroom triggered negotiation of meaning between learners of Japanese and Japanese native speakers. However, anecdotal evidence also suggests that project-orientation and high levels of motivation to accomplish goals not directly related to language learning may discourage students from using the target language in the classroom, as does the use of technology in the case of students with poor computer skills (Debski, 2000).

Lantolf (2003) argues that this kind of interaction is a reflection of learning in which imitation is not merely a replication of someone else's utterance, but a reflection of paying attention to certain linguistic features. Here, the distinction between imitation and repetition is important. He adds that repetition is significantly different from imitation in the sense that it does not entail intentionality or agency. Where as imitations carry constructive and creative intentions of learning.

Kramsch (1986) claims that language instruction requires the development of interactional competence, and suggests a three-step approach to improve natural discourse and to build interactional competence in the classroom. The first step is to work on teacher/student oriented interaction, during which the students practice the target language with their teacher as a conversational partner. The second step is partner centered interaction, during which students learn to negotiate meaning with partners in the classroom as well as how to generate meaning. In the third step of the interactional approach, students practice ways to interact without violating social and cultural constraints that learners meet in natural conversations.

Rivers (1987) is on the line with Nunan (1987) because both treats interaction as the key to language teaching for communication. Also defines interaction as the facility in using a language when their attention is focused on conveying and receiving authentic messages. Rivers, from his side, suggests ways to promote interaction in the language classroom such as, for example, avoiding teacher-dominated classrooms, being cooperative and considering affective variables.
Ellis (1988) also states that classroom second language development can be successful when a teacher not only provides an input with some features of a target language, but when the reciprocal interaction occurs as well.

Nunan (1987) suggests that "genuine communication is characterized by the uneven distribution of information, the negotiation of meaning through clarification requests and confirmation checks, topic nomination and negotiation by more than one speaker, and the right of interlocutors to decide whether to contribute to an interaction or not."

Mackey (1999) highlights the importance of active participation in the interaction, suggesting that one of the features that best interacts with the learner-internal actors to facilitate language development, is learner participation in the interaction. The teacher's role in the second language classroom, therefore, is to construct an interactive learning environment in which learners can associate with each other and generate meaning in the target language.

Byrnes (1987) is in accordance with Leahy (2004) in the sense that both of put greater emphasis on the learner, on speech as a process, and on the negotiative and interactive process of speaking. In relation to this, Chun (1998) reports that "computer assisted class discussion (CACD) provides excellent opportunities for foreign language learners to develop the discourse skills and interactive competence." He suggests that task based CMC can be an effective method because it provides students with the opportunity to generate different kinds of discourse.

Leahy (2004) pointed out that overall technology turned out to be an important factor shaping the collaborative relationships observed in the classroom and, consequently the learning opportunities available to students. He added that technical problems often changed the established roles between learners. That is to say, a student, who acted as the novice in language-related collaborative dialogues, often became the leader in situations involving technological problems. This change was accompanied by switching to using English rather than the target language.

It is not entirely clear whether switching to English was triggered by the technical problems, or the role switching. Situations were also observed when technological and language problems were linked together and none of the students was an obvious expert or novice. In such situations, students attempted to utilize the computer both as a source and tool for language learning and they formed a balanced relationship as explorers of technology and language.(ibid, 2004)

Meskill (2005) examined the interactions the teacher orchestrates with children around computers and identified "triadic scaffolds" where the teacher uses the computer screen to motivate and capture learner attention. At the same time, Turnbull and Arnett (2002) has been investigated the role of the first language in the second language classroom, and the potential roles it may play.

Degoey (1992) conducted a study which was consisted of 32 children in a split grade one and two class. The study examined the link between popularity and interaction at the computers while controlling for grade level, gender and possession of home computer. A sociometric questionnaire was administered to establish popularity data and videotapes were taken to monitor the actual interaction frequencies. The results indicated that popularity had little bearing on interaction frequencies. Furthermore, contrary to the literature, boys were not found to be dominant in computer usage. The evidence presented indicates that in this particular case the social organization of classroom activities of the teacher played a major role in the observed pattern.

Tucker (1995) conducted a project which examines, over the course of one semester, the multiple interactions in a computer-supported composition classroom at Jackson Community College, Jackson, Michigan, in which teacher and students are active participants in the learning environment supported by technology which has been integrated into the classroom. By means of an ethnographic approach--combining researcher observation (audiotaping, videotaping, and field notes), teacher reflection (gathered by interview), and student commentary (gathered through questionnaires and interviews).

This project attempts to illuminate the following: (1) the pedagogical and learning approaches used in this classroom, including the ways in which computers were integrated into the experience of the classroom; (2) the usefulness of a tool/instrument distinction for understanding various uses of the computer in this classroom; (3) the nature of the interactions that took place within the computer-supported composition classroom, particularly those relating to power, authority, and responsibility; (4) the impact of computers on the writing classroom; (5) changing notions of text in this computer-supported writing classroom. (ibid, 1995)

Burkowski (1995) investigated writing in the computer lab context, which has shown a very positive experience individually with writing on computers; however, writers tended to avoid interaction that might have involved conflict, often because of lack of confidence in self or peers. As a result of this, writers did not take full advantage of the potential for cognitive conflict and its value to learning which the teacher researcher assumed. On the other hand, even though writers reported a desire to avoid conflict, the amount of writers' interaction increased especially verbal interaction at computer screens about writing, after getting to know one another and reflecting on videotaped examples of conflict in peer response groups.

Johanson (1996) conducted a qualitative study, which describes and interprets the interactions of participants in a community college writing class delivered by computer-mediated communication (CMC). The class represented a best practice model of learner-centered instruction in a CMC class. The description and the discussion are framed by five aspects of CMC instruction: (1) context; (2) technology; (3) communication; (4) learning; and (5) community. The qualitative analysis and interpretation of the data generated two hypotheses: Hypothesis One. Four elements of CMC instruction have critical impact on student participation, satisfaction, learning, and achievement: (1) the functionality and operational transparency of the technology; (2) the course design; (3) the instructor's attitude, style and expertise: and (4) the student's autonomous choices about participation, interaction, and cooperation.

Hypothesis Two. In CMC instruction student participation, satisfaction, learning, and achievement are positively impacted when: (1) the technology is transparent and functions both reliably and conveniently; or (2) the course is specifically designed to take advantage of the CMC characteristics of time/place independence and interactivity to support learner-centered instructional strategies; or (3) the instructor's style is collegial and he/she operates as facilitator, model and coach; or (4) there is a reasonable level of flexibility to accommodate the autonomous choices students make about interaction and collaboration.(ibid, 1996)

Mizener (1985) examines the effects of text elaboration and imagery on student comprehension in a computer-assisted poetry assignment designed to teach the concept of "mood." he concludes that the computer neither hindered nor elevated comprehension. At the same time, Hearn (1981) describes a computer graphics laboratory and its use in the teaching of physics concepts. He adds that specific lecture demonstration in relativity and quantum physic are discussed.

Lau (2001) investigated the impact of teacher facilitation during computer activities on the social skill development and concurrent interactions of young children. The study compared dyads comprised of children with and without disabilities who received teacher facilitation during computer activities to a matched group of children who did not receive teacher facilitation. The sessions were videotaped for the purpose of analyzing the social interactions and behaviors of the children. Pre-and post-measures of social skills and systematic observation of social interactions during the study were analyzed using statistical tests. Because younger preschool children often exhibit different social skills and interactions than pre-kindergarten children, the social skills and interactions of the younger children were compared to the older children.

In this study preschool teachers perceived that the children with disabilities improved their social skills more than the children without disabilities, regardless of the intervention group assignment. All of the children in the study exhibited few negative social interactions regardless of their age, disability status, or intervention group assignment. The children with and without disabilities in the teacher facilitated computer group had more positive social interactions and demonstrated more effective social behaviors than the children in the computer only group. The older children exhibited more effective social interaction behaviors than the younger children.(ibid, 2001)

Smith (2000) examined the nature of social interaction patterns that emerged in schools where there was a predominance of Inuit learners and computers were used extensively. Five high school teachers and their students, selected from a predominantly Inuit school on the north coast of Labrador, Canada, constituted the participants from which the data were collected. Data collection procedures were qualitative in nature and included classroom observations, semi-structured interviews, and document analysis. All data were coded and analyzed.

An analysis of the variables which influenced the degree of social interaction revealed two general patterns: cooperation and competition. Classrooms where computers were used extensively were predominantly cooperative in nature. The results indicated that there was less teacher-student friction; more individual, teacher attention for students; students helped students, as well as their teachers; teachers helped other teachers; and computers were personified as assistants. However, the sharing of computers by students was found to be a result of necessity. Competition was present because there were too few computers for the number of students in attendance.(ibid, 2000).

Muawiyah (2007) overstressed the idea of using computer among the students to show how much this device can affect the classroom interaction, but at the same time he agrees with the most writers, who support the idea of using computer as a teaching aide, that can help teachers to some extent over come such academic barriers inside the class. That is to say, computer can be described as a bridge to which a good teacher can use and get benefit from by connecting theory with practice.

Statement of the Problem:

The researcher has been teaching English for many years at government schools in Nablus District and at An-Najah National University. He notices that the students find difficulty in understanding the concept of using computer and classroom interaction. This difficulty may be arisen of lack of experience; and information. He thinks that the psychological pressure of unable to understand the idea of using computer, make the students worried an avoid using this technology. Their lack of experience, the limited exposure of students to this new technology and the traditional learning environment intensify the problem. The researcher finds it is of greatest importance to be aware of the students' attitudes include their mental thought, feelings, perceptions towards discovering the relation between computer and classroom interaction.

Purpose of the Study:

This study tries to achieve the following purposes:

1- To investigate the effectiveness of using computer as a method of teaching and enhancing interaction in the classroom..
2- To improve and enhance the students' ability to use computer as an effective tool of learning English in the classroom.

Significance of the Study:

This study stressed the importance of using computer in teaching English to the eleventh grade students, and to help them challenge to learn interaction in English class.

Using computer in teaching and learning does not only focus on presentation, but also on practice. It provides learners with an atmosphere, which enables them to practice English language skills in a meaningful way.

This study is going to shed light on relationship between using computer and the class room interaction of the eleventh grade's students in English classroom.

Questions of the Study:

This study attempts to answer the following questions:

1- Are there any significant differences in the students' attitudes in learning English by using computer due to the gender?
2- Are there any significant differences in the students' attitudes in learning English by using computer due to student's achievements?
3- Are there any significant differences in the students' attitudes in learning English by using computer due to place of residence?

Definition of terms:

Computer: is an automatic electronic device that rapidly performs complex mathematical and logical operations using information and instructions it receives and stores. (Macmillan Dictionary, 1979).

Computer Assisted Language Learning (CALL): is a term which refers to language instruction that is aided through the use of technology.
http:// www. Teaching-english-in-japan.net/acronyms/call

Computer Mediated Communication (CMC): is defined as "communication that takes place between human beings via the instrumentality of computers"   (Herring, 1996).

Computer Assisted Instruction (CAI): is a process in which teaching computer is used to enhance the education of a student.
http:// www. Horizon.unc.edu/project/resources/glossary.asp.

Interaction: is the facility in using a language when their attention is focused on conveying and receiving authentic messages. (Rivers, 1987)

Limitation of the Study:

This study is limited to the male and female students of eleventh grades in the government schools in Nablus District in Palestine in the second semester of the scholastic year 2012-2013.

Methodology:

This methodology deals with the sample and population of the study. Also it explores the description of instrument of the study and its significance differences, procedures, variables and statistical analysis.

Procedures of the study:

The study was conducted according to the following steps:
- Prepare and finalize the instruments of the study in its final form.
- Specify the sample of the study.
- Distributing the questionnaire.
- Gathering the questionnaire and analyzing the data using the statistical package of the social science (SPSS).
- Extracting, analyzing, and discussing the results.

The variables of the study:

The study consisted of the following variables:

1- Independent variables:

- Gender (male, female).
- Location (city, village, camp).
- Students achievements (less than 70, 70- 79, 80-90 more than 90).

2- Dependent variables:
-It is represented in answering the questionnaire items.

Statistical analysis:

The researcher used the statistical package of the social science (SPSS) to find out the results. Other statistical processing is used in the study, such as frequency, mean score, percentages and standard deviation. Also Independent t-test, and One way ANOVA, in addition to Scheffe Post Hoc Test are used.

The population of the study:

The population of the study consisted of all male and female eleventh grade students in Nablus 2012\2013. The whole population was (6843).

The sample of the study:

The sample of the study consisted of (356) male female students of eleventh grade students in Nablus government schools. The sample was chosen randomly. The table (I), (II), (III) below illustrates the sample distributions due to its variables.

Table I
Sample distribution due to gender

Gender	Frequency	Percentage
Male	154	43.3
Female	202	56.7
Total	**356**	**100%**

Table II
Sample distribution due to location

Place	Frequency	Percentage
Village	70	19.7
City	244	68.5
Camp	42	11.8
Total	**356**	**100%**

Table III
Sample distribution due to level of achievements.

Level of achievements.	Frequency	Percentage
Less than 70	28	7.9
70-79	100	28.1
80-89	135	37.9
More than 90	93	26.1
Total	**356**	**100%**

Results and discussion:

This study examined the relationship between computer and classroom interaction as a method of teaching and learning English to eleventh grade students. Table (IV) shed lights on the items concerning this relation in teaching and learning students depending on the mean score, standard deviation, and percentage of questionnaire items. It was arranged in a descending way according to the mean and the researcher conducted the following levels to estimate the relation between computer and classroom interaction.

(80%-100%) very high.
(70%- 79.9 %) high.
(60%- 69.9 %) moderate.
(50%- 59.9 %) low.
(less than 50%) very low.

Table IV

No.	Item	No. in the questionnaire	Mean	Standard deviation	Percentage	Grade
	Using computer					
1.	Computer is very useful in learning.	2	4,66	0,52	93,2	v. high
2.	There is a special computer lab., at the school.	32	4,44	1,06	88,8	v. high
3.	Using computer can develop writing skills in English class.	25	4,42	0,90	88,4	v.high
4.	I have a strong computer literacy background.	1	4,36	0,62	87,2	v.high
5.	Using computer is very important in creating interaction and communication in the classroom.	24	4,31	0,96	86,2	v.high
6.	Using computer can help thinking.	3	4,30	0,80	86,0	v.high
7.	I prefer both ways of teaching.	28	4,28	1,01	85,6	v.high
8.	Computer can create an interesting environment.	4	4,19	0,69	83,8	v.high
9.	Using computer requires various skills and experience.	11	4,15	0,87	83,0	v.high
10.	Using computer can save time and effort.	5	4,15	0,93	83,0	v.high
11.	I do support the idea of interaction in the classroom by using computer.	46	4,10	1,12	82,0	v.high
12.	The students should master the skills of English before using computer.	31	4,09	1,09	81,8	v.high
13.	The teacher plays an important role in teaching computer skills to students	30	4,01	1,07	80,2	v.high
14.	Using computer can help create continuity between students and teachers.	7	3,98	0,90	79,6	High
15.	I prefer using computer inside the English class.	18	3,97	1,07	79,4	High
	Computer and interaction					
16.	Computer can help students how to be independent.	34	3,92	1,02	78,4	High
17.	Teaching by computer is better than the traditional way.	12	3,91	1,37	78,2	high
18.	I feel of some confidence, when using computer inside the classroom.	6	3,85	1,08	77,0	high
19	Teachers depending on computer	17	3,83	1,21	76,6	high

	can help interaction inside the class.					
20.	Interaction inside the classroom requires technical and logistic support.	45	3,81	1,13	76,2	High
21.	There is a continuity of traditional way of teaching between students and teachers..	27	3,80	1,16	76,0	High
22.	Using computer is very important in teaching learning process.	10	3,80	1,22	76,0	high
23.	I master the skill of using word-process in terms of writing.	8	3,78	1,17	75,6	high
24.	I prefer using computer inside the English classroom.	13	3,76	1,17	75,2	high
25.	The teacher's role is very important in teaching by computer.	19	3,74	1,13	74,8	high
26.	Computer can help interaction in the classroom.	9	3,74	1,13	74,8	high
27.	The female students prefer computer in interaction.	37	3,58	1,15	71,6	High
28.	The male students are more capable than female students.	36	3,57	1,30	71,4	High
29.	Student's place of residence plays an important role in learning such a skill.	39	3,51	1,33	70,2	High
30.	The traditional way of teaching is more simple than that which depends on computer,	40	3,50	1,39	70,0	High
31.	Interaction inside the classroom doesn't depend on the computer.	16	3,49	1,27	69,8	moderate
32.	Using computer in teaching writing skills takes much of time.	23	3,40	1,34	68,0	Moderate
33.	Computer lacks such an activity, when it comes to a comparison to the traditional way of teaching.	38	3,35	1,22	67,0	Moderate
34.	Using computer inside the classroom contains every thing.	15	3,31	1,10	66,2	Moderat
35.	I feel of such confidence when I use communication skill in the traditional way of teaching.	43	3,30	1,24	66,0	moderate
	Traditional way of teaching					
36.	I feel of such interaction with the traditional way of teaching more than with computer.	44	3,24	1,38	64,8	Moderate
37.	Using computer leads to isolation.	29	3,23	1,26	64,6	Moderate
38.	The traditional way of teaching writing is better than using	26	3,19	1,33	63,8	Moderate

	computer.					
39.	I face some difficulty in understanding such terms of computer.	42	3,18	1,14	63,6	Moderate
40.	Teaching by computer lacks the spirit of cooperation that exists in the traditional way of teaching.	35	3,16	1,19	63,2	Moderate
41.	The computer lab is not equipped with standard measures.	33	3,13	1,52	62,6	Moderate
42.	Interaction by using computer is regarded difficult.	41	2,79	1,33	55,8	Low
43.	Teacher's role is not important in teaching computer skills.	20	2,50	1,30	50,0	low
44.	I dislike using computer in the English classroom	14	2,39	1,26	47,8	v.low
45.	Teacher's role is only for guiding.	21	2,30	1,29	46,0	Very low.
46.	Teaching students skills of writing by computer is out of benefit.	22	1,96	1,31	39,2	v. low
	Total		**3,64**	**0,32**	**72,8**	**High**

The results of table (IV) show that there is a high level regarding the degree of using computer and classroom interaction as a method of teaching and learning. The results also show a mean of (3.64), and with a percentage of (72.8).

To answer the first question of the study, **"Are there any significant differences in the students' attitudes in learning English by using computer due to the gender?**

In this table the researcher shows the independent samples t-test for revealing the differences in the eleventh grade students' responses towards using computer in the class due to gender.

Table V

Sig.	T Value	Degrees of freedom	Female (n=202)		Male (n=154)	
			Stdv	Mean	Stdv	Mean
*0.033	2.142	354	0.35	3.61	0.26	3.68

* Significant at (a=0.05).

Table (5) shows that there is no significant difference at (a=0.05) of using computer in the class due to gender. The results of mean score of male are (3.68), while the mean score of female are (3.61). That is to say, the results are in favor of male than female students.

To answer the second question of the study," **"Are there any significant differences in the students' attitudes in learning English by using computer due to student's place of residence?"**

The researcher used one way ANOVA, where the table (XI) shows means, standard deviation, place of residence, and the table (XII) shows the results of one ANOVA.

Table VI

Means and standard deviations for the variable of student's place of residence

Place of Residence	Number	Mean	Standard Deviation
Village	70	3.73	0.31
City	244	3.61	0.33
Camp	42	3.44	0.32
Total	**356**	**3.64**	**0.32**

Table VII

Results of one ANOVA for the difference of the eleventh grade students' responses towards using computer due to the student's place of residence (location).

Source of variation	Sum of Squares	Degrees of freedom	Mean Square	F value	Sig.
Between groups	0.800	2	0.400	4.039	*0.018
Within groups	34.946	353	0.099		
Total	**35.746**	**355**			

* Significant at (a=0.05)

Table (VII) shows that there is significant difference of the eleventh grade students' responses towards using computer due to the student's place of Residence (location). The researcher used Scheffe Post Hoc Test to show the significant difference in favor of which variable due to the place of residence, and the table (8) shows the results.

Table VIII

The results of Scheffe Post Hoc Test, due to the variable of student's place of residence (location).

Place of Residence	Village	City	Camp
Village		*0.1210	0.084
City			0.037-
Camp			

* Significant at (a=0.05).

Table (V111) shows that the difference in variable due to the student's place of residence were in favor of the village students over the city. The results came as the following due to the village students interst in learning by the computer. Another indication is that the students from the village are just concentrated on this domain rather than the students from the city, who spent more time on other things.

. To answer the third question of the study," Are there any significant differences in the students' attitudes in learning compute due to student's achievements?"

The researcher used one way ANOVA for the difference in the student's level of achievements. Table (IX) shows the means and standard deviations for the variable of the student's achievements, and the table (IX) shows the results.

Table IX
Means and standard deviations for the variable of the student's level of achievement achievements

Accumulative	Number	Mean	Standard deviation
Less than 70	28	3.52	0.28
70-79	100	3.74	0.35
80-89	135	3.66	0.22
More than 90	93	3.53	0.37
Total	**356**	**3.64**	**0.32**

Table X
Results of one way ANOVA to reveal the difference of variable due the student's achievements

Source of variation	Sum of squares	Degrees of freedom	Mean Square	F value	Sig
Between groups	2.710	3	0.903	9.627	*0.00001
Within groups	33.036	352	0.094		
Total	35.746	355			

*significant at (a= 0.05).

Table (X) shows that there is a significant difference due to the variable of student's achievement. Table (XI) shows the results of Scheffe Post Hoc Test to measure the difference in the level of student's achievements.

Table XI
The Scheffe Post Hoc Test to measure the significance, if any, between the different levels of the student's achievement.

Accumulative average	Less than 70	70-79	80-89	More than 90
Less than 70		*0.2267-	0.1486-	0.013-
70-79			0.078	*0.2136
80-89				*0.1354
More than 90				

Table (XI) shows that there is a significant at (a= 0.05) difference between using computer and the class interaction due to the variable of student's achievement. The results were in favor of the students whose level of achievements average was belongs to the category of more (70-79) over the students of (70). The results also show that there is a significant difference in favor of (70-79), (80-89) over more than (90). The researcher finds that these results were a little bit unexpected of the students progress to the category belong to (70-79) over other categories. The researcher believes that those who cluster around this category may spend most of their time working on the computer rather than other advanced level students.

Conclusion and recommendation:

The researcher comes to a conclusion that it says, teaching English as a Foreign Language is the ultimate goal that most teachers and learners are seeking for to achieve. This study explores the technique of using computer to show the relationship between using computer and the degree of interaction in the classroom. The study shows that there is as significant difference at (a= 0.05) difference between using computer and the class interaction due to the variables gender, place of residence and the levels of student's achievement. The results also show that using computers can offer the learner more freedom, more accessible and more different usage.

The researcher comes to another conclusion that using computer in teaching English is still very premature to replace the language teacher. The humanistic domain is still the most important input in the learning situation. So, the role of the teacher as a class manager, as a facilitator of the learning process, and as an initiator of natural and genuine communication in the classroom will never be replaced by using this artificial intelligence.

With regard to using CALL programs in teaching and learning of foreign languages, it would be more helpful to consider computers as an aid to the teacher just like any other teaching aid, except that, by being more sophisticated. That is to say, computers can offer the teacher much more to enhance and support in teaching.

In closing, one shouldn't ignore the benefits of computer in teaching and learning. The most enormous help reflects on offering the teacher and learner as alike to inconceivable situations, by using this technology. consequently, one may go as far as suggesting that there is a humanistic side to using computers in teaching, in that computer never feels tired and boredom from answering any questions. So, the researcher, after this modest conclusion do recommend to adopt the idea of using computer as an aide or a vehicle to convey such a sophisticated terms in a very meaningful way.

References:

- Ainsa, Patricia (1993). Family Changes: An Extension of Young Children's Classroom Computer Interactions. Journal-of-Computing-in-Childhood-Education; v4 n3-4 p247-53.
- Beil, Don (1989). Teacher's Guide to Using Computer Networks for Written Interaction: Classroom Activities for Collaborative Learning with Networked Computers. Annenberg/CPB Project, Washington, DC.
- Byrnes, H. (1987). Proficiency as a framework for research in second language acquisition. Modern Language Journal, 71, 44-49.
- Burkowski, Gayle (1995). A Description of Peer Interaction and A voidance of Conflict in a First- Year College Composition Class Writing on Computers. Indiana University of Pennsylvania.
- Blake, R. (2000). Computer Mediated Communication. A Window on L2 Spanish Interlanguage. Language Learning & Technology, 4(1), 120-136.
- Berge, Zane (1995). Computer-Mediated Communication and the Online Classroom in Distance Learning. Computer-Mediated Communication Magazine.vol,2 .p, 6.
- Chun, D. (1998). Using Computer Assisted Class Discussion to Facilitate the Acquisition Interactive Competence. In J. Swaffar, S. Romano, P. Markley & K. Arens (eds,). Language Learning Online: Theory and Practice 2. Austin, Tx: Labyrinth Publications. 57-80.
- Daif, Husain (1989)."Can Computers Teach Language? ".English Teaching Forum. Vol. 27, p,17.
- Degoey, Mary (1992). An Examination of Student Interaction in an Elementary Classroom While Using Computers. University of Windsor, Canada.
- Dodson, Melissa (1999) Dialogue and interaction in computer-mediated communication. The-University-of-Texas-at-Austin.
- Debski, R. (2000). Exploring the re-creation of a CALL innovation. *Computer Assisted Language Learning, 13*(4-5), 307-332.
- Edmonds, Gerald (1997). Instructional Multimedia in a Foreign Language Classroom a Systematic Environment (Interactive Multimedia, Computer based Language Learning). Syracuse University.
- Ewing, M. (2000). Conversations of Indonesian language students on computer-mediated projects: Linguistic responsibility and control. *Computer Assisted language Learning Journal, 13*(4-5), 333-356.
- Ellis, R. (1988). Classroom Second Language development. New York: Prentice Hall.
- Flyod, David (1981). The Development and Evaluation of an Interactive Computer Program Simulation Designed to Teach Science Classroom. The University of Texas at Austin.
- Gu, P. (2002). Effects of project-based CALL on Chinese EFL learners. *Asian Journal of English Language Teaching 12,* 195-210.
- Goernert, Phillip (1994). MindLab: A Software Tool for Integrating Interactive Microcomputer Exercises into the Classroom. Computers in Teaching. Teaching-of-Psychology; v21 n3 p184-86.
- Hearn, Dwight (1981). Classroom Use of Interactive Computer Graphics. American-Journal-Physics; 38; 7; 846-848.
- Herr, Richards (1994). Computer Assisted Communication within the Classroom: Interactive Lecturing. U.S.; Delaware.
- Herrings, S. (Eds). (1996). Computer Mediated Communication: Linguistic, social and cross cultural perspectives. Amsterdam: Benjamins.
- Holiday, L. (1995) Networked and Non-Networked Computers and Communicative Approaches to ESL Teaching. Online document.
- Johnson, Terri (1996). The Virtual Community of an Online Classroom Participant Interaction in a Community College Writing Class Delivered by Computer –Mediated Communication (CMC). Oregon State University.
- Kern, Richard (1995). Restructuring Classroom Interaction with Networked Computers: Effects on Quantity and Characteristics of Language Production. Modern-Language-Journal; v79 n4 p457-76.
- Kramsch, C.J. (1986) From language proficiency to Interactional Competence. The Modern language Journal, 70. 366-372.
- Kreeft, Joy (1989). Computer Networks for Real-Time Written Interaction in the Writing Classroom. Computers-and-Composition; v6 n3 p105-22.
- Lau, Cynthia (2001). The use of teacher facilitation during computer activities to improve the social interaction of preschool children in inclusive classrooms. University of Nevada, Las- Vegas.
- Lantolf, J. P. (2002). Sociocultural theory and second language acquisition. In R. B. Kaplan (Ed.), *The Oxford handbook of applied linguistics* (pp. 104-114). Oxford, England: Oxford University Press.
- Leahy, C. (2004). Observations in the computer room: L2 output and learner behavior. *ReCALL, 16*(1), p.124-144.
- Mackey, A. (1999). Input, Interaction and Second language development: An Empirical Study of Question Formation I ESL. Studies in Second Language Acquisition, 21(4), 557-587.
- Mubina, Hassanali (1987). Computers in Third World Classrooms: An Investigation of Social Interactions Related to the Computer Use in Classroom in Kenya. Harvard University.
- McGreal, Rory (1988). Computer Assisted Instruction: Non-Human but Not Inhuman. English Teaching Forum. vol 26, p15.

- Meskill, C. (2005). Triadic scaffolds: Tools for teaching English language learners with computers. *Language Learners & Technology,* 9(1), 46-59. Retrieved May 20, 2005, from http://llt.msu.edu/vol9num1/meskill/
- Mizener, Heather (1985). Microcomputers in the English Classroom: What Are the Effects of Computer Graphics, and Interactive Computer Assisted Learning on Student Comprehension of a Poem? .English-Quarterly; v18 n2 p89-96.
- Mueller-Hartmann, A. (2000). The role of tasks in promoting intercultural learning in electronic learning networks. *Language Learning & Technology, 4*(2),129-147.Retrieved November 6, 2004, from http://llt.msu.edu/vol4num2/muller/
- Nunan, D. (1987) Communicative language teaching. Making it work. ELT Journal 41(2), 137.
- Nilson, Karen and Sandra-D. (1991). Interacting with Basic Writers in the Computer Classroom. Computers-and-Composition; v8 n3 p39-49.
- Pellettieri, J. (1999). Negotiation in cyberspace. In M.Warschauer, M. & K. Kern (eds), Network Based Language Teaching: Concepts and Practice. Cambridge: Cambridge: Cambridge University Press.
- Poole, Charles (1984). Development of Computer Simulation of Classroom Integration. University of Toronto, Canada.
- Rivers, M.(1987) Interaction as the key to teaching language for communication. In W.M. Rivers, (ed.), Interactive language teaching. Cambridge: Cambridge University Press.
- Ronald, James (1987). The Interaction of Field Independence /Dependence with Deductive/ Inductive Computer Assisted Instruction in College- Level Beginning Classes. The University of Texas at Austin.
- Russin, Irene (1995). A Comparison of the Effect of Teacher-Directed Instruction and Interactive Computer Software Instruction. Master's Thesis, Kean College, New Jersey.
- Sills, Briegel (1996). Teacher-Student Proximity and Interactions in a Computer Laboratory and Classroom. Clearing-House; v70 n1 p21-23.
- Sotillo, S. M. (2000) Discourse functions and syntactic complexity in synchronous and asynchronous communication. Language Learning & Technology, 4(1), 82-119. Retrieved May 6, 2002, from http://llt.msu.edu.vol4num1/sotillo/default.html.
- Smith, Duane (2000). Social interaction patterns in classrooms where computers were used extensively: A case study in a predominantly Inuit school. Memorial-University-of-Newfoundland-Canada.
- Toyoda, E., & Harrison, R. (2002). Categorization of text chat communication between learners and native speakers of Japanese. *Language Learning & Technology, 6*(1), 82-99. Retrieved November 6, 2004, from http://llt.msu.edu/vol6num1/TOYODA/
- Turnbull, M., & Arnett, K. (2002). Teachers' uses of the target and first language in second and foreign language classroom. *Annual Review of Applied Linguistics, 22,* 204-218.
- Tucker, Nancy (1995). Interaction in the Computer-Supported Writing Classroom: an Ethnographic Study of the Teacher/ Student Technology Relationship. Michigan State University.
- Tierney, Robert (1992). Computer Acquisition: A Longitudinal Study of the Influence of High Computer Access on Students' Thinking, Learning, and Interactions. http://orders.edrs.com/members/sp.cfm?AN=ED354856.
- William, D (1979) Macmillan Contemporary Dictionary. Library of Congress, New York. P, 206.
- Warschauer, M. (1997). Computer Mediated Collaborative Leaning: Theory and Practice. The Modern Language Journal. 81(4), 470-481.
- Wolfman, Steven (2004). Understanding and promoting interaction in the classroom through computer-mediated communication in the Classroom Presenter system. University-of-Washington.
- Zack, Vicki (1987). Interaction in an Elementary School Computer Lab Classroom, and the Learning of Logo Geometry Concepts. Mcgill University, Canada.

Appendix (I)

Questionnaire in English

Dear students,

This is a field study in the English teaching methods. It is main purpose is to study the attitudes of the tenth grades in Nablus toward using computer and classroom interaction. Please fill it out honestly. Your responses will be used only for scientific research purposes.

General information:

Please mark with x:
1- Gender

    1-   Male ( )   2- Female ( )

2- Student's location:

    1- Village ( )   2- city ( )   3- refugee camp ( )

3- student's a achievement in English:

    1- Less than 60 ( )   2- 60- 69 ( )   3- 80- 89 ( )

    4- 90 and more ( )

                                Thank you

Appendix (II)

3- Below is a series of statements about using e-mail in learning English communication skills. Please indicate to which statement applies to you by putting x under the suitable category (1) strongly agree (2) agree (3) neutral (4) disagree (5) strongly disagree. Just take your time and try to be honest as possible:

No	Item	Strongly agree(5)	Agree (4)	Neutral (3)	Disagree (2)	Strongly disagree(1)
	Using computer					
1.	I have a strong computer literacy background.					
2.	Computer is very useful in learning.					
3.	Using computer can help thinking.					
4.	Computer can create an interesting environment.					
5.	Using computer can save time and effort.					
6.	I feel of some confidence, when using computer inside the classroom.					
7.	Using computer can help create continuity between students and teachers.					
8.	I master the skill of using word-process in terms of writing.					
9.	Computer can help interaction in the classroom.					
10.	Using computer is very important in teaching learning process.					
11.	Using computer requires various skills and experience.					
	Computer and interaction					

12	Teaching by computer is better than the traditional way.					
13.	I prefer using computer inside the English classroom.					
14.	I dislike using computer in the English classroom					
15.	Using computer inside the classroom contains every thing.					
16.	Interaction inside the classroom doesn't depend on the computer.					
17.	Teachers depending on computer can help interaction inside the class.					
18.	I prefer using computer inside the English class.					
19.	The teacher's role is very important in teaching by computer.					
20.	Teacher's role is not important in teaching computer skills.					
21.	Teacher's role is only for guiding.					
22.	Teaching students skills of writing by computer is out of benefit.					
23.	Using computer in teaching writing skills takes much of time.					
24.	Using computer is very important in creating interaction and communication in the classroom.					
	Traditional way of teaching					
25.	Using computer can develop writing skills in English class.					
26.	The traditional way of teaching writing is better than using computer.					
27.	There is a continuity of traditional way of teaching between students and teachers..					
28.	I prefer both ways of teaching.					
29.	Using computer leads to isolation.					
30.	The teacher plays an important role in teaching computer skills to students					
31.	The students should master the skills of English before using computer.					
32.	There is a special computer lab. , at the school.					
33.	The computer lab is not equipped with standard measures.					
34.	Computer can help students how to be independent.					
35.	Teaching by computer lacks the spirit of cooperation that exists in the traditional way of teaching.					
36.	The male students are more capable than female students.					
37.	The female students prefer computer in interaction.					
38.	Computer lacks such an activity, when it comes to a comparison to the traditional way of teaching.					
39.	Student's place of residence plays an important role in learning such a skill.					
40	The traditional way of teaching is more simple than that which depends on computer,					
41.	Interaction by using computer is regarded difficult.					
42.	I face some difficulty in understanding such terms of computer.					
43.	I feel of such confidence when I use communication skill in the traditional way of teaching.					
44.	I feel of such interaction with the traditional way of teaching more than with computer.					
45.	Interaction inside the classroom requires technical and logistic support.					
46.	I do support the idea of interaction in the classroom by using computer.					

العمر البيداجوجي والتكنولوجي: هل يكفي لتغيير نمط التدريس لدى أعضاء هيئة التدريس بالجامعات؟ - دراسة حالة

الاسم	البريد الإلكتروني	مؤسسة العمل	المدينة	البلاد
د/ حمدي أحمد عبدالعزيز	hamdyaaa@agu.edu.bh yasmallah@hotmail.com	كلية الدراسات العليا جامعة الخليج العربي، وكلية التربية – جامعة طنطا	المنامة	مملكة البحرين

الملخص

هدفت الدراسة الحالية إلى مسح الممارسات البيداجوجية والتكنولوجية لدى أعضاء هيئة التدريس بكلية الدراسات العليا، جامعة الخليج العربي، وتحديد مدى تأثير هذه الممارسات وغيرها من المحددات التعليمية في تغيير أو تحسين نمط التدريس المفضل. لتحقيق هذا الهدف قام الباحث بإعداد أداة متعددة الأبعاد لتحديد نمط التدريس الأكثر شيوعاً، ومستوى المعرفة البيداجوجية والتكنولوجية لدى أعضاء هيئة التدريس. وقد تم إجراء الدراسة على عينة من أعضاء هيئة التدريس، بلغ حجمها (29) عضو هيئة تدريس بنسبة تمثيل تصل إلى (94%) من إجمالي أعضاء هيئة التدريس بكلية الدراسات العليا، جامعة الخليج العري. وتستمد هذه الدراسة أهميتها من كونها المحاولة الأولى – في حدود علم الباحث– لتحديد نمط التدريس المصاحب للخبرة الميدانية البيداجوجية والتكنولوجية اللازمة لتحسين جودة الممارسات التعليمية في مؤسسات التعليم العالي بالوطن العربي. كما سعت هذه الدراسة إلى إعداد مقياس باللغة العربية لقياس أنماط التدريس، والخارطة المهنية البيداجوجية والتكنولوجية لعضو هيئة التدريس. وقد أظهرت النتائج أن أعضاء هيئة التدريس بكلية الدراسات العليا، جامعة الخليج العربي (الحالة الدراسية)، لديهم وعي معرفي تكنولوجي وبيداجوجي يكاد يكون متساوٍ فيما بينهم؛ كما أنهم يميلون إلى تفضيل نمط التدريس المرن/ المتكيف، ثم نمط التدريس المتمركز حول المتعلم؛ إلا أن ممارستهم التكنولوجية فيما يخص تكنولوجيا التعلم الإلكتروني المتقدمة لا تعكس هذا الوعي؛ الأمر الذي يتوجب معه توجيه الاهتمام بهذه القضية في المستقبل لضمان الاستمرارية في تحسين الأداء التدريسي والتكنولوجي لدى أعضاء هيئة التدريس. ومن المتوقع أن يستفيد قطاع كبير من الجامعات العربية من نتائج هذه الدراسة في إعداد برامج التنمية المهنية المستدامة لأعضاء هيئة التدريس للتمكن من توظيف أو دمج تكنولوجيا التعليم والتدريب الإلكتروني المعاصرة حسب نمط التدريس المفضل لدى عضو هيئة التدريس، وضبط وتحسين جودة التدريس الجامعي.

الكلمات الجوهرية: أصول التدريس والتكنولوجيا، نمط التدريس، جودة التدريس والتكنولوجيا، أعضاء هيئة التدريس، حالة دراسية، جامعة الخليج العربي.

1. مقدمة

تستمد الجامعات ومؤسسات التعليم العالي أهميتها مما تقدمه من مخرجات تعليمية وبحثية تحقق متطلبات المجتمع المدني وأسواق العمل في الحاضر والمستقبل القريب والبعيد. كما يقع عبء إعداد الأجيال القادرة على قيادة المجتمعات العربية في المستقبل على أعضاء هيئة التدريس بالجامعات والمدارس؛ حيث تهدف الجامعات ومؤسسات التعليم العالي إلى إنتاج نخبة متميزة من العقول البشرية قادرة على تلبية احتياجات الدول والارتقاء بنهضتها.

ومع التطور المستمر الذي تشهده النهضة التكنولوجية في القرن الحادي والعشرين واجهت مهنة التدريس بمؤسسات التعليم العالي في الدول العربية صعوبة في تحديد وتفعيل أساس معرفي مشترك ومتميز لأعضاء هيئة التدريس. ويرجع هذا في جزء منه لأن التدريس الجامعي - وعلى النقيض من المهن الأخرى التي تطورت خلال القرن العشرين - أدير بواسطة قنوات سياسية وبيروقراطية بدلاً من أن يديره هيئات مهنية مشتغلة بوضع وتفعيل معايير للتدريس والتكنولوجيا قائمة على المعرفة والفهم والممارسة الجيدة. ويؤكد دياز وآخرون (Diaz et al., 2009) أن الجامعات في القرن الحادي والعشرين تحتاج أن تأخذ بعين الاعتبار برامج تطوير أعضاء هيئة التدريس بنفس الطريقة التي تراعى بها البرامج الأكاديمية من أجل الأجيال الرقمية من المتعلمين في الألفية الثالثة.

وتُعد ثورة تقنية المعلومات والاتصالات، وما نتج عنها من مصادر وأنظمة تعليمية إلكترونية مدخلاً لإعادة النظر في أساليب وأنماط التدريس والتدريب التقليدية لتتواكب مع تطلعات واحتياجات الجيل الحالي والأجيال المستقبلية بالمجتمعات

العربية، التي تتعايش مع هذه التقنيات بشكل لحظي. ومع تنامي دور الاقتصاد المعرفي الذي يستند على هذه الثورة المعلوماتية، أصبح من الضروري التركيز على إعداد أجيال من المعلمين بالجامعات ومؤسسات التعليم العالي قادرين على نشر وإنتاج وتوزيع واستخدام المعرفة بما يخدم طموحات التنمية البشرية (الحيلة، 2007).

إن بناء وتكوين مجتمعات المعرفة الجامعية القادرة على توظيف تكنولوجيا الاتصالات والمعلومات، وما نتج عنها من أنظمة حديثة للتعلم الإلكتروني لخدمة التنمية الشاملة في المجتمعات العربية أمر يتطلب من المتخصصين في إعداد المعلم الجامعي وتكوينه التفكير في تطوير برامج الإعداد والتكوين من خلال تجريب مداخل حديثة لتأهيله وتدريبه، وتزويده بالمهارات والكفايات التي تساهم في زيادة قدرته على أداء مهامه الوظيفية الحالية والمستقبلية في بيئة تعليمية غنية بتجهيزات وأدوات التعلم الإلكتروني، وتراعي أبعاد ومعايير المعرفة البيداجوجية والتكنولوجية في الوقت ذاته (عبدالعزيز، 2012 ب).

والمتابع لبرامج تدريب وتطوير الأكاديميين يجد أنها تتوحد في الهدف وتتنوع في الإطار العام للعمل وتتدرج تحت ثلاثة محاور رئيسة هي تطوير مهارات التدريس، والبحث، وخدمة المجتمع. وعلى الرغم من الجهود المبذولة إلا أن بعض مؤسسات التعليم العالي لا زالت تشكو من تدني نمو الأداء لمنسوبيها في دمجهم الفعّال للتكنولوجيا في التدريس، كأحد أبعاد/محاور النمو المهني للمعلم الجامعي. لذا كان لابد من البحث عن استراتيجيات جديدة تسد الخلل في الثغرات الموجودة في برامج التدريب والتنمية المهنية، وتزيد من كفاءة أعضاء الهيئة التدريسية بالجامعات العربية، وتحسّن من فرص الاعتماد المؤسسي والأكاديمي لهذه المؤسسات.

وتساهم التنمية المهنية لأعضاء هيئة التدريس في مؤسسات التعليم العالي في تطوير الأداء طبقاً للمداخل والأساليب والتطبيقات الحديثة في التدريس، وزيادة المشاركة والتفاعل مع البيئة، ومقابلة الاحتياجات الخاصة بالطلاب؛ بالإضافة إلى تحديد الفروق الجوهرية بين التوقعات المستقبلية للأداء والخبرة الحالية لتحقيق الجودة في أداء أعضاء هيئة التدريس من خلال تطبيقات وتصميمات جديدة في التدريس، ومعارف ومهارات تكنولوجية جديدة، وعلاقات تفاعل جديدة مع الطلاب. كما تساهم التنمية المهنية لأعضاء هيئة التدريس بمؤسسات التعليم العالي في تفعيل وتأكيد الذات المتميزة التي تعتبر أهم المنطلقات لتحقيق الجودة الشاملة في التعليم العالي، وتعتبر كذلك السبيل الوحيد للتطوير المنظومي لأداء مؤسسات التعليم العالي (الجبالي، 2003).

وتتأثر الممارسات التدريسية سواءً أكانت جامعية أو قبل جامعية بمعتقدات وسلوكيات المعلم التي تنعكس في نمط التدريس المفضل. فيمكن أن يوجه المعلم التدريس ليركز على المنهج الدراسي الرسمي، ويمكن أن يوجه المعلم التدريس ليتمركز حول الجو والمناخ الاجتماعي التفاعلي، كما يمكن أن يوجه المعلم التدريس ليتمركز حول المتعلم (Opdenakker & Van Damme, 2006). كما أن المعتقدات التدريسية (حول التدريس) تُعد عاملاً مهماً لدفع المعلم إلى تبني الطرق والأساليب الجديدة لتطوير الأداء، أو التخلي عن الأساليب التقليدية، وهي بذلك من الجوانب الضرورية التي يجب قياسها من أجل تعديلها أو تحسينها في حالة تأثر المعلم بهذه المعتقدات. ومعتقدات المعلم هي تلك العوامل الوجدانية التي تقود معرفة ومهارات المعلم، وتجعله يتصرف بشكل تلقائي استجابة لهذه المعتقدات، وهي بمثابة الدليل ما وراء المعرفي Meta-Cognitive Guide الذي يدفع المعلم إلى التبني أو التخلي عن بعض الممارسات التدريسية (عبدالعزيز، 2012 ب).

ويرى ستيوارت وثورلو (Stuart & Thurlow, 2000) أن فهم المعتقدات التي تشكل عملية اتخاذ القرار للمعلم، خطوة أساسية في عملية إعداد المعلم وتكوينه أو تدريبه، مما جعل العديد من الباحثين يركزون في اهتمامهم على المعتقدات والتصورات، التي تحث المعلمين على استخدام استراتيجيات تدريس أو تكنولوجيا معينة؛ لاسيما أن تلك المعتقدات غالباً ما تتشكل في وقت مبكر لدى العديد من المعلمين، وتكون صعبة التغيير، وربما تكون خاطئة وتحتاج إلى تعديل في بعض الأحيان.

ومن هنا برزت أهمية الدراسة الحالية التي تسعى إلى تحديد الممارسات التكنولوجية والبيداجوجية ومدى تأثرها بنمط التدريس لدى أعضاء هيئة التدريس بالجامعات العربية، تمهيداً لوضع الأطر والحلول والتوصيات اللازمة لتحسين برامج التنمية المهنية المستدامة لأعضاء هيئة التدريس بالجامعات العربية.

2. مشكلة الدراسة

على الرغم من سعي الجامعات ومؤسسات التعليم العالي بالبلدان العربية إلى توظيف أعضاء هيئة تدريس من ذوي الكفاءة التدريس والبحث وخدمة المجتمع، إلا أن تقارير هيئات الجودة والاعتماد المؤسسي والأكاديمي تشير – في كثير من الحالات ومنها جامعة الخليج العربي- إلى أنه توجد فجوة في الأداء التكنولوجي والبيداجوجي لدى غالبية أعضاء هيئة التدريس. الأمر الذي يتطلب التدخل السريع لردم هذه الفجوة لتمكين هذه المؤسسات للحصول على رخصة الاعتماد الأكاديمي والمؤسسي.

ورغم توافر محاولات لتقديم برامج التنمية المهنية المستدامة لأعضاء هيئة التدريس بجامعة الخليج العربي، إلا أن هذه المحاولات – في اعتقاد الباحث- لا تستند إلى أطر مرجعية تعكس أبعاد المعرفة البيداجوجية والتكنولوجية اللازمة لعضو هيئة التدريس، وتغطي أنماط التدريس التي من المتوقع توافرها لدى عضو هيئة التدريس. وأصبح هدف الحصول على مستند رسمي (شهادة) يشير إلى حضور هيئة التدريس دورة تدريبية أو ورشة عمل هو غاية الغايات بالنسبة لعضو هيئة التدريس، دون أن يرتبط هذا باحتياجاته المهنية المتطورة. وعليه فالسؤال الرئيس الذي تطرحه الدراسة الحالية هو: هل تؤثر الممارسات البيداجوجية والتكنولوجية لعضو هيئة التدريس بكلية الدراسات العليا، جامعة الخليج العربي على تحسين أو تغيير نمط التدريس المفضل لديه؟ أم هل يؤثر نمط التدريس المفضل لدى عضو هيئة التدريس بجامعة الخليج العربي على الممارسات البيداجوجية والتكنولوجية له؟

3. أسئلة الدراسة

- ما مستوى المعرفة التكنولوجية والبيداجوجية لدى أعضاء هيئة التدريس بكلية الدراسات العليا، جامعة الخليج العربي؟
- ما نمط التدريس المفضل لدى أعضاء هيئة التدريس بكلية الدراسات العليا، جامعة الخليج العربي؟
- ما أثر اختلاف مجال التخصص الأكاديمي لدى أعضاء هيئة التدريس بكلية الدراسات العليا، جامعة الخليج العربي على مستوى أبعاد المعرفة التكنولوجية والبيداجوجية؟
- ما أثر اختلاف الدرجة العلمية الأكاديمية بين أعضاء هيئة التدريس بكلية الدراسات العليا، جامعة الخليج العربي على مستوى أبعاد المعرفة التكنولوجية والبيداجوجية لديهم؟
- ما أثر اختلاف سنوات الخبرة بين أعضاء هيئة التدريس بكلية الدراسات العليا، جامعة الخليج العربي على مستوى أبعاد المعرفة التكنولوجية والبيداجوجية لديهم؟
- ما أثر اختلاف مجال التخصص الأكاديمي بين أعضاء هيئة التدريس بكلية الدراسات العليا، جامعة الخليج العربي على نمط التدريس المفضل لديهم؟
- ما أثر اختلاف الدرجة العلمية الأكاديمية بين أعضاء هيئة التدريس بكلية الدراسات العليا، جامعة الخليج العربي على نمط التدريس المفضل لديهم؟
- ما أثر اختلاف سنوات الخبرة بين أعضاء هيئة التدريس بكلية الدراسات العليا، جامعة الخليج العربي على نمط التدريس المفضل لديهم؟
- ما أثر مستوى المعرفة التكنولوجية والبيداجوجية على أنماط التدريس لدى أعضاء هيئة التدريس بجامعة الخليج العربي؟

4. فرضيات الدراسة

سعت الدراسة الحالية إلى التحقق من صحة الفرضيات التالية:

- يوجد تباين بين مستوى أبعاد المعرفة التكنولوجية والبيدجواجية لدى أعضاء هيئة التدريس بكلية الدراسات العليا، جامعة الخليج العربي يرجع إلى اختلاف مجال التخصص الأكاديمي لديهم.
- يوجد تباين بين مستوى أبعاد المعرفة التكنولوجية والبيدجواجية لدى أعضاء هيئة التدريس بكلية الدراسات العليا، جامعة الخليج العربي يرجع إلى اختلاف الدرجة العلمية الأكاديمية لديهم.
- يوجد تباين بين مستوى أبعاد المعرفة التكنولوجية والبيدجواجية لدى أعضاء هيئة التدريس بكلية الدراسات العليا، جامعة الخليج العربي يرجع إلى اختلاف سنوات الخبرة لديهم.
- يوجد تباين بين أنماط التدريس المفضلة لدى أعضاء هيئة التدريس بكلية الدراسات العليا، جامعة الخليج العربي يرجع إلى اختلاف مجال التخصص الأكاديمي لديهم.
- يوجد تباين بين أنماط التدريس المفضلة لدى أعضاء هيئة التدريس بكلية الدراسات العليا، جامعة الخليج العربي يرجع إلى اختلاف الدرجة العلمية الأكاديمية لديهم.
- يوجد تباين بين أنماط التدريس المفضلة لدى أعضاء هيئة التدريس بكلية الدراسات العليا، جامعة الخليج العربي يرجع إلى اختلاف سنوات الخبرة لديهم.
- يؤثر مستوى المعرفة التكنولوجية والبيداجوجية في اختلاف أنماط التدريس لدى أعضاء هيئة التدريس بجامعة الخليج العربي.

5. أهمية الدراسة

تستمد الدراسة الحالية أهميتها من كونها المحاولة الأولى عربياً – في حدود علم الباحث – لبناء واستخدام مقياس عربي لتحديد أبعاد المعرفة التكنولوجية والبيداجوجية، وتحديد أنماط / نمط التدريس المفضل لدى أعضاء هيئة التدريس بالتعليم الجامعي بالتطبيق على جامعة الخليج العربي. كما تستمد الدراسة أهميتها من كونها تسعى لرصد وتصنيف الممارسات البيداجوجية والتكنولوجية المستخدمة في التعليم الجامعي بالتطبيق على جامعة الخليج العربي. وقد تساهم الدراسة الحالية أيضاً في توجيه برامج التوظيف وبرامج التنمية المهنية المستدامة لأعضاء هيئة التدريس في ضوء ما يمتلكونه من مستويات معرفية بيداجوجية وتكنولوجية، وما يفضلونه من أنماط تدريس، مما قد يساعد في توفير المناخ الأكاديمي اللازم للاعتماد المؤسسي. كما تساهم الدراسة الحالية في تسليط الضوء على سبل تحسين الأداء التدريسي وخاصة للمعلم الجامعي الجديد Novice Faculty من خلال وضع التوصيات اللازمة لتهيئة المناخ التدريبي اللازم لاحتضانه وتهيئته تهيئة أكاديمية وتدريسية مناسبة. كما وقد تساهم الدراسة في توظيف أنماط التدريس المفضلة لدى المعلم الجامعي لتخدم أنماط التعلم لدى المتعلم؛ مما قد يقلل من مشكلات التفاعل ومشكلات إدارة الصفوف التعليمية الجامعية.

6. الإطار النظري والدراسات السابقة

6. 1 أهمية المعرفة التكنولوجية والبيداجوجية للمعلم الجامعي:

تستمد المعرفة التكنولوجية والبيداجوجية أهميتها من خصائص واهتمامات الأجيال الرقمية من المتعلمين والمعلمين. ونظراً لانتشار وتنوع التقنية واستخدامهما في كافة المهام التعليمية، فقد أصبح الاهتمام بالإستراتيجيات التي من خلالها يجعل التربويون الإنترنت، وأدوات الويب 2.0 (أدوات التعلم الرقمي) بيئة تعليمية جاذبة للطلاب لتحقيق التعلم النشط والفعال. وقد أدى ظهور برامج وأنظمة إدارة المقررات الدراسية (Course Management Systems) وإنتاج برامج وأنظمة تطبيقية لإدارة التعلم والمحتوى الإلكتروني مثل Blackboard و Moodle إلى نقل البيئة الصفية من مكان محصور محدود الزمان والمكان إلى بيئة صفية تفاعلية مهيأة للطالب في أي زمان ومكان لتغطي شريحة أكبر من الطلاب.

لقد نتج عن التطور التكنولوجي وتطبيقات تكنولوجيا التواصل الاجتماعي وأدوات الويب 2.0 تغيراً في أدوار المعلم الجامعي، فلم يعد المعلم الجامعي مسئولاً فقط عن التخطيط للتدريس وتنفيذه وتقييمه؛ بل امتد دوره ليكون مشاركاً فاعلاً في محو الأمية التكنولوجية لدى المتعلمين، والعمل على تعميق وإنتاج المعرفة التدريسية التي تناسب متغيرات وعناصر الموقف التعليمي بصفة عامة، والمتعلم بصفة خاصة (منظمة اليونسكو، 2012).

ولقد فتحت تكنولوجيا المعلومات الرقمية مورداً جديداً للتعليم والتعلم. فلقد أصبح التعليم الإلكتروني عن طريق الإنترنت وشبكة المعلومات الدولية، والأجهزة النقالة، وأدوات التواصل الاجتماعي من ثوابت العصر، وهو يحل محل الفصول التقليدية، ويغير من طرائق وأنماط التدريس، وبه سيتمكن الطلاب من تعلم ما يريدون وقتما يريدون وحينما يريدون، وبالقدر الذي يريدون؛ والأكثر أهمية، أنهم سيتمكنون من تقييم ما تعلموه. والتحول من الفصل التقليدي إلى التعلم من خلال الإنترنت أو الفصول الافتراضية Virtual Classrooms والفصول الذكية Smart Classrooms، والفصول المقلوبة (المعكوسة) Flipped Classrooms سيغير حتماً من شكل التفاعل والاتصال الإنساني، ومداخل وأنماط التعليم وأساليب التقويم (Thornburg, 1996; Abdelaziz, 2013).

إن الإلمام بالمعرفة التكنولوجية والبيداجوجية يساهم في تغيير وتحسين ملامح النظام التعليمي الجامعي بعناصره المختلفة. فعلى سبيل المثال تساهم المعرفة بتكنولوجيا المعلومات الرقمية في تغيير دور المعلم الجامعي – كأحد عناصر النظام التعليمي – من مجرد ناقل للمعلومات إلى معلم قادر على القيام بدور الميسر، والموضح، والمقوم، والمرشد، والمدرب، والقائد البناء. كما تساهم المعرفة التكنولوجية والبيداجوجية في اكتشاف أدوار جديدة للمتعلم؛ فلم يعد المتعلم مجرد متلق للمعارف، بل أصبح يقوم بدور المستقصي، والباحث، والمكتشف، والخبير في بعض الأحيان. كل هذه المؤشرات تؤكد على أن عصر المعلومات الرقمية أدى إلى تغيير في الممارسات والمعتقدات التربوية، وأنماط التدريس التي كانت سائدة في الماضي القريب؛ حيث تتحدد ملامح الممارسات الاجتماعية والتعليمية عبر العصور بأشكال الاتصال السائدة، وأن الانتقال من شكل اتصال لآخر يُحدث قلقاً هائلاً لدى أعضاء هيئة التدريس بالجامعات، والمعلمين بالمدارس (عبدالعزيز، 2012 أ).

وفي الآونة الحديثة، اهتمت بعض الجامعات بتنمية وتطوير المهارات الأكاديمية والقيادية للموارد البشرية، بينما ركزت بعض الجامعات على تأهيل الأعضاء الجدد من خلال برامج مكثفة قد تمتد إلى خمس سنوات وقامت أخرى بتفعيل دور

المرشد العكسي Reverse Mentoring عن طريق تعيين أعضاء هيئة التدريس الأحدث والأكثر كفاءة من الناحية التكنولوجية لمساعدة أعضاء هيئة التدريس الكبار والعمل معهم بشكل تعاوني، حيث يمكن للعضو الأكبر توجيه عضو هيئة التدريس الأصغر لتقاليد المؤسسة والمعايير الثقافية والممارسات والخبرات الفريدة، في حين يمكن أن يعرض عضو هيئة التدريس الأصغر النهج التربوية الجديدة والتكنولوجيات المستحدثة والأدوات التعليمية وطرق التوصيل (Diaz et al., 2009)

2.6 أبعاد معرفة المعلم الجامعي:

يقدم الأدب التربوي والسيكولوجي العديد من النماذج اللازمة لتحديد أبعاد معرفة المعلم بصفة عامة، والمعلم الجامعي بصفة خاصة. من هذه النماذج نموذج شولمان (Shulman, 1986)، حيث دعى شولمان إلى النظر إلى أبعاد معرفة المعلم على أنها موجهة ومساعدة على الكشف والاستطلاع، وليست خريطة ثابتة لبنية معرفية محددة. كما أن معرفة المعلم تساعد على تعزيز المنظور البنائي في التعلم، الذي يعيد المتعلم إلى بؤرة الاهتمام والتركيز.

وتعتبر معرفة المعلم التدريسية Teacher's Pedagogical Knowledge أحد أهم مكونات الإعداد والنمو المهني للمعلم الجامعي. وتتنوع المعرفة التدريسية بتنوع الأفراد، والمواد التي يتعاملون معها في ممارستهم التعليمية اليومية؛ حيث يقع على عاتق عضو هيئة التدريس بالجامعات العديد من المهام التي يجب أن يؤديها لتحقيق الأهداف الأكاديمية والبحثية للجامعة وللطلاب. وفي هذا السياق يري كاوتشاك وإيجن (Kauchak & Eggen, 1998) أنه ينبغي على عضو هيئة التدريس أن يعرف المحتوى الذي يعلمه (المحتوى، فلسفته، أهدافه، طبيعته)، ويجب أن يعرف كيف ينقل هذا المحتوى إلى الطلاب بطريقة مفهومة، أي معرفة محتوى التدريس والتكنولوجيا. كما يجب أن يفهم كيف يمكنه أن يساعد الطلاب على التعلم (معرفة كيف يتعلم الإنسان وفقاً لنظريات التعلم، وكيفية تقييم التعلم). غير أن الفهم الكامل للعناصر والأبعاد السابقة لا يكفي لاكتساب مهارات التدريس، بل على أعضاء هيئة التدريس أن يفهموا متى وكيف تكون أفعالهم التدريسية مناسبة للطلاب، في ضوء ما يمتلكونه من أنماط مختلفة للتدريس.

واستناداً إلى ما سبق يمكن القول أن عملية اتخاذ القرارات التدريسية الفعالة تتوقف على معرفة وممارسات أعضاء هيئة التدريس حول التعليم والتعلم، والمحتوى التدريسي والتكنولوجي، والمادة الدراسية، وأنماط تقديمها أو توصيلها للمتعلم.

1.2.6 المعرفة البيداجوجية لأعضاء هيئة التدريس:

إن ترتيبات كثيرة لمكونات القاعدة المعرفية للتدريس تنعكس في المعايير المهنية حديثة التطوير، والبحوث وتطبيقات إعداد المعلمين بصفة عامة، والمعلم الجامعي بصفة خاصة؛ ومتطلبات الإجازة للممارسة مهنة التدريس بالجامعات. إن التفكير الحالي في كل من هذه المجالات يوضح اتفاق كبير حول المجالات الرئيسية للمعرفة المطلوبة كأساس للتدريس المهني الملائم للمعلم أو عضو هيئة التدريس. وقد بدأت المناقشات حول القاعدة المعرفية للتدريس بالتأكيد على أهمية مساعدة المعلمين المستقبليين في تطوير موقف تأملي إزاء التدريس، والمهارات المطلوبة لتقويم ودمج المعرفة، وكذلك تقييم احتياجات المتعلمين ومتطلبات السياق الصفي. ويصنف شولمان (Shulman, 1986) عناصر المعرفة التدريسية للمعلم إلى:

- المعرفة بالمحتوى.
- المعرفة التدريسية، بما في ذلك مبادئ واستراتيجيات تنظيم وإدارة الفصل.
- المعرفة بالمنهج، بما في ذلك المواد والبرامج والمقررات الدراسية.
- المعرفة بالمحتوى التدريسي، وهو مزيج من المحتوى وأصول التدريس، وشكلاً خاصاً من الفهم المهني من جانب المعلمين/ أعضاء هيئة التدريس.
- المعرفة بالمتعلمين وخصائصهم.
- المعرفة بالسياقات التعليمية، بما في ذلك خصائص الفصول والمدارس والجماعات والمجتمعات والثقافات.
- المعرفة بالغايات والأهداف والقيم التعليمية وأصولها الفلسفية والتاريخية.

ونتيجة لاتساع هذه المجالات فإن الحدود بينها نفاذة، إذ أن فهم النمو والتطور الإنساني (المعرفة حول المتعلمين) تؤثر بوضوح على إدارة الفصل (المعرفة حول التدريس) وكذلك تقدير المجتمع والمعايير الثقافية للتفاعل الاجتماعي (المعرفة حول السياق الثقافي) (عبدالعزيز وقاسم ، 2007).

هذا التصور للمعرفة والمهارات والميول التدريسية يتطابق إلى درجة كبيرة مع ذلك التصور الذي طورته الهيئة القومية لمعايير التدريس المهني واتحاد دعم وتقييم المعلمين الجدد عبر الولايات National Council for Accreditation of Teacher Education (NCATE) لتطوير معايير إجازة نموذجية متناغمة وواسعة حيث نظمت الهيئة القومية لمعايير

التدريس المهني تطوير معاييرها حول خمسة افتراضات رئيسة، يوجد محتواها بشكل مفصل في منشورات الهيئة والمعايير المكتوبة (NCATE, 1996). وهذه الافتراضات بإيجاز هي:

- أن يكون لدى المعلم التزاما نحو الطلاب وتعلمهم.
- أن يعرف المعلم المواد التي يدرسها وكيف يدرس هذه المواد للطلاب.
- أن يكون المعلم مسئول عن إدارة ومتابعة تعلم الطلاب.
- أن يفكر المعلم بشكل منظم في ممارساته وأن يتعلم من الخبرة.
- أن يكون المعلم عضواً في جماعات التعلم.

وقد وضع اتحاد تقييم ودعم المعلمين الجدد عبر الولايات المتحدة National Board for Professional Teaching Standards (NBPTS) معايير تقوم على الأداء لإجازة المعلمين الذين يتفقون مع معايير الهيئة القومية لمعايير التدريس المهني. توضح معايير الاتحاد ما يجب أن يعرفه المعلمون الجدد وأن يكونوا قادرين على القيام به من أجل الممارسة المسئولة، وتنمية أنواع الخبرة الأعمق التي تمكن من الممارسة البارعة (NBPTS, 1993).

6. 2. 2 المعرفة التكنولوجية لأعضاء هيئة التدريس:

إننا في حاجة إلى شيء ما يوضح لنا ليس فقط التكنولوجيا التي يجب أن نستخدمها ومتى نستخدمها، ولكن أيضا كيف نجعل الخبرات التكنولوجية ذات معنى للطلاب، وكيف يمكن ربط هذه المهارة والخبرات بالمعرفة التدريسية السابق الإشارة إليها. كما إن دمج التكنولوجيا في التدريس يتضمن استخدام التكنولوجيا كأداة لتعزيز التعلم في محتوى قائم على تداخل الفروع المعرفية. إن التكنولوجيا تمكن الطلاب من التعلم بطرق لم تكن ممكنة في السابق. على أن الدمج الفعال للتكنولوجيا يتحقق عندما يتمكن كل من أعضاء هيئة التدريس والطلاب من اختيار أدوات التكنولوجيا لمساعدة أنفسهم في الحصول على المعلومات في وقت قصير، وتحليل وتركيب هذه المعلومات وتقديمها بشكل مهني. إن التكنولوجيا يجب أن تصبح جزءًا متمماً لطريقة عمل الفصل الدراسي، على أن تكون متاحة شأنها شأن كل أدوات الصف الأخرى.

وفي هذا السياق قدمت الجمعية الدولية لتكنولوجيا التعليم International Society for Technology in Education (ISTE) جزءاً مما نبحث عنه. فمن خلال مبادرة بتمويل من وزارة التعليم الأمريكية، قامت الجمعية وبالتعاون مع عديد من المنظمات التعليمية بتطوير المعايير القومية للتكنولوجيا التعليمية للمعلمين National Educational Technology Standards (NETS). وهذه المعايير تتفق مع المعايير القومية للتكنولوجيا التعليمية لطلاب ما قبل التعليم الجامعي K-12، ويمكن تطبيقها على مؤسسات التعليم العالي. إن المعايير القومية للتكنولوجيا التعليمية لعام 2000 للمعلمين تمثل جزء من عملية تطورية بدأت عام 1993 مع الطبعة الأولى من "معايير كل المعلمين" التي أعدتها الجمعية القومية لتكنولوجيا التعليم (ISTE, 2009).

وإلى جانب ذلك فإن وثيقة المعايير القومية للتكنولوجيا التعليمية للمعلمين قدمت سيناريوهات لأنواع من أنشطة التكنولوجيا التطورية (وفقاً لمراحل ومستويات النمو) المدمجة التي يمكن أن تحدث في بيئة التعليم الجامعي لتلبية هذه المعايير. ويمكن أن تكون هذه السيناريوهات بمثابة بداية جيدة للمؤسسات التي ترغب في تحديد أبعاد المعرفة التكنولوجية اللازمة لدمج التكنولوجيا في التعليم والتدريس.

ثمة أداة مشابهة لما نبحث عنه متاحة لبيئة التدريس الجامعي وهى المعايير القومية لتكنولوجيا التعليم. لقد جمع مشروع المعايير القومية لتكنولوجيا التعليم بالولايات المتحدة مساهمين عديدين في التعليم قبل الجامعي والجامعي لتطوير معايير وتوقعات التكنولوجيا، إلى جانب التأكيد على الدمج وتأكيد تعلم الطلاب. وفى هذا المشروع تم تطوير خمسة معايير أساسية، يمكن أن تعكس أبعاد المعرفة التكنولوجية للمعلم الجامعي (NETS, 2009).

- العمليات والمفاهيم الأساسية:
  - أن يظهر أعضاء هيئة التدريس فهماً سليماً لطبيعة وعمل أنظمة التكنولوجيا.
  - أن يكون أعضاء هيئة التدريس أكفاء في استخدام التكنولوجيا.
- القضايا الاجتماعية والأخلاقية والإنسانية:
  - أن يفهم أعضاء هيئة التدريس القضايا الأخلاقية والثقافية والمجتمعية المرتبطة بالتكنولوجيا.
  - أن يمارس أعضاء هيئة التدريس الاستخدام المسئول لأنظمة تكنولوجيا التعليم والمعلومات والبرمجيات.
  - أن يطور أعضاء هيئة التدريس اتجاهات إيجابية نحو استخدامات التكنولوجيا التي تعزز التعلم مدى الحياة والتعاون والاهتمامات الشخصية والإنتاج.

- أدوات الإنتاج التكنولوجي:
  - أن يستخدم أعضاء هيئة التدريس أدوات التكنولوجيا لتعزيز التعلم وزيادة الإنتاج ودعم الابتكار.
  - أن يستخدم أعضاء هيئة التدريس أدوات الإنتاج للتعاون في بناء النماذج المعززة تكنولوجياً وإعداد المنشورات وإنتاج الأعمال الابتكارية الأخرى.
- أدوات الاتصالات والبحث التكنولوجية:
  - أن يستخدم أعضاء هيئة التدريس الاتصالات عن بعد للتعاون والنشر والتفاعل مع الأقران والخبراء وغيرهم من الجمهور المستهدف.
  - أن يستخدم أعضاء هيئة التدريس وسائط وصيغ عديدة لتوصيل المعلومات والأفكار بكفاءة للجمهور المتنوع.
  - أن يستخدم أعضاء هيئة التدريس التكنولوجيا في تحديد وتقويم وجمع المعلومات من مصادر متنوعة.
  - أن يستخدم أعضاء هيئة التدريس أدوات التكنولوجيا لمعالجة البيانات ووضع النتائج في تقارير.
  - أن يقيم أعضاء هيئة التدريس ويختاروا مصادر معلومات جديدة وتجديدات تكنولوجية بناءً على ملائمة هذه المصادر وتلك التجديدات للمهام المحددة التي يتعاملون معها.
- أدوات حل المشكلات التكنولوجية وصنع القرار التكنولوجي:
  - أن يستخدم أعضاء هيئة التدريس مصادر التكنولوجيا لحل المشكلات وصنع القرارات الواعية.
  - أن يوظف أعضاء هيئة التدريس التكنولوجيا في تطوير إستراتيجية لحل المشكلات في العالم الواقعي.

وقد أجرى هوفر (Hofer, 2003) دراسة استهدفت معرفة كيف تم استخدام معايير تكنولوجيا التعليم المعدة من قبل الجمعية الدولية للتكنولوجيا في التربية ISTE والمتبناة من قبل الاتحاد القومي لاعتماد برامج المعلم NCATE، وقد أجريت هذه الدراسة على مؤسسة تم منحها جائزة في تطبيق تلك المعايير. وبصفة أكثر تحديداً، فقد سعت الدراسة لتحديد أي المقررات التي تقدم في برنامج إعداد المعلم استفادت من تطبيق تلك المعايير، وكيف تم تدريس المفاهيم والتطبيقات التكنولوجية، وكيف تم دمج التطبيقات التكنولوجية في التطبيقات التربوية، وما المعوقات والحوافز وعوامل الدعم التي أثرت في عملية التنفيذ؟ لتحقيق هذا الهدف، تم إخضاع سبعة برامج من برامج إعداد المعلم التي سبق لها الحصول علي جائزة في تطبيق المعايير للتحليل من خلال مزيج من طرق التحليل. فقد قام الباحث بتحليل المستندات التي قدمتها كل مؤسسة/ برنامج للتحكيم للحصول على الجائزة. وأثناء التحليل تم استخراج ثلاث قضايا عامة هي: 1) استخدمت البرامج التي تم إخضاعها للتحليل طرقاً مختلفة لدمج التكنولوجيا في المقررات التي تقدم من خلالها، يشترك في ذلك المقررات الإجبارية والاختيارية؛ 2) أن مقرر تكنولوجيا التعليم لا يركز فقط على المهارات التقنية، بل التطبيقية أيضاً؛ 3) يمثل الدعم المؤسسي دوراً حيوياً في تطبيق المعايير.

كما أجرى ستودارت (Stoddart, 2006) دراسة استهدفت تحديد مدى استجابة المؤسسات التعليمية للتوجهات الحديثة في التعليم. وتتمثل هذه التوجهات في: 1) زيادة دمج التكنولوجيا في عملية التعليم والتعلم؛ 2) حركة بناء المناهج القائمة على المعايير؛ 3) التحول إلى استخدام أشكال التقويم الواقعي لكل من المعلم والمتعلم. كما تطرقت الدراسة إلى معرفة كيف تم تطوير واستخدام ملفات الإنجاز الإلكترونية في تجويد عملية التعليم في المستوى الجامعي لأحد برامج إعداد المعلم المعروفة. وقد استخدم الباحث طرق البحث النوعي للتحقق من فاعلية ملفات الإنجاز باعتبارها: 1) أداة من أدوات التقييم الأصيل للأداء؛ 2) بيئة تعليمية ملازمة لتوظيف التكنولوجيا في التعلم؛ 3) وسيلة ذات قيمة لتدعيم المعرفة والمهارات المهنية للمعلم وتحقيق التنمية المهنية المستدامة له.

3.6 أبعاد المعرفة بالمحتوى التكنولوجي والبيداجوجي للمعلم الجامعي:

تستخدم التكنولوجيا في التعليم من أجل جذب المتعلم وتيسير عمليتي التعليم والتعلم، ولأجل هذا فقد اهتم الباحثون برسم الأطر النظرية والمنهجية لتكنولوجيا التعليم، والممارسات المرتبطة باستخداماتها التي تجعل من المعلم قائداً متمكناً من استثمار الإمكانات التكنولوجية في إنتاج أفضل المخرجات التعليمية، وأثمرت هذه الأبحاث عن مفهوم المعرفة بالمحتوى وأصول التدريس والتكنولوجي TPCK وهو اختصار لمصطلح Technological Pedagogical Content Knowledge ويكتب أحياناً TPACK اختصاراً لمصطلح Technological Pedagogical Content and Knowledge.

والمعرفة بالمحتوى وأصول التدريس والتكنولوجيا هي إطار نظري رسمه كلاً من ميشرا وكوهلر (Mishra & Koehler, 2006) كأساس معرفي يحتاجه المعلمون لدمج التقنية في تعليمهم حيث يرون أن الاستخدام التربوي المدروس للتكنولوجيا يتطلب تطوير نظام معرفي مركب وواقعي (الجبر، 2012).

ولقد أجرى الكثير من المهتمين بالتعليم والتعلم دراسات متنوعة من أجل إرساء قواعد هذا المفهوم كما نادت نتائج هذه الدراسات بتعزيز هذه المعرفة لدى المعلمين وأعضاء هيئة التدريس في كافة مراحل التعليم العام والتعليم العالي ولجميع التخصصات؛ حيث يعتقد كيني وآخرون (Kenney, Banerjee, & Newcombe, 2010) أنه عند توضيح العلاقات بين المحتوى والتكنولوجيا وأصول التدريس سيصبح المعلمون أكثر استعداداً للتعلم واستخدام التكنولوجيا في فصولهم الدراسية. ويرى كوهلر وميشرا (Koehler & Mishra, 2009) أن تنمية المعرفة بالمحتوى وأصول التدريس والتكنولوجيا لدى المعلمين أمر حاسم من أجل تدريس فعّال باستخدام التكنولوجيا؛ ويوافقهم شين وآخرون (Shin et al., 2009) بأن إدراك المعلمين للمعرفة بالمحتوى وأصول التدريس والتكنولوجيا هو أمر مهم لتحقيق نجاح دمج التكنولوجيا بالتعليم.

ناقش كوهلر وميشرا (Koehler & Mishra, 2009) المعرفة بالمحتوى وأصول التدريس والتكنولوجيا TPCK كإطار لمعرفة المعلم عند دمج التكنولوجيا بالتعليم، وهذا الإطار مبني على فكر شولمان للمعرفة بالمحتوى وأصول تدريسه Pedagogical Content Knowledge (PCK) السابق الإشارة إليه. ويذكر الباحثان أنه في صلب التدريس الجيد باستخدام التكنولوجيا هناك ثلاثة عناصر أساسية لبيئة التعلم وهي: المحتوى وأصول التدريس والتكنولوجيا وهي تمثل القواعد المعرفية الأساسية لمعرفة المعلم بالإضافة إلى العلاقات فيما بينها، وتشكّل الأساس لإطار المعرفة بالمحتوى وأصول التدريس والتكنولوجيا. وقد مثّل الباحثان هذه المعارف الثلاث بدوائر متداخلة تؤلف نظاماً من سبع قواعد معرفية نمذجت في الشكل التالي.

شكل 1: أبعاد المعرفة التكنولوجية والتدريسية

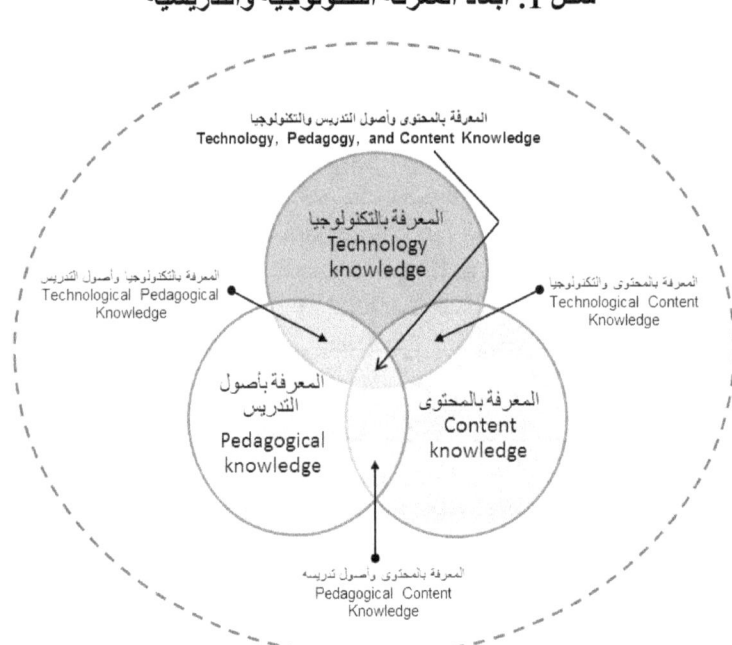

وتبسيطاً لهذا الشكل، يرى كوهلر وميشرا (Koehler & Mishra, 2009) أن معرفة المعلم تتألف من :

- **المعرفة بالمحتوى Content Knowledge**: وهي معرفة المعلم للمادة التي يفترض تعليمها أو تعلمها.
- **المعرفة بأصول التدريس Pedagogical Knowledge**: وهي معرفة المعلم العميقة بعمليات وممارسات وأساليب التعليم والتعلم.
- **المعرفة بالتكنولوجيا Technology Knowledge**: وهي المعرفة التي تمكن المعلم من إنجاز مهام مختلفة متنوعة باستخدام التكنولوجيا، ومن تطوير طرق مختلفة لإنجاز مهمة مخطط لها.
- **المعرفة بالمحتوى وأصول تدريسه Pedagogical Content Knowledge**: وهي معرفة أصول التدريس التي يمكن تطبيقها لتدريس محتوى معين.
- **المعرفة بالمحتوى والتكنولوجيا Technological Content Knowledge**: وهي فهم كيف يمكن أن يؤثر كلاً من التكنولوجيا والمحتوى أحدهما بالآخر.

- **المعرفة بالتكنولوجيا وأصول التدريس Technological Pedagogical Knowledge**: وهي فهم كيف يمكن للتعليم والتعلم أن يتغير عند استخدام التكنولوجيا بطرق معينة، وهذا يتضمن معرفة الإمكانات التربوية والقيود لعدد من أدوات التكنولوجيا من حيث صلتها بضبط وتطوير استراتيجيات وأساليب تدريس مناسبة.
- **المعرفة بالمحتوى وأصول التدريس والتكنولوجيا Technology, Pedagogy, and Content Knowledge**: وهي الفهم الناشئ من تفاعل كلاً من "المعرفة بالمحتوى" و"المعرفة بأصول التدريس" و"المعرفة بالتكنولوجيا".

ويعتبر كوهلر وميشرا (Koehler & Mishra, 2009) أن المعرفة بالمحتوى وأصول التدريس والتكنولوجياTPCK هي أساس للتدريس الفعّال باستخدام التكنولوجيا، وهو يتطلب إدراك كيفية تمثيل المفاهيم باستخدام التكنولوجيا والأساليب التربوية التي تستخدم التكنولوجيا بطرق بنائية لتعليم المحتوى، ومعرفة ما الذي يجعل المفاهيم صعبة أو سهلة التعلم، وكيف يمكن للتكنولوجيا أن تحل بعض المشاكل التي تواجه الطلاب؛ بالإضافة إلى إدراك المعارف السابقة للطلاب والنظريات المعرفية، ومعرفة كيف تُستخدم التكنولوجيا للبناء على المعارف السابقة ولتطوير المعارف الجديدة أو لتقوية المعارف القديمة. كما ويرى الباحثان أن المعرفة بالمحتوى وأصول التدريس والتكنولوجياTPCK تسمح للمعلمين والباحثين ومربي المعلمين بتغيير الطرق التي تعامل التكنولوجيا كـ"إضافة" إلى التركيز مرة أخرى وبطريقة حيوية على العلاقة بين التكنولوجيا والمحتوى وأصول التدريس عندما تلعب أدوارها في سياق الصف؛ ويؤكد الباحثان أن إطار المعرفة بالمحتوى وأصول التدريس والتكنولوجيا يقدّم عدداً من فرص ترقية البحث في تعليم المعلمين، والتطوير المهني للمعلمين، واستخدام المعلمين للتكنولوجيا.

إن المعرفة بالمحتوى وأصول التدريس والتكنولوجيا TPCK ليست نموذجاً للتطوير المهني فقط، بل إطاراً لمعرفة المعلم، وعلى هذا النحو ربما تكون مفيدة للذين يخططون للتطوير المهني للمعلمين، حيث تلقي الضوء على ما يحتاج المعلمون لمعرفته عن كلاً من التكنولوجيا وأصول التدريس والمحتوى وعلاقاتهم المتبادلة؛ كما أن إطار المعرفة بالمحتوى وأصول التدريس والتكنولوجيا TPCK لا يحدد كيفية تحقيقها، إلا أن إدراكه يوفر العديد من الطرق الممكنة لتطوير هذه المعرفة (Harris, Mishra, & Koehler, 2009). كما اقترحت هذه الدراسة مشاركة النطاق الكامل لأنماط من الأنشطة المبنية على المعرفة بالمحتوى وأصول التدريس والتكنولوجيا، والمحددة بالمحتوى كبديل لطرق التطوير المهني القائمة؛ وشرحوا كيف يمكن لهذه الطريقة مساعدة المعلمين وجهود مربي المعلمين لدمج التكنولوجيا بنجاح وأصالة؛ واستنتجوا أنه من المهم أن يكون التطوير المهني للمعلمين القائم على المعرفة بالمحتوى وأصول التدريس والتكنولوجيا مرناً وشاملاً بدرجة كافية لاستيعاب النطاق الكامل لفلسفات التعليم وأنماطه وطرقه (Harris, Mishra, & Koehler, 2009).

ومن جانب آخر توصلت دراسة جوزي وروهرج (Guzey & Roehrig, 2009) إلى نتائج تزوّد مصممي برامج التطوير المهني باقتراحات تهدف إلى تحسين نمو المعرفة بالمحتوى وأصول التدريس والتكنولوجيا لدى معلمي العلوم، كما أشارت الدراسة إلى أن البرامج المطورة بطريقة جيدة والتي توفر الفرص للمعلمين المشاركين لبناء وبقاء "مجتمعات التعلم" لها آثار إيجابية على دمج معلمي العلوم للتكنولوجيا، وتؤكد أن الدعم المستمر أساسي لمساعدة المعلمين على التغلب على قيود دمج التكنولوجيا. كما تقترح النتائج أنه يتوجب على المعلمين التأمل في ممارساتهم الصفية من أجل دمج التكنولوجيا والتقصي في تدريسهم بصورة أكثر فعالية تساعدهم على أن يروا أثر التكنولوجيا على تعلم الطلاب وبالتالي سيتمكنون من تعديل ممارساتهم بشكل مستمر.

4.6 أنماط التدريس:

يوجد خلط شائع بين التربويين فيما يخص أنماط التعلم وأنماط التدريس، فعندما يُسأل البعض منهم عن نمط التدريس المفضل لديه، نجد إجابات متفاوتة بينهم، حيث يظن البعض أن نمطه التدريسي هو النمط البصري أو الحركي أو السمعي. وقد يصنفها البعض إلى أنماط للذكاء البصري، الحركي، المنطقي الرياضي، الموسيقي، أو الاجتماعي، والشخصي كما ورد في نموذج جاردنر للذكاءات المتعددة. ومن الجلي أن الأنماط السابقة هي أنماط للتعلم وليس للتدريس، وترتبط بالخصائص والسمات الفردية للمتعلم وليس للمعلم. وفي بعض الأحيان يشير البعض إلى نوع وطبيعة طريقة التدريس المفضلة له كالمحاضرة أو حل المشكلات؛ أو مداخل التدريس المتعارف عليها تربوياً وسلوكياً، مثل مدخل التدريس المباشر، أو التدريس غير المباشر. كما وقد يستخدم البعض بعض المراحل المهنية مثل معلم جديد أو متتلمذ أو متميز أو فخري، ليشير إلى نمط التدريس لديه. وسوف تساهم الدراسة الحالية في تخفيف وتصويب هذا الخلط الشائع للتصور البديل حول نمط التدريس.

6. 4. 1 مفهوم نمط التدريس:

يشير الأدب التربوي والنفسي إلى أن نمط التدريس هو مجموع السلوكيات الشاملة التي تؤثر في قرارات ومعتقدات المعلم البيداجوجية (التدريسية)، وتستمر لأطول فترة ممكنة لدى المعلم، حتى تتحول هذه السلوكيات إلى ممارسات وعادات يومية يمارسها المعلم بشكل مستمر عندما يعرض أو يقدم أو يقوّم موقف التدريس (Mohanna, Cottrell, Wall, & Chambers, 2007). إن قدرة المعلم على فهم وتوصيف نمط التدريس المفضل لديه سوف يحول الممارسات الصفية من الفقر البيداجوجي "Pedagogy of poverty" إلى الثراء والتنوع البيداجوجي "Pedagogy of plenty" (Tomlinson, 2005).

6. 4. 2 تصنيف أنماط التدريس:

يصنف الأدب التربوي أنماط التدريس إلى ستة أنماط رئيسية تعكس خاصية مهيمنة لسلوك المعلم التدريسي، وهذه الأنماط هي: نمط المعلم المرن/المتكيف، نمط المعلم الموجه بالمتعلم، نمط المعلم الموجه بالمنهج الرسمي، نمط المعلم الموجه بالحقائق التعليمية المستقلة، نمط المعلم الجماهيري، ثم نمط المعلم أحادي الوجهة أو السلوك (Mohanna, Cottrell, Wall, & Chambers, 2011). وتبسيطاً على القراء والباحثين، يقدم الباحث وصفاً مختصراً لكل نمط من هذه الأنماط فيما يلي:

- **نمط المعلم المرن/ المتكيف The all-round flexible and adaptable teacher :**

في هذا النمط يوظف المعلم كثير من المهارات، وبإمكانه التدريس للطلاب الجدد والمتقدمين في المراحل التدريسية، ولديه وعي كاف بالبيئة والمناخ التعليمي الذي يؤثر في التدريس والمتعلمين.

- **نمط المعلم الموجه بالمتعلم The student-centered, sensitive teacher:**

يتمركز هذا النمط حول المتعلم، ويفضل التدريس للمجموعات الصغيرة، ويوظف العواطف والمجال الوجداني في تفعيل التدريس، كما يفضل الألعاب التعليمية والدراما ويوظفها في التدريس، ولا يفضل هذا النمط تقديم عروض تعليمية مباشرة وثابتة (خطية).

- **نمط المعلم الموجه بالمنهج الرسمي The official curriculum teacher:**

هذا النمط من المعلمين معد إعداداً جيداً، ومعتمد، ولديه وعي كلي بمجالات وأبعاد المنهج الرسمي، ولديه أهداف خارجية حقيقية حول المنهج المدرسي.

- **نمط المعلم الموجه بالحقائق التعليمية المستقلة/الواضحة The straight facts no nonsense teacher:**

في هذا النمط يفضل المعلم تدريس الحقائق التعليمية الواضحة عن طريق الحديث المباشر، كما يركز على تدريس مهارات محددة، ولا يحبذ الانخراط في مواقف تعليمية متعددة الأهداف/النواتج.

- **نمط المعلم الجماهيري The big conference teacher:**

في هذا النمط يفضل المعلم تقديم محاضرات عامة لأعداد كبيرة من المتعلمين، ولا يفضل التعامل مع متعلم واحد أو مجموعة صغيرة من المتعلمين.

- **نمط المعلم أحادي الوجهة/السلوك The one-off teacher:**

في هذا النمط يفضل المعلم تقديم مهام تعليمية مخططة وبسيطة، لمتعلم واحد، ولا يحبذ متابعة المتعلم في تنفيذ مهام التعلم.

ولقد تم تحديد هذه الأنماط، استناداً إلى دراسة قام بها فريق عمل من جامعة ستفوردشاير عن طريق إعداد مقياس التقييم الذاتي لأنماط التدريس المفضلة لدى أعضاء هيئة التدريس The self evaluation tool: Staffordshire Evaluation of Teaching Styles (SETS)، احتوى هذا المقاس على (24) فقرة تعكس الأنماط الستة للتدريس السابق الإشارة إليها (Mohanna, Chambers, & Wall, 2007)، ويتم تقدير الاستجابة على هذا المقياس على سلم تقدير خماسي يعكس مدى الموافقة أو عدم الموافقة على كل فقرة من فقرات المقياس، ثم يتم رصد وتجميع الاستجابات على كل نمط، ووضعها في شكل سداسي يظهر النمط المهيمن أو الأكثر تفضيلاً لدى المستجيب. وقد تم الاستعانة بهذا المقياس واعتماده في الدراسة الحالية لتحديد أنماط التدريس لدى أعضاء هيئة التدريس بجامعة الخليج العربي الذين تم تطبيق الدراسة عليهم، بعد التأكد من خصائصه السيكومترية.

وفي البيئة العربية، استخدمت دراسة عائشة الحسين (Alhussain, 2012) هذا المقياس لتحديد نمط التدريس المفضل لدى معلمي اللغة الإنجليزية بجامعة الأميرة نوره بالمملكة العربية السعودية، وهدفت هذه الدراسة إلى تحديد مدى علاقة نمط التدريس المفضل وفقاً لمقياس (SETS) ببعض المتغيرات الأساسية لدى معلم الأدب الإنجليزي واللغويات بجامعة الأميرة نوره. وقد توصلت هذه الدراسة إلى أن معلم الأدب الإنجليزي يميل إلى تفضيل نمط المعلم المرن/ المتكيف، ونمط المعلم المتمركز حول المنهج الرسمي؛ بينما يفضل معلم اللغويات نمط مختلط من أنماط التدريس يجمع بين نمط المعلم المرن والمعلم الموجه بالحقائق التعليمية، ونمط المعلم الجماهيري. ولم تتوصل هذه الدراسة إلى وجود ارتباط بين العمر وسنوات الخبرة ونمط التدريس لدى معلم اللغات.

كما صنف جارفز (Jarvis, 1985) أنماط التدريس إلى ثلاثة أنماط رئيسة هي: (1) النمط الشارح "a didactic style" ، ويظهر في تحكم المعلم في سياق التدريس، من خلال الاقتصار على تقديم المحاضرات وتدوين الملاحظات من قبل المتعلم؛ (2) النمط السقراطي (الحواري) Socratic style، ويظهر في قدرة المعلم على توجيه الأسئلة المتتالية ثم تدوين وتصويب استجابات الطلاب؛ ثم (3) النمط البنائي "facilitative style"، ويظهر في قدرة المعلم عل تيسير وتهيئة مناخ وبيئة التعلم لجعل المتعلم مسئولاً عن عملية التعلم.

كما يصنف البعض أنماط التدريس إلى نمطين أساسيين هما: نمط التدريس الخطي أو اللحظي re-productive teaching style، ونمط التدريس المنتج productive teaching style. ويتمركز النوع الأول حول المهام التعليمية التي يقدمها المعلم؛ حيث يقدم المعلم مهام التعلم مهمة تلو الأخرى ويقوم المتعلم بتدوين الملاحظات بشكل لحظي وممارسة الاستجابة عن هذه المهام بعد أداء المعلم لها؛ بينما يتمركز النمط الثاني حول الموقف المشكل في التعلم، ويتضمن حلولاً متنوعة يسعى المتعلم إلى اكتشافها بمساعدة المعلم (Hein et al., 2012).

ويتأثر نمط التدريس بمعتقدات ودافعية المعلم حول التدريس، وأسلوب/نمط المعالجة المعرفية. في هذا السياق توصلت دراسة هين وآخرون (Hein et al., 2012) إلى وجود علاقة ارتباطية دالة إحصائياً بين نمط التدريس والدافعية الداخلية لدى معلمي التربية الرياضية؛ حيث أشارت هذه الدراسة إلى أن معلمي التربية الرياضية ذوو وجهة الضبط والدافعية الداخلية يميلون إلى استخدام أنماط تدريسية منتجة وفعالة في الموقف التدريسي. وفي نفس السياق توصلت دراسة إيفان وهاركنز و يانج (Evans, Harkins, & Young, 2008) إلى وجود علاقة موجبة دالة إحصائياً بين نمط التدريس والنمط المعرفي لدى المعلمين بالمدارس الكندية.

ومن الجدير بالذكر أن أنماط التدريس تختلف عن مراحل نمو المعلم التي أشارت إليها ستيفي وآخرون (Steffy et al., 2000)، حيث صنفت ستيفي مراحل نمو المهني للمعلم إلى ستة مراحل رئيسة هي: المعلم الجديد The Novice Teacher، والمعلم المتتلمذ The Apprentice Teacher، والمعلم المحترف The Professional Teacher، والمعلم الخبير The Expert Teacher، والمعلم المتميز The Distinguished Teacher، ثم المعلم الفخري The Emeritus Teacher.

ونستنتج مما سبق أن تحديد أنماط التدريس، وأنماط المعالجة المعرفية المفضلة لدى المعلم بصفة عامة، والمعلم الجامعي بصفة خاصة أمر يساهم في توجيه برامج تعليم وتوجيه الكبار وفقاً لنظرية تعليم الكبار Andragogy ونظرية توجيه الذات Self- determination Theory، وتحقيق التنمية المهنية المستدامة لدى المشتغلين بمهنة التعليم على كافة مستوياته. ومن خلال معرفة وقياس أنماط التدريس، وأبعاد المعرفة البيداجوجية والتكنولوجية، يمكننا توجيه وترشيد الاستثمار المخصص لبرامج التنمية المهنية بالتعليم الجامعي، وخاصة ما يتعلق منها بمهارات وكفايات التدريس والتكنولوجيا.

5.6 مفهوم العمر البيداجوجي والتكنولوجي:

استناداً إلى ما سبق، يعرّف الباحث العمر البيداجوجي والتكنولوجي في الدراسة الحالية بأنه عملية تعكس الممارسات والخبرات البيداجوجية والتكنولوجية التي يمتلكها ويقوم بها عضو هيئة التدريس بشكل مستمر في أثناء التفاعلات الصفية وغير الصفية. ولا يقتصر العمر البيداجوجي والتكنولوجي على عدد سنوات الخبرة، بل يمتد ليشمل جودة الممارسة والاستمرار في تطويرها كلما تطلب الأمر ذلك.

7. منهجية وإجراءات الدراسة

1.7 منهج الدراسة:

انتهجت الدراسة الحالية منهج البحث الوصفي التحليلي القائم على دراسة الحالة، من خلال جمع ورصد البيانات الميدانية اللازمة للتحقق من صحة فرضيات الدراسة ومن ثم الإجابة عن السؤال الرئيس والأسئلة الفرعية للدراسة.

2.7 بيئة الدراسة:

تمثلت بيئة الدراسة الحالية في جامعة الخليج العربي، مملكة البحرين. وهي جامعة إقليمية تأسست عام 1980 بالتعاون بين دول مجلس التعاون الخليجي، وتتخذ من مملكة البحرين مقراً دائماً لها. وتحتوي جامعة الخليج العربي على كليتين أساسيتين هما: كلية الطب والعلوم الصحية، وكلية الدراسات العليا. وتمنح كلية الطب درجة البكالوريوس في الطب والعلوم الصحية، بينما تمنح كلية الدراسات العليا درجتي دبلوم الدراسات العليا والماجستير في تسع تخصصات علمية، ودرجة الدكتوراه في تخصص تربية الموهوبين. وتنقسم مجالات الدراسة بكلية الدراسات العليا إلى مجالين: مجال دراسات علوم الحياة والبيئة وإدارة التقنية، ومجال الدراسات التربوية.

3.7 مجتمع الدراسة:

مجتمع الدراسة الحالية هو جميع أعضاء هيئة التدريس العاملين بجامعة الخليج العربي، مملكة البحرين خلال العام الدراسي 2013-2014، الفصل الأول، ويبلغ حجم أعضاء هيئة التدريس من العالمين بدوام كامل بجامعة الخليج العربي أثناء جمع البيانات الدارسة حوالي (95) عضو هيئة تدريس بكليتي الطب والدراسات العليا القوام الأكاديمي الأساسي للجامعة.

4.7 عينة الدراسة:

تمثلت عينة الدراسة الحالية (الحالة الدراسية) في كافة أعضاء هيئة التدريس العاملين بكلية الدراسات العليا بمجالي إدارة التقنية والدراسات التربوية، في أثناء إجراء هذه الدراسة. ويبلغ إجمالي حجم عينة الدراسة (40) عضو هيئة تدريس من ذوي الدوام الكامل بكلية الدراسات العليا، تم استثناء عدد (5) أعضاء هيئة تدريس من برنامج التعليم والتدريب عن بعد من العدد الكلي للعينة وذلك لارتباط تخصصهم الأكاديمي بموضوع الدراسة الحالية، وعضو هيئة تدريس من برنامج التقنية الحيوية، وعضو هيئة تدريس من برنامج تربية الموهوبين، نظراً لسفرهم أثناء جمع البيانات. وبالتالي يصبح حجم عينة الدراسة الأصلي (33) عضو هيئة تدريس من كلية الدراسات العليا، شارك منهم في الاستجابة عن أدوات الدراسة عدد (32) عضواً؛ من إجمالي أعضاء هيئة التدريس وقت جمع البيانات؛ تم استبعاد عدد (3) عضو هيئة تدريس من هذا العدد لعدم استكمالهم للاستجابة عن أدوات الدراسة؛ وأصبح العدد الفعلي لعينة الدراسة (29) عضو هيئة تدريس أي بنسبة استجابة (مشاركة) تصل إلى 94%. وقد تم الاقتصار على أعضاء هيئة التدريس بكلية الدراسات العليا دون أعضاء هيئة التدريس بكلية الطب والعلوم الصحية، وذلك لسهولة جمع البيانات، وخاصة لأن كافة أعضاء هيئة التدريس بكلية الدراسات العليا يتحدثون اللغة العربية كلغة أم؛ كما أنهم متعددي الجنسية، وبالتالي يوجد تنوع في الخلفية الثقافية لهم، مما قد يثري نتائج البحث؛ فالبعض منهم يحمل الجنسية المصرية والبعض منهم يحمل الجنسية الأردنية، والجنسية التونسية، والمغربية، والسورية، والسودانية، هذا فضلاً عن أعضاء هيئة التدريس من دول مجلس التعاون الخليجي والعراق. ويوضح الجدول التالي توزيع عينة الدراسة بحسب الجنسية ومجال التخصص، والدرجة العلمية.

جدول 1: توزيع عينة الدراسة حسب الجنسية ومجال الدراسة والدرجة العلمية

الجنسية ومجال الدراسة		دول مجلس التعاون الخليجي والعراق		مصر		الأردن		السودان		دول المغرب العربي		سوريا ولبنان		الإجمالي لكل فئة
		إدارة التقنية	الدراسات التربوية	إدارة التقنية	الدراسات التربوية	إدارة التقنية	الدراسات التربوية	إدارة التقنية	الدراسات التربوية	إدارة التقنية	الدراسات التربوية	إدارة التقنية	الدراسات التربوية	
الدرجة العلمية	أستاذ دكتور	2	1	2	1		1	1		1		1		**10**
	أستاذ مشارك	2	1	2				1			1		2	**9**
	أستاذ مساعد	1	5	1	1			1		1				**10**
الإجمالي		**5**	**7**	**5**	**2**		**1**	**3**		**2**	**1**	**1**	**2**	**29**

ويتضح من جدول 1 أن هناك تمثيل نسبي متساوٍ إلى حد كبير جداً بين التخصص (مجال الدراسة)، حيث يوجد (16)عضواً بمجال الدراسات التقنية، (13) عضواً بمجال الدراسات التربوية؛ كما يتضح أن هناك تمثيل نسبي متساوٍ إلى حدٍ كبير بين الدرجة الأكاديمية لأعضاء هيئة التدريس، حيث يوجد (10) أستاذ دكتور، (9) أستاذ مشارك، ثم (10) أستاذ مساعد. هذا التوزيع قد يضفي على النتائج مزيد من المصداقية والموضوعية، حيث لا تميل العينة إلى فئة من الفئات على حساب الأخرى.

7. 5 أدوات الدراسة:

7. 5. 1 وصف الأداة:

اعتمدت الدراسة على أداة رئيسية (استبيان) لجمع البيانات، قُسمت الأداة إلى ثلاثة أجزاء، وفقاً لما يلي:

الجزء الأول: يحتوي على 26 فقرة قصيرة، تعكس هذه الفقرات مستوى أبعاد المعرفة التكنولوجية والبيداجوجية لدى المشاركين. وقد تم إعداد هذه الأداة في ضوء أبعاد مقياس ميشرا وكوهلر (Mishra & Koehler, 2006). ويهدف هذا المقياس إلى تحديد مستوى المعرفة والممارسة الخاصة بالمحتوى والتكنولوجيا وأصول التدريس TPACK السابق الإشارة إليه؛ وصمم المقياس على طريقة ليكرت خماسية الاستجابة (تنطبق عليَّ تماماً – تنطبق عليَّ – لا أدري (محايد) – لا تنطبق عليَّ – لا تنطبق عليَّ على الإطلاق).

الجزء الثاني: يحتوي على 24 فقرة قصيرة، تعكس هذه الفقرات نمط التدريس المفضل لدى المشاركين. وقد تم إعداد هذا المقياس في ضوء مقياس أنماط التدريس الذي أعده واستخدمه موهنا وآخرون (Mohanna, Chambers, & Wall, 2007) بجامعة ستفورد شاير، The self evaluation tool: Staffordshire Evaluation of Teaching Styles (SETS) الذي عُرضت أبعاده في الإطار النظري للدراسة الحالية. وقد تم ترجمة هذا المقياس إلى اللغة العربية، وتم التحقق من صحة الترجمة من قبل بعض الاختصاصيين في اللغة الإنجليزية من الناطقين باللغة العربية بوحدة اللغة الإنجليزية بجامعة الخليج العربي. وقد كان الهدف من هذا المقياس تحديد أنماط التدريس التي يمارسها أفراد العينة (الحالة الدراسية)، أعضاء هيئة التدريس بكلية الدراسات العليا – جامعة الخليج العربي.

الجزء الثالث: احتوى الجزء الثالث من الأداة على فقرات تتعلق بمعرفة البيانات الديموغرافية لأعضاء هيئة التدريس مثل: الدرجة الأكاديمية، ومجال التخصص، وعدد سنوات الخبرة في التدريس الجامعي، ونوع التكنولوجيا التي يستخدمونها في التدريس، وعدد سنوات استخدام التكنولوجيا في التدريس.

7. 5. 2 صدق وثبات الأداة:

صدق الأداة:

للتحقق من صدق الاستبيان تم عرضه في صورته المبدئية على (5) أعضاء هيئة تدريس من كلية الدراسات العليا من المتخصصين في التربية وعلم النفس والقياس التربوي. وقد سُئل السادة المحكمون عن مدى مناسبة موضوع الأداة بأجزائها الثلاث، ومحتويات المفردات (الفقرات) وسلم التقدير المستخدم للاستجابة. ومن بين الاقتراحات التي طرحها معظم المحكمين ما يلي: اقترح المحكمون تغيير محتوى بعض الفقرات لتصبح أكثر وضوحاً ومناسبة للهدف من البحث وعنوان الاستبيان الجديد. وقد تم تعديل محتوى الفقرات التي أشاروا إليها. وقد أخذ هذا المقترح في الاعتبار عند إعداد الصورة النهائية للاستبيان. وبذلك يكون قد تم التحقق من الصدق الظاهري (صدق المحكمين) لأداة البحث الرئيسية.

ثبات الأداة:

يمثل الثبات القيمة الإحصائية التي تصف نتائج المقاييس و/أو الاختبارات بأنها نتائج ثابتة وخالية من الأخطاء المعيارية إذا ما أعيد تطبيقها. ولم يتمكن الباحث من تطبيق الاستبيان تطبيقاً استطلاعياً لحساب ثبات المقياس (الاستبيان)، لذا تم حساب ثبات المقياس عن من خلال استجابات عينة الدراسة على الأداة، وتم رصد استجابات تلك العينة؛ وبعد إدخال البيانات ومعالجتها باستخدام الحزمة الإحصائية للعلوم الاجتماعية SPSS تم استخدام طريقة ألفا كرونباخ Cornbach's Alpha لحساب الثبات لكل جزء من أجزاء الأداة. وقد بلغ معامل ثبات الجزء الأول 0,89 . كما بلغ معامل الثبات للجزء الثاني 0,60 ؛ وتعتبر هذه القيمة مقبولة، وبالتالي فيمكن الثقة في نتائج تطبيق هذا الجزء. وبلغ معامل الثبات الكلي للجزئين الأول والثاني 0,84 ، وتعد هذه القيمة مرتفعة، وخاصة إذا تم تعميم النتائج على عينات كبيرة. وبناءً على ذلك يصبح المقياس في صورته الحالية قابلاً للاستخدام والتطبيق على عينة الدراسة، وأي عينات أخرى يتم سحبها من نفس المجتمع أو مجتمعات أخرى مشابهة.

8. إجراءات جمع البيانات والتحليل الإحصائي

8. 1. إجراءات جمع البيانات

تم القيام بالإجراءات الآتية لجمع البيانات اللازمة لتحقيق أهداف الدراسة:

- طباعة الاستبيان في شكل كتيب صغير موضحاً به الهدف من الاستبيان، ومكوناته، وإجراءات الاستجابة على فقراته. وقد تم مراعاة إرشادات إعداد أدوات المسح Survey التي ذكرها ديلمان (Dillman, 2000).
- صياغة تعريفات إجرائية للمفاهيم والمصطلحات الأساسية الواردة في كل جزء من أجزاء الاستبيان.
- إدخال البيانات المجمعة من الاستبيانات بعد تكويدها باستخدام الحزمة الإحصائية لمعالجة البيانات في مجال العلوم الاجتماعية SPSS.
- استبعاد الاستبيانات ناقصة الاستجابة على بعض الفقرات والتي بلغت (3) استبيانات.

8. 2. إجراءات التحليل الإحصائي للبيانات:

- تم تنظيم البيانات المجمعة من الاستبيان في جداول إلكترونية ضمن الحزمة الإحصائية للعلوم الاجتماعية SPSS.
- تم وضع سلم تقدير للجزء الأول الخاص بمقياس أبعاد المعرفة بالمحتوى والتكنولوجيا وأصول التدريس TPACK، يحتوي على خمسة بدائل (اختيارات) محتملة، تبدأ من "1" وتعني أن العبارة لا تنطبق على المستجيب إطلاقاً، إلى "5" وتعني أن العبارة تنطبق على المستجيب دائماً.
- تم وضع سلم تقدير للجزء الثاني الخاص بمقياس نمط التدريس المفضل، يحتوي على خمسة بدائل (اختيارات) محتملة، تبدأ من "1" وتعني أن العبارة لا تنطبق على المستجيب على الإطلاق، إلى "5" وتعني أن العبارة تنطبق على المستجيب تماماً.
- وبالنسبة للفقرات المتعلقة ببعض المتغيرات الديموجرافية ذات العلاقة بطبيعة الدراسة تم وضع سلم تقدير يتناسب مع كل فقرة.
- تم حساب المتوسطات والانحرافات المعيارية، ومعامل الارتباط، ومعامل التحديد.
- كما تم استخدام اختبار مربع كاي، وأسلوب تحليل التباين الأحادي، وكذلك تحليل التباين المتعدد لتحليل البيانات اللازمة للإجابة عن أسئلة البحث، والتحقق من صحة فرضياته.
- تم تحديد مستوى الدلالة 0،05 لاختبار صحة فرضيات الدراسة.

9 . محددات الدراسة

قبل الخوض في عرض وتحليل نتائج هذه الدراسة، فمن الجدير بالذكر الإشارة إلى المحددات التالية، التي من المحتمل أن تؤثر على تعميم نتائج الدراسة:

- يقتصر تعميم نتائج الدراسة على أعضاء هيئة التدريس العاملين بكليات وبرامج الدراسات العليا، والتعليم الجامعي دون المعلمين بالمدارس، حيث لم تشتمل عينة الدراسة أي فئة من المعلمين بالتعليم قبل الجامعي.
- لم يستطع الباحث من تطبيق أدوات الدراسة تطبيقاً استطلاعياً للتأكد من ثبات الأدوات قبل تعميم استخدام هذه الأدوات، وبالتالي فيجب استخدام هذه الأدوات بحذر، على الرغم من ارتفاع معامل ثبات الذي نتج من التطبيق الفعلي للأدوات.

10 . نتائج الدراسة

في الجزء التالي يعرض الباحث النتائج التحليلية لدراسة الحالة، وذلك تمهيداً للإجابة عن أسئلة الدراسة والتحقق من صحة الفرضيات السابق عرضها.

أولاً: الإجابة عن السؤال الأول: ينص السؤال الأول في الدراسة الحالية على الآتي: ما مستوى المعرفة التكنولوجية والبيداجوجية لدى أعضاء هيئة التدريس بكلية الدراسات العليا، جامعة الخليج العربي؟ وللإجابة عن هذا السؤال تم الالتزام بالتعليمات الواردة في مقياس المعرفة بالمحتوى والتكنولوجيا وأصول التدريس لـ ميشرا وكوهلر (Mishra & Koehler, 2006)، حيث تم تجميع الفقرات المخصصة لكل بعد من الأبعاد الستة بالمقياس: بعد المعرفة بالتكنولوجيا TK، بعد المعرفة التدريسية PK ، بعد المعرفة بالمحتوى CK، بعد المعرفة بالمحتوى التكنولوجي TCK، بعد معرفة محتوى التدريس PCK، ثم

بعد المعرفة بالمحتوى والتكنولوجيا وأصول التدريس TPCK . وتُظهر نتائج التحليل الوصفي، تفاوتاً ملحوظاً في المتوسطات وغير ملحوظ في الانحرافات المعيارية لهذه المستويات/الأبعاد كما يتضح في جدول 2 التالي.

جدول2: المتوسطات والانحرافات المعيارية لاستجابات عينة الدراسة على مقياس أبعاد المعرفة التكنولوجية والبيداجوجية

أبعاد المعرفة التكنولوجية والبيداجوجية	الفقرات	الإحصاءات	
		المتوسط (م)	الانحراف المعياري (ع)
1. المعرفة التكنولوجية TK	من 1 إلى 5	19,41	2,92
2. المعرفة التدريسية	من 6 إلى 11	26,38	2,69
3. المعرفة بالمحتوى	من 12 إلى 15	15,45	2,52
4. المعرفة بالمحتوى التكنولوجي	من 16 إلى 19	16,21	2,60
5. المعرفة بالمحتوى التدريسي	من 20 إلى 21	15,79	2,27
6. المعرفة بالمحتوى والتكنولوجيا والتدريس	من 22 إلى 26	18,31	2,76

ويتضح من جدول 2 أن المعرفة التدريسية (البيداجوجية) تتفوق – وصفياً – على كافة الأبعاد (م = 26,38، ع = 2,69)، وأن أقل المتوسطات هو متوسط المعرفة بالمحتوى CK (م = 15,45، ع = 2,52). وتبسيطاً على القارئ يمكن رسم مدى ميل استجابة أعضاء هيئة التدريس بكلية الدراسات العليا، جامعة الخليج العربي على مقياس أبعاد المعرفة التكنولوجية والبيداجوجية في الشكل السداسي التالي، شكل 2.

شكل 2: مدى ميل استجابة أعضاء هيئة التدريس على مقياس المعرفة التكنولوجية والبيداجوجية

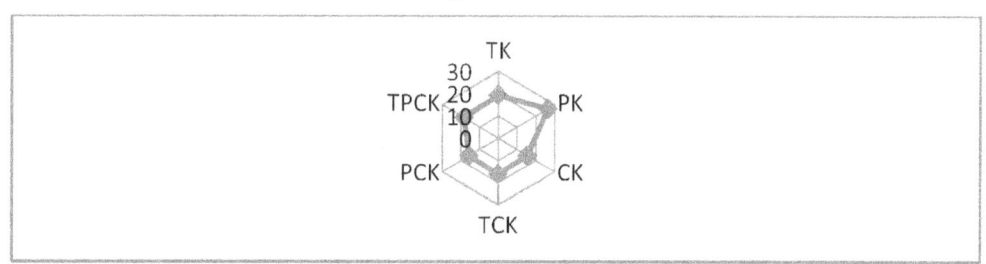

يتضح من شكل 2 أن أعضاء هيئة التدريس بكلية الدراسات العليا، جامعة الخليج العربي يميلون إلى تفضيل الأداء التدريسي، ولديهم معرفة تدريسية PK تتفوق – وصفياً – عن بقية أبعاد المعرفة التي يحتوي عليها المقياس. واستناداً إلى ما سبق يكون قد تم الإجابة عن السؤال الأول من أسئلة الدراسة.

ثانياً: الإجابة عن السؤال الثاني: ينص السؤال الثاني في الدراسة الحالية على الآتي: ما نمط التدريس المفضل لدى أعضاء هيئة التدريس بكلية الدراسات العليا، جامعة الخليج العربي؟ وللإجابة عن هذا السؤال تم استخدام نتائج استجابة أعضاء هيئة التدريس (عينة الدراسية) على مقياس أنماط التدريس (SETS) السابق الإشارة إليه، حيث تم تجميع الفقرات المخصصة لكل نمط من الأنماط الستة بالمقياس: نمط المعلم المرن (المتكيف)، نمط المعلم المتمركز حول المتعلم، نمط المعلم المتمركز حول المنهج الرسمي، نمط المعلم الموجه بالحقائق المستقلة، نمط المعلم الجماهيري، ثم نمط المعلم أحادي الوجهة أو السلوك. وتظهر نتائج التحليل الوصفي لهذه الأنماط بجدول 3 التالي.

جدول 3: المتوسطات والانحرافات المعيارية لاستجابات عينة الدراسة على مقياس أنماط التدريس

أنماط التدريس	الفقرات	الإحصاءات	
		المتوسط (م)	الانحراف المعياري (ع)
1. نمط المعلم المرن (المتكيف)	1، 12، 17، 20	17,72	1,44
2. نمط المعلم المتمركز حول المتعلم	2، 3، 16، 19	16,28	1,87
3. نمط المعلم الموجه بالمنهج الرسمي	4، 8، 22، 24	12,90	2,58
4. نمط المعلم المتمركز حول الحقائق المستقلة	10، 11، 15، 23	15,14	2,15
5. نمط المعلم الجماهيري	7، 9، 14، 21	15,14	3,15
6. نمط المعلم أحادي الوجهة	5، 6، 13، 18	9,10	2,58

ويتضح من جدول 3 أن متوسط النمط الأول (المعلم المرن) يتفوق – وصفياً – على كافة الأنماط (م = 17,72، ع = 1,44)، وأن أقل المتوسطات هو متوسط النمط السادس (المعلم أحادي الوجهة)، (م = 9,10، ع = 2,58)؛ وأنه يوجد نمط مختلط يجمع بين النمطين الرابع (نمط المعلم المتمركز حول الحقائق المستقلة) والخامس (نمط المعلم الجماهيري). وتبسيطاً على القارئ يمكن رسم مدى ميل استجابة أعضاء هيئة التدريس بكلية الدراسات العليا، جامعة الخليج العربي على مقياس أنماط التدريس في الشكل السداسي التالي، شكل 3.

شكل 3: مدى ميل استجابة أعضاء هيئة التدريس على مقياس أنماط التدريس

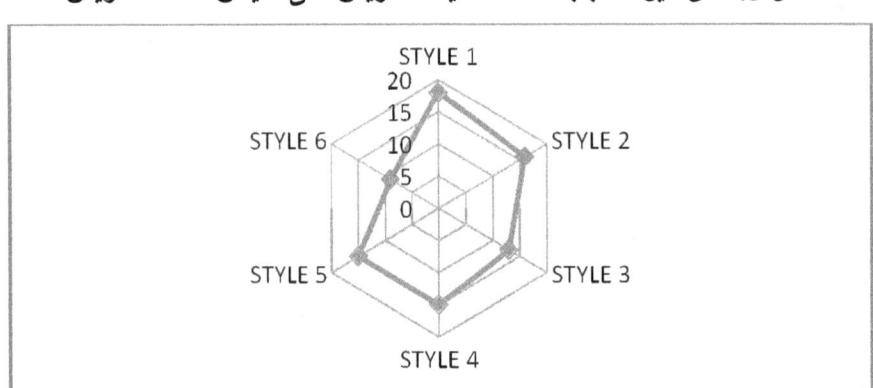

يتضح من شكل 3 أن أعضاء هيئة التدريس بكلية الدراسات العليا، جامعة الخليج العربي يميلون إلى تفضيل نمط المعلم المرن (المتكيف). وأنهم لا يميلون إلى تفضيل النمط السادس (نمط المعلم أحادي الوجهة أو السلوك). واستناداً إلى ما سبق يكون قد تم الإجابة عن السؤال الثاني من أسئلة الدراسة.

ثالثاً: الإجابة عن السؤال الثالث: ينص السؤال الثالث في الدراسة الحالية على الآتي: ما أثر اختلاف مجال التخصص الأكاديمي لدى أعضاء هيئة التدريس بكلية الدراسات العليا، جامعة الخليج العربي على مستوى أبعاد المعرفة التكنولوجية والبيداجوجية؟ للإجابة عن هذا السؤال فقد تم تجميع استجابات أفراد العينة على مقياس أبعاد المعرفة التكنولوجية والبيداجوجة TPCK، واستخدمت الدرجة الإجمالية كمتغير تابع، ومجال التخصص (إدارة تقنية – دراسات تربوية) كمتغير مستقل (تصنيفي) له مستويان. وفي ضوء طبيعة هذه البيانات تم اعتماد أسلوب تحليل التباين الأحادي One-Way ANOVA لتحليل هذه البيانات تحليلاً استدلالياً كما يتضح في جدول 4 التالي.

جدول 4: اختبار تحليل التباين الأحادي للمقارنة بين المجموعات في مقياس أبعاد المعرفة التكنولوجية والبيداجوجية حسب مجال التخصص

مستوى الدلالة	قيمة ف	متوسط المربعات	درجات الحرية	مجموع المربعات	مصدر التباين
0,244	1,550	196,244	1	196,244	بين المجموعات
		126,604	27	3418,308	داخل المجموعات
			28	3614,552	التباين الكلي

يتضح من جدول 4 أنه لا توجد فروق ذات دلالة إحصائية بين تباين استجابات أفراد العينة على مقياس أبعاد المعرفة التكنولوجية والبيداجوجية يرجع إلى اختلاف تخصص عضو هيئة التدريس، حيث أن مستوى الدلالة المشاهد يزيد عن 0,05. واستناداً إلى هذه النتيجة يمكننا **رفض** الفرضية الأولى بالدراسة، ومن ثم يكون قد تم الإجابة عن السؤال الثالث بالدراسة.

رابعاً: الإجابة عن السؤال الرابع: ينص السؤال الرابع في الدراسة الحالية على الآتي: ما أثر اختلاف الدرجة العلمية الأكاديمية بين أعضاء هيئة التدريس بكلية الدراسات العليا، جامعة الخليج العربي على مستوى أبعاد المعرفة التكنولوجية والبيداجوجية لديهم؟ للإجابة عن هذا السؤال فقد تم تجميع استجابات أفراد العينة على مقياس أبعاد المعرفة التكنولوجية والبيداجوجة TPCK، واستخدمت الدرجة الإجمالية كمتغير تابع، والدرجة العلمية (أستاذ دكتور – أستاذ مشارك – أستاذ مساعد) كمتغير مستقل (تصنيفي) له ثلاثة مستويات. وفي ضوء طبيعة هذه البيانات تم اعتماد أسلوب تحليل التباين الأحادي One-Way ANOVA لتحليل هذه البيانات تحليلاً استدلالياً كما يتضح في جدول 5 التالي.

جدول 5: اختبار تحليل التباين الأحادي للمقارنة بين المجموعات في مقياس أبعاد المعرفة التكنولوجية والبيداجوجية حسب الدرجة العلمية

مصدر التباين	مجموع المربعات	درجات الحرية	متوسط المربعات	قيمة ف	مستوى الدلالة
بين المجموعات	20,463	2	10,231	0,974	0,929
داخل المجموعات	3594,089	26	138,234		
التباين الكلي	3614,552	28			

يتضح من جدول 5 أنه لا توجد فروق ذات دلالة إحصائية بين تباين استجابات أفراد العينة على مقياس أبعاد المعرفة التكنولوجية والبيداجوجية يرجع إلى اختلاف الدرجة العلمية لعضو هيئة التدريس، حيث أن مستوى الدلالة المشاهد يزيد عن 0,05. واستناداً إلى هذه النتيجة يمكننا **رفض** الفرضية الثانية بالدراسة، ومن ثم يكون قد تم الإجابة عن السؤال الرابع بالدراسة.

خامساً: الإجابة عن السؤال الخامس: ينص السؤال الخامس في الدراسة الحالية على الآتي: ما أثر اختلاف سنوات الخبرة بين أعضاء هيئة التدريس بكلية الدراسات العليا، جامعة الخليج العربي على مستوى أبعاد المعرفة التكنولوجية والبيداجوجية لديهم؟ للإجابة عن هذا السؤال فقد تم تجميع استجابات أفراد العينة على مقياس أبعاد المعرفة التكنولوجية والبيداجوجة TPCK، واستخدمت الدرجة الإجمالية كمتغير تابع، وفئات سنوات الخبرة في التدريس الجامعي (أقل من 5 سنوات – من 5 إلى 10 سنوات – من 10 إلى 15 سنة – من 15 إلى 20 سنة – من 20 إلى 25 سنة – أكثر من 25 سنة) كمتغير مستقل (تصنيفي) له ستة مستويات. وفي ضوء طبيعة هذه البيانات تم اعتماد أسلوب تحليل التباين الأحادي One-Way ANOVA لتحليل هذه البيانات تحليلاً استدلالياً كما يتضح في جدول 6 التالي.

جدول 6: اختبار تحليل التباين الأحادي للمقارنة بين المجموعات في مقياس أبعاد المعرفة التكنولوجية والبيداجوجية حسب سنوات الخبرة في التدريس الجامعي

مصدر التباين	مجموع المربعات	درجات الحرية	متوسط المربعات	قيمة ف	مستوى الدلالة
بين المجموعات	410,469	5	82,099	0,589	0,708
داخل المجموعات	3204,056	23	139,307		
التباين الكلي	3614,552	28			

يتضح من جدول 6 أنه لا توجد فروق ذات دلالة إحصائية بين تباين استجابات أفراد العينة على مقياس أبعاد المعرفة التكنولوجية والبيداجوجية يرجع إلى اختلاف سنوات الخبرة في التدريس الجامعي، حيث أن مستوى الدلالة المشاهد يزيد عن 0,05. واستناداً إلى هذه النتيجة يمكننا **رفض** الفرضية الثالثة بالدراسة، ومن ثم يكون قد تم الإجابة عن السؤال الخامس بالدراسة.

سادساً: الإجابة عن السؤال السادس: ينص السؤال السادس في الدراسة الحالية على الآتي: ما أثر اختلاف مجال التخصص الأكاديمي بين أعضاء هيئة التدريس بكلية الدراسات العليا، جامعة الخليج العربي على نمط التدريس المفضل لديهم؟ للإجابة عن هذا السؤال فقد تم تجميع استجابات أفراد العينة على فقرات كل نمط من أنماط التدريس حسب مقياس أنماط التدريس (SETS)، واستخدمت الدرجة الإجمالية لكل نمط كمتغير تابع، ومجال التخصص (إدارة تقنية – دراسات تربوية) كمتغير مستقل (تصنيفي) له مستويان. وفي ضوء طبيعة هذه البيانات تم اعتماد أسلوب تحليل التباين المتعدد MANOVA الذي يستخدم لقياس أثر متغير مستقل ذو مستويات متعددة على متغير تابع (كمي) له أكثر من مستوى، لتحليل هذه البيانات تحليلاً استدلالياً. كما يتضح في جدول 7 التالي.

يوضح جدول 7 أنه لا توجد فروق بين أنماط التدريس الأول والثاني والرابع والخامس والسادس ترجع إلى التخصص الأكاديمي (مجال التخصص)؛ بينما توجد فروق بين أعضاء هيئة التدريس فيما يخص نمط التدريس الثالث (نمط المعلم الموجه بالمنهج الرسمي)؛ حيث بلغ متوسط الاستجابة على فقرات هذا النمط لأعضاء هيئة التدريس بمجال الدراسات التقنية وعلوم الحياة والبيئة (م = 13,75، ع = 2,720)، بينما بلغ متوسط الاستجابة على فقرات هذا النمط لأعضاء هيئة التدريس بمجال الدراسات التربوية (م = 11,85، ع = 2.035). وتشير هذه النتيجة إلى أن أعضاء هيئة التدريس بمجال تخصص إدارة التقنية يميلون إلى تفضيل نمط التدريس الموجه بالمنهج الرسمي أكثر من أعضاء هيئة التدريس بمجال تخصص الدراسات التربوية. واستناداً إلى هذه النتيجة يمكن **قبول** الفرضية الرابعة بالدراسة الحالية جزئياً، وبالتالي يكون قد الإجابة عن السؤال السادس بالدراسة الحالية.

جدول 7: اختبار تحليل التباين المتعدد للمقارنة بين المجموعات في مقياس أنماط التدريس حسب مجال التخصص العلمي

بيان	أنماط التدريس	مجموع المربعات	درجات الحرية	متوسط المربعات	قيمة ف	مستوى الدلالة
بين المجموعات (مجال التخصص)	النمط الأول	1,793	1	1,793	0,865	0,361
	النمط الثاني	6,048	1	6,048	1,780	0,193
	النمط الثالث	25,997	1	25,997	4,368	0,046
	النمط الرابع	2,006	1	2,006	0,425	0,520
	النمط الخامس	8,468	1	8,468	0,850	0,365
	النمط السادس	0,060	1	0,060	0,009	0,927
داخل المجموعات	النمط الأول	56,000	27	2,074		
	النمط الثاني	91,745	27	3,398		
	النمط الثالث	160,692	27	5,952		
	النمط الرابع	172,442	27	4,720		
	النمط الخامس	268,981	27	9,962		
	النمط السادس	186,630	27	6,912		
التباين الكلي	النمط الأول	57,793				
	النمط الثاني	97,793				
	النمط الثالث	186,690				
	النمط الرابع	129,448				
	النمط الخامس	277,448				
	النمط السادس	186,690				

سابعاً: الإجابة عن السؤال السابع: ينص السؤال السابع في الدراسة الحالية على الآتي: ما أثر اختلاف الدرجة العلمية الأكاديمية بين أعضاء هيئة التدريس بكلية الدراسات العليا، جامعة الخليج العربي على نمط التدريس المفضل لديهم؟ للإجابة عن هذا السؤال فقد تم تجميع استجابات أفراد العينة على فقرات كل نمط من أنماط التدريس حسب مقياس أنماط التدريس (SETS)، واستخدمت الدرجة الإجمالية لكل نمط كمتغير تابع، والدرجة العلمية (أستاذ دكتور – أستاذ مشارك – أستاذ مساعد) كمتغير مستقل (تصنيفي) له ثلاثة مستويات. وفي ضوء طبيعة هذه البيانات تم اعتماد أسلوب تحليل التباين المتعدد MANOVA الذي يستخدم لقياس أثر متغير مستقل ذو مستويات متعددة على متغير تابع (كمي) له أكثر من مستوى، لتحليل هذه البيانات تحليلاً استدلالياً. وقد أظهرت نتائج التحليل إلى عدم وجود فروق ذات دلالة إحصائية بين متوسطات أنماط التدريس الست ترجع إلى اختلاف الدرجة العلمية لعضو هيئة التدريس. واستناداً إلى تلك النتيجة يمكن **رفض** الفرضية الخامسة بالدراسة الحالية، ومن ثم يكون قد تم الإجابة عن السؤال السابع بالدارسة.

ثامناً: الإجابة عن السؤال الثامن: ينص السؤال الثامن في الدراسة الحالية على الآتي: ما أثر اختلاف سنوات الخبرة بين أعضاء هيئة التدريس بكلية الدراسات العليا، جامعة الخليج العربي على نمط التدريس المفضل لديهم؟ للإجابة عن هذا السؤال فقد تم تجميع استجابات أفراد العينة على فقرات كل نمط من أنماط التدريس حسب مقياس أنماط التدريس (SETS)، واستخدمت الدرجة الإجمالية لكل نمط كمتغير تابع، وعدد سنوات الخبرة (أقل من 5 سنوات – من 5 إلى 10 سنوات – من 10 إلى 15 سنة – من 15 إلى 20 سنة – من 20 إلى 25 سنة – أكثر من 25 سنة). وفي ضوء طبيعة هذه البيانات تم اعتماد أسلوب تحليل التباين المتعدد MANOVA الذي يستخدم لقياس أثر متغير مستقل ذو مستويات متعددة على متغير تابع (كمي) له أكثر من مستوى، لتحليل هذه البيانات تحليلاً استدلالياً. وقد أظهرت نتائج التحليل إلى عدم وجود فروق ذات دلالة إحصائية بين متوسطات أنماط التدريس الست ترجع إلى اختلاف سنوات الخبرة بين أعضاء هيئة التدريس. واستناداً إلى تلك النتيجة يمكن **رفض** الفرضية السادسة بالدراسة الحالية، ومن ثم يكون قد تم الإجابة عن السؤال الثامن بالدارسة.

تاسعاً: الإجابة عن السؤال التاسع: ينص السؤال التاسع في الدراسة الحالية على الآتي: ما أثر مستوى المعرفة التكنولوجية والبيداجوجية على أنماط التدريس لدى أعضاء هيئة التدريس بجامعة الخليج العربي؟ للإجابة عن هذا السؤال تم استخدام الدرجة الإجمالية على مقياس أبعاد المعرفة التكنولوجية والبيداجوجية، والدرجة الإجمالية على أنماط التدريس في ضوء الاستجابة على مقياس أنماط التدريس. وفي طبيعة هذه البيانات فقد تم استخدام معامل الارتباط متبوعاً بحساب معامل التحديد، لتحديد أكثر أنماط التدريس تأثراً بمستوى المعرفة التكنولوجية والبيداجوجية لدى أعضاء هيئة التدريس بكلية الدراسات العليا، جامعة الخليج العربي. ويلخص جدول 8 هذه النتيجة.

جدول 8: قيم معامل الارتباط ومعامل التحديد بين مستوى أبعاد المعرفة التكنولوجية والبيداجوجية وأنماط التدريس المفضلة

المتغير المستقل	المتغير التابع (أنماط التدريس)	قيمة معامل الارتباط (ر)	قيمة معامل التحديد (ر^2)
الدرجة الإجمالية على مقياس أبعاد المعرفة التكنولوجية والبيداجوجية	النمط الأول: المعلم المرن	- 0,013	0,000169
	النمط الثاني: المعلم المتمركز حول المتعلم	*0,834	0,695556
	النمط الثالث: المعلم الموجه بالمنهج الرسمي	0,225	0,050625
	النمط الرابع: المعلم الموجه بالحقائق المستقلة	*0,370	0,136900
	النمط الخامس: المعلم الجماهيري	0,139	0,019321
	النمط السادس: المعلم أحادي الوجهة والسلوك	0,295	0,087025

* هذه القيم دالة عند مستوى 0,05.

يتضح من جدول 8 أن أنماط التدريس لدى أعضاء هيئة التدريس بكلية الدراسات العليا تتفاوت في تأثرها بمستوى المعرفة التكنولوجية والبيداجوجية؛ وأن أكثر أنماط التدريس تأثراً هو النمط الثاني (نمط المعلم المتمركز حول المتعلم) (ر^2 = 0,6955)، وأقل الأنماط تأثراً بمستوى المعرفة التكنولوجية والبيداجوجية هو النمط الأول (نمط المعلم المرن) (ر^2 = 0,0001)، ثم النمط الخامس (نمط المعلم الجماهيري) (ر^2 = 0,01932). استناداً إلى هذه النتيجة يكون قد تم الإجابة عن السؤال التاسع بالدراسة، وبناءً عليه يمكن **قبول** الفرضية السابعة بالدراسة قبولاً جزئياً.

بالإضافة إلى ما سبق، فقد كان مخططاً استخدام اختبار مربع كاي للمجموعات المستقلة لقياس دلالة الفروق بين التكرارات/ النسب فيما يخص نوع التكنولوجيا المستخدمة في التدريس من قبل أعضاء هيئة التدريس بكلية الدراسات العليا، جامعة الخليج العربي. ولم يتمكن الباحث من تطبيق هذا الاختبار وذلك لوجود خلايا فارغة كثيرة، حيث تقل الاستجابة على فقرات/ اختيارات السؤال المتعلق بنوع التكنولوجيا المستخدمة في التدريس عن 5 تكرارات/استجابات. وعلى الرغم من هذا، فقد تبين للباحث أن استخدام التكنولوجيا في التدريس من قبل أعضاء هيئة التدريس بكلية الدراسات العليا يقتصر على نوعين فقط هما: الوسائط المتعددة (مثل العروض التقديمية ومقاطع الفيديو)، والويب والإنترنت (مثل مواقع الإنترنت المتخصصة، الصفحات الإلكترونية التعليمية). وقد أشار عدد قليل جداً (لا يتجاوز ثلاثة أعضاء) أنهم يستخدمون مواقع التواصل الاجتماعي، ونظم إدارة الإلكتروني، السبورات التفاعلية الذكية.

11 . خاتمة الدراسة ومناقشة النتائج والتوصيات

1. 11 خاتمة الدراسة:

هدفت الدراسة إلى إيجاد أفضل الحلول الممكنة للإجابة عن السؤال التالي: هل يتأثر نمط التدريس المفضل لدى أعضاء هيئة التدريس بمستوى أبعاد المعرفة البيداجوجية والتكنولوجية لديهم؟ أم هل يؤثر نمط التدريس المفضل لدى عضو هيئة التدريس في مستوى المعرفة البيداجوجية والتكنولوجية؟

وتعكس هذه القضية مستوى عمق الممارسات البيداجوجية والتكنولوجية المتبناة من قبل أعضاء هيئة التدريس بكلية الدراسات العليا، جامعة الخليج العربي. وربما قد تساهم في توجيه هذه الممارسات لضمان جودة الأداء التدريسي والأكاديمي على مستوى الجامعة. الأمر الذي يحقق الاستثمار الأمثل في الموارد البشرية على نطاق الجامعة، والجامعات العربية، في ضوء ما أسفرت عنه نتائج الدراسة الحالية، التي شارك فيها (29) عضو هيئة تدريس من ذوي الدوام الكامل بكلية الدراسات العليا، جامعة الخليج العربي.

وقد أسفرت نتائج هذه الدراسة (دراسة الحالة) عن الآتي:

- أن أعضاء هيئة التدريس بكلية الدراسات العليا، جامعة الخليج العربي يميلون إلى تفضيل الأداء التدريسي، ولديهم معرفة تدريسية PK تتفوق – وصفياً – عن بقية أبعاد المعرفة البيداجوجية والتكنولوجية TPCK التي تبنتها الدراسة.
- أن أعضاء هيئة التدريس بكلية الدراسات العليا، جامعة الخليج العربي يميلون إلى تفضيل نمط المعلم المرن (المتكيف)، وأنهم لا يميلون إلى تفضيل النمط السادس (نمط المعلم أحادي الوجهة أو السلوك)؛ كما أنه يوجد نمط تدريس مختلط بين أعضاء هيئة التدريس يجمع بين نمط المعلم المتمركز حول الحقائق المستقلة، ونمط المعلم الجماهيري.
- عدم وجود فروق ذات دلالة إحصائية بين تباين استجابات أعضاء هيئة التدريس بكلية الدراسات العليا، جامعة الخليج العربي على مقياس أبعاد المعرفة التكنولوجية والبيداجوجية ترجع إلى اختلاف التخصص الأكاديمي لعضو هيئة التدريس.

- عدم وجود فروق ذات دلالة إحصائية بين تباين استجابات أفراد العينة على مقياس أبعاد المعرفة التكنولوجية والبيداجوجية ترجع إلى اختلاف الدرجة العلمية لعضو هيئة التدريس بكلية الدراسات العليا، جامعة الخليج العربي.
- عدم وجود فروق ذات دلالة إحصائية بين تباين استجابات أفراد العينة على مقياس أبعاد المعرفة التكنولوجية والبيداجوجية ترجع إلى اختلاف سنوات الخبرة في التدريس لعضو هيئة التدريس بكلية الدراسات العليا، جامعة الخليج العربي.
- وجود فروق ذات دلالة إحصائية بين متوسطات أنماط التدريس ترجع إلى اختلاف مجال التخصص لعضو هيئة التدريس بكلية الدراسات العليا، جامعة الخليج العربي، لصالح مجال تخصص إدارة التقنية.
- عدم وجود فروق ذات دلالة إحصائية بين متوسطات أنماط التدريس ترجع إلى اختلاف الدرجة العلمية لعضو هيئة التدريس بكلية الدراسات العليا، جامعة الخليج العربي.
- عدم وجود فروق ذات دلالة إحصائية بين متوسطات أنماط التدريس ترجع إلى اختلاف سنوات الخبرة في التدريس لعضو هيئة التدريس بكلية الدراسات العليا، جامعة الخليج العربي.
- عدم وجود تباين في استخدام تكنولوجيا التعليم في التدريس بين أعضاء هيئة التدريس، حيث أن كافة أعضاء هيئة التدريس المشتركين في الدراسة يستخدمون الوسائط المتعددة، ومواقع الإنترنت والويب المتخصصة في تعزيز التدريس.
- لا يستخدم الغالبية العظمى من أعضاء هيئة التدريس أدوات التواصل الاجتماعي، ونظم إدارة التعلم، والسبورات الذكية التفاعلية في التدريس.

2.11 مناقشة النتائج:

أظهرت نتائج تحليل البيانات بالدراسة الحالية عدم وجود فروق ذات دلالة إحصائية في مستويات أبعاد المعرفة البيداجوجية والتكنولوجية، ترجع إلى اختلاف المجال الأكاديمي، والدرجة العلمية، وسنوات الخبرة بين أعضاء هيئة التدريس بكلية الدراسات العليا، جامعة الخليج العربي. واستناداً إلى هذه النتيجة يمكننا القول أن العمر البيداجوجي والتكنولوجي، المتمثل في ممارسات أعضاء التدريس يتشابه فيما بينهم، بصرف النظر عن سنوات الخبرة في التدريس الجامعي. بمعنى أن أعضاء هيئة التدريس بكلية الدراسات العليا، جامعة الخليج العربي يحرصون على تقديم ممارسات بيداجوجية وتكنولوجية مقبولة في ضوء ما هو متاح من أدوات تكنولوجيا التعليم بالجامعة. كما قد تعكس هذه النتيجة أن أعضاء هيئة التدريس بكلية الدراسات العليا – وعلى الأخص من شارك في الدراسة – قد سعوا لتطوير أدائهم التدريسي والتكنولوجي في الآونة الأخيرة تحقيقاً للحد الأدنى من متطلبات عملية الجودة والاعتماد الأكاديمي الذي بدأت الجامعة في تنفيذه منذ عام تقريباً؛ حيث بدأ كل عضو هيئة تدريس بالجامعة في إعداد وتطوير ملفات للمقررات تعكس الممارسات التدريسية والتقييمية لكل مقرر دراسي يقوم العضو بتدريسه. ويمكن أن نستنتج من هذه النتيجة أن الانخراط المستمر في تطوير ملفات المقرر Course Portfolios يزيد من مستوى الوعي التدريسي والتكنولوجي لدى كافة أعضاء هيئة التدريس. وهذه النتيجة مهمة أيضاً لضمان عملية التحسين المستمر لجودة الأداء التدريسي (البيداجوجي). وتتفق هذه النتيجة مع نتيجة دراسة ستودارت (Stoddart, 2006) التي أشارت إلى أن التزام أعضاء هيئة التدريس/المعلم ببناء وتطوير ملفات الإنجاز يساهم في تدعيم المعرفة والمهارات المهنية للمعلم وتحقيق التنمية المهنية المستدامة له. كما تتفق هذه النتيجة مع نتيجة دراسة هوفر (Hofer, 2003)، حيث أشارت تلك الدراسة أن الدعم المؤسسي يلعب دورٌ حيويٌ في تطبيق معايير التدريس والتكنولوجيا.

وأظهرت نتائج تحليل البيانات بالدراسة الحالية عدم وجود فروق ذات دلالة إحصائية في أنماط التدريس المفضلة بين أعضاء هيئة التدريس ترجع إلى الدرجة العلمية وسنوات الخبرة في التدريس؛ بمعنى أن أعضاء هيئة التدريس بجامعة الخليج العربي وعلى الأخص من شملتهم عينة الدراسة يميلون إلى تفضيل نمط تدريس المعلم المرن / المتكيف؛ بمعنى أن أعضاء هيئة التدريس بكلية الدراسات العليا - وفقاً لهذا النمط - يوظفون كثير من المهارات التدريسية، وبإمكانهم التدريس للطلاب الجدد والمتقدمين في المراحل التدريسية، ولديهم وعي كاف بالبيئة والمناخ التعليمي الذي يؤثر في التدريس والمتعلمين على مستوى الجامعة. وعلى الرغم من هذا، فقد ظهرت فروق ذات دلالة إحصائية بين أعضاء هيئة التدريس في نمط التدريس الثالث (التدريس المتمركز حول المنهج الرسمي) ترجع إلى مجال التخصص العلمي لصالح أعضاء هيئة التدريس بمجال إدارة التقنية، بمعنى أن أعضاء هيئة التدريس بمجال إدارة التقنية يميلون إلى الالتزام بالمنهج الرسمي (الخطة الدراسية) أكثر من أقرانهم بمجال الدراسات التربوية، على الرغم من أن النمط المفضل (الشائع) لديهم هو نمط المعلم المرن. كما أنه يوجد نمط تدريس مختلط بين أعضاء هيئة التدريس بكلية الدراسات العليا يجمع بين نمط التدريس المتمركز حول الحقائق المستقلة، ونمط التدريس الجماهيري. وتتفق هذه النتيجة – جزئياً- مع نتيجة دراسة عائشة الحسين (Alhussain, 2012)، التي توصلت إلى أن معلم الأدب الإنجليزي يميل إلى تفضيل نمط المعلم المرن/ المتكيف، ونمط المعلم المتمركز حول المنهج الرسمي؛ بينما يفضل معلم اللغويات نمط مختلط من أنماط التدريس يجمع بين نمط المعلم المرن والمعلم الموجه بالحقائق التعليمية، ونمط المعلم الجماهيري.

وأظهرت نتائج التحليل الإحصائي المعتمد على طريقة معامل التحديد Coefficient of Determination أن مستوى الوعي البيداجوجي والتكنولوجي يؤدي إلى تفضيل نمط التدريس المتمركز حول المتعلم. وهذه نتيجة مهمة تدعم مرئيات ومبادئ التعلم وفقاً للنظرية البنائية والبنائية الاجتماعية والنظرية الاتصالية، حيث تنادي هذه النظريات بضرورة تدريب المتعلمين على تحمل مسئولية تعلمهم وبناء شراكة تعليمية بين المعلم والمتعلم توسع عملية بناء التعلم ذو المعني من قبل المتعلم.

أشارت نتائج تحليل البيانات في الدراسة الحالية أن الغالبية العظمى من أعضاء هيئة التدريس بكلية الدراسات العليا يعتمدون على الوسائط المتعددة (العروض التقديمية، ومقاطع الفيديو،...)، ومواقع الإنترنت والويب التعليمية في تقديم وتدعيم التدريس؛ وأن الغالبية العظمى منهم لا يستخدمون مواقع وأدوات التواصل الاجتماعي، وأنظمة إدارة التعلم والمحتوى، والسبورات الذكية في التدريس. وهذه النتيجة تعد مؤشر بالغ الأهمية لمتطلبات الجودة والاعتماد الأكاديمي، حيث أن تقارير هيئات الجودة والاعتماد المؤسسي والأكاديمي دائماً ما توصي بضرورة تبني وتطوير استراتيجيات تعليم تعتمد على دمج تكنولوجيا التعلم الإلكتروني الحديثة على نطاق المؤسسة والبرامج الأكاديمية.

وخلاصة القول، فإن أعضاء هيئة التدريس بكلية الدراسات العليا، جامعة الخليج العربي (الحالة الدراسية)، لديهم وعي معرفي بالتكنولوجيا والبيداجوجيا (أصول التدريس) يكاد يكون متساوٍ فيما بينهم؛ كما أنهم يميلون إلى تفضيل نمط التدريس المرن/ المتكيف ثم نمط التدريس المتمركز حول المتعلم؛ إلا أن ممارستهم التكنولوجية فيما يخص تكنولوجيا التعلم الإلكتروني المتقدمة لا تعكس هذا الوعي؛ الأمر الذي يتوجب معه توجيه الاهتمام بهذه القضية في المستقبل لضمان الاستمرارية في تحسين الأداء التدريسي والتكنولوجي المعاصر.

11. 3 التوصيات والرؤى المستقبلية

في ضوء ما تقدم من نتائج، وفي ضوء المناقشة السابقة، يوصي الباحث بما يلي:

أولاً: تطوير خطة للتنمية المهنية المستدامة لأعضاء هيئة التدريس بكلية الدراسات العليا لضمان استمرارية تحسين جودة الأداء التدريسي والتكنولوجي، بحيث تعتمد هذه الخطة الإستراتيجية على نماذج ومداخل تحسين الجودة المتعارف عليها عالمياً مثل مدخل تحسين الجودة المستمر لديمنج الذي يحتوي على أربعة مراحل: التخطيط، التنفيذ، التدقيق، التصحيح.

ثانياً: تطوير خطة إستراتيجية لضمان جودة دمج التعلم الإلكتروني على مستوى الجامعة، بحيث تعكس هذه الخطة الاحتياجات الفعلية لأعضاء هيئة التدريس، ومتطلبات وآليات تحقيقها.

ثالثاً: بناء مجتمعات التعلم الإلكتروني على مستوى الجامعة للانتقال من الفقر التكنولوجي إلى الثراء والتميز التكنولوجي في التدريس والتقييم، والانتقال من مجتمعات المعرفة Communities of Inquiry إلى مجتمعات الممارسة Communities of Practice، من خلال التطبيقات الحديثة في التعلم الإلكتروني مثل: الفصول المقلوبة Flipped Classrooms والتكنولوجيا والأنظمة الذكية Smart Technologies & Intelligent Tutoring Systems ، والكتب الإلكترونية E-books.

رابعاً: تطوير منظومة للتقييم الإلكتروني على مستوى الجامعة University-wide Assessment System؛ لضمان توفير مؤشرات إلكترونية لمخرجات عملية التعلم على مستوى البرامج PILOs والمقررات الدراسية CILOs.

خامساً: تطوير الحضانات الإلكترونية والبيداجوجية لضمان تأهيل أعضاء هيئة التدريس الجدد، وذوي الاحتياجات النوعية من الأعضاء القدامى، بحيث يراعى أن تقوم هذه الحضانات على أسس التعلم وفقاً لنظرية تعليم الكبار ونظرية التعلم المحدد ذاتياً Heutagogy.

12. جدول المصطلحات

العربية	الإنجليزية
علم أصول التدريس	Pedagogy (P)
المعرفة التكنولوجية	Technological Knowledge (TK)
المعرفة البيداجوجية	Pedagogical Knowledge (PK)
المعرفة بالمحتوي	Content Knowledge (CK)
المعرفة بالمحتوي التكنولوجي	Technological Content Knowledge (TCK)
المعرفة بالمحتوى التدريسي	Pedagogical Content Knowledge (PCK)
المعرفة بالمحتوى والتدريس والتكنولوجيا	Technological and Pedagogical Content Knowledge (TPCK)

أنماط التدريس	Teaching Styles
المعلم المرن/ المكتيف	The all-round flexible and adaptable teacher
المعلم المتمركز حول المتعلم	The student-centered, sensitive teacher
المعلم المتمركز حول المنهج الرسمي	The official curriculum teacher
المعلم المتمركز حول الحقائق المستقلة/ الواضحة	The straight facts no nonsense teacher
المعلم الجماهيري	The big conference teacher
المعلم أحادي الوجهة/السلوك	The one-off teacher
العمر البيداجوجي والتكنولوجي	Pedagogical and Technological Age
التعلم المحدد ذاتياً	(Self-determined learning) Heutagogy

13. المراجع

[1] الجبالي، سعد أحمد، إستراتيجية الجودة الشاملة وتكنولوجيا التعليم المعاصرة كمنطلق لتفعيل المدخل المنظومي لتحقيق الجودة الشاملة في التعليم، **ورقة عمل مقدمة في المؤتمر العربي الثالث حول المدخل المنظومي في التدريس والتعلم**، إبريل، 2003.

[2] الجبر، بسمة، نحو مجتمع معرفة القرن 21 : التدريب الالكتروني الأصيل يبني كفاءة أعضاء هيئة التدريس في التعليم العالي، **ورقة عمل مقدمة في الندوة العلمية الأولى في التدريب الإلكتروني وفرص تحسين الأداء**، جامعة الخليج العربي، مملكة البحرين، ديسمبر، 2012.

[3] الحيلة، محمد محمود، **تكنولوجيا التعليم بين النظرية والتطبيق** (ط 5)، عمان، الأردن: دار المسيرة للنشر والتوزيع والطباعة، 2007.

[4] عبدالعزيز، حمدي أحمد، **التعليم الإلكتروني: الفلسفة، المبادئ، الأدوات، التطبيقات (ط 2)**، الأردن: درا الفكر، 2012 أ.

[5] عبدالعزيز، حمدي أحمد، فاعلية إستراتيجية مقترحة قائمة على فنيات التدريب المعرفي في تنمية مهارات تصميم التدريس الإلكتروني وتحسين المعتقدات التربوية نحو التعلم الإلكتروني لدى الطلبة المعلمين بكليات التربية، **مجلة تكنولوجيا التعليم، الجمعية المصرية لتكنولوجيا التعليم، بحث مقبول النشر**، 2012 ب.

[6] عبدالعزيز، حمدي أحمد وقاسم، حسن محمد، **رخصة التدريس: رؤية لتطوير معايير التدريس**، الأردن: دار الفكر، 2007.

[7] منظمة اليونسكو، **معايير اليونسكو بشأن كفاءة المعلمين في مجال تكنولوجيا المعلومات والاتصال**، متاح في: www.cst.unesco-ci.org ، تاريخ الرجوع: 27 ديسمبر 2012.

[8] Abdelaziz, H. A. (2013). From content engagement to cognitive engagement: Toward an immersive Web-based learning model to develop self- questioning and self-study skills. *International Journal of Technology Diffusion, 4*(1), 16-32, January-March 2013.

[9] Alhussain, A. M. (2012). Identifying teaching style: The case of Saudi college English language and literature teachers. *English Language Teaching, 5*(8), 122-129.

[10] Diaz, V., Garrett, P. B., Kinely, E. R., Moore, J. F., Schwartz, C.M., &Kohrman, P.(2009). *Faculty Development for the 21st Century*. EDUCAUSE Review. 44(3):46–55. Retrieved from http://www.educause.edu/ero/article/faculty-development-21st-century

[11] Dillman, D. (2000). *Mail and internet surveys: The tailored design method* (2nd ed.). NY: John Wiley & Sons, Inc.

[12] Evans, C., Harkins, M., & Young, J. (2008). Exploring teaching styles and cognitive styles: Evidence from school teachers in Canada. *North American Journal of Psychology, 10*(3), 567-582.

[13] Guzey, S.S. & Roehrig, G.H. (2009). Teaching Science with Technology: Case Studies of Science Teachers' Development of Technological Pedagogical Content Knowledge (TPCK). *Contemporary Issues in Technology and Teacher Education, 9*(1): 25-45.

[14] Harris,J. , Mishra, P. & Koehler, M. (2009). Teachers' Technological Pedagogical Content Knowledge and Learning Activity Types: Curriculum-based Technology Integration Reframed. *Journal of Research on Technology in Education, 41*(4): 393–416.

[15] Hein, V., Ries, F., Pires, F., Caune, A., Emeljanovas, A., Heszteráné, F., &Valantiniene, I. (2012). The relationship between teaching styles and motivation to teach among physical education teachers. *Journal of Sports Science and Medicine 11*, 123-130.

[16] Hofer, A. J. (2003). *ISTE educational technology standards: Implementation in award-winning teacher education programs*. Doctoral Diss. University of Virginia, USA.

[17] International Society for Technology in Education (ISTE). (2009). *National educational technology standards for teachers: Preparing teachers to use technology.* Eugene, OR: Author.

[18] Jarvis, P. (1985). Thinking critically in an information society: A sociological analysis. *Lifelong-Learning, 8*(6), 11-14.

[19] Kauchak, D. & Eggen, P. (1998). *Learning and teaching: Research based methods.* 3 ed. Allen and Bacon.

[20] Kenney, J. L., Banerjee, P., & Newcombe, E. (2010). Developing and Sustaining Positive Change in Faculty Technology Skills: Lessons Learned from an Innovative Faculty Development Initiative. *International Journal of Technology in Teaching and Learning, 6*(2): 89-102.

[21] Koehler, M. J., & Mishra, P. (2009). What is Technological Pedagogical Content Knowledge? *Contemporary Issues in Technology and Teacher Education, 9*(1): 60-70.

[22] Mishra, P. & Koehler, M. J. (2006).Technological Pedagogical Content Knowledge: A Framework for Teacher Knowledge. *Teachers College Record, 108* (6): 1017-1054.

[23] Mohanna, K., Chambers, R., & Wall, D. (2007). *The self evaluation tool: The Staffordshire evaluation of teaching styles.* Staffordshire University, UK.

[24] Mohanna, K., Chambers, R., & Wall, D. (2007). *Your teaching style: A practical guide to understanding, developing and improving.* UK, Radcliffe Publishing Ltd.

[25] Mohanna, K., Cottrell, E., Wall., & Chambers, R. (2011). *Developing your teaching style and techniques.* Retrieved from http://www.radcliffehealth.com/sites/radcliffehealth.com/files/books/samplechapter/5322/RAD-JONES-11-0305-011-67221100rdz.pdf

[26] National Board for Professional Teaching Standards (NBPTS). (1993). *What teachers should know and be able to do.* Detroit: NBPTS, Author.

[27] National Council for Accreditation of Teacher Education (NCATE). (1996). NCATE *public Opinion Poll.* Washington, D.C: NCATE, Author.

[28] National Educational Technology Standards for Students (NETS). (2000). Connecting curriculum and technology. *International Society for Technology in Education*, USA.

[29] Opdenakker, M. C., & Van Damme, J. (2006). Teacher characteristics and teaching styles as effectiveness enhancing factors of classroom practice. *Teaching and Teacher Education, 22*(1), 1-21.

[30] Shin, T., Koehler, M., Mishra, P., Schmidt, D., Baran, E.,& Thompson, A. (2009). Changing Technological Pedagogical Content Knowledge (TPACK) through Course Experiences. In: I. Gibson et al. (Eds.), *Proceedings of Society for Information Technology & Teacher Education International Conference 2009*: 4152-4159

[31] Shulman, L. (1986). Those who understand: Knowledge growth in teaching. *Educational Researcher, 15*(2), pp 4-14.

[32] Steffy, B., Wolfe, M., Pasch, S., & Enz, B. (2000). *Life cycle of the career teacher.* Thousand Oaks, CA: Corwin Press Inc.

[33] Stoddart, S. K. (2006). *A study of electronic portfolio development in the school of education at Marian College.* Doctoral Diss. Capella University, USA.

[34] Stuart, C., & Thurlow, D. (2000). Making it their own: Preservice teachers, experience, beliefs and classroom practices. *Journal of Teacher Education, 51*(29), 113-121.

[35] Thornburg, D. (1996). *Campfires in cyberspace.* San Carlos, CA: Thornburg and Starsong Publications.

[36] Tomlinson, C. A. (2005). Differentiated instruction as way to achieve equity and excellence in today's schools. Building inclusive schools: A search for solutions. *Conference Report Canadian Teachers' Federation Conference (19-21).* Ottawa, Ontario.

بناء برنامج الكتروني لتصحيح أسئلة الاختبارات ذات الأجوبة النصية القصيرة وقياس مدى فعاليتها

الاسم	البريد الإلكتروني	مؤسسة العمل	المدينة	البلاد
د. عبدا لرازق عوض السيد سليمان	alsaid@kku.edu.sa	جامعة الملك خالد	بيشة	السعودية
أ. الملك المساعد عبدالرحيم	almsaad@kku.edu.sa	جامعة الملك خالد	بيشة	السعودية

الملخص

تهدف هذه الورقة إلى بناء برنامج الكتروني لتصحيح أسئلة الاختبارات ذات الأجوبة النصية القصيرة وقياس مدى فعاليته، لقد تم تصميم نظام متكامل على الانترنت على الموقع http://cleveredu.net/arazigexam مستخدما البرمجيات المفتوحة يمكن من خلاله عمل الاختبارات ذات الأسئلة النصية القصيرة ثم تفعيل تلك الأسئلة وتصحيحها اليأ وإعطاء النتيجة، ولتحديد مدى دقة النظام المقترح تم اخذ عينة عشوائية من كراسة إجابات الطلاب المُقيمة يدوياً لمادة مخازن ومناجم البيانات بجامعة الملك خالد ــ كلية العلوم والآداب قسم الحاسب الآلي للعام الدراسي 1433-1434هـ ومقارنتها إحصائياً مع نتائج النظام المقترح.

لم يجد الباحثين فروقات ذات دلالة احصائية عند مستوى معنوية (0.05) بين الطريقة اليدوية والطريقة الالكترونية مما يؤكد الاعتمادية النسبية في التقييم الالكتروني ضمن النظام المقترح.

Abstract

This paper aims to build an electronic program to mark the questions and measure the effectiveness of the marking. Open sources used to developed the online application http://cleveredu.net/arazigexam, in which you can create the questions, correcting and get the final result. To determine the accuracy of the proposed system, sample data has been taking from students' answers that corrected manually for *Data warehouse and data Mining - King Khalid University - Faculty of Arts and Sciences Department of Computer for the academic year 1433-1434* and compared with results of the proposed system. Researchers did not find statistically significant differences at the level (0.05) between the manual and electronic methods, which confirms the relative reliability in the evaluation of the proposed system.

الكلمات الجوهرية:

الاختبار الالكتروني ، معالجة اللغات الطبيعية ، التعليم الالكتروني ، الأسئلة النصية القصيرة، قياس الفاعلية.

1. مشكلة الدراسة :

يشهد العالم اليوم ثورة معلوماتية في جميع مجالات المعرفة، هذه الثورة الهائلة تحتم على المؤسسات التعليمية أن تعيد النظر في أسس اختيار وتخطيط وبناء المناهج والاختبارات وأساليب التعامل مع المعرفة من حيث العملية التعليمية.

بالرغم من الأهمية البالغة للاختبارات الالكترونية في تحسين العملية التعليمية، فإن معظم ما تم من تطوير في عملية تصحيح الاختبارات الالكترونية شمل تصحيح الأسئلة من نوع الأسئلة الموضوعية ولكنها لم تشمل تصحيح الأسئلة النصية القصيرة مما قاد الباحثان للقيام بدراسة تناول بناء برنامج الكتروني لتصحيح أسئلة الاختبارات ذات الأجوبة النصية القصيرة وقياس مدى فعاليته .

2. ادبيات الدراسة :

1.2 معالجة اللغة الطبيعية (NLP)

اللغة العربية هي لغة سامية تبنى كلماتها من كلمات ثلاثية ورباعية أحيانا وتسمى الجذور, يتم ذلك بزيادة أحرف أو ضمائر في مقدمة الجزر أو مؤخرته أو في وسطه وذلك حسب الجنس والعدد والتعريف والحالة الإعرابية, جعلت هذه الخاصية للكلمة العربية الواحدة صوراً متعددة في النصوص العربية وهذا ما يجعل تطابق إجابة الطالب مع الإجابة النموذجية أمراً صعباً إذ أن البحث عن اى صورة يجب إيجاد كافة الصور الأخرى في النص العربي[3], يتم ذلك عادة بإزالة الأحرف الزائدة من الكلمات العربية (إجابة الطلاب والإجابة النموذجية) ثم بعد ذلك تتم عملية المطابقة.

تقسم الكلمة إلى ثلاثة أقسام الاسم، والفعل، والحرف [4]، وقسمها آخرون[6] إلى أربعة اسم، وصفة، وفعل، وحرف، وقسمها تمام حسان[12] الكلمات إلى سبع: اسم، وصفة، وفعل, وضمير، وخالفه، وظرف، وأداة .

واعتمد الصيني[5] على هذه التقسية مع شيء من التعديل بتقسيم الكلمة إلى سبع : الاسم، والفعل، والصفة، والظرف، والضمير، والأداة ، والتعبير الانفعالي، ويرى آخرون غير ذلك، ويرى الباحثين تقسيم الكلمة إلى ستة وهي: الاسم، والفعل، والأداة، والظرف، والضمير، والخالقة، حيث يعتبر هذا التقسيم أكثر ملائمة من الناحية التطبيقية للحاسوب.

2.2 النظام المقترح

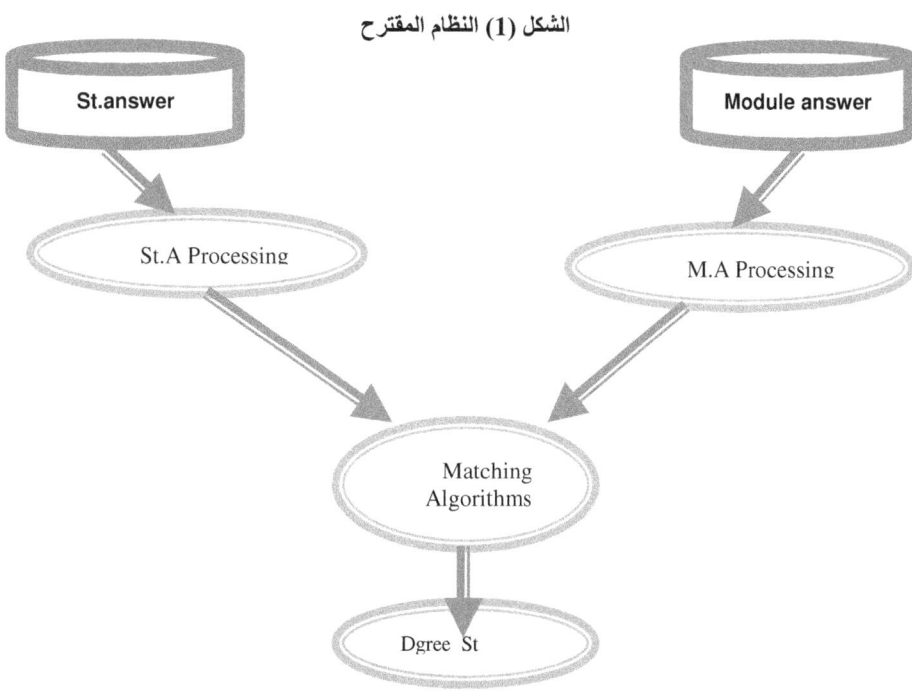

الشكل (1) النظام المقترح

يبين الشكل (1) الأجزاء التالية:

- الإجابة النموذجية Module answer تمثل قاعدة بيانات تحتوى على الإجابات النموذجية لأسئلة الاختبار الالكتروني المدخلة بواسطة أستاذ المقرر.
- إجابة الطالب (St. answer) تُمثل قاعدة بيانات تحتوى على إجابات الطالب لأسئلة الاختبار الالكتروني.
- معالجة الإجابة النموذجية (M.A Processing) تُمثل مرحلة معالجة الإجابة النموذجية بواسطة الخوارزمية المقترحة.
- معالجة إجابة الطالب (St. Processing) تُمثل مرحلة معالجة إجابة الطالب بواسطة الخوارزمية المقترحة.
- خوارزمية المطابقة (Matching Algorithms) تُمثل مرحلة مطابقة إجابة الطالب مع الإجابة النموذجية.
- درجة الطالب (St DEGREE) تُمثل درجة تصحيح السؤال المعنى.

3.2 الخوارزمية المقترحة:

تنقسم الخوارزمية المقترحة إلى قسمين: مطابقة كلمة Word matching ومطابقة جملة Sentence matching .

- مطابقة كلمة Word matching

في هذا النوع يتم أولا إزالة الزوائد والإضافات المضافة للكلمة في اللغة العربية سواء أكانت في مقدمة الكلمة (بادئة prefix) أو في نهايتها (لاحقة suffix) ثم مطابقة إجابة الطالب مع الإجابة النموذجية.

- مطابقة جملة Sentence matching

يمثل القسم الثاني من الخوارزمية المقترحة وتنقسم إلى الخطوات التالية:

انتزاع التعبير Term Extraction، المعالجة المسبقة Preprocessing ، إزالة اللواحق Lemmatization، حساب نتيجة تشابه الجمل.

4.2 خطوات الخوارزمية المستخدمة لإزالة الزوائد في الكلمة :

لتصميم نظام إزالة السوابق واللواحق لإجابة الطالب والإجابة النموذجية يمر النظام بثلاث مراحل هي Module 2, Module 3,Module 1

- المرحلة الأولى (Module 1): إدخال البيانات التالية: إجابة الطالب والإجابة النموذجية للنظام كما يتم حذف الكلمات الغير عربية والرموز مثل :(@, $, &).

Module 1:

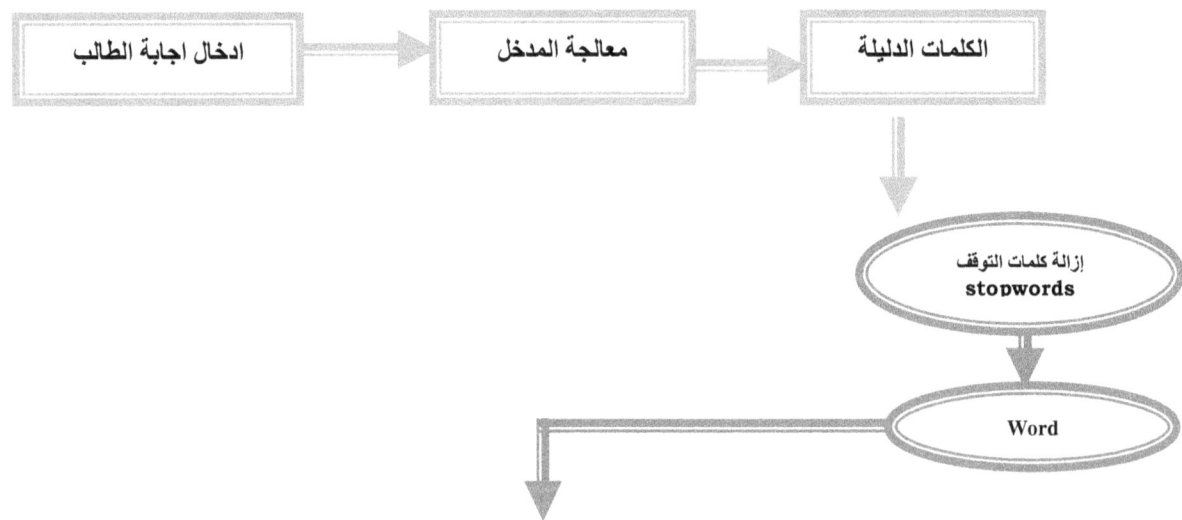

o المرحلة الثانية(Module 2):حذف كلمات التوقف stop words,مثل حروف الجر , الضمائر (الذي- الذين – هو) ظروف مكان (فوق – تحت) ظروف وقت (ظهر) , لان هذه الكلمات ليست لها جذور.

o المرحلة الثالثة (Module 3) :حذف البادئات prefixes

إزالة اللواحقRemove suffixes: هذه الخطوة تشابه الحالة السابقة.

الخوارزمية المستخدمة لإزالة الزوائد في الكلمة في إجابة الطالب والإجابة النموذجية.

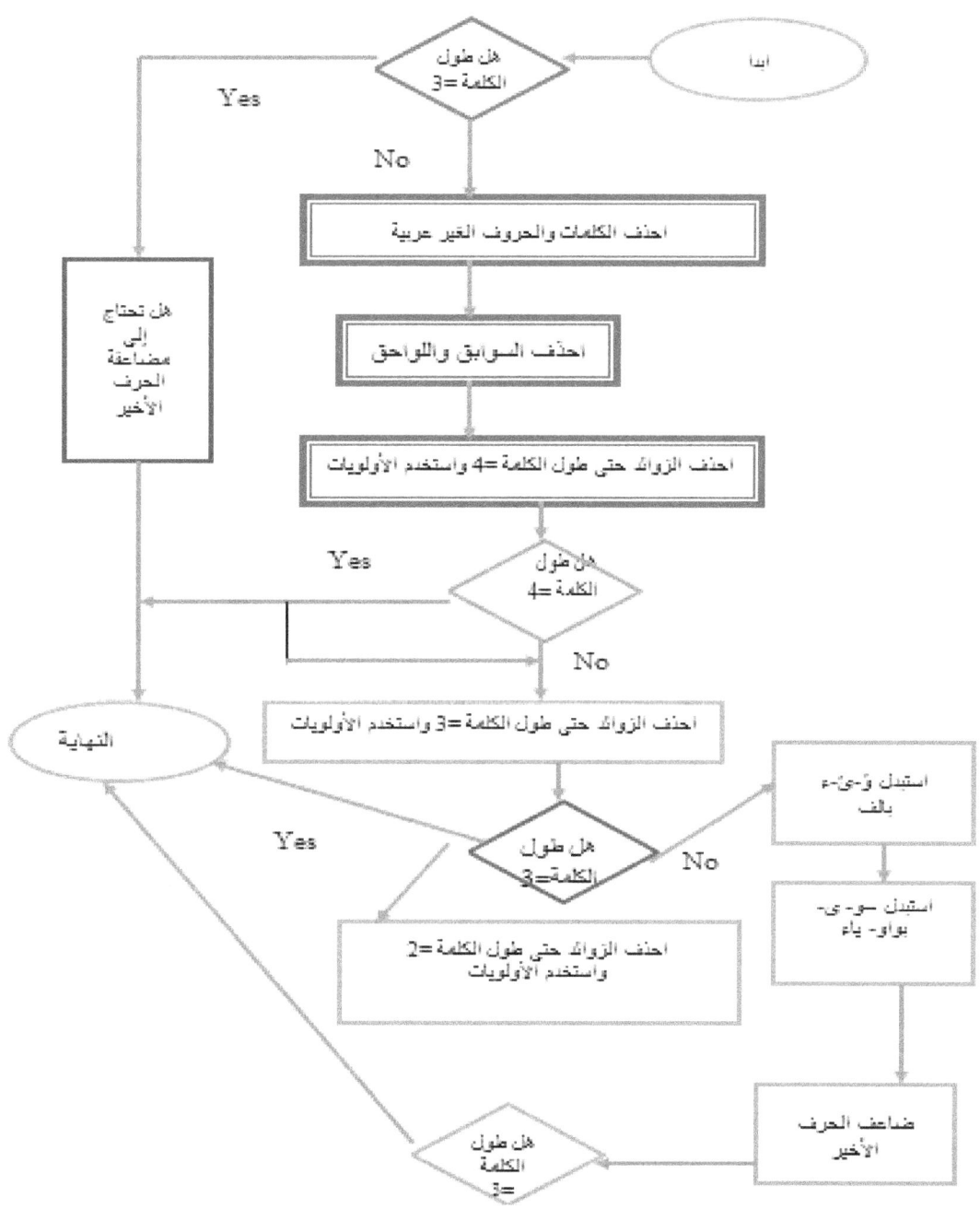

الشكل(2) يوضح الخوارزمية المستخدمة لإزالة الزوائد في الكلمة في إجابة الطالب والإجابة النموذجية.

3. الادوات المستخدمة لعمل النظام

المنهجية التي تقدمها هذه الورقة تعمل على مستوى تصميم وتقييم نظام الاختبار الالكتروني للأسئلة النصية و تم استخدام نظم إدارة قواعد البيانات MySQL لتصميم قواعد البيانات لنظام الإجابة على الأسئلة النصية القصيرة،وكتابة برامج باستخدام لغة أل PHP لمعالجة قواعد البيانات تلك ، واستخراج التقارير والنتائج المطلوبة. تم اختيار عينه الدراسة وللتأكد من دقة التقييم الالكتروني للنظام المقترح تم حساب الفروق بين المتوسطات للمجموعتين (تقييم النظام والتقييم التقليدي) وحساب الانحراف المعياري وقيمة اختبار (ت) والارتباط المتعدد .

4. الإطار التطبيقي

- اختبار خوارزمية التقييم الالكتروني للأسئلة النصية القصيرة

استخدام الباحثينين التحليل الإحصائي لاختبار مدى دقة النظام المقترح حيث تم اخذ عينة عشوائية من كراسات الطلاب لمادة مخازن ومناجم البيانات بجامعة الملك خالد –كلية العلوم والآداب قسم الحاسب الآلي للعام الدراسي 1433-1434هـ حيث استخدم في تحليل بيانات هذه العينات مجموعة من الأدوات الإحصائية التي تلاءم طبيعة متغيرات الدراسة، وأهمها الوسط الحسابي والتكرارات والنسب المئوية واختبار(ت) والارتباط المتعدد.

5. عينة الدراسة

عينة من كراسات الطلاب المصححة يدويا لمادة مخازن ومناجم البيانات الفصل الدراسي الثاني:33-1434هـ بجامعة الملك خالد –كلية العلوم والآداب قسم الحاسب الآلي.

6. متغيرات الدراسة

للتأكد من دقة التقييم الالكتروني للنظام المقترح تم حساب الفروق بين المتوسطات للمجموعتين (تقييم النظام والتقييم اليدوي) وحساب الانحراف المعياري وقيمة اختبار (ت) والارتباط المتعدد للمتغيرات التالية:

الحالة الأولى: اختبار نتائج لعينة من درجات الطلاب لمادة مخازن ومناجم البيانات الفصل الدراسي الثاني:33-1434هـ

جدول(1) يوضح درجات الطلاب في مادة مخازن ومناجم البيانات من التصحيح اليدوي

رقم الأكاديمي	س1	س2	س3	س4	س5	س6	س7	س8	س9	س10	المجموع
428820759	1	1	1	0	1	0	0	0	05	1	5.5
429811383	0	1	1	1	1	05	1	05	05	1	7.5
430811416	0	1	1	0	1	05	1	1	0	1	6.5
430811631	1	1	1	1	1	05	1	1	1	1	9.5
430811802	1	1	1	1	1	05	1	1	1	1	9.5
431207651	0	0	1	1	0	0	0	0	05	1	3.5
431803708	0	0	1	0	1	1	0	1	1	1	6
431804318	1	1	1	0	1	05	1	1	1	1	8.5
431806203	1	1	1	0	1	05	1	1	1	05	8
431808369	1	1	1	0	1	05	1	1	1	1	8.5
431808401	1	1	1	0	1	0	1	1	0	1	7
431808406	0	0	0	0	0	0	0	0	0	0	0
434808418	0	1	1	1	1	1	1	0	1	05	7.5
431811494	1	1	1	0	1	05	1	1	1	1	8.5
430811533	1	0	0	0	1	05	0	1	0	1	4.5

جدول(2) يوضح الدرجات النهائية للطلاب في مادة مخازن ومناجم البيانات من النظام المقترح

هوية الطالب	اسم الطالب رباعي	الزمن والتاريخ	درجات الطالب
430811802	ماجد عبيد محمد الشهراني	19:59:40 2013-06-06	87.4
430811631	علي عبد الله ناصر الشهراني	19:46:36 2013-06-06	83.2
431811494	عبدالله مسفر محمد البيشي	17:18:54 2013-06-07	74.8
431804318	دعش خالد ناصر القحطاني	21:53:42 2013-06-06	73
429811383	عبد العزيز سعود الصميري	19:21:11 2013-06-06	70.1
431808418	سعيد حميدان شداد الشمراني	17:15:04 2013-06-07	68.6
431806203	شارع فالح جاري الجهمي	16:32:35 2013-06-07	66.3
431808369	عبدالله عرم مبارك الشهراني	16:40:07 2013-06-07	65.1
431808401	مهدي فالح مهدي الشهراني	17:08:02 2013-06-07	60.8939
430811416	طاحي عبد الرحمن فايز الشهراني	19:41:33 2013-06-06	53.4
431803708	سيف مفلح القحطاني	21:49:31 2013-06-06	49.5
431207651	سعيد سياف سلطان الشهراني	20:04:42 2013-06-06	43.6
431811533	محمد سعيد ابو حادي	17:21:45 2013-06-07	42.7
428820759	علي صالح علي آل حافظ	15:04:58 2013-06-06	38.2
431808406	فائز محمد الصفار	17:10:45 2013-06-07	10

الشكل(3) يوضح الدرجات التفصيلية للطلاب في مادة مخازن ومناجم البيانات من النظام المقترح

جدول(3) يوضح مقارنة بين درجات الطلاب بين التصحيحين في مادة مخازن ومناجم البيانات

s.degree	m.degree	رقم الأكاديمي
7.01	7.5	429811383
5.34	6.5	430811416
8.32	9.5	430811631
8.74	9.5	430811802
4.36	3.5	431207651
4.95	6	431803708
7.3	8.5	431804318
6.63	8	431806203
6.51	8.5	431808369
6.089	7	431808401
1	0	431808406
6.86	7.5	434808418
7.48	8.5	431811494
4.27	4.5	430811533

جدول(4) يوضح المقاييس الإحصائية بين درجات الطلاب بين التصحيحين في مادة مخازن ومناجم البيانات

Descriptive Statistics

	N	Range	Minimum	Maximum	Sum	Mean		Std.	Variance
	Statistic	Statistic	Statistic	Statistic	Statistic	Statistic	Std. Error	Statistic	Statistic
m.degree	15	9.50	.00	9.50	100.50	6.7000	.65611	2.54109	6.457
s.degree	15	7.74	1.00	8.74	88.68	5.9119	.51664	2.00092	4.004
Valid N (listwise)	15								

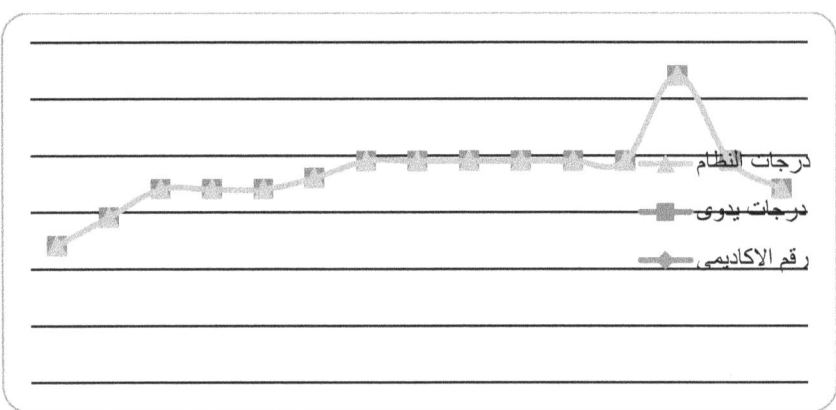

الشكل (4) يوضح درجات الطلاب في مادة مخازن ومناجم البيانات من قبل أستاذ المادة والتقييم من النظام المقترح(C.A).

7. نتائج الدراسة :

تتم من خلال الاجابة على اسئلة الدراسة : اولا اجابة السؤال الأول الذى نصه هل يوجد فرق ذات دلالة إحصائية عند مستوى (0.05) في متوسط درجات الطلبة بين التقييم اليدوي والتقييم من النظام المقترح لمادة مخازن ومناجم البيانات والجداول التالية توضح ذلك.

جدول (5): المتوسطات الحسابية والانحرافات و نتائج اختبار (t) لأداء لتقييم أستاذ المادة ودرجة النظام لاختبار الطالب 429811383 .

One-Sample Statistics

Std. Error Mean	Std. Deviation	Mean	N	
.65611	2.54109	6.7000	15	m.degree

One-Sample Test

Test Value = 7.01						
95% Confidence Interval of the Difference						
Upper	Lower	Mean Difference	Sig. (2-tailed)	df	t	
1.0972	-1.7172	-.31000	.644	14	-.472	m.degree

جدول (6): المتوسطات الحسابية والانحرافات و نتائج اختبار (t) لأداء لتقييم أستاذ المادة ودرجة النظام لاختبار الطالب 430811416

One-Sample Statistics

Std. Error Mean	Std. Deviation	Mean	N	
.65611	2.54109	6.7000	15	m.degree

One-Sample Test

		Test Value = 5.34				
95% Confidence Interval of the Difference		Mean Difference	Sig. (2-tailed)	df	t	
Upper	Lower					
2.7672	-.0472	1.36000	.057	14	2.073	m.degree

جدول (7): المتوسطات الحسابية والانحرافات و نتائج اختبار (t) لأداء لتقييم أستاذ المادة ودرجة النظام لاختبار الطالب 430811631

One-Sample Statistics

Std. Error Mean	Std. Deviation	Mean	N	
.65611	2.54109	6.7000	15	m.degree

One-Sample Test

		Test Value = 8.32				
95% Confidence Interval of the Difference		Mean Difference	Sig. (2-tailed)	df	t	
Upper	Lower					
-.2128	-3.0272	-1.62000	.127	14	-2.469	m.degree

جدول (8): المتوسطات الحسابية والانحرافات و نتائج اختبار (t) لأداء لتقييم أستاذ المادة ودرجة النظام لاختبار الطالب 430811802 .

One-Sample Statistics

Std. Error Mean	Std. Deviation	Mean	N	
.65611	2.54109	6.7000	15	m.degree

One-Sample Test

		Test Value = 8.74				
95% Confidence Interval of the Difference		Mean Difference	Sig. (2-tailed)	df	t	
Upper	Lower					
-.6328	-3.4472	-2.04000	.008	14	-3.109	m.degree

جدول (9): المتوسطات الحسابية والانحرافات و نتائج اختبار (t) لأداء لتقييم أستاذ المادة ودرجة النظام لاختبار الطالب 431804318

One-Sample Statistics

Std. Error Mean	Std. Deviation	Mean	N	
.65611	2.54109	6.7000	15	m.degree

One-Sample Test

Test Value = 7.3						
95% Confidence Interval of the Difference						
Upper	Lower	Mean Difference	Sig. (2-tailed)	df	t	
.8072	-2.0072	-.60000	.376	14	-.914	m.degree

جدول (10): المتوسطات الحسابية والانحرافات و نتائج اختبار (t) لأداء لتقييم أستاذ المادة ودرجة النظام لاختبار الطالب 431806203

One-Sample Statistics

Std. Error Mean	Std. Deviation	Mean	N	
.65611	2.54109	6.7000	15	m.degree

One-Sample Test

Test Value = 6.63						
95% Confidence Interval of the Difference						
Upper	Lower	Mean Difference	Sig. (2-tailed)	df	t	
1.4772	-1.3372	.07000	.917	14	.107	m.degree

جدول (11) المتوسطات الحسابية والانحرافات و نتائج اختبار (t) لأداء لتقييم أستاذ المادة ودرجة النظام لاختبار الطالب 431808369

One-Sample Statistics

Std. Error Mean	Std. Deviation	Mean	N	
.65611	2.54109	6.7000	15	m.degree

One-Sample Test

Test Value = 6.51						
95% Confidence Interval of the Difference						
Upper	Lower	Mean Difference	Sig. (2-tailed)	df	t	
1.5972	-1.2172	.19000	.776	14	.290	m.degree

ثانيا اجابة السؤال الثاني الذى نصة هل هنالك علاقة ذات دلالة إحصائية بين متوسط درجات الطلاب من تقييم التقييم التقليدي ودرجات الطلاب من النظام المقترح؟ لمادة مناجم ومخازن البيانات.

للإجابة على هذا السؤال استخدم الباحثينين الارتباط المتعدد لتحديد هل هنالك علاقة بين المتغيرين (تقييم النظام والتقييم اليدوي) كما موضح في الجدول التالي .

جدول (12) يوضح Bivariate Correlations الارتباط المتعدد لدرجات الطلاب في مادة مناجم ومخازن البيانات.

Correlations

	s.degree	m.degree		
Pearson Correlation	.962(**)	1		m.degree
Sig. (1-tailed)	.000			
N	15	15		
Pearson Correlation	1	.962(**)		s.degree
Sig. (1-tailed)		.000		
N	15	15		

** Correlation is significant at the 0.01 level (1-tailed).

Correlations

	s.degree	m.degree			
Correlation Coefficient	.937(**)	1.000		m.degree	Spearman's rho
Sig. (1-tailed)	.000	.			
N	15	15			
Correlation Coefficient	1.000	.937(**)		s.degree	
Sig. (1-tailed)	.	.000			
N	15	15			

** Correlation is significant at the 0.01 level (1-tailed).

1.7 ملخص النتائج

بعد انتهاء الباحثينين من التجربة بتوفيق من الله تعالى وإجراء الاختبار على عينة الدراسة من كراسات الطلاب المصححة يدويا لمادة مخازن ومناجم البيانات الفصل الدراسي الثاني:33-1434هـ توصل الباحثينين إلى النتائج التالية:

السؤال الأول

هل يوجد فرق ذات دلالة إحصائية عند مستوى (0.05) في متوسط درجات الطلبة بين التقييم اليدوي والتقييم من النظام المقترح؟ لمادة مخازن ومناجم البيانات

للإجابة على هذا السؤال استخدم الباحثينين اختبار (ت) لمعرفة دلالة الفرق بين متوسط درجات الطلبة بين تقييم النظام وتقييم الأستاذ.

نلاحظ من نتائج التحليل في الجداول من (5) إلى (11)دائما أن قيمة ألفا الفعلية (SIG) اكبر من قيمة 0.05 وهذا مما يشير إلى أن نقبل الفرضية الصفرية وهذا يعني انه لا توجد فروق ذات دلالة إحصائية بين تقييم أستاذ المادة وتقييم النظام.

السؤال الثاني

هل هنالك علاقة ذات دلالة إحصائية بين متوسط درجات الطلاب من تقييم التقييم التقليدي ودرجات الطلاب من النظام المقترح؟ لمادة مخازن ومناجم البيانات للإجابة على هذا السؤال استخدم الباحثينين Bivariate Correlationsالارتباط المتعدد لتحديد هل هنالك علاقة بين المتغيرين (تقييم النظام والتقييم اليدوي).

من الجدول (12) نلاحظ أن قيمة الارتباط المتعدد دائما قيمة كبيرة مما يشير إلي أن هنالك ارتباط قوي، وقيمة مستوي الدلالة Sig دائما أقل من مستوي المعنوية 0.05 مما يشير إلي قبول الفرض البديل وجود علاقة ذات دلالة إحصائية بين متوسط درجات الطلاب في التقييم التقليدي ومتوسط درجات الطلاب في التقييم الالكتروني للنظام المقترح.

2.7 مناقشة النتائج

بعد مقارنة تقييم نظام الإجابة على الأسئلة النصية مع التقييم اليدوي لعينات الدراسة اتضح إن النظام باستخدام (لغة البرمجة الوسيطة PHP ، ملقم قواعد بيانات MySQL و ملقم الويب Apache) يؤدي إلى خروج نظام قوي ومتطور ومتكامل بحكم قوة ومرونة لغة البى اتش بى وmysql في عمل جميع المتطلبات الضرورية لهذا النظام ، وتم رفعة على الانترنت في موقع http://cleveredu.net/arazigexam أصبح النظام متاح لكل الطلاب بالكليات المختلفة ، ومن النتائج التي توصل إليها الباحثينين ما يلى:

1. من الجداول (5) إلى (11) نلاحظ دائما أن قيمة ألفا الفعلية (Sig) اكبر من قيمة مستوي المعنوية (0.05) وهذا يشير إلى الفرضية التالية: "لا يوجد فرق ذو دلالة إحصائية ($\alpha \leq 0.05$) بين متوسطي درجات الطلبة بين التقييم اليدوي والتقييم من النظام المقترح.
2. من الجدول (12) نلاحظ أن قيمة الارتباط المتعدد دائما قيمة كبيرة مما يشير إلي أن هنالك ارتباط قوي، وقيمة مستوي الدلالة Sig دائما أقل من مستوي المعنوية 0.05 مما يشير إلي قبول الفرض البديل وجود علاقة ذات دلالة إحصائية بين متوسط درجات الطلاب في التقييم التقليدي ومتوسط درجات الطلاب في التقييم الالكتروني للنظام المقترح.

8. جدول المصطلحات

	عربية	انجليزية
9	انتزاع التعبير	Term Extraction
4	التشذيب	stemming
5	خوارزمية المطابقة	Matching Algorithms
2	السوابق	Prefixes
3	اللواحق	Suffixes
7	مطابقة جملة	Sentence matching
6	مطابقة كلمة	Word matching
1	معالجة اللغات الطبيعية	Natural Language Processing
8	المعالجة المسبقة	Preprocessing

9. المراجع والمصادر

-1 إسماعيل صالح الفرا، التعلم عن بعد والتعليم المفتوح ..الجذور والمفاهيم والمبررات،المجلة الفلسطينية للتربية المفتوحة عن بعد،المجلد الأول،العدد الأول، كانون الثاني،2007.

-2 سامي الفاسي، نظرة عامة على مكونات التطبيقات العربية المتقدمة للحاسوب، ندوة استخدام اللغة العربية في الحاسب الآلي، دار الرازي ، 2003 .

-3 محمود الصيني، نحو معجم عربي للتطبيقات الحاسوبية ، السجل العلمي لندوة استخدام اللغة العربية في تقنية المعلومات، مكتبة الملك عبدا لعزيز العامة، الرياض،1993،.

-4 تمام حسان، العربية معناها ومبناها، الهيئة المصرية العامة للكتاب ، القاهرة، 1999.

-5 تمام حسان، العربية معناها ومبناها، الهيئة المصرية العامة للكتاب ، القاهرة، 1999.

-6 A. Al-Sughaiyer and I. A. Al-Kharashi. Arabic morphological analysis techniques:

محور 02: تجارب ودراسات تحليلية.

- **Integrating Eluminate in EFL Grammar Instruction**
  - ريما الجرف، جامعة الملك سعود، السعودية.

- **التعليم الإلكتروني بالجزائر تقليد ضروري أم حاجة تكنولوجية دراسة حالة لمشاريع الجزائر الإلكترونية**
  - خالدة هناء سيدهم، جامعة الحاج لخضر، باتنة، الجزائر.

- **فعالية تقديم مقرر "مقدمة في تكنولوجيا المعلومات" من خلال نظام الموودل لطلبة البرنامج التأسيسي بجامعة السلطان قابوس**
  - طلال عامر، كلية التربية، جامعة السلطان قابوس، عُمان.

- **واقع استخدام الحاسب الآلي وتطبيقاته في مدارس التعليم العام الحكومية بمنطقة جازان بالمملكة العربية السعودية**
  - سعد علوان، كلية العلوم التطبيقية، عبري، عُمان.
  - مصطفي مهناوي، كلية الحاسب الآلي ونظم المعلومات، جامعة جازان، السعودية.

- **انتشار الحواسيب اللوحية والهواتف الذكية وتطبيقاتها في مؤسسات التعليم العالي "دراسة استطلاعية**
  - ماجد حمايل، جامعة القدس المفتوحة، فلسطين.

- **تطوير التعليم الإلكتروني في المدارس الفلسطينية من وجهة نظر المعلمين خلال العام الدراسي 2014/2013**
  - علي "داود قشمر"، وزارة التربية والتعليم الفلسطينية، فلسطين.

Integrating Elluminate in EFL Grammar Instruction

Prof. Reima Al-Jarf
Riyadh, Saudi Arabia

Abstract

Two groups of college students majoring in translation participated in the study. They were enrolled in an English grammar course. The control group received face-to-face in-class grammar practice; whereas the experimental group received synchronous online practice using Elluminate Live, a web-conferencing software associated with Blackboard LMS. Results of the posttest showed significant differences between the experimental and control groups in grammar mastery, in favor of the Elluminate grammar practice sessions. Students who participated in those sessions developed positive attitudes towards web-conferencing and grammar practice as well.

1. Introduction

A variety of technologies have been integrated in the teaching and learning of grammar in foreign and second language learning environments, such as: Explicit, implicit, and exploratory grammar teaching approaches that use word processing packages, electronic dictionaries and grammars, the World Wide Web, concordances, electronic mail, computer games/simulations, and authoring aids were combined to overcome the "grammar deficit" seen in many British undergraduate students learning German (Hall, 1998). Collaborative projects between L1 and L2 students to produce a web magazine containing articles written collaboratively (Matas and Birch, 1999; Matas and Birch, 2000); an online course with Nicenet LMS (Al-Jarf, 2005); iWRITE, an Internet Writing Resource for intermediate nonnative speakers of English containing a collection of learner texts (Hegelheimer & Fisher, 2006); a web-based concordancing program that helps students appropriately choose reporting verbs based on lexical, syntactic, and rhetorical criteria (Bloch, 2009); a Moodle-based virtual learning environment with wikis for collaboration and blogs for reflective learning (Stickler & Hampel, 2010); an interactive whiteboard (Schmid & Whyte, 2012); a website with strategies for learning specific grammar forms and strategies consistent with the students' style preferences (Cohen, Pinilla-Herrera, Thompson & Witzig, 2011); an online discussion forum to aid and support the learning of French grammar by beginners and false beginners (Bissoonauth-Bedford & Stace, 2012); web-conferencing in a distance learning module (Kear, Chetwynd, Williams & Donelan, 2012) and others.

A review of the language teaching and learning literature has shown numerous studies that investigated the impact of technology on the acquisition of grammatical structures in some foreign languages such as Arabic, Spanish and French. For example, at Al-Balqa University in Jordan, Arrabtah & Nusour (2012) found a statistically significant difference between the experimental and control groups in favor of the experimental group that used CD-ROM, computers, and the Internet in learning Arabic language grammar. In another study, a computer-assisted language learning (CALL) software containing user-behavior tracking technologies, promoted the abilities of Spanish learners in generating indirect speech (Collentine, 2000). In a third study, learners of Spanish generally benefited from use of a website with strategies for learning and appling Spanish grammar, suggesting its potential for supporting learners in remembering and correctly using various grammatical forms that were previously problematic for them The website consisted of strategies for learning specific grammar forms and strategies consistent with the students' style preferences and which could be applied to various grammatical forms. The websites focused on strategizing learning and using Spanish grammar rather than providing a compendium of Spanish grammar rules (Cohen, Pinilla-Herrera, Thompson & Witzig, 2011). In learning French grammar, undergraduate students with beginner and false beginner levels participated in an online discussion forum that was created to help them learn and to encourage them to take an active role in French language learning through interaction with peers. Results revealed examples of peer exchanges that occurred outside class hours. Those included reflection and independent language learning awareness (Bissoonauth-Bedford & Stace, 2012).

Likewise, numerous studies in the literature investigated the impact of technology on the acquisition of grammar by EFL/ESL students and revealed some factors that affect its effectiveness. For example, in a study by Felix (2001), the majority of students preferred to use the web as a supplement to face-to-face instruction and found it useful. Very few significant findings relating to strategy strength were revealed. Significant differences for age and gender were found relating to clarity of objectives, delivery mode, degree of comfort, amount of time spent, and use of graphics. Freshman and sophomore students in Taiwan showed significantly positive attitudes toward educational technology use in EFL instruction (Chen, 2004). Al-Jarf (2005) found that the integration of an online course in grammar instruction proved to be effective in enhancing freshman students' acquisition of English grammatical structures. WEBGRAM, a system that provides supplementary web-based grammar revision material, had a positive effect on elementary-level English language students' attitudes, as it uses audio-visual aids to enrich the contextual presentation of grammar. The students enjoyed using the revision material, as they could revise the target grammatical structures using interactive exercises such as drag-and-drop combo-box, and gap-filling exercises (Baturay, Daloglu & Yildirim, 2010).

Moreover, AbuSeileek (2009) found that the computer-based learning method was functional for teaching complex grammatical structures, such as complex and compound-complex sentences and that those complex structures need to be taught through the deductive approach. Neither the inductive, nor the deductive technique was found to be more practical in teaching simple and compound sentences. Similarly, use of a multimedia instructional grammar program in English as a Second Language, in which grammar was taught in the context of USA history and geography proved to be beneficial for students with low prior knowledge of passive voice, intermediate general vocabulary level, and adequate knowledge of basic geography and history (Koehler, Thompson & Phye, 2011).

On the contrary, students in Jarvis & Szymczyk's study (2010), who spent some time working in a language resource center with web- and paper-based materials, generally preferred working with paper-based materials. Most of the websites used in the study included a small amount of grammar. Very few websites met educational principles (Beaudoin, 2004).

Furthermore, results of several studies highlighted factors that affect the effective integration of technology in grammar teaching and learning such as the need for structure and adaptability to different learning styles and the distinction between exploratory and pre-established modes, and the scaffolding of concepts (Beaudoin, 2004). Hegelheimer & Fisher's (2006) findings highlighted the need for explicit grammar instruction, the use of learner texts and online interactivity. Tutors, who used web-conferencing in Kear, Chetwynd, Williams & Donelan's (2012) study, experienced challenges in creating social presence and in managing cognitive load when dealing with multiple tasks online. There were also technical obstacles to improvisation in response to students' emerging needs. A need for prior preparation, real-time improvisation, training, practice and sample teaching resources was revealed by the surveys as well.

Although, thousands of students and instructors around the world are using technology in teaching L1 and L2 language skills, the effect of using web-conferencing software such as Elluminate, AnyMeeting and WebEx in teaching grammar to learners of Arabic, Spanish, German, French and/or English as a foreign language, was not investigated by prior research. As in many developing countries, use of web-conferencing software in EFL instruction in some higher education institutions in Saudi Arabia is not widely used yet, due to lack of internet connectivity in some college classrooms, lack of trained instructors in web-conferencing, lack of administrative support and acceptance by the students.

Since 2007, every instructor at King Saud University (KSU) has an account with Blackboard LMS for every course he/she is teaching. Students enrolled in each course are automatically registered in a corresponding Blackboard course. Instructors and students have access to the following Blackboard tools: *Announcements, Blogs, Contacts, Course Calendar, Course Gallery, Discussion Board, Elluminate Live!, Glossary, Journals, Link Checker, Messages, Mobile Compatible Test List, SMS Tool, Safe Assign, Self and Peer Assessment, Send Email, Tasks, Tests, Surveys and Pools, Wikis, and others.*

The author has been integrating a variety of technologies and different features of Blackboard in English language courses (reading, writing, vocabulary, grammar, vocabulary building and dictionary skills) since the year 2000. In the present study, EFL college students at the College of Languages and Translation (COLT) used Elluminate Live, a web-conferencing software, from home to provide students with opportunities to practice English grammar online with supplementary grammar revision material. It aimed to investigate the effectiveness of integrating Elluminate grammar practice sessions on students' mastery of English grammar. It tried to answer the following questions: (1) Is there a significant difference in grammar mastery between EFL college students who participated in the Elluminate grammar practice sessions and those who practiced grammar face-to-face in the classroom as measured by the post-test? (2) Does the frequency of participating in the Elluminate grammar practice sessions correlate with the students' mastery of English grammar? (3) Do Elluminate grammar practice sessions have any positive effects on students' attitudes towards learning and practicing English grammar through web-conferences? In addition, the study aimed to describe the steps followed in preparing for and conducting synchronous web-conferences between EFL students and instructors using Elluminate Live; the technical requirements of synchronous web-conferences using Elluminate; technical difficulties of synchronous web-conferences using Elluminate. It also aimed to give recommendations for conducting effective synchronous language learning web-conferences using Elluminate.

To answer the above questions, two groups of EFL college students at COLT participated in the study: One practiced English grammar face-to-face in the classroom using supplementary grammar revision material; and the other practiced English grammar online from home through Elluminate, using the same supplementary grammar revision material. The impact of synchronous web-conferencing and face-to-face practice in the classroom on EFL college students' mastery of English grammar was based on quantitative analyses of the pre- and post-test scores. The effect of participating in the Elluminate grammar practice sessions on EFL college students' attitudes was based on qualitative analyses of students' responses to a post-treatment questionnaire.

2. Subjects

Two sections of female sophomore students (43 students) enrolled in their third grammar course participated in the study. All of the students were majoring in translation at COLT, KSU, Riyadh, Saudi Arabia. They were concurrently taking listening (3 hours per week), speaking (3 hours), reading (3 hours) and writing (3 hours) courses in English as a Foreign Language. Prior to this, the students completed 2 semesters (40 hours) of English language courses (Listening 1 and 2, speaking 1 and 2, reading 1 and 2, writing 1 and 2, vocabulary 1 and 2 , grammar 1 and 2 and dictionary skills). The subjects were all Saudi and were all native speakers of Arabic. Their median age was 19 years, and the range was 19-21 years.

The two sections were randomly assigned to an experimental and a control group. The control group participated the face-to-face grammar practice sessions in the classroom; whereas the experimental group participated in the Elluminate grammar practice sessions from home. Students in the experimental group had no prior experience with Elluminate, nor any other web-conferencing software. Both groups were exposed to the same in-class instruction using the same grammar textbook, i.e. presentation of new grammatical structure and used the same supplementary grammar revision material prepared by the instructor for extra practice in class and online.

At the beginning of the semester, the experimental and control groups were pretested. They took the same grammar pre-test. Results of the T-test presented in Table 1 showed no significant differences between the experimental and control groups in their knowledge of English grammatical structures (relative clauses and complex sentences) to be covered in the course before grammar practice began (T-test =1.32; df = 41; p>09) and as revealed by the pre-test means and standard deviations presented in Table 2. Students in both groups exhibited similar weakness in distinguishing phrases and clauses; identifying types of sentences; combining sentences with conjunctions; distinguishing noun, adjective and adverb clauses; using noun clauses with anticipatory it; using anticipatory "it" with adjective clauses; reduction of noun and adjective clauses; changing direct speech to reported speech; noun clauses with embedded wh-questions; punctuation in quoted speech; identifying relative pronouns; replacing subject and object of a verb/ preposition, possessive, nouns/expressions referring time, place; clauses with when and where; restrictive and nonrestrictive clauses; combining sentences with relative pronouns; superlatives and adjective clauses; clauses and expressions of quantity; subject-verb agreement in clauses; adverb clauses of cause, result, time, concession, contrast, purpose, comparison; tenses in adverb clauses of time; placement and punctuation of adverb clauses and phrases.

Table 1
Independent Samples Test (comparison of pre-test and post-test mean scores)

	T-test	Df	Sig. level	Mean Difference	Std. Error Difference
Pretest	1.32	41	.09	2%	.22

Table 2
Distribution of Pre-test Scores of Experimental and Control Groups in Percentages

	N	Mean	Median	Standard Deviation	Standard Error	Range
Experimental group	21	27%	28%	4.82	1.90	11-43%
Control group	22	29%	27%	5.78	1.68	9-41%

3. In-class Practice

Students in the experimental and control groups studied the same grammar textbook: Werner, P. & Nelson, J. (2007), Mosaic2: Grammar (Silver Edition). McGraw-Hill. They were exposed to the same in-class instruction, i.e. presentation of new grammatical structures and covered the following grammatical structures: Distinguishing phrases and clauses; identifying types of sentences; combining sentences with conjunctions; distinguishing noun, adjective and adverb clauses; noun clauses with anticipatory it; anticipatory "it" with adjective clauses; reduction of noun clauses; reduction of adjective clauses (with verbs in the active voice, passive voice, perfect tenses, participial phrases, appositives); changing direct speech to reported speech; noun clauses with embedded wh-questions; punctuation in quoted speech; relative pronouns (who, whom, that, whose, when, where) replacing subject & object of a verb/ preposition, possessive, nouns/expressions referring time, place; clauses with when and where; restrictive and nonrestrictive clauses; combining sentences with relative pronouns; superlatives and adjective clauses; clauses and expressions of quantity; subject-verb agreement in clauses; adverb clauses of cause, result, time, concession, contrast, purpose, comparison; tenses in adverb clauses of time; placement and punctuation of adverb clauses and phrases. The grammar3 course was taught for 12 weeks.

As for assessment, students in both groups were given two in-term tests. Tests were graded, returned to the students with comments on strengths and weaknesses. Words of encouragement were given. The slightest improvement was noted and commended. Answers were discussed in class.

4. Treatment

In addition to in-class presentation of new grammatical structures, grammar practice sessions were held with both groups. For the control group, practice sessions were held in class, whereas those for the experimental group were held online from home using Elluminate. Practice sessions were held once a week for each group using the same supplementary grammar revision material that the author prepared in the form of a booklet. Students in both groups did all of the exercises in the supplementary grammar revision material. Each face-to-face practice sessions in the classroom was 50 minutes long. No time limit was imposed on the web-conferencing sessions which lasted between 90-120 minutes.

As for the experimental group, practice sessions were held online from home using Elluminate Live, a web-conferencing technology in the Blackboard Collaborate LMS. Elluminate was acquired by the Blackboard Inc. in July 2010[1]. As a synchronous learning and collaboration technology, Elluminate has virtual rooms or vSpaces where virtual classes and meetings can be held. Elluminate Live communication tools that include integrated Voice over IP and teleconferencing, public and private chat, quizzing and polling, emoticons, and a webcam tool. The software also includes a whiteboard for uploading presentations to be viewed by class or meeting attendees, application sharing and file transfer. It has a recording feature that allows the instructor or moderator to record the class or web-conferences for students or users to watch later, as well as a graphing tool, breakout rooms for group work, and a timer (See Appendix 1).

Before the Elluminate web-conferencing sessions started, the students were introduced to Elluminate and the technical requirements of synchronous web-conferences using Elluminate, i.e. downloading Java, and having a pair of headsets. The Elluminate components were described, icons and what they mean were explained, especially how to turn the mic on and off to talk and to allow others to talk. Instructions on how to access Elluminate were also posted in the "Announcement" page of Blackboard. A message was sent to the students with instructions on logging into Elluminate as well. Each student had to try her headsets, download Java from www.java.com, go to lms.ksu.edu.sa, enter her username and password, go to grammar3 class, click tools, click Elluminate, click class name, click launch session, save java on the desktop, run java, then the Elluminate main page will open.

Each training session was pre-scheduled and students were informed of the each session's date and time and the part of the supplementary revision material to be covered. The instructor went online before the start of each session to make sure everything was O.K. During each session, she turned her webcam on to enable the students to see her. The students did not use their webcams and they just communicated through chat and audio tools. Each session started with greetings and informal chat. Then an assigned revision material was covered. The students took turns to answer questions and give answers to items in each exercise. They were given a chance to think, correct themselves or correct each other. Queries and comments were posted in the chat box. The White board was used for clarifying problematic items and structures.

While working on the supplementary revision material, whether face-to-face or online, the author monitored students' work and provided individual help. Feedback was provided on the presence

---

[1] http://www.bizjournals.com/washington/stories/2010/07/05/daily39.html

and location of errors. The students had to check the rules and examples in the textbook by themselves, correct themselves and correct each other's mistakes.

Throughout the Elluminate grammar practice sessions, the author served as a facilitator. She provided technical support on using the different components of Elluminate, and responded to individual students' needs, comments and requests. The author sent public and private messages to encourage the students to participate in the web-conferences. Students in the control group were allowed to ask questions in the author's office hours.

5. Procedures

Before instruction, the experimental and control groups were pre-tested. They took the same grammar pretest that consisted of questions covering the grammatical topics to be studied in the Grammar 3 course. At the end of the semester, both groups took the same post-test that covered all of the grammatical structures studied throughout the semester: The test tasks were as follows: *(i) Answer the questions using a noun clause; (ii) Change adjective clauses in the sentences below to appositives and show all possibilities for placement of the appositive; (iii) Change the adjective clauses in the sentences below to participial phrases; (iv) Change the infinitive phrase in each sentence to a noun clause; (v) Change the noun clause in each sentence to an infinitive phrase; (vi) Combine each pair of sentences into a complex sentence with an adjective or adverb clause. Give all possible combinations and add commas where necessary; (vii) Complete the following sentences with a noun clause, adjective clause or adverb clause; (viii) Complete this humorous story with embedded yes/no and wh- questions based on the direct questions below. Put the verbs into simple past or the past perfect tenses; (ix) Create sentences from the following cues using superlative adjectives and adjective clauses with a perfect tense; (x) Imagine that you are a reporter for a political journal. Your task is to report on a meeting that the governor of a small state has just had with some of the state's citizens. Change each quotation to reported speech using noun clauses; (xi) Read the passage, underline 5 mistakes in the use of adjective clauses and correct them on top; (xii) Reduce the clauses in the following sentences to phrases; (xiii) Rephrase each pair of sentences in 3 different ways, using the connecting words indicated; (xiv) Underline 5 adjective clauses in the letter, then punctuate them where necessary.* Most of the questions required production.

The pre- and post-tests of both groups were blindly graded by the author. The students wrote their ID numbers instead of their names. An answer key was used. Questions were graded one at a time for all the students. Marks were deducted for spelling mistakes.

At the end of the course, all of the students answered an open-ended questionnaire, which consisted of the following questions: (1) What did you like about the Elluminate grammar practice sessions? What did you not like? (2) Did your English grammar improve as a result of participating in the Elluminate grammar practice sessions? In what ways? (3) Did it make any difference in learning English grammar? (4) If you did not join the Elluminate practice sessions, Why? (5) What problems or difficulties did you face in using Elluminate? How were those problems solved? (6) Would you register again in a similar web-conferencing practice session in the future? Why?

6. Test Validity and Reliability

The post-tests are believed to have content validity as they aimed at assessing the students' mastery of English grammar. The tasks required in the post-test were comparable to those covered in the textbook and practiced in class and online. In addition, the test instructions were phrased clearly and the examinee's task was defined.

Concurrent validity of the post-test was determined by establishing the relationship between the students' scores on the post-test and their course grade. The validity coefficient was .74. Concurrent validity was also determined by establishing the relationship between the students' scores on the post-test and their scores on the second in-term test. The validity coefficient was .71 for the grammar test.

Since the author was the instructor of the experimental and control groups and the scorer of the pre-test and post-test essays, estimates of inter-rater reliability were necessary. A 30% random sample of the pre- and post-test papers was selected and double-scored. A colleague who holds a Ph.D. degree scored the pre- and post-test samples. The scoring procedures were explained to her, and she followed the same scoring procedures and used the same answer key that the author utilized. The marks given by the rater were correlated with the author's. Inter-rater correlation was .98 for the post-test.

Furthermore, examinee reliability was calculated using the Kuder-Richardson formula 21'. The examinee reliability coefficient for the posttest was .79.

7. Data Analysis

The pre- and post-test raw scores were converted into percentages. The mean median, standard deviation, standard error and range were computed for the pre- and post-test scores of the experimental and control groups. To find out whether there was a significant difference in grammar mastery between the experimental and control groups prior to the Elluminate grammar practice sessions, an independent sample T-test was run using the pre-test scores. To find out whether each group had made any progress as a result of face-to-face in-class or Elluminate practices sessions, a within group paired T-test was computed for each group using the pre- and post-test mean scores of each group. To find out whether there was a significant difference in grammar mastery between the experimental and control groups at the end of the semester, i.e. Elluminate and face-to-face grammar practice sessions, an independent sample T-test was run using the post-test scores. To find out whether there is a relationship between the students' post-test scores and frequency of participating in the Elluminate grammar practice sessions, each student's post-test score was correlated with the number of Elluminate sessions she attended.

8. Results

8.1 Effect of Elluminate and Face-to-face Practice Sessions on Grammar Mastery
Table 3 shows that the typical EFL student in the experimental group scored higher on the post-test than the typical student in the control group (medians = 80% and 74% respectively) with

similar variations among students in the experimental and control groups (SD = 13.18 and 11.42 respectively).

Results of the paired T-test revealed a significant difference between the pre- and post-test mean scores of the experimental group at the .01 level, suggesting that mastery of English grammar in the experimental group significantly improved as a result of using the synchronous Elluminate grammar practice sessions (T = 9.15; df = 20). Similarly, a significant difference between the pre- and post-test mean scores of the control group was found at the .01 level, suggesting that mastery of English grammar in the control group significantly improved as a result of grammar practice sessions in the classroom (T = 7.31; df = 21). However, these results do not show which group made higher gains as a results of the type of practice it received. Therefore, an independent sample T-test was run using the post-test scores of both groups. Results of the comparisons of the posttest mean scores of the experimental and control groups revealed significant differences between both groups at the .01 level in favor of the experimental group (T-test = 14.36, df = 41) . This means that the experimental group made higher gains in grammar mastery than the control group as a result of participating in the Elluminate grammar practice sessions.

Table 3
Distribution of Post-test Scores of the Experimental and Control Groups in Percentages

	N	Mean	Median	Standard Deviation	Standard Error	Range
Experimental group	21	81.70%	80%	13.18	1.13	30-96%
Control group	22	75.60%	74%	11.42	1.27	31-95%

8.2 Correlation between Post-test Scores and Frequency Usage

Table 4 shows the total number of Elluminate practice sessions attended by all the students in the experimental group with the total number of hours of practice, mean, median, minimum and maximum number of practice sessions attended. The study found a significant positive correlation between the post-test scores of the experimental group and the number of Elluminate grammar practice sessions attended. The correlation coefficient was .42 and it was significant at the .01 level. This suggests that a student's achievement in the grammar course correlated with the number of Elluminate grammar practice sessions that a student participated in. This means that more frequent and less frequent participation in the Elluminate grammar practice sessions was found to correlate with high and low achievement levels as measured by the post-test. It can be concluded that participating in the Elluminate grammar practice sessions did contribute to the students' overall performance level on the grammar test.

Table 4
Distribution of Elluminate Practice Sessions Attended by the Experimental Group

	Session Mean	Session Median	Session Range	Session Total	Total Hours
Experimental Group	8	9	0-12	189	279

8.3 Effect of the Elluminate Practice Sessions on Attitudes

Analysis of experimental students' comments and responses to the post-treatment questionnaires revealed positive attitudes towards **the Elluminate grammar practice sessions**. 89% of the students found the **Elluminate grammar practice sessions** useful and fun, and considered synchronous web-conferencing a new way of practicing and revising English grammar. They indicated that **the Elluminate grammar practice sessions** helped them concentrate and understand better than face-to-face practice in the classroom. They were more relaxed in the web-conferencing practice sessions, as they were held in the convenience of their home and they had ample time to think over their answers. They indicated that the Elluminate practice sessions were student-centered and self-paced. They added that when in the classroom, they are rushed due to time constraints, and having to rush to go to other classes or exams. Their ability to concentrate in the classroom is less due to distractors from other classmates, mobile phones, and noise from neighboring classrooms, and students walking in the hallways. The Elluminate practice sessions created a warm-climate between the students and instructor. They provided more practice and gave instant feedback. The **practice sessions** helped clarify difficult points and helped the students review for their in-term exams. They could use the recordings of the Elluminate grammar practice sessions any time and as many times as they needed.

Some of the negative aspects of the synchronous Elluminate grammar practice sessions in the present study are that 11% of the students did not participate in any Elluminate practice sessions. Another 35% missed some of the practice sessions. Inadequate participation in the Elluminate grammar practice sessions was due technical problems that prevented them from accessing Elluminate. There was a red mark on some students' mic, so they could not hear the instructor. Some logged in late. Some students reversed their username and password and could not log in. Sometimes, when a student could not log in, I did not know why and I had to call her to clarify the problem. But sometimes I could not solve it. Live technical support was not available in the evening, when the Elluminate grammar practice sessions were held, to help solve the students' login problems. At other times, I had to click the mic icon in front of a student's name to enable her or enable another student to talk.

As an instructor, authentication took a long time. I did not know which student was answering, as I could only see students' ID numbers on the screen, not their real names. At first, this made it difficult for me to identify who I was talking to. Later I had to ask students to give their names before answering. Students only interacted with the instructor but not with classmates as they could only see their ID numbers on their screen and it was difficult for them to identify each other. They corrected each other upon request from the instructor.

Finally, since the students had hard copies of the revision material, the exercise we were working on could not be displayed on the screen. Some, especially late-comers, could not follow and I had to write the page and item numbers in the chat box or on the white board.

9. Discussion and Conclusion

Significant differences were found between the experimental and control groups in the mastery of English grammar as measured by the post-test, suggesting that mastery of English grammar in the experimental group improved as a result of participating in the synchronous Elluminate grammar practice sessions. This means that use of the synchronous Elluminate grammar practice sessions proved to be a powerful tool for improving students' mastery of English grammar. Findings of the present study also indicated that students who participated in more Elluminate grammar practice sessions made higher gains than those who participated in fewer sessions. These findings are consistent with findings of prior studies using other forms of technology in grammar instruction such as Collentine (2000), Felix (2001), Chen 2004), Al-Jarf (2005), AbuSeileek (2009), Baturay, Daloglu & Yildirim (2010), Koehler, Thompson & Phye (2011), Kear, Chetwynd, Williams & Donelan (2012), Arrabtah & Nusour (2012), Cohen, Pinilla-Herrera, Thompson & Witzig (2011), Bissoonauth-Bedford & Stace (2012) and others. As in Hegelheimer & Fisher's (2006) study, the present study provided explicit grammar instruction and online interactivity.

In addition, the author experienced challenges in using the Elluminate web-conferences similar to those reported by teachers' new to web-conferencing in Kear, Chetwynd, Williams & Donelan's (2012) study. Those included creating social presence and in managing cognitive load when dealing with multiple tasks online such as solving login problems, monitoring the chat box, figuring out student's names from ID numbers, managing the whiteboard. The author also experienced technical problems in improvisation in response to students' emerging problems, such as not hearing the instructor, having a red mark on the mic, pushing the mic on and off. The author needed to make technical checks, session preparations, and contacts with the technical support staff to solve the problems encountered before and after the sessions. She needed to solve emerging problems every time the students joined the Elluminate session.

Unlike Frigaard's study (2002) in which the students preferred to learn vocabulary and grammar in the classroom rather than in the computer lab, and contrary to Jarvis & Szymczyk's study (2010) in which the students generally preferred working with paper-based materials, students in the present study showed interest in learning grammar online using synchronous web-conferences.

Moreover, the present study revealed positive effects of participation in the Elluminate grammar practice sessions on students' attitudes towards the grammar course. This finding is also consistent with findings of other studies. For instance, WEBGRAM had a positive effect on elementary-level English language students' attitudes (Baturay, Daloglu & Yildirim, 2010). In Al-Jarf's (2005) study, students who received grammar instruction using an online course with Nicenet LMS developed positive attitudes towards learning English grammar, towards online instruction and towards the skill they acquired in using online course tools. Lin (2004) found that international students' attitudes towards ESL were positively related to their attitudes toward technology. Their attitude towards ESL was also positively related to their perceived computer competency improvement. Moreover, Felix (2001) reported that on the whole, students were positively inclined to working with the web and found it useful and preferred to use it as a supplement to face-to-face instruction. The Elluminate grammar practice sessions in the present study provided additional grammar practice, a student-centered, self-paced, improved-attention and non-threatening learning environment. The students enjoyed using the Elluminate grammar practice sessions and felt they helped them focus on the grammar practice tasks.

For future Elluminate web-conferencing session to be more effective and to facilitate students' participation, the present study recommends that students receive hands-on practice with direct face-to-face guidance from the instructor to help them master the login procedures, and become familiar with the different icons and functions in the Elluminate homepage. The students need to practice logging in prior to the scheduled session to solve any problem they might encounter. Live online support staff need to be available in the evening, when the Elluminate practice sessions were held from home, to help solve emerging login problems. The study also recommends that the Elluminate web-conferencing sessions be officially scheduled in the college program. It would be more practical and time-saving to use a soft copy, rather than a hard copy of the revision material, to be able to display the pages and exercises under study on the whiteboard and to help students view them. Problems encountered by instructors and students should be reported to the Deanship of eLearning at KSU to help solve those problem. Students need to be registered in Blackboard by name or name and student ID, not student ID only, to help identify who is talking and responding by the instructor and online classmates. Thus a social climate between the students and instructor and among the students themselves is created. Finally Elluminate web-conferencing sessions should be supported by an online discussion board, a wiki or a blog for follow-up discussions on the topics under study.

References:

- AbuSeileek, A. (2009). The effect of using an online-based course on the learning of grammar inductively and deductively. *ReCALL, 21*(3), 319-336.
- Al-Jarf, R. (2005). The effects of online grammar instruction on low-proficiency EFL college students' achievement. *The Asian EFL Journal Quarterly, 7*(4), 166-182.
- Arrabtah, A. & Nusour, T. (2012). Using technology for teaching Arabic language grammar. *Journal of International Education Research, 8*(4), 335-342.
- Baturay, M., Daloglu, A. & Yildirim, S. (2010). Language practice with multimedia supported web-based grammar revision material. *ReCALL, 22*(3), 313-331.
- Beaudoin, M. (2004). A principle-based approach to teaching grammar on the web. *ReCALL, 16*(2), 462-474.
- Birch, G. & Matas, C. (1999). Immersion and the internet. *Babel, 34*(2), 10-13.
- Bissoonauth-Bedford, A. & Stace, R. (2012). Grappling with grammar on a virtual learning platform: The case of first year French students at the University of Wollongong. *Journal of University Teaching and Learning Practice, 9*(1).
- Bloch, J. (2009). The design of an online concordancing program for teaching about reporting verbs. *Language Learning & Technology, 13*(1), 59-78.
- Cohen, A., Pinilla-Herrera, A., Thompson, J. & Witzig, L. (2011). Communicating grammatically: Evaluating a learner strategy website for Spanish grammar. *CALICO Journal, 29*(1), 145-172.
- Collentine, J. (2000). Insights into the construction of grammatical knowledge provided by user-behavior tracking technologies. *Language Learning & Technology. 3*(2), 44-57. Felix, U. (2001). A multivariate analysis of students' experience of web based learning. *Australian Journal of Educational Technology, 17*(1), 21-36.

- Frigaard, A. (2002). *Does the computer lab improve student performance on vocabulary, grammar, and listening comprehension?* ERIC No. ED476749.
- Hall, C. (1998). Overcoming the grammar deficit: The role of information technology in teaching German grammar to undergraduates. *Canadian Modern Language Review, 55*(1), 41-60. Hegelheimer, V. & Fisher, D. (2006). Grammar, writing, and technology: A sample technology-supported approach to teaching grammar and improving writing for ESL learners. *CALICO Journal, 23*(2), 257-279.
- Jarvis, H. & Szymczyk, M. (2010). Student views on learning grammar with web- and book-based materials. *ELT Journal, 64*(1), 32-44.
- Kear, K., Chetwynd, F., Williams, J. & Donelan, H. (2012). Web conferencing for synchronous online tutorials: Perspectives of tutors using a new medium. *Computers & Education, 58*(3), 953–963
- Koehler, N., Thompson, A., & Phye, G. (2011). A design study of a multimedia instructional grammar program with embedded tracking. *Instructional Science: An International Journal of the Learning Sciences, 39*(6), 939-974.
- Lin,Yen-Chi A. (2004). *An assessment of the international students' attitudes toward technology-based learning: English as a second language (ESL) implication.* Ph.D. Dissertation. Mississippi State University. DAI. A 65/02, 478.
- Matas, C. P. & Birch, G. (2000). Web-based second language grammar development: Researching the options. *CALL-EJ Online, 1*(3).
- Nutta, J. (1998). Is computer-based grammar instruction as effective as teacher-directed grammar instruction for teaching L2 structures? *CALICO Journal, 16*(1), 49-62.
- Schmid, E. & Whyte, S. (2012). Interactive whiteboards in state school settings: Teacher responses to socio-constructivist hegemonies. *Language Learning & Technology, 16*(2), 65-86.
- Stickler, U. & Hampel, R. (2010). Cyber Deutsch: Language production and user preferences in a moodle virtual learning environment. *CALICO Journal, 28*(1), 49-73.
- Schnackenberg, H. (1997). *Learning English electronically: Formative evaluation in ESL software.* ERIC No. ED403877.
- Zhuo, F. (1999). *The relationships among hypermedia-based instruction, cognitive styles and teaching subject-verb agreement to adult ESL learners (adult learners).* Ph.D. Dissertation. West Virginia University. DAI-A 60/01, 106.

- **Appendix**

Figure 1: The Elluminate Homepage

المؤتمر الدولي الثاني لتقنيات المعلومات والإتصالات في التعليم والتدريب، الحمامات-تونس، 4-2013/11/6م

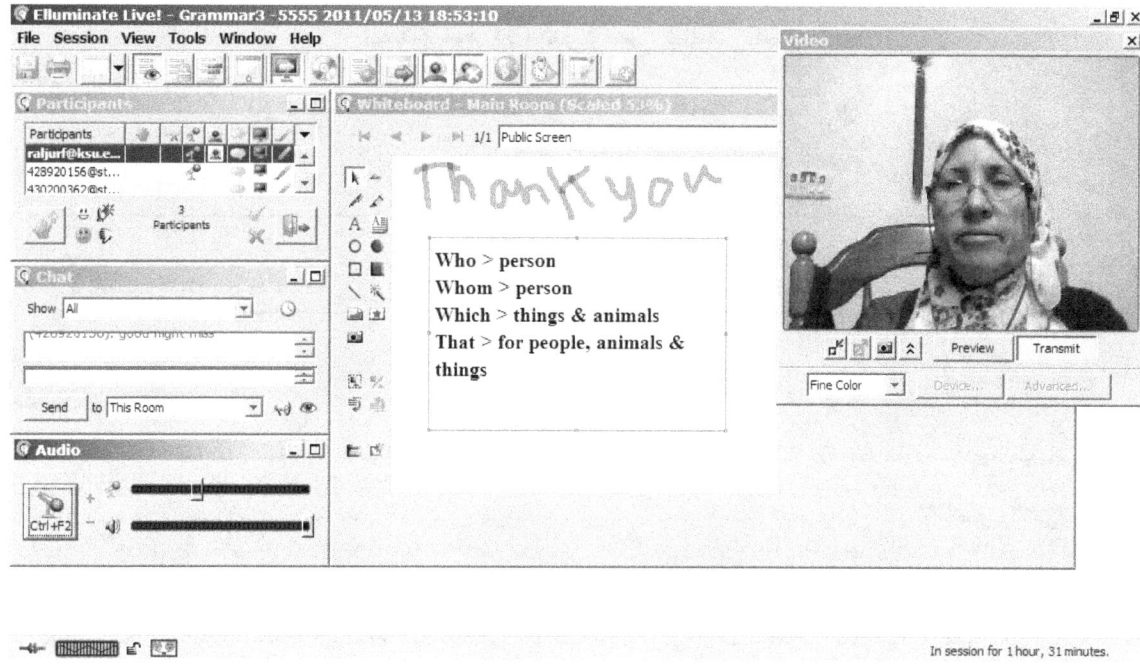

Figure 2: An Example of an Elluminate Practice Session

Joined on January 14, 2011 at 7:04 PM
430201473@student.ksu.edu.sa (430201473): Hello Ms
Moderator: Good evening
430201473@student.ksu.edu.sa (430201473): good evening
Moderator: How was ur weekend?
430201473@student.ksu.edu.sa (430201473): good and u
Moderator: cold
430201473@student.ksu.edu.sa (430201473): yes
430201473@student.ksu.edu.sa (430201473): 236
430201473@student.ksu.edu.sa (430201473): and 239
430201473@student.ksu.edu.sa (430201473): ok
430201473@student.ksu.edu.sa (430201473): ok, thanks for the information
430201473@student.ksu.edu.sa (430201473): yes
430201462@student.ksu.edu.sa (430201462): thank you so much
430201467@student.ksu.edu.sa (430201467): 238
430201454@student.ksu.edu.sa (430201454): 238
430201448@student.ksu.edu.sa (430201448): 238
430201473@student.ksu.edu.sa (430201473): no
Moderator: p. 241
430201473@student.ksu.edu.sa (430201473): yes

Figure 3: An Example of Student-Students and Student-Instructor Chat (Interaction)

التعليــم الالكترونــي بالجزائر
دراســة حالــة لمشاريــع الجزائــر الالكترونيــة

الاسم	البريد الالكتروني	مؤسسة العمل	المدينة	البلاد
د. خالــدة هنــاء سيدهــم	K_hana2010@yahoo.fr	جامعة الحاج لخضر	باتنة	الجزائر

الملخــص

لقد أصبحت الانترنت أهم وسيلة للتعليم، والاتصال لجميع الفئات في جميع مجالات الحياة الاقتصادية، العلمية، والتعليمية، ويعتبر التعليم الالكتروني طريقة للتعليم باستخدام آليات الاتصال الحديثة من حاسب وشبكاته ووسائطه المتعددة من صوت وصورة، و رسومات، وآليات بحث، ومكتبات الكترونية، و بوابات الانترنت، سواء كان عن بعد أو في الفصل الدراسي، بقصد إيصال المعلومة إلى المتعلم بأقصر وقت وأقل جهد ونتيجة أحسن. قد سعت الجزائر مثل باقي الدول العربية لمحاولة تقليص الهوة في مجال التكنولوجيا الحديثة بينها وبين الدول المتقدمة من خلال تعبئة الجهود الفردية والجماعية، من خلال مشاريع إلكترونية. إلا أن واقع الدول العربية بصفة عامة والجزائر بصفة خاصة وكدراسة حالة، يظهر وجود محتشم لهذه التقنية الحديثة، فهو مازال محصورا في بعض القطاعات الموصوفة بالحيوية كقطاع المالية والبنوك، قطاع التعليم العالي والبحث العلمي، وإن كانت الجزائر قد قامت بعدة إصلاحات تعليمية في قطاع التعليم العالي والبحث العلمي، وفي قطاعات أخرى عديدة، تبقى إعادة النظر لازمة في المناهج التعليمية الدراسية في كافة المراحل التعليمية بحيث تتماشى مع متطلبات التكنولوجيا خاصة ما تعلق منها بتحقيق مبدأ التعلم الذاتي والعمل التعاوني لدى المتعلمين من خلال التعامل مع التكنولوجيا الحديثة، حيث يحل التنوع في الموضوعات والمحتوى المناسب محل التجانس المفروض حاليا.

الكلمات الجوهرية: التعليم الالكتروني، الجزائر، تقليد، تكنولوجية، دراسة حالة، مشاريع الالكترونية.

E-Learning in Algeria
A case study of E-Algeria projects

Authors

NAME	E_mail		city	Country
D. Khalida Hana SIDHOUM	K_hana2010@yahoo.fr	University hadj l'akhda	**Batna**	Algeria

Abstract

Has become the Internet the most important means of education, and communication for all groups in all spheres of economic, scientific, educational, and is the e-learning method to teach using the communication mechanisms of modern computers and networks and multiple voice and image, and graphics, and search mechanisms, and electronic libraries, and online portals, whether remotely or in the classroom, in order to deliver the information to the learner shortest time and with less effort and as a result the best. Had sought Algeria like the rest of the Arab countries to try to reduce the gap in the field of modern technology between them and the developed countries through the mobilization of individual and collective efforts, through projects, electronic. However, the reality of the Arab countries in general and Algeria in particular, as a case study, it appears there bashful to this modern technology, it is still limited in some described dynamic sectors such as financial and banking sector, higher education and scientific research, Although Algeria has carried out several educational reforms in the sector of higher education and scientific research, and other sectors many remain reconsideration of the crisis in the educational curriculum courses at all levels of education to comply with the requirements of technology especially those related to the achievement of the principle of self-learning and collaborative work with modern technology, Where solves diversity in topics and appropriate content currently being imposed homogeneity.

Keywords: e-learning -Algeria -imitation - technology - Case Study - electronic projects.

مقدمة

لقد قدمت التكنولوجيات الحديثة بصفة عامة، وتقنيات الاتصال والمعلومات قفزة نوعية في مجال التعليم الالكتروني، مما أدى لزيادة الاحتياجات البشرية خلال العصر الحديث، من الحاجة لصناعة المعلومات إلى مرحلة الانفجار العلمي، والمعرفي ووصولا لتقنية اكتشاف الحاسب الآلي وتعدد أشكاله وأحجامه من جهة أخرى.استعماله كعنصر أساسي في مجال الانترنت من خلال استخدام الهواتف الثابتة والمحمولة وربطها بشبكة المعلوماتية،ومن ثمة أصبحت الانترنت أعظم وسيلة للتعليم، والاتصال لجميع الفئات في جميع مجالات الحياة الاقتصادية، والتعليمية. وقد أضحى التعليم في يعتمد على التقنية الالكترونية، التي ستؤدي إلى تغيير جذري في العملية التعليمية، لأن البيئة التعليمية ستصمم بطريقة تصبح فيها بيئة الكترونية، وقد سعت الجزائر كباقي الدول العربية للوصول النسبي لمشاريع إلكترونية تعتمد على نظام افتراضي والكتروني.

ومن بين أهم المجالات التي استثمرت في عالم التكنولوجيات الحديثة نجد مجال التعليم، إذ تمت الاستفادة منها داخل حجرات المدارس والجامعات وحتى خارجها.

و تم تأسيس تعليم متكامل معتمد على هذه التكنولوجيات، هذه لأخيرة غيرت مفاهيم تقليدية المستخدمة في التعليم و خلقت طرقا و أهدافا جديدة في التربية.

وقد تنبأ بيل جيتس Bill Gates أن طريق المعلومات السريع سوف يساعد على رفع المقاييس التعليمية لكل فرد في الأجيال القادمة، وسوف يتيح الطريق ظهور طرائق جديدة لتدريس المستفيدين والطلبة، طرق أوسع بكثير للاختيار، وسوف يمثل التعليم الالكتروني باستخدام الحاسوب نقطة الانطلاق نحو التعلم المستمر ونحو مشاريع إلكترونية مستقبلية واعدة.

ومن أهم النتائج المتوصل إليها في هذا البحث هو:

- ✓ يعتبر مشروع الحكومة الالكترونية أهم مشروع جزائري في إطار التعليم الالكتروني، كونه يحاول تقليص المسافة بين مختلف تكنولوجيات الإعلام والاتصال وبين مختلف قطاعات الحكومة بما فيها وزارة التعليم العالي والبحث العلمي ووزارة الاتصال وقطاعات أخرى.
- ✓ تواجد نقص كبير في تطبيقات مشاريع التعليم الالكتروني وهناك عجز ثقافي في استخدامها.
- ✓ محاولة وضع استراتيجيات متوافقة مع مختلف النظم الالكترونية.
- ✓ هناك نتائج تشير لتحقق بعض المشاريع لكن في قطاع الاتصالات.
- ✓ محاولة نشر الوعي العلمي والمعرفي في إطار التعليم الالكتروني.

1_أهمية الدراسة

تهتم هذه الدراسة بأهم المشاريع الإلكترونية الجزائرية، وما قدمته من نتائج لتكوين مهارات متخصصة، بغية التفكير والتخطيط، والتكيف المعرفي والنفسي للتعامل مع المتغيرات.

إضافة لتقديم أهميات أخرى كإتقان لغات العصر، وتكنولوجيا الحصول على المعلومات ومعالجتها وكفاءة استثمار الوقت وإدارة الإمكانات المتاحة.

2-أهداف الدراسة

إن المشاريع الالكترونية الجزائرية مقدمة، في عدة قطاعات، وتهدف لعدة نقاط، وهذا ما نريد إبرازه في هذه الدراسة:

- ✓ تهدف المشاريع الالكترونية لتقديم برامج تدريبية وتعليمية عبر وسائط الكترونية متنوعة بأسلوب متزامن أو غير متزامن وباعتماد مبدأ التعلم الذاتي أو التعلم بمساعدة مدرس.
- ✓ تقديم إمكانية إجراء المناقشات والتفاعلات السريعة الأخرى مع جميع الأطراف المشاركة في العملية التعليمية
- ✓ توفير تشكيلة متنوعة من المعلومات المتعددة المصادر والأشكال من خلال نشر المعلومات والوثائق الكترونيا.

3-إشكالية الدراسة

تعرف الإشكالية على أنها موضوع يحيطه الغموض، و هي ظاهرة تحتاج إلى تفسير، و يمكن الإجابة عنها، بالاعتماد على مصادر كالخبرة الميدانية، التعلم من الآخرين و في هذا الصدد طرحنا الإشكاليــة التاليــة:

- ✓ ما هي أهم مشاريع الجزائر الالكترونية في مختلف القطاعات؟ و ما مدى تطبيق الحكومة الالكترونية للتعليم الالكتروني بالجزائر؟

4-فرضيات الدراسة

تعتبر الفرضية جملة من الحلول المقترحة، و التخمينية للخروج من وضع حالي إلى وضع مستقبلي، فقد يكون أحسن بهدف تحقيق الأهداف التي يتطلع الباحث من خلالها إلى التعرف عليها و الوصول إليهــا لإمكانية تحقيقهـا، وهـذه الفرضيات المقترحة في خضم التطـورات التكنولوجية، الحاصلـة بالجزائـر نفترض الحاجة اللازمة للتعليم الالكتروني، كتقنية تساعد على تنمية القدرات التعليميــة، في جميع القطاعــات، ونفترض نقطة أخرى تتمثل في تطبيق التعليم الالكتروني كإلزام على دول العالم الثالث للتقيد بمعايير تفرضها دول العالم المتطورة كمختلف المشاريع الأخرى للحكومة الالكترونية مثل تطبيق تقنيات التعليم الالكتروني.

5-منهج الدراسة

منهج دراسة الحالة هو الطريقة التي يتبعها الباحث في دراسة للمشكلة لاكتشاف الحقيقة أو لتحقيق الهدف الذي قصد إليه من إعداد البحث، فهو ذلك الأسلوب الذي يعتمد على الدراسة التفصيلية المعمقة لوحدة ما، أو حالة معينة، قد تكون شخصا أو جماعة من الأشخاص كالأسرة و المجتمع المحلي، أو نظام اجتماعي

ويطبق هذا المنهج لدراسة مشاريع الجزائر الالكترونية في مختلف القطاعات التعليمية البنكية والاتصالية، ومعرفة مدى نجاحها ومدى تقيديها بالمعايير الأوروبية في مجال التعليم الالكتروني ، واعتمدنا في هذه الدراسة على الملاحظة هي المشاهدة و المراقبة الدقيقة لسلوك بعض المسئولين عن المشاريع ، بغية معرفة صفاتها وخواصها والعوامل الداخلة فيها بهدف تحقيق أفضل النتائج و الحصول على أدق التفاصيل، إضافة لآداة مهمة وهي المقابلة (Interview) المقابلة عبارة عن حوار أو محادثة أو مناقشة مع أساتذة جامعات ومسؤلين من جهة أخرى و ذلك بغرض التوصل إلى معلومات تعكس حقائق أو مواقف محددة، يحتاج الباحث التوصل إليها و الحصول عليها.

و تكون في ضوء أهداف بحثية. و تمثل المقابلة مجموعة من الأسئلة و الإستفسارات و الإيضاحات التي يطلب الإجابة عنها أو التعقيب عليها، إضافة لوسائل أخرى للمقابلة مثل: الإتصال عبر الهاتف، عبر الانترنت، أو عبر وسائل الاتصال الحديثة المناسبة.

6-مصطلحات ومفاهيم الدراسة

6-1-التعليم الالكتروني

التعليم الالكتروني هو طريقة للتعليم باستخدام آليات الاتصال الحديثة من حاسب وشبكاته ووسائطه المتعددة من صوت وصورة، و ورسومات، وآليات بحث، ومكتبات الكترونية، وكذلك بوابات الانترنت، سواء كان عن بعد أو في الفصل الدراسي، المهم هو أن المقصود استخدام التقنية بجميع أنواعها لإيصال المعلومة إلى المتعلم بأقصر وقت وأقل جهد وأكبر فائدة.

ويعرف كل من كول و نابر (KHOLE & NABER) التعليم الالكتروني من منحى الشبكة العنقودية تلك الشبكة التي غزت حياة الأفراد في كل مجالاتها.. فلقد كان التعليم قائما على التكنولوجيا البسيطة التي يمكن تقسيمها على الميزان الزمني والميزان المكاني، والتعليم يحدث في كل وقت ويمكن للمتعلم تخزينه والرجوع إليه في أي وقت. من خلال ما سبق، يمكن تعريف التعليم الالكتروني بأنه (ذلك النوع من التعليم القائم على شبكة الحاسب الآليWIDE WORLD WEB وفيه تقوم المؤسسة التعليمية بتصميم موقع خاص بها ولمواد أو برامج معينة لها، ويتعلم المتعلم من خلال الحاسب الآلي.

6-2- مشاريع الكترونية

مجموعة من التحولات في شتى المجالات السياسية، الاقتصادية والاجتماعية، لعصرنة مجموعة من القطاعات كالتعليم والإدارة والصحة، بالمرور بمراحل عديدة للوصول لنجاح يرضى جميع فئات المستفيدين.

7- مشاريع الجزائر الالكترونية : نمــاذج تطبيقيــة

لقد سعت الجزائر مثلها مثل الدول العربية لمحاولة تقليص الهوة في مجال التكنولوجيا الحديثة بينها وبين الدول المتقدمة من خلال تعبئة الجهود الفردية والجماعية في ثلاث مستويات أساسية هي:

- وضع الإطارات القانونية الملائمة.
- تنمية الطاقات البشرية والمادية.
- تطوير المحتوى الالكتروني.

بالاعتماد على أهم المشاريع الالكترونية :

7-1- الحكومة الالكترونية

فالحكومة الالكترونية ليست مجرد توفير التجهيزات الثقافية في الأجهزة الحكومية، وتغيير أسلوب العمل بها ورفع كفاءة الاداء، وإنما هي أشمل من ذلك، حيث يرى الباحث عبد الرزاق السالمي بأنها: " وسيلة من الوسائل التي تستخدمها الدولة الحقيقية بمعناها القانوني، والإداري لتوصيل المعلومات، والخدمات، وتسويق السلع للمستفيدين منها عبر الانترنت، وأجهزة الحاسوب "

ويستنتج أن " الحكومة الالكترونية مصطلح يطلق على البيئة الالكترونية التي تستخدم الوسائل التكنولوجية، والانترنت لتبادل ودعم وتعزيز المعلومات وتقديم الخدمات، والمعاملات بين الحكومة، المواطنين، ومؤسسات الأعمال من جهة، وبين الدوائر الحكومية نفسها من جهة أخرى"

وتعرف الحكومة الالكترونية من طرف الأمم المتحدة سنة 2002 بأنها " استخدام الانترنت والشبكة العالمية العريضة لتقديم معلومات، وخدمات الحكومة للمواطنين "

وقد طبقت الحكومة الالكترونية في عدة ميادين أهمها :

7-2- التعليم الالكتروني

من خلال التوجه نحو توفير وسائل التعليم من خلال بيئة تفاعلية تعتمد على الحوار بين مختلف العناصر المشتركة في عملية التعليم التقليدية وهي مقدمة كالتالي:

7-2-1 مكونات البيئة التعليمية للتعليم الالكتروني

المعلم: ويتطلب فيه توافر ما يلي:

* القدرة على التدريس واستخدام تقنيات التعليم الحديثة.
* معرفة استخدام الحاسب الآلي.

2- المتعلم: ويتطلب فيه ما يلي:

* مهارة التعلم الذاتي.
* معرفة استخدام الحاسب الآلي والانترنيت والبريد الالكتروني

3- طاقم الدعم التقني: ويتطلب فيه توافر ما يلي:

* التخصص في الإعلام الآلي
*معرفة برامج الحاسب المختلفة

إضافة الاتفاقية الأوربية في 2000 على مبادرة " تصميم تعليم الغد " والتي تهدف إلى استخدام التقنيات الرقمية من الحواسب والوسائط المتعددة والانترنت لتحسين نوعية التعليم، وهي جزء من " الخطة التنفيذية لأوربا الالكترونية " التي تمتد فترتها مابين 2001- 2004 ، وتمكن أوربا من استغلال واستثمار قوتها في التغلب على العوائق التي تفصلها عن التقنات الرقمية والتي لها طاقة قوية كامنة ترتبط بإمكانيات استخدامها مستقبل الاقتصاد.

7-3-التعليم العالي والبحث العلمي

من خلال البرنامج الرئاسي لمساندة الإنعاش الاقتصادي والبحث العلمي 2001-2004 حيث خصصت ميزانية4,12 مليار دينار لتكنولوجيات الإعلام والاتصال أي ما يمثل 50 بالمائة من الميزانية الإجمالية.ويشمل هذا البرنامج 04 نقاط أساسية:

- تكنولوجيات الحديثة للمعلومات والاتصال في قطاع البحث والتعليم.
- تكنولوجيات الإعلام والاتصال لتحسين العناية الطبية في المناطق المحرومة وشبه المحرومة.
- تكنولوجيات الإعلام والاتصال لتحسين التعليم في المناطق الريفية وشبه الريفية.
- إنشاء شبكة وطنية لتطوير أنظمة معلوماتية ذات قيمة مضافة لتقليص التبعية الوطنية في مجال البرامج المعلوماتية.

7-4 التربية والتعليم

تجدر الإشارة إلى قطاع المكتبات الجامعية الذي شهد عصرنة بإدخال التكنولوجيا الحديثة، والاعتماد على النظم الإلكترونية كالشبكة الجهوية للمكتبات الجامعية RIBU في إطار الشراكة مع الاتحاد الأوروبي ضمن مشروع MEDA TEMPUS.

استعمال المعلوماتية وهو أمر واقع اليوم حيث تم إدخال مادة الإعلام الآلي في برنامج الطور الثاني كما تم تجهيز أكثر من 180 ثانوية بقاعات إعلام آلي بالانترنت، وتجهيز 1000ثانوية بحاسوب مخصص لعمليات التسيير.

7-4-1-مزايا التعليم الالكتروني بالجزائر

هناك عدة مزايا من أهمها:

1- المحتوى شديد التغيير:لمسايرة الانفجار المعرفي السائد في هذا العصر.

2- الطالب المتميز يستطيع التقدم دون انتظار الطلاب الأقل مستوى.

3- تحويل فلسفة التعليم من التعليم المعتمد على المجموعة إلى التعليم المعتمد على الفرد.

4- أنه تعليم ديمقراطي:بمعنى أن كل متعلم يتعلم طبقا لاستعداداته وقدراته وميوله، ويتعلم بحرية والمعلم يستخدم أسلوب الاتصال المتعدد والاتجاهات والذي يسمح بالمناقشة مع المتعلمين.

5- الإحساس بالمساواة:حيث تتيح لكل طالب فرصة الإدلاء برأيه في كل وقت خلافا لقاعات الدرس التقليدية التي تحرمه من هذه الميزة،إما لسبب سوء تنظيم المقاعد أو ضعف صوت الطالب نفسه أو الخجل أو الخوف أو القلق.

6- ملائمة مختلف أساليب التعليم:من حيث التركيز على الأفكار المهمة أثناء كتابته وتجميعه للمحاضرة أو الدرس.

7- توفر المناهج طوال اليوم وفي كل أيام الأسبوع:هذه الميزة مفيدة الأشخاص المزاجيين أو الذين يرغبون في التعليم في وقت معين.

8- عدم الاعتماد على الحضور الفعلي: إن التقنية الحديثة وفرت الاتصال، دون الحاجة للتواجد في المكان، والزمان المعين.

9- سهولة وتعدد طرق تقييم تطور الطالب:وفرت أدوات التقييم الفوري، إعطاء المعلم طرقا متنوعة لبناء وتوزيع وتصنيف المعلومات بصورة سريعة وسهلة التقييم.

10- الاستفادة القصوى من الزمن:إن توفر عنصر الزمن مفيد وهام جدا للطرفين (المعلم والمتعلم).

11- تقليل الأعباء الإدارية بالنسبة للمعلم:مثل استلام الواجبات فقد أصبح من الممكن إرسال واستلام كل هذه الأشياء عن طريق الأدوات الالكترونية.

12- توسيع فرص القبول في التعليم العالي: بتجاوز عقبة محدودية الأماكن،وتمكين المؤسسات التعليم العالي من تحقيق التوزيع الأمثل لمواردها المحدودة.

13- نشر ثقافة التعلم والتدرب الذاتيين في المجتمع:والتي تمكن من تحسين وتنمية قدرات المتعلمين والمتدربين بأقل تكلفة.

14- توفير الرصيد الضخم و المتجدد من المحتوى العلمي:والاختبارات والتاريخ التدريسي لكل مقرر يمكن من تطويره وتحسين و زيادة فعالية طرق تدريسه.

2-4-7 معوقات تطبيق التعليم الالكتروني بالجزائر

التعليم الالكتروني كغيره من طرق التعليم الأخرى له معوقات تعيق تنفيذه منها:

أ- تطوير المعايير :حيث أنها بحاجة إلى إجراء تعديلات وتحديثات كثيرة نتيجة للتطورات العلمية المختلفة كل سنة بل كل شهر أحيانا.

ب- الأنظمة والحوافز التعليمية:

من المتطلبات التي تحفز وتشجع الطلاب على التعليم الالكتروني حيث لا زال يعاني من عدم وضوح الأنظمة و الطرق والأساليب التي يتم فيها التعليم كما أن عدم البت في قضية الحوافز التشجيعية هي إحدى العقبات التي تعوق فعالية التعليم الالكتروني.

ج- التسليم والمضمون الفعال للبيئة التعليمية:

* نقص الدعم والتعاون المقدم من أجل طبيعة التعليم الفعالة.

* نقص المعايير لوضع و تشغيل برنامج فعال ومستقل.

* نقص الحافز لتطوير المحتويات.

د- علم المنهج أو الميثودولوجيا:

إن معظم القائمين في التعليم الالكتروني هم من المختصين في مجال التقنية أو على الأقل أكثرهم، أما المختصين في مجال المناهج والتربية والتعليم فليس لهم رأي في التعليم الالكتروني، أو على الأقل ليسوا هم صناع القرار في العملية التعليمية.

هـ- الخصوصية والسرية:

إن حدوث هجمات على المواقع الرئيسية على الانترنت أثرت بالقائمين على العملية التعليمية، وأثارت تساؤلات حول تأثير ذلك على التعليم الالكتروني مستقبلا.

و- الحاجة المستمرة لتدريب و دعم المتعلمين والإداريين:

في كافة المستويات، حيث أن هذا النوع من التعليم يحتاج إلى التدريب المستمر وفقا لتجدد التقنية.

ز- الحاجة إلى نشر محتويات على مستوى عال من الجودة ذلك أن المنافسة عالمية.

7-5- الإدارة الالكترونية

تعتمد على الربط بين دوائر الدولة على مستوى الولايات أو البلديات، لتوفير الوقت والجهد، وتعمل الإدارة الالكترونية على استخراج وثائق إدارية الكترونية والمصادقة عليها بالإمضاء الالكتروني، إضافة لعدة وثائق إلكترونية مثل: بطاقات التعريف الالكترونية، جوازات السفر الالكترونية، الأرصدة وغيرها.

7-6- الاقتصاد الالكتروني

تطوير البنية الهيكلية كأساس لشبكات الاتصال هدفت الجزائر من خلالها للانتقال إلى مجتمع المعلومات والتحكم في مختلف المفاهيم المكونة له و الناجمة عنه، حيث اعتمدت على وضع تشريعات داعمة لهذا المسعى، تمثلت خاصة في تطوير البنية الهيكلية لشبكات الاتصال. وفيما يخص الاتصالات، انتقل عدد المشتركين في الهاتف الثابت من 1500000 في سنة 2000 إلى 3020000 مشترك سنة 2003، كما انتقل عدد المشتركين في الهاتف النقال من 54000 سنة 2000 إلى 5386000 سنة 2005.

أما بخصوص الانترنت فقد شهدت مواقع الويب زيادة من 20 موقع عام 2000 إلى 25000 موقع في نهاية 2005، كما زاد عدد مقاهي وصالات الانترنت من 100 عام 2000 إلى 6000 عام 2005.

تجدر الإشارة إليه هو مبادرة الدولة الجزائرية لتعميم استخدام الحاسوب الشخصي " أسرتك، كمبيوتر لكل أسرة " وهو محاولة لدعم الأسر التي ترغب في اقتناء حاسوب عن طريق التقسيط حيث بلغ عدد المشتركين حوالي 700 ألف مستفيد، وتستورد الجزائر حوالي 50000 كمبيوتر و 250000 آلة نسخ سنويا.

إضافة لشبكات الاتصالات من 15000 كلم من خطوط الألياف البصرية و 22000 كلم من الخطوط الهرتيزية، و 50 محطة أرضية و 100 نظام ريفي سنة 2000.

وتعطي الإحصائيات الحديثة وصول عدد المشتركين في الهاتف النقال في بعض أعضاء شركة أوراس كوم تلكوم الجزائر إلى حدود 10 ملايين مشترك، حيث يبقى سعر المكالمات الداخلية مقبول نوعا ما في الهاتف الثابت مقارنة بالمكالمات الخارجية، بالإضافة إلى أن كل خط هاتفي معرض للعطب مرة كل 18 شهر مقابل عطل واحد كل 05 سنوات في الدول المتقدمة.

7-7 التجارة الالكترونية

بالاهتمام بكل التقنيات الحديثة فيما يخص البنوك والمؤسسات المالية من خلال تطوير أنظمة المعلومات ووسائل الرقابة وتسيير الإجراءات الجمركية، وإنشاء مختلف الشبكات المتخصصة في البنوك التي تضيف التبادل المؤمن والمتقن بين المؤسسات البنكية.

وتعمل الجزائر على تخصيص قيمته 130 مليون دولار أمريكي من أجل إنشاء حظيرة تكنولوجية في المدينة الجديدة كقطب تكنولوجي يلم مجتمع المعلومات الجزائري و مقر استراتيجي لاستقبال المؤسسات المتجددة، حيث تتوفر هذه الحظيرة على هياكل اتصال ذات طاقة عالية، لذلك تسهر الحكومة الجزائرية على وضع استراتيجيات لمضاعفة استغلال تكنولوجيات المعلومات و الاتصال على مستوى مختلف الوزارات، الجامعات، المؤسسات.

8- محاور مشروع الجزائر الالكترونية

- ✓ تسريع استخدام تكنولوجيا المعلومات والاتصالات في الإدارة العمومية.
- ✓ تسريع استخدام تكنولوجيا المعلومات والاتصالات في الشركات.
- ✓ تطوير الآليات والإجراءات التحفيزية لتمكين من تجهيزات وشبكات تكنولوجيا المعلومات والاتصالات.
- ✓ دفع تطوير الاقتصاد الرقمي.
- ✓ تعزيز البنية الأساسية للاتصالات ذات التدفق السريع.
- ✓ تطوير الكفاءات البشرية من أجل تعميم استعمال تكنولوجيات المعلومات والاتصالات.
- ✓ تدعيم العلم والبحث والتطوير.

- ✓ ضبط مستوى الإطار القانوني الوطني.
- ✓ الاعلام والاتصال.
- ✓ تثمين التعاون الدولي.
- ✓ آليات التقييم والمتابعة.
- ✓ إجراءات تنظيمية.
- ✓ الموارد المالية.

خاتمة

تعتبر الجزائر من الدول التي سعت للتعاون الدولي والانفتاح على الأمم الأخرى الأكثر تطورا في هذا المجال، حيث سخرت السلطات الوطنية ميزانية مهمة لمشاريع التعاون في هذا المجال خاصة في مجال التكوين، التحويل التكنولوجيا وتمويل المشاريع، وتبادل الخبرات والمشاركة في دعم المشاريع الرائدة كالمكتبة الافتراضية النشر الالكتروني.

ولا ننكر وجود محاولات فردية للاستفادة من تكنولوجيا الحاسبات والاتصالات والمعلومات على مستوى الوطن العربي، فضلا عن ظهور العديد من الحزم والبرامج على المستوى التجاري تغطي بعض الاحتياجات التعليمية على مستوى المراحل التعليمية، فقد اهتمت هذه الدراسة بأهم المشاريع الإلكترونية الجزائرية، وما قدمته من نتائج لتكوين مهارات متخصصة، بغية التفكير والتخطيط، والتكيف المعرفي والنفسي للتعامل مع المتغيرات.

وقد وجدت معظم الأهداف طريقها لكي تتحقق ومن أهمها توفير تشكيلة متنوعة من المعلومات المتعددة المصادر والأشكال من خلال نشر المعلومات والوثائق الكترونيا.

لقد تمت الإجابة عن الإشكالية، إضافة لبعض التفسيرات، بالاعتماد على المشاريع الالكترونية المطبقة في مختلف القطاعات.

وتعتبر الفرضية الأولى محققة نظرا للمشاريع الالكترونية الحاصلة بالجزائر والتي تؤكد الحاجة اللازمة للتعليم الالكتروني، كتقنية تساعد على تنمية القدرات التعليمية، في جميع القطاعات، أما الفرضية الثانية فقد تحققت نسبيا، كمختلف المشاريع الأخرى للحكومة الالكترونية مثل تطبيق تقنيات التعليم الالكتروني.

التوصيات

- ✓ وضع بنية تحتية متينة ومتكاملة، والاعتماد على العنصر البشري المؤهل، من أجل ضمان مشاريع إلكترونية أكثر فعالية مستقبلا.
- ✓ ضمان أن يكون هنالك اهتمام رئيسي لتطبيقات التعليم الالكتروني، مع توفير الميزانية والكفاءات اللازمة.
- ✓ الاهتمام بالتعليم الالكتروني كفن و علم، يمكن تطبيقه في جميع ميادين الحياة

جدول المصطلحات

الرقم	عربية	انجليزية
1	المقابلة	Interview
2	شبكة الحاسب الآلي	WIDE WORLD WEB
3	الشبكة الجهوية للمكتبات الجامعية	RIBU
4	مشروع ممول من طرف الاتحاد الأروبي	MEDA TEMPUS

قائمة المصادر والمراجع:

[1] عبد الهادي، محمد فتحي،**البحث و مناهجه في علم المكتبات والمعلومات**، القاهرة: الدار المصرية اللبنانية، 2009. ص 114.

[2] قنديلجي، عامر.**البحث العلمي و استخدام مصادر المعلومات التقليدية و الالكترونية**.ص 110.

[3] النقيب،متولي.**مهارات البحث عن المعلومات وإعداد البحوث في البيئة الرقمية**. ط1.القاهرة:دار المصرية اللبنانية،2008.ص 46.

[4]عبد الهادي، محمد فتحي. **البحث و مناهجه في علم المكتبات و المعلومات**. (المرجع السابق). ص 165.

[5]عمار، بوحوش. محمد محمود، الذنيبات. **منهاج البحث العلمي و طرق إعداد البحوث**. ط4، منقحة. الجزائر: ديوان المطبوعات الجامعية، 2007. ص ص 64-65.

[6]الصرايره خالد عبده.الكافي:في مفاهيم علوم المكتبات المعلومات.عربي-انجليزي.ط.1.الأردن:دار كنوز المعرفة.2009.ص87.

[7] ابراهيم، أنغام أبو الحسن.**التعليم الالكتروني: رؤية مستقبلية جديدة: الجزائر نموذجا**، منتدى التعليم الكتروني(على الخط المباشر)10-08-2013 - www.elearning.akbarmontada-

[8]السالمي، علاء عبد الرزاق.**الإدارة الإلكترونية**.عمان: دار وائل للنشر، 2008، ص87.

[9] مقناني، صبرينة.**أعمال المؤتمر الثالث والعشرون للاتحاد العربي للمكتبات والمعلومات(اعلم).الحكومة والمجتمع والتكامل في بناء المجتمعات المعرفية العربية.مشروع الحكومة الالكترونية بالجزائر: خطوة نحو إرساء مجتمع المعرفة**.ج1.قطر:وزارة الثقافة والفنون والتراث.2012.ص117.

[10] مفهوم الحكومة الالكترونية. (على الخط). متوفر على الرابط :

http://musahim.com/f68/t368876/ تمت الزيارة 2013.

[11] بن على راجية.**التعليم الالكتروني من وجهة نظر الأساتذة دراسة استكشافية بجامعة باتنة**.2005

http://www.univ-ouargla.dz/Pagesweb/PressUniversitaire/doc/(على الخط المباشر).2013

[12]ابراهيم، أنغام أبو حسن.المرجع السابق.ص8.

[13].Formation en ligne; http://fr.wikipedia.org/wiki/Apprentissage_en_ligne**. 2013**

Glossaire du portail Learn-on-Line. Définitions **de concepts pédagogiques et de termes techniques.**http://www.learn-on-line.be/?q=contenu/110

[14]Caractéristiques d'un système d'e-learning.Au terme du projet, **l'AWT a dégagé un certain nombre de caractéristiques incontournables que doit intégrer un système d'e-learning pour atteindre ses objectifs**. http://www.awt.be/web/edu/index.aspx?page=edu,fr,400,200,004 .2013.

[15]Laboratoire de soutien à l'enseignement télématique (LabSET) :**Centre de recherche et d'expertise en e-learning** de l'Université de Liège.http://www.labset.net.2013.

[16].114مقناني، صبرينة. المرجع السابق.ص

[17] شنيقل، نزار.**موقع المكتبات الجامعية ضمن الحكومة الالكترونية بالجزائر: دراسة ميدانية بالمكتبة المركزية بجامعة جيجل**.ماجستير:علم المكتبات: قسنطينة:2012.ص70.

[18] Agence Wallonne des Télécommunications, la plateforme ICT de la Wallonie. **Qu'est-ce que l'e-learning?**.jeudi20 juin 2013. http://www.awt.be/web/edu/index.asp

[19] ابراهيم، أنغام أبو حسن.المرجع السابق.ص20.

[20] مقناني، صبرينة.المرجع السابق.ص118.

فعالية تقديم مقرر " مقدمة في تكنولوجيا المعلومات " من خلال نظام الموودل لطلبة البرنـامج التأسيسي بجامعة السلطان قابوس

د.طلال شعبان أحمد عامر
قسم تكنولوجيا التعليم - كلية التربية
جامعة السلطان قابوس

قررت جامعة السلطان قابوس تطبيق البرنامج التأسيسي ابتداءً من العام الأكاديمي 2011/2010.
ويهدف البرنامج إلى إعداد الطلاب المقبولين بالجامعة للدراسة الجامعية و التأقلم معها بنجاح . وقد تم تصميم هذا البرنامج وفقا للمعايير الأكاديمية العُمانية التي تم نشرها عن طريق الهيئة العُمانية للاعتماد الأكاديمي في شكل مخرجات التعلم في مجالات اللغة الإنجليزية و الرياضيات و تقنية المعلومات و مهارات الدراسة و التعلم . وتهتم الجامعة بمجال تكنولوجيا المعلومات للبرنامج التأسيسي ،حيث يتم طرح مقرر خاص للطلبة الذين لم يجتازوا اختبار تحديد المستوى أو الاجتياز. حيث يطرح المقرر باللغة الانجليزية للتخصصات التي تدرس باللغة الانجليزية أو ثنائية اللغة و باللغة العربية للتخصصات التي تدرس باللغة العربية.

والهدف من دراسة مقرر مقدمة في تكنولوجيا المعلومات هو التأكد من تزويد الطلبة بالمعارف الأساسية والمهارات الضرورية في مجال الحاسب وتكنولوجيا المعلومات التي تمكنه وتساعده في مجالات دراسته المتعددة. ونظرا لحداثة البرنامج ، فقد رأى الباحث تصميم مقرر " مقدمة في تكنولوجيا المعلومات " وفق أحد نماذج التصميم التعليمي ، وتقديمه للطلاب إلكترونيا من خلال النظام الشبكي بالجامعة " الموودل "، وقياس فعاليته.
وقد أسفرت الدراسة عن فاعلية البرنامج في تحقيق أهداف المقرر.

Sultan Qaboos University has decided to implement the Foundation Program starting with the 2010/2011 academic year.

The goal of the Program is to make orientation for admitted students for undergraduate level studies, enabling them to experience a smoother and more successful transition. The program has been designed in accordance with the Oman Academic Standards that were published by the Omani Authority for Academic Accreditation in the form of learning outcomes for English, Mathematics, Information Tcchnology and Study Skills

In the Information Technology (IT) Area of the Foundation Program (FP) at Sultan Qaboos University (SQU), the course is offered to those students who do not pass the Placement Test (Theory) or Exit Test (Practical). Furthermore, the Information technology course is offered in English for English-based degree programs and in Arabic for Arabic-based degree programs.

The objective of the course “ Introduction to Information Technology” is to ensure that the students are oriented with the basic knowledge and the necessary skills of computers to meet the cognitive and practical requirements of degree program in a variety of disciplines.
Given the novelty of the program, the researcher showed the design decision, "Introduction to Information Technology" according to a model of instructional design and submit it electronically to students through the university network system "Model", and measuring its effectiveness on students orientation to the university graduate studies.
The results of the study resulted in the showed positive effectiveness of the program on the orientation to the university graduate studies

مقدمة

يتسم عصرنا الحالي بالتطور السريع والمستمر، حيث تتزايد المعلومات وتتنوع وتتعدد أشكالها وتختلف مصادرها. ولقد انعكس ذلك التطور علي مختلف مناحي الحياة وفى مقدمتها التعليم.

واستجابة لمطالب عصر المعلوماتية في التعليم، تطورت أساليب ونماذج وأنماط تعليمية/ تعلمية في مقدمتها التعلم الإلكتروني E-Learning الذي يشمل تطبيقات عديدة واسعة. ويعتبر التعلم الإلكتروني من أحدث الأنظمة في مجال التعليم لما يتميز به من إمكانيات هائلة في دعم العملية التعليمية، وكذلك لما يتميز به من إمكانية إيصال العملية التعليمية لمن يرغب، متخطيا بذلك حاجزي الزمان والمكان، كما يمكن أن يساهم في حل مشكلة نقص الأساتذة وخاصة في التخصصات النادرة، بالإضافة إلي حل مشكلة الأعداد الكبيرة للطلاب.

ولقد تزايد الاهتمام بالتعلم الإلكتروني مع نهاية القرن الماضي وبداية القرن الحالي، ولعل من مظاهر ذلك الاهتمام تنظيم الجمعية الأمريكية لعمداء القبول والتسجيل أول مؤتمر دولي للتعلم الإلكتروني في مدينة دنفر بولاية كلورادو في أغسطس من عام 1997م، ثم اتُبِعَ بقمة للمسؤولين عن هذا التعليم، وحضر المؤتمر والقمة مديرو جامعات وعمداء قبول في أهم مؤسسات التعليم الإلكترونية في أمريكا ودول أخرى متعددة (إحسان كنسار،91:2008).

كما حظي التعلم الإلكتروني بالاهتمام على مستوى الوطن العربي مع مطلع القرن الحالي، وتمثل ذلك في العديد من المبادرات ، فى مقدمتها الوثيقة التي اعتمدها مجلس الوزراء العرب للاتصالات والمعلومات عام 2003؛ والتي تضمنت مجموعة من المشروعات التنفيذية في مجال التعلم الإلكتروني، كان من أهمها تعزيز التعاون الإقليمي لتطوير سياسات التعلم الإلكتروني المحلية، ونشر أفكار التعلم الإلكتروني وخدماته، وتنظيم وضبط معاييره، ووضع نماذج له، وتطوير صناعته (هناء خضري، 2008: 107- 108).

وتلا ذلك العديد من الندوات وورش العمل والمؤتمرات التي نُظمت خصيصا لعرض ومناقشة القضايا المتعلقة بالتعلم الإلكتروني.

وهناك العديد من التحديات والضغوط التربوية التي تحتم توظيف التعلم الإلكتروني وتجعله ضرورة، هذا بالإضافة إلي ما يحمله من مميزات، فقد أثبتت العديد من الدراسات التي تناولت التعلم الإلكتروني من جوانب مختلفة باعتباره نمطا جديدا للتعلم مدي فاعليته وأهميته ومناسبته لهذا العصر، ومن بينها دراسة أندرو (Higgin,2000)، ودراسة تمل وكوسيلو (Timl&Consuelo,2000)، ودراسة أحمد سلطان (Sultan.2001)، ودراسة مارجريتا (Santiler,2001)، ودراسة جيرمي وانجيلا (Martin & Jennings, 2002)، ودراسة أنتا (Picas,2002)، ودراسة لرينت (Muirhead,2002)، ودراسة (Casalion,2002)، ودراسة برجز (Burgess,2003)، ودراسة مولوني (Moloney,2006).

من ناحية أخري، فإنه في ظل التطور الحالي والدور الجديد لكل من المعلم والمتعلم، لم تعُد الجامعة مكاناً يُعلم فيه الطالب، إنما أضحت مكاناً يتعلم فيه، وعليه أصبح التعليم الجامعي في حاجة إلي صيغة تعليمية تعلُمية تسهم في إكسابه مهارة كيفية التعلم، وهذا ما يسعي لتوفيره تكنولوجيا التعلم الإلكتروني، بما يوفره من إمكانيات تقوم على مدي مشاركة المتعلم في نشاطات التعلم (Littman,1998).

ولم تكن جامعة السلطان قابوس بمنأى عن هذا التطور، حيث بدأ مشروع التعلم الإلكتروني بمركز تقنيات التعليم بالجامعة عام 2001 بهدف تحقيق التطوير التعليمي والرقي بمستوى المخرجات التعليمية بها (مركز تقنيات التعليم : 1).

أما عن أنظمة التعلم الإلكتروني المستخدمة في جامعة السلطان قابوس؛ فقد كانت البداية باستخدام نظام الويب ستى (WebCT)، وفى عام 2005 طبقت الجامعة نظام الموودل (Moodle)، وهما نظامان لإدارة عملية التعلم الإلكتروني من خلال الشبكات التي تمكن المدرس والطلبة من التواصل والتفاعل فيما بينهم ، والتفاعل مع محتوى المقررات الإلكترونية (مركز تقنيات التعليم : 1).

أما عن بدايات التعلم الشبكي في كلية التربية بجامعة السلطان قابوس، فكانت في عام 2002، حيث طُرحت سبعة مقررات دراسية تُدرس بنظام WebCT ، واستمرت عملية طرح المقررات الدراسية حتى بلغ عددها 222 مقررا دراسيا في الفصل الدراسي خريف 2011 تُدرس بنظام Moodle، وإن كان أغلبها يفتقر إلي التفاعلية.

ومن خلال عمل الباحث لعدة سنوات بجامعة السلطان قابوس، وتدريسه لمقررات بالطرق المعتادة وأخري عبر الموقع الشبكي للجامعة، بالإضافة إلي ما اكتسبه من خبرات من خلال دوره كمرشد أكاديمي، فقد رأي ضرورة الوقوف علي مدي إسهام نظام " موودل Moodle " الذي تطبقه الجامعة في تنمية التحصيل الدراسي، وبالتالي المساهمة في حل العديد من المشكلات التي

يُعاني منها طلاب الجامعة وعلى رأسها انخفاض المعدل التراكمي وما يترتب عليه من الوقوع تحت الملاحظة الأكاديمية وغيرها من الأمور التي لها مردود نفسي واجتماعي سلبي.

يضاف إلى ما سبق، فإن البحث الحالي جاء استجابة لما يلي :

- توصيات العديد من المؤتمرات والندوات الخاصة بتكنولوجيا التعليم بصفة عامة، والتعلم الإلكتروني بصفة خاصة، ومن بينها:

1- المؤتمر الدولي الأول للتعلم الإلكتروني، والذي عقدته الجمعية الأمريكية لعمداء القبول والتسجيل عام 1997.

2- التعليم الإلكتروني ندوة تقنيات التعليم " التعلم الشبكي"، والتي عُقدت بجامعة السلطان قابوس عام 2001.

3- المؤتمر الدولي للتعلم عن بُعد " التعلم عن بُعد: نحو أفاق جديدة"، والذي عُقد بجامعة السلطان قابوس عام 2006.

4- المؤتمر العلمي السنوي الحادي عشر للجمعية المصرية لتكنولوجيا التعليم "تكنولوجيا التعليم الإلكتروني وتحديات التطوير التربوي في الوطن العربي"، والذي عُقد في القاهرة عام 2008.

5- المؤتمر الدولي لتقنيات التعليم " التربية والتكنولوجيا : تطبيقات مبتكرة "، والذي عُقد بجامعة السلطان قابوس عام 2008.

6- المؤتمر العلمي السادس للجمعية العربية لتكنولوجيا التربية " الحلول الرقمية لمجتمع التعلم"، والذي عُقد بجامعة القاهرة عام 2010.

7- المؤتمر العلمي الدولي الأول للجمعية العُمانية لتقنيات التعليم " التعلم المزيج والنقال : الإمكانات والتحديات"، والذي عقد بكلية الشرق الأوسط – مسقط – عام 2010.

- نتائج العديد من الدراسات والبحوث في مجال التعلم الإلكتروني،والتي أشارت إلى فاعلية التعلم الإلكتروني بعامة ونظام Moodle بخاصة في التدريس، وكذلك أهميته في مواجهة العديد من مشكلات التعليم التقليدي. ومن بينها :

- دراسة (Strother,2002)، والتي كشفت عن عدة فوائد للتعلم الشبكي منها؛ أنه يوطد ويعزز أسلوب التعلم التعاوني، ويزيد من ثقة المتعلمين بأنفسهم، إضافة إلى أنه يساهم وبفاعلية في تقريب الفجوة بين النظرية والتطبيق، أي بين ما يتعلمه الطالب وبين تطبيقه له في الميدان.

- أما سميث وتافيريس (Smith.G& Taveras.M,2004) فقد حددا ثلاثة أنماط للتفاعل تعتمد على المعلم، وهي (وتشمل) تفاعل:

- (معلم مع صف -One-to Class)؛ ويتم هذا النمط من التفاعل بين المعلم وجميع المتعلمين، من خلال المناقشات والإجابة على الأسئلة وطرح أسئلة في إطار عام.

- (معلم مع طالب One-to-one)؛ ويعتمد هذا التفاعل على فردية التعلم والتواصل من خلال البريد الإلكتروني أو الاتصال التليفوني أو غرف الدردشة.

- (معلم مع مجموعة One-to-Group)؛ وهو تفاعل المعلم مع مجموعة صغيرة من الطلاب من خلال حلقات المناقشة Discussion group.

- كما أجري (Abdelraheem& Al Musawi 2003: 45- 57) دراسة حول استخدامات أعضاء هيئة التدريس لشبكة الانترنت في العملية التعليمية في جامعة السلطان قابوس، وأظهرت نتائجها أن تلك الاستخدامات مرتبطة بالمقررات الدراسية التي يتم تحميلها من الشبكة، والتي تساعد على صقل مهارات الطلاب في البحث عن المعلومات والحصول على أحدث المعلومات المرتبطة بالمقررات الدراسية، وان أكثر الاستخدامات سُجلت لصالح الكليات العلمية.

- أما دراسة (Stein, & et al,2005) فقد أكدت نتائجها على دور التعلم الشبكي في مد جسور التواصل بين المتعلمين أنفسهم من جانب، وبينهم وبين المُعلمين من جانب آخر.

- كما أظهرت دراسة (نبيل محمد،2010) ارتفاع معدل تحصيل الطلاب لمقرر إلكتروني لتنمية مهارات استخدام نظام الموودل.

مشكلة البحث

تتمثل مشكلة البحث الحالي في التساؤل الرئيس التالي : ما فعالية تقديم مقرر " مقدمة في تكنولوجيا المعلومات " من خلال نظام الموودل لطلبة البرنامج التأسيسي بجامعة السلطان قابوس ؟.

ويتفرع منه التساؤلات التالية:

1- هل هناك فرق دال إحصائيا بين درجات الاختبار القبلي والاختبار البعدى ؟
2- هل هناك فرق دال إحصائيا بين درجات الاختبار القبلي والاختبار البعدى ترجع إلى طبيعة الدراسة (علمية/ إنسانية) ؟
3- هل هناك فرق دال إحصائيا بين درجات الاختبار القبلي والاختبار البعدى ترجع إلى النوع (ذكر/ أنثي) ؟

أهمية البحث

يستمد البحث أهميته من أنه قد يسهم في :

1- إلقاء الضوء علي التعلم بنظام الموودل من منظور الرؤية المعاصرة لبرامج إعداد الطالب الجامعي ، والتي تواكب التغيرات السريعة والمتلاحقة في مجال تكنولوجيا التعليم والتعلم.

2- توجيه نظر أعضاء هيئة التدريس الجامعيين إلي أهمية وفاعلية استخدام نظام الموودل في التدريس، لتسهيل وتعميق فهم واستيعاب المقررات الدراسية المختلفة، فضلا عن أن نظام الموودل يسمح للطلاب بدراسة المقرر وفق خطوهم الذاتي ودون ارتباط بزمان أو مكان، كما يوفر لهم تفاعلات وتغذية راجعة، وكل هذا من شأنه زيادة دافعيتهم للتعلم وبالتالي تنمية التحصيل لديهم.

3- تحقيق مبدأ التعلم الذاتي من خلال تعامل الطلاب مع نظام الموودل، وعرض أفكارهم ومشكلاتهم واستفساراتهم وكذلك تنفيذ الأنشطة المكلفين بها عبر التعلم الإلكتروني علي شبكة الجامعة، مما يحقق تفعيل الطلاب لقدراتهم العقلية، وييسر لهم التكيف مع حياتهم الجامعية.

الإطار النظري

التعلم الإلكتروني

انتشر مفهوم التعلم الإلكتروني في كثير من المؤسسات الأكاديمية وغير الأكاديمية، حيث اتجهت معظم المؤسسات التعليمية إلى الأخذ بتقنيات التعلم الإلكتروني كمدخل لتطوير التعليم فيها أو لمد أنشطتها التربوية إلى خارج أسوارها، أو حتى لخفض تكلفة التعليم فيها، والتغلب على الكثافة الطلابية في المؤسسات التقليدية. وقد ازداد الاهتمام في الآونة الأخيرة من جانب المتخصصين في مجال التعليم بالتعلم الإلكتروني كمنظومة للتعليم، لما يتميز به من سمات خاصة جعلت منه نظاما يمكن الاعتماد عليه في حل مشكلات التعليم التقليدي. لذلك كان لزاما علي المؤسسات التعليمية ومنها جامعة السلطان قابوس أن تسعي إلي تطوير العملية التعليمية بها من خلال إنشاء منظومة للتعلم الإلكتروني تسير جنبا إلى جنب مع التعليم التقليدي.

ولقد أدت هذه التقنية (ثورة الاتصالات والمعلومات...الخ) إلى جعل العديد من التربويين وصناع القرار التربوي ينظرون إلي إمكاناتها باعتبارها فرصة سانحة ينبغي استثمارها لإحداث تحول نوعي في المنظومة التربوية بجميع مُدخلاتها وعملياتها ومخرجاتها (Rosenberg 2001, Morrison 2003).

ويشير روسلان (Ruslan.R,2005) إلى أن هناك ثلاثة أنماط للتفاعل محورها المتعلم، وهي (وتشمل) تفاعل:المتعلم والمعلم، المتعلم والمحتوي، المتعلم والمتعلم.

كما يشير أتسوزي(Atsusi,H,2007) إلي أن أهم عنصر من عناصر نجاح التعلم هو التفاعل بين المشاركين. حيث تساعد تلك التفاعلات علي تخفيف مشاعر العُزلة، والتخلص من الشعور بعدم الرضا، وسوء الأداء. بالإضافة إلى أن تلك التفاعلات تمثل أساليب تعليمية موجهة إلى المتعلم.

أنظمة إدارة التعلم الإلكتروني

هي برامج تطبيقية أو تكنولوجيا معتمدة علي الانترنت تستخدم في التخطيط وتنفيذ وتقويم عملية التدريس، وعادة ما يُزود نظام إدارة التعلم المعلم بطريقة لإنشاء وتقديم محتوي ومراقبة مشاركة الطلاب وتقويم آدائهم. ويمكن أن يزود نظام إدارة التعلم الطلاب بالقدرة علي استخدام الخصائص التفاعلية مثل مناقشة الموضوعات والاجتماعات المرئية ومنتديات النقاش. وتشمل أنظمة إدارة التعلم الأنظمة مفتوحة المصدر، مثل : A Tutor,Claroline, Dokeos, Moodle, OLAT, Website. كما تشمل أنظمة إدارة التعلم التجارية (مصطفي جودت، 2003؛Branzburg,2005) . وقد وقع اختيار الباحث علي نظام موودل نظرا للمميزات التي ينفرد بها، فضلا عن أنه النظام الذى تتبناه جامعة السلطان قابوس في طرح المقررات الشبكية.

نظام إدارة المقررات Moodle

يعد نظام Moodle من أهم نظم تقديم المقررات والأكثر شيوعا واستخداما، ويساعد هذا النظام في تطوير البيئة التعليمية في مجال التعليم الإلكتروني.

نظام Moodle

ويمثل نظام موودل Moodle أحد انظمة التعلم مفتوحة المصدر Open Source Software، إما كنظام مستقل لتدريس المقررات أو كنظام مكمل لنظام تدريس المقررات وجها لوجه، ويوزع تحت رخصة GNU العامة. ويعني ذلك أنه يحق لأي شخص أو جهة بأن يقوم بتحميله وتركيبه واستعماله وتعديله وتوزيعه مجانا، وهو متوفر على الشبكة (http://moodle.org) ، وهو سهل التركيب والاستعمال، بل والتطوير. كما يعتبر الموودل:

- أحد انظمة إدارة المقررات (CMS - Course Management System).
- أحد انظمة إدارة التعليم (LMS – Learning Management System).

- أحد أنظمة إدارة محتويات التعليم (LCMS – Learning Content Management System).
- أحد منصات التعليم الإلكتروني (E-Learning Platform).

ويتميز نظام Moodle بالعديد من الإمكانات التي ذكرها كل من (Saba,2005 ؛Branzburg,2005 ؛ عبدالحميد بسيوني،2007:276-283) :

1- إمكانات التصميم التعليمي التي يوفرها النظام:
- يمكن وضع مقررات دراسية متعددة في النظام
- تعيين المدرسين، والمدرسين المساعدين للمقرر.
- تحميل المصادر التعليمة إلى الموقع ، والمواقع ذات الصلة بمحتوى المقرر.
- وضع المراجع العلمية لكل مقرر الدراسي
- يتيح النظام عدة خيارات لأستاذ المقرر لاختيار الطريقة المناسبة في تدريس المقرر.

2- إمكانات إدارة سجلات الطلاب:
- إدارة سهلة ومتميزة لسجلات الطلاب من حيث التسجيل والانسحاب.
- يتحكم أستاذ المقرر في طريقة تسجيل الطلاب، وانسحابهم.
- يتيح النظام للطلاب إمكانية التسجيل الذاتي، والانسحاب من المقرر.
- يتيح النظام للمدير تسجيل أعداد كبيرة من الطلاب من ملف خارجي.
- يمكن النظام أستاذ المقرر من تكوين مجموعات طلابية.

3- إمكانات النظام في التقييم المستمر للطلاب.
- يوجد في النظام خاصية متابعة أنشطة الطلاب داخل المقرر.
- يمكن النظام أستاذ المقرر من تصميم الاختبارات الموضوعية.
- يساعد النظام الأستاذ في وضع المهام والواجبات.
- يتيح النظام إمكانية تبادل إرسال ملفات الواجبات والأبحاث بين مستخدميه.
- يوجد في النظام خاصية تمكن الطالب من معرفة مستوى تحصيله الدراسي.
- يتيح النظام لأستاذ المقرر تصميم ونشر الاستفتاءات.

4- إمكانات التواصل بين الأستاذ والطلاب.
- يمكن النظام مستخدميه من التواصل عبر الرسائل الخاصة داخل المقرر.
- يوجد في النظام منتدى للحوار بين الطلاب وأعضاء هيئة التدريس.
- يوجد في النظام منتدى للحوار بين أعضاء هيئة التدريس.
- يمكن النظام من التواصل المتزامن بين المستخدمين عبر خاصية غرف الدردشة.

5- إمكانات التحكم وإدارة النظام.
- لا يمكن الدخول للنظام إلا بالحصول على اسم مستخدم وكلمة مرور خاصة بالنظام.
- توجد صلاحيات واسعة للمشرف على النظام، ولأستاذ المقرر.
- يوجد بالنظام خاصية التحكم في كل الأمور المتعلقة بالعملية التعليمية باستخدام خاصية الأجندة للمقرر.
- يوجد في النظام عشرة قوالب جاهزة تمكن المستخدم من تغيير الواجهة حسب الرغبة

أما عن بدايات التعلم الشبكي في كلية التربية بجامعة السلطان قابوس، فكانت في عام 2002، حيث طُرحت سبعة مقررات دراسية تُدرس بنظام WebCT ، واستمرت عملية طرح المقررات الدراسية حتى بلغ عددها ... مقررا دراسيا في الفصل الدراسي خريف 2011 تُدرس بنظام Moodle ، وإن كان أغلبها يفتقد إلي التفاعلية.

إجراءات البحث

أولا : تحديد عينة البحث

تكونت عينة البحث من عدد (60) طالبا وطالبة من كليات الجامعة المختلفة وممن درسوا مقرر " مقدمة في تكنولوجيا المعلومات " كاختياري جامعة، وذلك في الفصل الدراسي (خريف 2012).
وجدول (1) يوضح تفاصيل العينة.

جدول (1) عينة البحث

متغير البحث	مستوى المتغير	العدد	المجموع الكلي
التخصص	علمية	47	60
	إنسانية	13	
النوع	ذكر	24	60
	أنثى	36	

ثانيا : تصميم البرنامج وإنتاجه

تم إعداد البرنامج المقترح وفق خطوات النموذج العام للتصميم التعليمي ADDIE، ويتكون هذا النموذج من خمس مراحل، تم توظيفها في عملية الإعداد على النحو التالي :

1- **مرحلة التحليل Analysis** ، وتضمنت الخطوات التالية :

* تحديد الأهداف العامة

يُعد تحديد الأهداف خطوة مبدئية تُبنى عليها بقية خطوات التصميم التعليمي. وتمثلت الأهداف العامة من بيئة التعلم الإلكترونية في البحث الحالي في الأهداف العامة للمقرر، والذي يعنى بتطوير مهارات التعلم الذاتية، ومعالجة صعوبات الطلاب التعلمية المرتبطة بعادات الدراسة الأساسية، بالإضافة إلي توضيح أساليب دراسية شتى لكيفية التعلم وتطبيقاتها في التخصصات المختلفة.

* تحديد خصائص المستفيدين

الطلاب المستهدفون في البحث الحالي هم طلاب البرنامج التأسيسي بجامعة السلطان قابوس، والذين تتراوح أعمارهم بين الثامنة والتاسعة عشر. وتشير أدبيات علم النفس إلى الخصائص المتعلقة بالنمو العقلي للطالب في هذه المرحلة، فتذكر منها؛ اتجاه الوظائف العقلية إلي الاكتمال والنضج، وتظهر لدى الطالب القدرات الخاصة اللفظية، والمكانية، والعددية، والإدراكية، والاستدلالية، كما تزداد قدرته علي الانتباه، وسرعة التحصيل، كما تنمو قدرته علي اكتساب المهارات والمعلومات، وبشكل عام تنمو لديه القدرة علي التعلم والتفكير (Baron,2002).

يضاف إلى ما سبق، توافر المهارات الأساسية للتعامل مع الكمبيوتر لدى هؤلاء الطلبة من خلال دراستهم لمقرر "تقنية المعلومات" في مرحلة التعليم الأساسي.

* تحديد الحاجات التعليمية

تمثلت الحاجات التعليمية للطلاب المستهدفين في الحاجة إلى:

* المعارف والمهارات التي يتضمنها مقرر " مقدمة في تكنولوجيا المعلومات". وقد تم تحديد هذه المعارف والمهارات في ضوء تحليل محتوى المقرر.

* جعل التعلم أكثر مرونة، حيث تتم الدراسة بدون قيود مكانية أو زمانية، فالمتعلم يدرس أينما شاء ووقتما شاء.

* تحديد عناصر المحتوى

تم تحديد مخطط عام لعناصر المقرر، وتضمن ما يلي :

- أساسيات الحاسوب
- عمليات الحاسوب الأساسية وإدارة الملفات
- معالجة النصوص
- الجداول الإلكترونية
- العروض التقديمية
- شبكات الحاسوب

*** تحديد الأنشطة**

بناءً علي الأهداف التعليمية التي سبق تحديدها، وكذلك الاستراتيجيات المحددة للتعلم من خلال نظام موودل، قام الباحث بتحديد عدد من الأنشطة التعليمية التي يمكن استخدامها لتحقيق الأهداف التعليمية، وهي كما يلي :

- مشاهدة المحتوي التعليمي الرقمي.
- الاطلاع علي المحتويات الإضافية، والأنشطة الإثرائية.
- القيام بالزيارات الإلكترونية للمواقع ذات الصلة، والمرتبطة بالمحتوي التعليمي.
- المشاركة في منتدى النقاش؛ سواء بعرض موضوعات أو التعليق علي موضوعات وأفكار مطروحة.
- توجيه الأسئلة والاستفسارات إلي مدرس المقرر من خلال منتدي خاص بذلك.
- تنفيذ تكليفات وأنشطة المقرر، ثم إرسالها إلكترونيا عبر نظام موودل.

2- مرحلة التصميم Design ، وتضمنت الخطوات التالية :

*** تحديد الأهداف التعليمية (الإجرائية)**

وفي ضوء الأهداف العامة للمقرر، تم تقسيمهً إلى ست وحدات تعليمية، بحيث تسهم كل وحدة منها في تحقيق هدف عام واحد من هذه الأهداف؛ كذلك تم تحليل هذه الأهداف إلى أهداف تعليمية فرعية.

ثم عرضت هذه الأهداف على السادة المحكمين[2]، وبعد دراسة أرائهم تبين عدم إضافة أهداف أخرى ، كما اتفق معظم المحكمين على هذه الأهداف، وقد تفضلوا بإعادة صياغة بعض الأهداف التعليمية بصورة محددة وواضحة وكذلك أشاروا بحذف بعض الأهداف التعليمية، وتم التوصل إلى الصيغة النهائية للأهداف.

وقد بلغ عدد الأهداف العامة ستة أهداف ، بينما بلغ عدد الأهداف الفرعية خمسون هدفا.

*** إعداد السيناريو**

السيناريو يعني مزيج من شمولية الفكرة ومراعاة التفاصيل الدقيقة ونقلها إلى عالم الواقع، وهو أيضا خريطة لخطة إجرائية لإنتاج بيئة تعلم إلكترونية مكتملة المصادر. وتتلخص فكرة إعداد السيناريو في تسجيل ما ينبغي أن يعرض على الشاشة من نماذج خاصة تعرف بنماذج السيناريو، وهى مصممة ومقسمة بطريقة تشبه تماماً شاشة الحاسب.

وقد قَسم السيناريو إلى ست وحدات تعليمية تضمن كل وحدة مهارة رئيسية واحدة وعدد معين من المهارات الفرعية، حيث يوضح السيناريو التعليمي كيفية عمل تفريعات داخل البرنامج بناء على استجابات المتعلمين لمعالجة الأخطاء ، كذلك توضيح التتابع في عرض الرسالة التعليمية من نصوص مكتوبة وصوت وصور ثابتة وصور متحركة وغيرها من عناصر الوسائط المتعددة.

كما تم إعداد السيناريو لبيئة التعلم الإلكترونية مع مراعاة أسس ومواصفات تصميم بيئات التعلم الإلكترونية. روعي فيها توافر التفاعلات المختلفة؛ وهي :

- تفاعل الطالب مع المحتوي.

- تفاعل الطلاب فيما بينهم.

- تفاعل الطلاب مع مدرس المقرر.

*** تصميم واجهة التفاعل وأساليب الإبحار**

- تصميم أساليب الإبحار : تم وضع خريطة للسير في الوحدات التي تم إنتاجها إلكترونيا علي بيئة التعلم.

- تصميم واجهة التفاعل : تم تصميم واجهة التفاعل مع مراعاة أن تكون أيقونات التفاعل واضحة، بحيث يتحكم المتعلم في تتابع المحتوي وأنشطة التعلم.

- تصميم أدوات الإبحار : تضمنت أدوات الإبحار ما يلي :

♦ الأهداف ؛ وتوضح الأهداف العامة للمقرر، وكذلك الأهداف الإجرائية.

♦ المحتوي؛ حيث تم تحديد قائمة رئيسية بوحدات المقرر، ومنها يتم التفرع إلي المحتوي التفصيلي لكل وحدة، مع اعتبار الاستعانة بعناصر الوسائط المتعددة – لقطات فيديو، رسومات تعليمية، صور ثابتة...الخ – لتوضيح المحتوي.

♦ منتدى الأخبار؛ ويتم من خلاله توجيه رسائل قصيرة للطلاب من قبل مدرس، تتعلق بالاختبارات أو أية أخبار تستجد وتهم جميع الطلاب.

♦ منتدى الاستفسارات؛ ويتم من خلاله توجيه أية أسئلة أو استفسارات من قبل الطالب إلي مدرس المقرر.

♦ المنتدى العام ؛ ويتم من خلاله عرض القضايا والأفكار والتعليق عليها من قبل الطلاب، مع تدخل مدرس المقرر بالتعليق إذا لزم الأمر.

♦ منتدى المجموعات ؛ ويتم من خلاله التواصل بين أعضاء المجموعة الواحدة لمناقشة ما يعن لهم من قضايا أو مشكلات، أو تحديد موعدا لاجتماع بخصوص إنتاج العروض المكلفين بها.

♦ تسليم الأنشطة ؛ ومن خلال هذه الأداة يقوم الطالب بإرسال الأنشطة المكلف بها، ووفق التوقيت المحدد لكل نشاط.

♦ المُلخص ؛ تم إعداد مُلخص لكل وحدة ، يتضمن أهم عناصرها ، وكذلك النصائح التي يمكن توجيهها للطالب للاستفادة منها خلال تطبيقه للمهارات المتضمنة في الوحدة.

♦ أساليب التقويم ؛ تم تضمين كل وحدة بمجموعة من أساليب التقويم ، ثم اختتمت بأسئلة التقويم الذاتي.

♦ الاستبيان؛ حيث تضمنت بعض الوحدات استبيان، يتم تزويد الطالب بنتائجه بمجرد تعبئته والضغط علي زر التسليم Submit ، وفي حالة عدم رضى الطالب عن إجابته يقوم بالضغط علي زر Reset وذلك لإعادة ملء الاستبيان.

- قنوات التفاعل : تم التفاعل بين الأطراف الثلاثة – مدرس المقرر، والطلاب، والمحتوى – وفق نمطين :

♦ المتزامن؛ نظرا لعدم توافر إمكانية التواصل الصوتي بين الطلاب في بيئة التعلم الإلكتروني بجامعة السلطان قابوس، فقد تم تحديد مواعيد لغرف المحادثة الكتابية (المحادثة كتابةً – التواصل الكتابي)، روعي في تلك المواعيد تنوعها بحيث يكون بعضها في الفترة الصباحية والبعض الأخر في الفترة المسائية، بالإضافة إلي الحرية التامة للطلاب لتحديد مواعيد أخري للتفاعل المتزامن فيما بينهم.

♦ غير المتزامن ؛ من خلال المنتدى العام للمقرر، ومنتدى المجموعات.

3- مرحلة التطوير Development

تتضمن مرحلة التطوير خطوات تأليف المحتوي حسب ما تقرر في مرحلة التصميم. وبناءً عليه فقد تم في هذه المرحلة ترجمة السيناريو إلى برنامج كمبيوتري قائم على المودل ، حيث تم انتقاء وإنتاج الوسائط المتعددة من ملفات صوتية ونصية وصور ولقطات فيديو، ثم تم برمجة البرنامج وإنتاجه في ضوء السيناريو السابق.

وبعد الانتهاء من إنتاج عناصر المحتوي، تم تحميل المحتوي علي نظام إدارة التعلم المفتوح المصدر Moodle ، ثم قام الباحث بتدريب الطلاب علي استخدام بيئة التعلم الإلكترونية؛ حيث قدم لهم عرضا بيانيا للدخول لبيئة التعلم، بالإضافة إلي الاستعانة بعرض توضيحي تفصيلي لكيفية التعامل مع محتويات المقرر المختلفة.

3- مرحلة التقييم Evaluation

تم في هذه المرحلة تقييم مدي فاعلية وجودة المقرر؛ وفقا للخطوات التالية :

- **التقويم البنائي للبرنامج**

تم ضبط بيئة التعلم الإلكترونية، والتأكد من سلامة التصميم ودقته وحُسن صياغة الأهداف السلوكية ، وكذلك للتعرف على مدي توافر المواصفات الفنية فيه وصلاحيته للتطبيق . حيث قام الباحث بعرض البرنامج علي مجموعة من المحكمين والخبراء في مجال تصميم التعليم الإلكتروني ، والمناهج، والقياس والتقويم. وقد اتفق 85% من السادة المحكمين علي صلاحية البرنامج للتطبيق، واقتصرت معظم التعديلات التي أشاروا إليها علي إضافة أو حذف أو استبدال بعض الصور ولقطات الفيديو، وكذلك تعديل صياغة بعض العبارات.

وتأسيسا علي ذلك أُجريت التعديلات المطلوبة، وأصبح البرنامج جاهزا للتطبيق الميداني.

- **تجريب البرنامج علي عينة استطلاعية**

تم تحميل البرنامج علي موقع الجامعة بواسطة قسم الدعم الفني بمركز تقنيات الجامعة، وذلك خلال الفصل الدراسي (صيف 2012)، ومع بداية الفصل الدراسي (خريف 2012) عُرض البرنامج علي عينة قوامها خمسة عشر طالبا وطالبة من كليات مختلفة بجامعة السلطان قابوس، وذلك لاستطلاع آرائهم في البرنامج، وإبداء ملاحظاتهم حول أدوات التفاعل وتنظيم عناصر الشاشة ومدى وضوح الصور وجودة الصوت، وغيرها من مكونات البرنامج.

- **إجراء التعديلات وإخراج البرنامج في صورته النهائية**

تأسيسا علي الملاحظات والآراء المنطقية للطلاب، تم إضافة بعض التعديلات علي البرنامج، ومن ثم أصبح البرنامج جاهزا للتطبيق الميداني للبحث، والذي بدأ في اليوم الأول من الأسبوع الثاني من الفصل الدراسي (خريف 2012) ، علي موقع الجامعة "http://www.squ.edu.om".

ثالثا : إعداد وتقنين أداة البحث " الاختبار التحصيلي "

أُعد الاختبار التحصيلي لطلاب جامعة السلطان قابوس الذين يدرسون مقرر " مقدمة في تكنولوجيا المعلومات " خلال الفصل الدراسي " خريف 2012 "؛ بحيث يهدف إلي التعرف على تحصيل الطلاب للموضوعات الدراسية المتضمنة في ذلك المقرر.

وقد تكون الاختبار من مجموعتين من الأسئلة،هما :

1- المجموعة الأولي، من نمط أسئلة الصواب والخطأ، وبلغ عدد مفرداتها (32) مفردة، وتم إعطاء درجة واحدة لكل مفردة..

2- المجموعة الثانية : من نمط الاختيار من متعدد، وبلغ عدد مفرداتها (21) مفردة، وتم إعطاء درجة واحدة لكل مفردة.

وعلي ذلك ، فقد بلغ عدد مفردات الاختبار في صورته الأولية ثلاثة وخمسين مفردة، ومن ثم تكون الدرجة الصغرى علي الاختبار صفر درجة ، والدرجة العظمي ثلاثة وخمسون درجة.. .

ولحساب صدق الاختبار عُرِض على مجموعة من المحكمين من أعضاء هيئة التدريس بكلية التربية من أقسام المناهج وتكنولوجيا التعليم وعلم النفس، وذلك لاستبيان آرائهم حول مدي مناسبة مفردات الاختبار لأهدافه ، وخصائص العينة ، ومدى دقة وسلامة صياغة مفرداته ، ومدى وضوح وكفاية تعليماته ، ثم حُسِبت النسبة المئوية لمعامل الاتفاق بين استجابات المحكمين ، حيث أسفرت آراء المحكمين عن : اتفاق 87% من المحكمين على ارتباط جميع مفردات الاختبار بالأهداف ، واتفاق 80% من المحكمين على دقة صياغة معظم عبارات الاختبار ، مع الإشارة إلي حذف مفردتين من المجموعة الأولى (الصواب والخطأ) وتعديل صياغة بعض عبارات الاختبار ، .

وبعد إجراء التعديلات التي أوصى بها المحكمون تم تطبيق الاختبار علي عينة استطلاعية قوامها ثمانية عشر طالبا وطالبة ، وبعد أن حُسِبَت درجات استجابة العينة على الاختبار ، حُسِب ثبات الاختبار باستخدام معادلة "كيودر ريتشاردسون" الصيغة "21" ؛ حيث بلغت قيمة معامل ثبات الاختبار 0.7893 ، وهو معامل ثبات يمكن الوثوق به ، والاطمئنان إلى النتائج التي يتم الحصول عليها بعد تطبيق الاختبار على عينة البحث الأساسية ، كذلك حُسِبت معاملات السهولة والتمييزية لكل مفردة من مفردات الاختبار ، بحيث طبقت معادلة "معامل السهولة المصحح من أثر التخمين" لحساب معاملات سهولة

مفردات ، وقد وُجِد ان قيم معاملات السهولة المصححة من أثر التخمين لمفردات الاختبار تراوحت ما بين القيمتين (0.34) ، (0.69) ؛ كما استُخدمت معادلة "جونسون " لحساب معامل تمييزية مفردات الاختبار، وقد وُجِد أن قيم معاملات التمييزية لمفردات الاختبار تراوحت ما بين القيمة (0.39) والقيمة (0.74) ، باستثناء مفردة واحدة بلغ معامل تمييزها (0.09) ؛ ومن ثم حُذِفت ، وبهذا أصبح الاختبار في صورته النهائية **يشتمل علي خمسين مفردة ، بإجمالي درجات خمسين درجة ، والزمن المُتاح للإجابة عنه تسعون دقيقة ؛ ومن ثم أصبح الاختبار في صورته النهائية صالحاً للتطبيق علي عينة البحث الأساسية.

رابعا: تجربة البحث

تم إجراء تجربة البحث وفقا للخطوات التالية :

1- تطبيق الاختبار التحصيلي قبليا، وتم ذلك قبل البدء فى دراسة المقرر.

2- إجراء المعالجة التجريبية وفق التصميم التجريبي السابق عرضه،حيث تم ما يلي :

* تدريب الطلاب على كيفية الدخول إلي بيئة التعلم الإلكترونية " Moodle " وكذلك كيفية التعامل مع المقرر.

* توجيه الطلاب إلي الالتزام بتنفيذ الأنشطة وإرسالها عبر الموودل وفي المواعيد المحددة لكل منها، مع ضرورة استمرار التواصل إلكترونيا مع بعضهم البعض، بالإضافة إلي المساهمة المستمرة في المنتديات.

* بدء التطبيق الميداني للبرنامج في اليوم الأول من الأسبوع الثاني من الفصل الدراسي (خريف 2012) .

* تحديد الموعد النهائي لإنهاء الدراسة، وهو اليوم الرابع من الأسبوع الخامس عشر من الفصل الدراسي (خريف 2012) حيث لا يتمكن الطلاب من الدخول إلي المقرر بعد هذا الموعد.

3- تطبيق الاختبار التحصيلي بعديا ، وتم ذلك بعد الانتهاء مباشرة من الدراسة .

خامسا: نتائج البحث

للإجابة عن السؤال الأول، والذي نصه : " هل هناك فرق دال إحصائيا بين درجات الاختبار القبلي والاختبار البعدى ؟، قام الباحث بحساب المتوسط والانحراف المعياري وقيمة (ت) لدرجات الاختبار التحصيلي القبلي و البعدى ، كما هو موضح بجدول (1).

جدول (1) المتوسطات الحسابية والانحرافات المعيارية وقيمة (ت) لدرجات الاختبار التحصيلي قبليا وبعديا

المقياس / الإحصائي / نوع الاختبار	المتوسط	الانحراف المعياري	قيمة ت	مستوى الدلالة
القبلي	20.316	4.524	20.799	دالة إحصائيا عند مستوى 05.
البعدى	36.616	4.782		

يتضح من جدول (1) أن قيمة ت = 20.799، وهذا يعني وجود فرق دال إحصائيا عند مستوى (0.05) لصالح التطبيق البعدى، حيث بلغ المتوسط الحسابي للتطبيق البعدى (36.616) بينما كان المتوسط الحسابي للتطبيق القبلي (20.316).

وتتفق نتائج الدراسة الحالية مع نتائج الدراسات والمقالات وأوراق العمل التي قام بها كل من : Marchionini,1996 ؛ Duchastel,1997؛ Swanson,2000؛ Clayton,2000 ؛ Howell,2001 ؛ Keller,2002 ؛ Kabita,2003 ؛ Leung,2003 ؛ John,2003؛ Webb,2004، والتي أكدت علي أهمية التعلم الإلكتروني في التعليم الجامعي وبخاصة في مجال اكتساب المفاهيم والمهارات.

كما تتفق نتائج الدراسة الحالية مع نتائج العديد من الدراسات التي بحثت في تأثير التعلم الإلكتروني علي تحصيل الطلبة من مستويات مختلفة وبيئات متعددة، والتي أظهرت أن مخرجات التعلم الإلكتروني فعالة أكثر من مخرجات التعليم التقليدية (Hiltz & ; Motiwalla & Tello.2001 ; Wilson & Whitelock,1998; Yakimovics & Murphy ,1995 ،Turoff,2002).

كما تتفق نتائج الدراسة الحالية أيضا مع نتائج العديد من الدراسات التي تناولت أثر استخدام نظام الموودل في التدريس، ومنها دراسة (ممدوح الفقي،2009)، ودراسة (نبيل محمد،2010).

بينما تختلف نتائج الدراسة الحالية مع ما توصلت إليه الدراسة التحليلية التي قام بها Russel,1997 والتي أوضحت أن نتائج الدراسات التي تناولتها قد أشارت إلي عدم وجود فروق في تحصيل الطلبة الذين يدرسون باستخدام أساليب تدريس مختلفة من بينها التعلم الإلكتروني.

ويرى الباحث أنه نظرا لكون مقرر " مقدمة في تكنولوجيا المعلومات " والمقدم من خلال نظام الموودل يتضمن مجموعة من عناصر الوسائط المتعددة كالنصوص المكتوبة والصور الثابتة والصوت والفيديو والرسومات، بالإضافة إلى المنتدى الذي يجد فيه الطلاب متنفسا لعرض ومناقشة القضايا والمشكلات وتبادل الآراء والخبرات المرتبطة بحياتهم الجامعية، وبالتالي التخفيف من حدة التوتر والضغوط النفسية التي يعانون منها، كل هذا من شأنه إثارة تفكير الطالب، وجذب اهتمامه، وجعله مشاركا نشطا وليس مستقبلا للمعلومات. يضاف إلى ما سبق أن نظام الموودل يسمح للطالب بأن يتعلم وفقا لخطوه الذاتي ويناقش معلمه ويتلقى منه تصحيحا لأخطائه وإجابات عن استفساراته دون الشعور بالخجل من زملائه، ويتم ذلك إلكترونيا من خلال منتدى الاستفسارات أو البريد الإلكتروني، أو وجها لوجه خلال الساعات المكتبية أو الأوقات التي يحددها له مدرس المقرر من خلال التواصل الهاتفي أو الرسائل النصية القصيرة. كما يعتقد الباحث أن أنماط التفاعل التي يستخدمها الطلاب خلال دراستهم لمقرر " مقدمة في تكنولوجيا المعلومات " والتي أشار إليها كل من (Smith.G& Taveras.M,2004 ; Ruslan.R,2005) من شأنها خلق مجتمع تعلم فعال. بالإضافة إلى أن هذا النوع من التعلم يتيح للمتعلم استعراض المقرر ودراسته عدة مرات دون الشعور بالملل، ودون ارتباط بزمان أو مكان ، وهذا في مجمله قد يزيد من دافعيته للتعلم، مما قد يزيد من تحصيله الدراسي، وهذا ما أكدته نتائج دراسات كل من : Owston,1997؛ Swanson,2000 ؛ Leung,2003 ؛ Schaverien,2003 ؛ Young,2004.

كما يعتقد الباحث أن تكليف الطلاب بتنفيذ أنشطة ضمن المقرر، ثم إرسالها إلكترونيا إلي مدرس المقرر وتلقى التغذية الراجعة لها، يُعد نمطا من أنماط التعلم الإلكتروني الفعال، الذي من شأنه تنمية التحصيل الأكاديمي، وهذا يتفق مع نتائج دراسة " جودرد " (Goodridge,2001) والتي خلصت إلى أن التعلم الإلكتروني حَسَن من مستوى الطلبة الأكاديمي، وأوصت الدراسة بضرورة الاهتمام بنوعية برمجيات التعلم الإلكتروني وتقنياته، وكذلك دراسة (Prestera & Moller,2001) والتي أكدت نتائجها علي أن فرص التفاعل غير المتزامن عبر الانترنت يزيد من فرص بناء المعرفة وحل المشكلات والمناقشات.

للإجابة عن السؤال الثاني، والذي نصه " هل هناك فرق دال إحصائيا بين درجات الاختبار القبلي والاختبار البعدي ترجع إلى طبيعة التخصص (علمي/ إنساني) ؟، قام الباحث بحساب المتوسط والانحراف المعياري وقيمة (ت) لدرجات الاختبار التحصيلي البعدى للطلاب من الكليات العلمية والإنسانية، كما هو موضح بجدول (2).

جدول (2) المتوسطات الحسابية والانحرافات المعيارية وقيمة (ت) لدرجات الاختبار التحصيلي بعديا لطلاب الكليات العلمية والإنسانية

المقياس الإحصائي / التخصص	المتوسط	الانحراف المعياري	قيمة ت	مستوى الدلالة
علمي	36.553	5.072	0.194	غير دالة إحصائيا
إنساني	36.846	3.710		

يتضح من جدول (2) أن قيمة ت = 0.194، وهذا يعني عدم وجود فرق دال إحصائيا بين طلاب الشعب العلمية وطلاب الشعب الأدبية ، حيث بلغ المتوسط الحسابي لطلاب الكليات العلمية (36.553)، بينما كان المتوسط الحسابي للطلاب الكليات الإنسانية (36.846).

وقد يُعزي عدم وجود فرق دال إحصائيا بين طلاب الكليات العلمية وطلاب الكليات الإنسانية، إلي أن الطلاب – على اختلاف الكليات التي ينتمون إليها – قد سبق لهم دراسة مقرر تقنية المعلومات في مرحلة التعليم العام، ويتضمن ذلك المقرر موضوعات تؤهل الطالب للتعامل مع البرامج الكمبيوترية وشبكة الانترنت، هذا فضلا عن أن الجامعة توفر لهم مجموعة من معامل الحاسوب سواء داخل كل كلية على حدة أو بمركز الخدمات الطلابية.

للإجابة عن السؤال الثالث، والذي نصه " هل هناك فرق دال إحصائيا بين درجات الاختبار القبلي والاختبار البعدى ترجع إلى النوع (ذكر/ أنثي) ؟، قام الباحث بحساب المتوسط والانحراف المعياري وقيمة (ت) لدرجات الاختبار التحصيلي البعدى للطلاب من النوعين الذكور والإناث، كما هو موضح بجدول (3).

جدول (3) المتوسطات الحسابية والانحرافات المعيارية وقيمة (ت) لدرجات الاختبار التحصيلي البعدى للطلاب من النوعين الذكور والإناث

المقياس / الإحصائي / النوع	المتوسط	الانحراف المعياري	قيمة ت	مستوى الدلالة
ذكر	34.958	4.346	2.269	دالة إحصائيا عند مستوى 0.5 لصالح الإناث
أنثي	37.722	4.796		

يتضح من جدول (3) أن قيمة ت = 2.269، وهذا يعني وجود فرق دال إحصائيا عند مستوى (0.05) لصالح الإناث ، حيث بلغ المتوسط الحسابي للإناث(37.722) بينما كان المتوسط الحسابي للذكور (34.958).

وقد يُعزي تفوق الإناث على الذكور في التحصيل إلى أن معظم الطالبات يُقمن داخل الحرم الجامعي، وهذا من شأنه مساعدتهن على تنظيم وقتهن وإتاحة الفرصة لهن لمتابعة المقرر سواء في معامل الحاسوب أو في داخل السكن حيث تغطي شبكة الوايرلس (Wireless) أرجاء الجامعة. هذا فضلا عما يتميز به الطالبات مقارنة بالطلاب من اهتمام بالدراسة وانضباط واستثمار لما توفره الجامعة من خدمات وتسهيلات خاصة ما يتعلق منها بشبكة الانترنت. أما عن الطلاب فإنهم يقيمون خارج الحرم الجامعي، وتقتصر متابعة معظمهم للأمور الدراسية على اليوم الجامعي والذي ينتهي غالبا في السادسة مساءً نظرا لعدم ملاءمة ظروف السكن الخارجي للمذاكرة بالإضافة إلى عدم توافر شبكة الانترنت فيه، يضاف إلى ذلك أن الأمور المتعلقة بالسكن الخارجي والتزامات كثير من الطلاب تجاه أسرهم تؤدي إلى قضائهم لإجازات نهاية الأسبوع وأيام عطلات المناسبات وسط ذويهم، الأمر الذي من شأنه عدم تمكنهم من الاستثمار الأمثل لأوقاتهم فيما يتعلق بالتزاماتهم الجامعية.

وتتفق هذه النتيجة مع نتائج العديد من الدراسات، ومنها (Gibb, Fergusson & Horwood, 2008 ، Younger et al, 2010 ، Calvin et al, 2010 ، Robinson & Lubienski, 2011 ، Osman, Al Barwani & Abusheiba, 2012) ، والتي أشارت إلي تفوق الإناث علي الذكور في الأداء الأكاديمي.

التوصيات

في ضوء ما أسفرت عنه الدراسة من نتائج، يوصي بزيادة تفعيل نظام التعلم الإلكتروني في العملية التعليمية التعلمية الجامعية؛ من خلال :

1- إجراء تغيير في الخُطط والأساليب والسياسات التي تحكم تلك العملية.

2- العمل علي زيادة الإفادة بالتطور التكنولوجي في مجال التعليم الجامعي.

3- التوسع في عدد المقررات التي تقدم عبر نظام المودل، سواء المطروحة علي مستوي كلية التربية، أم المطروحة علي مستوي الجامعة.

4- عقد المزيد من الدورات التدريبية لأعضاء هيئة التدريس، بما يمكنهم من حُسن توظيف نظام المودل في العملية التعليمية.

المراجع

1- الحسن، عصام.(2008). تكنولوجيا التعليم الإلكتروني خطوة لتلبية الطلب المتزايد على التعليم الجامعي العربي وتقليل الفجوة الرقمية فيه - **المؤتمر العلمي الحادي عشر للجمعية المصرية لتكنولوجيا التعليم** " تكنولوجيا التعليم الإلكتروني وتحديات التطوير التربوي في الوطن العربي، كتاب المؤتمر ، مارس 2008، ص115.

2- الصالح، بدر بن عبدالله.(2006). التعلم عن بُعد : إشكالية النموذج ، **المؤتمر الدولي للتعلم عن بُعد .** جامعة السلطان قابوس. الفترة من 27- 29 مارس. بحوث المؤتمر. ص 171.

3- الفالح، مريم عبدالرحمن .(2008).فاعلية برنامج تدريبي على الانترنت لتنمية الجوانب المعرفية لكفايات التعليم الإلكتروني لدي عضو هيئة التدريس بجامعة الرياض للبنات. **المؤتمر العلمي السنوي الحادي عشر للجمعية المصرية لتكنولوجيا التعليم** " تكنولوجيا التعليم الإلكتروني وتحديات التطوير التربوي في الوطن العربي"، كتاب المؤتمر ، ص ص 197- 225.

4- الفقي، ممدوح سالم.(2009). منظومة إلكترونية مقترحة لتدريب إخصائي تكنولوجيا التعليم علي مهارات تصميم بيئات التعلم التفاعلية المعتمدة علي الانترنت، **رسالة دكتوراه**، معهد الدراسات التربوية، جامعة القاهرة.

5- بسيوني، عبدالحميد. (2007). **التعليم الإلكتروني والتعليم الجوال**، القاهرة : دار الكتب العلمية للنشر والتوزيع.

6- جودت، مصطفي. (2003). بناء نظام لتقديم المقررات التعليمية عبر شبكة الانترنت وأثره علي اتجاهات الطلاب نحو التعلم المبني علي الشبكات، **رسالة دكتوراه**، كلية التربية، جامعة حلوان.

7- جودت ، مصطفي. (2008). اتجاهات البحث العلمي في الجيل الثاني للتعليم الإلكتروني - **المؤتمر العلمي الحادي عشر للجمعية المصرية لتكنولوجيا التعليم** " تكنولوجيا التعليم الإلكتروني وتحديات التطوير التربوي في الوطن العربي، كتاب المؤتمر ، مارس 2008.

8- خضري، هناء عودة. (2008). **الأسس التربوية للتعليم الإلكتروني**. القاهرة : عالم الكتب.

9- زناتي، النميري علام، وآخرون .(2010). إعداد مقررات المستوي الأول بكلية الحاسبات والمعلومات باستخدام التعلم الإلكتروني في ضوء معايير الجودة، **مجلة الثقافة والتنمية**، جمعية الثقافة من أجل التنمية، عضو أكاديمية البحث العلمي بالقاهرة. العدد (39). ديسمبر 2010.

10- عيسان، صالحة عبدالله، العاني، وجيهة ثابت . (2006). واقع التعلم الشبكي من وجهة نظر طلبة كلية التربية فى جامعة السلطان قابوس.**المؤتمر الدولي للتعلم عن بُعد** . جامعة السلطان قابوس. الفترة من 27- 29 مارس. بحوث المؤتمر. ص 59

11- عبدالحميد، محمد .(2005). **منظومة التعليم عبر الشبكات**. القاهرة : عالم الكتب.

12- كنساره، إحسان . (2008). مصادر وتقنيات التعليم الإلكتروني - **المؤتمر العلمي الحادي عشر للجمعية المصرية لتكنولوجيا التعليم** " تكنولوجيا التعليم الإلكتروني وتحديات التطوير التربوي في الوطن العربي، كتاب المؤتمر ، مارس 2008.

13- كوينغ، سينين.(2001). " العودة إلى التعليم في عصر التكنولوجيا "، **مجلة التعليم في الولايات المتحدة الأمريكية**، مجلة إلكترونية صادرة عن وكالة الإعلام الأمريكية، ص ص27-28.

14- محمد، نبيل السيد.(2010). فاعلية مقرر إلكتروني لتنمية مهارات استخدام نظام موودل Moodle لدى طلاب الدراسات العليا وأثره علي التحصيل المعرفي والدافعية للإنجاز. http://eli.elc.edu.sa/2011/sites/default/files/slidesAF.pdf بتاريخ 2012/2/3

15- مركز تقنيات التعليم ، جامعة السلطان قابوس . (بدون) . **التعلم الإلكتروني بجامعة السلطان قابوس** – الكُتيب التعريفي لأعضاء هيئة التدريس. ص 1

16- Baron. A.B. & Kalsher. J.M. (2002).Essentials of Psychology. (3rd ed). Boston: Allyn and Bacon.

17- Branzburg, Jeffrey.(2005). " How to Use the Moodle Course Management System ", **Technology & Learning**, Vol. 26, No.1, p40.

18- Burgess, Lesta, A. (2003).WebCT as an E- Learning Tool : A study of Technology students' perceptions, **Journal of Technology Education**, Vol.15, No.1 ,p 9-14.

19- Calvin, C. M., Fernandes, C., Smith, Visscher, P. M., & Deary, I. J. (2010). Sex intelligence and educational achievement in a national cohort of over 175,000 11 –year–old school children in England. **Intelligence**,38, 424 – 432.

20 - Clayton, Mark. (2000) : *Every University has E-learning in its Future.* **Christian Science Monitor**. 92 (238): 14- 15.

21- Gibb, S. G., Fergusson, D. M., & Horwood, L. J. (2008). Gender differences in educational achievement to age 25. **Australian Journal of Education**, 52 (1), 63-80.

22- Goodridge, Elisabeth. (2001) : *E-learning Blends In With Classrooms.* **Information Week**. 834: 97- 98.

23- Higgins, Andrew .(2000). Creating a National E-Learning Strategy in the Open Learning Environment: A New Zealand Cass Study, University of Otago, Dunedin, New Zealand.

24- Hiltz , S . R .,& Turoff , M., (2002). What makes learning effective. **Computer and Education. 49** (4), 56-59.

25- Howell, Dusti. (2001): Elements of Effective E-learning : Three design methods to minimize side effects of online courses. *College Teaching* 49 (3): 87-90. LB2331 CT (CL Cur Periodical) .

26- Kabita, Bos. (2003) : **An E-learning experience a written analysis based on my experience in an E- learning Pilot project**. Campus- wide Information Systems. 20 (5): 193-200.

27- Llittman,M.K. (1998). "Wireless technologies in the learning environment: Prospects and challenges ". **International Journal of Educational Telecommunication**,4 (1).

28- Leung, Mareton. (2003) : *Evaluating the Effectiveness of E-learning.* **Computer Science Education**. 13 (2): 123- 138.

29- Martin, Graeme & Jennings, Angela .(2002). An Investigation into Skill for E-Learning in Scotland, University of Abertay , Dundee.

30- Moloney, B., and Gutierrez, T.(2006). An Enquiry into Moodle Using and Knowledge in a Japanese ESP program. **PacCALL Journal**, Vol.2,No.1,p48-60. 31- Motiwalla , L. & Tello , S. (2001). Distance learning on the internet: An exploratory study . **Internet and Higher Education** ,2 (4), 253-264.

32- Osman, M, Al Barwani, T ., & Abusheiba, M. (2012). Gender gaps in Student Academic Performance: Patterns of disparities and implications for the role of teacher and teacher education, *A paper presented at the ICET 56th World Assembly*, Cape Coast University, Ghana.

33- Pincas, Anita .(2002). " Courses for E-Teacher and Course Designers ", **USDLA Journal**, Vol.16, No.10, p.24-29.

34- Prestera, Gustavo and Moller, Leslie (2001). Facilitating Asynchronous Distance Learning Exploiting Opportunities for Knowledge Building in Asynchronous Distance Learning Environments, Instructional Systems Program – University Park, Pennsylvania. Retrieved on 2 /10 /2011   from
http://www.mtsu.edu/itconf/proceed01/3.html

35- Robinson, J ., & Lubienski, S.(2011). The development of gender achievement gaps in mathematics and reading during elementary and middle school: Examining direct cognitings and teacher ratings. **American Educational Research Journal, 48(2). 268-302.**

36- Russell, T., (1997). Technology wars: Winners and losers. **Educom Review**, 23 (2), 35-39.

37- Saba ,K.T .(2005). Hybrid model for e- learning at virtual university of Pakistan, **The Journal of e- learning** , Vol 3, No. 1, pp 67- 76.

38- Santiler, Margarita .(2001). " The Effects of Instructional Technology on Teaching and Learning " , *2nd International Conference on Use UAE Education* Reform, Dubai, UAE.

39- Schaverien, Lynette. (2003) : Teacher education in the generative virtual classroom developing learning theories a web-delivered, technology and science education context. International **Journal of Science Education**. 25 (12): 1451- 1463.

40 - Sultan, Ahmed .(2001). "The Need TO Go Beyond" Technocentrism" in Educational Technology : Implementing the Electronic Classroom in the Arab World",2nd *International Conference on Use UAE Education* **Reform,** Dubai, UAE.

41- Swanson, Sandra. (2000) : **Universities Pursue E-learning Profits**. Information Week. Issue 798, p 93.

42- Timl, Wentling & Consuelo, Waight .(2000). The Future of E-Learning: A Corporate and an A academic Perspective, NCSA, University of Illinois, Urbana- Champaign.

43- Webb, Eileen. (2004) : **Using E-learning dialogues in higher education. Innovations in Education & Teaching International**. 41 (1): 93- 112.

44- Wilson ,T. & Whitelock, D., (1998). What are the perceived benefits of participating in computer-mediated communication (CMC) environment for distance learning computer science students? **Computer and Education**, 30 (3/4), 259-269.

45- Yakimovicz, A. D. & Murphy, K. L., (1995). Constructivism and collaboration on the internet: Case study of agraduate class experience. **Computer and Education. 24** (3), 203-209.

46- Young, S.,. (2004) : Original Article In Search of Online Pedagogical Models: investigating a paradigm change in teaching through the school for all community. **Journal of Computer Assisted Learning**. 20 (2): 133- 145.

47- Younger, M., Warrington, M., & Williams, J. (2010). The gender gap and classroom interactions: reality and rhetoric ? **British Journal of Sociology of Education,** 20(3), 325-341.

48- http://www.abegs.org/Aportal

بوابة مكتب التربية لدول الخليج العربي ،مقال بعنوان نظام /:Moodle - بتاريخ 2011/7/25

واقع استخدام الحاسب الآلي وتطبيقاته في مدارس التعليم العام الحكومية بمنطقة جازان بالمملكة العربية السعودية

الاسم	البريد الالكتروني	مؤسسة العمل	المدينة	البلاد
سعد مأمون عبد الرحمن أبوعلوان	saadn3@hotmail.com	كلية العلوم التطبيقية	عبري	سلطنة عُمان
مصطفى محمد مهناوي	mmehanawi@jazanu.edu.sa	جامعة جازان	جازان	المملكة العربية السعودية

ملخص

تهدف تلك الدراسة إلي تطوير وتحسين منظومة التعليم والتعلم في مدارس التعليم العام الحكومية بمنطقة جازان في جميع المراحل الابتدائية والمتوسطة والثانوية بمنطقة جازان بالمملكة العربية السعودية، وذلك من خلال دراسة ميدانية للواقع الحالي لاستخدام الحاسب الآلي وتطبيقاته في المدارس وقياس مدى تفاعل الطلاب مع تلك الاستخدامات.

وتشير نتائج الدراسة إلي غياب تام للحاسب الآلي وبرامجه التطبيقية في مدارس التعليم الابتدائي والمتوسطة، مع ظهور متوسط في مدارس التعليم الثانوي وذلك من خلال استجابات مجتمع الدراسة في تلك المدارس، كما تشير النتائج إلي وجود الحاسب الآلي والإنترنت في المنازل بشكل أفضل بكثير من المدارس، الأمر الذي يحتاج إلي ضرورة توظيف ذلك في مواقف التعليم المختلفة.

قدمت الدراسة مجموعة من التوصيات التي قد تكون مفيدة في تطوير وتحسين منظومة التعليم والتعلم في مدارس التعليم العام.

كلمات جوهرية: حاسب آلي، تطبيقات الحاسب الآلي، التعليم العام والحوسبة، منطقة جازان.

1 المقدمة

يشهد العالم اليوم ثورة تكنولوجية، وتدفق معرفي ومعلوماتي كبير بحيث أصبحت تلك التغييرات السريعة تمثل جزء هام ومحور أساسي في حياة كل المؤسسات التربوية وغير التربوية في العالم، بل وأصبحت تلك التغيرات التي يمر بها العالم ترتبط في المقام الأول بالتدفق السريع في مجال المعلومات وظهور العديد من الإمكانيات التي تساعد على عملية تخزينها ومعالجتها.

ويعتبر الحاسب الآلي من أهم المصادر المعرفية في العالم، وناتجاً هاماً من نواتج التقدم العلمي والتقني المعاصر كما يعد في الوقت نفسه احد أهم الدعائم التي تقود عملية التقدم والتطوير في مجال التعليم، مما جعله محور اهتمام للباحثين والمتخصصين والمربين والمهتمين بمجال التعليم والتعلم. وقد أثبتت العديد من الدراسات أهمية الحواسيب في مجال التعليم، بل وأثبتت العديد من التجارب العملية في العديد من دول العالم انه في حالة استخدام الحاسب الآلي في الوقت والمكان المناسب فإنه يستطيع تحقيق العديد من الأهداف التربوية المنشودة، كما أنه من خلال وجود عنصر التخطيط الجيد وتوافر الإمكانيات الأزمة يمكن أن يحقق الحاسب الآلي العديد من النتائج الممتازة في الغرف الدراسية والذي يتطلب بدوره تنفيذ العديد من الدورات التدريبية للطلاب والمعلمين لتمكينهم من الوصول إلي الاستخدام الأمثل للحاسب الآلي وتحقيق أفضل النتائج في إطار عملية إتقان المهارات والحقائق العلمية المرتبطة بالمقررات الدراسية في وقت ومجهود أقل من الشكل التقليدي.

وقد خطت المملكة خطوات واسعة في مجال استخدام الحاسب الآلي في التعليم سواء فيما يتعلق باستخدامه كمادة تعليمية ضمن مناهج التعليم العام أو فيما يتعلق باستخدامه في إدارة العملية التعليمية من خلال توفير البرامج التخصصية الخاصة بعملية الإدارة سواء إدارة شئون الطلاب أو المعلمين أو في عملية الاختبارات الإلكترونية، أو في عملية استخدامه كوسيلة تعليمية.

بل نجد أن المملكة من خلال وزارة التربية والتعليم قد تبنت العديد من المشروعات الوطنية التي تهدف إلي تفعيل عملية توظيف الحاسب الآلي في مجال التعليم وفي تطوير منظومة التعليم والتعلم بشكل عام . منها على سبيل المثال " مشروع الملك عبد الله وأبنائه الطلبة السعوديين للحاسب الآلي "

ومن الملاحظ أن أساليب استخدام الحاسب الآلي في العملية التعليمة قد تطورت بشكل ملحوظ في الفترة السابقة وأصبح التركيز منصباً على تطوير الأساليب والطرق المتبعة في استخدام وتوظيف الحاسب الآلي في حجرة الدراسة، بالإضافة إلي تطوير الأساليب المتبعة في التدريس باستخدام الحاسب الآلي أو استحداث أساليب جديدة يمكن أن يساهم الحاسب الآلي من خلالها في تحقيق أهداف المنهج الدراسي وخاصة في مواد العلوم والرياضيات واللغات ولكن من الملاحظ أن عملية استخدام الحاسب الآلي في مجال التدريس للمواد السابقة لم ترق إلي المستوي والطموح المطلوب من خلال التكلفة والعائد المتوقع، وذلك نظراً للتكلفة المادية التي تتكلفها الوزارة في توفير الأجهزة والبرمجيات التعليمية المطلوبة خصوصاً وان العديد من البرمجيات العربية التجارية غير مقننه وتفتقد إلي العديد من الخصائص العلمية والتربوية التي تتناسب مع الطلاب والمقررات التعليمية وقد يرجع السبب إلي افتقار القائمين على تصميم وإنتاج تلك البرامج إلي الخبرات العلمية والتربوية المطلوبة .

ومن أهم النتائج التي توصلت أليها تلك الدراسة أن هنالك غياب تام لاستخدامات الحاسب وتطبيقاته في المدارس الابتدائية والمتوسطة واستخدام متوسط على مستوى المدارس الثانوية ووجود الحاسب الآلي بمختلف أنواعه بالمنازل بصورة كبيرة إلا أن نظرة الطلاب إليه مركزة على الجانب الترفيهي بصورة أكبر من استخدامه في التعليم.

2 مشكلة البحث

يخطئ الكثيرون عند عقد مقارنات بين جيل العصر الحالي والأجيال السابقة لان الأجيال السابقة شهدت تطوراً تدريجيا يتسم بالبطء في كثير من الأحيان وفي كثير من الاختراعات الالكترونية تحديدا أما جيل اليوم فقد تفتحت عيناه مباشرة على الاختراعات الالكترونية المتطورة بصورة مذهلة (أنظر شكل رقم 1) فأصبح – والحديث ما زال عن جيل العصر الحالي – متعطشاً على الدوام للأحدث في اتجاه الرفاهية فهو لا يعبأ بدراسة تاريخ الحاسب الآلي كيف بدأ وكيف تطور فقط يهمه شئ واحد وهو ما هي مميزات الإصدارة الحديثة. فصارت الوصلات والأسلاك الكهربائية تزعجه فاتجه إلي الحاسوب المكتبي اللابتوب متصلا بالانترنت بواسطة التقنيات اللاسلكية فأزعجته البطارية ونفاذها السريع بالنسبة من الطاقة الكهربائية المخزونة ووجد ضالته المنشودة في الهاتف الجوال ساعده في ذلك تطور الهواتف الذكية Smart Mobile بشاشاتها القابلة للمسح Touch Screen فأشبعت نفسيته التواقة للرفاهية فصارت تلك الهواتف الذكية تعني كل شئ فهي يستخدمها في الإبحار في شبكة الانترنت وهي التي يستخدمها في الاتصال مع الشبكات الاجتماعية مثل الفيسبوك والتويتر وغيرها وهي التي تخزن فيها دروسه و ... و... الخ.

وبعد كل ما ذكرناه آنفاً يمكننا تلخيص مشكلة البحث في ((كيف نطور من البيئة التعليمية في مدارس التعليم العام بحيث تكون أكثر جاذبية وإثارة لهذا الجيل فيأتي إليها متشوقاً بنفسيته التواقة إلي الإثارة والحداثة)).

3 أهداف البحث

الهدف الرئيسي للبحث هو: دراسة واقع استخدام الحاسب الآلي وتطبيقاته الحالية في مدارس التعليم العام الحكومية الابتدائية والمتوسطة و الثانوية بمنطقة جازان بالمملكة العربية السعودية مما يؤدي إلي تطوير وتحسين منظومة التعليم والتعلم بتلك المدارس.

4 عينة البحث

تم تحديد مجتمع الدراسة وهو جميع مدارس التعليم العام الحكومية بمنطقة جازان بالمملكة العربية السعودية ، ثم تحديد عدد تسع مدارس بواقع ثلاث مدارس بكل مرحلة تعليمية (ابتدائية –متوسطه- ثانوية) بواقع 25 طالب من كل مدرسة تم اختيار الطلاب بطريقة عشوائية منتظمة من خلال القوائم الخاصة بالطلاب بكل مدرسة . لتبلغ عينة الدراسة 225 طالب تمثل عينة عشوائية منتظمة من مجتمع الدراسة .

5 حدود البحث

يمكن ان نصف الحدود المكانية للبحث على النحو التالي: أمارة منطقة جازان بالمملكة العربية السعودية، حيث تقع في الركن الجنوبي الغربي من المملكة وتحدها من الجنوب الجمهورية اليمنية وتطل على البحر الأحمر ومن الشمال أمارة عسير وأمارة منطقة مكة المكرمة.

إما الحدود الزمانية فقد تم إجراء الدراسة في العام الجامعي 1433/1432هـ الموافق 2012م/2013م.

6 أهمية البحث

تكمن أهمية البحث في الآتي:

6.1 من الناحية العلمية (الأكاديمية):

1. إضافة جديدة إلي البحوث العلمية الميدانية التي تهدف إلي تطوير وتحسين منظومة التعليم والتعلم في مدارس التعليم العام مخصصة لطلاب منطقة جازان.
2. تعكس الدراسة عن علاقة الطالب بالحاسوب داخل الإطار المدرسي من حيث تعامله مع الحاسب في التعليم وفي استذكار الدروس وما إلي ذلك.
3. تقديم العديد من التوصيات التي قد تساهم في تطوير وتحسين منظومة التعليم والتعلم في المنطقة.

6.2 من الناحية العملية (التطبيقية) يقدم هذا البحث الإسهامات التالية:

1. يقدم البحث صورة عن واقع استخدام الحاسب الآلي في منظومة التعليم والتعلم بمدارس التعليم العام بالمنطقة.
2. تحديد الصعوبات والعقبات التي تواجه طلاب المدارس في التعامل مع الحاسب الآلي والاستفادة منه في تطوير إمكانياتهم ومهاراتهم في استذكار الدروس.

شكل رقم 1: أطفال الجيل الحالي يتعاملون مع الأجهزة الالكترونية والهواتف النقالة ببساطة يحسدهم فيها الكبار !

7 تجربة المملكة العربية السعودية في استخدام الحاسب الآلي في التدريس

كان استخدام الحاسب في التعليم امتداداً لتقنيات التعليم في التعليم قبل الجامعي في المملكة ثم بعد تأسيس مرحلة البكالوريوس في الجامعات السعودية ، وتخرج عدد من المواطنين بدبلومات من معهد الإدارة وغيره.

ومع انطلاقه القرن الواحد والعشرون انطلق مشروع وطني لنشر تقنية الحاسب الآلي في المستوى التعليمي قبل الجامعة ، وتجرى الآن محاولات جادة لربط مدارس التعليم العام بشبكة حاسوبية واحدة وقد نجحت الجامعات نسبياً في تحقيق ذلك بسبب حجمها وتقارب قطاعاتها.

7.1 التطور التاريخي لاستخدام الحاسب الآلي في التعليم بالمملكة العربية السعودية:

سعت المملكة العربية السعودية إلي تحديث العملية التعليمية بإدخال الحاسب الآلي حقل التعليم فقد بدأ في عام 1980 مشروع التعليم بواسطة الحاسب الآلي في جامعة البترول والمعادن وأستمر توسيع هذا المشروع وتقييمه كما ادخل استخدام الحاسب الآلي التعليمي في عامي 1982 و1983 ضمن الدراسات الجامعية لطلاب قسم علوم الحاسب الآلي في الجامعة كما قامت كلية التربية بجامعة الملك سعود بتقديم مقرر استخدام الحاسب الآلي في التعليم والذي يهدف إلي إعطاء الطالب فكرة عامة عن الحاسب الآلي ودوره في العملية التعليمية المغيرة ، 1993 :ص1)

ولقد أهتم المسئولون في وزارة التربية والتعليم بنشر ثقافة الحاسب الآلي منذ عام 1986 بشأن إدخال مقررات الحاسب الآلي للمرحلة الثانوية بوصفها مادة أساسية ففي الصف الأول الثانوي يتم تدريس تاريخ الحاسب الآلي ومكوناته والتدريب على استخدام برنامج للرسم وتنسيق الكلمات وفي الصف الثاني يتم تدريب الطالب على الجداول الإلكترونية وقواعد البيانات، أما في

الصف الثالث الثانوي فيتم تدريب الطالب على مبادئ البرمجة باستخدام لغة البيسك السريع (Q. BASIC) هذا فيما يخص المرحلة الثانوية (وزارة المعارف 1995) أما في المرحلتين المتوسطة والابتدائي فإن فكرة تدريس الحاسب الآلي مطروحة على جدول أعمال الأسرة الوطنية للحاسب الآلي لعام (1998) هذا بالنسبة للطلاب أما بالنسبة للمعلمين فقد أقر اجتماع مجلس كليات المعلمين الخامس عشر (1998) إدخال مقرر الحاسب مقررا إجباريا ضمن مواد الإعداد العام في جميع أقسام الكلية , كما أقر افتتاح قسم للحاسب والذي يمنح درجة بكالوريوس تربية في تعليم الحاسب الآلي

وبناء عليه فكان لابد أن تنال الرئاسة العامة لتعليم البنات نصيبها من التطوير ، لأن الدولة تسعى دائماً للنهوض بالعملية التعليمية وتحرص على عمليات التطوير اللازمة في مختلف المجالات ففي المؤتمر الثالث عشر للحاسب الآلي (خالد بن دهيش وعبد الله آل بشر، 1993 : ص3) ثم التخطيط لإدخال الحاسب الآلي في مناهج ومقررات تعليم البنات لتنمية قدرة الطالبات للتعامل مع الحاسب الآلي ولمساعدتهن خلال مرحلة التحصيل الدراسية والحياة العملية بعد التخرج ، ويعتبر هذا الجانب أحد الجوانب الهامة التي تتطلع الرئاسة العامة لتعليم البنات إلي تحقيقه وقد جاء ضمن توصيات المؤتمر الرابع عشر للحاسب الآلي (خالد بن دهيش وعبد الله آل بشر، 1995 : ص81 - 91) تحت عنوان الخطة الإستراتيجية للحاسب الآلي بالرئاسة العامة لتعليم البنات ما يلي : -

1- إنشاء مراكز للحاسبات الآلية في كليات التربية للبنات ، ليسهل عملية البحث العلمي والأكاديمي.

2- إضافة مقررات الحاسب الآلي لجميع التخصصات بالكليات بما يخدم التخصص ويتناسب مع الطالبات حيث يفضل أن تكون الطالبات في التخصصات الأخرى على مستوى من المعرفة بالحاسب الآلي وطبقياته في التعليم مما يسمح لهن بالتفاعل مع المجتمع المعلوماتية المنشود.

3- توفير المعامل اللازمة لتدريس مقررات الحاسب الآلي بمراحل التعليم المختلفة قبل إدخال المقررات ، ويأتي هذه نتيجة لطبيعة الحاسب الآلي كونه يحتاج إلي التدريب والتمرين العملي .

4- إقامة دورات تدريبية للمعلمات بشتى مراحل التعليم من أجل الترغيب في الحاسب وتوضيح أهميته وفوائده ولإعطاء الفرصة للمعلمات للتعرف على الحاسب الآلي التعليمي من أجل النهوض بمستوى التعليم بما يتمشى والثورة المعلوماتية المعاصرة.

وتضمنت خطة التنمية السابعة في المملكة العربية السعودية تصورات واضحة لمكانة تقنية المعلومات في القضايا الوطنية ، ونصت أهدافها على إعداد خطة وطنية توظف المعلوماتية وغيرها من التقنيات لخدمة العلم ودعم التنمية الاقتصادية وتوفير البيانات والمعلومات المحدثة وتسهيل الحصول عليها وتحديد أدوار المؤسسات المنتجة والمجمعة للمعلومات ومرجعية المعلومات بما يضمن تكاملها وإنشاء نظام معلومات ضمن شبكات فرعية ترتبط بنظام المعلومات الوطني المتكامل ونشر تقنية وخدمات المعلومات في المجتمع كما وضعت رؤية مستقبلية تقضي بتضييق الفجوة التقنية بين المملكة والدول الصناعية بحلول عام 2020م من خلال استثمار تقنية المعلوماتية في تنمية القوى البشرية والارتقاء بها إلي المستويات الدولية لتكون قادرة على التعامل مع التقنيات الحديثة.

7.2 أبرز المشاريع التي تضمنتها الخطة الشاملة لدمج التقنية في التعليم بالمملكة العربية السعودية

1- مشروع عبد الله بن عبد العزيز وأبنائه الطلبة للحاسب الآلي "وطني"

2- تطوير المكتبات المدرسة إلي مراكز لمصادر التعلم (LBC)

3- المختبرات المحسوبة (Computer Based labs)

4- مشروع تأهيل طلاب المرحلة الثانوية في مجال المعلوماتية (تأهيل)

5- مشروع مراكز التقنيات الرقمية.

وعلى مستوى الجامعات فقد أكدت ندوة الرؤية المستقبلية للاقتصاد السعودي لتطوير التعليم العالي كأحد روافد التنمية البشرية في المملكة حتى عام 1440هـ (2020) بوزارة التخطيط ـ الرياض 17-13 شعبان 1423هـ

الموافق 19 – 23 أكتوبر 2002 أن نظام الانتساب هو أحد أشكال التعليم عن بعد والذي ثبتته جامعة الملك عبد العزيز منذ ثلاثين عاماً وقدمته بنجاح استدعى الأمر الاتجاه إلي تطويره وتحديثه ، مما يعطي فرصة أكبر للراغبين في التعليم ، علاوة على تحسين مستويات التدريس والتعليم اللازمين للارتقاء به نوعياً لتجويد طلابه. كما جاء من ضمن توصيات الندوة الاستفادة

من تقنيات التعليم عن بعد وتبني الجامعات المفتوحة مما يعطي فرصة أكبر للراغبين في التعليم علاوة على تحسين مستويات التدريس والتعليم.

كما قامت كلية التربية للبنات بجدة بتجربة للرؤية فعالية التعليم عن بعد وقد نجحت هذه التجربة بالفعل في كلاً من كلية التربية للبنات بجدة والرياض وقد تقرر تطبيقها على بقية كليات التربية بالمملكة وإلي جانب ذلك تصميم المقررات إلكترونياً وهذا بالفعل دليل على المواكبة الفعلية للتكنولوجيا وعصر المعلومات.

وأخيراً : .... في خطوة لتفعيل نظام (التعليم عن بعد) قامت وكالة الوزارة ببحث محاضرة لجميع كليات التربية للبنات في مختلف مناطق المملكة في اللغة الإنجليزية (متطلب) عبر الشبكة التلفزيونية تقنية البث والاستقبال القضائي إضافة على استخدام كل من شبكة الانترنت والهاتف المباشر والفاكس في استقبال الأسئلة مباشرة ـ وقد استمعت الباحثة للمحاضرة وكانت تجربة مشوقة لجميع الحاضرين ـ واستخدمت تقنيات التعليم عن بعد في التجربة الخالية لتوفير التعليم لجميع مناطق المملكة وتغطية النقص في بعض التخصصات العلمية .. وكانت الترتيبات للبث قد بدأت للبرنامج قد بدأت منذ وقت مبكر وقد أشاع تطبيق هذا النوع من التعليم نوعاً من التشويق والتفاعل في أوساط الطالبات المشاركات على مستوى كليات البنات أثمر عن التساؤلات التي طرحت على مستوى المادة العملية موضوع المحاضرة وتحفيز الطالبات في الاستزادة من الخبرات والاستفسار عن العديد من جوانب الموضوع.

2- استخدام الحاسب الآلي بوصفه وسيلة مساعدة في التعليمية (Compute Assisted instruction فيمكن للمعلم أن يقوم بتحضير درس معين وعرضه بالحاسب الآلي عبر برنامج Power point مثلاً

3- استخدام الحاسب الآلي في الإدارة المدرسية (Computer managed school)

ويتمثل ذلك في الحسابات ، وملفات الموظفين، وحضور الطلاب ، ودرجاتهم ، ووضع الجداول التدريبية.

8 الدراسات السابقة

دراسة التويم (2000) بعنوان " أثر استخدام الحاسب الآلي على تحصيل طلاب الصف السادس الابتدائي في مقرر قواعد اللغة العربية " وتهدف هذه الدراسة إلي التعرف على الفروق في تحصيل طلاب الصف السادس الابتدائي لمقرر مادة قواعد اللغة العربية بين دراستهم بمساعدة الحاسوب ودراستهم بالطريقة التقليدية، واستخدام المنهج التجريبي الذي طبق على عينة الدراسات وهي فصلان من ثلاثة فصول بالصف السادس في مدرسة عبد الملك بن مروان الابتدائية بمدينة الرياض، وقد تم اختيار العينة بطريقة عشوائية طبقية باستخدام الجدول العشوائي، ويمثل الفصلان المجموعة الضابطة والمجموعة التجريبية ، وفي كل فصل (30) طالباً ليصبح العدد الإجمالي لأفراد العينة (60) طالباً ومن أهم النتائج وجود فروق ذات دلالة إحصائية في متوسط تحصيل الطلاب بين المجموعة الضابطة والمجموعة التجريبية في مستوى التذكر لصالح المجموعة التجريبية ، ولا يوجد فروق ذات دلالة إحصائية في متوسط تحصيل الطلاب بين المجموعة الضابطة والمجموعة التجريبية في مستوى الفهم والتطبيق.

دراسة المحيسن (2000) بعنوان تعليم المعلوماتية في التعليم العام في المملكة العربية ا لسعودية : أين نحن الآن ، وأين يجب أن ننجه؟ نظرة دولية مقارنة" وقد أجرى الباحث دراسة مسحية مبدئية لواقع تعليم الحاسب الآلي في عينة من ثانويات المملكة ومقارنتها بما يقابلها في اليابان وأمريكا وبريطانيا وتوصلت الدراسة إلي نتائج عديدة كان من أهمها أن معلمي المناهج الأخرى ـ غير معلمي مادة الحاسب الآلي في المرحلة الثانوية ـ بعيدون عن الحاسب الآلي والشعور العام لديهم أن معلم الحاسب الآلي هو الشخص الوحيد في المدرسة الذي له علاقة بالحاسب الآلي.

دراسة الغامدي (2001) بعنوان " واقع الحاسوب في التعليم الثانوي العام دراسة

وصفية تحليلية في عينة من المدارس الثانوية المملكة العربية السعودية" تهدف هذه الدراسة إلي معرفة واقع الحاسوب في التعليم الثانوي والمشكلات التي تواجه معلمي الحاسب بمدينة الطائف في المملكة العربية السعودية من خلال أداة الإستبانه التي استخدمها الباحث في دراسته. واستخدام الباحث المنهج الوصفي لعينة الدراسة المكونة من (33) معلماً من مجتمع الدراسة ، والبالغ عددهم (62) معلماً وتوصل إلي نتائج عديدة كان منها ندرة المراجع التي توضح طرق التدريس المتعلقة بمناهج الحاسب الآلي وقلة الدورات التدريبية لمعلم الحاسب الآلي مع كثرة نصاب الحصص لديهم وأن هناك مشكلات تتعلق وكفاءة أجهزة الحاسب الآلي.

دراسة الشرهان (2003) بعنوان " معوقات استخدام معامل الحاسوب بالمدارس الثانوية الأهلية من وجهة نظر معلمي الحاسوب بمدينة الرياض " وتهدف هذه الدراسة إلي استقصاء آراء معلمي الحاسوب حول استخدام الحاسوب والمعوقات التي تحد من استخدامه بالمدارس الثانوية الأهلية بمدينة الرياض، واستخدام المنهج الوصفي على عينة الدراسة المكونة من جميع المعلمين العاملين بالمدارس الثانوية الأهلية بمدينة الرياض، وكان من أهم النتائج هو توفر أجهزة الحاسب بشكل كبير بحيث يتوفر لكل طالب جهاز حاسب آلي، ومن أهم المعوقات هو قلة البرامج التي تتعلق بالمواد الدراسية وقلة الدورات التدريبية التي يتلقاها المعلمون في مجال استخدام الحاسب الآلي.

دراسة الفهيقي (2003) بعنوان " أثر استخدام التعليم المبرمج والحاسب الآلي في تدريس الهندسة المستوية والتحويلات على تحصيل طلاب كلية المعلمين بمحافظة سكاكا وتهدف هذه الدراسة إلي إبراز دور التعليم المبرمج والحاسب الآلي كأداة ذات أهمية بالغة في التعليم ومعرف فاعلية التعليم باستخدام الحاسب الآلي في التدريس على التحصيل مقارنة بالطريقة العادية وقد تكونت عينة الدراسة من (90) طالباً وزعت إلي ثلاث مجموعات عدد كل منها (30) طالباً تم تدريس المجموعة الأولى بطريقة التعليم المبرمج والثانية بطريق الحاسب الآلي، والثالثة بالطريقة التقليدية، حيث اتبع الباحث المنهج شبه التجريبي، وقد استخدم الباحث ثلاث أدوات دراسية هي المادة التعليمية المصممة حسب أسلوب التعليم المبرمج المادة التعليمية باستخدام الحاسب الآلي، والاختبار التحصيلي وقد أظهرت النتائج تفوق طريقة التعليم المبرمج وطريقة التعليم بالحاسب الآلي على الطريقة التقليدية بالنسبة للتحصيل بدرجة دالة إحصائياً عند مستوى 0.05 وتفوق طريقة التعليم بالحاسب الآلي على طريقة التعليم المبرمج بدرجة دالة إحصائياً عند مستوى 0.05

دراسة السواط (2004) بعنوان " أثر استخدام الحاسب الآلي في الاحتفاظ بالتعلم لدى طلاب الصف الرابع الابتدائي في مادة الجغرافيا وتهدف هذه الدراسة إلي التعرف على أثر استخدام الحاسب الآلي في الاحتفاظ بالتعلم لدى طلاب الصف الرابع الابتدائي في مادة الجغرافيا عند المستويات الثلاثة للمعرفة (التذكر، والفهم، والتطبيق) لتصنيف بلوم، وقام الباحث بتحديد المدارس التي يتوفر بها معامل للحاسب الآلي بمدينة مكة المكرمة ومن ثم اختيار مدرسة واحدة عشوائياً من هذه المدارس، كما قام الباحث باختيار الصف الرابع المكون من (60) طالباً حيث قسم العينة إلي مجموعتين تمثل المجموعة التجريبية والمجموعة الضابطة مكونة كل مجموعة من (30) طالباً وكانت نتائج الدراسة عدم وجد فروق ذات دلالة إحصائية عند المستوى (0.05) في الاحتفاظ بالتعلم لدى طلاب الصف الرابع الابتدائي في مادة الجغرافيا بين المجموعة الضابطة والمجموعة التجريبية في المستويات الثلاثة.

دراسة العتي (2004) بعنوان " أثر استخدام إحدى برمجيات الحاسب الآلي في مادة اللغة الإنجليزية على تحصيل طالبات الصف الثاني الثانوي بمدينة الرياض وتهدف هذه الدراسة إلي التعرف على أثر استخدام إحدى برمجيات الحاسب الآلي في تدريس المفردات القواعد اللغوية في الوحدة ا لرابعة من مقرر مادة اللغة الإنجليزية للصف الثاني بمدينة الرياض، وتم اختيار عينة الدراسة من مجتمع الدراسة والبالغ عددها (39) مدرسة ثانوية وتم الاختيار العشوائي للمدرسة الثانوية السادسة والخمسون وتحتوي على صفين من صفوف الثاني الثانوي اختبر أحد الصفوف لكي يمثل المجموعة الضابطة وتمثل (30) طالبة والآخر المجموعة التجريبية، ومن أهم النتائج أن متوسط درجات المجموعة التجريبية تزيد على درجات المجموعة الضابطة، ولكنها زيادة ضعيفة لا تصل إلي إظهار دلالة الفروق.

دراسة العريني (2004) بعنوان " واقع استخدام الحاسب الآلي والإنترنت في التعليم الثانوي الواقع والمأمول وتهدف هذه الدراسة إلي دراسة واقع استخدام الحاسب الآلي والإنترنت في التعليم الثانوي في مادة الحاسب الآلي وطبقت الدراسة على عينة من طلاب ومعلمي المدارس الثانوية بمدينة تبوك باستخدام المنهج الوصفي، وتوصل الباحث إلي عدة نتائج كان من أهمها في مجال هذه الدراسة أن 50% من عينة الدراسة يمتلكون أجهزة حاسب خاصة في منازلهم وأن هناك 88% من المعلمين لديهم الرغبة في حضور دورات في الحاسب الآلي والإنترنت.

دراسة الحسن (2005) بعنوان " دراسة واقع استخدام معامل الحاسب الآلي في تجربة المدارس السعودية الرائدة بمدينة الرياض وتهدف هذه الدراسة إلي التعرف على واقع استخدام معامل الحاسب الآلي في تجربة المدارس السعودية الرائدة بمدينة الرياض واستخدام المنهج الوصفي على عينة الدراسة المكونة من خمسة مديرين و 162 معلماً ومشرفاً يمثلون المجتمع الكلي للدراسة وتوصل الباحث إلي عدة نتائج كان من أهمها أن المعلمين والمشرفين يستخدمون برامج الحاسب الآلي في معامل الحاسب الآلي بدرجة ضعيفة، وأن أكثر المعوقات التي تحد من استخدام المعامل هو عدم وجود التدريب الكافي.

دراسة عبد العزيز (2005) بعنوان " معوقات تدريس الحاسب الآلي في المرحلة الابتدائية في المدينة المنورة، وتهدف هذه الدراسة إلي دراسة معوقات تدريس الحاسب الآلي في المرحلة الابتدائية في المدينة المنورة واستخدم المنهج الوصفي على عينة الدراسة المكونة من (74) مديراً من مديري المدارس الابتدائية والمتوسطة بالمدينة المنورة وتوصل الباحث إلي عدة نتائج كان

من أهمها عدم توافر المعلم الكفء والمنهج والكتاب والمقرر والأهداف المحددة مثلت أكبر العوائق التعليمية أمام تدريس الحاسب الآلي في المرحلة الابتدائية.

دراسة مريم السيف (2005)بعنوان " تقويم تجربة الحاسوب" في التعليم الأهلي للمرحلة الثانوية للبنات من وجهة نظر المعلمات في مدينة الرياض ، وتهدف هذه الدراسة إلي تقويم هذه التجربة من حيث الاتجاه نحو استخدام الحاسوب عن طريق التعرف على أهمية استخدامه في العملية التعليمية ومدى توافر أجهزة الحاسوب في المرحلة الثانوية في القطاع الأهلي والصعوبات التي تقف أمام تطبيقه في تلك المرحلة وقد استخدمت الباحثة طريقة المسح الاجتماعي بأسلوب العينة ، واختارت عدد (70) مدرسة ، وكان عدد عينة البحث (600) معلمة ثم اختيارهن عشوائياً ، بالإضافة إلي (18) معلمة حاسب آلي ، وكان من أهم النتائج عدم تناسب عدد أجهزة الحاسب الآلي مع عدد الطالبات مما يعيق انسياب التعلم باستخدام الحاسب الآلي ، وعدم توافر برامج حديثة تستخدم في التطبيقات العملية.

دراسة البيشي (2006) بعنوان " أثر استخدام برمجية تعليمية موجهة على تحصيل تلاميذ الصف السادس الابتدائي في مادة الرياضيات وتهدف هذه الدراسة إلي التعرف على أثر استخدام برمجية تعليمية موجهة على تحصيل تلاميذ الصف السادس الابتدائي في مادة الرياضيات واستخدام المنهج شبه التجريبي الذي طبق على عينة الدراسة وهي مدرسة الفاروق الابتدائية نظرا لوجود معمل حاسب آلي حديث بها ، واختير الصف السادس الذي يتكون من فصلين يبلغ عدد كل فصل (30) طالباً ليصبح العدد الإجمالي لأفراد العينة (60) طالباً ، ومن أهم النتائج عدم وجود فروق ذات دلالة إحصائية في متوسط تحصيل الطلاب بين المجموعة الضابطة والمجموعة التجريبية في مستوى التذكر وتوجد فروق ذات دلالة إحصائية في متوسط تحصيل الطلاب ، بين المجموعة الضابطة والمجموعة التجريبية في مستوى الفهم لصالح المجموعة التجريبية.

9 نتائج الدراسة

تحاول الدراسة الحالية رصد واقع استخدام الحاسب الآلي وتطبيقاته في مدارس التعليم العام بمنطقة جازان من خلال الإجابة على الأسئلة التالية :

9.1 نتائج محاور السؤال الأول :

ينص السؤال الأول على (ما واقع استخدام الحاسب الآلي في تحقيق بعض الأهداف التربوية) وللإجابة على ذلك تم الحصول على المتوسطات الحسابية ، والانحرافات المعيارية ، والترتيب النسبي للعبارات التي تقيس واقع استخدام الحاسب الآلي في تحقيق الأهداف التربوية، وكذلك حساب المتوسط الحسابي العام لهذه العبارات ، وتم عرض النتائج على النحو التالي:

جدول 1:المتوسطات الحسابية والانحرافات المعيارية لاستجابات مجتمع الدراسة لمحاور السؤال الأول

م	رقم العبارة	العبارة	المتوسط الحسابي	الإنحراف المعياري
1	1	هل تعرف ما هو الحاسب الآلي	1.82	0.16
2	2	هل تعرف ما هي فوائد الحاسب الآلي	1.82	0.16
3	3	هل تعرف كيفية استخدام الحاسب الآلي	1.80	0.13
4	4	هل يوجد حاسب آلي في مدرستك	1.81	0.14
5	5	هل قمت باستخدام الحاسب الآلي في مدرستك	1.81	0.14
		المتوسط العام التراكمي	**1.81**	**0.14**

9.2 نتائج محاور السؤال الثاني

ينص السؤال الثاني على (ما واقع استخدام برامج الحاسب الآلي في المدارس) وللإجابة على ذلك تم الحصول على المتوسطات الحسابية ، والانحرافات المعيارية ، والترتيب النسبي للعبارات التي تقيس واقع استخدام الحاسب الآلي في تحقيق الأهداف التربوية، وكذلك حساب المتوسط الحسابي العام لهذه العبارات ، وتم عرض النتائج على النحو التالي

جدول 2:المتوسطات الحسابية والانحرافات المعيارية لاستجابات مجتمع الدراسة لمحاور السؤال الثاني

م	رقم العبارة	العبارة	المتوسط الحسابي	الانحراف المعياري
1	6	هل تعرف ما هي الأسطوانات التعليمية للمواد الدراسية	3.84	0.17
2	7	هل قمت باستخدام أسطوانات حاسوب تعليمية من قبل	1.82	0.16
3	8	هل توجد اسطوانات تعليمية للمواد الدراسية بالمدرسة	1.80	0.13
4	9	هل قمت بالاستعانة بالحاسب الآلي لدراسة المواد الدراسية	1.81	0.14
5	10	هل استخدمت الحاسب الآلي في دراسة مادة الرياضيات	1.81	0.14
6	11	هل استخدمت أسطوانات الحاسوب في تعلم اللغة الإنجليزية	1.82	0.16
7	12	هل استخدمت أسطوانات الحاسوب في تعلم بعض دروس العلوم	1.82	0.16
8	13	هل استخدمت أسطوانات الحاسوب في تعلم حل المسائل الرياضية	1.80	0.13
9	14	هل استخدمت أسطوانات تعليمية لشرح دروس الرياضيات الصعبة	1.81	0.14
10	15	هل استخدمت أسطوانات الحاسوب في حفظ بعض آيات القرآن الكريم	1.81	0.14
11	16	هل استعنت بأسطوانات لتعلم بعض علوم القرآن والسنة والثقافة الإسلامية	1.84	0.17
		المتوسط العام التراكمي	**1.81**	**0.14**

9.3 نتائج محاور السؤال الثاني

ينص السؤال الأول على (ما واقع استخدام الحاسب الآلي والإنترنت في المنزل) و للإجابة على ذلك تم الحصول على المتوسطات الحسابية ، والانحرافات المعيارية ، والترتيب النسبي للعبارات التي تقيس واقع استخدام الحاسب الآلي في تحقيق الأهداف التربوية، وكذلك حساب المتوسط الحسابي العام لهذه العبارات ، وتم عرض النتائج على النحو التالي

جدول 2:المتوسطات الحسابية والانحرافات المعيارية لاستجابات مجتمع الدراسة لمحاور السؤال الثالث

م	رقم العبارة	العبارة	المتوسط الحسابي	الإنحراف المعياري
1	17	هل لديك حاسب آلي في منزلك	3.84	0.37
2	18	هل لديك اسطوانات تعليمية في المنزل	3.82	0.36
3	19	هل تستخدم تلك الأسطوانات في تعلم الدروس المدرسية	3.80	0.33
4	20	هل تشعر بأنها مفيدة في تعليم بعض الدروس الصعبة	3.82	0.36
5	21	هل تقوم بالدخول إلي شبكة الإنترنت في منزلك	3.84	0.37
6	22	هل لديك بريد الكتروني خاص بك	3.82	0.36
7	23	هل ترسل رسائل الكترونية إلي زملائك	3.82	0.36
8	24	هل لك حساب خاص على Facebook أوTwitter	3.80	0.33
9	25	هل تتواصل دائماً مع زملائك من خلال البريد الإلكتروني	3.81	0.34
10	26	هل تحب ان تتعلم كل تطبيقات الحاسب الآلي في التعليم	3.81	0.34
11	27	في حالة عدم وجود حاسب آلي بالمدرسة هل تفضل وجوده	3.84	0.37
12	28	هل ترغب في تدريس الحاسب الآلي في المدرسة كمادة أساسية	3.81	0.34
13	29	هل تشعر بأهمية الحاسب الآلي في تعليم المواد الدراسية	3.81	0.34
14	30	هل تتمنى أن يستعين المدرس بالأسطوانات التعليمية في الدرس	3.82	0.36
		المتوسط العام التراكمي	**3.82**	**0.36**

10 نتائج الدراسة

كانت أهم النتائج التي توصلت إليها الدراسة باستجابات مجتمع الدراسة حول محاور الإستبانة

1. بالنسبة للمحور الأول (واقع استخدام الحاسب الآلي في تحقيق بعض الأهداف التربوية) : العبارات التي تقيس واقع استخدام الحاسب الآلي لتحقيق بعض الأهداف التربوية تكونت من (12) عبارة ومن خلال استجابات مجتمع الدراسة لوحظ وجود استجابات بدرجة ضعيفة على (11) عبارة وبدرجة متوسطة على (عبارة واحد فقط) لذلك كانت قيمة المتوسط الحسابي العام للمحور الأول تساوي **1.81** أي أن استجابة مجتمع الدراسة على واقع استخدام الحاسب الآلي في تحقيق بعض الأهداف التربوية كانت بدرجة ضعيفة .
2. بالنسبة للمحور الثاني (واقع استخدام برامج الحاسب الآلي في المدارس) : العبارات التي تقيس واقع استخدام برامج الحاسب الآلي في المدارس تكونت من (12) عبارة ومن خلال استجابات مجتمع الدراسة لوحظ وجود استجابات بدرجة ضعيفة على (11) عبارة وبدرجة متوسطة على (عبارة واحد فقط) لذلك كانت قيمة المتوسط الحسابي العام للمحور الأول تساوي 1.81 أي أن استجابة مجتمع الدراسة على واقع استخدام برامج الحاسب الآلي في المدارس كانت بدرجة ضعيفة.
3. بالنسبة للمحور الثالث (واقع استخدام الحاسب الآلي والإنترنت في المنزل) : العبارات التي تقيس واقع استخدام الحاسب الآلي والإنترنت في المنزل تكونت من (12) عبارة ومن خلال استجابات مجتمع الدراسة لوحظ وجود استجابات بدرجة كبيرة على (11) عبارة وبدرجة متوسطة على (عبارة واحد فقط) لذلك كانت قيمة المتوسط الحسابي العام للمحور الأول تساوي 3.63 أي أن استجابة مجتمع الدراسة على واقع استخدام الحاسب الآلي والإنترنت في المنزل كانت بدرجة كبيرة .

11 التوصيات

من خلال نتائج البحث الحالي نستطيع أن نبرز التوصيات التالية :

1. ضرورة توعية الإباء وأولياء الأمور بضرورة التنبيه على أبناءهم بأهمية التعامل مع الحاسب الآلي والهواتف الذكية للاستفادة منهم في دراستهم بدلا من مجرد استخدامه للعب وقضاء أوقات الفراغ.
2. إقامة ندوات على مستوى طلاب المدارس بالمراحل المختلفة من اجل توعيتهم وتثقيفهم بإمكانيات الحاسوب التي يمكن يقدمها كمساعد أساسي في عمليات التعليم والتعلم.
3. إعادة النظر في تطوير منهج الحاسب الآلي في مدارس التعليم العام، وربطه مع منهج الحاسب الآلي في الجامعات، والتفريق بين طلاب تخصصات المعلوماتية والتخصصات العلمية والأدبية الأخرى.
4. الاهتمام بإقامة مكتبات ونوادي للقراءة في مدارس التعليم العام، وذلك .
5. لفت نظر المدرسين بضرورة ربط الطلاب بالحاسب والانترنت وذلك بإعطائهم تمارين ونشاطات تعتمد اعتماد كلي أو جزئي على الرجوع والدخول في مواقع تعليمية.
6. تشجيع لغة الحوار بين الطلاب فيما بينهم ليعكسوا وجهة نظرهم ويتبادلوها بينهم في عملية الاستفادة من الحاسوب في العملية التعليمية، وتشجيعهم على ذلك بمكافئات معنوية ومادية.
7. أن واقع استخدام الحاسب الآلي في العملية التعليمية كمصدر معرفي كان بدرجة ضعيفة ، لذا يوصي البحث بحث المعلمين والمشرفين في التوسع في استخدام الحاسب الآلي وتعميمه وخصوصاً في مدارس المرحلة الابتدائية والمتوسطة، لاسيما مع انتشار الحواسيب الآلية ورخص ثمنها مما يجعلها في متناول يد الجميع.
8. استخدام الحاسب الآلي في توفير خدمات تعليمية أفضل كان بدرجة كبيرة ، لذا يوصي البحث باستمرار تدريب المعلمين على استخدام الحاسب الآلي مما يؤدي إلي تمكنهم بشكل أفضل .
9. استخدام الحاسب الآلي في إتاحة مواد دراسية للتلاميذ باستخدام برامج الحاسب الآلي كانت بدرجة ضعيفة ، لذا يوصي البحث باستخدام برامج الحاسب الآلي وتوظيفها بما يتناسب مع المواد الدراسية و تفعيلها بصورة أكبر .
10. الصعوبات التي يواجهها معلمو الحاسب الآلي في تدريس الصفوف الأولية كانت بدرجة كبيرة ، لذا يوصي الباحث بالسعي الجاد لإزالة الصعوبات التي حددتها هذه الدراسة .

12 الخاتمة

صناعة الحواسيب الآلية وتطورها المتسارع إضافة إلي ارتفاع نسب توزيع وبيع الهواتف الجوالة الذكية على مستوى العالم إضافة إلي ولع الأطفال بها وتعلقهم الدائم بهذا الضيف الالكتروني بشاشته القابلة للمس مما يجعل الطفل حتى قبل الدخول إلي المدرسة يستطيع أن يفعل به شيئا مفهوم بالنسبة له !! عند هذه النقطة يجب أن يتدخل الإباء وأولياء الأمور لتخصيص على الأقل نصف ساعة تتزايد زيادة مطردة مع عمر الطفل ليستخدم الطفل الحاسب الآلي والهاتف الجوال في شئ مفيد، حتى يعي الطفل منذ عمر مبكر بفائدة وإمكانيات الحاسب الآلي.

و تفعيل كل ما يمكن تفعيله من وسائل تسهم بصورة كبيرة في كيفية تطور البيئة التعليمية في مدارس التعليم العام بحيث تكون بيئات جاذبة تجعل الطلاب خاصة صغار السن منهم يقدمون على المدرسة بنفس الشوق والاندفاعية عندما يلهون بلعبة الكترونية.

13 مقترحات لدراسات مستقبلية :

1. إجراء دراسة مماثلة بمناطق أخري بالمملكة العربية السعودية ومن ثم إجراء مقارنات بين النتائج واستخلاص منها ما يفيد ويصب في تطوير البيئة التعليمية بمدارس التعليم العام.
2. إجراء دراسة بمراحل تعليمية أخري مثل المرحلة الجامعية.

جدول المصطلحات

	عربية	إنجليزية
1	التعليم بمساعدة الحاسب	Compute Assisted instruction
2	شاشات القابلة للمس	Touch Screen
3	مدارس التعليم العام	Schools
4	مراكز مصادر التعلم	Learning Base Center-(LBC)
5	الهواتف الذكية	Smart Mobile

14 المصادر والمراجع

[1] عبده الباز وآخرون، تقويم لوضع معامل الحاسب الآلي بالمدارس الثانوية بمدينة الرياض، رسالة ماجستير غير منشورة ، إدارة التصميم ، الإدارة العامة لتقنيات التعليم، (الرياض ،المملكة العربية السعودية)، ١٩٩٨م.

[2] أحمد محمد بوزبر، تقويم مسارات استخدام الحاسب الآلي كوسيلة تعليمية في الوطن العربي ، رسالة الخليج العربي ، العدد ٣٠، ص ص11 ،١٩٨٩.

[3] محمد عبد الله الجهني، مدى إلمام معلمي المرحلة الابتدائية بأساسيات وتطبيقات الحاسب الآلي التعليمية في محافظة ينبع، رسالة ماجستير غير منشورة ، جامعة الملك سعود(الرياض،المملكة العربية السعودية)، 2007م.

[4] إبراهيم عبدالله الحسن، واقع استخدام معامل الحاسب الآلي في تجربة المدارس السعودية الرائدة بمدينة الرياض، رسالة ماجستير غير منشورة، جامعة الملك سعود (الرياض، المملكة العربية السعودية)، ٢٠٠٥م.

[5] محمد الحيلة، تكنولوجيا التعليم بين النظرية والتطبيق، دار المسيرة للنشر والتوزيع ، عمان(الأردن) ، ١٩٩٨م.

[6] عبده محمد الخيري، دور الحاسب الآلي في تنمية الكفايات التعليمية لمعلمي الرياضيات بالمرحلة الابتدائية من وجهة نظر المعلمين والمشرفين التربويين بمحافظة الليث التعليمية ، كلية التربية، جامعة أم القرى، مكة المكرمة (المملكة العربية السعودية)،٢٠٠٧ م.

[7] أسامة إسماعيل عبد العزيز، معوقات تدريس الحاسب الآلي في المرحلة الابتدائية –في المدينة المنورة، رسالة التربية وعلم النفس، العدد ٢٣ ، 2005م.

[8] ذوقان عبيدات وآخرون، البحث العلمي مفهومه وأدواته وأساليبه، دار أسامة للنشر والتوزيع، الرياض (المملكة العربية السعودية) ٢٠٠٣ م.

[9] فاطمة عبد الله العتيبي، أثر استخدام إحدى برمجيات الحاسب الآلي في مادة اللغة الانجليزية على تحصيل طالبات الصف الثاني الثانوي بمدينة الرياض، رسالة ماجستير غير منشورة، جامعة الملك سعود (الرياض، المملكة العربية السعودية) 2004م.

[10] محمد عبد العزيز العريني، واقع استخدام الحاسب الآلي والإنترنت في التعليم الثانوي الواقع والمأمول، رسالة ماجستير غير منشورة (، جامعة السودان للعلوم والتكنولوجيا (الخرطوم،جمهورية السودان)، ٢٠٠٤م.

[11] صالح حمد العساف، المدخل إلي البحث في العلوم السلوكية ، دار أسامة للنشر والتوزيع ، الرياض(المملكة العربية السعودية)،٢٠٠٣ م.

[12] عبد العزيز محمد العقيلي، تقنيات التعلم والاتصال، مطابع لتقنية للأوفست،الرياض (المملكة العربية السعودية)، 1996م.

[13] العلي ، إقبال عبد اللطيف) ١٩٩٦ (فاعلية تعليم الرياضيات باستخدام الحاسوب لطلاب الصف الخامس الابتدائي في المدارس التطبيقية للمناشط الطلائعية بمدينة دمشق، رسالة ماجستير غير منشورة ، جامعة دمشق ، سوريا.

[14] عادل عبد العزيز العمر، أثر استخدام جهاز عرض برمجيات الحاسب الآلي على التحصيل الدراسي في مقرر الرياضيات للصف السادس الابتدائي بمدينة الرياض ،رسالة ماجستير غير منشورة، جامعة الملك سعود (الرياض، المملكة العربية السعودية)،1999م.

[15] عبد الإله المشرف تدريس الحاسب الآلي كمهارة لطلاب المرحلتين الابتدائية والمتوسطة . مجلة واحة الحاسب العدد 19، 2003م.

[16] عبد الله عثمان المغيرة ،الحاسب والتعليم ، النشر العلمي للمطابع، الرياض (المملكة العربية السعودية)، ١٩٩٨م.

[17] عبد الله سالم المناعي، التعليم بمساعدة الحاسوب وبرمجياته التعليمية ، حولية كلية التربية ، الدوحة (قطر) ١٩٩٥ م.

[18] عبد الله عبد العزيز الموسى، استخدام الحاسب الآلي في التعليم،مطابع جامعة الإمام محمد بن سعود، الرياض (المملكة العربية السعودية)،٢٠٠٣م.

[19] الإدارة العامة للإشراف التربوي : جازان، الدليل التنظيمي لمشروع إدخال الحاسب الآلي في المرحلتين الابتدائية والمتوسطة، وزارة التربية والتعليم بالمملكة العربية السعودية قسم الحاسب الآلي، الرياض(المملكة العربية السعودية)، ٢٠٠٥ م.

[20] الإدارة العامة للإشراف التربوي : جازان، مقدمة في الحاسب الآلي للصفوف الأولية، وزارة التربية والتعليم بالمملكة العربية السعودية قسم الحاسب الآلي، الرياض (المملكة العربية السعودية) ، 2005م.

[21] علي إسماعيل البص ، فاعلية تدريس مادة الجبر لطلاب الصف الثاني باستخدام الكمبيوتر، رسالة دكتوراه غير منشورة، جامعة المنوفية (المنوفية، جمهورية مصر العربية)،1996 م.

انتشار الحواسيب اللوحية والهواتف الذكية وتطبيقاتها في مؤسسات التعليم العالي "دراسة استطلاعية"

الاسم	البريد الإلكتروني	مؤسسة العمل	المدينة	البلد
د. ماجد حمايل	mhamayil@qou.edu mhamayil@gmail.com	جامعة القدس المفتوحة	رام الله	فلسطين

الملخص

هدفت الدراسة إلى فحص مدى انتشار الحواسيب اللوحية والهواتف الذكية لدى طلبة جامعة القدس المفتوحة - فرع رام والبيرة، إضافة إلى التعرف على التطبيقات البرمجية التي يستخدمونها في حواسيبهم اللوحية وهواتفهم الذكية، وإلى أي مدى هناك جاهزية لدى الطلبة لتقبل فكرة استخدام هذه التقنيات الحديثة في التعليم والتدريب. ولتحقيق أهداف الدراسة تم اختيار عينة عشوائية من الطلبة بلغ عددهم 400 طالب وطالبة في نهاية الفصل الدراسي الثاني 2013/2012 من أصل 7000 طالب وطالبة مجتمع الدراسة أي بنسبة 8%. وتوصلت الدراسة إلى:

- 100% من طلبة الجامعة يمتلكون هاتف خلوية.
- 51% من الطلبة يمتلكون أكثر من خط خلوي.
- 20% من الطلبة يمتلكون خطين (شريحتين من نفس الشركة).
- 31% من الطلبة يمتلكون خطين (شريحتين من شركتين مختلفتين).
- 38% من الطلبة يمتلكون أجهزة ذكية (IPhones، Galaxy، Nokia، HTC، أخرى)
- 9% من الطلبة يمتلكون حواسيب لوحية (Tablet PC's).
- 81% لديهم خدمة إنترنت في البيت ADSL بتقنية BSA.
- 37% من الطلبة يستخدمون الشبكات الاجتماعية من خلال هواتفهم الذكية أو الحواسيب اللوحية .
- يستخدم الطلبة عدد محدود من التطبيقات التعليمية لتحسين أدائهم الأكاديمي.
- 40% لديهم أكثر من برنامج مجاني للاتصال أو المحادثات المجانية.
- 30% من الطلبة يولي أهمية قصوى لمعرفة كل جديد حول آخر التقنيات والتطورات في صناعة الأجهزة اللوحية والهواتف الذكية.
- 20% يرون أن استخدامهم للحواسيب المحمولة (Laptops) أو المكتبية (Desk Top's) قل نتيجة امتلاكهم للحواسيب اللوحية أو/و الهواتف الذكية.
- 12% من الطلبة يشعرون أن هناك قيودا من قبل الأهل على أجهزتهم.

واقترحت الدراسة مجموعة من الخطوات الإجرائية، والتي من شانها أن تسهم في إطلاق مبادرات لتوجيه استخدام الحواسيب اللوحية والهواتف الذكية لخدمة عمليتي التعليم والتعلم والتدريب.

الكلمات الجوهرية: الحواسيب اللوحية، الهواتف الذكية، تطبيقات الهواتف الذكية، الشبكات الاجتماعية، التعليم الجوال

Abstract

Survey: Penetration of Tablet Pc's and Smart phones and their Applications in Higher Education Institutions

This study aimed to examine the penetration of tablets and smartphones among Al-Quds Open University students of Ramallah & Abireh Branch, as well as to identify the software applications they use in their tablets and smartphones, and to what extent there is readiness of the students to accept the idea of using these new technologies in education and training ?The Survey was carried out during the end of second semester 2012/2013, The study population consists of 7000 students, 400 students were randomly interviewed.

The study found:

- 100% of university students own a cellular phone.
- 51 % of students have more than one cell line.

- 20 % of students have two lines (two line of the same cellular phone company).
- 31 % of students have two lines (two tranches of two different cellular companies).
- 81 % have Internet service at home ADSL technology BSA.
- 37 % of students use social networks through their smart phones or tablet computers.
- Students use a limited number of educational applications to improve their academic performance.
- 40 % have more than one free application for call or free conversations .
- 30 % of students care much to all new information about the latest technologies and developments of tablets and smartphones.
- 20 % believe that their use of portable computers (Laptops) or (Desk Top 's) become lesser as a result of ownership of tablet computers and / or smartphones.
- 12 % of students feel that there are restrictions by their guardian on their tablets or smart phones.

The study suggested a series of procedural steps in the form of initiatives to guide the use of tablet computers and smartphones to serve the teaching and learning processes and training.

Key words: Tablet PC's, Smart Phones, Mobile Apps, Social Networks Site, Mobile Learning.

1) مقدمـــة الدراسة وخلفيتها

تأسست جامعة القدس المفتوحة على أرض فلسطين في بداية عام 1991، وبرغم كل الصعوبات، والتحديات الماثلة أمام الشعب الفلسطيني، استطاعت الجامعة إنجاز الكثير من مهامها وأهدافها، وما زالت تواصل جهودها للارتقاء بالمستوى الأكاديمي والرسالة المجتمعية التي تؤديها. فمنذ إنشاء الجامعة، ونظرًا للمرونة في نظامها التعليمي، فضلاً عن جودته وحداثته، تضاعف عدد طلبة الجامعة ليصل إلى حوالي 57083 ألف طالب وطالبة يتوزعون على اثنين وعشرين مركزًا دراسيًّا منتشرة في أرجاء الوطن، هذا إلى جانب المساعي الحثيثة للجامعة لتوسيع إطار خدماتها التعليمية خارج الوطن.

وتهدف الجامعة، من خلال تبني فلسفة التعليم المفتوح، إلى إيصال العلم والمعرفة إلى شرائح المجتمع كافة، فقد شرعت الجامعة الأبواب أمام الطلبة من الموظفين والعمال والمزارعين وربات البيوت، وطلبة الثانوية العامة الجدد، للالتحاق بكلياتها وهي خمس: كلية التربية، وكلية العلوم الإدارية والاقتصادية، وكلية التكنولوجيا والعلوم التطبيقية، وكلية التنمية الاجتماعية والأسرية، وكلية الزراعة، مع الأمل في زيادة هذه الكليات، وافتتاح تخصصات أخرى، هذا فضلاً عن وجود عدد من المراكز العلمية والتدريبية المتخصصة التي تسهم في تعزيز المهارات التكنولوجية والحصيلة المعرفية للطلبة والمجتمع المحلي في سبيل بناء الإنسان الفلسطيني، وتمكينه من بناء مؤسساته الوطنية على أسس من الكفاءة والجدارة تؤهله لتجسيد حلمه بالحرية والاستقلال والعدالة[3].

تبنت الجامعة نمط التعلم المدمج القائم على اللقاءات الوجاهية واستخدام التقنيات الحديثة في التعلم، وأنشأت مركز التعليم المفتوح OLC هو أحد مراكز الجامعة التربوية الفنية، تم إنشاؤه في 2008/3/1 لتحقيق أهداف عدة من أهمها: دعم التعليم بالتكنولوجيا[4]. ولتحقيق هذه الأهداف: عملت الجامعة على تطوير البنية التحتية : من خادمات (Servers) لإدارة أنظمة التعلم، وتقنية الصفوف الافتراضية وتلفاز الإنترنت، والبث الفيديوي التدفقي (Video Streaming) حتى أصبحت تمتلك أكبر شبكة إنترانت في فلسطين.

ومن جهة أخرى لا زالت تجاربها في تطوير استراتيجية لاستخدام تكنولوجيا الحواسيب اللوحية والهواتف الذكية في نطاق محدود لا يتعدى تطبيق واحد فقط "تطبيق جامعة القدس المفتوحة الأكاديمي"[5].

ومن خلال ملاحظات الباحث حول ظاهرة انتشار الحواسيب اللوحية والهواتف الذكية لدى الطلبة من جهة والتوجه العالمي لاستخدام هذه التقنية في مجالات الحياه المختلفة ومنها المجال التعليمي، برزت مشكلة الدراسة بهدف الوصول إلى إحصائيات دقيقة حول نسبة الطلبة الذين يمتلكون هذه التقنية، وما هي طبيعة التطبيقات التي يستخدمونها، وما هي انعكاسات هذه التطبيقات على تعلمهم، وما هي وجهة نظرهم لاستثمارها في التعليم، وما هي المعوقات المحتملة، كل ذلك بهدف تقديم حلول مقترحة

---

[3] http://www.qou.edu/arabic/index.jsp?pageId=6, Accessed on 8/2013.
[4] http://www.qou.edu/arabic/index.jsp?pageId=163, Accessed on 8/2013.
[5] http://www.qou.edu/arabic/index.jsp?pageId=3492, Accessed on 8/2013.

لمتخذي القرار في مؤسسات التعليم العالي لاتخاذ الخطوات المناسبة لمجاراة وتوجيه احتياجات شريحة هامة في المجتمع ألا وهم الطلبة.

2) محاور الدراسة:

ونظرا للعلاقة التكاملية ما بين تكنولوجيا الحواسيب والاتصالات، وتحقيا لأهداف الدراسة فقد تم تقسيمها إلى 5 محاور:

المحور الأول: واقع الأسواق العالمية حاليا ومستقبلا بخصوص انتشار تكنولوجيا الحواسيب.

المحور الثاني: النمو العالمي للطلب على شبكة الإنترنت وخدماتها.

المحو الثالث: واقع ومستقبل استخدام تكنولوجيا الحواسيب والاتصالات في فلسطين.

المحور الرابع: واقع استخدام الحواسيب اللوحية والهواتف الخلوية في التعليم والتدريب لدى طلبة جامعة القدس المفتوحة.

الحور الخامس: النتائج والتوصيات.

وخلصت الدراسة بمجموعة من الاقتراحات والتوصيات لمتخذي القرار التي من شأنها أن تسهم في إطلاق مبادرات لاستخدام الحواسيب اللوحية والهواتف الذكية.

2.1) المحور الأول: واقع الأسواق العالمية حاليا ومستقبلا بخصوص انتشار تكنولوجيا الحواسيب.

تطور مذهل، وانتشار واسع شهده عالم الحواسيب اللوحية والأجهزة الذكية خلال السنوات القليلة الماضية، وأشارت الكثير من المؤسسات الدولية المتخصصة في اتجاهات حركة الأسواق العالمية التقنية إلى أن هناك تحولا سريعا في اتجاهات السوق فيما يتعلق تحديدا بالحواسيب المكتبية (Desktop PC) والمحمولة (Portable PC) واللوحية (Tablet) والهواتف الذكية (Smart Phones).

وفي هذا السياق نشرت شركة البيانات الدولية (International Data Corporation) التي تضم أكثر من 1000 من الخبراء والمحللين الذين يوفرون معلومات عن الفرص والاتجاهات في اكثر من 110 بلدا في العالم حول السوق، الخدمات الاستشارية، وحالة أسواق تكنولوجيا الاتصالات والمعلومات من خلال موقعها الرسمي (www.idc.com/getdoc.jsp?containerId=prUS24314413) كما هو واضح في جدول رقم (1) التالي:

جدول رقم (1)

Smart Connected Device Market by Product Category, Unit Shipments and Market Share, 2013 and 2017 (shipments in millions)

Product Category	2013 Unit Shipments	2013 Market Share	2017 Unit Shipments	2017 Market Share	2013–2017 Growth
Desktop PC	134.4	8.6%	123.11	5%	-8.4%
Portable PC	180.9	11.6%	196.6	8%	8.7%
Tablet	227.3	14.6%	406.8	16.5%	78.9%
Smartphone	1,013.2	65.1%	1,733.9	70.5%	71.1%
Total	**1,556**	100%	**2,460.5**	100%	**58.1%**

Source: IDC Worldwide Quarterly Smart Connected Device Tracker, September 11, 2013.
www.idc.com/getdoc.jsp?containerId=prUS24314413

وتشير البيانات السابقة بوضوح إلى النمو المتسارع على الطلب للهواتف الذكية، والحواسيب اللوحية، وتراجعا في الطلب على الحواسيب المحمولة والحواسيب المكتبية. وأمام هذه الحقائق المذهلة التي تبين بوضوح أن السنوات الأربع القادمة ستشهد تحولا دراماتيكيا لم نشهده من قبل من حيث التحول نحو الهواتف الذكية والحواسيب اللوحية كأكثر وسيلة للاتصال بين الناس.

2.2) المحور الثاني: النمو العالمي للطلب على شبكة الإنترنت وخدماتها.

تشير الإحصائيات إلى أن هناك تزايدا مستمرا في الطلب على خدمة الإنترنت في العالم أقل من 1% سنة 1995 إلى أن وصل ما يقرب من 40% من سكان العالم سنة 2013. جدول رقم (2).

جدول رقم (2)

DATE	NUMBER OF USERS	% WORLD POPULATION	INFORMATION SOURCE
December, 1995	16 millions	0.4 %	IDC
December, 1996	36 millions	0.9 %	IDC
December, 1997	70 millions	1.7 %	IDC
December, 1998	147 millions	3.6 %	C.I. Almanac
December, 1999	248 millions	4.1 %	Nua Ltd.
March, 2000	304 millions	5.0 %	Nua Ltd.
July, 2000	359 millions	5.9 %	Nua Ltd.
December, 2000	361 millions	5.8 %	Internet World Stats
June, 2010	1,966 millions	28.7 %	Internet World Stats
Sept, 2010	1,971 millions	28.8 %	Internet World Stats
Mar, 2011	2,095 millions	30.2 %	Internet World Stats
Jun, 2011	2,110 millions	30.4 %	Internet World Stats
Sept, 2011	2,180 millions	31.5 %	Internet World Stats
Dec, 2011	2,267 millions	32.7 %	Internet World Stats
Mar, 2012	2,336 millions	33.3 %	Internet World Stats
June, 2012	2,405 millions	34.3 %	Internet World Stats
Sept, 2012	2,439 millions	34.8 %	Internet World Stats
Dec, 2012	2,497 millions	35.7 %	I.T.U.
March, 2013	2,749 millions	38.8 %	I.T.U.

Source: http://www.internetworldstats.com/emarketing.htm

ومن جهة أخرى أوضحت دراسات كثيرة ومنها أكبر مواقع الأبحاث في مجال الاتصالات عن بعد

http://www.budde.com.au/Research/Digital-Media-E-Education-E-Learning-Insights.html?r=51

أشار بوضوح إلى مجموعة كبيرة من الاتجاهات الحالية والمستقبلية أهمها ما يلي:

1. التوجه نحو استخدام الهواتف النقالة كأداة للتعليم.
2. التوجه نحو استخدام الحوسبة السحابية (Cloud Computing) لخفض تكاليف البنية التحتية.
3. زيادة الإنفاق على التعليم الإلكتروني، وتراجع في الإنفاق على التدريب في ظل الانكماش في الاقتصاد العالمي.

4. انتشار وسائل الإعلام الرقمية: ومن الأمثلة عليها التلفزيون الرقمي، البث التلفزيوني عبر بروتوكول الإنترنت IPTV) (Internet Protocol Television) وغيرها من التقنيات الحديثة.

وفي نفس السياق فقد قدم التقرير لمحة فريدة من نوعها للاتجاهات والتطورات الحالية والمستقبلية لدور الذكاء الاصطناعي في المجتمعات الذكية في المستقبل. ويحلل التقرير هذه العناصر والاتجاهات الأساسية المطلوبة لمثل هذه التطورات بما في ذلك الطاقة الذكية؛ النقل الذكية؛ الحكومة الذكية؛ المباني الذكية والبنية التحتية الذكية القائمة على شبكات النطاق العريض (Broad Band Networks)، والتكنولوجيا اللاسلكية وغيرها.

ونشر موقع (http://www.internetworldstats.com/stats5.htm) بيانات حول انتشار الأنترنت ونسب مستخدمي ال Face Book في الشرق الأوسط. جدول رقم (3)

جدول رقم (3)

Middle East Internet Users, Population and Facebook Statistics					
MIDDLE EAST	Population (2012 Est.)	Internet Usage 30-Jun-12	% Population (Penetration)	Facebook 31-Dec-12	% Facebook users 31-Dec-12
Iran	78,868,711	**42,000,000**	53.30%	n/a	**n/a**
Syria	22,530,746	**5,069,418**	22.50%	n/a	**n/a**
Gaza Strip	1,710,257	**n/a**	n/a	n/a	**n/a**
United Arab Emirates	8,264,070	**5,859,118**	70.90%	3,442,940	**41.66%**
Jordan	6,508,887	**2,481,940**	38.10%	2,558,140	**39.30%**
Lebanon	4,140,289	**2,152,950**	52.00%	1,587,060	**38.33%**
Palestine.(West Bk.)	2,622,544	**1,512,273**	57.70%	966,960	**36.87%**
Qatar	1,951,591	**1,682,271**	86.20%	671,720	**34.42%**
Kuwait	2,646,314	**1,963,565**	74.20%	890,780	**33.66%**
Bahrain	1,248,348	**961,228**	77.00%	413,200	**33.10%**
Saudi Arabia	26,534,504	**13,000,000**	49.00%	5,852,520	**22.06%**
Oman	3,090,150	**2,101,302**	68.80%	584,900	**18.93%**
Iraq	31,129,225	**2,211,860**	7.10%	2,555,140	**8.21%**
Yemen	24,771,809	**3,691,000**	14.90%	495,440	**2.00%**
TOTAL Middle East	223,608,203	**90,000,455**	40.20%	23,811,620	**28.05%**

2.3) المحور الثالث: واقع ومستقبل استخدام تكنولوجيا الحواسيب والاتصالات في فلسطين.

يوجد في فلسطين شركة واحدة وهي شركة الاتصالات الفلسطينية (بالتل) التي تقدم خدمات الخط الثابت وخدمات النفاذ للإنترنت وغيرها من الخدمات المضافة. باشرت الاتصالات الفلسطينية أعمالها عام 1997 كشركة مساهمة عامة بهدف تقديم خدمات الاتصالات السلكية واللاسلكية والإنترنت في فلسطين. وتضم مجموعة من الشركات هي:

- شركة الاتصالات الخلوية الفلسطينية (جوال) أول مشغل للهواتف الخلوية في فلسطين.
- شركة حضارة للإستثمار التكنولوجي (حضارة) أكبر مزود لخدمات الإنترنت في فلسطين.
- شركة ريتش لخدمات الاتصالات (ريتش) وهي أول مركز اتصال متخصص في فلسطين.
- شركة بالميديا للخدمات الإعلامية متعددة الوسائط (بالميديا) الذراع الإعلامي لمجموعة الاتصالات الفلسطينية.
- شركة حلول لتقنية المعلومات (حلول) وهي ذراع المجموعة في مجال تقنية المعلومات وحلول الأعمال[6].

[6] http://www.paltelgroup.ps/index.php?TemplateId=1&PageId=1&ParentId=7&MenuId=93&Lang=ar, Accessed on 8/2013.

نجحت جوال بإجراء أول مكالمة على شبكتها في عام 1999، وتعمل بنظام GSM الأكثر استخداماً في العالم كونه يتماشى مع التطورات التكنولوجية المتسارعة في مضمار الاتصالات، كما تعاقدت مع شركة اريكسون السويدية لاستيراد الأجهزة والمعدات الرئيسة صولاً لاختيارها من قِبل أكثر من 2.5 مليون مشترك في عام 2012 [7].

وفي تشرين ثاني 2009 الوطنية موبايل (الشركة الثانية للإتصالات الخلوية) وهي شركة، أنشأت الشركة بشراكة مع شركة كيوتل القطرية، التي تملك نحو 57% من أسهم الشركة، بالإضافة إلى صندوق الاستثمار الفلسطيني الذي يملك 43%. [8]

وتشير البيانات إلى ازدياد الطلب على سواء على الاتصالات السلكية أو اللاسلكية في النصف الثاني من عام 2013 كما يتضح من البيانات التالية:

بلغت قاعدة مشتركي جميع خدمات الاتصالات في نهاية النصف الأول من عام 2013 حوالي 3.23 مليون مشترك، محققة معدل نمو بلغ 2.00% بالمقارنة مع نهاية عام 2012 .

حققت الشركة نمواً في خدمات الخط الثابت من شركة الاتصالات الفلسطينية (بالتل) من 396 ألف مشترك في نهاية عام 2012 إلى 402 ألف مشترك نهاية النصف الأول من عام 2013، بنسبة نمو بلغت 1.4 %.

نما عدد المشتركين في الخدمات الخلوية في شركة جوال من 2.58 مليون مشترك في نهاية عام 2012، إلى 2.62 مليون مشترك في نهاية النصف الأول من عام 2013، بنسبة نمو بلغت 1.6%، وذلك بالرغم من المنافسة في خدمات الخليوي في السوق المحلية، محافظة بذلك على صدارتها لقطاع الاتصالات الفلسطيني[9].

أما المشغل الثاني " الوطنية موبايل" فقد وصل عدد مشتركي الوطنية موبايل مع نهاية العام 2012 إلى أكثر من 610 آلاف مشترك، مقارنة مع 465 ألف مشترك نهاية عام 2011، بنسبة ارتفاع وصلت إلى 31% [10] .

2.4) المحور الرابع: واقع استخدام الحواسيب اللوحية والهواتف الخلوية في التعليم والتدريب لدى طلبة جامعة القدس المفتوحة.

يعرض هذا القسم مشكلة الدراسة، وأسئلتها، وأهدافها، وأهميتها والدراسات السابقة والإحصائيات المتعلقة بها.

3) الدراسة:

3.1) مشكلة الدراسة

في ظل الاتجاه العالمي المسارع نحو استخدام وتعزيز اللوحية (Tablet Pc's) والهواتف الذكية (Smart Phones) خصوصا لدى شريحة مهمة في المجتمعات وهم الطلبة في مؤسسات التعليم العالي في فلسطين، لوحظ أن هناك القليل من المبادرات أو تكاد غير موجودة أصلا للتوجية الأمثل نحو استخدام هذه التقنيات وتطبيقاتها لخدمة التعليم والتعلم في مؤسسات التعليم العالي، ناهيك شح الدراسات الموجهة نحو احتياجات الطلبة في مجال استخدام الحواسيب اللوحية والهواتف الذكية وتطبيقاتها في التعليم والتدريب.

وعملا على تحقيق أهداف الدراسة تم صياغة استمارة مكونة من قسمين، الأول: وتكون من 15 فقرة من الأسئلة المغلقة، أما القسم الثاني فتكون من ثلاث أسئلة مفتوحة تتعلق: الأول: التطبيقات التي يستخدمونها، الثاني: أثر وعلاقة التطبيقات على ما يتعلمونه في الجامعة من مقررات دراسية، وجهة نظرهم حول استخدام تكنولوجيا الحواسيب اللوحية والهواتف الذكية في التعليم والتدريب في الوقت الحاضر والمستقبل، وهل لديك خطة لامتلاك حاسوب لوحي أو هاتف ذكي.

---

[7] https://www.jawwal.ps/index.php?page=section&pid=186&section_parent=185&catid=3&langid=1, Accessed on 8/2013.
[8] http://www.qou.edu/arabic/index.jsp?pageId=105, Accessed on 8/2013.
[9] http://www.paltelgroup.ps/?TemplateId=1&PageId=7&ParentId=14&MenuId=19&Lang=ar, Accessed on 8/2013.
[10] http://www.alquds.com/en/news/article/view/id/417680

3.2) أهداف الدراسة:

سعت الدراسة إلى تحقيق مجموعة من الأهداف هي:

1. فحص اتجاه الأسواق العالمية فيما يتعلق بالحواسيب اللوحية والهواتف الذكية.
2. تحليل الاتجاه العالمي على وجه العموم ودول الشرق الأوسط فيما يتعلق بالطلب المتزايد على الربط بشبكة الإنترنت.
3. فحص مدى انتشار الحواسيب اللوحية والهواتف الذكية في فلسطين.
4. توفير بيانات إحصائية حول توفر الحواسيب اللوحية والهواتف لدى طلبة جامعة القدس المفتوحة.
5. التعرف على التطبيقات البرمجية التي يستخدمونها في حواسيبهم اللوحية وهواتفهم الذكية.
6. ما مدى الجاهزية لدى الطلبة لتقبل فكرة استخدام الحواسيب اللوحية والهواتف الذكية في التعليم والتدريب.
7. وضع تصور مقترح لتوجيه استخدام الحواسيب اللوحية والهواتف الذكية في التعليم والتدريب.

3.3) أهمية الدراسة

تأتي هذه الدراسة استكمالا لدراسة قدمها الباحث للندوة العلمية التي نظمها المجلس الثقافي البريطاني بعنوان: "التعلم النقال في دول الشرق الوسط وشمال أفريقيا" في العاصمة المصرية القاهرة بتاريخ 26-3-2013. وقدم الباحث فيها دراسة استطلاعية بعنوان:

Learning Activities on English Language Education Survey: Penetration and Impact of Digital and Mobile

وأظهرت الدراسة سابقة الذكر إلى ضرورة توفر دراسة أشمل من حيث العينة والأهداف وأن تشمل تخصصات أخرى، ومن هنا تكمن أهمية هذه الدراسة في أنها:

1. تلقي الضوء على الاتجاهات العالمية نحو استخدام التقنيات الحديثة في شتى المجالات.
2. تسهم في الكشف احتياجات الطلبة ومجالات اهتماماتهم.
3. تسهم في مساعدة متخذي القرار في مؤسسات التعليم العالي في وضع خططهم الاستراتيجية الخاصة بالتعليم والتدريب في القرن الحادي والعشرين.
4. تقترح بعض التطبيقات التي يمكن الشروع باستخدامها من قبل أعضاء هيئة التدريس على شكل مشاريع تجريبية.

3.4) مصطلحات الدراسة

- الحواسيب اللوحية (Tablet Pc's): الحالة الوسطية ما بين ما بين الحواسيب المحمولة والهواتف الخلوية من حيث الحجم، وتعتبر تطور للحاسوب المحمول، ويوفر خاصية الكتابة على الشاشة بقلم خاص أو بالأصبع.
- الهواتف الذكية (Smart Phones): ذلك الهاتف الذي تتجاوز خدماته الاتصالات الصوتية، والرسائل القصيرة، ليقدم خدمات الولوج للشبكة العنكبوتية ومشاهدة القنوات التلفزيونية، والمكالمات المرئية.
- تطبيقات الهاتف النقال (Mobile Apps): تلك التطبيقات المتوفرة من خلال مخازن البرمجيات مثل Apple Store، أو Google Play، وغيرها.
- مواقع الشبكات الاجتماعية (Social Network Sites): مصطلح يصف أي موقع يتيح لمستخدميه إنشاء ملف شخصي يمكنه من مشاركة مع الآخرين ويتيح إمكانية التشارك والتواصل مع الآخرين إلكترونيا.
- التعلم النقال (Mobile Learning):Wifi Hotspot: Wireless Fidelity: هي خدمة اتصال بالإنترنت لاسلكيا تستخدم شبكات وموجات الراديو لنقل البيانات وهي قادرة على إختراق الحواجز، ولا تحتاج لخط هاتفي يمكن الإستفادة منها ضمن مساحة محدودة لا تزيد عن 100متر.

4) الدراسات السابقة

دراسة شركة (Adobe,2013): كشفت هذه الدراسة أن الحواسيب اللوحية هي أكثر الأجهزة اللوحية استخداما في تصفح الإنترنت، واشارت الدراسة أنها تجاوزت الهواتف الذكية في هذا المجال [11].

وفي دراسة (Ipsos Jordan, 2013) للسوق الأردني وهي شركة متخصصة في إدارة المسح وجمع البيانات حول السوق أظهرت النتائج: تراجع لمبيعات "الحواسيب الشخصية"، مع انتشار الحواسيب اللوحية والهاتف الذكية، استخدام أجهزة الهواتف الذكية تشكل نسبة 49 % من أجمالي أجهزة الهواتف التي يستخدمها الأردنيون، فيما يقبل الأردنيون لأسباب أتاحتها خصائص قريبة من جهاز الحاسوب الشخصي الثابت، وذلك بشكل يخدم تنقل المستخدم وربطه بالإنترنت أينما كان فضلا عن اتاحتها أعدادا كبيرة من الخدمات والتطبيقات.

وأظهرت نسب النمو الكبيرة التي تسجلها الأجهزة اللوحية حيث يظهر تقرير ثالث لمؤسسة "أي دي سي" بان مبيعات الأجهزة اللوحية "التابلت" حول العالم قفزت بنسبة 142 % خلال الربع الأول من العام الحالي[12]

وفي فلسطين أظهرت نتائج المسح الأسري لتكنولوجيا المعلومات (2011) لجهاز الإحصاء المركزي الفلسطيني البنية الأساسية والنفاذ لبعض وسائل تكنولوجيا المعلومات والاتصالات بلغت نسبة الأسر التي لديها جهاز حاسوب في الأراضي الفلسطينية 50.9 % للعام2011 . أما بخصوص الاتصال بالإنترنت، فقد بينت النتائج أن 30.4 % من الأسر في الأراضي الفلسطينية لديها اتصال بالإنترنت. كما أشارت النتائج أن 44.0 % من الأسر في الأراضي الفلسطينية لديها خط هاتف. أما بخصوص استخدام الحاسوب بين الأفراد 10سنوات فأكثر، أشارت النتائج إلى أن 53.7 % من الأفراد في فلسطين. وبخصوص الإنترنت واستخداماتها أشارت النتائج إلى أن 39.6 % من الأفراد 10سنوات فأكثر يستخدمون مقارنة مع 32.3%منهم كانوا يستخدمون الإنترنت في فلسطين عام 2009.

أما بخصوص الغرض من استخدام الإنترنت، فقد أشارت نتائج المسح إلى أن 85.7 % من الأفراد الذين يستخدمون الإنترنت بغرض الاطلاع والمعرفة، وما يقارب النصف (49.3 %) يستخدمونه بغرض الدراسة و 69.1 % بغرض الاتصال، فيما أكثر من الثلثين (79.3 %) يستخدمونه بغرض التسلية والترفيه، في حين بلغت نسبة الأفراد الذين يستخدمون الإنترنت بغرض العمل حوالي الخمس (18.2%) . وفيما يتعلق بالبريد الإلكتروني فقد بلغت نسبة الأفراد 10 سنوات فأكثر الذين لديهم بريد الكتروني 27.5 % . التهديدات المعلوماتية أشارت نتائج المسح إلى أن 47.0 % من الأفراد 10 سنوات فأكثر الذين يستخدمون الإنترنت تعرضوا لدخول فيروسات أثناء تواجدهم على شبكة الإنترنت، في حين 9.3 % تعرضوا لتخريب المعلومات والعبث فيها، و 7.3 % منهم تم سرقة بياناتهم الشخصية و 1.1 % منهم تم سرقة أرقام بطاقات الائتمان الخاصة بهم.

أما الهواتف المحمولة: أظهرت البيانات أن 95% من الأسر في الأراضي الفلسطينية لديها هاتف محمول في العام 2011.

وفي دراسة للمركز الفلسطيني لاستطلاع الرأي (2012) توصلت إلى: 90.6% من الشعب الفلسطيني يمتلكون هواتف خلوية ممن أعمارهم فوق 18 سنة، وأن 22% يمتلكون هواتف ذكية. عالميا يقضي المستخدمون 18 ساعة أسبوعيا على الإنترنت أي 2.6 ساعة يوميا. وربع هذا الوقت على الشبكات الاجتماعية. وأظهرت الدراسة أن 32% امتلاك حاسوب محمول، و 22% يفضلون حاسوب مكتبي. بينما 32% يفضلون الهاتف الذكي، و24% الهاتف التقليدي و 24% يفضلون الحاسوب اللوحي، 22% الحواسيب المكتبية.

و نشرت نقابة التعلم الإلكتروني ومقرها في كاليفورنيا قبل أكثر من عام تقريبا كتابا إلكترونيا عن التعلم النقال، وشمل الكتاب 61 نصيحة حول الاستفادة من الهاتف النقال في التعلم، ومن ذلك الحين يبدو أن التقنيات تطورت بشكل متسارع، فقد ارتفع عدد مستخدمي الهواتف الذكية والحواسيب اللوحية وزاد الاعتماد عليها. وقد أكتشف الكثير المستخدمون أن أجهزتهم النقالة أحدثت فرقا في الحياة، وتحركت الشركات في أنحاء مختلفة من العالم في التفكير بأهمية التعلم النقال في التنمية الحقيقية (Actual Development).

فالسؤال الكبير الذي يطرحه هذا الكتاب هو: "*Should we do mLearning?*

[11] http://www.aitnews.com/latest-it-news/technology-research-and-studies-news/96490.html, Accessed on 9/2013
[12] http://www.volt.jo/archives/5106, Accessed on 8/2013.

OR

"How should we do mLearning?"

وفي عام 2013 تم طباعة نسخة جديدة وشمل على 158 نصيحة في التعلم النقال، وجاءت في أحد عشر محورا هي:

اثنا عشر نصائح لبيع تطبيقات التعلم النقال للمستفيدين، وست نصائح لإدارة مشاريع التعلم النقال، خمسة عشر نصائح لتحليل احتياجات المتعلمين وأولياتهم، اثنان وأربعون نصيحة تتعلق بالتصميم، تسع نصائح لاختيار واستخدام أدوات التعلم النقال والمنصات، وأحد عشر نصائح للعمل مع وسائل الإعلام للتعلم النقال، تسع نصائح لترقية وإدارة المحتوى للتعلم النقال، وأحد عشر نصيحة لاستخدام المحمول لدعم الأداء، واحد وعشرين نصائح لتقديم التعلم النقال، ثمانية نصائح لقياس نجاح التعلم النقال، أربعة عشر نصيحة لجهاز متعدد الاستخدامات.

ويشير موقع (http://blog.flurry.com/?Tag=Windows+Mobile) [13] متخصص في تحليل الأنشطة للبرمجيات أظهرت ارتفاعا كبيرة في التطبيقات المجانية عام 2013 مقارنة مع ثلاث سنوات سابقة.

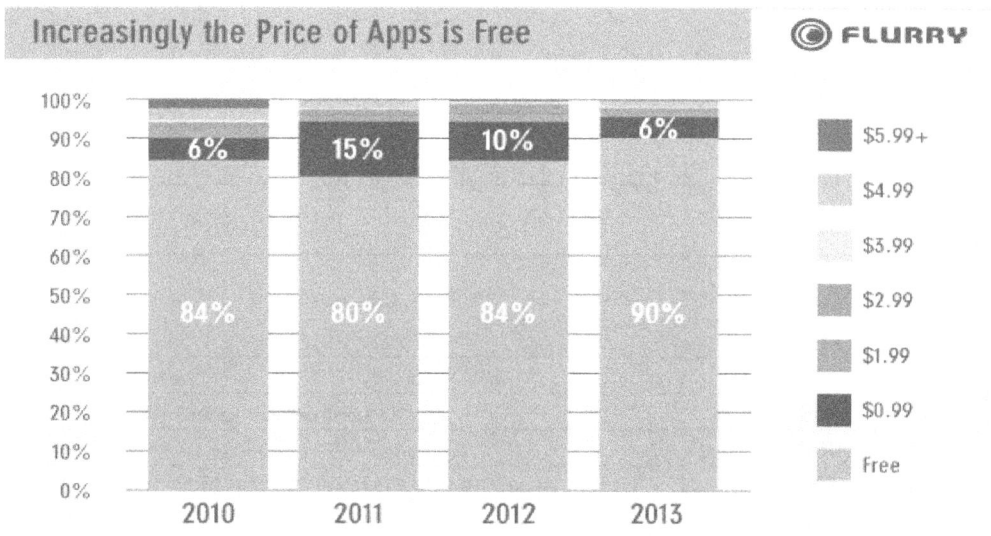

5) المحور الخامس: نتائج الدراسة

استنتاجات عامة:

من خلال ما تم الإطلاع عليه من دراسات وأبحاث، والدراسة السابقة التي قام بها الباحث يمكن استنتاج ما يلي:

1. سيزداد إنتشار الحواسيب اللوحية والهواتف الذكية وستنافس أجهزة الكمبيوتر المحمولة في فلسطين خلال السنوات القادمة.
2. من الصعب الحديث عن انقراض الحواسيب المحمولة نظرا لاختلاف البرمجيات المستخدمة فيها، ولكن ستشهد أسعارها انخفاضا كبيرا.

---

[13] http://blog.flurry.com/?Tag=Windows+Mobile, Accessed on 8/2013.

3. سيشهد السوق الفلسطيني إقبالا كبيرا على خدمة الإنترنت في ظل انتشار النقاط الساخنة Wifi Hotspot
4. تبين من استعراض الأدبيات المتعلقة باستخدام الحواسيب اللوحية والهواتف الذكية أنه لا جدال في احتمالية أن تكون الأجهزة الذكية هي الأداة الرئيسة للتعلم في السنوات القليلة القادمة، وخصوصا لدى الأطفال.
5. سنشهد اتساعا بالفجوة ما بين الطلبة والأساتذة في مؤسسات التعليم العالي من حيث أن الطلبة سيتقدمون خطوات في اقتناء واستخدام الحواسيب اللوحية والهواتف الذكية وتطبيقاتها.
6. جميع الطلبة يستخدمون أسماء أو صور غير حقيقية عند استخدامهم للشبكات الاجتماعية.
7. أحدثت الحواسيب اللوحية والهواتف الذكية تغيرا في سلوك الطلبة.
8. الطلبة حريصون على حمل هواتفهم الخلوية في كل مكان يذهبون إليه أكثر من حرصهم على إحضار كتب المقررات التي يدرسونها.
9. إقبال الأطفال (دون سن 15) أكثر على امتلاك الحواسيب اللوحية، بينما فئة الشباب هناك اقبال أكثر على امتلاك الهواتف الذكية والحواسيب المحمولة.
10. زيادة ملحوظة في جرائم الانترنت ك**السرقة والابتزاز والاحتيال والتشهير.**

5.1) نتائج الدراسة الخاصة بالقسم الأول:

يوضح الجدول التالي نتائج تحليل الدراسة، وتبين أن جميع أفراد العينة قد أجابوا على أسئلتها كونها تمت داخل قاعات التدريس في الجامعة وبطريقة مباشرة. جدول رقم (4).

A	B	C	D	E
#	الفقــــــرة	العينة	الاستجابات	النسبة
1	هل تمتلك هاتف خلوي .	400	400	100.00%
2	هل تمتلك أكثر من خط خلوي	400	203	50.75%
3	هل لديك أكثر من خط (شريحتين من نفس الشركة).	400	80	20.00%
4	هل تمتلك خطين (شريحتين من شركتين مختلفتين).	400	125	31.25%
5	هل تمتلك جهاز ذكي (HTC، Nokia، Galaxy، IPhones، أخرى)	400	150	37.50%
6	هل يتوفر لديك حاسوب لوحي (Tablet PC's).	400	37	9.25%
7	هل يتوفر لديك خدمة إنترنت في البيت ADSL بتقنية BSA.	400	325	81.25%
8	هل تستخدم أي من الشبكات الشبكات الاجتماعية من خلال هاتفك الذكي أو حاسوبك اللوحي	400	148	37.00%
9	هل تستخدم تطبيقات تعليمية لتحسين آدائك الأكاديمي ؟ أذكرها؟	400	40	10.00%
10	هل لديك أكثر من برنامج مجاني للاتصال أو المحادثات المجانية.	400	160	40.00%
11	هل تهتم بكل جديد حول آخر التقنيات والتطورات في صناعة الأجهزة اللوحية والهواتف الذكية.	400	119	29.75%
12	هل استخدامك للحواسيب المحمولة (Laptops) أو المكتبية (Desk Top's) قل نتيجة امتلاكهم للحواسيب اللوحية أو/و الهواتف الذكية.	400	81	20.25%
13	هل هناك شعور بأن هناك قيودا من قبل الأهل على أجهزتكم.	400	49	12.25%
14	هل هناك اتصال مع أساتذك باستخدام التطبيقات المجانية أو الشبكات الإجتماعية ؟ حددها؟	400	100	25.00%
15	هل تستخدم تطبيق جامعة القدس المفتوحة من خلال هاتفك الخلوي؟	400	49	12.25%

5.2) القسم الثاني: اشتمل القسم الثاني من الاستطلاع على ثلاثة أسئلة مفتوحة هي:

1. ما هي أكثر التطبيقات التي تسخدمها من التطبيقات المتوفرة على حاسوبك اللوحي أو هاتفك الذكي؟
2. ما الأثر والعلاقة ما بين التطبيقات التي تستخدمها على دراستك في الجامعة؟
3. ما هي وجهة نظرك حول استخدام تكنولوجيا الحواسيب اللوحية والهواتف الذكية في التعليم والتدريب في الوقت الحاضر والمستقبل.

يلخص الجدول رقم (5) نسبة الذين أجابوا على الأسئلة المفتوحة:

A	B	C	D	E
#	الســـــــــؤال	العينة	الاستجابات	النسبة
1	ما هي أكثر التطبيقات التي تسخدمها من التطبيقات المتوفرة على حاسوبك اللوحي أو هاتفك الذكي؟	400	110	27.50%
2	ما الأثر والعلاقة ما بين التطبيقات التي تستخدمها على دراستك في الجامعة؟	400	97	24.25%
3	ما هي وجهة نظرك حول استخدام تكنولوجيا الحواسيب اللوحية والهواتف الذكية في التعليم والتدريب في الوقت الحاضر ومستقبلا، وهل لديك خطة لامتلاك حاسوب لوحي أو هاتف ذكي مستقبلا	400	300	75.00%

التعقيب على نتائج القسم الأول:

من خلال النتائج السابقة نستنتج ما يلي:

1. امتلاك الهاتف الخلوي التقليدي أصبح أمرا مسلما به لدي شريحة الطلبة في جامعة القدس المفتوحة، وأن الاتجاه نحو امتلاك الهواتف الذكية والحواسيب اللوحية هو الاتجاه العام. وهذا ما ينسجم مع الدراسات البيانات الإحصائية العالمية وهو توجه نحو اقتناء الحواسيب اللوحية والهواتف الذكية.
2. امتلاك أكثر من شريحه (خطين) لشركة واحدة يمكن تفسيره أن ما يقرب من الثلث من طلبة جامعة القدس المفتوحة هم عاملون وهم على مقاعد الدراسة وتوفر مؤسساتهم لهم عروض أو تمنحهم خطا خاصا للعمل، ناهيك عن التنافس ما بين شركتي خدمات الاتصالات اللاسلكية التي تقوم بعروض من حين لآخر مما يشجع البعض على امتلاك خطين.
3. التواصل مع الآخرين من خلال الشبكات الاجتماعية احتل أهمية كبيرة لدى شريحة الطلبة، Face Book، Google+.
4. استخدام أدوات التواصل الأخرى Viber، Tango، WhatsApp Messenger، Free PP، WeChat، Facebook Messenger، Skype، Voxer، Google Talk،
5. التطبيقات المتعلقة بالقرآن الكريم .
6. سماع الموسيقى، تطبيق أجمل المشاركات.
7. تطبيق GLArab لمشاهدة القنوات التلفزيونية.
8. تطبيق قراءة الكتب المسموعة e-book

5.3) ملخص ردود الطلبة على الأسئلة المفتوحة:

"مع التقدم الحضاري والتكنولوجي الهائل، لابد من استغلالها في التعليم بدلا من استخدامها في أمور الترفيه والأعمال فقط، وأتصور أنه لو تم استخدامها لأدت لزيادة رغبة الطلاب في التعلم والقراءة، كما وسهولة إيصال الافكار للطلاب بطرق حديثة واكثر تفاعلية من الكتب مثل الملتيميديا التي ليس من الممكن استخدامها في النسخ الورقية من الكتب. وأيضا باستخدام الأجهزة هذه يمكن للطالب أن يكون بمتناوله مكتبة كاملة من الكتب.. بحجم كتيب صغير. وهو ما يسهل على الطالب حمل الكتب.. كما يسهل عليه التوصل إلى مراجع ومصادر أخرى للمعلومات.. وشروحات أوسع.. الخ، لكن بنفس الوقت اعتقد بل متأكد ان هذه الأجهزة ستشكل عامل الهاء في نفس الوقت.. وكمستخدم لها.. فاني وخلال قراءتي للملخصات على هاتفي بدل طباعتها.. أكون بين قراءة سطر وأخر قد أضعت دقيقتين على فحص بريدي الإلكتروني ورسائل وإشعارات تطبيقات مثل الفيسبوك.. وهو ما يؤدي لتشتيت الأفكار والإلهاء..! فعليا أرى أن الكتاب الورقي اقل إيصالا للفكرة لكنه افضل للتركيز..!"

طالب آخر "أكثر التطبيقات التي يتم استخدامها: تطبيق qou، Youtube، Whats app، Viber، Facebook، بالنسبة لتطبيق الجامعة عملية تواصل مع الجامعة مثل معرفة العلامات والمعدل .... مع العلم أنها لا تتيح إمكانية التواصل مع حلقات النقاش. YouTube خلال هذا الفصل أصبحت بحاجة لأخذ بعض الدروس حول بعض اللغات مثل Java، Php ويتم اللجوء إلى تطبيق ال YouTube لمعرفة ذلك .

أما بالنسبة لل Viber Whats app و Facebook هي تطبيقات تواصل اجتماعي من خلالها يمكن مناقشة بعض المواضيع الدراسية خصوصا إذا كان هناك عمل جماعي لشيء معين.

وجهة نظري حول استخدام تكنولوجيا الحواسيب اللوحية والهواتف الذكية في التعليم والتدريب في الحاضر والمستقبل :

يعتبر استخدام تكنولوجيا الحواسيب اللوحية من الأمور الجيدة لخدمة العملية التعليمية حيث أنها تعتبر أكثر سهولة وأقل تكلفة بالإضافة إلى وضوحها ومن الممكن أجراء أي عمل من أي مكان تتوافر به خدمة Wi-Fi Hotspot . بالرغم من انها غير قادرة على تبادل كافة أنواع الملفات الا انها تساهم بشكل كبير في إتمام كثير من الأمور ".

طالب آخر: أعتقد ان هذه التقنية فعالة وحيوية وتوفر الوقت والجهد ولن بحاجه إلى برامج توعيه وإرشاد حول كيفية الاستخدام.

طالب آخر: مواقع التواصل الاجتماعي والتطبيقات الخاصة بالـPDF والمتصفح للوصول إلى المعلومات التي أريدها. هناك إيجابيات وهناك سلبيات من الإيجابيات البقاء على اطلاع بأسهل الطرق على ما يفيدنا بخصوص الدراسة و التواصل مع المشرفين و الزملاء دون الحاجة إلى أجهزة الحاسوب ومن سلبياتها إلهاء عن الواجبات بالتواصل الاجتماعي الذي يصبح بشكل كبير و يأخذ وقت كثير. أعتقد أن هذه التقنية جيدة وهناك مستقبل لها حيث انها تسهل كثيرا.

طالب آخر: أنا من اشد المعارضين لاستخدام هذه التقنية، فقد سببت لي كطالبة متزوجة الكثير من المشاكل، وقررت الاستغناء عن هاتفي الذكي، ويكفيني الحاسوب الشخصي الذي يوفر لي كل ما احتاجه في دراستي، وعدت إلى استخدام هاتف عادي لإجراء المكالمات وللرسائل القصيرة فقط.

طالب آخر: لا أرى أن للهاتف النقال مستقبل في التعليم، ومشاكل صغر الشاشة والأخطاء التي نقع فيها أثناء كتابة النص، وقد أصبح يلهيني عن دراستي، استخدم تطبيقات تعلم اللغة الإنجليزية والترجمة.

طالب آخر: أؤيد استخدام التكنولوجيا والهواتف الذكية فقد قللت التكاليف واصبح بإمكاني الاتصال مع من أريد مجانا، والاستماع للموسيقى، أعتقد أن هذه الأجهزة جيدة للتواصل وليس للتعليم في الوقت الحالي، فهو أعز صديق لي ولا استغني عنه ابدأ.

<u>من خلال استعراض ما سبق من الإجابات على الأسئلة المفتوحة وما ورد في استجاباتهم يمكن استنتاج ما يلي:</u>

1. عامل التواصل مع الأقران من خلال شبكات التواصل الاجتماعي وتطبيقات التواصل سواء بالنص أو الصوت أو الصورة هي من أهم الاستخدامات لهذه التقنية.
2. الحواسيب اللوحية والهواتف الذكية بالنسبة للطلبة أصبحت تشكل عامل إلهاء عن الدراسة.
3. كثرة التطبيقات المجانية للحواسيب اللوحية والهواتف الذكية عامل هام في انتشارها السريع.

6) توصيات الدراسة

1. دعوة إلى من هم في دائرة اتخاذ القرار في مؤسسات التعليم العالي إلى ضرورة مراجعة استراتيجية تكنولوجيا المعلومات والاتصالات، لتتضمن خطة مدروسة للتعريف بهذه التقنيات وتطبيقاتها والتوعية بها من خلال موقع يكون مرجعا للطلبة في مؤسسات التعليم العالي.
2. ضرورة دعم مشاريع إنشاء النقاط الساخنة (Wi-Fi Hotspot) لتوفير خدمات الإنترنت لأكبر شريحة ممكنة وبأسعار مناسبة.
3. أوصي بأن يتم الشروع من قبل المؤسسات التعليمية باستخدام الشبكات المصممة للأعضاء داخل مؤسسة واحدة ومن الأمثلة عليها Yammer.
4. الحواسيب المحمولة والهواتف الذكية وتطبيقاتها لا يمكن أن تكون بديلا عن التعليم التقليدي والإلكتروني، وإنما مكملة لهما.
5. تبني كتاب 158 نصيحة للتعلم النقال : من التخطيط إلى التطبيق وترجمته إلى اللغات الأخرى ومنها العربية ليكون مرجعا يضاف إلى المكتبات.

7) المراجع

أولا: المراجع العربية:

الجهاز المركزي للإحصاء الفلسطيني، المسح الأسري لتكنولوجيا المعلومات والاتصالات 2011، رام الله – فلسطين.

ثانيا: المراجع الأجنبية:

1. Palestinian Center for Public Oponion, Mobile and Social Media Trends. Palestine,2012, Ramallah-Palestine.
2. The ELearning Guild, 158 Tips on mLearning: From Planning to Implementation,2013. Accessed form: http://www.elearningguild.com/publications/index.cfm?id=35&utm_campaign=ebookolf108109&utm_medium=email&utm_source=elg-devcon.
3. Hamayil, Majid, Survey: Penetration and Impact of Digital and Mobile Learning Activities on English Language Education, 2013.Cairo –Egypt.

مواقع الإنترنت:

[1] http://www.qou.edu/arabic/index.jsp?pageId=6, Accessed on 8/2013.

[1] http://www.qou.edu/arabic/index.jsp?pageId=163, Accessed on 8/2013.

[1] http://www.qou.edu/arabic/index.jsp?pageId=3492, Accessed on 8/2013.

[1] http://www.paltelgroup.ps/index.php?TemplateId=1&PageId=1&ParentId=7&MenuId=93&Lang=ar, Accessed on 8/2013.

[1] https://www.jawwal.ps/index.php?page=section&pid=186&section_parent=185&catid=3&langid=1, Accessed on 8/2013.

[1] http://www.qou.edu/arabic/index.jsp?pageId=105, Accessed on 8/2013.

[1] http://www.paltelgroup.ps/?TemplateId=1&PageId=7&ParentId=14&MenuId=19&Lang=ar, Accessed on 8/2013.

[1] http://www.alquds.com/en/news/article/view/id/417680

[1] http://www.aitnews.com/latest-it-news/technology-research-and-studies-news/96490.html, Accessed on 9/2013

[1] http://www.volt.jo/archives/5106, Accessed on 8/2013.

[1] http://blog.flurry.com/?Tag=Windows+Mobile, Accessed on 8/2013.

تطوير التعليم الالكتروني في المدارس الفلسطينية من وجهة نظر المعلمين خلال العام الدراسي 2013/2014

الاسم	البريد الالكتروني	مؤسسة العمل	المدينة	البلاد
د. علي لطفي علي "داود قشمر"	Ali_lutfe@ymail.com	وزارة التربية والتعليم الفلسطينية	قلقيلية	فلسطين

الملخص

يعد التعليم الإلكتروني من أهم أساليب التعليم الحديثة، فهو يساعد في حل مشكلة الانفجار المعرفي، والإقبال المتزايد علي التعليم، وتوسيع فرص القبول في التعليم، والتمكن من تدريب وتعليم العاملين وتأهيلهم دون ترك أعمالهم، وتعليم ربات البيوت، مما يسهم في رفع نسبة المتعلمين، والقضاء علي الأميه. ويحمل التعليم الإلكتروني القدرة الواسعة للوصول لكلا من المصادر والأفراد، فقد أصبح متاح للأفراد العديد من الفرص التعليمية.

ويهدف التعليم الإلكتروني إلى دعم العملية التعليمية بالتكنولوجيا التفاعلية بأفضل الأساليب التي تساعد في مواجهة العديد من التحديات التي تواجهه النظام التقليدي، مثل ازدحام قاعات الدروس، ونقص الإمكانيات، والأماكن، وعدم القدرة علي توفير جو يساعد علي الإبداع، وعدم القدرة علي مراعاة الفروق الفردية بين المتعلمين .

وهناك مجموعة من المتطلبات والحاجات التي فرضها علينا العصر الحالي والتي تجعل التعليم الإلكتروني ضرورة حتمية لا بديل عنه.

الكلمات الجوهرية

التعليم الالكتروني، الاتصال المتزامن، الاتصال غير المتزامن، التعليم الالكتروني الموجه بالمتعلم، التعليم الالكتروني الميسر، التعليم الالكتروني الموجه با لمعلم، التعليم الالكتروني المضمن، المدارس الفلسطينية.

المقدمة

تقوم فلسفة التعليم الإلكتروني على إتاحة الفرصة للجميع في أن يتعلم المتعلم وفقاً لقدراته وإمكاناته، وذلك للعمل على تحقيق مبدأ تكافؤ الفرص التعليمية بين جميع المتعلمين دون التفرقة بسبب العرق أو النوع أو اللغة، وكذلك الوصول إلى الطلاب الذين يعيشون في مناطق نائية ولا تمكنهم ظروفهم من السفر، أو الانتقال إلى الحرم الجامعي التقليدي؛ وأيضاً إتاحة الفرصة للطلاب المعاقين وذوي الحاجات الخاصة بالحصول على فرصة التعليم وفق إمكاناتهم، ووفقاً للمعدل الفردي المناسب لكل طالب على حده.

ويوفر هذا النظام مرونة تمكنه من الإيفاء برغبات واحتياجات طالبي العلم والمعرفة بالكيفية التي تناسبهم وبعيداً عن قيد الزمان والمكان، ويحتاج الأمر لوضع استراتيجية للتعليم الإلكتروني وخطة واضحة ومفهومة لكل المستويات. ومن هنا نجد أن بيئة التعليم الإلكتروني تمثل مجتمعاً إلكترونياً ديناميكياً يشتمل على المتعلم والمعلم أو المحاضر والمكتبة ومركز الإرشاد والتعليم، بالإضافة إلى تنوع كبير من الفرص التي تتواصل وتتحاور من أطراف التعليم الآخرين، مستعيناً بذلك بما توفره هذه الشبكة من إمكانات في الاتصال والتواصل الدائم بين الأفراد (لال، 2008).

ومن ثم نجد أن التعليم الإلكتروني يتضمن مجموعة استخدامات عديدة لتسهيل عملية التدريس والتعليم، وهذه الاستخدامات تنتقل من وسائل تكنولوجية بسيطة إلى وسائل أكثر تعقيداً أو تقدماً بما يتيح فرصة التعليم للطلاب في أي مكان وفي أي زمان وفقاً لقدراتهم الخاصة ووفقاً لسرعاتهم في التعليم، وهنا يمكن تحقيق مبدأ أن يتعلم الطالب كيف يتعلم (Bird, 2007). والتعليم الإلكتروني هو ذلك النوع من التعليم الذي يتيح للطلاب أن يتعلموا من خلال مبدأ التعلم التعاوني من خلال المشاركة في المنتديات المتخصصة أو خلال التواصل بالبريد الإلكتروني، ويتيح – أيضاً – مبدأ التعليم الفردي الذي يبرز من خلاله ما لدى الفرد من قدرات تتيح له إنهاء الدراسة الخاصة به بنجاح وتفوق.

وعلى الرغم من أهمية المعلم في العملية التعليمية بوجه عام، ألا أن أهميته تزداد وتصبح أكثر وضوحاً في التعليم الإلكتروني، حيث أن هذا النوع من التعليم لا يحتاج إلى شيء بقدر حاجته إلى المعلم الماهر المتقن لأساليب واستراتيجيات التعليم الإلكتروني، المتمكن من مادته العلمية الراغب في التزود بكل ما هو جديد في مجال تخصصه، المؤمن برسالته أولاً ثم بأهمية التعلم المستمر (لال، 2008).

ومن ثم، أصبح من الأهمية بمكان الكشف عن اتجاه المعلم نحو التعليم الإلكتروني، لما لأثر هذا النوع من التعليم في تطوير العمليات التعليمية، وتنمية المهارات التعليمية المختلفة للطالب. ونظراً لما يوليه التعليم من أهمية في المملكة العربية السعودية، حيث يرى القائمون على شؤون التعليم إنه بالتعليم تصبح المملكة في ركب التقدم العلمي الذي يساعد على النهوض بها من أجل تحقيق نهضة علمية رائدة يمكن أن يحتذى بها جيرانها من البلاد العربية والإسلامية.

مفهوم التعليم الإلكتروني:

عرف (هورتن وهورتن) المفهوم الشامل للتعليم الالكتروني بأنه أي استخدام لتقنية الويب والانترنت لإحداث التعلم (Horton and Horton, 2003).

وعرف (هندرسن) التعليم الالكتروني بأنه التعلم من بعد باستخدام تقنية الحاسب (Henderson,2002). ولتمييز التعليم الالكتروني عن التعليم عن بعد، والتعليم باستخدام الانترنت، فإنه يمكن تعريف التعليم الالكتروني بأنه استخدام برامج إدارة نظم التعلم والمحتوى (LMS & LCMS) باستخدام تقنية الانترنت، وفق معايير محددة (مثل معايير SCORM, IMS, IEEE) من أجل التعلم.

والتعليم الالكتروني هو التعليم الذي يهدف إلى إيجاد بيئة تفاعلية غنية بالتطبيقات المعتمدة على تقنيات الحاسب الآلي والشبكة العالمية للمعلومات ، وتمكّن الطالب من الوصول إلى مصادر التعلم في أي وقت ومن أي مكان . (موسى ، 2001 م).

طريقة للتعليم باستخدام آليات الاتصال الحديثة من حاسب وشبكاته ووسائطه المتعددة من صوت وصورة ، ورسومات وآليات بحث ، ومكتبات إلكترونية ، وكذلك بوابات الشبكة العالمية للمعلومات سواء كان من بعد أو في الفصل الدراسي ، فالمقصود هو استخدام التقنية بجميع أنواعها في إيصال المعلومة للمتعلم بأقصر وقت وأقل جهد وأكبر فائدة . (الحيلة ، 2004 م)

تقديم المحتوى التعليمي مع ما يضمنه من شروحات وتمارين وتفاعل ومتابعة بصورة جزئية أو شاملة في الفصل أو من بعد بواسطة برامج متقدمة مخزنة في الحاسب أو عبر الشبكة العالمية للمعلومات . (لال، 2008).

هو توسيع مفهوم عملية التعليم والتعلم للتجاوز حدود الفصول التقليدية والانطلاق لبيئة غنية متعددة المصادر ، يكون لتقنيات التعليم التفاعلي من بعد دورا أساسيا فيها بحيث تعاد صياغة دور كل من المعلم والمتعلم (محمد، 2006م).

هو نظام تعليمي يستخدم تقنيات المعلومات وشبكات الحاسب الآلي في تدعيم وتوسيع نطاق العملية التعليمية من خلال مجموعة من الوسائل منها : أجهز الحاسب الآلي ، الشبكة العالمية للمعلومات والبرامج الإلكترونية المعدّة إما من قبل المختصين في الوزارة أو الشركات (Ismail, 2002)

هو التعلم باستخدام الحاسبات الآلية وبرمجياتها المختلفة سواء على شبكات مغلقة أو شبكات مشتركة أو الشبكة العالمية للمعلومات (الغراب ، 2003م).

التعليم الإلكتروني هو أسلوب من أساليب التعلم في إيصال المعلومة للمتعلم يعتمد على التقنيات الحديثة للحاسب والشبكة العالمية للمعلومات ووسائطهما المتعددة ، مثل : الأقراص المدمجة ، والبرمجيات التعليمية ، والبريد الالكتروني وساحات الحوار والنقاش . (محمد ، 2006 م).

ومفهوم التعليم الإلكتروني والذي تعددت وتنوعت تعاريفه، إلا أن تعريف حسن زيتون من وجهة نظر الباحث يعد من أفضل وأبسط هذه التعاريف " تقديم محتوى تعليمي (إلكتروني) عبر الوسائط المعتمدة على الحاسب وشبكاته إلى المتعلم بشكل يتيح له إمكانية التفاعل النشط مع هذا المحتوى في المكان والوقت والسرعة التي تناسبه وكذلك التفاعل مع المعلم ومع الأقران سواءً أكان ذلك بصورة متزامنة أم غير متزامنة، وكذا إمكانية إتمام هذا التعلّم في الوقت والمكان وبالسرعة التي تناسب ظروفه وقدراته فضلاً عن إمكانية إدارة هذا التعلم إلكترونياً أيضاً من خلال تلك الوسائط".

أنواع التعليم الالكتروني :

يمكن تقسيم التعليم الالكتروني على النحو التالي: - تصنيف التعليم الالكتروني حسب التزامن:

- **الاتصال المتزامن Synchronous** وهو تعليم الكتروني يجتمع فيه المعلم مع المتعلمون في آن واحد ليتم بينهم اتصال متزامن بالنص Chat، أو الصوت أو الفيديو.

- **الاتصال غير المتزامن** Asynchronous هو دعم تبادل المعلومات وتفاعل الأفراد عبر وسائط اتصال متعددة مثل البريد الالكتروني e-mail ، لوحات الإعلانات bulletin boards ، وقوائم النقاش listserv ، والمنتديات forums . (Bedzin & Park, 2000)) فالاتصال غير المتزامن متحرر من الزمن، فيمكن للمعلم أن يضع مصادر مع خطة تدريس وتقويم على الموقع التعليمي، ثم يدخل الطالب للموقع أي وقت ويتبع إرشادات المعلم في إتمام التعلم دون أن يكون هناك اتصال متزامن مع المعلم. ويتم التعليم الالكتروني باستخدام النمطيين في الغالب.

تصنيف هورتن و هورتن، حيث صنفا التعليم الالكتروني على النحو التالي:

التعليم الالكتروني الموجه بالمتعلم Learner-led e-learning:

وهو تعليم الكتروني يهدف إلى إيصال تعليم عالي الكفاءة للمتعلم المستقل، ويطلق عليه التعليم الالكتروني الموجه بالمتعلم، ويشمل المحتوى على صفحات ويب، ووسائط متعددة، وتطبيقات تفاعليه عبر الويب، وهي امتداد للتعلم المعزز بالحاسب في برمجيات CD-ROM.

التعليم الالكتروني الميسر Facilitated e learning :
وهو تعلم يوظف تقنية الانترنت ويستخدم فيه المتعلم البريد الالكتروني والمنتديات للتعلم ، ويوجد فيه ميسر للتعلم عبارة عن مساعده (help) ، ولكن لا يوجد فيه مدرس. (كما هو الحال في حال رغبتك في تعلم برنامج معين فانك تذهب للمنتديات وتستخدم البريد الالكتروني وتستخدم قوائم المساعدة في برنامج، ولكنك لا تنظم إلى تدريس كامل، بل توظف تقنية الانترنت في تيسير التعلم للبرنامج).

التعليم الالكتروني الموجه بالمعلم Instructor-led e-learning:
وهو تعليم الكتروني يوظف تقنية الانترنت لإجراء تدريس بالمفهوم التقليدي بحيث يجمع المعلم والطالب في فصل افتراضي يقدم فيه المعلم العديد من تقنيات الاتصال المباشر مثل مؤتمرات الفيديو والصوت، والمحادثة النصية والصوتية audio and text Chat، والمشاركة في الشاشة، والاستفتاء، ويقدم المعلم عروض تعليمية، وشرح للدروس.

التعليم الالكتروني المضمن Embedded e-learning:
هو التعليم الالكتروني الذي يقدم في نفس الوقت دعماً و مساعدة عن طريق الانتلانت و تكون المساعدة كذلك مضمن في البرنامج، مثال ذلك التعليم المقدم في نظام التشغيل ويندوز ، فتجد في help and support معالج يقدم أجوبة أو روابط على أسئلة محدد من قبلك، وقد يكون فيه معالج للكشف عن الأخطاء وإصلاحها داخل النظام. وهو تعلم من اجل حل مشكلة محددة، ويقدم منه نسختين إحداهما مع البرنامج الذي تم تحميله على حاسب المستخدم، والنسخة الثانية هي دعم عبر الويب، حيث يتصل المستخدم بالويب على رابط محدد ويقدم له حل المشكلة من خلال معالج يتبعه على الموقع.

مقارنة بين التعليم الإلكتروني و التعليم التقليدي:

يمكن عرض أوجه الاختلاف بين كل من التعليم الإلكتروني والتعليم التقليدي من خلال إجراء المقارنة التالية بينهما :

جدول (1): جدول المقارنة بين التعليم الالكتروني والتعليم التقليدي

وجه المقارنة	التعليم الالكتروني	التعليم التقليدي
أسلوب التعليم المستخدم	يوظف المستحدثات التكنولوجية، حيث يعتمد على العروض الإلكترونية متعددة الوسائط، وأسلوب المناقشات وصفحات الويب.	يعتمد على الكتاب فلا يستخدم أي من الوسائل أو الأساليب التكنولوجية إلا في بعض الأحيان.
التفاعل	يقوم على التفاعلية، حيث يتيح استخدام الوسائط المتعددة للمتعلم الإبحار في العروض الإلكترونية، والتعامل معها كما يريد، وتسمح له المناقشات عبر الويب بالتفاعلية.	لا يعتمد على التفاعل، حيث انه يتم فقط بين المعلم والمتعلم، لكن لا يتم دائما بين المتعلم والكتاب، باعتباره وسيلة تقليدية لا تجذب الانتباه.
إمكانية التحديث	يمكن تحديثه بكل سهولة، وغير مكلف عند النشر على الويب كالطرق التقليدية، حيث انه يمكن أن يتم بعد النشر.	عملية التحديث هنا غير متاحة لأنك عند طبع الكتاب لا يمكنك جمعه والتعديل فيه مرة أخرى بعد النشر.
الإتاحة	متاح في أي وقت، لذا يتمتع بالمرونة متاح في أي مكان، حيث يمكن الدخول على الإنترنت من أي مكان، لذا ففرص التعليم له متاحة عبر العالم.	له وقت محدد في الجدول، وأماكن مصممة، كما أن فرص التعليم فيه مقتصرة علي الموجود في إقليم أو منطقة التعليم.
مسئولية التعلم	يعتمد على التعليم الذاتي، حيث يتعلم المتعلم وفقا لقدراته واهتماماته، وحسب سرعته والوقت الذي يناسبه، و المكان الذي يلائمه.	يعتمد على المعلم، لذا فهو غير متاح في أي وقت، ولا يمكن التعامل معه إلا في الفصل الدراسي فقط.
تصميم التعليم	يتم تصميم العملية التعليمية بناء على خبرات تعليمية يمكن اكتسابها من خلال التعليم.	يتم تصميم العملية التعليمية من خلال وضع هيكل محدد مسبقا، على نظام واحد يناسب الجميع(One Size Fits All)
نظام التعليم	يتم في نظام مفتوح مرن و موزع، حيث يسمح للمتعلم بالتعلم وفقاً لسرعته وفى مكانه، أي يحقق الإجابة على متى؟ كيف؟ أين؟. كما أن التوزيع يعنى كل من المعلم والمتعلم والمحتوى في أماكن مختلفة.	يحدث في نظام مغلق، حيث يجب التحديد للمكان والزمان أي الإجابة على أين؟ ومتى؟

متطلبات الانتقال من التعليم التقليدي إلى التعليم الالكتروني

إذا ما انتقلنا إلى المدارس والجامعات في بلادنا العربية، وجدنا أن العملية التعليمية لا زالت تتم داخل الفصل وترتكز على المعلم كمصدر للمعلومات وتتم بالطرق التقليدية المعتمدة على الكتاب الورقي والقلم والسبورة وبعض الوسائل التعليمية القديمة. أما استخدام الحاسب والإنترنت والمعامل ذات الوسائط التعليمية المتعددة فلم تجد طريقها إلى الكثير من مدارسنا وجامعاتنا بعد. وحيث إن استخدام التكنولوجيا في التعليم قد أصبح أمرا حتمياً وليس ترفا لما له من آثار إيجابية على عملية تعليم وتعلم اللغات الأجنبية، لذا فإن الانتقال من التعليم بالطرق التقليدية إلى التعليم الإلكتروني المعتمد على التكنولوجيا - سواء كليا أو جزئيا - يتطلب اتخاذ عدة خطوات تحتاج إلى وقت وجهد طويل منها:

1. تعديل سياسة التعليم على مستوى المدارس والجامعات بحيث تجعل التكنولوجيا أداة أساسية في العلمية التعليمية في جميع المراحل.
2. تشكيل لجنة على مستوى الجامعة أو المنطقة التعليمية تتولى عملية التطوير تتكون من فريق عمل يضم مجموعة من المتخصصين في عدة مجالات مثل تطوير المناهج وتكنولوجيا التعليم.
3. دراسة واقع استخدام التكنولوجيا في المدرسة أو الجامعة أي حصر الأجهزة والبرامج التعليمية المتوفرة فيها.
4. دعم إدارة المدرسة أو الجامعة وتشجيعها لدمج التكنولوجيا في التعليم واستخدام المعلمين لها.
5. وضع تصور أو خطة شاملة طويلة الأمد لدمج التكنولوجيا في التعليم على مستوى المقررات المختلفة والصفوف والمراحل المختلفة.
6. تحديد مدة زمنية لتنفيذ خطة الدمج في تدريس المقررات والصفوف المختلفة. بحيث تتم عملية الدمج على مراحل تتكون كل منها من خطوات صغيرة متدرجة.
7. تخصيص ميزانية لدمج التكنولوجيا في التعليم ولتغطية تكاليف شراء الأجهزة والبرامج ونفقات تدريب المعلمين وتوظيف الخبراء والمدربين.
8. إنشاء بنية تكنولوجية تحتية تشمل تزويد الجامعات والمدارس بأجهزة حاسب وما يصاحبها من أجهزة وبرامج تعليمية، وتوفير معامل حاسب ذات وسائط متعددة وإيصال خدمة الإنترنت إلى الجامعات والمدارس واستبدال الأجهزة القديمة -إذا كانت موجودة- بأجهزة أخرى حديثة متطورة.
9. تدريب الطلاب والمعلمين على استخدام الحاسب والإنترنت في التعليم ويتم ذلك بعد تزويد المدرسة أو الجامعة بأجهزة الحاسب وعمل التمديدات اللازمة مباشرة.
10. إنشاء مركز لتصميم المناهج المعتمدة على التكنولوجيا في الجامعة أو المنطقة التعليمية يعمل به فريق من المتخصصين يقوم بإعداد مناهج إلكترونية متعددة الوسائط في التخصصات المختلفة وللصفوف المختلفة سواء كانت معتمدة أو غير معتمدة على الإنترنت. ولقد أشار كارلينر (Carliner,1998) إلى أن فريق إعداد برامج التعليم الإلكتروني يتكون من مجموعة من المتخصصين هم: مدير للمشروع، ومصمم للمناهج، وكاتب يقوم بكتابة النصوص للبرنامج التعليمي، ومصمم للرسوم والصور، ومبرمج، ومهندس يختبر مدى صلاحية البرنامج للاستخدام، ومحرر يتحقق من مدى اطراد البرنامج وتمشيه مع الخطوط العريضة، ومتخصص يقوم باختبار الوصلات links ويتأكد من أنها تعمل، وان البرنامج ككل يعمل بصورة جيدة ولا يتسبب في حدوث أعطال أثناء استخدامه مع برامج أخرى، وفريق لإخراج الجانب المرئي بما في ذلك الصور والرسومات video، وآخر للإخراج الصوتي ومتخصصين في المادة العلمية، ومموليِن للمشروع.
11. إجراء الأبحاث في مجال التعليم الإلكتروني بصورة مستمرة لاطلاع المعلمين والمسؤولين على اثر استخدام التكنولوجيا في عملية التعليم ومدى استفادة الطلاب من عملية الدمج ولمتابعة آخر التطورات في مجال تكنولوجيا التعليم.
12. توفير الدعم الفني وصيانة الأجهزة والشبكة بصورة دائمة أثناء استخدام المعلمين للتكنولوجيا في التعليم. إذ قد يواجه المعلمون أثناء التدريب أو أثناء استخدامهم التكنولوجيا في التعليم بعض المشكلات مثل مشكلات الطباعة، توقف الاتصال بالإنترنت فجأة، عدم القدرة على فتح البريد الإلكتروني. ولقد ذكر ماكدانيال وامكوبو (McDaniel and Umekubo,1997) إلى أن هذا يتطلب وجود فني مسؤول عن إدارة الشبكة وآخر مسؤول عن صيانة الشبكة بصورة دائمة لإصلاح الأعطال ومساعدة المعلمين في تصميم مواقع وصفحات الإنترنت والإشراف على التدريب والتخطيط والإجابة على استفسارات المعلمين، إضافة إلى منسق يقوم بالتنسيق بين شبكات تضم مجموعة من المدارس أو الكليات في الجامعة أو عدد من الجامعات.

وفي هذا الصدد ذكرت دياز (Dias,1999) أن عملية دمج التكنولوجيا في التعليم تتم إذا أصبحت التكنولوجيا جزءا من الأنشطة الصفية اليومية، ودعمت المنهج الدراسي، واستخدمت في توسيع أهدافه وجعلت للطلاب دوراً إيجابيا في عملية التعلم، بحيث يصبح التعليم ذا معنى بالنسبة لهم، وتصبح عملية التعلم متمركزة حول الطالب ويتركز دور المعلم في تسهيل العملية التعليمية.

ولا يمكن لأي خطة تهدف إلى دمج التكنولوجيا في التعليم أن تنجح مهما توفر لها من إمكانيات مالية ومكانية وتقنية متقدمة إذا لم يكن المعلمون قادرين ومدربين على استخدام الحاسب والبرامج التعليمية الإلكترونية وحتى تحقق أي خطة لدمج التكنولوجيا في التعليم أهدافها المنشودة، تقترح الباحثة إقامة برامج تدريبية للمعلمين لإكسابهم المهارات الحاسوبية والانترنتية اللازمة للتعليم الإلكتروني الذي فرضته الثورة التكنولوجية الحديثة. وحتى تنجح عملية دمج التكنولوجيا في التعليم، يرى الكثير من المتخصصين أمثال ماك دانيال واميكوبو (McDaniel and Umekubo,1997) أن تطوير المعلمين وتدريبهم على استخدام التكنولوجيا يشكلان قلب عملية دمج التكنولوجيا في العملية التعليمية.

معيقات التعليم الإلكتروني :

التعليم الالكتروني كغيرة من طرق التعليم الاخرى لديه معوقات تعوق تنفيذه ومن هذه العوائق:

1- تطوير المعايير :

يواجه التعليم الإلكتروني مصاعب قد تطفئ بريقه وتعيق انتشاره بسرعة. وأهم هذه العوائق قضية المعايير المعتمدة، فما هي هذه المعايير وما الذي يجعلها ضرورية؟ لو نظرنا إلى بعض المناهج والمقررات التعليمية في الجامعات أو المدارس، لوجدنا أنها بحاجة لإجراء تعديلات وتحديثات كثيرة نتيجة للتطورات المختلفة كل سنة، بل كل شهر أحيانا. فإذا كانت الجامعة قد استثمرت في شراء مواد تعليمية على شكل كتب أو أقراص مدمجة CD، ستجد أنها عاجزة عن تعديل أي شيء فيها ما لم تكن هذه الكتب والأقراص قابلة لإعادة الكتابة وهو أمر معقد حتى لو كان ممكنا. ولضمان حماية استثمار الجهة التي تتبنى التعليم الإلكتروني لا بد من حل قابل للتخصيص والتعديل بسهولة. أطلق مؤخرا في الولايات المتحدة أول معيار للتعليم الإلكتروني المعتمد على لغة XML، واسمه سكورم standard Sharable Content Object Reference Model (SCORM) 1.2

2-الأنظمة والحوافز التعويضية من المتطلبات التي تحفز وتشجع الطلاب على التعليم الإلكتروني. حيث لازال التعليم الإلكتروني يعاني من عدم وضوح في الأنظمة والطرق والأساليب التي يتم فيها التعليم بشكل وواضح كما أن عدم البت في قضية الحوافز التشجيعية لبيئة التعليم هي إحدى العقبات التي تعوق فعالية التعليم الإلكتروني.

3-التسليم المضمون والفعال للبيئة التعليمية.

- نقص الدعم والتعاون المقدم من أجل طبيعة التعليم الفعالة .
- نقص المعايير لوضع وتشغيل برنامج فعال ومستقل .
- نقص الحوافز لتطوير المحتويات .

4-علم المنهج أو الميتورولوجيا Methodology:

غالباً ما تؤخذ القرارات التقنية من قبل التقنيين أو الفنيين معتمدين في ذلك على استخداماتهم وتجاربهم الشخصية، وغالباً لا يؤخذ بعين الاعتبار مصلحة المستخدم ، أما عندما يتعلق الأمر بالتعليم فلا بد لنا من وضع خطة وبرنامج معياري لأن ذلك يؤثر بصورة مباشرة على المعلم (كيف يعلم) وعلى الطالب (كيف يتعلم) . و هذا يعني أن معظم القائمين في التعليم الإلكتروني هم من المتخصصين في مجال التقنية أو على الأقل اكثرهم، أما المتخصصين في مجال المناهج والتربية والتعليم فليس لهم رأي في التعليم الإلكتروني، أو على الأقل ليسوا هو صناع القرار في العملية التعليمية. ولذا فإنه من الأهمية بمكان ضم التربويين والمعلمين والمدربين في عملية اتخاذ القرار .

5- الخصوصية والسرية:

إن حدوث هجمات على المواقع الرئيسية في الإنترنت ، أثرت على المعلمين والتربويين ووضعت في أذهانهم العديد من الأسئلة حول تأثير ذلك على التعليم الإلكتروني مستقبلاً ولذا فإن اختراق المحتوى والامتحانات من أهم معوقات التعليم الإلكتروني.

6- التصفية الرقمية Digital Filtering:

هي مقدرة الأشخاص أو المؤسسات على تحديد محيط الاتصال والزمن بالنسبة للأشخاص وهل هناك حاجة لاستقبال اتصالاتهم ، ثم هل هذه الاتصالات مقيدة أما لا ، وهل تسبب ضرر وتلف ، ويكون ذلك بوضع فلاتر أو مرشحات لمنع الاتصال أو إغلاقه أمام الاتصالات غير المرغوب فيها وكذلك الأمر بالنسبة للدعايات والإعلانات.

7- مدى استجابة الطلاب مع النمط الجديد وتفاعلهم معه.

8- مراقبة طرق تكامل قاعات الدرس مع التعليم الفوري والتأكد من أن المناهج الدراسية تسير وفق الخطة المرسومة لها.

9- زيادة التركيز على المعلم وإشعاره بشخصيته وأهميته بالنسبة للمؤسسة التعليمية والتأكد من عدم شعوره بعدم أهميته وأنه أصبح شيئاً تراثياً تقليدياً.

10- وعي أفراد المجتمع بهذا النوع من التعليم وعدم الوقوف السلبي منه.

11-توفر مساحة واسعة من الحيز الكهرومغناطيسي Bandwidthوتوسيع المجال للاتصال اللاسلكي.

12- الحاجة المستمرة لتدريب ودعم المتعلمين والإداريين في كافة المستويات ، حيث أن هذا النوع من التعليم يحتاج إلى التدريب المستمر وفقاً للتجدد التقنية.
13- الحاجة إلى تدريب المتعلمين لكيفية التعليم باستخدام الإنترنت.
14- الحاجة إلى نشر محتويات على مستوى عالٍ من الجودة، ذلك أن المنافسة عالمية.
15- تعديل كل القواعد القديمة التي تعوق الابتكار ووضع طرق جديدة تنهض بالابتكار في كل مكان وزمان للتقدم بالتعليم وإظهار الكفاءة والبراعة.

تحليل النتائج ومناقشتها

مجتمع الدراسة:

تكون مجتمع الدراسة من المعلمين الفلسطينيين في الفصل الدراسي الأول من العام الدراسي 2013-2014م.

عينة الدراسة: حول (تطوير التعليم الإلكتروني في المدارس الفلسطينية)

أجريت الدراسة على عينة قوامها (553) من المعلمين الفلسطينيين في الفصل الدراسي من العام الدراسي 2013-2014، تم اختيارهم بطريقة عشوائية.

منهج الدراسة:

اتبع في هذه الدراسة المنهج الوصفي نظرا لملاءمته طبيعتها حيث يتم في هذا المنهج جمع البيانات وإجراء التحليل الإحصائي لاستخراج النتائج المطلوبة.

المعالجة الإحصائية:

بعد جمع البيانات تم إدخال بياناتها للحاسب لتعالج بواسطة البرنامج الإحصائي للعلوم الاجتماعية (spas)، وقد استخدمت النسب المئوية والمتوسطات الحسابية الموزونة واختبار (ت) وتحليل التباين الأحادي.

فرضيات الدراسة:

لا توجد فروق ذات دلالة إحصائية في الاتجاه نحو التعليم الإلكتروني وفقاً لتفاعل متغيرات الجنس (ذكور- إناث)، العمر (من 20-40 سنه – أكثر من 40 سنه)، سنوات الخبرة في التعليم (أقل من سنة واحده (معلم جديد– من 1-10 سنوات - من 11-20 سنة -أكثر من 20 سنه)، المؤهل العلمي (دبلوم– بكالوريوس- ماجستير -دكتوراه)، طبيعة عملك في المدرسة (معلم أصيل-معلم مساند-معلم بديل)، جنس المدرسة التي تعمل بها (مدرسة ذكور-مدرسة إناث-مدرسة مختلطة)، الجهة المشرفة على المدرسة التي تعمل بها (الحكومة- وكالة الغوث الدولية U.N.- أخرى (المدارس الخاصة))، المباحث التي تدرسها(معلم صف- مواد علمية- مواد أدبية- اللغة الإنجليزية- مهارات (التربية الفنية التربية الرياضية، الأشغال اليدوية))، مكان السكن (مدينة- قرية).

نتائج فحص الفرضية الأولى التي نصها:

لا توجد فروق ذات دلالة إحصائية عند مستوى الدلالة (α= 0.05) في آراء المعلمين الفلسطينيين حول (تطوير التعليم الإلكتروني في المدارس الفلسطينية) تعزى لمتغير الجنس

لفحص الفرضية تم استخدام اختبار (t) والجدول رقم (2) يبين النتائج

جدول (2): جدول نتائج اختبار (ت) تبعاً لمتغير الجنس

رقم	الأبعاد	ذكر 188		أنثى365		(ت)	الدلالة
		المتوسط	الانحراف	المتوسط	الانحراف		
	الدرجة الكلية	2.2436	.17082	2.1568	.19664	1.663	.104

دال إحصائيا عند مستوى الدلالة (0.05)

يتبين من الجدول رقم (19) السابق عدم وجود فروق ذات دلالة إحصائية عند مستوى الدلالة (α = 0.05) في آراء المعلمين الفلسطينيين حول (تطوير التعليم الإلكتروني في المدارس الفلسطينية) تعزى لمتغير الجنس على الدرجة الكلية حيث كان مستوى الدلالة لقيم (ت) عليها أكبر من (0.05) وبهذا تقبل الفرضية الصفرية.

نتائج فحص الفرضية الثانية التي نصها:

لا توجد فروق ذات دلالة إحصائية عند مستوى الدلالة (α=0.05) في آراء المعلمين الفلسطينيين حول (تطوير التعليم الإلكتروني في المدارس الفلسطينية) تعزى لمتغير العمر.

لفحص الفرضية استخدم تحليل التباين الأحادي (ANOVA) والجدول (3) يبين النتائج

جدول (3): نتائج تحليل التباين الأحادي لدلالة الفروق في آراء المعلمين الفلسطينيين حول (تطوير التعليم الإلكتروني في المدارس الفلسطينية) تعزى لمتغير العمر

الأبعاد	مصدر التباين	مجموع مربعات الانحراف	درجات الحرية	متوسط المربعات	قيمة (ف)	مستوى الدلالة
الدرجة الكلية	بين المجموعات	.214	2	.107	3.176	.050
	داخل المجموعات	1.686	50	.034		
	المجموع	1.900	52			

يتبين من الجدول رقم (20) السابق عدم وجود فروق ذات دلالة إحصائية عند مستوى الدلالة (α = 0.05) في آراء المعلمين الفلسطينيين حول (تطوير التعليم الإلكتروني في المدارس الفلسطينية) تعزى لمتغير العمر على الدرجة الكلية حيث كان مستوى الدلالة لقيم (ف) عليها أكبر من (0.05) وبهذا تقبل الفرضية الصفرية.

نتائج فحص الفرضية الثالثة التي نصها:

لا توجد فروق ذات دلالة إحصائية عند مستوى الدلالة (α=0.05) في آراء المعلمين الفلسطينيين حول (تطوير التعليم الإلكتروني في المدارس الفلسطينية) تعزى لمتغير سنوات الخدمة في التعليم

لفحص الفرضية استخدم تحليل التباين الأحادي (ANOVA) والجدول (4) يبين النتائج

جدول (4): جدول نتائج تحليل التباين الأحادي لدلالة الفروق في آراء المعلمين الفلسطينيين حول (تطوير التعليم الإلكتروني في المدارس

الأبعاد	مصدر التباين	مجموع مربعات الانحراف	درجات الحرية	متوسط المربعات	قيمة (ف)	مستوى الدلالة
الدرجة الكلية	بين المجموعات	.160	3	.053	1.500	.226
	داخل المجموعات	1.740	49	.036		
	المجموع	1.900	52			

يتبين من الجدول رقم (21) السابق عدم وجود فروق ذات دلالة إحصائية عند مستوى الدلالة (α = 0.05) في آراء المعلمين الفلسطينيين حول (تطوير التعليم الإلكتروني في المدارس الفلسطينية) تعزى لمتغير سنوات الخدمة في التعليم على الدرجة الكلية حيث كان مستوى الدلالة لقيم (ف) عليها أكبر من (0.05) وبهذا تقبل الفرضية الصفرية.

نتائج فحص الفرضية الرابعة التي نصها:

لا توجد فروق ذات دلالة إحصائية عند مستوى الدلالة (α=0.05) في آراء المعلمين الفلسطينيين حول (تطوير التعليم الإلكتروني في المدارس الفلسطينية) تعزى لمتغير المؤهل العلمي

لفحص الفرضية استخدم تحليل التباين الأحادي (ANOVA) والجدول (5) يبين النتائج

جدول (5): جدول نتائج تحليل التباين الأحادي لدلالة الفروق في آراء المعلمين الفلسطينيين حول (تطوير التعليم الإلكتروني في المدارس الفلسطينية) تعزى لمتغير المؤهل العلمي

الأبعاد	مصدر التباين	مجموع مربعات الانحراف	درجات الحرية	متوسط المربعات	قيمة (ف)	مستوى الدلالة
الدرجة الكلية	بين المجموعات	.058	3	.019	.512	.676
	داخل المجموعات	1.842	49	.038		
	المجموع	1.900	52			

يتبين من الجدول رقم (22) السابق عدم وجود فروق ذات دلالة إحصائية عند مستوى الدلالة ($\alpha = 0.05$) في آراء المعلمين الفلسطينيين حول (تطوير التعليم الإلكتروني في المدارس الفلسطينية) تعزى لمتغير المؤهل العلمي على الدرجة الكلية حيث كان مستوى الدلالة لقيم (ف) عليها أكبر من (0.05) وبهذا تقبل الفرضية الصفرية.

نتائج فحص الفرضية الخامسة التي نصها:

لا توجد فروق ذات دلالة إحصائية عند مستوى الدلالة ($\alpha = 0.05$) في آراء المعلمين الفلسطينيين حول (تطوير التعليم الإلكتروني في المدارس الفلسطينية) تعزى لمتغير طبيعة عملك في المدرسة.

لفحص الفرضية استخدم تحليل التباين الأحادي (ANOVA) والجدول (6) يبين النتائج

جدول (6): جدول نتائج تحليل التباين الأحادي لدلالة الفروق في آراء المعلمين الفلسطينيين حول (تطوير التعليم الإلكتروني في المدارس الفلسطينية) تعزى لمتغير طبيعة عملك في المدرسة.

الأبعاد	مصدر التباين	مجموع مربعات الانحراف	درجات الحرية	متوسط المربعات	قيمة (ف)	مستوى الدلالة
الدرجة الكلية	بين المجموعات	.073	2	.037	1.002	.374
	داخل المجموعات	1.827	50	.037		
	المجموع	1.900	52			

يتبين من الجدول رقم (23) السابق عدم وجود فروق ذات دلالة إحصائية عند مستوى الدلالة ($\alpha = 0.05$) في آراء المعلمين الفلسطينيين حول (تطوير التعليم الإلكتروني في المدارس الفلسطينية) تعزى لمتغير طبيعة عملك في المدرسة. على الدرجة الكلية حيث كان مستوى الدلالة لقيم (ف) عليها أكبر من (0.05) وبهذا تقبل الفرضية الصفرية.

نتائج فحص الفرضية السادسة التي نصها:

لا توجد فروق ذات دلالة إحصائية عند مستوى الدلالة ($\alpha = 0.05$) في آراء المعلمين الفلسطينيين حول (تطوير التعليم الإلكتروني في المدارس الفلسطينية) تعزى لمتغير جنس المدرسة التي تعمل بها

لفحص الفرضية استخدم تحليل التباين الأحادي (ANOVA) والجدول (7) يبين النتائج

جدول (7): جدول نتائج تحليل التباين الأحادي لدلالة الفروق في آراء المعلمين الفلسطينيين حول (تطوير التعليم الإلكتروني في المدارس الفلسطينية) تعزى لمتغير جنس المدرسة التي تعمل بها.

الأبعاد	مصدر التباين	مجموع مربعات الانحراف	درجات الحرية	متوسط المربعات	قيمة (ف)	مستوى الدلالة
الدرجة الكلية	بين المجموعات	.187	2	.093	2.729	.075
	داخل المجموعات	1.713	50	.034		
	المجموع	1.900	52			

يتبين من الجدول رقم (24) السابق عدم وجود فروق ذات دلالة إحصائية عند مستوى الدلالة (α = 0.05) في آراء المعلمين الفلسطينيين حول (تطوير التعليم الإلكتروني في المدارس الفلسطينية) تعزى لمتغير جنس المدرسة التي تعمل بها على الدرجة الكلية حيث كان مستوى الدلالة لقيم (ف) عليها أكبر من (0.05) وبهذا تقبل الفرضية الصفرية.

نتائج فحص الفرضية السابعة التي نصها:

لا توجد فروق ذات دلالة إحصائية عند مستوى الدلالة (α =0.05) في آراء المعلمين الفلسطينيين حول (تطوير التعليم الإلكتروني في المدارس الفلسطينية) تعزى لمتغير الجهة المشرفة على المدرسة التي تعمل بها.

لفحص الفرضية استخدم تحليل التباين الأحادي (ANOVA) والجدول (8) يبين النتائج

جدول (8): جدول نتائج تحليل التباين الأحادي لدلالة الفروق في آراء المعلمين الفلسطينيين حول (تطوير التعليم الإلكتروني في المدارس الفلسطينية) تعزى لمتغير الجهة المشرفة على المدرسة التي تعمل بها

مستوى الدلالة	قيمة (ف)	متوسط المربعات	درجات الحرية	مجموع مربعات الانحراف	مصدر التباين	الأبعاد
.111	2.294	.080	2	.160	بين المجموعات	الدرجة الكلية
		.035	50	1.741	داخل المجموعات	
			52	1.900	المجموع	

يتبين من الجدول رقم (25) السابق عدم وجود فروق ذات دلالة إحصائية عند مستوى الدلالة (α = 0.05) في آراء المعلمين الفلسطينيين حول (تطوير التعليم الإلكتروني في المدارس الفلسطينية) تعزى لمتغير الجهة المشرفة على المدرسة التي تعمل بها على الدرجة الكلية حيث كان مستوى الدلالة لقيم (ف) عليها أكبر من (0.05) وبهذا تقبل الفرضية الصفرية.

نتائج فحص الفرضية الثامنة التي نصها:

لا توجد فروق ذات دلالة إحصائية عند مستوى الدلالة (α =0.05) في آراء المعلمين الفلسطينيين حول (تطوير التعليم الإلكتروني في المدارس الفلسطينية) تعزى لمتغير المباحث التي تدرسها

لفحص الفرضية استخدم تحليل التباين الأحادي (ANOVA) والجدول (9) يبين النتائج

جدول (9): جدول نتائج تحليل التباين الأحادي لدلالة الفروق في آراء المعلمين الفلسطينيين حول (تطوير التعليم الإلكتروني في المدارس الفلسطينية) تعزى لمتغير المباحث التي تدرسها تعمل بها

مستوى الدلالة	قيمة (ف)	متوسط المربعات	درجات الحرية	مجموع مربعات الانحراف	مصدر التباين	الأبعاد
.889	.280	.011	4	.043	بين المجموعات	الدرجة الكلية
		.039	48	1.857	داخل المجموعات	
			52	1.900	المجموع	

يتبين من الجدول رقم (26) السابق عدم وجود فروق ذات دلالة إحصائية عند مستوى الدلالة (α = 0.05) في آراء المعلمين الفلسطينيين حول (تطوير التعليم الإلكتروني في المدارس الفلسطينية) تعزى لمتغير المباحث التي تدرسها على الدرجة الكلية حيث كان مستوى الدلالة لقيم (ف) عليها أكبر من (0.05) وبهذا تقبل الفرضية الصفرية.

نتائج فحص الفرضية التاسعة التي نصها:

لا توجد فروق ذات دلالة إحصائية عند مستوى الدلالة (α =0.05) في آراء المعلمين الفلسطينيين حول (تطوير التعليم الإلكتروني في المدارس الفلسطينية) تعزى لمتغير مكان السكن.

لفحص الفرضية تم استخدام اختبار (t) والجدول رقم (10) يبين النتائج.

جدول (10): جدول نتائج اختبار (ت) تبعاً لمتغير مكان السكن

الأبعاد	مدينة 261		قرية 292		(ت)	الدلالة
	المتوسط	الانحراف	المتوسط	الانحراف		
الدرجة الكلية	2.2113	.17426	2.1639	.20564	.907	.369

دال إحصائيا عند مستوى الدلالة (0.05)

يتبين من الجدول رقم (27) السابق عدم وجود فروق ذات دلالة إحصائية عند مستوى الدلالة ($\alpha = 0.05$) في آراء المعلمين الفلسطينيين حول (تطوير التعليم الإلكتروني في المدارس الفلسطينية) تعزى لمتغير مكان السكن على الدرجة الكلية حيث كان مستوى الدلالة لقيم (ت) عليها أكبر من (0.05) وبهذا تقبل الفرضية الصفرية

خاتمة

تناول البحث موضوع تطوير التعليم الالكتروني في المدارس الفلسطينية من وجهة نظر المعلمين للعام الدراسي 2014/2013. ومن خلال تفعيل مفهوم الاستبانة الالكترونية (المحوسبة). من خلال موقع google drive. حيث يعتبر هذا النوع من الدراسات حديثة في الوطن العربية، وهي إحدى الأساليب التي توفر الجهد والمال والوقت، وتسهل من عملية التواصل والحصول على البيانات، وتوسيع أفق الدراسة خارج نطاق المكان.

وقد أظهرت النتائج لهذه الدراسة قبول الفرضيات الصفرية في الاتجاه نحو التعليم الإلكتروني وفقاً لتفاعل متغيرات الجنس (ذكور- إناث)، العمر (من 20-40 سنه – أكثر من 40 سنه)، سنوات الخبرة في التعليم (أقل من سنة واحده (معلم جديد– من 1-10 سنوات - من 11-20 سنة -أكثر من 20 سنه)، المؤهل العلمي (دبلوم– بكالوريوس- ماجستير -دكتوراه)، طبيعة عملك في المدرسة (معلم أصيل-معلم مساند-معلم بديل)، جنس المدرسة التي تعمل بها (مدرسة ذكور-مدرسة إناث-مدرسة مختلطة)، الجهة المشرفة على المدرسة التي تعمل بها (الحكومة- وكالة الغوث الدولية U.N.- أخرى (المدارس الخاصة))، المباحث التي تدرسها(معلم صف-مواد علمية- مواد أدبية- اللغة الإنجليزية- مهارات (التربية الفنية التربية الرياضية، الأشغال اليدوية))، مكان السكن (مدينة- قرية).

وتعتبر هذه الدراسة بداية البحث والدراسة لتطوير وتحسين التعليم الإلكتروني سواء على مستوى المدرسة وكذلك الجامعة الفلسطينية بشكل خاص والعربية بشكل عام. مع الاهتمام بتحديد من يلزم ذلك من إمكانيات مادية وبشرية، وتدريب ومتابعة وتوفير ما يلزم، والتوعية والتثقيف بأهم هذا النوع من التعليم سواء لأولياء الأمور والطلبة أنفسهم وصانعي السياسات التربوية والمعلمين.

جدول المصطلحات

الرقم	عربية	انجليزية
1	الاتصال المتزامن	Synchronous
2	الاتصال غير المتزامن	Asynchronous
3	التعليم الالكتروني الموجه بالمتعلم	Learner-led e-learning
4	التعليم الالكتروني الميسر	Facilitated e learning
5	التعليم الالكتروني الموجه بالمعلم	Instructor-led e-learning
6	التعليم الالكتروني المضمن	Embedded e-learning
7	التصفية الرقمية	Digital Filtering
8	علم المنهج	Methodolog

الملاحق

- رابط الاستبيان الالكتروني

https://docs.google.com/forms/d/1vxvFXeIk4POHrLIr193xcmaaHEq68OE5B9QYyjnNDDw/viewform

- رابط التحليل الاحصائي باستخدام برنامج التحليل الاحصائي (SPSS) ومناقشة النتائج الكاملة لفرضيات الدراسة.

http://www.4shared.com/office/1n24HUYU/___.html

المراجع

أ. المراجع العربية

1. الحيلة، محمد محمود (2004). **تكنولوجيا التعليم بين النظرية والتطبيق**، الطبعة الرابعة، عمان: دار المسيرة للنشر.
2. الغراب، إيمان محمد (2003). **التعليم الإلكتروني مدخل إلى التدريب غير التقليدي**، القاهرة: المنظمة العربية للتنمية الإدارية.
3. لال، زكريا يحيى (2008). ثقافة التعليم الإلكتروني، الرياض: **المجلة العربية**، العدد (379).
4. لال، يحيى، والندى، علياء عبد الله (2008). **تكنولوجيا التعليم بين النظرية والتطبيق**، القاهرة: عالم الكتب.
5. محمد، وليد سالم (2006). **مستحدثات تكنولوجيا التعليم في عصر المعلوماتية**، عمان: دار الغد.
6. موسى، رشاد علي عبد العزيز؛ وعطية، جميل عز الدين (2001). **مبادئ علم النفس الاجتماعي** (مترجم)، القاهرة: دار النهضة العربية.

ب. المراجع الأجنبية:

1. Bird, L. (2007). The 3(c) Design Model for Networked Collaborative E-Learning: A Tool for Novice Designers. **Innovations in Education and Teaching International**, 44, Issu E.2: 153-167.
2. Horton, william & horton katherine., (2003). E Learning Tools And Technologies: A
3. **Consumer's Guide For Trainers Teachers, Educators**, And Instructional Designers.
4. Romi, S.; Hansenson, G. & Hansenson, A. (2002). E-learning: A comparison between expected and observed attitudes of normative and dropout adolescents. **Education Media International**. 39(1): 48-53.
5. Ismail, J. (2003). The Design of an E-Learning System: Beyond the Hype. **Internet and Higher Education**, 4: 329-336

محور 03: الخدمات الرقمية في المؤسسات التعليمية.

- **توظيف المكتبة الإلكترونية في المجال التربوي والتعليمي مدارس مدينة طرابلس: ليبيا انموذجاً**
  - لطفية الكميشي، جامعة طرابلس، ليبيا.

- **The Importance of Digital Libraries in the Palestinian Universities**
  - جميل إطميزي، جامعة فلسطين الأهلية، بيت لحم، فلسطين.

- **اتجاهات طلبة جامعة الطفيلة التقنية نحو القراءة وارتياد المكتبة**
  - نايل الحجايا، جامعة الطفيلة، الأردن.

- **التعليم عن بعد بالجامعة الجزائرية وتجربتها في التكوين المستمر: جامعة التكوين المتواصل**
  - نبيل عكنوش، جامعة قسنطينة 2، الجزائر.
  - مريم بن تازير، جامعة الأمير عبد القادر، قسنطينة، الجزائر.
  - ساسي صفية، مديرية المجاهدين، الجزائر.

- **البرمجيات الحرة والمفتوحة المصدر آفاق وتكنولوجيا**
  - خديجة أبوزقية، جامعة المرقب، الخمس، ليبيا.

توظيف المكتبة الالكترونية في المجال التربوي والتعليمي مدارس مدينة طرابلس- ليبيا أنموذجا

د/ لطفية على الكميشي، دكتوراه/ معلومات
عضو هيئة تدريس/جامعة طرابلس - طرابلس- ليبيا
Latifa2002l@yahoo.com

مستخلص:

The idea of hiring technical service in the educational process where it becomes an active way to develop the capacity of the individual in terms of taking into account individual differences and provide feedback to the learner and increase achievement and learning skills and the skills to use computers in the educational process.

And tend educational institutions to use most forms of modern communication to teach knowledge about the way and even education becomes a way to break through the barriers between individuals and nations. As the means of communication and information revolution and turning the world into a small village has become necessary to bring about a revolution in education and teaching methods to create a generation unaware what is happening in the world and possess the ability to sparkle and creativity conservation and indoctrination. Because education reform is through the educational quarter (pupil - Lesson - curriculum - school). فالتلميذ is the mainstay of the future is the first pillar in all processes of education, the teacher also must pay attention to him and rehabilitation to be reflected positively on student achievement in the development of manpower need new approaches characterized and linked to the needs of the knowledge society.

The e-library is one of the recent developments used in the field of education imposes renovation of the educational process and to avoid problems arising from the use of traditional methods in the educational process.

ان فكرة توظيف التقنية في خدمة العملية التعليمية حيث تصبح وسيلة نشطة لتنمية قدرات الفرد من حيث مراعاة الفروق الفردية وتقديم التغذية الراجعة للمتعلم وزيادة التحصيل واكتساب مهارات التعلم ومهارات استخدام الحاسب الآلي في العملية التعليمية.

وتميل المؤسسات التربوية إلى استخدام معظم أشكال الاتصال الحديثة لتلقين المعارف عن طريقها وحتى يصبح التعليم وسيلة لإختراق الحواجز بين الأفراد والأمم.ومع تقدم وسائل الاتصالات وثورة المعلومات وتحول العالم إلي قرية صغيرة أصبح من الضروري أحداث ثورة في التعليم وطرق التدريس لإيجاد جيل واع بما يدور في العالم وتتوفر لديه القدرة على التألق والإبداع لا الحفظ والتلقين.

لأن إصلاح التعليم يتم من خلال الربع التعليمي(التلميذ- الدرس- المناهج- المدرسة). فالتلميذ هو عماد المستقبل وهو الركيزة الأولى في كل عمليات التربية والتعليم، أيضا المعلم يجب الاهتمام به وتأهيله لينعكس ذلك إيجابيا على التلميذ ولتحقيق التنمية في القوى البشرية تحتاج إلى مناهج جديدة تتسم بالمعرفة ومرتبطة بحاجات المجتمع.

وتعتبر المكتبة الإلكترونية إحدى التطورات الحديثة المستخدمة في مجال التعليم يفرض تحديث العملية التعليمية ولتفادى المشاكل الناجمة عن استخدام الوسائل التقليدية في العملية التعليمية .

المقدمة:

ان الهدف الأسمى من إدخال التقنية الحديثة لمجال التعليم هو تحديث العملية التعليمية وذلك لخدمة التنمية. وهذا يتطلب إمكانية الإفادة من تطورات العلم وتوظيف هذا التطور في تغيير مسار العملية التعليمية من الوسائل التقليدية إلى الوسائل الحديثة.

وبما أن المكتبة المدرسية تعتبر القلب بمثابة القلب النابض داخل منظومة العملية التعليمية . إذن أي تفكير في تطوير التعليم ينبغي أن ينطلق من قاعدة تطوير المكتبات المدرسية .

ولأن التيار نحو العالم الإلكتروني أو العالم الرقمي أصبح قويا ومؤثرا فإنه لزاما

على المكتبات ومؤسسات المعلومات أن تتفاعل معه وتطور نفسها بما يتماشى مع هذه التطورات وإلا وجدت نفسها خارج الحلبة بكاملها.

وأمام هذا الانفجار المعرفي الهائل والاقتحام التقني الكبير بدأت متطلبات الحياة العصرية تشكل عبئا ثقيلا على المؤسسات التربوية وأصبح من الضروري لهذه المؤسسات أن تعيد النظر في وسائلها وتقنياتها بهدف تحسين المردود التعليمي ورفع كفاءته من خلال مصطلحات جديدة متطورة.

وأمام هذا التطور الهائل الذي تشهده مختلف ميادين الحياة فإن المجتمع في أمس الحاجة إلى تلبية حاجاته ومطالبه وعلى هذا الأساس يجب مواصلة الجهد في مجال البحث عن أساليب واتجاهات مستحدثة قادرة على أحداث التغيير المنشود ومواكبة العصر ، إذ لا يمكن للمجتمع أن يتطور في غياب نظام تعليمي يستوعب الأحداث الجارية ويتفاعل إيجابيا مع التطورات العلمية والتقنية ويعد الأجيال إعدادا متكاملا يمكنها من فهم حقيقة التطورات والإسهام فيها.

ومع بزوغ عصر انفجار المعلومات كان لابد لنا من الاعتماد على مصادر اكثر تطورا لحفظ الإنتاج الفكري والتي تمثلت في المصغرات الفيلمية ، ومع الثورة العارمة للإنتاج الفكري وتشتت العلوم وتشعب التخصصات ظهرت الحاجة الماسة لإيجاد وسائل متطورة للوصول إلى المعلومات المطلوبة بأقل جهد وأسرع وقت . ولهذا برزت أنواع جديدة من التقنية للسيطرة على كمية المعلومات .والتي من أبرزها تقنيات الحاسوب ، والذي ساهم في ضبط الأعمال الروتينية بالمكتبات عن طريق الاستعانة بالتسجيلات المقروؤة آليا في الإجراءات الفنية.

مشكلة الدراسة:

عدم وجود موقع للمكتبات المدرسية بمدينة طرابلس- ليبيا يسبب في عدم إيصال رسالة المكتبة المدرسية ودورها في تفعيل العملية التعليمية والتربوية.

أهمية الدراسة:

1- تكمن أهمية الدراسة في المساهمة في الرفع من المستوى العلمي والثقافي للطلبة وأعضاء هيئة التدريس.

2- الدور المهم الذي تلعبه هذه المكتبات في خلق جيل قادر على التفكير والبحث.

أهداف الدراسة: تهدف هذه الدراسة إلى :

1- التعرف على واقع المكتبات المدرسية الواقعة ضمن نطاق مدينة طرابلس-ليبيا

2- بيان لأهم الخدمات التي تقدمها هذه المكتبات لمجتمع المدرسة.

3- التعرف على نسبة المستفيدين من هذه المكتبات.

4- التعرف على ايجابيات وسلبيات دخول التقنية إلى هذه المكتبات.

5- الوصول لطرق تعليمية حديثة مثلى في توصيل المعلومة للطلبة

6- تطبيق الوسائل الحديثة في العملية التعليمية والتركيز في مناهج التعليم على الجوانب التطبيقية في المجالات المختلفة .

7- ضبط ومعالجة المعلومات بشكل سريع.

8- تحسين وارتقاء العملية التعليمية ، والتعرف إلى سبل تطوير المكتبات المدرسية.
9- فتح آفاق التأهيل والتدريب لأمناء المكتبات المدرسية والتركيز على جانب تقديم خدمات معومات بأساليب متقدمة.

منهج الدراسة:

يعتمد البحث على المراجع النظرية للإنتاج الفكري في موضوع : توظيف المكتبة الالكترونية فى المجال التربوي والتعليمي .

مصطلحات الدراسة:

1-المكتبة الإلكترونية: Electronic library

هي التي تشكل مصادر المعلومات الإلكترونية كالموجودة على الأقراص المدمجة CD أو عبر الشبكات المعلوماتية كالإنترنت . وقد تحتوى أيضا على بعض المصادر التقليدية.

2-التقنيات التربوية: Educational technologies

نظام تطبيق المعرفة والمبادئ العلمية بشكل هادف في مجال تصميم وتنفيذ النظم التعليمية مع التركيز على : الأهداف التربوية، طبيعة المتعلم، استخدام المواد والأجهزة التقنية، الممارسات والتطبيقات التربوية.

3- تقنية التربية: Education Technology

طريقة منهجية أو نظامية لتصميم العملية التعليمية بكاملها وتنفيذها وتقويمها استناداً إلى أهداف محددة والى نتائج الأبحاث في التعليم والتعلم من اجل إكساب التربية مزيداً من الفعالية.

4--تقنية التعليم: Education Technology

تعني تلك العملية المتكاملة التي تشمل جميع عناصر عملية التعليم والتعلم تخطيطاً وتنفيذاً وتقويماً.

5-تقنية المعلومات والاتصالات: Information and Communication Technology

تكنولوجيا المعلومات والاتصالات هي مجموعة الأدوات والأجهزة التي توفر عملية تخزين المعلومات ومعالجتها ومن ثم استرجاعها ، وكذلك توصيلها بعد ذلك عبر أجهزة الاتصالات المختلفة إلى أي مكان في العالم ، أو استقبالها من أي مكان في العالم.

تساؤلات الدراسة:

1- هل أثرت المكتبات الالكترونية على خدمات المعلومات؟
2- هل تأثرت الأوعية الرقمية بالتطوير التقني السريع وخاصة نوعية الحواسيب والبرمجيات؟
3- هل للمكتبة الالكترونية ايجابيات وسلبيات؟
4- هل للمكتبة الالكترونية دور مهم في تعزيز المناهج الدراسية؟
5- هل هناك ظواهر جعلت التقنية تفرض نفسها وتحدث تغييراً عميقاً في مجال التعليم؟
6- هل هناك ضغوطات تواجه العملية التعليمية نتيجة لمستحدثات العصر؟

محاور الدراسة:

- المكتبة الالكترونية (مفهومها- وظائفها- ميزاتها- عيوبها).
- توظيف التقنية في العملية التعليمية.
- مستقبل العملية التعليمية في ظل المكتبة الالكترونية.
- تصور مستقبلي حول توظيف المكتبة الالكترونية في مدارس مدينة طرابلس-ليبيا.

المكتبة الإلكترونية : مفهومها:

شهدت المكتبات تاريخيا ثلاث مراحل ابتداء من استخدام الحاسوب داخل المكتبات :المكتبة المحسبة ، المكتبة الرقمية، المكتبة الافتراضية.

وقد بدأت أولى المحاولات لحوسبة المكتبات في نهاية الخمسينات (1958) وقد أنشئت قواعد بيانات ببليوغرافية للتعريف بالإنتاج الفكري في كافة أصناف المعرفة ،ثم ظهرت الفهارس الإلكترونية للمكتبات ، ومن ثم حوسبة عمليات التسجيل والفهرسة بالاعتماد على أدوات الفهرسة التقليدية (التقنين الدولي للوصف الببليوغرافى"تدوب").

والتي مهدت للانتقال إلى أشكال تبادل البيانات إلكترونيا. ومع تطور تكنولوجيا الرقمنة برزت المجموعات الرقمية داخل المكتبات ومراكز المعلومات باستخدام وعاء جديد وهو الوعاء الرقمي . وقد تطورت المجموعات الرقمية مع انتشار استخدام الأقراص المكتنزة CD- ROM وذلك في منتصف الثمانينات وأدت إلى تغيير طرق الوصول إلى المعلومات من الإتاحة على الخط إلى الإتاحة على الشبكة المحلية عبر خادم للأقراص المكتنزة.

وظهر مفهوم المكتبة الرقمية الذي يدل على انه " نظام معلومات تكون فيه موارد المعلومات متوفرة في شكل يعالج بواسطة الحاسوب، وفيه جميع وظائف الاقتناء والخزن والحفظ والاسترجاع والإتاحة تستند إلى تكنولوجيا الرقمنة." (قدورة 2002)

وتقنية الاتصال أحدث تغييرات كثيرة في المكتبة التقليدية ، بل ستؤدى إلى اختفائها لان الاتصال الإلكتروني لمسافات بعيدة سوف يمكن القراء والباحثين من إجراء البحث عن المعلومات ومصادرها سواء أكانوا في مساكنهم أو معاملهم أو المختبرات إلى جانب المكتبة نفسها . وقد تفقد المكتبة الكثير من مكانتها الأولى بتأثير تقنية المعلومات.(عبدالهادى 1995)

ومن الواضح أن العالم يمر بمرحلة تغير وتطور رهيبة . وتخضع المكتبات لعوامل داخلية وخارجية لتطوير إجراءاتها وتحسين أدائها ، وهذا التحديث له اثر بالغ الأهمية في تطوير كل قطاعات المجتمع . فإدخال تقنيات المعلومات للمكتبة أدى إلى استبعاد الطرق التقليدية التي تخص العمليات الفنية .

ومن أهم التطورات المستقبلية هو ظهور المكتبات الإلكترونية التي ستحدث نقلة نوعية لخدمات المعلومات وتوفير المعلومة المطلوبة بأيسر الطرق واقل تكلفة . وهذه النقلة ستؤثر على المكتبات ولهذا يجب الاستعداد لها بمحاور عدة منها:

1- إعادة النظر في جميع الاجراءات المكتبية التقليدية وتطويعها لتقنيات المعلومات والمصادر الإلكترونية والإسراع في مواكبة العصر بكل تطوراته.
2- الإفادة من تقنيات المعلومات وتفعيل دورها لتطوير العمل المكتبي.
3- تدريب القوى البشرية لاستيعاب التقنية ومعرفة كيفية التعامل مع الوسائل الحديثة.
4- إدخال مقررات تغطى الحاسب وشبكة الإنترنت في تخصص المكتبات والمعلومات.
5- إقامة الندوات والمؤتمرات العلمية لمناقشة تطورات تقنيات المعومات وأثرها على المكتبات .
6- البدء في تطبيق المكتبات الإلكترونية العربية بالتعاون مع الدول العربية (المسند 2000)

وفى خضم البيئة التقنية المتطورة والنمو السريع في نشر مصادر المعلومات الإلكترونية انبثقت المكتبات الإلكترونية على اعتبارها مكتبات يتم من خلالها الوصول إلى المعلومات عبر أجهزة الحواسيب للقيام بعمليات وإجراءات البحث والاستعراض لانتقاء المعلومات المطلوبة ، وعادة ما تربطنا هذه المكتبات بعدد واسع من أدوات البحث والتطوير التي تهدف إلى مساعدة المستفيدين للحصول على كم هائل من المعلومات ، وبهذا تحولت المكتبات في ظل هذه البيئة الإلكترونية للمعلومات والاتصالات إلى مكتبات بلا جدران ، وتتنوع مصادر المعلومات الإلكترونية كاستخدام البحث بالاتصال المباشر وأقراص الليزر المتراصة والإنترنت والوسائط المتعددة .(السيد 1999)

ويعتمد الاستخدام الأمثل للمكتبة الإلكترونية على القدرة الاتصالية وتوافر المقتنيات الإلكترونية وذلك لسد حاجة الباحث العلمية والاهتمام بإعداد أمناء المكتبات الإلكترونية لإنجاز المهام والوظائف الأساسية لمساعدة الباحثين وإبداع أساليب حديثة للارتقاء برسالة المكتبة .(ميخائيل 2001)

" والمكتبة الإلكترونية هي مكان لحفظ المعلومات والوثائق والوسائل السمعية والبصرية والصور والرسومات وتخزينها في وسائط أو أوعية متعددة تتراوح على سبيل المثال بين الكتب المطبوعة والدوريات والملصقات posters والتقارير والشرائح المصغرة Microfiches والشرائح Slides والأفلام وأشرطة الفيديو والأقراص السمعية المضغوطة Contact audio discs والأشرطة المسموعة والأقراص البصرية optical discs ، والأقراص الممغنطة المرنة ووسائل أخرى لا تزال في مرحلة التطوير .

وتتيح هذه الأوعية أمام الفرد فرصا للتعليم والثقافة والترفيه والأمر يبدو وكأن تلك الوسائل التي يتحتم على المكتبة الإلكترونية والمستفيدين منها التعامل معها لا تشكل تحديا كبيرا ، وان إنشاء مكتبة إلكترونية يبدو احتمالا ليس مستبعد الحدوث." (رولي 1993)

ويمكن القول أن المكتبة المعاصرة ستتحول إلى مصرف معلوماتي تكون أولوياتها إدارة حسابات المستفيدين وتزويدهم بالمعلومات المتخصصة التي يحتاجونها على عكس ما كان يحدث في مهمة البث الانتقائي للمعلومات ،

وسوف تكون هذه المهمة عبارة عن أحدث الأنشطة التي يمكن أن تقوم بها المكتبة لكل مستفيد. (ايدروج 1999)

والمكتبة الإلكترونية أشبه ما تكون " بمركز المعرفة " حيث يعمل المهنيون في المعلومات كبوابات gate ways لمصادر المعلومات الرقمية وغيرها.

ونستطيع أن نقول أن هذا النوع من المكتبات لم تكن وليدة عقد التسعينيات بل كانت مثلها مثل أي تطور.

ويوجد لها عدة تعريفات منها :

- " هي مجموعة من المواد التي تم تحويلها إلى بيانات رقمية أو المواد المرمزة بصيغة قابلة للتبادل إلكترونيا.
- هي المؤسسة التي تملك هذه المواد أو التي تتحكم في استخدامها .
- هي الجهة التي تربط في شبكة المؤسسات القائمة لتوفير الاتصال بالمعلومات الإلكترونية وتوفر أدوات البحث وتحمى حقوق التأليف.
- هي المكتبة التي تسمح جميع أشكال المواد ضوئيا وتدخلها عن طريق لوحة المفاتيح وترميزها بهدف إتاحة الوصول إلى جميع مقتنياتها إلكترونيا من أي مكان.
- هي المكتبة التي يتوافر لديها اتصال بالإنترنت ومجموعة قواعد معلومات مليزرة." (المسند 2000)
- هي عبارة عن نظام قواعد بيانات ضخمة تحتوى مواد علمية وثقافية وغيرها ثم إنشائها رقميا ، كما تحتوى على مواد صدرت في شكل غير رقمي ثم تم تحويلها إلى تمثيل رقمي وذلك بالاستفادة من الوسائط المتعددة التي يتيحها الحاسب الآلي وملحقاته. (المسند 2000)
- "هي مؤسسات توفر الموارد المعلوماتية التي تشمل الكادر المتخصص لإختيار وبناء المجموعات الرقمية ومعالجتها وتوزيعها وحفظها وضمان استمراريتها وانسيابها وتوفيرها بطريقة سهلة واقتصادية لجمهور من المستفيدين"(34)
- " هي التي لا تعتمد مجموعاتها اعتمادا مطلقا على الوسائط الإلكترونية المتعددة الأشكال مثل: الممغنطان والمليزرات وشبكات المعلومات وذلك لتخزين واسترجاع المعلومات التي تهم قطاع المستفيدين التي أنشئت من اجلها المكتبة."(35)

أي أن المكتبة الرقمية وعاء يحتوى على كل ما هو مقروؤ آليا سواء كان ذلك على ملف بيانات أو قرص مرن أو على أقراص مدمجة أو مواقع المعلومات على شبكات المعلومات.(36)

وقد ظهرت أولى المكتبات الرقمية على شبكة الإنترنت ابتداء من 1995.ثم توالت المكتبات الرقمية بعد ذلك .

والمكتبات الإلكترونية شكل حديث للمكتبة حيث الاعتماد على التقنيات الحديث في تحويل المعلومات والبيانات من الشكل الورقي إلى الشكل الإلكتروني ، وذلك لزيادة الفاعلية في تخزين المعلومات وبثها للمستفيدين.

وظائفها:

الوظائف الأساسية للمكتبة الإلكترونية :

المصادر .... المعلومات......الاتصالات.

- **بالنسبة لوظيفة المصادر** هي التي تسهل للمستفيد عملية البحث في الفهارس بمداخل معينة مثل :

(المؤلف ، العنوان ، الموضوع) ويمكن الحصول على مختلف أصناف المعرفة الموجودة في المكتبة أو خارجها لدى المكتبات والمؤسسات الأخرى.

- **أما وظيفة المعلومات** فتشمل كل البيانات والمعلومات والمعارف التي يمكن أن تستخدم وتنقل في شكل إلكتروني . أما الملفات الإلكترونية فهي:

أ. " ملفات المعلومات الخاصة بالمجتمع والتي أنتجها نظام معلومات المجتمع.

ب. فهرس المقتنيات المتاحة على الخط المباشر.

ت. نظام التراسل الإلكتروني الذي يمكن المستفيدين من طلب المعلومات وطرح الأسئلة المرجعية والحصول على الإجابات .

ث. دوائر معارف إلكترونية تتوافر من خلال الناشرين التجاريين.

ج. دوائر معارف محلية على الخط (آلية) تعمل على تنظيم وتكشيف الأسئلة التي قدمت وتجيب عليها." (عنييت 1995)

- **أما وظيفة الاتصال** فتجعل المستفيد قادرا على الاتصال من خلال ربط المكتبة بشبكة مكتبات إلكترونية أخرى أو بمجهزي قواعد البيانات .

وتتمثل خدمات هذه الوظيفة في :

أ. الاتصال بمنتجي المعلومات من ناشرين وجامعات ومراكز بحوث.

ب. تسهيل للاجتماعات عن بعد.

ت. تسهيلات الربط بكل الخدمات المعلومات وشبكات المكتبات المتاحة على الخط المباشر.

ث. إصدار الصحف والدوريات المحلية على الخط المباشر.

ج. إصدار لوحة تتضمن النشرات الاجتماعية للمجتمع يتم إصدارها إلكترونيا.

ح. تراسل إلكتروني بين المكتبة والمستفيد وبين أعضاء المجتمع والجهات العامة. (عنييت 1995)

كما توجد عدة وظائف أخرى تتمثل في :

1- وظيفة الانتقاء واقتناء موارد معلوماتية من الواب:

كانت الوظيفة التقليدية متمثلة في اقتناء الوثائق حسب حاجات المستفيدين وفق معايير معينة كالجودة ، والتكلفة ، ولكن بعدة ظهور الإنترنت فإن سياسة المكتبة في اختيار المصادر تقوم بتعويض المصادر التقليدية (الورق أو أقراص مكتنزة)

بمصادر على الخط ، كما تقوم بإعلام المستفيدين بالمصادر الإلكترونية الهامة عن طريق الموقع المخصص للمكتبة. (قدورة 2002)

ويتم ذلك بواسطة ما يسمى " ترصد المواقع" أو " اليقضة المعلوماتية" veille informative ويعنى الاستعداد الدائم لمواكبة هذه الموارد الإلكترونية سواء ما يظهر من موارد جديدة أو ما يطرأ على القائم منها من تطورات. (قدورة 2002)

2- وظيفة فهرسة المواد:

لإعلام المستفيدين بالموارد المعلوماتية العامة المتوفرة على الإنترنت تقوم المكتبات بفهرستها ووضعها في صفحات الروابط link.

3- وظيفة الاتصال وادارة حقوق الملكية:

يهتم المكتبي أيضا بحقوق الاتصال بالموارد الإلكترونية التي يتيحها للمستفيدين سواء أقراص مكتنزة أو الموارد الأخرى الموجودة على الواب.

4- إنتاج الموارد الإلكترونية وأتاحتها:

تقوم المكتبة بوظيفة النشر ، أي تحويل الوثائق الورقية المتوفرة لديها إلى وثائق إلكترونية (خاصة الرسائل الجامعية والكتب التي لا تخضع لحق التأليف المالي وأتاحتها للمستفيدين، وبهذا يتحول المكتبي إلى ناشر يتابع عملية تحويل الوثائق فيختار النصوص التي سينسخها ويراعى الأمانة العلمية في جوانب الملكية الفكرية الخاصة بكل وثيقة.(قدورة 2002)

5- حفظ الموارد الرقمية:

من جراء انتشار المصادر الإلكترونية فقد برزت مشاكل جديدة تتمثل في تأثر الأوعية الرقمية بالتطور التقني والتغيير السريع للتجهيزات الإلكترونية وخاصة نوعية الحواسيب والبرمجيات التي يتم تطويرها من حين إلى آخر ، الأمر الذي نتج عنه أن بعض النصوص الرقمية بدأت تختفي لأنه لم يعد بالإمكان قراءتها بسبب تغير طرق الترميز وظهور معايير جديدة للتعرف على الرموز.

لذلك فإن من واجب المكتبي إعادة تسجيل المعلومات الرقمية بصفة دائمة ومنتظمة على أوعية جديدة وحسب آخر نسخة من البرمجيات حتى تبقى هذه البيانات مقرؤة ويتم الاستفادة منها. لأن النشر وموزع قواعد البيانات والموارد الإلكترونية لا تهمهم مسألة حفظ المعلومات الرقمية التي أصبحت مهددة بالانقراض رغم بروزها حديثا فهو يدخل البيانات الجديدة ويتلف البيانات السابقة باعتبارها لم يعد لها أي فائدة تجارية له. لذا فإن مهمة حفظ الموارد الرقمية تعود بالدرجة الأولى إلى المكتبي لضمان استمرارية المصادر الإلكترونية.(قدورة 2002)

ميزاتها:

1- إدارة مصادر المعلومات آليا.

2- تقديم الخدمة للباحث من خلال قنوات إلكترونية.

3- قدرة العاملين بالمكتبة الإلكترونية على التدخل في التعامل الإلكتروني في حالة طلب المستفيد.

4- القدرة على اختزان وتنظيم ونقل المعلومات إلى الباحث من خلال قنوات إلكترونية." (محيريق 2002)

5- توفير للباحث زخم هائل من المعلومات سواء من خلال الأقراص المتراصة أو من خلال اتصالها بمجموعات المكتبات ومراكز المعلومات والمواقع الأخرى.

6- تكون السيطرة على أوعية المعلومات الإلكترونية سهلة وأكثر دقة وفاعلية من حيث تنظيم البيانات والمعلومات وتخزينها وحفظها وتحديثها ، مما سينعكس على استرجاع الباحث لهذه البيانات والمعلومات.

7- توفير الوقت لدى الباحث ، إذ يمكنه من خلال المكتبة الإلكترونية أن يحصل على ما يريد في اقصر وقت واقل جهد.

8- تمكن من استخدام البريد الإلكتروني والاتصال بزملاء المهنة والباحثين الآخرين لتبادل وجهات النظر وتوزيع الاستبيانات واسترجاعها.

9- تتيح للباحث فرصة الإطلاع على البحوث والندوات والمؤتمرات العلمية ، وتوفر له فرصة كبيرة لنشر أبحاثه وكتاباته.

10- توفر المواد الإلكترونية العالية المتعددة كالصور والبيانات الرقمية والرسوم في شكل رقمي.

11- تقديم الخدمات الرقمية المباشرة.

12- إيصال المعلومات إلى المستفيد في أي مكان إذا توافر له حاسوب شخصي واتصال شبكي.

13- حداثة المعلومات.

14- استغلال قدرات الحاسوب في البحث عن المعلومة واستعراضها .

15- إتاحة المعلومات في جميع الأوقات.(المسند2000)

16- النسخة يمكن مطالعتها بواسطة أكثر من زائر في وقت واحد.

17- لا تبلى النسخة مع كثرة المطالعة والاستعارة.

18- مواكبة التقدم التقني في العالم.

19- يمكن المطالعة والاستعارة والطباعة منها في كل الأوقات ومن على بعد

20- تساعد في نشر الوعي الثقافي الرقمي وتشجيع الباحثين والمؤلفين للاستفادة من الوسائط المتعددة .(المسند 2000)

21- المحافظة على الأشياء النادرة والسريعة العطب من دون حجب وسهولة الوصول إليها.(عبدالفتاح مراد)

عيوبها:

على الرغم من الميزات التي تتميز بها المكتبة الإلكترونية إلا أنه وبدون شك هناك بعض العيوب والمشاكل المتوقع حدوثها أثناء تحويل المكتبة من تقليدية إلى إلكترونية .   **وهذه العيوب هي :**

1- " إن المواد التقليدية لا تزال تشكل كما مهما بين الناس ويسهل التعامل الإلكتروني مع بعض المواد مثل الدوريات والتقارير على عكس الكتب.

2- يضع التعامل الإلكتروني حملا إضافيا على الأكاديميين وأخصائيو المكتبات والمعلومات .

3- عبء تعليم وتثقيف الناس على التعامل الإلكتروني وفهم مزايا النظم الجديدة وكيفية الاستفادة منه."

4- مشكلة التكاليف الباهضة التي يتطلبها التحويل.

5- " قضية حقوق المؤلف" لأن تحويل المواد من تقارير وبحوث ومقالات إلى أشكال يمكن قراءتها آليا أمر يتطلب الحصول على إذن خاص من صاحب الحق، وهذا ينطبق على كثير من المطبوعات ويحتاج إلى وقت طويل وجهود للحصول عليه. و أحيانا يعترض صاحب الحق على إتاحة مطبوعاته عبر شبكات الحاسوب .

6- عند تطبيق المكتبة الإلكترونية تظهر مشكلة الإرشاد أو التعليم الببليوجرافي ، وبالرغم من أن التعليمات المدعمة بالصور في تشغيل نظام الحاسوب قد سهل كثيرا على المستخدم في التعامل معه إلا أننا في اغلب الأحيان نحتاج إلى تدريب المستخدم أو الباحث على كيفية الاستخدام للوصول إلى المعلومات المتاحة في المكتبة الإلكترونية.

7- ان المكتبة الإلكترونية رغم إيجابياتها قد تعكس في بعض الأحيان رأى الموقع أو المؤسسة المصدرة أكثر من طرحها للمادة العلمية كما أن هناك مخاطرة من ناحية نقل بعض المعلومات الخاطئة من جراء ما تتعرض له الشبكة من عمليات قرصنة أو أعطال مما يؤدى إلى إيقافها. (عنيبت1995)

مستقبل العملية التعليمية في ظل المكتبة الإلكترونية:

نعيش الآن عصر المعلومات وثورة تقنية المعلومات الهائلة في التقدم العلمي والتقني والتي تعتبر قفزات لم تحققها البشرية من قبل:

ومن سمات ثورة المعلومات ما يلي:

1- سقوط الحواجز المكانية بين الدول وأصبح العالم الآن قرية واحدة.
2- تدفق هائل للمعلومات.
3- إتاحة مصادر المعلومات المختلفة لكل البشرية دون تفرقة.
4- التواصل بين كل مستويات الدول والأفراد.
5- توفر الاتصال دائما.
6- سقوط الحواجز المكانية.
7- لا احتكار لوسائل الاتصال وشبكات الاتصال.
8- توفر وانتشار الأجهزة الإلكترونية.
9- سهولة وبساطة استخدام الأجهزة الإلكترونية.

كل هذه السمات تساهم في التغلب على بعض المشكلات التي تواجهها الدول النامية في مواجهة مشكلة التعليم.

فبينما تفتقر الدول النامية إلى شبكات الاتصال التي تحقق التواصل بين الأنحاء المختلفة في الدولة. وقد يمكن تحقيق الاتصال من خلال استخدام الأنواع الحديثة من الاتصالات من الأقمار الصناعية والمركبات المتحركة المجهزة القادرة على الاستقبال من هذه الأقمار في أي مكان من أماكن الدولة.

وقد يتيح سهولة استخدام الآلات والمعدات والحاسبات نشر العديد من المناهج والثقافة وتعدد الوسائل التعليمية التي وفرتها التقنية الآن مثل الاتصال التفاعلي

وشبكات الإنترنت والمكتبة الإلكترونية في كسر حواجز الجهل والتخلف بين الدول. وهذا يدل على أن التكنولوجيا قد تساهم بنسبة معقولة في نشر التعليم.

وتتميز كل وسيلة تعليمية عن الأخرى بما تقدمه للتعليم فبينما توفر الإذاعة المرئية انتشارا كبيرا ولا تحتاج لأي مجهود من المتلقي للعملية التعليمية قد يكون حاجز الزمن عائقا لدى المتعلم فقد لا يناسب وقت المتعلم لتوقيت إذاعة البرامج التعليمية.

نجد أن الحاسوب يوفر مشاركة المتعلم في العملية التعليمية وتحديد توقيت التعلم طبقا لرغبة المتعلم.

أيضا فان الحاسوب المتصل بشبكة يتيح إمكانية الحوار التفاعلي بين المتعلم والمعلم مما يساعد على استكمال عناصر العملية التعليمية. كما يمكن من خلال استخدام الإذاعة المرئية تعليم عدد كبير جدا من المستمعين وفى أوقات متعددة.

وتلعب المكتبة الإلكترونية دورا بارزا في تعزيز المناهج الدراسية. وإذا كانت التربية بمفهومها العام هي أداة اجتماعية فإن المكتبة بمفهومها المعاصر هي أداة تربوية.فالمكتبة المدرسية لها بعد تربوي بل هي جزء من العملية التعليمية التربوية.(العمران 2004)

ولها دور كبير في أي نظام تربوي يسعى إلى النهوض ويطمح للتطور لأنها تتجه في المقام الأول إلى الطلبة ثم أعضاء هيئة التدريس والإدارة، ويجب أن يكون رصيد المكتبة المدرسية من المقتنيات وفق معايير أهمها الخصائص التربوية للطلبة، فالمستوى العمري وما يصاحبه من خصائص فسيولوجية ونفسية، والمستوى الدراسي، والمقررات الدراسية. أيضا المستوى الثقافي والعقلي لأعضاء هيئة التدريس ونوعية التخصص. كلها أمور تسهم في تحديد ماينبغى أن تقدمه المكتبة المدرسية للطلبة.

إن طبيعة العصر الحالي ومطالب الإنسان العصري جعلت مصادر التعلم وتقنيات المعلومات الحديثة تتجاوز المواد المطبوعة ويبرز فيها الحاسوب ليساهم في الرفع من مستوى أنشطة وخدمات المكتبة المدرسية. وما من شك أن المجال التربوي قد استفاد بصورة كبيرة من هذا التطور كما يلي:

- **في المجال الفني:**

*-ضبط وتصنيف وإحصاء مقتنيات المكتبة المدرسية وذلك للتعرف عن كتب رصيدها الثقافي في مختلف التخصصات ودرجة حداثتها.

*-تيسير الإطلاع على مافى المكتبة بأيسر وأسرع الطرق.

*-تيسير عملية الإعارة.

- **في المجال التربوي:**

*-**المطالعة**: عن طريق الحاسوب وبعد تطور (CD ROM) أصبحت إمكانية اختزان مكتبة بكاملها على قرص صغير يوضع في الجيب وهذا بدوره يؤدى إلى مضاعفة خدمات الإعارة لأنه في السابق كان من الصعب إعارة هذا الكم من المعلومات.

*-**الإنترنت**: تستطيع المكتبة من خلاله الاتصال بالمكتبات الأخرى في كافة أرجاء المعمورة ومحاورة المختصين في مختلف المجالات.(ولد العالي)

وان المكتبة في عالم التقنية تستطيع أن تتعدى حاجز المكان بواسطة استخدام الحاسوب وشبكات المعلومات والتي تلعب دورا هاما في ربط المكتبات المدرسية بعضها مع بعض لتكوين شبكة معلومات قوية لإفادة مجتمع المدرسة.

ومن بين إسهامات المكتبة الإلكترونية وتوظيفها في العملية التعليمية :

- تزويد الطالب بالقدر المناسب من المعلومات الثقافية.
- اكتساب الطالب خبرات مكتبية وذلك عن طريق التعرف على كيفية العثور على مصادر المعلومات.
- غرس وتشجيع عادة القراءة وحب المطالعة والبحث وعدم الاكتفاء بما يذكره المعلم وما يرد في المقررات الدراسية.

وتوجد بعض تحديات التقنية الرقمية لتطوير العملية التعليمية:

تتمثل هذه التحديات في الآتي:

1- اعتبارها نقلة رئيسية في تطوير وتحديث العملية التعليمية بصفة عامة حيث تسمح للطلبة من مختلف بقاع العالم من الإطلاع على أحدث المعلومات وتبادل الآراء حول جميع الموضوعات التعليمية ومشكلاتها والتعرف على طرق التعليم الحديثة في الدول الأخرى . وهذا ما كان ليتم إلا باستخدام تقنية المعلومات والتي وفرتها تكنولوجيا المعلومات الرقمية .

2- ساهمت مساهمة فعالة بدقة وسرعة فائقة. أيضا ما توفره شبكات المعلومات والشركات المنتجة للمواد والبرامج التعليمية للطلبة من أساليب تعليمية أكثر متعة باحتوائها الصور والإيضاحات التي يحتاجها الطلبة في إعداد واجباتهم المدرسية.

3- يجب أن يكون هناك وقت كاف لكل طالب لاستخدام تقنية المعلومات خارج زمن الدراسة، كما يجب توفير الميزانية اللازمة لشراء الأجهزة حتى يتمكن كل طالب من استخدام الجهاز بشكل يومي وفى أوقات متباينة.

4- يجب أن يكون المعلم موجه مقيم مع الطلبة لإرشادهم على كيفية استخدامهم للأجهزة كما يجب توفير برامج تكنولوجيا المعلومات مع المناهج الدراسية.

5- من أهم التحديات لاستخدام تكنولوجيا المعلومات الرقمية هو تحقيق المساواة بين الطلاب في استخدام الأجهزة، وإلغاء التمييز بينهم، حيث يجب أن يأخذ الطلاب فرص متكافئة من حيث الدخول إلى التقنية، كما يجب أن يتساوى الطلاب من حيث مستوياتهم الاقتصادية خصوصا الذين ليس لديهم أجهزة حاسوب في المنزل.

6- إقامة برامج تدريبية للمعلمين لتطوير أنفسهم ومواكبة العصر في الإطلاع على كل ما هو جديد في مجال تخصصهم، وهنا يبرز دور أخصائي المعلومات بالمؤسسة التعليمية.

وتتمثل المساعدة في الآتي:

- التدريب على استخدام أجهزة تكنولوجيا المعلومات وبرامجها.
- أساليب التخطيط لاستخدام التقنية.
- المساعدة الفنية لصيانة وإصلاح الأجهزة والبرامج عند حدوث الأعطال.

(إسماعيل 2001)

توظيف التقنية في العملية التعليمية:

يعد التعليم هو بوابة مجتمع المعلومات واحد ركائزه الهامة وتوجد عدة ظواهر جعلت التقنية تفرض نفسها وتحدث تغييراً عميقاً في مجال التعليم وهى:

- **الوسائط المتعددة**: وهي التي حطمت الحواجز بين وسائط المعلومات والاتصال والإعلام المختلفة.
- **التقنية النقالة**: وهى التي سهلت على الأفراد في المناطق النائية من مواكبة العصر.
- **شبكة المعلومات الدولية (الانترنت)**: وهى التي سهلت الوصول إلى المعلومات والإطلاع على أحدث المعارف.
- **ثورة الاتصالات**: وهى التي تسمح بنقل وتوصيل كميات اكبر من المعلومات كل يوم عبر الشبكة. (عباس 2001)

وبدخول التقنية جميع ميادين العمل والحياة ومارافق ذلك من تحديث في الأساليب وتطوير لطرق العمل وعلى مجتمعاتنا العمل على استيعاب هذه التكنولوجيا تحت شعار " أداء أجود في ظل معرفة متجددة للوصول بالعمل إلى نتائج أفضل في وقت اقل وجهد اخف وكلفة ارخص"(الكلوب 1993)

ولا يمكن مواكبة مستحدثات العصر بدون تطوير التعليم وتحديث المناهج خصوصاً ونحن نعيش في زمن متغير باستمرار يحتم علينا إدخال تغيرات جوهرية على نظامنا التعليمي بحيث نتجاوز عملية الحفظ والتلقين وتعتمد على عمليات الفهم والتفكير ومواكبة أحدث المعلومات وارقى النظريات في الحقل التربوي لأن المجتمعات الإنسانية التي تمكنت من المشاركة النوعية في الحضارة هي التي ساهمت في تطوير تعليمها للأفضل.(بادي 2012)

وتواجه العملية التعليمية عدة ضغوطات نتيجة لمستحدثات العصر كالتفجر المعرفي والانفجار السكاني وثورة الاتصالات والتقنية وما يصحبها من سرعة انتقال المعرفة، كل هذه العوامل تضغط على المؤسسة التعليمية كي تلزمها بالتغيير والتطور لمجاراة العصر، وقد لجأت العديد من الدول إلى استخدام التقنيات بدرجات متفاوتة لمواجهة هذه الضغوطات والتحديات بما يلي:

1- ازدحام المؤسسات التعليمية بالطلبة أدى إلى عجز المؤسسة على توفير الأبنية والمرافق والتجهيزات اللازمة، وكان الحل هو استخدام وسائل الاتصال في حل هذه المشكلة بتعليم المجموعات الكبيرة.

2- أمكن التغلب على مشكلة النقص في إعداد المعلمين وخاصة ذوى الكفاءات باستخدام الدائرة المغلقة في التعليم.

3- لم يعد التعليم قاصراً على أبناء طبقة دون الأخرى وإنما أصبح مفتوحاً للجميع دون استثناء وخاصة الذين صادفتهم ظروف منعتهم من مواصلة الدراسة النظامية كالمعوقين وربات البيوت وأصحاب المهن وغير المتفرغين من الطلبة وسكان المناطق النائية.

4- تقدم تقنيات التعليم خدمات هامة وأساسية للتربية العملية لتحسين التدريس كاستخدام أسلوب التعليم المصغر ومن خلال الاستعانة بأشرطة الفيديو واستخدام المحاكاة لتحسين الأداء العلمي للطالب.

5- تغير دور المعلم والطالب حيث أصبح الطالب هو محور التركيز في العملية التعليمية وأصبح دور المعلم موجه ومنظم وليس ناقل للمعرفة وملقن اى أن العملية التعليمية تشاركية بين المعلم والطالب.

6- وفرت تقنيات التعليم بدائل وأساليب تعليمية متعددة كالتعليم المبرمج والكمبيوتر التعليمي مما أتاح فرصة التعليم الذاتي.

7- وفرت تقنيات التعليم إمكانات جيدة لتطوير المناهج والكتب وأساليب التعليم.

8- وفرت تقنيات التعليم شكليات مصغرة وأوعية متعددة لحفظ المعلومات.

ولقد أصبح العالم قرية صغيرة حيث سهلت عملية التزاوج بين ثورة الاتصالات وثورة المعلومات عمليات الاتصال بين الثقافات المختلفة اى أن عالم اليوم أصبح مليء بالصور والصوت عبر الوسائط التقنية المتعددة ولم تعد المعرفة عملية نقل المعلومات من المعلم إلى المتعلم بل ايضاً كيفية تلقى المتعلم لهذه المعرفة ذهنياً.

وتكمن أهمية استخدام التقنيات الحديثة في التعلم والتعليم في كونها تساعد على إتمام العملية التعليمية من خلال المساعدة في شرح الدروس وحل التمارين وتمثيل الظواهر الطبيعية أو محاكاتها ، كما تساعد المدرس على تصميم الدروس وفق الأهداف التعليمية الموضوعة ، ويؤكد خبراء التربية أن المتعلم يتعلم ويستوعب عبر التقنيات الحديثة (الحاسوب) أكثر من الطرق التقليدية.

<u>ومن ميزات استخدام التقنيات الحديثة في التعليم:</u>

1- توفر التقنيات الحديثة فرصاً كافية للمتعلم بسرعته الخاصة.

2- إن استخدام التقنيات الحديثة يخدم أهداف تعزيز التعليم الذاتي ومراعاة الفروق الفردية حيث توجد في الحاسوب برامج تراعي قدرات التلاميذ وسرعتهم في الاستجابة وهذا بدوره يؤدي إلى تحسين نوعية التعلم والتعليم.

3- إن الذين يعانون من صعوبات في التعلم فإنهم عن طريق التقنيات الحديثة يزيد من استيعابهم أكثر من الطرق التقليدية.

4- يزود الحاسب المتعلم بالتغذية الراجعة الفورية وبحسب استجابته للموقف التعليمي.

5- إن التقنيات الحديثة تثير جذب انتباه الطلبة فهي وسيلة مشوقة تخرج الطالب من روتين الحفظ والتلقين.

6- يساهم الحاسوب في زيادة ثقة المتعلم بنفسه وينمى فيه الفضول وحب الاستطلاع للاكتشاف أكثر وأكثر.

7- استعمال المتعلم اغلب حواسه في التعليم وذلك بعرض الصور والتسجيلات الصوتية.

8- استخدام التقنيات الحديثة للمتعلم لا يرتبط بعامل العمر الزمني فهو يناسب المتعلمين على اختلاف أعمارهم.

9- جعل غرفة الدرس بيئة تعليمية تمتاز بالتفاعل المتبادل وتساعد على تطوير قدرة المتعلمين.

وعلى الرغم من النمو السريع للتقنية فان استخدام هذه التقنية في التعليم لا يزال ملموس من قبل الكثيرين.(الهادي 2005)

فالنظام التربوي ليس أبنية وأجهزة وموارد تعليمية ومقررات ومعلمين فحسب ، فالنظام التربوي ينبغي أن يقوم على مدخلات جيدة تؤدى إلى عمليات فعالة ونشطة تقود في النهاية إلى مخرجات جيدة في مختلف المجالات المستهدفة فغاية النظام التربوي تتمثل في طالب ارتقت شخصيته ونمت نمواً شاملاً ومتكاملاً جسمياً وعقلياً ووجدانياً واجتماعياً وسلوكياً. (الخميسي 2000)

<u>تصور مستقبلي حول توظيف المكتبة الالكترونية في مدارس مدينة طرابلس- ليبيا</u>

<u>الأسباب الداعية لإنشاء المكتبة الالكترونية:</u>

- التغيير السريع الذي يحدث في وسائل الاتصال ونقل المعلومات يفرض علينا مواكبته.

- التطور الملحوظ في تحديث العملية التعليمية والتربوية.
- تسهيل التعاون والتواصل بين الطلاب والأساتذة على السواء لخلق مجتمع تربوي حضاري في جو ديمقراطي.
- التشجيع على استعمال الوسائل التقنية الحديثة فى مدارس منطقة طرابلس.
- توفير مصادر المعلومات وفق تقنية المعلومات والاتصالات.
- ربط المكتبات الأعضاء بشبكة تعاونية محلية.

** ومن المؤكد أن الدخول إلى عالم المكتبات الالكترونية يتطلب من المكتبات اتخاذ إجراءات عديدة من أبرزها:

1- **التنظيم الالى للمعلومات:** يجب أن تقوم المكتبات في البداية بتنظيم مجموعاتها في شكل إلى وذلك بإنشاء قاعدة بيانات ببليوغرافية لمحتويات كل مكتبة لتمثيل الفهرس الالى بها.

وينبغي أن تحرص المكتبات المدرسية على إنشاء فهارس آلية متوافقة مع صيغة مارك (MARC) الفهرس المقروٴ آليا Machine Read Catalogue واستخدام نظم مثل نظام CDS_ISIS وهذا النظام يمكن استخدامه من قبل المستفيدين الذين لهم خبرة بسيطة وعامة في مجال الحاسوب وذلك حتى تتمكن تلك المكتبات من تبادل البيانات مع المكتبات الأخرى.

2- **اختزان النصوص الكاملة للمواد على وسائط الكترونية:** ينبغي على المكتبات المدرسية إتاحة النصوص الكاملة لمصادر المعلومات المتوافرة بها على وسائط الكترونية حتى يمكن إتاحتها للمستفيدين من الطلبة وأعضاء هيئة التدريس.

3- **ارتباط المكتبات بشبكات المعلومات:** لابد أن تهتم المكتبات المدرسية باستخدام شبكات المعلومات وذلك لمساهمنها مساهمة فعالة في تسهيل التعاون بين المكتبات المدرسية الأخرى وهذا بدوره يؤدى إلى الاقتصاد في المال والوقت والجهد المبذول في العمليات الفنية وإجراءات التزويد وما إلى ذلك من أعمال مكتبية أخرى إلى جانب تلك النظم في تطوير المكتبيين وإكسابهم الخبرات اللازمة ومن تم إتاحة أوعية معلومات إضافية للمستفيدين.

وتحقق هذه الشبكة عدة ايجابيات من بينها:

- تسهيل مراسلات المكتبة وتواصلها مع المستفيدين من خلال البريد الالكتروني E-Mail
- تطوير مستوى الخدمات من خلال استرجاع المعلومات عن طريق الشبكة العنكبوتية.
- تقديم خدمات (المنتدى العلمي) للتواصل المباشر بين أهل الاختصاص لتبادل الآراء والمشورة.
- تيسير عمليات التزويد من خلال الاتصال بالناشرين عن طريق الشبكة والتعرف إلى إصداراتهم وطلبها.
- تيسير اتصال المكتبات بالمكتبة الأم بوزارة التعليم بمنطقة طرابلس.

4- **إنشاء موقع عام للمكتبات المدرسية على الشبكة العنكبوتية:** يجب ان يكون للمكتبات المدرسية بمدينة طرابلس موقع على الشبكة العنكبوتية العالمية(World Wide Web) **وذلك لعدة أسباب :**

أ. تحقيق أهداف إعلامية: حيث أن إنشاء مواقع للمكتبات المدرسية سيحقق حتماً أهدافا إعلامية لتلك المكتبات وهذا بدوره يؤدى إلى ايصال رسالة المكتبة المدرسية ودورها في تفعيل العملية التعليمية والتربوية.

ب. إتاحة المجال لمجتمع المدرسة: للتعرف على المكتبة عن بعد ومعرفة أهدافها ونشاطاتها ومقتنياتها من أوعية المعلومات.

ت. مسايرة التطورات التقنية الحديثة: في مجال المعلومات والارتقاء بمستوى المكتبات المدرسية وخدماتها.

وقد تطورت الوسائط الحديثة لنقل المعلومات حتى انه ظهر إلى الوجود مايسمى بالكتاب الالكتروني الذي يمثل نصوصاً منشورة على هيئة شكل رقمي Digital وبهذا فان الكتاب الالكتروني يعد وسيطاً بديلاً للكتاب الورقي.

ويمكن للمكتبات المدرسية بمنطقة طرابلس الاستفادة من هذه التقنية في مرحلة لاحقة لإتاحة المعلومات للمستفيدين منها.

**أهداف المكتبة الالكترونية بمنطقة طرابلس:

1- نشر الوعي بأهمية استخدام واستثمار الحاسب الالى في التعليم: وذلك لمساندة العملية التعليمية والتربوية وتأهيل مجتمع المدرسة للانخراط في تحديات العصر.

2- توفير آلية لخدمة التعليم: وذلك لتسخيرها في دعم قرارات المؤسسات التعليمية وسيتم من خلال هذه الآلية مراسلة الجهات التابعة لها واستقبال تلك الجهات بسرعة ودقة.

3- توفير معلومات المناهج للطلاب والمعلمين: ستوفر المكتبة من خلال الشبكة المحلية للطلاب وأعضاء هيئة التدريس الكتاب المدرسي ودليل المعلم على شكل الكتروني وكذلك البرامج التعليمية التفاعلية والبرامج الاثرائية والمعلومات التربوية.

4- تطوير آلية للتعليم عن بعد: وذلك لمساعدة الطلاب الذين لا يتمكنون من الحضور للمدارس بسبب المرض أو الإعاقة.

5- توفر للطالب وجميع أفراد أسرته المعلومات الموسوعية: والمعارف الأساسية والمعاجم والمعارف العامة.

6- يمكن للطالب الإطلاع والربط بالمواقع ذات العلاقة بالتعليم مجلياً وعالمياً وبمختلف اللغات.

7- يمكن للطالب المشاركة بالمسابقات العلمية والثقافية والفكرية التي تعقد بين الطلاب في جميع مدارس المنطقة.

8- يمكن للطالب المشاركة بالندوات والمؤتمرات وحلقات النقاش المختلفة التي تعقد بين الطلاب في مختلف مدارس المنطقة.

9- تقديم خدمة الإحاطة الجارية والبث الانتقائي للمعلومات .

متطلبات إنشاء المكتبة الالكترونية في التعليم:

- كوادر بشرية مؤهلة.
- توفير الحواسيب اللازمة.
- موقع عام شامل على شبكة الانترنت.
- شبكات محلية في جميع المؤسسات التعليمية والمدارس مربوطة بالموقع العام.
- المادة العلمية بمختلف أشكالها وصورها.

الفئات المستهدفة من المكتبة الالكترونية:

- مسؤلو المؤسسات التعليمية.
- مديرو المدارس والإداريين والموجهين التربويين.
- المعلمون والطلاب وخبراء التعليم.
- أمناء وأمينات المكتبات المدرسية.

الخدمات التي تقدمها المكتبة الالكترونية:

من ضمن الخدمات التي ستقدمها المكتبة الالكترونية في التعليم مايلى:

- **تقديم المعلومات المختلفة**: ستحتوى المكتبة على كمية هائلة من المعلومات المختلفة والتي مكوناتها المعلوماتية من (بيانات، موسوعات، إحصاءات، معارف، معاجم، مناهج، مفردات مناهج، دروس نموذجية.) ايضاً تقديم آخر المعلومات حول التطور الحالي في المدارس التابعة للشبكة في المنطقة.
- **البريد الالكتروني:** سيكون لدى جميع أفراد قطاع التعليم وجميع فئات المستفيدين من المكتبة الالكترونية بريداً الكترونيا خاصاً بهم وستتمكن المؤسسات التعليمية من إرسال الرسائل الالكترونية لمن يهمها أفرادا أو جماعات ويمكنها كذلك استقبال الرسائل الواردة إليها عبر البريد الالكتروني.
- **التخاطب الالكتروني**: تعد هذه الخدمة متاحة لجميع أفراد المؤسسات التعليمية والتابعين لها من (معلمين ، وطلاب ، وموجهين تربويين ، ومدراء مدارس ، وإداريين.) وتساعد الأساتذة على أن يكونوا على تواصل مع آخر ماتوصل إليه

التطور في علوم التربية ، كما تساهم في تحويل عالم التربية كله إلى قرية نموذجية صغيرة تجمع كافة المهتمين دون اى جهد كما تؤمن للأساتذة والطلاب على السواء منفذاً إلى ندوات الحوار والمؤتمرات من خلال الشبكة ويجب أن تحدد لهذه الخدمة لائحة بها ضوابط عديدة تلتزم بها والتي من أهمها: الالتزام بالآداب الشرعية والحرص على التخاطب الهادف البناء.

- **بث تعليمات المؤسسة التعليمية للمعنيين بها:** عن طريق هذه الخدمة ستتمكن وزارة التعليم بالمنطقة من بث التعليمات والبيانات والتعميمات والتوجيهات والتعديلات والإعلانات عبر المكتبة الالكترونية وبهذا تستطيع وزارة التعليم من اختصار الوقت اللازم لوصول التعليمات للمعنيين بها، حيث تستغرق المعلومة أو الرسالة المراد إيصالها ثوان معدودة.

- **الإعلانات التعليمية:** ستتمكن المؤسسات التعليمية من نشر الإعلانات التعليمية المختلفة عن طريق هذه الخدمة وتشمل تلك الإعلانات حركة نقل المعلمين من والى المؤسسات التعليمية والوظائف الشاغرة وأسماء الناجحين في الامتحانات وأسماء الطلبة المتفوقين في جميع المراحل والبارزين في مختلف الأنشطة والفرص المتاحة للخرجين والإعلان عن المسابقات المنهجية والثقافية والفكرية والموسيقية والمسرحية والرياضية التي تقام سنوياً على مستوى المنطقة، ايضاً البرامج الثقافية التي تقام في الأسبوع الثقافي المفتوح.

- **الإدارة المدرسية:** من خلال المكتبة الالكترونية سيتم القيام بعدة أعمال إدارية من تسجيل الدرجات وكيفية توزيع نصاب المعلمين من الحصص الأسبوعية وسجلات وبيانات الطلاب والمعلمين ،كما يمكن للمدارس من تزويد وزارة التعليم عن درجات الطالب أول بأول.

- **توضيح وشرح المناهج للطلاب والمعلمين وأولياء الأمور:** من خلال هذه المكتبة سيتمكن مسؤولى تحديث المناهج من متابعة المعلمين فيما يخص المناهج وشرح الغامض منها، وبهذا يتم اختصار الوقت والجهد لإيصال مثل هذه المعلومات للمعلمين، كما يمكن شرح المسائل المتعلقة بالمناهج الدراسية لمساعدة الطلاب وأولياء الأمور.

- **تقديم المناهج على شكل وسائط متعددة:** سيتم عبر المكتبة الالكترونية من تقديم المناهج على شكل وسائط متعددة وذلك لضمان وصول المعلومات لجميع الطلبة دون استثناء وبهدف توحيد أسلوب ايصال التعليم لجميع المعنيين، وبهذا سيتم التغلب على مشكلة كثرة الطلاب في الفصول الدراسية.

- **تقديم خدمات لذوى الاحتياجات الخاصة من معلمين وطلاب وأولياء أمور:** يمكن عن طريق هذه المكتبة من تقديم مناهج ومعلومات وبيانات وإرشادات ونصائح للطلاب ذوى الاحتياجات الخاصة وأولياء أمورهم ومعلميهم ومتابعتهم وتقديم المساعدة لهم.

- **إقامة المسابقات والندوات والمؤتمرات العلمية بين المدارس المختلفة:** يمكن الاستفادة من المكتبة الالكترونية في عقد المسابقات العلمية والثقافية بين الطلاب في جميع مدارس المنطقة، ايضاً يمكن إقامة الندوات والمؤتمرات العلمية في مختلف التخصصات.

- **الخدمات المكتبية:** سيتم عبر هذه الخدمة من وضع تقنين موحد للإجراءات الفنية الخاصة بالكتب من تسجيل وفهرسة وتصنيف وسيتم تسهيل التعاون بين المكتبات المدرسية من تبادل وإعارة الكتب والدوريات والبحوث، ايضاً إرسال نموذج تقييم المكتبات المدرسية للأمناء لمعرفة الأسس والمعايير التي على أساسها يتم تقييم المكتبة المدرسية، وإعلامهم بالجدول المعد لمواعيد تقييم مسابقة المكتبات المدرسية التي تقام سنوياً ايضاً تزويدهم بأحدث التطورات في مجال التخصص، وإقامة الدورات التدريبية لتنمية مهاراتهم المهنية.

- **تدريب المعلمين:** سيتم من خلال المكتبة توفير مواد تدريبية تفاعلية للمعلمين، تكون متاحة لهم في اى وقت يرغبون فيه لتطوير أنفسهم وستغطى هذه البرامج جميع المواد التعليمية لجميع المراحل الدراسية.

- **الاشتراك في إصدار مجلة موحدة:** بمعنى إصدار مجلة عبر الشبكة وهذا النشاط يخلق في الطالب حب العمل الجماعي وعرض مجلات عبر الشبكة بكل سهولة وتعطى للطلاب مجموعة مهارات منها:

- تقاسم المواضيع بين مجموعة التأليف.
- البحث عن المعلومات الحديثة عبر الشبكة.
- اغناء المجلة بالصور المتحركة والمصاحبة للصوت.(الكميشي 2005)

المراجع

أولا/ الكتب العربية:

1- بشار عباس/ ثورة المعرفة والتكنولوجيا: التعليم بوابة مجتمع المعلومات.-دمشق:دار الفكر،2001.ص23.

2- بشير عبد الرحيم الكلوب/ التكنولوجيا في عملية التعلم والتعليم.-ط2.-عمان:دار الشروق،1993.ص284.

3- -جاسم محمد جرجيس ، صباح محمد كلو/ مقدمة في علم المكتبات والمعلومات .- صنعاء: دار صنعاء،1999.

4- جنيفررولى /أسس تقنية المعلومات ؛ ترجمة عبد الرحمن بن حمد العكرش؛ تقديم عباس صالح طاشكندى.-الرياض:مطبعة الملك فهد الوطنية،1993.

5-داولين عنيت/ المكتبة الإلكترونية : الأفاق المرتقبة ووقائع التطبيق؛ترجمة عبد الرحمن الشيمى .- الرياض: جامعة الإمام محمد بن سعود ، 1995.

6-السيد سلامة الخميسي / التربية والمدرسة والتعليم: قراءة اجتماعية ثقافية.-إسكندرية:دار الوفاء.2000.ص21.

7-عاطف السيد/ الكمبيوتر التعليمي والفيديو التفاعلي.- مصر:2002.

8-عبد الفتاح مراد/كيف تستخدم شبكة الإنترنت في البحث العلمي.-الإسكندرية:دار الكتب والوثائق المصرية،(د.ت)

9-الغريب زاهر إسماعيل /تكنولوجيا المعلومات وتحديث التعليم.- القاهرة: عالم الكتب،2001.

10-محمد محمد عبد الهادي/ نحو توظيف تكنولوجيا المعلومات لتطوير التعليم في مصر.-المكتبة الأكاديمية:مصر،1995.

11-محمد محمد الهادي / التعليم الالكتروني عبر شبكة الانترنت،تقديم حامد عمار.-القاهرة: الدار المصرية اللبنانية،2005. ص55.

ثانيا / الدوريات:

1- احمد الحافظ إبراهيم"نحو مكتبة رقمية في دولة الإمارات العربية المتحدة"

4-الأخضر ايدروج " الخدمات الإلكترونية في المكتبة المعاصرة: مدخل إلى المعلوماتية " الاتجاهات الحديثة في المكتبات والمعلومات، مج 6،ع19 (1999).

8- حمد بن إبراهيم العمران" أين المكتبة المدرسية وسط المفاهيم الجديدة"مجلة المعلوماتية، ع6،ابريل2004.

25-مبروكة عمر محيريق " المكتبة الإلكترونية وأثرها على العاملين بالمكتبات ومراكز المعلومات " الاتجاهات الحديثة في المكتبات والمعلومات .مج9،ع7(يناير2002).

34 -موريس أبو السعد ميخائيل " النظم الرقمية وإسهامها في النهوض بخدمات المكتبات المتخصصة " مجلة مكتبة الملك فهد الوطنية، مج6،ع2.

40-وحيد قدورة " المكتبة الرقمية والنص الإلكتروني: أي تغيير وأي تأثير " المجلة العربية للأرشيف والتوثيق والمعلومات،س 6، ع11-12 (ديسمبر 2002ف) .

ثالثا/ الندوات والمؤتمرات وورش العمل:

1-حسن ولد العالي" المكتبات في موريتانيا:ماضيها،حاضرها،ومستقبلها"ورقة مقدمة للمؤتمر الثاني عشر للإتحاد .2011.

2-سوهام بادي/ تنظيم التعليم الالكتروني من خلال تصميم المقررات الالكترونية أعمال المؤتمر الدولي لتقنيات المعلومات والاتصالات في التعليم والتدريب جميل اطميزى 7-10\ مايو\ 2012.تونس.ص22-34.

3- لطفية على الكميشي/ ورقة مقدمة للندوة العلمية الأولى للمعلومات بعنوان " المعلومات والتنمية " بعنوان (توظيف الحاسوب في العملية التعليمية) والتي نظمتها أكاديمية الدراسات العليا بالتعاون مع مركز الدراسات والبحوث بمؤتمر الشعب العام في الفترة من 15 إلى 17 / 12 / 2002 ف.طرابلس- ليبيا

رابعاً/ رسائل الماجستير والدكتوراه:

1- لطفية علي الكميشي/ المكتبة الالكترونية وتحديث العملية التعليمية والتربوية: دراسة مطبقة على قطاع التعليم العام بمنطقة طرابلس- ليبيا/ أطروحة دكتوراه غير منشورة، 2005.

خامسا / الكتب الأجنبية:

Costabile M and Espositof . and G.Anadptive visual environ ment For Digital Library- International On Digtal - Library. Volume2 . Number 2/3 (September 1999) PP124-143.

The Importance of Digital Libraries in the Palestinian Universities

Dr. Jamil A. Itmazi
Director of e-Learning center
Palestine Ahliya University - Bethlehem, Palestine
j.itmazi@gmail.com

Abstract

Information technology explosion and its applications in every aspect of academic life are changing the entire scenario of learning and researching nowadays. Libraries that have long served crucial roles in learning since the first great library in Alexandria 2,000 years ago are integrating soon with the cyber world to produce Digital Libraries (DLs).

In this paper, we explored some services of digital libraries at Palestinian higher education institutions. Indeed, these DLs are still in their infancy. The concept of DLs in local universities is still very limited to the reservation of some global database libraries without convenient and capable steps or moves to adopt modern techniques of education, especially those related to libraries that can both cope with and exploit the era of electronic services and finally allow the launch of such digital libraries.

In this study, the nature of DLs will be first reviewed. The current situation and trends of DLs in the Palestinian Universities will also be explored. Moreover, the DLs potential role as well as benefits in the educational process will be explained. Furthermore, some fundamental procedures for integrating both the traditional library and digital library will be provided. Finally, a strategic plan to build a DL will be provided.

Keywords : Digital Library, Palestinian Universities, Strategic Plan, Electronic and Virtual Library.

الملخص:

أهمية المكتبات الرقمية في الجامعات الفلسطينية

في الوقت الحاضر، فان ثورة تكنولوجيا المعلومات وتطبيقاتها المستخدمة في جميع مجالات الحياة الأكاديمية تقوم بتغيير السيناريو الكامل للتعليم والبحث. وقد خدمت المكتبات التعلم والتعليم فترة طويلة ولعبت دورا حاسما منذ أول مكتبة كبيرة في الإسكندرية منذ 2000 سنة، وهذه المكتبات أصبحت تدمج مع عالم الإنترنت والويب لإنتاج المكتبات الرقمية.

في هذه الورقة استطلعنا بعض خدمات المكتبات الرقمية في مؤسسات التعليم العالي الفلسطينية، والحقيقية ان فكرة المكتبات الرقمية ما زالت في مراحلها الأولية، فمفهوم المكتبة الرقمية في الجامعات المحلية ما زالت محدودة مقتصرة جدا على الحجز والاشتراك قواعد البيانات المكتبية العالمية دون خطوات ملائمة وبدون تحركات فاعلة لاعتماد التقنيات الحديثة في التعليم، وخاصة تلك المتعلقة بالمكتبات التي تمكن هذه الجامعات من التعامل مع عصر الخدمات الإلكترونية واستغلالها وتسمح أخيرا بإطلاق مثل هذه المكتبات الرقمية.

في هذه الدراسة، سيتم أولا عرض ماهية المكتبة الرقمية، وسيجري أيضا بحث الأوضاع الحالية والاتجاهات المستقبلية للمكتبات الرقمية في الجامعات الفلسطينية. وعلاوة على ذلك، سيتم شرح الدور المحتمل لهذه المكتبات فضلا عن شرح فوائدها التي تعود على العملية التعليمية. كمت وسيتم عرض بعض الإجراءات الأساسية اللازمة لدمج كل من المكتبة التقليدية والمكتبة الرقمية. وأخيرا، سيتم تقدم خطة استراتيجية لبناء مكتبة رقمية.

الكلمات الجوهرية: المكتبة الرقمية، الجامعات الفلسطينية، الخطة الاستراتيجية والمكتبة الإلكترونية والافتراضية.

1. Introduction

Digital Library (DL) has the potential to enhance and support the university learning and teaching. Recently, most of universities are trying to integrate and adopt initiatives of DL to its systems in view of the enormous benefits that could be gained.

We explored some digital libraries at Palestinian higher education institutions. Indeed, these DLs are still in their infancy. The concept of DLs in local universities is still very limited to the reservation of some global database libraries without convenient and capable steps or moves to adopt modern techniques of education, especially those related to libraries that can both cope with and exploit the era of electronic services and finally allow the launch of such digital libraries.

When reviewing sites of Palestinian Universities (PUs), confusion is apparent in the establishing DLs as well as poor knowledge of how to deal with the issue of electronic resources due to the subject modernity, and lack of specialists and scarcity of Arabic and local studies dealing with this complex subject.

1.1 Definition

DL projects started in the early 1990s. One of the first projects was Vatican Library Accessible Worldwide [1] and Alexandria Digital Library (ADL) [2].

Terms such as "digital library", "electronic library" and "virtual library" are often used synonymously. However, digital library will be used in this research.

Digital library as "collections" can be defined as "an organized and focused collection of digital objects, including text, images, video and audio, along with methods for access and retrieval, and for selection, creation, organization and maintenance" [3].

In fact DL is more than a collection of books, documents, and materials of traditional library on an electronic (digital) form; it also contains any "digital material', e.g. Software, multimedia.

Besides the DL, the majority of the modern traditional libraries have been automated and computerized, by saving information of objects and resources (e.g. books, magazines, CD's ...etc). Furthermore, some of these libraries adopt also some DL functions (electronic resources) by saving digital objects. Consequently, the user can search for these resources via internet anywhere to review full content of eBook or to see some information about a paper based book[4].

The following diagram shows the sequences from Traditional Library to Virtual Library, see Figure 1:

The market of Digital Library Software is growing; some of those Packages are commercial Software, while others are free Open-Sources.

Figure 1: Sequences from Traditional Library to Virtual Library

1.2 Problem statement and approach

In this study, the nature of DLs will be first reviewed. The current situation and trends of DLs in the Palestinian Universities will also be explored. Moreover, the DLs potential role as well as benefits in the educational process will be explained. Furthermore, some fundamental procedures for integrating both the traditional library and digital library will be provided. Finally, a strategic plan to build a DL will be provided.

The research followed a case study approach and data collected mainly from documents of web sites of PUs.

1.3 Limitation of study

DLs can be found within universities as well as in companies to educate and train their staff. It can also be found separately providing paid or free services. Nevertheless, this paper will focus on studying DLs within PUs. The list of PUs is taken from the Palestinian ministry of high education [5].

2. Digital library

2.1 Digital library vs. traditional library

Some users consider DL as an automated traditional library, but the concept is more extend than this. The below Table 1 summarize the contrast between traditional and digital libraries [6]:

Table 1: The contrast between traditional and digital libraries

Traditional Libraries	Digital or Electronic Library
Print collection.	All resources in digital form.
Stable, with slow evolution	Dynamic and ephemeral.
Individual objects not directly linked with each other.	Multi-media and fractal objects.
Flat structure with minimal contextual metadata.	Scaffolding of data structures and richer contextual metadata.
Scholarly content with validation process.	More than scholarly content with various validation processes.
Limited access points and centralized management.	Unlimited access points, distributed collections and access control.
The physical and logical organization correlated.	The physical and logical organization may be virtually.
One way interactions.	Dynamic real-time dialogue.
Free and universal access.	Free as well as fee based.

2.2 DLs Components:

The components of a digital library are [7]:

- IT Infrastructure
- Digital Collections
- Telecommunication facility
- Human resources

2.3 Digital Resources:

- E-Book
- Lectures
- Research Journals / Articles
- Magazines
- Database of digital material.
- Software.
- Multimedia files.
- Reports.
- Thesis.
  - etc…

2.4 Advantages of a Digital Library

The advantages of digital libraries may include [8]:

- 24/7/365 Availability: The user need not wait for the library hours and can access the library anytime from his computer
- No Location Limitations: The person can access the library even from a remote location, from his computer.
- Fast Search & Information Retrieval: The pain of manual search can be minimized. It can be searched from the computer itself
- Better Quality: It imparts an added value as quality of images, can be improved, stains can removed etc.
- Multiple Accesses: Unlimited users can access the same document at the same time.
- No Space Limitations: The physical space consumed by physical libraries can be minimized, if the documents are stored in a database/server etc.
- Assured Preservation and conservation of Documents: Digital repositories can minimize the chances of misplacement of documents.

3. Digital Library Initiatives in Palestine:

We explored all the service of DL in PUs. Indeed, these DLs are still in their infancy. The concept of DLs in local universities is still very limited to the reservation of some global database libraries without convenient and capable steps or moves to adopt modern techniques of education, especially those related to libraries that can both cope with and exploit the era of electronic services and finally allow the launch of such digital libraries.

Below is the result all services of DL in Pus in Table 2:

Table 2: the result all services of DL in Pus

University / Home page	PhD-Master Thesis	Journal/s	External Library Databases	e-learning	Projects, e-Book Researches, Articles
Al- Azhar University-Gaza www.alazhar.edu.ps	www.alazhar.edu.ps/Library/Marchive.asp	Journal of Al Azhar University-Gaza (Natural Sciences and Human Sciences): www.alazhar.edu.ps/journal123	www.alazhar.edu.ps/Library/databases/databases.asp http://libhub.sempertool.dk/		http://ntdc.alazhar.edu.ps/e-Library.aspx
The Arab American University www.aauj.edu			http://portal.aauj.edu/lib/e_database.jsp	www.aauj.edu/E-Learning	http://portal.aauj.edu/lib/
Palestine Polytechnic University www.ppu.edu		Palestine Journal of Mathematics http://pjm.ppu.edu/	In http://library.ppu.edu/	http://elearning.ppu.edu	http://library.ppu.edu/ar/Graduation%20Projects.aspx
An-Najah National University www.najah.edu	http://scholar.najah.edu/theses	Journal of Humanities and Journal of Natural	www.najah.edu/ar/online-databases	www.najah.edu/ar/elearning	www.najah.edu/ar/page/1774

		Sciences: www.najah.edu/ar/page/3928			
Al-Quds Open University www.qou.edu		3 Journals for Research and Studies and for of Open and Distance Education: www.qou.edu/arabic/index.jsp?pageId=312	www.qou.edu/arabic/index.jsp?pageId=216	http://elearning.qou.edu	Research on Distance Education & E-Learning: www.qou.edu/arabic/index.jsp?pageId=3182
Hebron University www.hebron.edu	http://elearning.hebron.edu/moodle/course/view.php?id=274	Hebron University Research Journal: www.hebron.edu/index.php/ar/hu-journal	www.hebron.edu/index.php/ar/hu-elibrary	http://elearning.hebron.edu	
AL-Quds University www.alquds.edu			www.library.alquds.edu	http://eclass.alquds.edu	Full Articles Research: http://www.alquds.edu/en/research/researchers Statistical & reports: www.alquds.net.ps/Arabic/IndexA.html
University / Home page	PhD-Master Thesis	Journal/s	External Library Databases	e-learning	Projects, e-Book Researches, Articles
Islamic University of Gaza www.iugaza.edu.ps	http://library.iugaza.edu.ps/thesis.aspx	Islamic University Journal: www.iugaza.edu.ps/ar/periodical	http://library.iugaza.edu.ps/fulltext.aspx	http://elearning.iugaza.edu.ps	http://library.iugaza.edu.ps/other_resources.aspx www.iugaza.edu.ps/ar/AboutIUG/version.aspx http://library.iugaza.edu.ps
Birzeit University www.birzeit.edu	http://library.birzeit.edu/librarya/bzu-ths/bzu-ths.php		http://home.birzeit.edu/library/fulltext_journals_en.php	http://itc.birzeit.edu	https://ritaj.birzeit.edu/instructor/publications/public/
Bethlehem University www.bethlehem.edu		Bethlehem University Journal: http://192.116.4.4/WebOPACNew/catalog/search.aspx	http://library.bethlehem.edu/resources/onlineDB/index.shtml	http://eclass.bethlehem.edu	www.bethlehem.edu/library/DigitizedBooks
Al-Aqsa University www.alaqsa.edu.ps		Journal of Al-Aqsa University–Gaza Natural Sciences and Natural Sciences:	www.alaqsa.edu.ps/ar/default.asp?pageid=871		

		www.alaqsa.edu.ps/ar/default.asp?pageid=990		
Palestinian Technical University – Kadoori, www.ptuk.edu.ps		Palestine Technical University Research Journal: http://ptuk.edu.ps/ptuk_journal	http://www.ptuk.edu.ps/khlibrary.php	http://moodle.ptuk.edu.ps/	
Palestine University http://up.edu.ps		Journal of Palestine University http://research.up.edu.ps/Versions_M	http://library.up.edu.ps/viewPage-127	http://ocw.up.edu.ps/upinar	http://up.edu.ps/ar/Scientific&Search-120
Gaza University www.gu.edu.ps			www.gu.edu.ps/library/electronic		
Al-Istiqlal University www.pass.ps			https://library.pass.ps		

3.0 The Road Map - Strategic Plan.

In order to succeed, adopting any DL initiative requires a preparation of strategic plan which covers a number of years. This Plan will provide an obvious starting point for the activities, priorities and policies necessary to ensure the application of DL initiatives effectively and appropriately.

Consequently, it identifies its objectives and explains the steps that would achieve those objectives. Moreover, it identifies requirements and needs necessary for the implementation of DL project successfully and develops an estimate budget.

In general, the plan provides a "road map" of what must be done in order to build and integrate DL. It is better to be a short-or medium-range, i.e. between 3-5 years, and then re-study it after the expiry of the term.

Here are the main phases:

3.1 Phase I: Formatting the project committee:

The university need to form a joint committee, consists of various university experts in sectors, e.g.: Library, IT, planning and development, education and instruction, multimedia.

They give the authority to ask help from all university levels, to view the infrastructure and all university resources.

3.2 Phase II: Developing a strategic plan:

First: Setting the vision, mission and goals:

This part is done after exploring the visions of university constituents as well as surveying the university staff, about the main objectives of integrating and adopting DL initiative to the university system. It needs:

- Determining the desired vision, or overall objective of the project.
- Clearly defining DL vision which needs to be understood by the constituents of the institution and incorporating into the institution's strategic plan.
- Setting the project goals to be achieved by the university.

Second: Bridging the gap (Where are we?, What do we want?):

This part deals with three sectors: infrastructure, skills and content in term of their existence and needs. It could be realized by:

I) Surveying the current situation (Where are we?):

It aimed to find out the current state of affairs. This step includes the following:

Infrastructure:

- Surveying the physical infrastructure of ICT, e.g.; PCs, servers, and networks.
- Surveying the available software and systems.
- Surveying the available Internet connections.

Skills:

- Survcying thc skills of IT among thc lccturcrs and university staff. The key point here is to check their ability to use PC and Internet.

Content:

- Surveying the available eContent -eResources.

II) Determining the project requirements (What do we want?):

This study is strongly influenced by the vision and objectives of the project. It is based on sectors of infrastructure, skills and content. The main points to be considered are:

- Possibility of using current resources or updating available resources.
- Identification of new requirements.

This study discusses the software requirements in general. Another comprehensive study will be realized in the third step.

Third: Realizing the following studies:

a) **A study of the DL resources:** This study is to determine the expected resources level:
  - Automation the traditional resources (Books, Cd's Tapes …etc…).
  - Periodicals and magazines.
  - Articles and researches.
  - Projects, statistical and reports.
  - Manual and guides.
  - Lectures.
  - eBook.

b) **A study to identify the needed software infrastructure:**

Determining the needed software is more difficult than determining the needed hardware: e.g. PC devices, networks and equipments. This study has to determine the following:
- DL platform: This item necessitates to identification the Type and License of DL platform: e.g. Public domain or copyright platforms.
- The need for other related software.
- Source of platform and related software, which could be one or more of the following:
  - Developing some of these systems by the University Computer Center.
  - Demanding from software companies to develop some systems.
  - Purchasing ready systems or obtaining Public domain.

c) **A study to determine source of e-Contents and e-Resources**

Content and resources could be found in multiple forms from many different sources. This study has to determine the source of e-Contents and e-Resources; whether they are developed at the university or purchased, or shared with other partners.

d) **A study to set the priority criteria of developing content and resources.**

Fourth: Identifying necessary steps to establish DL project and determining its staff:

This part explains how to establish a DL and to determine qualifications and number of its staff.

Fifth: Identifying the content-resources developing procedures:

This part explains the following:
- Conversion procedures from conventional content-resources to e-Content-e-Resources.

- Standards of Quality assurance.
- Methods of evaluation.
- Determining the intellectual property rights.

Sixth: Designing plans of awareness and training:

The following plans will be at the university-level:

I) A comprehensive awareness plan

Actually getting employees and prospective students and instructors to use DL is a challenge on its own. Resistance to change is often determined by the degree of confidence that others have in the new vision.

This confidence is significantly impacted by how much information and understanding there is around what this 'new product' will look like. People need to be able to 'see' where they are going.

Overcoming resistance to change to better inform teachers, learners and university staff about DL benefits.

II) A comprehensive training plan:

The university staffs who accomplish the tasks necessary to fulfill the vision of DL and to be trained to do their jobs the right way; otherwise, they become the barriers to progress.

Seventh: Setting a timetable for the project:

The timetable will show every step with its schedule during all the period of the project.

Eighth: Setting the estimates budget of overall project:

The estimates budget has to take into consideration all direct costs of adopting and executing DL initiative during the period, as well as indirect costs.

Ninth: Developing an evaluation plan:

The overall aim of the evaluation is to ensure that the DL project result in outcomes with clear benefits.

In addition to ensure that every part running as planned. The plan needs to explain the procedures of continuous feedback with many ways: survey, questionnaire, ranking…etc. as well as methods of maintenance and modification.

2.2 Structure of the Plan

Figure 2, shows a structure of the main phases of the plan:

Figure 2. Structure of ESP

Project of Digital Library
Formatting project Committee
Preparing a strategic plan
Setting the vision and objectives of the project
Bridging the gap (Where are we, what do we want)
A Study to set the priority criteria of developing content and resources
A study to determine source of e-Contents
A Study the needed DL platform & related software
A study about DL resources
Identifying the steps necessary to establish the DL and determining its staff
Identifying the content-resources developing procedures from traditional to electronic
Designing a comprehensive training plan
Designing a comprehensive awareness plan
Setting the project timetable
Setting the estimates Budget
Developing an evaluation plan

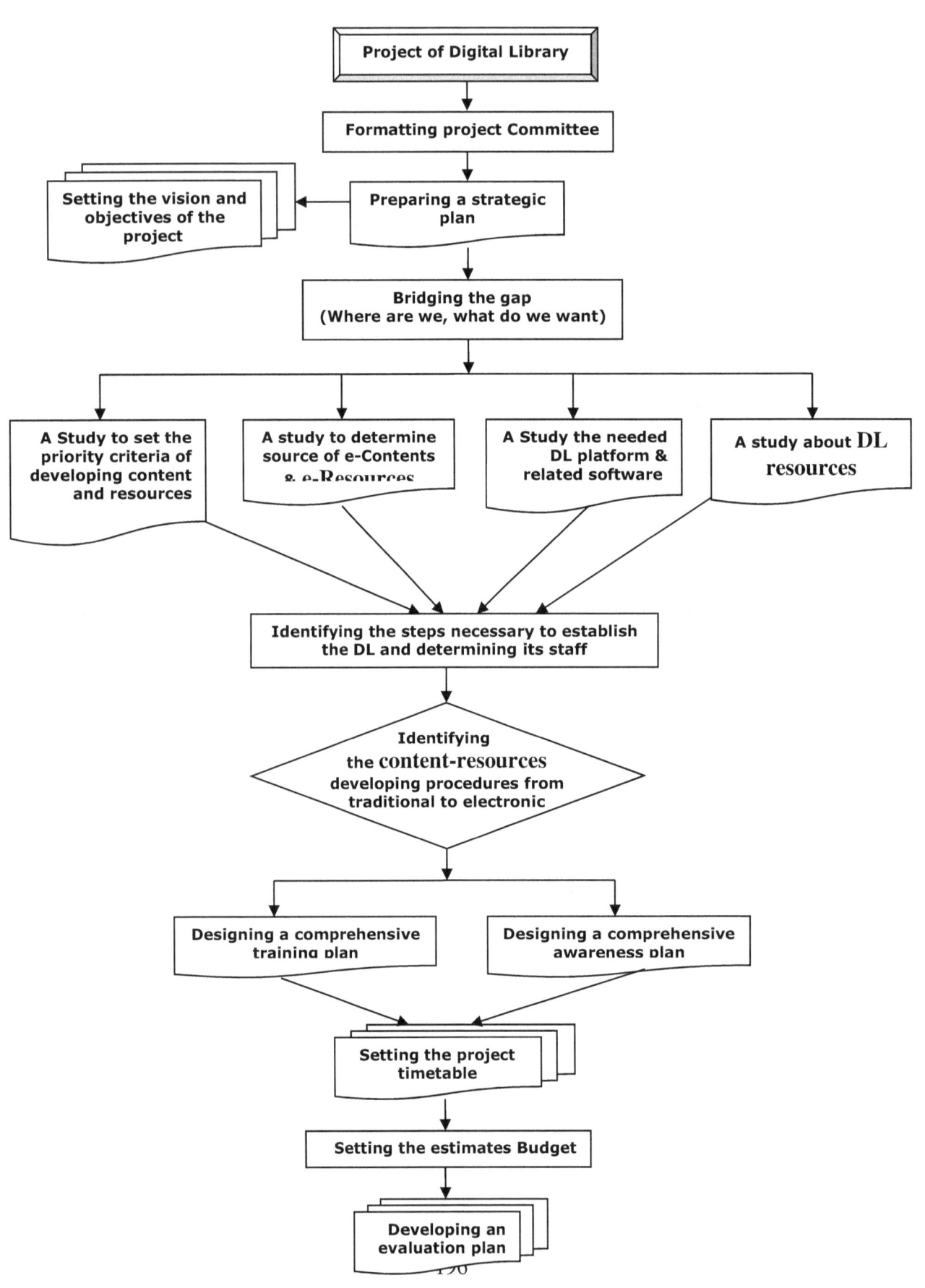

4.0 Conclusion.

Adopting high-quality eLearning at university is a complex process. It requires a variety of competencies at every stage of the integrating process. The literature on the subject so far suffers from confusion and poor knowledge.

Many traditional universities were tried adopting the subject without adequate studies, costing these universities more time and effort and perhaps a project failure. This paper aims to clarify the adoption procedures with flexibility of each university according to their privacy and vision.

The proposed structure of the eLearning strategic plan explained in this paper provides a clear approach for adopting and integrating eLearning imitative to traditional universities. In addition, the paper provides explanation about the roles, responsibilities and tasks of eLearning unit.

5.0 References.

[1]: Ana Pavani, 2007. The Role of Digital Libraries in Higher Education. International Conference on Engineering and Education 2007. 3 to 7 September, Coimbra, Portugal. www.ineer.org/events/icee2007/papers/637.pdf

[2] Alexandria Digital Library, retrieved 1st July, available www.alexandria.ucsb.edu/adl

[3] Witten, H., Bainbridge, D. & Nichols, D. 2009. How to Build a Digital Library, Second Edition (The Morgan Kaufmann Series in Multimedia Information and Systems. San Francisco: Morgan Kaufmann Publishers, ISBN: ISBN: 0123748577.

[4]: Jamil Itmazi. 2010. A suggested algorithm of recommender system to recommend learning objects from digital library to learning management system. Asian Journal of Information Technology. Volume: 9. Issue: 2. Page No.: 37-44. Year: 2010. URL: http://medwelljournals.com/abstract/?doi=ajit.2010.37.44

[5]: Palestinian universities. 2013. Accreditation and Quality Assurance Commission (AQAC), Palestinian ministry of high education, website: Retrieved 1st July, available: www.aqac.mohe.gov.ps/ar/home/HEI.aspx

[6] Mayank Trivedi. 2010. Digital Libraries: Functionality, Usability, and Accessibility Library Philosophy and Practice, may 2010. www.webpages.uidaho.edu/~mbolin/lpp2010.htm

[7]: Pandey, S. K. (2009). Management of preserving resources in digital library in Indian scenario: challenges and perspectives. In: Positioning the Profession: the Tenth International Congress on Medical Librarianship, Brisbane Australia. August 31-4 September 2009. http://espace.library.uq.edu.au/view/UQ:188080

[8]: Business lite. 2013. Digital Library. Retrieved 1st July, available online at http://115.119.200.3/knowledge_sites/digitallibrary/?author=1

عنوان الدراسة: اتجاهات طلبة جامعة الطفيلة التقنية نحو القراءة وارتياد المكتبة في ظل الأرشفة الإلكترونية والربط الالكتروني بين مكتبات الجامعات الأردنية الحكومية

الاسم	البريد الإلكتروني	مؤسسة العمل	المدينة	البلاد
د/ نايل محمد الحجايا	n_hajaia@yahoo.com	كلية العلوم التربوية/ جامعة الطفيلة التقنية	الطفيلة	الأردن

الملخص

استهدفت هذه الدراسة معرفة اتجاهات الطلبة في جامعة الطفيلة التقنية نحو القراءة والمطالعة وارتياد المكتبة في ظل الأرشفة الالكترونية و(عملية الربط الالكتروني بين المكتبات في الجامعات الأردنية الحكومية من خلال مركز التميز)، وتكونت عينة الدراسة من 299 تم اختيارهم ضمن العينة العشوائية الطبقية حسب الكليات واستخدمت الدراسة استبانة وزعت على طلبة الجامعة وحاول الدراسة الإجابة على الأسئلة الآتية:

- ما هي اتجاهات طلبة جامعة الطفيلة التقنية في اتجاهات الطلبة نحو القراءة وارتياد المكتبة في ظل الأرشفة الإلكترونية؟
- هل توجد فروق دالة إحصائيا في اتجاهات الطلبة نحو القراءة تعزى للنوع الاجتماعي أو التخصص/ (إنسانية/علمية)؟
- هل توجد فروق دالة إحصائيا في اتجاهات الطلبة نحو ارتياد المكتبة تعزى للنوع الاجتماعي أو التخصص/ (إنسانية/علمية)؟
- هل توجد فروق دالة إحصائيا في اتجاهات الطلبة نحو القراءة وارتياد المكتبة في ظل الأرشفة الإلكترونية نحو ارتياد المكتبة تعزى للنوع الاجتماعي أو التخصص/ (إنسانية/علمية)؟

وخلصت الدراسة إلى أن اتجاهات الطلبة نحو القراءة وارتياد المكتبة في ظل الأرشفة الإلكترونية، كانت في المستوى الضعيف والمتوسط، وأوصت الدراسة إلى ضرورة زيادة التوعية والتوجيه من قبل أعضاء هيئة التدريس وكل وسائل الإعلام بأهمية القراءة. زيادة الاهتمام يربط الطلبة بالمكتبات ومصادر المعرفة، والبحث العلمي، بما يجعل الطلبة يقبلون على القراءة.

الكلمات المفتاحية: القراءة، الاتجاهات، المكتبة، الربط الإلكتروني.

1. مقدمة:

لم تكن القراءة حالة ترف فكري في يوم من الأيام، ولا نافلة على ضروريات الحياة، بل كانت مبتدأ الفتح العلمي والنهج القويم في سلم الارتقاء، بل كانت القراءة على الدوام حياة الحضارة وحضارة الحياة ونحن نعلم أنه لم يرد في قواميس ومعاجم العربية تفسيراً للحضارة بمعنى القراءة (الشيخ، 2008) لكن من الواضح ان تجد متلازما بين النهضة الحضارية وبين القراءة.

ولأهمية القراءة أنشئت المدارس ودور العلم، وطبعت الكتب والمؤلفات وأُقيمت دور الكتب والمكتبات، ولم تترك أمة القراءة إلا هانت وذلت، ولا تمسكت بها أمة إلا ارتقت وارتفع شأنها. فكانت أول كلمة نزلت على محمد صلى الله علية وسلم كلمة (إقرا)، حاملة صفة الأمر الرباني لخاتم المرسلين، كنافذة إلى الفكر الوجودي الموصولة إلى العلم والمعرفة، قال تعالى "اقرأ وربك الأكرم، الذي علم بالقلم، علم الإنسان ما لم يعلم" العلق (3-5).

فالقراءة أقوى الأسباب لمعرفة الله وعبادته وطاعته وطاعة رسوله صلى الله علية وسلم فالقراءة متعة النفس، وغذاء للعقل الروح (الحوامدة، 2010) فالقراءة تهذب النفس وتنمي الفكر، وتأخذك إلى عوامل مختلفة وأزمان متباعدة وتضيف أعماراً لعمرك.

ففي القراءة نجد خلاصة تجارب الآخرين، وننتقل عبرها من عالم ضيق الأفق إلى عالم آخر أوسع أفقاً، وفي القراءة سياحة العقل بين اثار الفكر البشري عبر الحضارات القديمة، لذلك، وليم جيمس الفيلسوف الأمريكي لابنة عندما سأله: ماذا أقول للناس عندما يسألوني عن عملك يا أبتاه؟ (يا بني إني دائم السفر والتجوال، لألقى الفلاسفة والأدباء والمفكرين من كل عنصر وجنس ودين، غير عابئ بحدود جغرافية ولا بفترات زمنية، إنني أصغي بواسطة الكتب للأموات القدامى كما أصغي للأحياء الذين تفصلني عنهم مسافات شاسعة).

ولقد شُغف علماء الإسلام والغرب بالقراءة فأخذت جل أوقاتهم فكانت اتجاهاتهم نحو القراءة ايجابية بشكل عال فكانت النتيجة تقدمهم الحضاري والإنساني.

وعلى الرغم من أن العصر الحديث هو عصر الاتصالات التكنولوجية إلا أن القراءة بقيت مصدرا مهما من مصادر المعرفة وما زالت تلعب دوراً مهماً في عملية التعليم والتعلم وبقيت الأداة الأولى في حصول الإنسان على المعرفة وتفاعله مع البيئة المحيطة به (هزايمة، 2010).

وعندما نتبع الكثير من الدراسات نجد مفهوم القراءة منذ بداية القرن العشرين وحتى الآن قد تغّير، فلم تعد القراءة تعرّف القارئ على الحروف والكلمات فقط بل تعداه إلى أبعد من ذلك، إذ كانت الأمم تعلم الصغار من أجل أن يقرؤون، واليوم تقرأ الناشئة لكي تتعلم، فتغيّر المفاهيم ناتج عن الاهتمام المستمر بها من خلال البحوث التربوية (الشيخ، 2008).

ولقد تعددت التعريفات التي تناولت مفهوم القراءة، فكل باحث رآها من جانب يختلف عن الآخر فمنهم من رآها هي اكتساب المعاني من خلال إدراك الرموز المكتوبة، إذ عرضها جودمان (1995) الذي فسّر القراءة بأنها العملية التي من خلالها يحصل الفرد على المعنى من المطبوع من خلال اللغة بأكملها (1995، Goodman)في حين (بوند وتنكر وواسون، 1986) بأنها عملية التعرف على الرموز المكتوبة أو المطبوعة)، فعملية القراءة عملية عقلية مركبة، وذات شكل هرمي يرتبط بالتفكير بدرجاته المختلفة.

وقد ازداد اهتمام الباحثين بالقراءة في النصف الثاني من القرن العشرين، وحاولوا التركيز على القراءة أنها أسلوب من أساليب النشاط العقلي في حل المشكلات وإصدار الأحكام والتفكير والنقد، هذا بالإضافة إلى التركيز على عنصر الاستماع الذي يرافق عملية القراءة كون القارئ يجد لذة وسروراً نفسياً لبعض الميول والرغبات المكبوتة من خلال القراءة.

وفي ظل الاهتمام المضطرد بالقراءة تم الالتفات إلى الاهتمام بالقارئ وإعداده إعداداً جيداً وتزويده بكل المهارات اللازمة بدءاً من إدراكه للرموز المقروءة وفهم معناها وصولاً إلى النظرة الإيجابية نحو القراءة والتي تقود قطعاً إلى ممارستها.(الناقة، 2001)

ويلعب الاتجاه الإيجابي نحو القراءة دافعاً مهماً وضرورياً يدفع الأفراد نحو ممارستها واقعاً معاشاً في شتى مناحي حياتهم وأوقات فراغهم، يتعدى الأمر أبعد من ذلك إلى إيجاد وقت فراغ لممارسة القراءة.

ولقد شكل موضوع الاتجاه عنوانا لكثير من الدراسات التربوية التي تركزت على قياس اتجاه الأفراد نحو كثيراً من الممارسات التعليمية إدراكاً منهم لأهمية الاتجاه في التحكم بسلوك الطلبة والأفراد، فالاتجاهات مجموعة من الميول والمشاعر والأحاسيس والتصورات التي يعتقد بها الأفراد وتتكون لديهم نتيجة اكتسابهم لمهارات عقلية أو نفس حركية (حميدات، 2001)، وقد عرّفه (قطامي وعدس، 2005) على أنه حالة نفسية عند الفرد يحمل خلالها طابعاً إيجابياً أو سلبياً تجاه شيء أو موقف أو فكرة أو ما شابه مع استعداد للاستجابة بطريقة محدده مسبقاً نحو مثل هذه الأمور أو كل ماله صلة بها.

وفي ظل هذا المفهوم للاتجاه، فإن الاتجاهات الإيجابية نحو القراءة هي أحد العوامل المهمة التي تدفع التلاميذ لممارسة القراءة، وارتياد المكتبة، وكثرة الاطلاع، وصحبة الكتاب، والبحث عن المعرفة.

وشهدت نهايات القرن العشرين تطوراً نوعياً في مجال الاتصالات والمعلومات وشبكات الاتصال، منحت الفرصة لربط العالم ببعضه البعض فأصبح بمقدور الفرد أن يطّلع على محتويات كبيرات المكتبات العالمية من

أماكن مختلفة من العالم، وفي الأردن قامت الجامعات الأردنية بإنشاء مركزاً أسمته "مركز التميز" قامت من خلاله الجامعات الأردنية بربط مكتباتها ببعضها البعض، إذ يستطيع الطالب أو الباحث أن يطلع على محتويات مكتبات الجامعات الأخرى من مكتبة جامعته، وتطلّب إنشاء هذا المركز أن تقوم كل جامعة بأرشفة محتوياتها، وأُنجز في مجال الأرشفة نسب عالية من محتويات المكتبات في الجامعات الأردنية، الأمر الذي وفّر على طلاّب العلم والباحثين مؤنة السفر، والانتقال، والوقت والجهد والتكاليف، وفي ضوء هذه الإنجازات على المستوى الإلكتروني يبرز السؤال: هل ساهمت هذه الجهود التي بُذل في سبيلها المال والجهد والوقت في رفع نسبة القراءة وارتياد المكتبة؟ وما هي اتجاهات الطلبة نحو القراءة وارتياد المكتبة بشكل عام؟ وهل ساهمت الأرشفة في رفع الدافعية نحو القراءة وارتياد المكتبة؟

2. الدراسة:

2.1. أهمية الدراسة:

لقد شكل التدفق المعرفي ثورة شملت جميع جوانب المعرفة الإنسانية وسائر حياة الإنسان، هذا يشكّل تحدياً للمنظومة التربوية برمتها ولا يمكن لأي إنسان أنه مهما بلغت قدرته أن يحيط بجميع جوانب هذه الثورة دون تكوّن لديه القدرة أو الرغبة في القراءة والاطلاع. ويمكن إيجاز أهمية هذه في النقاط الآتية:

- حسب علم الباحث أن هذه الدراسة هي الأولى التي تتناول اتجاهات طلبة جامعة الطفيلة نحو القراءة وارتياد المكتبة.
- من المتوقع لهذه الدراسة بعد الانتهاء منها تفيد في تزويد الأساتذة والمدرسين والعاملين في المكتبات بتغذية راجعة حول ضرورة رفع دافعية طلبة الجامعة نحو القراءة واعطائها ما تستحقه من الوقت والاهتمام.

2.2. مشكلة الدراسة:

في ظل ما تقدم من أهمية القراءة في بناء شخصية الفرد المتعلّم وإيجاد جيل مثقف متعلّم وتمكينه من مهارات القراءة، وتعزيز اتجاهاته نحو القراءة وفي ظل العلاقة القائمة بين القراءة والرقي الحضاري، ودورها في بناء مهارات التعلّم الذاتي لدى الناشئة في حال ممارستهم للقراءة، وخلق جو البيئة التعلميّة التعليمية يدعو إلى ممارسة القراءة وارتياد المكتبة في ظل مشاهدات الباحثين على تدني مستوى ممارسة القراءة وارتياد المكتبة للقراءة الذي أدّى إلى ضعف التحصيل وتدني مستوى الأداء اللغوي لطلبة الجامعة والعزوف عن ممارسة القراءة.

وقد جاءت هذه الدراسة لتكشف عن اتجاهات طلبة جامعة الطفيلة التقنية نحو القراءة وارتياد المكتبة.

2.3. أسئلة الدراسة:

- ما هي اتجاهات طلبة جامعة الطفيلة التقنية في اتجاهات الطلبة نحو القراءة وارتياد المكتبة في ظل الأرشفة الإلكترونية؟
- هل توجد فروق دالة إحصائيا في اتجاهات الطلبة نحو القراءة تعزى للنوع الاجتماعي أو التخصص/ (إنسانية/علمية)؟
- هل توجد فروق دالة إحصائيا في اتجاهات الطلبة نحو ارتياد المكتبة تعزى للنوع الاجتماعي أو التخصص/ (إنسانية/علمية)؟
- هل توجد فروق دالة إحصائيا في اتجاهات الطلبة نحو القراءة وارتياد المكتبة في ظل الأرشفة الإلكترونية نحو ارتياد المكتبة تعزى للنوع الاجتماعي أو التخصص/ (إنسانية/علمية)؟

2.4. محددات الدراسة:

تم إجراء هذه الدراسة في ضوء المحددات الآتية:

1- محددات مكانية وزمانية:

اقتصرت هذه الدراسة على طلبة جامعة الطفيلة التقنية المسجلين للدراسة في الفصل الدراسي الثاني من العام الجامعي 2012/2011.

2- المحددات الإجرائية:

ويتمثل باستخدام الباحث استبانة من إعداده.

وقد ركزت الدراسة على بعض المتغيرات المستقلة وهي النوع الاجتماعي، والكلية، والمستوى الدراسي. وستكون نتائج الدراسة معتمدة على صدق هذه الدراسة وثباتها.

2.5. مصطلحات الدراسة:

الاتجاه: وقُصد به اتجاه طلبة جامعة الطفيلة التقنية واستجاباتهم على مقياس الاتجاه نحو القراءة وارتياد المكتبة في هذه الدراسة.

التخصص: لأغراض هذه الدراسة قسمت الكليات في الجامعة إلى فئتين: التخصصات الإنسانية وتضم كليات: التربية، والآداب، والعلوم المالية والإدارية. والتخصص العلمية وتضم كلية الهندسة، وكلية والعلوم.

الأرشفة الإلكترونية : وقُصد به العملية التي من خلالها يتم تحويل مقتنيات المكتبات من الأرشيف الورقي إلى الأرشيف الإلكتروني، ليسهل تبادل هذه المواد الأرشيفية عبر وسائل الاتصال المتاحة، كالأنترنت وحفظها وتنظيمها واسترجاعها واستنساخها.

3. الدراسات السابقة:

أجرت باركر وباراديس (PARKER & PARADIS ،1986) دراسة استهدفت معرفة الفروق بين اتجاهات الذكور والإناث من الصف الأول وحتى الصف السادس نحو القراءة وهل تختلف الاتجاهات بين الصفوف الأساسية الأولى والصفوف المتوسطة وهل هناك تفاعل بين الجنسين، وتكونت عينة الدراسة من (134) طالباً وطالبة في مناطق ريفية في جبال روكي بأمريكا وأشارت النتائج لعدم تغير اتجاهات طلبة الصفوف من الأول حتى الثالث، والصفوف الخامس والسادس، ووجد اختلاف بين الصف الرابع والخامس بالاتجاه نحو القراءة من نوع القرّاء خارج الصف، وكذلك هناك اختلاف لصالح الطالبات، ولم يوجد تفاعل بين الجنس والمستوى الصفي.

قامت موشير (MOSHER ،1999) بدراسة استهدفت معرفة أثر برنامج لتحسين معرفة الطلبة بالمفردات واتجاهاتهم نحو القراءة من خلال التدريس المباشر للمفردات وتكونت عينة الدراسة من (23) طالباً من الصف الرابع الأساسي في إحدى ضواحي شيكاغو من الطلبة الذين يعانون ضعفاً في الاستيعاب القرائي ومعاني المفردات وقد أشارت النتائج إلى تحسن في اتجاهات الطلبة نحو القراءة.

وأجرى نزال (2002) دراسة استهدفت معرفة أثر كل النوع الاجتماعي والمستوى العلمي والمستوى اللغوي والمعدل العام للتحصيل في اتجاهات طلبة المرحلة الابتدائية في المدارس الأهلية بالخبر من وجهة نظر معلميهم وتكونت عينة الدراسة من 342 طالباً موزعين على ثلاثة فصول، واستخدمت قائمة ملاحظة لقياس الاتجاه نحو القراءة وخلصت الدراسة إلى أن متوسط ميل الطلبة نحو القراءة يقل عن المستوى الذي اعتمدته الدراسة، وأن هناك فروقاً في ميل الطلبة تعزى للمستوى التعلمي والجنسية في حين لم تظهر أية فروق تعزى للنوع الاجتماعي، وهناك علامة إيجابية بين الميل نحو القراءة والمستوى اللغوي والمعدّل العام للتحصيل.

وأجرى الهروط (2011) دراسة استهدفت هذه الدراسة معرفة أثر استخدام برنامج تعلّمي قائم على القراءة الناقدة إلى تنمية مهارات التفكير التأملي والابداعي لدى طلبة الصف العاشر الأساسي واتجاهاتهم نحوها، وتكونت عينة الدراسة من 36 طالباً للمجموعة التجريبية و34 طالباً للمجموعة الضابطة، وقد استخدم الباحث اختبارين لقياس مهارات التفكير التأملي وصورة الألفاظ، واستخدم مقياس لقياس اتجاهات الطلبة وقد توصلت الدراسة إلى أن هناك أثر للبرنامج التعليمي في اكتساب المهارات والاتجاهات نحو القراءة الناقدة.

أجرى الموغيري (2002) دراسة استهدفت أثر كل من العمر والنوع الاجتماعي والحالة الاجتماعية في اتجاهات الشباب في الكويت نحو قراءة الصحف مقارنة بعينة أخرى مصرية، وقد خرجت الدراسة بأن الشباب الأصغر سناً أكثر ميلاً للقراءة ممن هم أكبر منهم وأن الشباب غير المتزوجين يميلون إلى القراءة أكثر من الشباب المتزوجين، وأن اتجاهات الذكور من الشباب أكثر من الإناث، ولم تظهر فروق دالة إحصائية بالنسبة لمتغير الجنسية.

4. الطريقة والإجراءات:

4.1. مجتمع الدراسة:

تكون مجتمع الدراسة من طلبة جامعة الطفيلة التقنية المسجلين على الفصل الثاني، للعام الدراسي الجامعي (2013/2012)، والبالغ عددهم (4459) طالباً وطالبة.

4.2. عينة الدراسة:

تم اختيار عينة عشوائية من طلبة جامعة الطفيلة التقنية بلغ عددها (299) طالباً وطالبة ويشكلون ما نسبته (6.7٪) من مجتمع الدراسة، والجدول رقم (1) يبيّن توزيع أفراد عينة الدراسة على متغيرات الدراسة: النوع الاجتماعي، والكلية، والمستوى الدراسي.

جدول رقم (1)

توزيع أفراد عينة الدراسة حسب متغيرات النوع الاجتماعي والتخصص

	ذكور		إناث		المجموع	
	العدد	النسبة المئوية (%)	العدد	النسبة المئوية (%)	العدد	النسبة المئوية (%)
علمية	121	40	60	20	181	60
إنسانية	53	18	65	22	118	40
المجموع	174	58	125	42	299	100

4.3. أداة الدراسة:

قام الباحث بإعداد مقياس اتجاهات الطلبة نحو القراءة وارتياد المكتبة واتجاهاتهم نحو القراءة وارتياد المكتبة في ظل الأرشفة وطوّرها بنفسه بناءً على استبيان استطلاعي مفتوح تم توجيهه إلى عينة استطلاعية عشوائية من غير عينة البحث بلغ حجمها (30) طالباً وطالبة. كما تم الاستعانة بالدراسات السابقة المتعلقة بموضوعي الاتجاهات نحو القراءة والاتجاهات نحو المكتبة إضافة إلى خبرة الباحث في هذا المجال. وتكوّن المقياس في صورته النهائية من قسمين:

القسم الأول: وتكون من معلومات ديموغرافية عن المستجيب (النوع الاجتماعي: ذكر، أنثى)، الكلية (علمية، إنسانية).

القسم الثاني: وتكون من استبانة قياس الاتجاهات بلغ عدد فقراتها (54) فقرة ودُرجت الاستبانة، حسب نظام (ليكرت) الخماسي حيث وُزّعت الدرجات على الفقرات كالآتي:

- أوافق بشدة (5) - أوافق (4) - محايد (3)

- معارض (2)   - معارض بشدة (1)

وُزّعت على ثلاثة مجالات: المجال الأول: الاتجاه نحو القراءة، المجال الثاني: الاتجاه نحو ارتياد المكتبة، المجال الثالث: الاتجاه نحو القراءة وارتياد المكتبة في ظل الأرشفة الإلكترونية.

3.1..4. صدق أداة الدراسة:

للتأكد من صدق أداة الدراسة تم عرضها على مجموعة من الخبراء والمحكمين المختصين في كلية العلوم التربوية. وكان الغرض من التحكيم التحقق من انتماء الفقرة لمجال القياس والتحقق من مناسبة الصياغة اللغوية. وقد تم أخذ ملاحظات لجنة التحكيم وإعداد المقياس بصورته النهائية.

3.2..4. ثبات أداة الدراسة:

وللتأكد من ثبات أداة الدراسة قام الباحثان بإيجاد الثبات باستخدام طريقة الاختبار وإعادة الاختبار (TEST-RETEST) إذ تم توزيع أداة الدراسة على عينة من مجتمع الدراسة مكونة من (20) طالباً وطالبة من خارج عينة الدراسة. وكانت الفقرة الزمنية الفاصلة بين التطبيقين ثلاثة أسابيع وتم حساب معامل ارتباط بيرسون بين التطبيقين. وقد بلغ معامل الثبات بالإعادة (0.88).

5. نتائج الدراسة ومناقشتها:

للإجابة عن أسئلة الدراسة ومن أجل تفسير النتائج اعتمدت الدراسة على المتوسطات الحسابية الآتية المعتمدة تربوياً والخاصة بالإجابة على الفقرات كالآتي:

- (4) فأكثر درجة الموافقة كبيرة جداً
- (3.5-3.9) كبيرة
- (3-3.4) متوسطة
- (2.5-2.9) ضعيفة
- أقل من (2.4) ضعيفة جداً

5.1. النتائج المتعلقة بالسؤال الأول: ما هي اتجاهات طلبة جامعة الطفيلة التقنية نحو القراءة وارتياد المكتبة؟؟

وللإجابة على هذا السؤال تم احتساب الأوساط الحسابية والانحرافات المعيارية لاستجابات الطلبة والجدول (2) يبين هذه النتائج:

الجدول (2)

الأوساط الحسابية والانحرافات المعيارية لاستجابات الطلبة على فقرات الاستبانة مرتبة تنازلياً.

الفقرة	الرتبة	الوسط الحسابي	الانحراف المعياري
المجال الأول: الاتجاه نحو القراءة			
أهتم بالقراءة بشكل يومي	i19	299	3.19
أنظر لممارسة القراءة بإقدام	i21	299	3.16
اتضايق من الحث على القراءة	i17	300	3.15
أشارك في الأنشطة والمنتديات التي تهتم بالقراءة	i18	300	3.15
القراءة لا تلبي احتياجاتي	i20	300	3.1
القراءة غير ضرورية في حياتي	i1	300	3.03
لا يثير اهتمامي أي شي عن القراءة	i11	300	2.98
أفضل القراءة في مكتبة الجامعة	i16	300	2.92
أتابع المواقع الإلكترونية التي تهتم بالقراءة	i15	300	2.88

تسهم القراءة في وحدة الأمة	i12	298	2.86
اعتقد أني مقصر في ممارسة القراءة	i14	300	2.85
القراءة مهارة لا يمارسها الطلبة	i5	300	2.81
أفضل الألعاب واستماع الأغاني على القراءة	i2	300	2.8
المواد المتوافره للقراءة في المكتبة غير مشوقة	i13	298	2.77
القراءة مملة ولا أحبها	i3	300	2.76
أمارس القراءة فقط لأجل الإمتحان	i6	300	2.75
القراءة تساعدني في التعبير عن أفكاري الخاصة	i10	300	2.71
القراءة صورة من صور التميز العلمي	i9	300	2.7
هناك حاجة للقراءة على المستوى الحياتي	i7	300	2.68
القراءة تزيد من ثقتي بنفسي	i8	300	2.64
تحسن القراءة من مستوى تعاملي مع الناس	i4	300	2.52
المجال الثاني: الاتجاه نحو ارتياد المكتبة			
افتقر لكيفية استخدام المكتبة	i34	300	3.28
الجلوس في المكتبة مضيعة للوقت	i31	300	3.21
الربط الإلكتروني ضاعف من زياراتي إلى المكتبة	i27	299	3.09
يساعدني ارتياد المكتبة على ادراك التطورات العلمية والتكنولوجية التي تحدث اليوم	i22	300	3.08
سهلت عملية الأرشفة والربط الإلكتروني من عملية البحث داخل المكتبة	i28	300	3.04
يساعدني إرتياد المكتبة على معرفة الجديد في الدراسات العلمية والبحث العلمي	i23	300	3.03
ليس هناك ضرورة في إرتياد المكتبة	i24	300	3.03
أعتقد أن عملية الأرشفة ليس لها دور في إرتيادي للمكتبة	i29	300	2.93
ليس هناك تشجيع من المكتبة لإرتيادها	i33	300	2.9
الأساتذة لايشجعوننا على زيارة المكتبة	i25	300	2.88
لا يطلب الأساتذه منا أي ابحاث علمية تستدعي زيـارة المكتبـة	i26	300	2.72
كثير من المشاكل التي تحدث في الجامعة ناتجة عن قلة إرتياد المكتبة	i32	300	2.69
الجو داخل المكتبة غير مهيأ للقراءة أو المذاكرة ولا يشجع عليها	i30	299	2.56
المجال الثالث: اتجاهات الطلبة نحو القراءة وارتياد المكتبة في ظل الأرشفة			
اتعرض للتعب اثناء التصفح الالكتروني	i50	299	3.08
الكتب الإلكترونيـة غير متوفره في اي مكان او اي وقت.	i54	300	3.08
ساعدتني الارشفة والربط الالكتروني في سرعة التصفح والتحميل.	i40	300	3.06
ساعدتني الارشفة والربط الالكتروني في تنوع مصادر المعرفه.	i42	300	3.06
ساعدتني الارشفة والربط الالكتروني في زيادة عدد الكتب التي أقرأها.	i37	298	3.05
ساعدتني الارشفة والربط الالكتروني في زيادة الاطلاع على الثقافات الأخـرى.	i44	300	3.05
ساعدتني الارشفة والربط الالكتروني في زيادة القدرة على التثقيف الذاتي	i43	300	3.04
زادت قرائتي ومطالعتي بعد عملية الأرشفة والربط الالكتروني في المكتبـات	i51	300	3.04
ساعدتني الارشفة والربط الالكتروني في سهولة الوصول الى المادة التعليمية	i41	300	3.03
ساعدتني عملية الارشفه الالكترونية في التخلص من الملل الذي اشعر به اثناء والقراءه.	i46	300	3
من خلال الربط والارشفة الالكترونية حصلت على جميع ما احتاجه من كتب	i45	300	2.97
ساعدتني الارشفة والربط الالكتروني في الوصول الى مراجع غيـر متوافـرة في المكتبـة	i38	300	2.9
القراءه في الكتب الالكترونية أكثر متعه من قراءه الكتب العادية	i48	300	2.9
كثـرة الاعطال في الاجهـزة لاتتيح لي القراءه بأي وقت.	i53	300	2.9

ساعدتني عملية الارشفة والربط الالكتروني في مهارات التعليم الذاتي.	i47	300	2.89
ساعدتني الارشفة والربط الالكتروني في تنمية مهاراتي القرائية	i35	298	2.87
الكتب الالكترونية غير موثوقه.	i52	300	2.85
ساعدتني الارشفة والربط الالكتروني في تنمية قدرتي اللغوية.	i36	300	2.77
ساعدتني الارشفة والربط الالكتروني في الرجوع الى الكتب في إي وقت	i39	300	2.77
الاجهزة التي تخدمني في المكتبة قليله.	i49	300	2.66

يظهر الجدول رقم (2) إن جميع فقرات مجال الاتجاه نحو القراءة تتراوح بين المتوسط والضعيف إذ حصلت الفقرة (19) على أعلى متوسط حسابي بلغ (3.19) بانحراف معياري (1.11)، وكان أقل متوسط حسابي في هذا المجال من نصيب الفقر رقم (4) إذ بلغ متوسطها الحسابي (2.52)، وكانت ست فقرات في اتجاهات الطلبة فيها متوسطة.

بينما كانت اتجاهات الطلبة في (16) فقرة من فقرات المجال ضعيفة، أما المجال الثاني والمتعلق باتجاهات الطلبة نحو ارتياد المكتبة فيظهر الجدول رقم (2) أن جميع الفقرات على مقياس الاتجاهات تراوحت بين (3.2، و2.5) ويمكن للباحث أن يصفها بأنها اتجاهات متوسطة وضعيفة.

أما المجال الثالث والمتعلق بأثر الأرشفة الإلكترونية على القراءة وارتياد المكتبة فيظهر من الجدول (2) أن جميع فقرات المجال تراوحت بين (3.0، و2.6) ويمكن للباحث وصفها بأنها كانت متوسطة في غالبه إذ أن (15) فقرة من فقرات المجال كانت بدرجة متوسطة في حين أن (5) فقرات كانت في درجة ضعيفة.

ولمعرفة أي من المجالات الثلاث كانت الاتجاهات أعلى، تم حساب المتوسطات الحسابية والانحرافات المعيارية للمجالات الثلاث بشكل عام كما يظهر في الجدول (3).

جدول رقم (3)

جدول المتوسطات الحسابية والانحرافات للمجالات الثلاث (الاتجاه نحو القراءة، المكتبة، وأثر الأرشفة)

	الوسط الحسابي	الانحراف المعياري
الاتجاه نحو القراءة	2.8735	.42698
الاتجاه نحو ارتياد المكتبة	2.9574	.52501
الاتجاه في ظل الأرشفة	2.9457	.72104

ويظهر من الجدول رقم (3) إن جميع اتجاهات الطلبة في المجالات الثلاث كانت في المستوى الضعيف وكان أعلى متوسط حسابي هو (2.9) وهو اتجاه الطلبة نحو القراءة وارتياد المكتبة في ظل الأرشفة الإلكترونية، وأقل متوسط كان (2.9) للاتجاه نحو القراءة، ويرى الباحث أن هذه النتيجة متوقعة خاصة مع انتشار التكنولوجيا، الإنترنت، وسائل الاتصال الحديثة، و(الهواتف الخلوية) التي تكون بديلاً مهماً للقراءة في قضاء الأوقات، خصوصاً أن هذه الأجهزة أصبحت تقدّم بديلاً لأجهزة الحاسب الإلكتروني، عوضاً عن مواقع التواصل الاجتماعي الذي أخذ مساحة واسعة من نشاطات طلبة الجامعات على حساب القراءة. ناهيك عن قلة التوجيه والإرشاد المقدّم من قبل أعضاء الهيئة التدريسية.

5.2. نتائج السؤال الثاني: هل توجد فروق دالة إحصائية نحو القراءة تعزى للنوع الاجتماعي أو التخصص؟؟

وللإجابة على هذا السؤال تم حساب الأوساط الحسابية والانحرافات المعيارية لدرجات اتجاهات الطلبة نحو القراءة في ضوء متغيري النوع الاجتماعي والتخصص، والجدول رقم (4) يبين النتائج:

جدول رقم (4)

المتوسطات الحسابية والانحرافات المعيارية لدرجات الطلبة في متغيرات التخصص والنوع الاجتماعي

التخصص	الوسط الحسابي	الانحراف المعياري
إنساني	2.7381	.47398
علوم	2.9613	.36912
المجموع	2.8735	.42698

ويظهر من الجدول رقم (5) أن هناك تباينا ظاهريا في المتوسطات الحسابية والانحرافات المعيارية لاتجاهات الطلبة على مقياس الدراسة نحو القراءة.

ولفحص ما إذا كانت هذه الفروق دالة احصائيا تم استخدام تحليل التباين الثنائي لمعرفة أثر متغيري النوع الاجتماعي والتخصص والجدول رقم (6) يبين هذه النتائج:

جدول رقم (5)

تحليل التباين الثنائي في ضوء متغيري النوع الاجتماعي والتخصص

مصدر الخطأ	مجموع المربعات	درجات الحرية	متوسط المربعات	قيمة (ف)	مستوى الدلالة
النوع الاجتماعي	.124	1	.124	.727	.395
التخصص	2.846	1	2.846	16.721	.000
النوع الاجتماعي * التخصص	.353	1	.353	2.072	.151
المجموع المصحح	54.512	299			

ويتبين من الجدول رقم (5) أن هناك فروق ذات دلالة إحصائية عن مستوى الدلالة (0.05 :A) في اتجاهاتهم نحو القراءة تعزى لمتغير التخصص لصالح الكليات العلمية إذ بلغ قيمة ف (16.72) في حين لا توجد فروق دالة احصائياً عند مستوى الدلالة (0.05 :A) تعزى لمتغير النوع الاجتماعي، ويرى الباحث أن هذه النتيجة منطقية فطلبة الكليّات العلمية هم في غالبهم من خارج أبناء المحافظة، ولا يوجد ما يمكن أن يقض فيه الطلبة أوقاتهم سوى القراءة والتحصيل الدراسي، وزيادة الاتجاه نحو القراءة.

5.3. نتائج السؤال الثالث: هل هناك فروق دالة احصائياً في اتجاهات الطلبة نحو ارتياد المكتبة تعزى للنوع الاجتماعي أو التخصص (كليات علمية، كليات إنسانية)؟

وللإجابة على هذا السؤال تم حساب الأوساط الحسابية والانحرافات المعيارية لدرجات اتجاهات الطلبة نحو ارتياد المكتبة في ضوء متغيري النوع الاجتماعي والتخصص، والجدول رقم (6) يبين النتائج:

جدول رقم (6)

الأوساط الحسابية والانحرافات المعيارية لاستجابات الطلبة على مقياس الدراسة لاتجاهات الطلبة نحو ارتياد المكتبة وفق متغيري النوع الاجتماعي والتخصص

النوع الاجتماعي	الوسط الحسابي	الانحراف المعياري
ذكور	3.0287	.47349
إناث	2.8590	.57636
التخصص		
طلبة الكليات الإنسانية	2.8455	.44960
طلبة الكليات العلمية	3.0300	.55785

ويظهر من الجدول رقم (6) أن هناك تباينا ظاهريا في المتوسطات الحسابية والانحرافات المعيارية لاتجاهات الطلبة على مقياس الدراسة بين اتجاهات الذكور، واتجاهات الإناث من جهة، وكذلك بين اتجاهات طلبة الكليات العلمية واتجاهات طلبة الكليات الإنسانية من جهة أخرى، إذ بلغ المتوسط الحسابي لاتجاهات الذكور (3.02) بانحراف معياري (0.47) في حين بلغ متوسط اتجاهات الإناث (2.8) بانحراف معياري (0.57).

وبلغ المتوسط الحسابي لاتجاهات طلبة الكليات العلمية (3.03) بانحراف معياري (0.55) في حين المتوسط الحسابي لاتجاهات طلبة الكليات الإنسانية (2.8) بانحراف معياري (0.44)؛ ولفحص ما إذا كانت هذه الفروق دالة احصائيا تم استخدام تحليل التباين الثنائي لمعرفة أثر متغيري النوع الاجتماعي والتخصص، والجدول رقم (7) يبين النتائج.

الجدول رقم (7)

تحليل التباين الثنائي لاستجابات الطلبة على مقياس الدراسة لاتجاهات الطلبة نحو ارتياد المكتبة وفق متغيري النوع الاجتماعي والتخصص

مصدر الخطأ	مجموع المربعات	درجات الحرية	متوسط المربعات	قيمة (ف)	مستوى الدلالة
النوع الاجتماعي	1.855	1	1.855	7.197	.008*
التخصص	1.895	1	1.895	7.352	.007*
النوع الاجتماعي * التخصص	2.433	1	2.433	9.441	.002*
المجموع المصحح	82.415	299			

ويتبين من الجدول رقم (7) أن هناك فروق ذات دلال احصائية عند مستوى الدلالة (0.05 :Ά) في اتجاهات الطلبة نحو ارتياد المكتبة تعزى لمتغير النوع الاجتماعي فقد بلغت قيمة ف (7.19) وظهر من الجدول رقم (7) ايضا أن هناك فروق ذات دلال احصائية عند مستوى الدلالة (0.05 :Ά) في اتجاهات الطلبة نحو ارتياد المكتبة تعزى لمتغير التخصص، فقد بلغت قيمة ف (7.35).، وظهر من الجدول رقم (7) ايضا أن هناك فروق ذات دلال احصائية عند مستوى الدلالة (0.05 :Ά) في التفاعل بين اتجاهات الطلبة، فقد بلغت قيمة ف (9.44)، وبالعودة للجدول رقم (6) نجد أن الفروق التي تعزى للنوع الاجتماعي كانت لصالح الذكور، في حين كانت الفروق في التخصص كانت لصالح الكليات العلمية، ولمعرفة لصالح من كانت الفروق في التفاعل تم حساب المتوسطات الحسابية والانحرافات المعيارية، للتفاعل بين متغيري النوع و الاجتماعي و التخصص. و الجدول رقم (8) يبين ذلك:

جدول رقم (8)

الأوساط الحسابية والانحرافات المعيارية للتفاعل بين متغيري النوع والاجتماعي والتخصص لاتجاهات الطلبة نحو ارتياد المكتبة

النوع الاجتماعي	التخصص	المتوسط الحسابي	الانجراف المعياري
ذكور	انساني	3.0444	.31343
	علوم	3.0221	.52819
	المجموع	3.0287	.47349
إناث	انساني	2.6888	.47980
	علوم	3.0562	.61818
	المجموع	2.8590	.57636
المجموع	انساني	2.8455	.44960
	علوم	3.0300	.55785

النوع الاجتماعي	التخصص	المتوسط الحسابي	الانجراف المعياري
ذكور	انساني	3.0444	.31343
	علوم	3.0221	.52819
	المجموع	3.0287	.47349
إناث	انساني	2.6888	.47980
	علوم	3.0562	.61818
	المجموع	2.8590	.57636
المجموع	انساني	2.8455	.44960
	علوم	3.0300	.55785
	المجموع	2.9574	.52501

ويظهر من الجدول رقم (8) وجود فروق للتفاعل بين النوع الاجتماعي والتخصص، كانت لصالح اتجاهات إناث الكليات العلمية وذكور الكليات الإنسانية، ويمكن أن يُعزى ذلك لطبيعة الأنثى التي تدفعها للتميّز واثبات الذات من خلال تطوير قدراتهنّ المعرفية.

ويمكن أن تفسر هذه النتيجة على أن ذكور الكليات الإنسانية كانت اتجاههم نحو ارتياد المكتبة أكثر من طلبة الكليات العلمية وهذه النتيجة طبيعية لأن طلبة الكليات الإنسانية ميدانهم ومصدر معرفتهم هو بطون الكتب والبحث عن المعرفة ولا مكان سواها على خلاف طلبة الكليات العلمية لوجود البديل في المختبرات العلمية والبحثية.

4.9. نتائج السؤال الرابع: هل توجد فروق دالة احصائيا في اتجاهات الطلبة نحو القراءة وارتياد المكتبة في ظل الأرشفة الالكترونية؟

وللإجابة على هذا السؤال تم حساب المتوسطات الحسابية والانجرافات المعيارية لدرجات الطلبة على مقياس الدراسة في ضوء متغيري النوع الاجتماعي والتخصص والجدول رقم (9) يبين النتائج:

جدول رقم (9)

الأوساط الحسابية والانحرافات المعيارية في اتجاهات الطلبة نحو القراءة وارتياد المكتبة في ظل الأرشفة الالكترونية على مقياس الدراسة وفق متغيري النوع الاجتماعي والتخصص

النوع الاجتماعي	الوسط الحسابي	الانحراف المعياري
ذكور	2.8032	.70064
إناث	3.1425	.70490
المجموع	2.9457	.72104

ويظهر من الجدول رقم (9) أن هناك تباينا ظاهريا في المتوسطات الحسابية والانحرافات المعيارية لاتجاهات الطلبة على مقياس الدراسة بين اتجاهات الذكور، واتجاهات الإناث من جهة؛ ولفحص ما إذا كانت هذه الفروق دالة احصائيا تم

استخدام تحليل التباين الثنائي لمعرفة أثر متغيري النوع الاجتماعي والتخصص، والجدول رقم (10) يبين النتائج:

الجدول رقم (10)

تحليل التباين الثنائي لاتجاهات الطلبة نحو القراءة وارتياد المكتبة في ظل الأرشفة الالكترونية في ضوء متغيري النوع الاجتماعي والتخصص

مصدر الخطأ	مجموع المربعات	درجات الحرية	متوسط المربعات	قيمة (ف)	مستوى الدلالة
النوع الاجتماعي	10.417	1	10.417	21.491	.000
التخصص	.330	1	.330	.680	.410
النوع الاجتماعي * التخصص	3.063	1	3.063	6.320	.012
المجموع المصحح	155.449	299			

ويتبين من الجدول رقم (10) أن هناك فروق ذات دلال احصائية عند مستوى الدلالة (0.05 :A) في اتجاهات الطلبة نحو ارتياد المكتبة تعزى لمتغيري النوع الاجتماعي، والتفاعل بينهما. وبالعودة للجدول رقم (9) نجد أن الفروق التي تعزى للنوع الاجتماعي كانت لصالح الإناث، ولمعرفة لصالح من كانت الفروق في التفاعل؟ تم حساب المتوسطات الحسابية والانحرافات المعيارية، للتفاعل بين متغيري النوع والاجتماعي والتخصص والجدول رقم (11) يبين ذلك:

جدول رقم (11)

الأوساط الحسابية والانحرافات المعيارية لاستجابات الطلبة على مقياس الدراسة وفق متغيري النوع الاجتماعي والتخصص

النوع الاجتماعي	التخصص	الوسط الحسابي	الانحراف المعياري
ذكور	انساني	2.6048	.53553
	علوم	2.8877	.74624
	المجموع	2.8032	.70064
إناث	انساني	3.0675	.67679
	علوم	3.2106	.73293
	المجموع	3.1425	.70490
المجموع	انساني	2.9436	.68608
	علوم	2.9470	.74469
	المجموع	2.9457	.72104

ويظهر من الجدول رقم (11) وجود فروق للتفاعل بين النوع الاجتماعي والتخصص، كانت لصالح اتجاهات إناث الكليات العلمية، لصالح اتجاهات إناث الكليات العلمية فقد بلغت قيمة ف (6.320) المتوسطات الحسابية والانحرافات المعيارية للتفاعل بين متغيري النوع والاجتماعي والتخصص.

ويمكن أن يُعزى ذلك لطبيعة الأنثى التي تدفعها للتميّز واثبات الذات من خلال تطوير قدراتهنّ المعرفية.

6. التوصيات:

في ضوء نتائج الدراسة يوصي الباحث:

1- زيادة التوعية والتوجيه من قبل أعضاء هيئة التدريس وكل وسائل الإعلام بأهمية القراءة.

2- زيادة الاهتمام بربط الطلبة بالمكتبات ومصادر المعرفة، والبحث العلمي، بما يجعل الطلبة يقبلون على القراءة.

3- القيام بكل ما يلزم من ندوات وورش وأبحاث علمية للتغلب على كل المشاكل التي تحول دون القراءة.

7. المراجع

1- بوند، جاي وتنكر، ماير وواسون، باربارا.(1986   ) الضعف في القراءة الجهرية: تشخيصه وعلاجه، ترجمة محمد منير مرسي وإسماعيل أبو العزايم، القاهرة، عالم الكتب.

2- حميدات، محمود (2001): واقع المصادر الآلية في مكتبة جامعة اليرموك من وجهة نظر طلبة الدراسات العليا واتجاهاتهم نحو استخدامها، رسالة ماجستير، كلية التربية والفنون، جامعة اليرموك

3- الحوامدة، محمد(2010) أخطاء القراءة الجهرية في اللغة العربية لدى طلبة الصف الثالث الأساسي في محافظة اربد وعلاقتها ببعض التغييرات المحلية الأردنية في العلوم التربوية مجلد6 عدد2 2007.

4- الشيخ، عارف:2008 القراءة من أجل التعلم ط1 مؤسسة عبد الحميد شومان، عمان-الأردن.

5- قطامي، يوسف، وعدس، عبد الرحمن، علم النفس التربوي: نظرة معاصرة، دار الفكر، عمان، 2005م.

6- الموغيري، ناصر (2002) اتجاهات القراءة لدى الشباب الكويتي، رسالة دكتوراه غير منشورة، كلية التربية، جامعة عين شمس/ مصر.

7- الناقة، محمود (2001)تعليم اللغة العربية والتحديات الثقافية التي تواجه مناهجنا الدراسية، كلية التربية، جامعة عين شمس.

8- نزال، شاكر حامد (2002) بعض العوامل المؤثرة في ميل الطلبة نحو القراءة وارتباط هذا الميل بتحصيلهم العام وتحصيلهم في اللغة العربية، دراسات العلوم التربوية (1) 25، 180-204. واقع المصادر الآلية في مكتبة جامعة اليرموك نظر كلية الدراسات العليا.

9- الهروط، موسى عبد القادر (2011) أثر استخدام برنامج تعلّمي قائم على القراءة الناقدة إلى تنمية مهارات التفكير التأملي والابداعي لدى طلبة الصف العاشر الأساسي واتجاهاتهم نحوها دكتوراه/ الجامعة الأردنية 2011.

10- Goodman, K. M. (1995). Miscue analysis for Classroom teachers: Some history and procedures *Primary Voice K-6, 3(4),* 2-9.

11- Mosher, D.J.(1999).Improving vocabulary Knowledge and reading attitudes in 4th grade students through direct vocabulary *instruction Linkoping In Education and psychology,* 1999 (7): 59.

12- Parker, Anita & Paradis, E. (1986) Attitude development toward reading in grades one through six. *journal of Educational Research,* 79 (5). 313-315.

التعليم عن بعد بالجامعة الجزائرية وتجربتها في التكوين المستمر: جامعة التكوين المتواصل نموذجا.

نبيل عكنوش	Nabil.aknouche@gmail.com	جامعة قسنطينة 2	قسنطينة	الجزائر
مريم بن تازير	Meriem.bentazir@gmail.com	جامعة الامير عبد القادر للعلوم الإسلامية	قسنطينة	الجزائر
ساسي صفية	Sassi.safia@gmail.com	مديرية المجاهدين	أم البواقي	الجزائر

ملخص:

مع قدوم القرن الحادي والعشرين يتجه الاقتصاد العالمي أكثر فأكثر نحو اقتصاد المعرفة الذي يعتمد اعتمادا أساسيا على تكنولوجيا المعلومات .كما يشهد العالم ازديادا مضطردا لدور المعرفة والمعلومات في الاقتصاد : المعرفة أصبحت محرك الإنتاج والنمو الاقتصادي كما أصبح مبدأ التركيز على المعلومات والتكنولوجيا كعامل من العوامل الأساسية في الاقتصاد من الأمور المسلم بها، وبدأنا نسمع بمصطلحات تعكس هذه التوجهات مثل" مجتمع المعلومات" وثورة المعلومات "و " اقتصاد المعرفة "و"اقتصاد التعليم "و " الموجة الثالثة " وغيرها.

والتعليم غير مستثنى من تأثيرات هذه الثورة ، بل يمكن القول أن ثورة المعلومات والاتصالات تجد أصداءها وتترك بصماتها بشكل كبير على القطاع الخدمي، وبالأخص قطاع التعليم الذي بات يستجيب ويتفاعل مع هذه التقنيات، وذلك بحكم الوظائف التعليمية نفسها التي تتسم بالحساسية المفرطة للفضاء والوقت. وعليه فإن هذه الدراسة تكتسب أهميتها من أهمية الدور الذي تلعبه تقنيات المعلومات والاتصالات في انتشار وتفعيل العملية التعليمية وجعلها أكثر فاعلية وكفاءة مما يعود بالنفع على أطراف التبادل، وسنحاول من خلال هذه الورقة العلمية التعريف **بالبرنامج الوطني الجزائري للتعليم عن بعد** ودوره في دعم برامج التعليم المستمر وعرض أهم محاوره وأهدافه، مع التطرق **لتجربة الجامعة الجزائرية في مجال التكوين المتواصل** التي انطلقت سنة 1990 (22 سنة من النشاط) عبر الـ 53 مركز الموزعة عبر التراب الجزائري، و من ثمة محاولة الإجابة على السؤالين المحوريين :

- **أين وصلت الجامعة الجزائرية بخصوص تحقيق أهداف برامج التكوين المتواصل بعد 21 سنة من التكوين المستمر؟**
- **وأين وصلت الجامعة الجزائرية بخصوص تحقيق أهداف البرنامج الوطني للتعليم عن بعد ؟**

تأتي هذه المداخلة إذا لتغوص بالأرقام والتحليل في البرنامج الوطني للتعليم عن بعد ومحاولة تسليط الضوء على الجهود المبذولة ومعرفة النقائص المسجلة في مجال تحقيق أهداف المشروع، مع عرض تجربة الجامعة الجزائرية للتكوين المتواصل.

كلمات جوهرية: مجتمع المعرفة، التعليم عن بعد، التعليم المستمر، الجامعة الجزائرية.

1مقدمة:

اتسم الربع الأخير من القرن العشرين بالتطور الهائل في تكنولوجيا المعلومات والاتصالات نتيجة للتقدم المتسارع في علوم الحاسبات وشبكة المعلومات والتكنولوجيا الرقمية وسرعة انتشار استخدامات شبكة الإنترنت والبريد الإليكتروني.

وتعزى ثورة الانفجار المعرفي هذه بشكل كبير إلى الاهتمامات المتزايدة بتكنولوجيا المعلومات وحفظها ومعالجتها، وتزامن مع هذا التطور في تكنولوجيا المعلومات تطور في ميدان تكنولوجيا الاتصالات والبث التلفزيوني والتراسل الإليكتروني، مما أدى إلى قيام ثقافة دولية جديدة أثرت إلى حد بعيد في أساليب معيشة وتفكير المجتمعات المعاصرة رغم اختلافاتها العقدية والثقافية ومستوياتها الاقتصادية ([14]). هذه التغييرات المرتبطة بتكنولوجيا المعلومات والاتصال عجلت في ظهور ما يسمى بمجتمع المعلومات أو ما بعد الحداثة. وأدت هذه التغيرات المذهلة في تقنيات المعلومات والاتصال والمعرفة البشرية إلى إحداث تحولات جذرية في الاقتصاد العالمي.

ومن جانب آخر، فإن أبرز التحولات المرتبطة بالعولمة هو تحول الاقتصاد العالمي إلى اقتصاد قائم على العلم والمعرفة، والمعلومات، والثقافة، والذكاء البشري، والخدمات أكثر من اعتماده على الصناعات الخفيفة أو الثقيلة أو التحويلية، وبذلك تضاءلت أهمية الاقتصاديات التقليدية، واختفت كثير من الوظائف القائمة على الجهد العضلي والقوة الجسمانية والذكاء المحدود،

[14] Toffler, Alvin : Power Shift. Knowledge, Wealth and violence at the Edge of the 21st Century. N.Y : Bantam Books, 1991.

وحل محلها وظائف تكون التقنية أساسها، والمعلومة محورها، والعلم موجهها. هذه التحولات أحدثت هزات كثيرة في مواطن العمل في كثير من أرجاء المعمورة وأحالت كثيرا من القوى العاملة السابقة إلى مقاعد البطالة.
وفي إطار ما يمكن أن يطلق عليه اصطلاحا " أزمة التعليم العالمية "، برز التمويل، خاصة في مستويات التعليم العالي، كإشكالية حقيقية تواجه دول العالم في توفير هذا الحق للمواطنين، وبرزت صيغ مختلفة للتغلب على هذه الإشكالية، أولها تطبيق مبدأ الشراكة بين القطاع الخاص والعام والمدني وفق ضوابط وشروط متفق بشأنها مع محافظة الدولة على اعتبارات السيادة.
وثاني هذه الصيغ ما طرحه البنك الدولي بخصوص استرداد التكلفة (Cost Recovery) خاصة في ميادين التعليم والصحة، حيث يعتبر خبراء البنك الدولي أنه في إطار الاقتصاد الحر فإن كل سلعة أو خدمة لابد أن يقابلها مدفوعات تعبر عن القيمة الحقيقية للسلعة أو الخدمة. كما اعتبر خبراء البنك، أن كل خدمة تقدمها الحكومة لا يقابلها مدفوعات تغطي تكلفتها هو نوع من الأعباء المكبلة لحركة الاقتصاد وإنفاق لا يقابله موارد، وقد عزوا عجز الموازنات العامة لذلك، واعتبروا أن وجود مثل هذه النفقات العامة يعني وجود جوانب غير نقدية من النشاط الاقتصادي ([15]).
في خضم هذه التحولات الكبرى والتي بدأت منذ أوائل السبعينيات، تزايد الاهتمام الدولي بمسألة التعليم المفتوح والتعليم عن بعد، وظهرت العديد من المبادرات الجادة في الميدان. وقادت هذه الحركة الجامعة البريطانية المفتوحة، وبذلك تكون قد مهدت الطريق أمام إنشاء ما لا يقل عن 850 جامعة مفتوحة متواجدة في أكثر من 90 دولة من بينها، عدد من الدول العربية ([16]).
واتجاه التعليم عن بعد اتجاه آخذ في التزايد، واثبت كفاءته وجودته كخيار مكمل للأنظمة التربوية القائمة وليس بالضرورة بديلا عنها. والجدير بالذكر أن كافة الأصوات البارزة المنادية بحتمية مراجعة الأنظمة التربوية وإعادة تشكيلها لتتواءم مع الواقع بدءا بنداءات اللجنة الدولية التي شكلتها منظمة الأمم المتحدة للتربية والثقافة والعلوم (اليونسكو) برئاسة رئيس الوزراء الفرنسي إدجارفور وتم نشره سنة 1972 ([17]) بعنوان تعلم لتكون، وآخرها تقرير اللجنة الدولية حول التربية في القرن الـ21 الموجه إلى المنظمة (UNESCO) سنة 1993 والذي يعرف بتقرير جاك ديلور ([18]) حيث أكدوا على حتمية الأخذ بأساليب التعلم الذاتي، والتعليم المفتوح، والتعليم غير النظامي، ومشاركة المجتمع في التعليم، وحتمية التعليم عن بعد كخيار تفرضه روح العصر ومعطياته والتأكيد على الكثير من المبادئ والمرتكزات والمتمثلة أساسا في:

- تعلم لتعرف
- تعلم لتعمل
- تعلم لتكون
- تعلم للعيش مع الآخر

وبذلك اعتبرت التربية القوة المحركة في حياة الفرد والجماعة، والقوة الدافعة في مسار التنمية الشاملة المستدامة.

2- مشكلة الدراسة:

إن قدر التربية في أي مجتمع، يحتم عليها السعي بكل حصافة ودقة وأمانة ومثابرة إلى تحقيق التواءم والتوازن بين أصالة الماضي، ومتطلبات الحاضر ومتغيراته، واحتمالات المستقبل القريب والبعيد، لئلا تقع مجتمعاتها في ماضوية مدقعة تخرجها خارج التاريخ وخارج الفعل الحضاري. إن هذه الموازنة لمختلف عناصر المعادلة التي تبدو سهلة وفي جوهرها جد معقدة، تستلزم إعادة النظر في الرؤى والفلسفات الموجهة لعملها وما يرتبط بها من مضامين ومحتويات وآليات تنفيذ لتتجاوب وتتناغم مع روح العصر وجوهره ومعطياته. فالتربية العربية مدعوة إذن، ضمن ما هي مدعوة إليه، إلى الأخذ بأساليب التعليم عن بعد لتحقيق مساعيها من تعزيز مبادئ العدالة الاجتماعية، وتعميم التعليم للجميع وتوفير القوى البشرية المؤهلة القدرة على العطاء والإبداع والتميز والإنتاج في عصر معولم تشتد فيه روح المنافسة القائمة على التكتل الاقتصادي واقتصاديات المعرفة والمعلوماتية.

---

[15] نوفل، محمد نبيل . رؤى المستقبل، المجتمع والتعليم في القرن الحادي والعشرين. المنظور العالمي والمنظور العربي، مجلة التربية العربية، المجلد 17 ، ع.1 ، 1997، ص.20.

[16] السنبل ، عبد العزيز بن عبد الله . استشراف مستقبل التعليم عن بعد في المملكة العربية السعودية ، الرياض : مركز بحوث كلية التربية ، جامعة الملك سعود . 2003

[17] Edgar Faure , Felipe Herrera, Abdul-rezzak Kadoura, et all. Savoir être. Paris : UNESCO, 1972.XLIII p. (en ligne) . (12 . 05 . 2011) :
http://www.unesco.org/education/pdf/15_60_f.pdf

[18] Jacques Delors (Président) . L'éducation : un trésor est caché dedans. Paris : UNESCO, 1993. 46p. (en ligne) . (12 . 05 . 2011) :
http://www.unesco.org/delors/delors_f.pdf

إن التعليم عن بعد في دلالته الحقيقية ليس مجرد تجديد لعملية التعليم كما قد يتصور البعض، ولا تكمن جدواه فقط في تلبية الطلبات المتزايدة على التربية والتعليم، أو خفض الكلفة أو اكتساح أكبر رقعة تغطيها العملية التعليمية، وإنما هو نسق تتجسد به الإصلاحات المرجوة في النظام التربوي والتعليمي، " وهو بذلك كفيل بتحويل المؤسسة التعليمية الأساسية والعليا إلى مؤسسة متجاوزة إلى حد كبير. وقد عجلت التطورات التكنولوجية المتسارعة بتشكيل وتبلور هذه الوضعية التربوية" ([19]).

3- مفهوم التعليم المستمر :

إن مفهوم التعليم المستمر ليس مفهوما جديدا ساقته لنا التربية الحديثة بل هو مفهوم قديم قدم الحضارات، كما أنه أمر ملازم للديانات السماوية، إذ نادت بالتربية المستمرة ضمانا لانتشارها بين الأجيال المتعاقبة، وبقائها في العصور المتعاقبة. وللتعليم المستمر عدة مصطلحات تطلق عليه منها ([20]):
" التربية مدى الحياة " Lifelong Education والتربية المستمرة Continuing Education و" التربية الدائمة " L'Education Permanente و" التعليم المستمر" Continuous Learning . وكل هذه المصطلحات تتفق على أن التربية عملية مستمرة لا تقتصر على مرحلة معينة من العمر، أو تنحصر في مرحلة دراسية محددة ، متلاحمة مع سياق الحياة.

ومما قاله "جون ديوي" في هذا النوع من التعلم: " إن التعلم الحقيقي يأتي بعد أن نترك المدرسة، ولا يوجد مبرر لتوقفه قبل الموت".

4- التعليم عن بعد من منظور تاريخي:

بدأ التعليم عن بعد كنمط تربوي جديد في القرن الماضي بنظام ما يسمى التعلم أو الدراسة بالمراسلة في العديد من المعاهد التربوية الخاصة في كل من الولايات المتحدة وبريطانيا. أما تجربة التعليم عن بعد واستخدامه في التعلم الجامعي الأكثر تنظيما، فكانت متمثلة في الجامعة البريطانية المفتوحة التي انطلقت في بداية السبعينات من القرن الماضي. ومنذ ذلك الوقت، تزايد الاهتمام بالتعليم المفتوح والجامعات المفتوحة، الأمر الذي أدى إلى ظهور العديد من الجامعات المفتوحة في كافة القارات لعل أهمها جامعة الهواء في اليابان، وجامعة جنوب إفريقيا، وجامعة كوينز لاند في أستراليا، وجامعات نورث وسترن والعلوم التطبيقية، والجامعة الأوكرانية للعلوم التطبيقية، وجامعة العلوم التطبيقية في كيروف في الاتحاد السوفييتي، وجامعة كوينز في كندا، والجامعة الحرة في إيران، وجامعة كل الناس في فلسطين المحتلة، وجامعة القدس المفتوحة، وجامعة العلامة إقبال في الباكستان، وجامعة التعليم عن بعد في كوستاريكا، وجامعة أبريتا الوطنية في فنزويلا، وجامعة البث المركزي والتلفزيوني في الصين، وجامعة سوكاتايتماثيرات المفتوحة في تايلاند، والجامعة الشعبية المفتوحة بإسلام أباد، وجامعة تربوكا بإندونيسيا، والجامعة المفتوحة في كوريا والسويد.

وتمنح 30 جامعة من مجموع الـ 45 جامعة في ألمانيا درجات علمية عن بعد، و18 جامعة من الـ 75 جامعة فرنسية بها مراكز للتعلم عن بعد، وفي أمريكا اللاتينية تنتظم الدراسة في جامعتين للتعلم عن بعد هما جامعة (Antioquia) وجامعة (Joveriana). وفي عام 1979، قام 2.2 مليون شخص بالالتحاق بكورسات الجامعة للتعليم عن بعد، وهذا العدد يشكل 40 % من عدد الطلاب الملتحقين بالجامعات في الاتحاد السوفييتي([21]) .

وبعض الجامعات المفتوحة توفر أكثر من 300 برنامج دراسي، بعضها برامج نظرية مثل اللغات والعلوم الإنسانية والاجتماعية، والبعض الآخر برامج عملية مثل العلوم الطبيعية والكيمياء وخواص المواد والهندسة والعمارة والصيدلة. وقد ساعدت التقنية الحديثة على التواصل بين الدارسين والجامعة، كما ساعدت على إيصال المواد العلمية للدارسين وبالإضافة إلى استغلال عطلات نهاية الأسبوع والإجازات الصيفية في التدريب العملي في المصانع والشركات والمعامل. كل ذلك يتم بدون

---

[19] Edgar Faure , Felipe Herrera, Abdul-rezzak Kadoura, et all. Op.cit .p.9

[20] المضواح علي. التخطيط الإستراتيجي للتعليم المستمر. (على الخط) . (09 .02. 2011):
http://faculty.ksu.edu.sa/almdouah/documents

[21] الخطيب محمد شحات . دراسة خلفية عن التعليم عن بعد وتطوراته والوضع الراهن له في المساحة الدولية . في أعمال : "**الندوة الدولية للتعليم عن بعد**"، المنظمة العربية للتربية والثقافة والعلوم " ، تونس 1998، ص. 27

أن يضطر الدارس إلى ترك عمله. وتمنح الجامعات المفتوحة درجات البكالوريس والدبلوم والماجستير، كما تمنح شهادات التدريب المستمر، والقليل منها يمنح شهادة الدكتوراه ويشترط في ذلك أن يكون هناك مشرف لكل دارس ([22]).

5- خصائص التعليم المستمر:

إن التعليم المستمر يستند على عدد من الخصائص التي جعلت له أهمية قصوى تميزه وتعزز من مكانته في سبيل التعاطي مع ما تعيشه المجتمعات، وهذه الخصائص تتمحور في خمسة أركان هي ([23]):

1) الكلية أو الشمولية "Totality": وهذا يعني أنها تشمل جميع مراحل الإنسان من المهد إلى اللحد، وجميع أنواع التعلم الرسمية وغير الرسمية.
2) التكامل "Integration": ويقصد به التكامل بين جميع مصادر المعرفة والتربية من البيت والمجتمع والمدرسة ومراكز التدريب وغيرها مما يشكل عملية التعلم والتربية.
3) المرونة "Flexibility": متماشية مع متغيرات العصر ومتطلباته في ما يعلم، وكيف يعلم؟ ولم يعلم؟، تؤمن بضرورة التغيير لوجوده أصلا.
4) الديمقراطية "Democratization": تؤكد على حق جميع الناس في التعلم بغض النظر عن الفروق الاقتصادية الاجتماعية الثقافية والعقلية، فهي تربية للجميع.
5) تحقيق الذات "Self-fulfillment": أي أن هذه التربية أو التعليم تسعى لأن يكون الفرد محققا لذاته ومطورا لها ليعيش عيشة متناسقة مع ما يفرضه المجتمع والعصر، تكيفه مع العوامل المحيطة وتفتح المجال له للإبداع، وكل ذلك ينعكس في النهاية على مجتمع متقدم متطور تبعا لتقدم وتطور أفراده.

6- أهداف التعليم المستمر:

إن أهداف التعليم المستمر لا تعتبر أهدافا نهائية بل هي أهداف تتجدد وتتغير وفقا لتجدد وتغير تطلعات الإنسان وقدراته وظروفه المحيطة، و من الأهداف ما هو قريب ومنها ما هو بعيد وهما على صلة فتحقيق البعيد يتطلب تحقق القريب. لكن يمكننا أن نقف عند الخطوط العريضة من هذه الأهداف والتي ترتبط ارتباطا مباشرا بمتغيرات العصر، ونحن نقف أمام متطلبات جمة يجاهد فيها الفرد ليلحق بركب التقدم ويبقى ضمن تيار التطور المنطلق بسرعة الريح.

ولعل الهدف الأسمى من التعليم المستمر هو خدمة المجتمع، والأخذ به إلى مصاف المجتمعات المتقدمة المواكبة لمراحل التنمية في مختلف المجالات، ومن أهداف هذا التعليم أيضا ([24]):

- إعادة فحص الأفكار وأنماط السلوك السائدة في المجتمع، بناء على المشكلات الجديدة وتحديد ما تتطلبه عناصر التغيير التي طرأت والسعي إلى تحقيقها.
- تضييق الهوة الثقافية الناتجة عن اختلاف السرعة بين النمو المادي والنمو الحضاري في جوانب الحياة الاجتماعية.
- التوفيق بين القيم والاتجاهات القديمة و متطلبات العصر الجديد.
- مواجهة ما ينتج من مشكلات ناتجة عن التغيير الاجتماعي السريع.
- التنمية الاقتصادية وتعزيز موارد دخل المجتمع.
- نشر الوعي حول القضايا الكبرى سواء المحلية أو الخارجية.
- تلافي الأخطاء السابقة.

وكل هذه الأهداف في مجملها تضع نصب عينيها خدمة المجتمع من خلال تطوير أفراده وهي الفلسفة التي يقوم عليها التعليم المستمر.

---

[22] السباعي زهير أحمد : التعليم المفتوح اتجاه عالمي. في أعمال : " **الندوة الدولية للتعليم عن بعد** "، المنظمة العربية للتربية والثقافة والعلوم ، تونس 1998، ص.3
[23] المضواح علي . التعليم المستمر في خدمة المجتمع ( ) . (على الخط) 09. 02. 2011):
http://faculty.ksu.edu.sa/almdouah/documents
[24] المضواح علي . المرجع السابق

7- لمحة على التعليم عن بعد في العالم العربي:

ولم يكن العالم العربي بمنأى عن مشهد الاهتمام بالتعليم عن بعد، حيث انطلقت هذه الاهتمامات منذ السبعينات، وبقيادة المنظمة العربية للتربية والثقافة والعلوم التي بذلت مجهودات وأنشطة متعددة تمخضت عن تبلور أفكار جادة في عدد من الدول العربية لإرساء أنظمة للتعليم المفتوح على هيئة جامعات مفتوحة تارة وعلى هيئة برامج للتعليم عن بعد ملحقة ببعض الجامعات أو ما يطلق عليه اصطلاحا منحى الأنظمة المزدوجة (Dual Systems Approach) تارة أخرى. وتأثرا بمساعي المنظمة العربية للتربية والثقافة والعلوم التي بدأتها منذ عام 1976. قام مكتب التربية العربي لدول الخليج في أواخر الثمانينات بمحاولة جادة لإنشاء جامعة عربية خليجية مفتوحة إلا أن الظروف لم تمكن من انطلاقة هذه الجامعة رغم أن الاحتياجات التي تبرر قيام هذه الجامعة لا زالت ماثلة حتى اليوم ([25]).
ولعل أهم تجارب التعليم عن بعد في الوطن العربي، جامعة القدس المفتوحة، ومركز التعليم المفتوح بجامعة القاهرة، والمعهد العالي للتربية والتكوين المستمر بتونس، وجامعة السودان المفتوحة، والجامعة الجزائرية للتكوين المتواصل، والجامعة المفتوحة في ليبيا، ومشروع الجامعة العربية المفتوحة المزمع انطلاقها في أكتوبر من عام 2002، وجامعة آل لوتاه الإلكترونية. وتوجد خطط متقدمة في كل من تونس ولبنان والمغرب ومصر والأردن لإطلاق جامعات مفتوحة، وهناك قرارات رسمية بذلك. هذه التجارب هي نواة التعليم عن بعد في العالم العربي، وهي تجارب رائدة لها ما لها وعليها ما عليها. وباستثناء الجامعتين الأخيرتين اللتين لم تنطلقا بعد، فإن التجارب العربية في ميدان الجامعة المفتوحة لا زالت تقليدية بشكل عام في مناهجها وطرائق التدريب فيها، وتعتمد على المواد المطبوعة، وتنتهج بشكل أو بآخر فلسفة لا تبتعد كثيرا عن فلسفة التعليم العام. وهي بالتالي بحاجة ماسة إلى مراجعة مستمرة وتقويم دوري للارتقاء بعطاءاتها وجودتها، ولتتطابق مع موجهات فلسفة التعلم عن بعد واحتياجات المرحلة الراهنة. وتبين دراسة علمية ميدانية أن الجامعات العربية المفتوحة تدرس اختصاصات علمية متعددة أهمها العلوم الاقتصادية، والزراعة، والهندسة،وعلوم الحاسوب، والعلوم الإنسانية، والتربية، والرياضيات، والشريعة والتنمية الاجتماعية والأسرية، والعلوم الطبيعية ([26]).

8- التعليم عن بعد والتكوين المتواصل في الجزائر:

بالنظر إلى شساعة مساحة الجزائر، فإن التعليم الرقمي او عن بعد او عبر الانترنت، يعد بديلا هاما على المدى المتوسط للتعليم الكلاسيكي. وقد اثبت هذا النوع من التعليم نجاعته في الكثير من البلدان ذات المساحة الكبيرة من حيث تحقيقه مبدأ تعميم التعليم، وكذا خفض النفقات والتكاليف. وفي الجزائر يوجد هذا النوع من التعليم في خطواته الأولى، مع ذلك فهو موجود عبر برامج قد يجهلها الكثيرون.

8-1- تجربة "إيباد":

رغبة في تعميم تجربة "المدرسة الرقمية" أطلقت مؤسسة "إيباد" ما يسمى بالمدرسة الرقمية، المخصصة لتلاميذ الثانوي والمتوسط، من خلال وضع برنامج خاص على شبكة الانترنت موجه في بدايته، للمقبلين على امتحانات شهادة البكالوريا أو شهادة التعليم الأساسي، وقد أطلق على هذه المدرسة الافتراضية إسم "تربيتك"، وهي عبارة عن فضاء بيداغوجي افتراضي أو ساحة للتعلم عن بعد، فهي عبارة عن حل شامل ومتكامل يسمح لجميع الأطراف الفاعلة في عملية التمدرس في التعليم عن بعد، والثاني الأكثر اهمية لأنه موجه بالخصوص للتلاميذ وأوليائهم والمؤسسات التربوية على حد سواء وهو "تربيتك"، وحسب السيد محند اباريسان مدير برنامج التعليم عن بعد في مؤسسة "إيباد" :" فهذا الفضاء من شأنه أن يسمح للمؤسسة التربوية بتفضيلها للإعلام الآلي وتكنولوجيات الاتصال، أن تسير المدرسة في ظروف جيدة وتعمق التعليم والتكوين من خلال الدخول في نظام جديد لتوجيه الدروس والامتحانات للتلاميذ، تكون إضافية عما يقدم في الأقسام، كما يسمح هذا النظام للأولياء بمتابعة تمدرس أبنائهم، فالإدارة والتلاميذ والأولياء في شبكة واحدة."
واستحدثت مؤسسة "إيباد " داخل نفس البرنامج (تربيتك)، مدرسة افتراضية تسمح للتلاميذ الذين يتابعون دروسهم في المدرسة الرسمية أو خارجها بالتسجيل فيها وهذا تحضيرا للامتحانات، وتعد المواد التي تدرس في هذه المدرسة الافتراضية متطابقة مع البرنامج الرسمي المسطر من طرف وزارة التربية .ويعود تاريخ إطلاق هذا الى 4 سنوات خلت. ويرى محدثنا أن ثمار

---

[25] Alsunbul, Abdulaziz : Issues **Pertaining to Distance Education in the Arab World**. Convergence, Volume xxxxv (1) – I.C.A.E. Toronto 2002. pp 65-68

[26] نشوان يعقوب : واقع التعليم عن بعد في البلاد العربية... دراسة تحليلية . في أعمال : " **الندوة الدولية للتعليم عن بعد** " ، المنظمة العربية للتربية والثقافة والعلوم، تونس 1998، ص.41

البرنامج كانت إيجابية كما يقول المشرفون على البرنامج أو الأولياء أو التلاميذ، الذين تمكنوا من رفع مستواهم وتحصلوا على نتائج إيجابية.
ويمكن لأي تلميذ من المتمدرسين في النهائي والرابعة متوسط، أن يدخل الى موقع "تربيتك " ويسجل حيث يجد 300 درس بالنسبة للنهائي و300 درس للمتوسط، إضافة إلى 3000 تمرين مع التصحيح والشرح، ويستطيع التلميذ أن يتصل بأستاذ المادة على هذا البرنامج ليحصل على شروح، كما يمكنه الاطلاع على مواضيع امتحانات البكالوريا أو التعليم الأساسي الماضية بالتصحيح. ويمكن للأولياء من جهتهم الاطلاع عبر الشبكة على كل ما يقوم به الأبناء في المدرسة، توقيت الدروس والغيابات وحتى مستوى الطفل، ويطلعون على كل النقاط والملاحظات. كما يستطيع الأستاذ داخل برنامج "تربيتك" من خلال مكتب الأستاذ أن يطلع على قائمة التلاميذ وعلى دروسه.، ومن بين أهداف "تربيتك"، استعمال تكنولوجيات الإعلام والاتصال في الوسط التربوي، ضمان الاستعمال الجاد والنافع للانترنت والإعلام الآلي في الوسط المدرسي، رفع حظوظ النجاح المدرسي، ضمان التواصل الدائم بين المدرسة الأساتذة، المتعلمين والأولياء. منح فرص أكثر للتلاميذ لاستعمال الإعلام الآلي داخل المؤسسات التربوية.

2-8- الجامعة الجزائرية للتكوين المتواصل:

جامعة التكوين المتواصل هي مؤسسة عمومية ذات طابع إداري تتمتع بالشخصية المعنوية و الاستقلالية المالية، أنشأت بعد إعادة هيكلة معهد الترقية الاجتماعية للعمال (IPST) في سنة 1990 تحت وصاية وزارة التعليم العالي و البحث العلمي. و الكائن مقرها المركزي بمنطقة دالي إبراهيم بالجزائر العاصمة. تهدف إلى إتاحة فرص التعليم و التكوين مدى الحياة سواء على الصعيد الشخصي أو المهني، لكل شخص يرغب في ذلك وفق شروط معينة. حيث تسعى إلى تقديم عروض تكوينية وفقا للمتطلبات و الاحتياجات الاجتماعية و الاقتصادية الراهنة ([27]).
تقدم الجامعة ما لا يقل عن 80 عرضا تكوينيا من بينها: 32 تخصص في طور التدرج من بينها 04 تخصصات في صيغة التعليم عن بعد. و 22 تخصص في مرحلة ما بعد التدرج المتخصص و 26 في شكل تكوين تأهيلي. حيث بلغ عدد الطلبة المسجلين بالجامعة خلال سنة 2012/2011 ما لا يقل عن 166765، من بينهم 98080 مسجلين في صيغة التعليم عن بعد. كما تضم الجامعة 4200 أستاذ من بين أساتذة دائمين و أساتذة مؤقتين. بالإضافة إلى ذلك، تقدم الجامعة برامجها التلفزيونية كل يوم جمعة من الساعة 10 و النصف صباحا إلى منتصف النهار عبر القناة الوطنية الجزائرية، كما تبث برامجها الإذاعية كل يوم من الساعة 13 بعد الزوال إلى الساعة 17 بعد الزوال على تردد Khz1422. فضلا عن ذلك، فتحت الجامعة المجال للتكوين المفتوح و عن بعد عبر موقعها الإلكتروني ([28]) كما هو موضح في الصورة التالية :

شكل1: شكل صورة توضح واجهة منصة التعليم المفتوح وعن بعد لجامعة التكوين المتواصل.

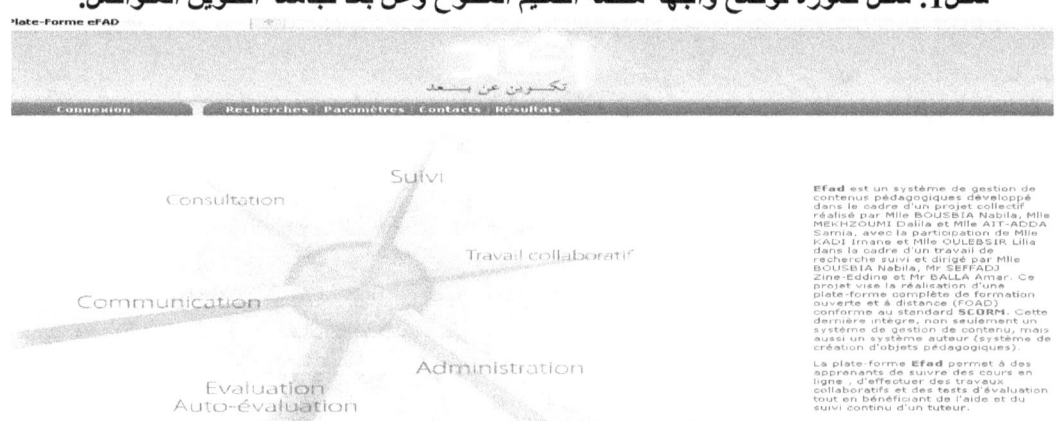

حيث تمكن هذه المنصة المتعلمين من التسجيل والنفاذ إلى مختلف مسارات التكوين المقترحة ومختلف المحاضرات والدروس للمتعلمين بما يمكنهم من متابعة التكوين في أحسن الظروف، كما تمكن الأساتذة من متابعة جودة تكوينهم والإشراف عن بعد، كما هو مبين في الصورة التالية:

---

[27] www.ufc.dz
[28] www.efad.ufc.dz

شكل2: شكل صورة توضح واجهة البحث في منصة التعليم المفتوح وعن بعد لجامعة التكوين المتواصل.

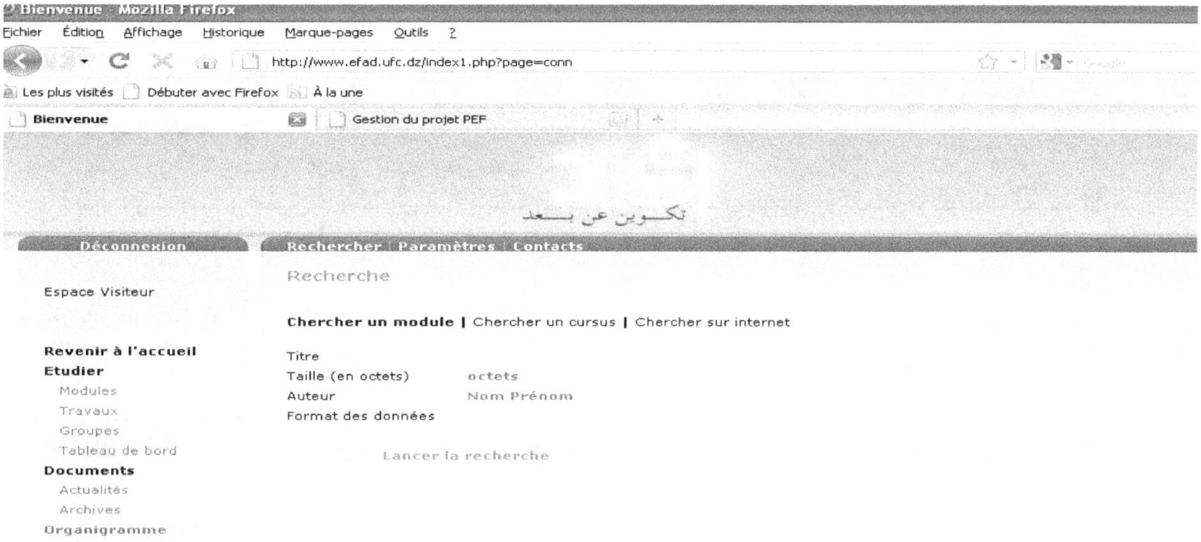

أما التسجيل فيتم كما هو موضح في الصورة التالية:

صورة توضح واجهة التسجيل والارتباط بمنصة التعليم المفتوح وعن بعد لجامعة التكوين المتواصل.

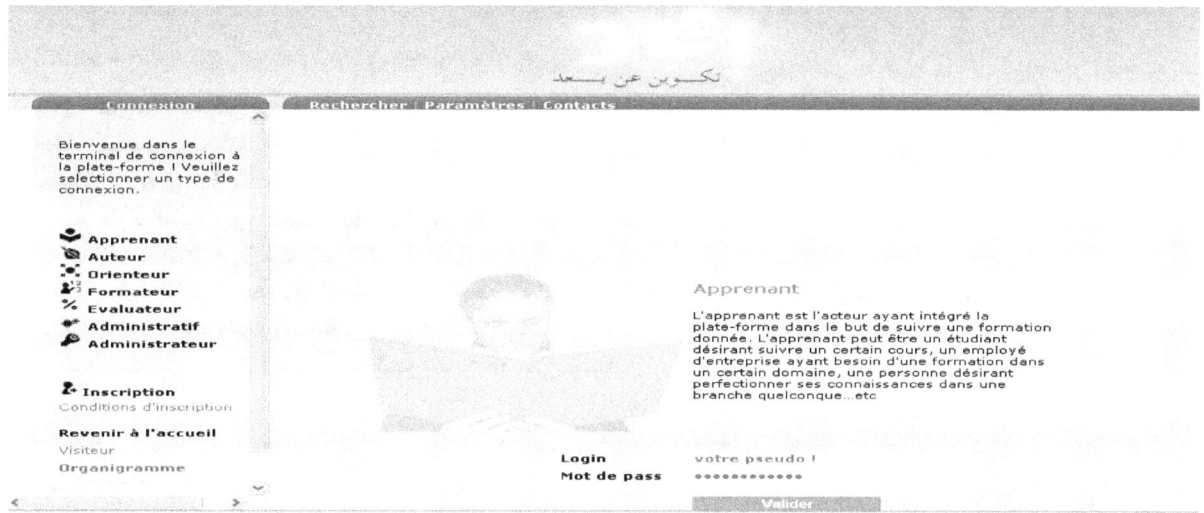

بالإضافة إلى منصة إلكترونية موجهة لتكوين أساتذة اللغة الفرنسية بالجزائر ([29]) .
تتوجه عروض التكوين و التعليم التي تقترحها الجامعة إلى مختلف فئات و شرائح المجتمع، بما فيهم الأجراء، البطالون، أصحاب الأعمال الحرة، الراغبة في التحصيل العلمي و التأهيلي، أو تدعيم خبراتهم المهنية أو تطوير مهارات جديدة تتطلبها البيئة الاجتماعية و الاقتصادية الراهنة. كما تمكن الجامعة من خلال مختلف عروضها التكوينية من كل من يرغب في إتمام و مواصلة دراسته، أو الحصول على شهادات جديدة.

---

[29] www.fle.ufc.dz

8- 2-1- مهام الجامعة:

يحدد المرسوم التنفيذي رقم 90.149 الصادر بتاريخ 26 ماي 1990 الذي بموجبه جامعة التكوين المتواصل، المهام الأساسية التالية لهذه الجامعة:

- تمكين كل مواطن تتوفر فيه الشروط اللازمة بالنفاذ إلى التعليم العالي.
- تطوير فرص و آليات التكوين المستمر بالتعاون مع مختلف المؤسسات و القطاعات الشريكة و المستفيدة و من عروض الجامعة.
- تنظيم دورا التدريب و إعادة الرسكلة وفق طلب القطاعات المستعملة.
- بلورة و تصميم و تطبيق كل الطرق و الأساليب التعليمية المناسبة مثل التعليم عن بعد و توظيف إمكانيات الاتصال السمعي البصري في العملية التعليمية.

8- 2-2 - هيكلة البرامج التعليمية و التكوينية المقدمة:

تقدم الجامعة عروضها التكوينية وفقا للهيكلة التالية:

1. **مرحلة ما قبل التدرج**، تغطي هذه المرحلة التخصصات التالية:
   - الآداب.
   - العلوم الطبيعية.
   - التسيير و الاقتصاد.

أما شروط التسجيل في هذه المرحلة فتتمثل في أن يكون المترشح حاصل على مستوى السنة الثالثة من التعليم الثانوي.

طرق و توقيت الدراسة:

- حسب اختيار المترشح (متمدرس أو مترشح حر).
- الدراسة تتم خارج أوقات العمل.
- تتوج الدراسة في هذه المرحلة بشهادة تمكن المترشح من التسجيل في مرحلة التدرج بعد إجراء امتحان في نهاية السنة الدراسية.

2. **مرحلة التدرج**، تقدم الدراسة في هذه المرحلة في شكلين:

2-1- الدراسة الحضورية:

تغطي التخصصات التالية:

التخصصات القانونية (3 تخصصات): القانون العقاري، قانون التأمينات، التوثيق.

تخصصات علوم التسيير و الاقتصاد (14 تخصصا)

تخصصات اللغات التقنية (5 تخصصات): اللغة الإنجليزية، الفرنسية، الألمانية، الإسبانية، الإيطالية.

تخصصات العلوم التكنولوجية (5 تخصصات): الإعلام الآلي، الإلكترونيك، التحليل البيولوجي، الكيمياء الصناعية.

تخصصات العلوم الاجتماعية (تخصص واحد): علم المكتبات: شهادة الدراسات الجامعية التطبيقية، مدة الدراسة ثلاث سنوات.

تتم الدراسة بشكل حضوري في شكل محاضرات و حصص تطبيقية.

2-2- الدراسة المقدمة عن بعد:

التخصصات القانونية (4 تخصصات): قانون الأعمال، قانون العلاقات الاقتصادية الدولية، تقنيات بنكية و مصرفية، التوجيه الدراسي و المهني.

3. **مرحلة ما بعد التدرج:**

وهي عبارة عن تكوين في ما بعد التدرج المتخصص موجه إلى الإطارات الحاصلين على شهادة البكالوريا بالإضافة إلى أربع سنوات على الأقل من الدراسات الجامعية، و ثلاث سنوات من الخبرة المهنية. و تغطي هذه المرحلة عدة تخصصات منها:

قانون الأعمال، قانون العلاقات الاقتصادية الدولية، المالية و المحاسبة، تسيير الإنتاج، تسيير الموارد البشرية، الإعلام الآلي، هندسة التكوين، السوق المالي و البورصة، التسويق، التكنولوجيات الجديدة للمعلومات و الاتصال، طب العمل، الذكاء الاقتصادي.

تتم الدراسة في ثلاث سنوات بحجم ساعي يقدر بـ 350 ساعة في شكل حضوري، و تربص ميداني في إحدى المؤسسات. حيث يتم إجراء امتحان في كل مادة، مع إعداد مذكرة تخرج تناقش علنيا. و تتوج الدراسة بحول المترشح على شهادة ما بعد التدرج المتخصص في التخصص المختار.

4. التكوين التأهيلي:

وهو عبارة عن تكوين موجه إلى جمهور غير متجانس يضم مختلف الفئات من الأجير البسيط إلى الإطارات المسيرة. يمكن من تحبين و تحديث المعارف و المهارات و الحصول على معلومات جديدة في مجالات نشاطاتهم المهنية. و يتم تحديد فترة التكوين بالتنسيق مع الجهات المستفيدة، حيث يمكن أن تكون في شكل تربص مهني قصير المدى إلى تربص طويل المدى حسب الهدف المرجو تحقيقه من طرف الجهات المستعملة. و فيما يلي بعض من التخصصات التي يضمها هذا النوع من التكوين: الإدارة العلمية للمؤسسة و تسيير الموارد البشرية، تسيير التراث، إستراتيجية المؤسسة، الاتصال في المنظمات، المحاسبة و مراقبة التسيير، الأسواق المالية و البورصة، الاقتصاد الحضري و التنمية المحلية، تسيير الجماعات المحلية، تقييم و مراقبة الجماعات المحلية، التحليل المالي للجماعات المحلية، اللغة الإنجليزية الاقتصادية...

4-1- التأطير:

يتم تأطير هذه الدورات التأهيلية من طرف مجموعة من المكونين، أغلبهم أساتذة باحثون ينشطون في مختلف المخابر العلمية. بالإضافة إلى الأساتذة المستشارين الذين تربطهم صلة وثيقة و دائمة مع جامعة التكوين المتواصل، مع الإشارة إلى أنهم يتمتعون بسمعة عالمية في مجالات تخصصهم.

4-2- تنظيم التكوين:

يتم برمجة الدورات التأهيلية وفقا للظروف و الالتزامات المهنية للمتربصين، لتمكينهم من متابعة التكوين في أحسن الظروف، مع تمكينهم من متابعة مهامهم المهنية في الوقت نفسه على مستوى الهيئات و المؤسسات التي يتبعون لها. و عليه، يمكن أن تبرمج الدورات التأهيلية في فترات مجمعة (أسبوع كل شهر على سبيل المثال)، أو في فترات متفرقة (في نهاية كل يوم). كما يمكن أن تبرمج بعض الدورات التأهيلية في مقر الهيئة أو المؤسسة المستفيدة.

8- 2-3- جامعة التكوين المتواصل و ضرورة توظيف التكنولوجيات الجديدة للمعلومات و الاتصال:

تضع جامعة التكوين المتواصل ضرورة توظيف و استغلال التكنولوجيات الجديدة للمعلومات و الاتصال من بين أولوياتها التطويرية لمواجهة الصعوبات و التحديات المتعلقة بـ:

- اتساع مساحة الجزائر.
- الانتشار الجغرافي الواسع للجامعة عبر التراب الوطني من خلال الـ 53 مركزا التابع لها.
- نقص مرافق الاستقبال.
- الطلب المتزايد على التعليم و التكوين.
- الأعداد المتزايدة للمتكونين.

و عليه فإن توظيف هذه التكنولوجيات لتقديم التعليم عن بعد يساهم بدون شك في تخفيف هذه النقائص و الضغوطات. من خلال تطبيقه على مختلف المراحل الدراسة مع أفضلية ملموسة لمرحلة التعليم العالي. و عليه، فإن يتعين على الجامعة العمل على تحديث و تطوير مناهجها و أساليبها التعليمية من خلال توظيف هذه التكنولوجيا بشكل يمكن من تقديم تكوين نوعي يخدم الاحتياجات الفعلية للمحيط الاجتماعي و الاقتصادي. و هو ما تم العمل على تحقيقه من خلال إنجاز مجموعة من البرامج من أهمها:

- اقتناء عدة منصات إلكترونية للتعليم عن بعد.
- تطوير و تشجيع و ترقية وظيفة الإشراف عن بعد.
- تطوير الوسائط البيداغوجية المدعمة للعملية التعليمية بهذا الشكل.
- استعمال تقنيات المحاضرات عن بعد للأغراض البيداغوجية
- تطوير و تشجيع فرص و آليات التعاون في هذا المجال مع الجامعات الأجنبية.

الخاتمة والتوصيات:

رغم تلك الأهمية لهذا النوع من التعليم والنتائج الأولية التي أثبتت نجاح ذلك إلا إن الاستخدام لازال في بداياته حيث يواجه هذا التعليم بعض العقبات والتحديات سواء أكانت تقنية تتمثل بعدم اعتماد معيار موحد لصياغة المحتوى أم فنية وتتمثل في الخصوصية والقدرة على الاختراق أو تربوية وتتمثل في عدم مشاركة التربويين في صناعة هذا النوع من التعليم.

يمكن القول بأنه لضمان نجاح صناعة التعليم الإلكتروني يجب عمل ما يلي:

1- التعبئة الاجتماعية لدى أفراد المجتمع للتفاعل مع هذا النوع من التعليم.
2- سن التشريعات والاعتراف الرسمي بالتعليم عن بعد كمنظومة رسمية من منظومات التعليم تدرج ضمن خطط التنمية.
3- ضرورة مساهمة الأساتذة والتربويين في صناعة هذا التعليم.
4- توفير البنية التحتيه لهذا النوع من التعليم وتتمثل في إعداد الكوادر البشرية المدربة وكذلك توفير خطوط الاتصالات المطلوبة التي تساعد على نقل هذا التعليم من مكان لآخر.
5- توسيع نطاق تطبيق منظومة التعليم عن بعد بالجامعة الجزائرية إلى المراحل التعليمية الثانوية (ما قبل الجامعة).
6- ضرورة وضع المضامين الوطنية المتعلقة بالتعليم المستمر بهدف سد احتياجات مختلف القطاعات الاجتماعية والاقتصادية.
7- وضع برامج لتدريب الطلاب والمعلمين والإداريين للاستفادة القصوى من التقنية.

قائمة المراجع:

المراجع باللغة العربية:

[1]- السباعي زهير أحمد ، **التعليم المفتوح اتجاه عالمي**. في أعمال : " الندوة الدولية للتعليم عن بعد "، المنظمة العربية للتربية والثقافة والعلوم ، تونس 1998

[2]- السنبل ، عبد العزيز بن عبد الله، **استشراف مستقبل التعليم عن بعد في المملكة العربية السعودية** ، الرياض : مركز بحوث كلية التربية ، جامعة الملك سعود . 2003.

[3]- الخطيب محمد شحات، **دراسة خلفية عن التعليم عن بعد وتطوراته والوضع الراهن له في المساحة الدولية** . في أعمال : "الندوة الدولية للتعليم عن بعد"، المنظمة العربية للتربية والثقافة والعلوم " ، تونس 1998.

[4]- المضواح علي، **التخطيط الإستراتيجي للتعليم المستمر**. (على الخط) . (09 .02. 2011):
http://faculty.ksu.edu.sa/almdouah/documents

[5]- المضواح علي، **التعليم المستمر في خدمة المجتمع**. (على الخط) . (09 .02. 2011):
http://faculty.ksu.edu.sa/almdouah/documents

[6]- نشوان يعقوب، **واقع التعليم عن بعد في البلاد العربية... دراسة تحليلية** . في أعمال : " الندوة الدولية للتعليم عن بعد " ، المنظمة العربية للتربية والثقافة والعلوم، تونس 1998.

[7]- نوفل، محمد نبيل، **رؤى المستقبل، المجتمع والتعليم في القرن الحادي والعشرين. المنظور العالمي والمنظور العربي**، مجلة التربية العربية، المجلد 17، ع 1. ، 1997.

المراجع باللغة الأجنبية:

[8]- Alsunbul, Abdulaziz, **Issues Pertaining to Distance Education in the Arab World Convergence**, Volume xxxxv (1) – I.C.A.E. Toronto 2002. pp 65-68

[9]- Edgar Faure , Felipe Herrera, Abdul-rezzak Kadoura, et all. **Savoir être**. Paris : UNESCO, 1972.XLIII p. (en ligne).(12 . 05 . 2011) : http://www.unesco.org/education/pdf/15_60_f.pdf

[10]- Jacques Delors, **L'éducation : un trésor est caché dedans**. Paris : UNESCO, 1993. 46p. (en ligne) . (12 . 05 . 2011) : http://www.unesco.org/delors/delors_f.pdf

[11]- Toffler, Alvin : Power Shift, **Knowledge, Wealth and violence at the Edge of the 21st Century**. N.Y : Bantam Books, 1991.

توظيف البرمجيات الحُرة والمفتوحة المصدر في التعليم

خديجة منصور علي أبوزقية   khadijabuzgia@gmail.com   جامعة المرقب   الخمس   ليبيا

الملخص:

عصرنا الحاضر هو عصر تقنية المعلومات والاتصالات والتي تعتبر بحق أهم دعائم وأسس تقدم الدول وتطورها. من اهم الأساليب التكنولوجية والطرق والأدوات أستخدام البرمجيات الحُرة مفتوحة المصدر وما لها من مميزات كسد الفجوة الرقمية والإقبال المتزايد لما تحتويه هذه البرمجيات من مواصفات ومميزات تمكنها من دعم كافة أجهزة الكمبيوتر والتعامل مع كافة أنواع التشغيل، إضافة إلى أنها تغطى معظم الاحتياجات بدءاً من الاستخدامات المنزلية والمكتبية وصولاً إلى التطبيقات العلمية التقنية فائقة التعقيد من غير تكاليف باهظة، والحد من ظاهرة القرصنة.

تهدف هذه الورقة لتلقى الضوء على البرمجيات الحُرة مفتوحة المصدر، كمفهوم، عارضةً الحريات الأربعة في التداول والنشر، مع ذكر بعض الأمثلة البرمجيات الحُرة المفتوحة المصدر الشائعة الاستخدام، ثم تطرقت الى أسباب استخدام البرمجيات الحُرة، والخصائص والمزايا الفنية للبرمجيات الحُرة والمفتوحة المصدر، وفي نهاية الورقة عرضت صعوبات استخدام أنظمة البرمجيات الحُرة المفتوحة المصدر.

الكلمات الجوهرية : برمجيات، المصدر، لينكس، نظام تشغيل، الإنترنت، البرمجيات المجانية، متصفح الإنترنت.

1 مقدمة:

يشهد العالم التقني منذ فترة لا بأس بها اهتماماً كبيراً بالبرمجيات الحرة والمفتوحة المصدر، حيث أصبح الجميع يتكلم عن فوائد البرمجيات المفتوحة المصدر وأهميتها من ناحية التطوير أو ناحية الاقتصادية، حيث لا تقتصر فائدة البرمجيات الحرة على توفير مبالغ كبيرة في مجال تراخيص البرمجيات، بل تتجه كثير من الدول لاعتماد البرمجيات الحرة والمفتوحة المصدر من أجل تنمية الاقتصاد المحلي والتطوير التقني في مجال تقنية المعلومات والاتصالات.

وفي الواقع تلعب البرمجيات الحرة دوراً ملموساً لتشجيع النجاح والابتكار ومشاركة المعرفة بين جميع مجتمعات التقنية حول العالم، متخطية الكثير من العوائق المادية والفكرية التي تحد من نشر المعرفة التقنية مثل براءات الاختراعات والملكية الفكرية وحقوق استخدام البرمجيات وتعديلها على حسب مقتضيات العمل والوظيفة.

البرمجيات الحرة وذات المصادر المفتوحة، هي برمجيات يتم تطويرها من قبل مبرمجين ومشاركين ومستعملين وغيرهم طواعية بخبراتهم وأفكارهم وتجاربهم فى جميع مراحل الإنجاز والتعديل والتحسين، وهذا النوع من البرمجيات يتميز بحرية استخدامه وتوزيعه وتعديله دون الحاجة إلى طلب الإذن المسبق من جهة معينة ومن غير دفع رسوم معينة من أجل تعميم الفائدة للجميع وعدم الاحتكار وتقليص بعض أشكال التبعية وتوفير الضمانات الأمنية ضد القرصنة وضد فيروسات الكمبيوتر. [1] ومع أن مصطلحي البرمجيات الحرة ومفتوحة المصدر يستخدمان على نطاق واسع للإشارة إلى نفس الأفكار، إلا أنهما عملياً يشيران إلى مبدأين مختلفين، على الأقل جزئياً، فكلمة حر لا تعني بالضرورة مجاني، لذلك فقد ابتكر مصطلح البرمجيات الحرة مفتوحة المصدر كحل وسط للبرمجيات التي تحمل مفاهيم الحرية عبر توزيعها مع الشفرة المصدرية وإتاحة تعديلها وتطويرها وإعادة توزيعها بصورة مختلفة. [2]

2 البرمجية

يُقصد بالبرمجية برنامج حاسوبي يحمل تعليمات أو أوامر تدل الحاسوب على طريقة العمل. ويستعمل مطورو البرمجيات لغات البرمجة الحاسوبية (مثل C أو C++ أو Java أو Visual Basic أو Pascal، على سبيل الذكر لا الحصر لكتابة التعليمات بشكل مقروء للبشر يُدعى الشفرة المصدرية. ولهذه اللغات "برامج ترجمة " تترجم التعليمات الى لغة مقروءة للجهاز أو الى نسق ثنائي (تعاقب أرقام الواحد والصفر) يُدعى شفرة الهدف ويسمح للحاسوب بالعمل.

وتوجد فئتان رئيسيتان من البرمجيات: برمجيات النظم مثل نظم التشغيل، وبرمجيات التطبيقات مثل الحزم المكتبية Microsoft Office أو Open Office أو نُظم تخطيط موارد المؤسسات أو نُظم إدارة قواعد البيانات. وتساعد برمجيات النُظم في تشغيل أجهزة الحاسوب بينما تستخدم برمجيات التطبيقات في تنفيذ مهام محددة.

تكون البرمجيات عادةً محمية بحقوق التأليف والنشر التي تمنح مبتكرها، لفترة محدودة، حقا مطلقاً في إستنساخ عمله وتوزيعه. وتحتاج الأطراف الثلاثة الى إذن من مبتكر البرمجيات لاستنساخ عمله وإعادة توزيعه بصفة قانونية. (3)

والبرمجية مصطلح شمولي يستخدم لوصف جميع البرامج المرفقة بالحاسبات وجميع الوثائق الخاصة بتطوير وتصميم هذه البرامج. وفي حالات معينة يستخدم المصطلح لوصف البرامج المكتوبة فقط لبعض التطبيقات الخاصة بالمستخدم. ويمكن تعريفه أيضا بأنه مصطلح عام لمجموعة من الإيعازات التي تسيطر على الحاسوب أو على شبكات الاتصالات. أما البرنامج فهو مجموعة من الإيعازت التي توجه الحاسوب لانجاز واجبات محدده ويقدم أو ينتج نتائج محدده. (4)

وتوجد فئتان رئيسيتان من البرمجيات: برمجيات النظم مثل نظم التشغيل، وبرمجيات التطبيقات مثل الحزم المكتبية Microsoft Office أو Open Office أو نُظم تخطيط موارد المؤسسات أو نُظم إدارة قواعد البيانات. وتساعد برمجيات النُظم في تشغيل أجهزة الحاسوب بينما تستخدم برمجيات التطبيقات في تنفيذ مهام محددة.

تكون البرمجيات عادةً محمية بحقوق التأليف والنشر التي تمنح مبتكرها، لفترة محدودة، حقا مطلقاً في إستنساخ عمله وتوزيعه. وتحتاج الأطراف الثلاثة الى إذن من مبتكر البرمجيات لاستنساخ عمله وإعادة توزيعه بصفة قانونية.

3 البرامج التجارية:

هي البرمجيات التي يتم بيعها مقابل مبلغ من المال من قبل أفراد أو شركات تجارية أو تخدم أغراض تجارية. البرمجيات التجارية عادة ما تكون برمجيات احتكارية , وقد سعت الشركات التجارية المنتجة للبرمجيات إلى تحقيق أكبر قدر من الربح المادي من البرمجيات التى تقوم بإنتاجها، حيث إنها تعطى للمستخدم الملفات التنفيذية للبرمجية وتحتفظ لنفسها بالشفيرة المصدرية لهذه البرمجيات، وهذا يعنى أن المستخدم قادر وبصورة جيدة على تشغيل البرنامج واستثمار قدراته، غير أنه عاجز عن دراسة آلية عمله وتعديلها بما قد تتطلبه احتياجاته الخاصة. وتدعى هذه البرمجيات بالبرمجيات المغلقة Closed Software بمعنى أن الشركة المنتجة لهذه البرمجيات أغلقت الباب فى وجه المستخدم للحيلولة دون حصول على الشفرة المصدرية وهذا يقف عقبة أمام المستخدمين لتطوير البرمجية بما يتلاءم مع ظروف واحتياجات المستخدم. (5)

وعندما تقوم مؤسسة ما بتقديم الشفرة المصدرية الخاصة بالبرمجية للمستخدم، فيستطيع من خلال هذه الشفرة أن يعدل هذه البرمجية وفقاً للمتطلبات التى يحتاجها، أى أن المستخدم تحرر من القيود التى تفرضها عليه البرمجيات المغلقة، لأن إمكانيات تعامله مع البرمجية لم تعد محددة باستخدامه فقد دون القدرة على التعديل أو التطوير، هذه البرمجيات والتى ترفق معها الشفيرة المصدرية الخاصة بها تدعى البرمجيات الحرة مفتوحة المصدر. (6)

4 البرمجيات الحُرة والمفتوحة المصدر

تستخدم الحكومات كلا البرمجيات الاحتكارية والبرمجيات المجانية والبرمجيات مفتوحة المصدر، إلا أن الأخيرة حظيت بقدر كبير من الاهتمام خلال الأعوام الأخيرة بسبب المزايا التي تتمتع بها من حيث الكلفة والأمن والمرونة. ويجد البعض أنه يمكن للبرمجيات الحرة وبرمجيات المصدر المفتوح في الدول النامية أن تُسرِّع من نموِّ المجتمعات المحلية للمصادر المفتوحة بين النظراء والخدمات المرتبطة بها.

ويعود انتشار البرمجيات الحرة والبرمجيات مفتوحة المصدر إلى حُرية استخدام وتوزيع وتعديل وإعادة توزيع التعديلات التي تطرأ على البرمجيات التي تطلقها البرمجيات الحرة وبرمجيات المصادر المفتوحة، إضافة إلى توفر هذه البرمجيات دون الحاجة لدفع رسوم الترخيص وتوفر الشيفرة المصدرية. [7]

4-1 مفهوم البرمجيات الحُرة والمفتوحة المصدر:

هي برمجيات توفر الشفرة المصدرية Code تحت رخصة برمجية تسمح بدراسة وتغيير وتحسين البرنامج نفسه للمستخدمين النهائيين. تعتمد البرمجيات مفتوحة المصدر على فلسفة المصدر المفتوح وهي طريقة تطويرية للبرمجيات تستفيد بشكل كبير من عمليات التوزيع وشفافية العمل بين جميع الأطراف، حيث تلتزم هذه الفلسفة بأن البرنامج حتى يعرف على أنه مفتوح المصدر يجب عليه أن يوفر عدة شروط من أهمها: حرية إعادة توزيع البرنامج وتوفر النص المصدري للبرنامج، وحرية توزيع النص المصدري، وحرية إنتاج برمجيات مشتقة أو معدلة من البرنامج الأصلي، وحرية توزيعها تحت نفس الترخيص للبرمجيات الأصلي.

تقدم الأنظمة المفتوحة open systems وعدا بالسماح لكل أفراد المجتمع بالاستفادة من مفهوم حرية البرمجيات software freedom، ويرتبط مفهوم حرية البرمجيات بمفهوم المصدر المفتوح open source ويعني هذا المصطلح أن تكون التدوينة المصدر للبرنامج source code مفتوحة ومتاحة للجميع حتى يمكن دراسة البرنامج وتعديله وتطويره، وتعتبر التدوينة المفتوحة متطلب أساسي لحرية البرمجيات. [8]

4-2 الحريات الأربعة للبرمجيات الحرة والمفتوحة المصدر :

يقصد بحرية البرمجيات هو حرية مستخدمي البرمج في تشغيل ونسخ وتوزيع ودراسة البرمجيات. مصطلح حرية البرمجيات يشير بالتحديد إلى أربع حريات (مستويات) للمستخدم، وهي:

الحرية 1 : حرية استعمال البرنامج لأي غرض كان.

الحرية 2: حرية دراسة وتعديل الشفرة المصدرية للبرنامج. فمع البرمجيات الحرة لا يوجد شيئاً يستطيع المبرمج أو الشركة المطورة أن تخفيه عنك، فالجميع يستطيعوا الوصول إلى الشفرة المصدرية للبرنامج، والمستخدم يستطيع أن يطوع البرنامجبإضافة مميزات جديدة يرغب بها.

الحرية 3 : حرية توزيع نسخ من البرنامج الأصلي.

الحرية 4: حرية توزيع نسخ من البرنامج الأصلي ومشاركة المجتمع بالتعديلات، ونشر التعديلات وتوزيعها من دون أخذ الإذن من المطور الأول، بل تسمح هذه الحرية ببيع البرنامج وإنشاء شركة خاصة بالمطور الجديد لتطوير البرنامج. [9]

شكل 1: المستويات الأربعة التالية لمفهوم الحرية

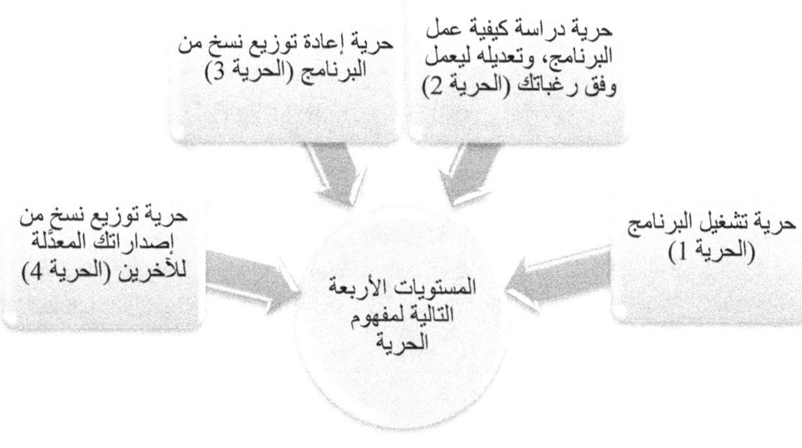

وقد سعت الشركات التجارية المنتجة للبرمجيات إلى تحقيق أكبر قدر من الربح المادي من البرمجيات التى تقوم بإنتاجها، حيث إنها تعطى للمستخدم الملفات التنفيذية للبرمجية وتحتفظ لنفسها بالشفرة المصدرية لهذه البرمجيات، وهذا يعنى أن المستخدم قادر وبصورة جيدة على تشغيل البرنامج واستثمار قدراته، غير أنه عاجز عن دراسة آلية عمله وتعديلها بما قد تتطلبه احتياجاته الخاصة.وتدعى هذه البرمجيات بالبرمجيات المغلقة Closed Software بمعنى أن الشركة المنتجة لهذه البرمجيات أغلقت الباب فى وجه المستخدم للحيلولة دون حصول على الشفرة المصدرية وهذا يقف عقبة أمام المستخدمين لتطوير البرمجية بما يتلاءم مع ظروف واحتياجات المستخدم.

عندما تقوم مؤسسة ما بتقديم الشفرة المصدرية الخاصة بالبرمجية للمستخدم، فيستطيع من خلال هذه الشفيرة أن يعدل هذه البرمجية وفقاً للمتطلبات التى يحتاجها، أى أن المستخدم تحرر من القيود التى تفرضها عليه البرمجيات المغلقة، لأن إمكانيات تعامله مع البرمجية لم تعد محددة باستخدامه فقد دون القدرة على التعديل أو التطوير، هذه البرمجيات والتى ترفق معها الشفيرة المصدرية الخاصة بها تدعى البرمجيات الحُرة مفتوحة المصدر.

جدول 1: مقارنة بين البرمجيات المفتوحة المصدر والبرمجيات المغلقة (الاحتكارية)

وجه المقارنة	البرمجيات المفتوحة المصدر	البرمجيات المغلقة
التعريف	هي برمجيات يتوفر لها المصدر البرمجي ويمكن الاطلاع عليه بحرية وإجراء تعديلات على هذا المصدر بما يناسب احتياجات كل بيئة	هي برمجيات لايمكن الاطلاع على مصدرها البرمجي، و لايمكن معرفة كيف تعمل على وجه الدقة ولا الثغرات التي من الممكن أن تحتويها بغير قصد أو بقصد. ويتحكم في تطويرها جهة واحدة، ويتم استخدامها بدون اي تعديل.
الجودة	جودة عالية	جودة عالية
الأمان	مستوى الامان العام مرتفع جدا، والتحديثات الأمنية سريعة جدا.	مستوى الامان العام مرتفع مع بعض التكلفة، الحديثات الامنية تأخذ وقتا كبير نسبيا من الشركة المطورة للبرنامج.
التكلفة	تكلفة ابتدائية منخفضة جدا ومتوسطة على المدى البعيد	تكلفة ابتدائية مرتفعة جدا ومتوسطة على المدى البعيد
سرعة التطوير	سريع جدا حيث يشارك الآف الاشخاص في تطوير البرمجيات مفتوحة المصدر.	متوسط حيث لا يمكن تطوير البرنامج إلا من خلال الشركة المنتجة له. كما يجب التقيد بالنسخة التي تصدرها الشركة دون القدرة على إضافة أو تعديل أي ميزة خاصة في البرنامج المستخدم.
الشفرة البرمجية	الشفرة البرمجية متاحة ويمكن التعديل عليها والتأكد من طرقة عملها واستكشاف أي ثغرات أمنية موجوده بها.	الشفرة البرمجية غير متاحة ولا يمكن التعديل عليها، ولا يمكن الجزم بطريقة عمل البرنامج أو معرفة الثغرات الامنية الموجودة به بشكل كامل.
الإبداع	تتيح البرمجيات مفتوحة المصدر قدر كبير من الإبداع، ومجال واسع للتطوير بفضل إتاحة المصدر البرمجي وبالتالي إمكانية تعديله بما يناسب كل بيئة، وامكانية دراسة المصدر البرمجي والتعلم منه.	الابداع والتطوير محدود جدا ويتم في حده الادنى وجود المصدر البرمجي، ويرتبط فقط بالشركة المنتجة للبرنامج.

3-4 أسباب استخدام البرمجيات الحُرة

- **كلفتها معقولة وجودتها عالية:** تعتبر تكلفة البرمجيات عاملا هاما بالنسبة للدول النامية. إضافة إلى ذلك، لا يعني انخفاض تكلفة البرمجيات أو توفرها بشكل مجاني أن جودة أو فعالية البرمجيات التي تم تطويرها أو استخدامها قد تأثرت.
- **تبني القدرات:** القدرة على استخدام ونسخ أي برمجيات تستخدم بحرية هو أمر ضروري بالنسبة للدول محدودة الموارد، فالقدرة على الوصول إلى الشيفرة المصدرية ودراستها ضروري لبناء القدرات وتحسين مهارات تكنولوجيا المعلومات والاتصالات بالنسبة للسكان المحليين. كما تتيح إمكانية تحسين البرمجيات بحرية وإعادة توزيع النسخة المحسنة تطوير المجتمعات بحيث تتعلَّم وتُحسن العمل الذي قام به آخرون. وهذا يسهم بشكل كبير في عملية بناء القدرات.
- **سد الفجوة الرقمية:** لا يفهم معظم الأشخاص في الاقتصاديات النامية اللغة الإنجليزية في الوقت الذي تتوفر فيه معظم البرمجيات المتوفرة للشراء باللغة الإنجليزية فقط. وتعتبر جهود تكييف البرمجيات المملوكة بحسب السياق المحلي في هذه الأماكن نادرة، حيث يعتمد المستخدمون بشكل كامل على الشركات المالكة للبرمجيات، والتي لا ترى بالعادة وجود عائد مالي كاف يبرر الاستثمار في تكييف هذه البرمجيات بحسب السياق المحلي. ويمكن للبرمجيات الحُرة والبرمجيات مفتوحة المصدر أن تتصدى لمسألة الفجوة الرقمية من خلال ترجمة البرمجيات وتكييفها بحسب السياق المحلي لتلبي الاحتياجات الثقافية واللغوية للمجتمع المستهدف. ويمكن لهذه البرمجيات القيام بهذه المهمة دون الحاجة للمرور بعملية الحصول على الأذونات من أصحاب البرمجيات، وهي عملية كثيرا ما تستهلك الكثير من الوقت.

5 الخصائص والمزايا الفنية للبرمجيات الحُرة والمفتوحة المصدر:

تمتاز البرمجيات الحُرة بعدد من الخصائص تؤهلها للقفز إلى أعلى قائمة خيارات الحلول المتاحة للمؤسسات

- دعم اللغة العربية: تم دعم اللغة العربية بشكل مقبول، وإن لم يكن مكتملا في كل النواحي، على المستويات الثلاثة:

  أولا- تقبل برمجيات لينكس للغة العربية عند الإدخال والاستعراض.

  ثانيا - أن تظهر هذه البرمجيات من اليمين إلى اليسار.

  ثالثا - استخدام الكلمات العربية بدلا من اللاتينية في كلمات ونصوص البرمجيات كالقوائم ورسائل المستخدم.
- توفر **البرمجيات:** يتوفر عدد كبير من البرمجيات المختلفة والتي تغطي معظم الأطياف كـ نظام تشغيل، بيئة تشغيل، أنظمة الخوادم، برمجيات إنتاج، إبداع، علمية. وهنالك ما يربو على خمسين ألف برمجية حرة، بالإضافة إلى عدد كبير من البرمجيات مغلقة المصدر والتي تعمل على نظام لينكس.
- المرونة ودعم العتاد: يعمل نظام لينكس على كافة أنواع الحواسيب والمعالجات المعروفة من الأجهزة الخليوية إلى الحواسيب العملاقة. بما في ذلك الأنظمة القديمة. وهذة الخاصية ينفرد بها نظام لينكس عن كافة انظمة التشغيل الأخرى.
- **سرعة** التطور والدعم والإنتشار: يتطور نظام لينكس وينتشر بسرعة كبيرة. ونظرا لوجود عدد كبير من المطورين حول العالم فإن سرعة الاستجابة للمشاكل الأمنية أو أخطاء البرمجية أو إضافة خصائص جديدة، هي أسرع بكثير من مثيلاتها في البرمجيات المغلقة.
- **خاصية** الأتمتة: توفر أنظمة يونكس، ومن ثم لينكس، خاصية الأتمتة بمستوى محترف. حيث يمكن أتمتة أي عدد من خطوات التعامل مع الحاسوب وبمرونة كاملة تجعل من تكرار هذه المهمة أمرا في غاية اليسر. وهذه الخاصية مهمة بشكل كبير لمديري الأنظمة.

6 الصعوبات التي تعرقل استخدام أنظمة البرمجيات الحُرة (نظام لينكس كمثال) :

جنو/لِينُكس GNU/Linux : يسمّى أحيانًا لينكس: [10] هو نظام تشغيل حُر مفتوح المصدر. بسبب تطوره في إطار مشروع جنو، يتمتع جنو/لينكس بدرجة عالية من الحرية في تعديل وتشغيل وتوزيع وتطوير أجزاءه، ويعتبر جنو/لينكس من الأنظمة الشبيهة بيونكس ويصنف ضمن عائلة يونكس إلى جانب أنظمة أخرى بعضها تجاري وبعضها حُر كسولاريس وفري بي.إس.دي. بسبب الحرية التي يوفرها جنو/لينكس فقد فتح المجال للآخرين للتطوير عليه بشكل نجح في التأسيس لنظام تطوره

أطراف متعدّدة، حتى أصبح يعمل على طيف عريض من المنصات تتراوح بين الخادمات العملاقة وأجهزة الهاتف الجوال، وتطورت واجهات المستخدم العاملة عليه لتدعم كل لغات العالم تقريبا، وبسبب كونه حر ومفتوح المصدر وسهولة تطويع وتغيير سلوك النظام، فإن سرعة تطوره عالية وأعداد مستخدميه تتزايد على مستوى الأجهزة الشخصية والخادمات. هذا النظام الجديد، لم ينقض على وجوده بشكله المتطور سوى بضع سنوات.

وفي غياب قنوات الدعم من المؤسسات المحترفة حتى عهد قريب. ظهرت نقاط ضعف تتمثل في كلا من الاتي:

- **يحتاج إلى وقت أكبر للتعلم :** الى جانب كونها نقطة ضعف، تعتبر هذه نقطة قوة لـ لينكس لأنها تعطي المستخدمين، بعد الانتهاء من التعلم، قدرة كبيرة على تطويع النظام وحل الإشكالات الفنية. وبالنظر اليها كنقطة الضعف فإنها آخذة في الزوال نهائيا بينما يجهز النظام للاستخدام المكتبي. فتنصيب واستخدام نظام لينكس في هذه اللحظة يعتبر أمرا يسيرا. وسيبقى لينكس، في الوقت نفسه، قادرا على تلبية متطلبات المستخدمين المتقدمين.
- **دعم العربية:** دعم العربية لا يزال أقل من المتوفر على نظام ويندوز. ونقطة الضعف هذه آخذة بالزوال سريعا. أو ربما يساهم القارىء في جهود جعل دعم العربية مثاليا.
- **تشغيل برمجيات ويندوز:** لا يستطيع نظام لينكس تشغيل معظم برمجيات ويندوز (وهذة المشكلة موجودة رغم توفر برمجية مفتوحة المصدر تدعى واينWine وأخرى مغلقة المصدر تدعى كروس أوفرCross over والتي باستطاعتها تشغيل عدد محدود من برمجيات ويندوز). ولكن وفي المقابل هنالك (تقريبا) برمجية حرة مقابل كل برمجية مغلقة. وهنالك حالات قليلة ومتخصصة حيث ستضطر المؤسسة إلى الإبقاء على أجهزة تحوي نظام ويندوز أو أبل ريثما يتوفر البديل على نظام لينكس.
- **ثبات التطبيقات وثراء الخصائص:** لا تتمتع كافة البرمجيات الحُرة بالمستوى نفسه من الجودة وثراء الخصائص. لذلك ينصح بعدم اعتماد أي برمجية حرة دون الدراسة والتمحيص أو أخذ المشورة والتوصية من قبل الخبراء.
- **قلة التوثيق وانخفاض جودة التشطيب:** تعود هذه المسألة أساسا إلى طبيعة دورة التطوير. فالدوافع عند المطور الأساسي لا تكون بالضرورة أن يجعل برمجيته سهلة للآخرين، بل أن تلبي حاجته فقط، لذلك قد لا يهتم بالمظهر الخارجي؛ لكن لا تنتهي الدورة هنا فهذه البرمجية هي المادة الخام لمرحلة التصنيع القادمة والتي قد تقوم بها أطراف أخرى غير المطور الرئيس كالتوزيعات أو مؤسسات الدعم الفني والتطوير.

جدول 2: أمثلة من برمجيات المصدر المفتوح التي يمكن استخدامها كبدائل عن برمجيات معروفة مسجلة الملكية

نوع البرمجيات	برمجيات المصدر المغلق	برمجيات المصدر المفتوح
الحزمة المكتبية	Microsoft Office Corel Office	Open Office/ StarOffice KOffice
نظام التشغيل	Microsoft Windows Apple OS/X	GNU/Linux FreeBSD/NetBSD/OpenBSD
برامج خدمة شبكة الويب	Microsoft Internet Information Server(IIS)	Apache
برامج تصفح شبكة الويب	Microsoft Internet Explorer (IE)	Mozilla Firefox
قاعدة البيانات	Oracle Database IBM DB2 MS SQL Server	SAP DB MySQL PostgreSQL
عميل البريد الالكتروني	Microsoft Outlook Express(OE) Novell Group Wise Lotus Notes E-mail client	Novell Evolution Mozilla Thunderbird KMail
تحرير الصور	Adobe Photoshop	The Gimp

7 استخدام البرمجيات الحرة المفتوحة المصدر في التعليم

تعتبر تكلفة اقتناء التقنية في المؤسسة التعليمية من الأشياء الثقيلة على كل إدارة في معظم المدارس في العالم حتى في أغنى الدول، وكذلك الترخيصات للبرمجيات المملوكة مثل مايكروسوفت ويندوز ومايكروسوفت أوفيس تعتبر مرتفعة وغالية جداً

مقارنة مع دخل المتوسط للفرد، هذا عدا قيمة البرمجيات المملوكة الأخرى مثل أدوبي فوتوشوب والتي تفوق في بعض الأحيان العتاد نفسه.

هنا تبرز قيمة البرمجيات الحرة مفتوحة المصدر حيث أنها تتوفر بلا تكلفة حيث أنها تتوفر بلا تكلفة في العادة للاستخدام، وهذا ما يساعد المؤسسة التعليمية على توفير السيولة المادية لتطوير البنية التحتية أو إنفاقها على دورات تطويرية للمعلمين والطلبة أو توفيرها لمشاريع أكثر أهمية، هذا من جهة إدارة المؤسسة التعليمية، أما من جهة الطلاب فإن استخدام البرمجيات الحرة مفتوحة المصدر يساعد الطلبة على استخدام التقنية بميزانية تناسب ميزانة الأسرة.

ومن النقاط الإيجابية في البرمجيات الحرة أنها تتميز بموثوقية واعتمادية كبيرة، بحيث أنها تعمل بالشكل الذي صممت له من دون مشاكل، ولا تواجه مشاكل في الثبات والاستقرار، فمن المعروف أن البرمجيات الحرة تتميز بأنها لا تحتاج إلى تهيئة دورية للنظام ولا تتأثر بالفيروسات المنتشرة بكثرةفي عالم الإنترنت.

إن نقطة الثبات والاستقرار تجعل تكلفة إدارة وصيانة الحواسيب تنخفض بشكل ملحوظ وتخف الأعباء على العاملين في الدعم الفني، وتظهر ثمرة هذا بانخفاض نسبة الانقطاع وتوقف الخدمات الذي يحصل دائما في البرمجيات المملوكة والمعروفة لدى الجميع. (10)

إن استخدام البرمجيات الحرة في المؤسسات التعليمية يساعد على بناء قدرات بشرية على المدى الطويل، لأن البرمجيات الحرة متوفرة للجميع من دون قيود، وأيضاً تتوفر شفرتها الداخلية للدراسة والتطوير مما يتيح الفرصة للطلاب إلى التعرف على تقنيات متطورة ومتجددة وتضعهم في الطريق الصحيح للحاق بالركب التقني المتسارع.

إن من أهداف التعليم اليوم هو إعطاء المعرفة ومشاركتها بين الجميع، فالتعليم لا يهدف إلى حكر المعرفة على فئة معينة من الطلاب والمعلمين أو وضع قيود وعراقيل في طريقة اكتساب المعرفة، ومن جهة أخرى فأن من حق الشركات أن تضع قيوداً على كيفية استخدام منتجاتها وهذا حتى تربح وتستمر في الإنتاج.ولدفع التعارض بين أهداف التعليم وأهداف الشركات، تأتي البرمجيات الحرة بطريقة تضمن للمؤسسات التعليمية بتحقيق أهدافها التعليمية وضمان أنها تستخدم آخر ما توصلت إليه التقنية. (11)

أن التعليم يجب أن يتميز بأنه يعلم المبادئ العامة للتقنية، فبدلاً أن يعلم كيفية استخدام الفوتوشوب يجب عليه أن يعلم كيفية التعامل مع الصور بشكل عام ولا يحصر الطالب في برنامج معين، حتى يستطيع الطالب بعد التخرج أن يختار البرنامج المناسب الذي يلبي احتياجاته ويناسب الميزانية التي يستطيع توفيرها لهذا البرنامج.

البرمجيات الحرة المفتوحة المصدر التي تناسب المؤسسات التعليمية:

توجد العديد من البرمجيات الحرة مفتوحة المصدر والمتنوعة، التي تناسب المؤسسات التعليمية، من أشهرها:

1. **نظام التشغيل Ubuntu:** من أفضل الأنظمة الحرة من حيث سهولة الاستخدام، وتوفير بيئة متكاملة لاستخدام والتطوير.
2. **برنامج Open Office:** هو حزمة مكتبية توفر بديلاً حراً ومجانياً لحزمة مايكروسوفت أوفيس فهي تحوي على برنامج معالجة نصوص متقدم وبرنامج للجداول الإلكترونية وبرنامج للعروض التقديمية مشابهة جداً لواجهة مايكروسوفت أوفيس.
3. **برنامج Moodle:** يعد نظام مودل Moodle أحد البرمجيات الحرة مفتوحة المصدر والذى يعد أحد أنظمة إدارة التعلم فى مجال التعليم الإلكتروني، وقد صمم على أسس تعليمية ليساعد المعلمين على توفير بيئة تعليمية الكترونية، ومن الممكن استخدامه بشكل شخصي على مستوى الفرد كما يمكن أن يخدم جامعة تضم 40000 ألف متعلم، أما من الناحية التقنية فإن النظام صمم باستخدام لغة (PHP) ولقواعد البيانات (MySQL).
4. برمجيات أنظمة إدارة التعلم LMS: تعد برمجيات أنظمة إدارة التعلم (Leaning Management System)LMS وإدارة المحتوى (LCMS(Learning Content Management System الخاصة بمجال التعليم الإلكتروني فى المؤسسات التعليمية وتدريب المتعلمين عليها عنصراً محفزاً لكل من المعلم والمتعلم لاستخدام شبكة الإنترنت فى العملية التعليمية، فقد تم تصميم هذه الأنظمة لمساعدة المعلمين على استخدام شبكة الإنترنت فى التدريس والتواصل مع المتعلمين بطريقة سهلة دون الحاجة إلى معرفة عميقة بأساليب البرمجة، كما وفرت للمتعلم مواد علمية مختلفة ومتعددة يمكن الحصول عليها من مكان واحد، كما أن هذه الأنظمة توفر بيئة تعلم ذاتي تمكن المتعلم من التفاعل بصورة إيجابية مع المادة العلمية، كل هذه المزايا تتوفر فيما يطلق عليه ببرامج إدارة التعليم الإلكتروني. (12) (13)

8 الخاتمة

البرمجيات الحُرة لا تهدف إلى مهاجمة أو منع البرمجيات المغلقة، فمطوري البرمجيات المغلقة لهم الحق قانونيا في بيعها كيفما يشاؤون وفرض القيود التي يرتأوون. ولكنها في المقابل تشجع على التحرر من تلك القيود، لتوفر عالما متكاملا وبديلا عن البرمجيات المغلقة.

يمثل تطوير البرمجيات الحُرة أسلوبا ثوريا وفريدا في تطوير البرمجيات. مما حدا بالعديد من الباحثين بدراسة هذا الأسلوب والإفادة منه. إذ يعتمد تطوير البرمجية الحُرة بشكل أساسي على التخاطب عبر الإنترنت. حيث يقوم فرد أو مؤسسة بطرح نسخة مبدئية من البرمجية، وتستقطب هذه النسخة المهتمين الذين يمكنهم تجريبها والاطلاع على نصها المصدري ومن ثم الرجوع بملاحظاتهم الى المطور الرئيس عبر البريد الإلكتروني. ويقوم المطور الرئيس بتقييم هذه الملاحظات والإضافات ومن ثم طرح نسخة أكثر تطورا من سابقتها.

هناك دول صدرت فيها أوامر رئاسية بالتحول الرسمي الكامل للبرمجيات والأنظمة الحرة مفتوحة المصدر في جميع مصالحها ودوائرها الرسمية، ومن هذه الدول فنزويلا وكوبا، فيما هناك دول كثيرة تحولت بعض مصالحها الحكومية إلى المصادر المفتوحة ومن بين هذه الدول فرنسا، والجزائر، وألمانيا، وإيطاليا، وإسبانيا، وبعض دول أمريكا الجنوبية. (14)

بزيادة قاعدة المهتمين تنمو وتزدهر البرمجية وبنقصانها تخبو وتموت. وذلك أشبه ما يكون بقانون الانتخاب الطبيعي والبقاء للأفضل. وبهذه الطريقة وصلت البرمجيات الحُرة إلى ما هي عليه اليوم.

المصطلحات:

1	الأنظمة المفتوحة	open systems
2	البرامج الاحتكارية	Proprietary software
3	البرمجيات	Software
4	البرمجيات الحُرة ومفتوحة المصدر	Free and Open Source Software
5	البرمجيات المشتركة	Shareware
6	أدوبي فوتوشوب	Adobe Photoshop
7	برمجية مجانية	freeware
8	جِدار النار	Firewall
9	خادم	server
10	شفرة المصدر	Source code
11	لِينُكس	Linux
12	لغة الباسكال	Pascal
13	لغة الجافا	Java
14	لغة الفيجوال بيسك	Visual Basic
15	مخترق	Hacker
16	مايكروسوفت ويندوز	Microsoft Windows

المراجع :

[1] محمد سعيد الورغي، **البرمجيات الحُرة وذات المصادر المفتوحة**، المجلة العربية العلمية للفتيان.تونس، المنظمة العربية للتربية والثقافة والعلوم، العدد 8، ديسمبر، 2005

[2] أنس طويلة، لمحة عن البرمجيات الحُرة ومفتوحة المصدر ونظام التشغيل لينكس، المجلة العربية العلمية للفتيان، العدد 18، تونس، المنظمة العربية للتربية والثقافة والعلوم، ديسمبر، 2005.

[3] لوي دومينيك ويدراوغو، السياسات التي تتبعها مؤسسات منظومة الامم المتحدة بشأن استعمال برمجيات المصدر المفتوح في الامانات العامة، جنيف، 2005.

James A. Senn, **Information Technology in Business**, Prentice Hall., 1995[4]

[5] محمد أنس طويلة، المصدر السابق.

[6] محمد أنس طويلة، **المصادر المفتوحة خيارات بلا حدود**، دمشق، 2004.

[7] كريستين ابيكول، **الحوكمة الالكترونية في العراق**، 2012.

Lawrence Rosen. (2005)**, Open Source Licensing** , Prentice Hall PTR [8]

[9] فهد السعيدي، **مبادئ البرمجيات الحرة**، عُمان، 2012

[10] محمد الشيخ، **الدليل الى عالم لينكس**، 2012

[11] الحبيب سميعي، **البرمجيات الحرة في التعليم العالي**، طرابلس 2008

[12] سعيد بن محمد العمودي، **أنظمة إدارة المقررات فى مؤسسات التعليم العالي**، الكويت، 2005

Katalin,H. **E-learning management system in Hungarian higher education**. Journal of Teaching Mathematics [13] (2004)..Computer Science

[14] جريدة الرياض الالكترونية البرمجيات مفتوحة المصدر http://www.alriyadh.com/2011/02/05/article601587.html

محور 04: تقنيات واعدة وطرق ذكية للتعليم الالكتروني.

- **A heuristic ISD Model for Designing Online Courses for Higher Education in Palestine**
  - زهير خليف، جامعة النجاح الوطنية، نابلس، فلسطين.

- **Visualization and Analysis of Re-tweeting Activity on Twitter**
  - عماد نزال، إبراهيم خليل، مؤمن طبش ، جامعة القدس المفتوحة، فلسطين.

- **Smart Crawler Based e-Learning**
  - هيثم حجازي، جامعة فلسطين الأهلية، بيت لحم، فلسطين.
  - جميل إطميزي، جامعة فلسطين الأهلية، بيت لحم، فلسطين.

- **التعليم الإلكتروني وتطبيقات الويب 2.0**
  - سوهام بادي، جامعة تبسة، قسنطينة، الجزائر.

- **فلسفة المقررات الجماعية العامة المباشرة MOOCs وجدوى توظيفها في مؤسسات التعليم العالي في ضوء جودة التعليم وحرية الاستخدام**
  - علي شقور، جامعة النجاح الوطنية، نابلس، فلسطين.

- **Les EIAH basés sur le raisonnement a partir de cas pour l'apprentissage des methodes**
  - ياسر يحياوي ، المركز الجامعي بالنعامة، الجزائر.
  - شاكر عبد القادر، المدرسة العليا لأساتذة التعليم التقني وهران، الجزائر.
  - سعاد رحماني، المدرسة العليا لأساتذة التعليم التقني وهران، الجزائر.

- **The Confusing Concepts: Web 2.0, Semantic Web and Web 3.0**
  - طروب عيسى، جامعة القدس المفتوحة، فلسطين

A heuristic ISD Model for Designing Online Courses for Higher Education in Palestine

Zuheir Khlaif
zkhalaif@syr.edu
Syracuse University

Abstract

The current paper proposes a heuristic instructional system design model(ISD) for designing online courses. The main goal of ISD model is to organize the process of designing effective online courses or self-study materials for both higher education and K-12. The current paper proposes a heuristic instructional system model based on Kemp's model, ASSURE Model, and Keller's model, in addition to using the LORI instrument to evaluate the quality of the learning objects.

Designing instructional material for Distance Learning in higher education is inherently different than face-to-face learning. This is because of the intervention of temporal, psychological and geographical distance between teacher and learner via a Web-based interface. The current model introduces new strategies for designing online courses based on creating learning objects. Using motivational strategies design is an essential part in designing these objects to sustain learners' attention on online courses.

This paper further highlights the benefits of using this model and various challenges in designing learning objects and incorporating several components of the model.

ملخص

تقدم الورقة البحثية نموذجا مقترحا لتصميم المقررات التعليمية والتدريبية في مؤسسات التعليم العام والعالي. يهدف النموذج الى تنظيم عملية التصميم التعليمي من اجل الحصول على مقررات تعليمية الكترونية فعالة قائمة على التفاعل ما بين الطالب والمادة. النموذج المقترح يعتمد على : Keller's model Kemp's model, ASSURE Model بالاضافة الى اداة لوري لتقييم العناصر التعليمية المستخدمة في بناء المقررات الالكترونيه.

تصمبم المقررات الالكترونيه للتعليم عن بعد يختلف عن تصميم المقررات التعليمية للتعليم التقليدي من حيث اختلاف المواقع الجعرافية للمعلم والطالب بالاضافة الى العوامل النفسية لكلاهما بالاضافة الى وجود مجموعة من التداخلات التكنولوجية.

النموذج المقترح يقدم استراتيجيات جديدة لتصميم المقررات الالكترونية بالاعتماد على انشاء عناصر تعليمية، استخدام استراتيجيات تصميم الدافعية Motivational Strategies Principles والتي تعتبر من المبادئ الاساسية في تصميم العناصر التعليمية من اجل جذب انتباه المتعلم واستمراريته.

في نهاية الورقة البحثية تم استعراض التحديات التي تواجه استخدام النموذج بالاضافة الى فوائد استخدامه مع تقديم نماذج من مواد تدريبية تم تصميمها باستخدام النموذج.

Introduction

The rapid growth of technological and economic developments has placed a greater demand on the higher-education system in several universities worldwide to develop effective courses that are appropriate for e-learning. It is crucial for both student and faculty to focus on the importance of lifelong and continuous learning to upgrade their knowledge and skills, to inspire creativity, to think critically and to adapt to global change. Nowadays, E-learning emerges as a result of the growth diffusion of Information and Communication Technology (here after, ICT); this new paradigm has a huge impact on teaching and learning strategies. E-learning has many applications in the learning process; there are a wide set of applications like computer-based learning, web-based learning, digital collaboration, and Virtual Classrooms (Shraim & Khlaif, 2010; Cavanaugh, 2001). Local Universities in Palestine seek to adopt distance learning in some courses for many reasons some of these related to financial issues, others related to the new policy in these institutions.

According to Picciano and Seaman, (2007); Rozgiene et al., (2008); Andersson and Gronlund, (2009) most of the previous studies focus deeply on technological issues and not as much as on using an instructional system design (hereafter, ISD) based on learning objects and motivation principles in both public and higher education. The main purpose of this paper is to analyze and introduce an effective instructional system design that will meet the demands of an increasing e-learning environment. This system will be used by local universities to design effective online courses or self-study courses based on different e-learning paradigms. Furthermore, it will be used to support students in higher education.

Implementing such a complex system for e-learning within current educational infrastructures is no easy task, and the lack of frameworks to design effective online courses is an immense challenge for teachers and administrators. Furthermore, there are new trends in designing online courses related to the integrating of learning objects in the instructional design system. I propose an Instructional System Design (ISD) model as a framework to mitigate the aforementioned problem. The model that I propose offers teachers and administrators a full and detailed account of the various stages required for successful implementation of e-learning. The development of the proposed ISD model integrates a number of models already proven successful, including Kemp's model of instructional system design, using Keller's Model, and LORI for evaluation of the learning objects (Learning Objects Review Instrument).

In order to summarize the idea of the proposed ISD the rest of the paper will address the following: section two will focus on the description of the model and its foundations. Section three introduces an example of designing a learning object by using the proposed model. Finally, the conclusion details the lessons learnt from the research.

Description of the Model

The essential goal of the new model (Figure 1) is to draw attention how to organize full learning activities effectively design, develop, implement, evaluate, and organize full learning activities effectively to promote learners' performance in online courses. The current instructional design model based on the basic components of instructional system design which are analysis, design, development, implementation, and evaluation. The theoretical foundation of the new model comes from the learning theories: behaviorism, constructivism, and cognitivism.

Behaviorism theory based on the relationship between the reinforcement factor, designing environmental conditions, and stimulus & response. Those factors have a positive influence to motivate students to learn more by this model. From the point view of behaviorist, instructional design has five stages. These stages are analysis, design, development, implementation, and evaluation (ADDI & E). In the first stage, analysis, instructional designer identifies input information (objectives, goals, the characteristic of instructors, students, materials, their environment). Instructional designer designs the strategies and learning activities in the design phase. In the development stage, instructional developer develops instructional materials, media, and motivational design strategies. In the implementation stage, instructor implements learning activities. Finally, evaluator checks learning outputs. These stages will be discussed in details in the article.

Cognitivism is interested in intellectual learning process, motivation, content and experiences. The current model will focus in how to store the acquired knowledge into long term memory by designing effective instructional activities. From the point view of cognitivist, instructional design is constructed new knowledge with their prior knowledge and own experiences. Learner should learn how to learn to solve their learning problems and how to think. Therefore, the role of instructor is to design meaningful activities in learning environments. Designed meaningful activities should encourage learners to construct new knowledge and store it in their long term memory. Students will play a vital role in the discussions and collaborative activities. The current instructional design model is interested in constructing new knowledge, motivation, organizing, and designing meaningful learning experiences. Constructivism is interested in personal applications.

McGriff (2001) expounds that the learning process must be concerned with the experiences and contexts that strengthen the learner willing and enable to learn. Learners become autonomous, become active participants, and reflect their own thought. Learners try to get their own experience in the instructional activities.

The constructivist view of instructional design is active learning or learning by doing. For this reason, learners should use cognitive activity to construct new knowledge. Learning environment must represent real work activities. This environment is playing a vital role to construct new knowledge.

The ISD model that I propose is based on four other models: Kemp's model (Figure 2), ASSURE model (Figure 3), the Keller's model (Figure 4), and LORI(Learning Object Review Instrument, Appendix A). While each of these models are worthy of close attention and while I encourage everyone to research more about them, for the purposes of having more time to explore the current model being proposed, I will not be giving detailed definitions. Thus, to start, it is the current model that I will describe. My Model (Khlaif's Model) has different stages that should be conducted before designing online courses. These stages are illustrated as follows

1 -Analysis Phase: Human Resources Analysis

In this phase, the development and designing teams will focus on the instructors', and the learners' analysis. The instructional developing and designing teams will conduct the analysis phase. Front- End Analysis (FEA) is the blueprint for creating suitable instruction. When we conduct FEA early in the process, we will save time and money. However, FEA describes ideal performance or instruction to meet the project requirements, and defines project requirements, identifies problems, and identifies acceptable alternative solutions. FEA is a process to identify the performance problem and whether a problem may be amenable to a solution by training, or whether you need a different solution. Using FEA in the current ISD model will help to determine the needs of prerequisite professional development or infrastructure through using LMS or student skills development, according to the conclusions of the human resource analysis and virtual environment Front - end Analysis will be conducted on different levels to ensure that the problem is well identified and the proposed model will solve or mitigate this problem. These levels are:

- Instructor Needs Assessment; this will focus on ICT skills and management of online courses by using Learning Management Systems.

- Student Needs Assessment; this will focus on learners analysis, instructional goals, and their performance assessment.

- Virtual Environment analysis; this analysis will able us to know to what extent these systems are available in a university because the implementation phase will be a Web-based delivery system.

- Learning Object analysis is used to identify their characteristics and their importance in the current ISD model.

- Instructional Analysis is applied to provide the areas of instruction to be included or omitted.

2- *Design, and Development phase*; this is related to selection of rapid prototype, objectives, media, strategies, and the motivational strategies design that are suitable for designing and developing the material.

3- *Support services* will be used in order to facilitate tasks of the team in using the ISD model. There will be many ways to facilitate their task by using emails, blogs, forums, and social networks such as twitter and Facebook.

4- *Pilot testing* before implementation phase will be used in order to increase the validity of the courses by testing them before offering to wider students.

5- *Implementation phase* of the project and feedback, multimedia, and graphic interface design for quality of messaging and navigational logic into the course.

Prototyped material is to be submitted to instructors for revision and feedback.

6- *Evaluation phase*: This phase divided into two parts:

- Formative evaluation and Revised prototypes of the first part of ISD.

- Summative evaluation, feedback and interaction to express the value of the ISD model and online courses for both institution and students.

Example of Designing a Learning Object

According to Haughey & Muirhead (2005), learning objects are self-contained, context-independent units. Wiley (2003) and Farrell & Carr (2007) indicated that the objectives of integrating learning objects within e-content are to to obtain better learning resources in instructional design and reduce the overall costs of digital resources to enhance the learning process. Principles of motivation will be used to design the learning objects in the current model. Using several principles of motivation will contribute to draw the attention of the learners. Screenshots of the design learning object are provided in this article, see the figures two, three, and four. These figures illustrated the main principles of motivation used in designing the object.

Schunk, et al (2008) define motivation as the process of goal-directed activity, which is roused and sustained. Motivation could influence when we choose to learn, how we learn, and what we learn. Much research shows that motivated learners are more likely to undertake challenging activities, engage deeply, and enjoy and adopt a deep approach to learning.

Using motivation principles in e-content has many obstacles and difficulties. Now that I have provided an overview of the various phases of the model I have proposed, I'd now like to talk some about the ways in which this learning objective effectively motivates learners.

Motivation plays a vital role in designing suitable learning objects for integration with e-content. According to Keller (2010), motivation design refers to the process of organizing resources and procedures to evoke differences in motivation. Keller (2004) stated:

> In brief, we can say that in order to have motivated students, their curiosity must be aroused and sustained; the instruction must be perceived to be relevant to personal values or instrumental to accomplishing desired goals; they must have the personal conviction that they will be able to succeed; and the consequences of the learning experience must be consistent with the personal incentives of the learner. (pp. 6–7)

Merrill (2002) and Keller (2008) illustrated how the first principles of learning motivation can be incorporated into several examples of designing e-content, which is based on learning objects. They describe the motivational design process, including its expansion to include self-regulatory strategies.

Keller (2008), Merril (2002), Churchell (2009), and Schunk et al(2008) indicated that learning objects have impact on drawing learner attention, creating the relevance of the instruction to learning styles and learner goals, constructing confidence in regard to personal responsibility for outcomes, realistic expectations and, or making the instruction satisfying by managing learners' intrinsic and extrinsic outcomes.

Many strategies have been used in designing the learning object to gain learners' attention by using such things as different types of fonts, animation, and graphics. These tools could draw the attention of the target audience and encouraged them to participate in the activities of online courses (Corno,2001; Chang & Lehman, 2002). The big challenge after gaining attention and building curiosity among learners is how to sustain them. The best solution of this issue is through using variability strategy. Keller & Suzuki (2004); Chan (2009); Keller (2008) indicated that in the current learning objective, font types, colors, and graphics are different from slide to other slides in order to sustain their attention. It is important to introduce changes of design at different levels of arousal and vary one's approaches.

Designing learning objects by using some motivation principles attempts to build confidence that they will succeed in mastering the learning task beyond designing the learning object. Confidence is achieved by helping students construct positive expectancies for success and then experience success under conditions where they attribute their accomplishments to their own abilities and efforts rather than external factors such as luck or task difficulty (Keller, 2008). Using testimonial video clips to encourage learners will be helpful to build confidence; therefore, this principle used in different phases of designing the learning object.

Benefits and Challenges of Khlaif's Model

The model will serve as both a systematic and a heuristic approaches to design professional development programs in the universities. These programs fulfill the commitment of the universities to integrate online courses with their new trends. The model will take into account the existing resources, and skills of the target audience. The proposed ISD model will work as a framework to mitigate the aforementioned problem in the introduction section. The nature of the problem is due to lack of a framework for designing online courses. Hence, the solution proposed in this paper is an instructional development model (ISD model). Therefore, it appears to be the best way to address the deficiencies in skills and knowledge of designing online courses.

The main challenges of Khlaif's model is the incorporating between the motivational strategies design and the instructional strategies. These strategies have essential roles to draw the attention of the learners and to sustain it on online courses. Despite this challenges the model's pros outweigh its cons.

Conclusion

The current paper attempts to demonstrate a variety of ways in which learning objects and motivational design strategies can be incorporated systematically into the design and delivery of instruction in distance learning. In some cases (Keller, 2000) the process has become efficient enough for even the busiest of faculty to integrate within their course planning activities.

We need many more studies on the topic, especially exploring the incorporation between several models to ensure that we will get appropriate outcomes which will have a positive impact on the performance of the learners in distance education. However, the current model begins such an endeavor by providing detailed accounts for how teachers and administrators might begin implementation. In conclusion, both previous research and new development in the field of instructional design illustrate the validity of learning objects when combined with a systematic design process based on instructional system design and motivational principles.

Acknowledgment

I would like to thank Prof. Jerry Edmonds in IDD&E program for his efforts to improve this work. Furthermore, I would like to thank my classmates for their peer review of the ISD model.

Figure 1

The Proposed Model

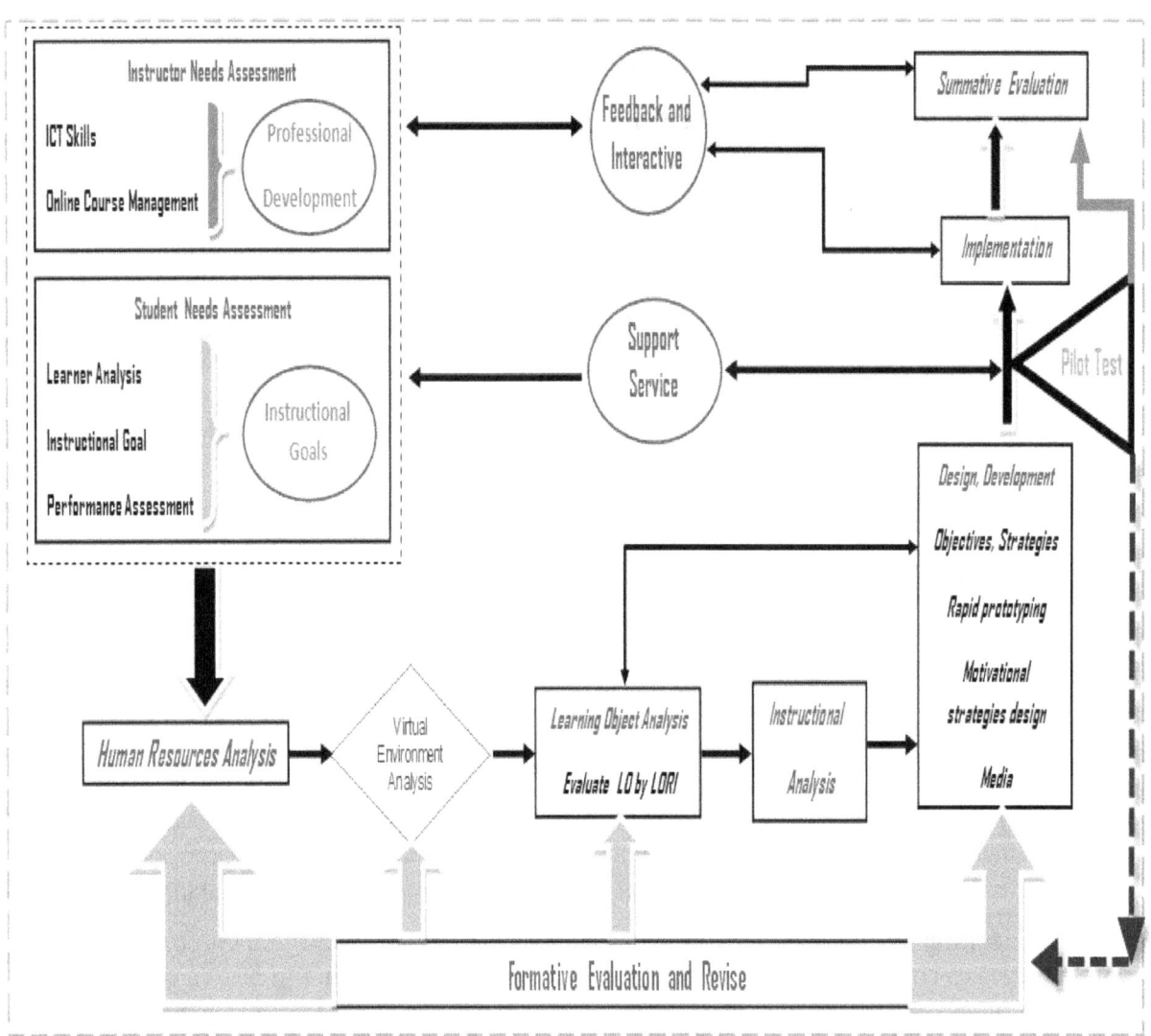

Fig 2 Kemp's Model

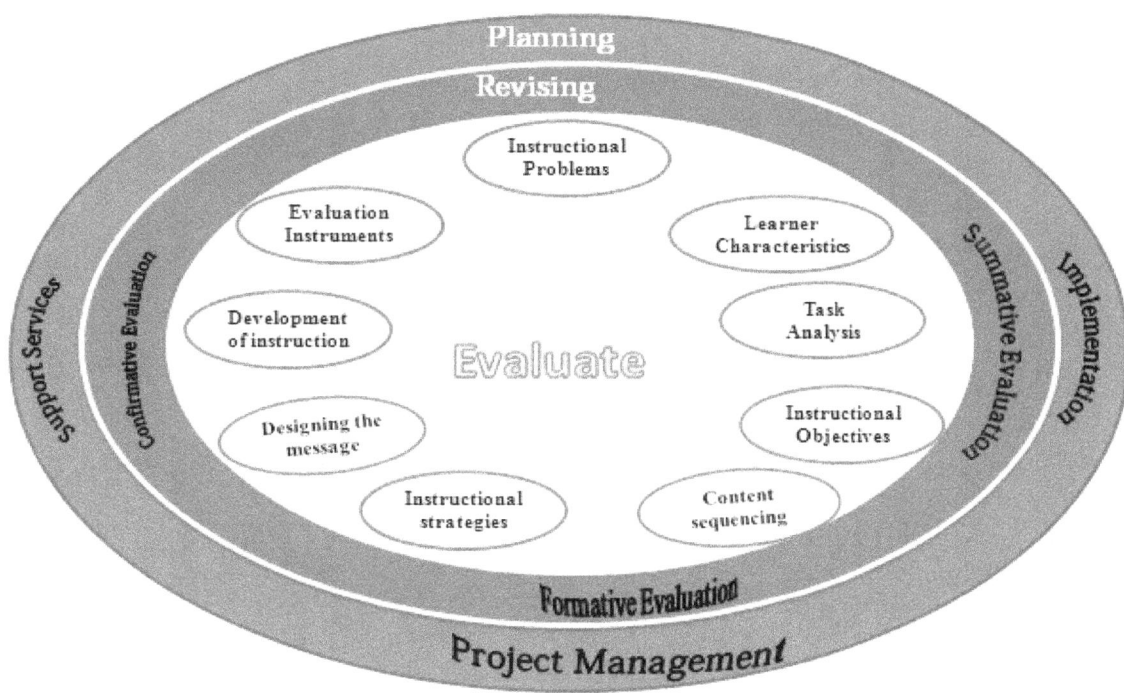

Morrison, G. R, Ross, S. M, Kalman,H.K & Kemp, J. E.(2011). *Designing Effective Instruction, Sixth Edition,. New York: John Wiley & Son*

Fig 3 ASSURE model

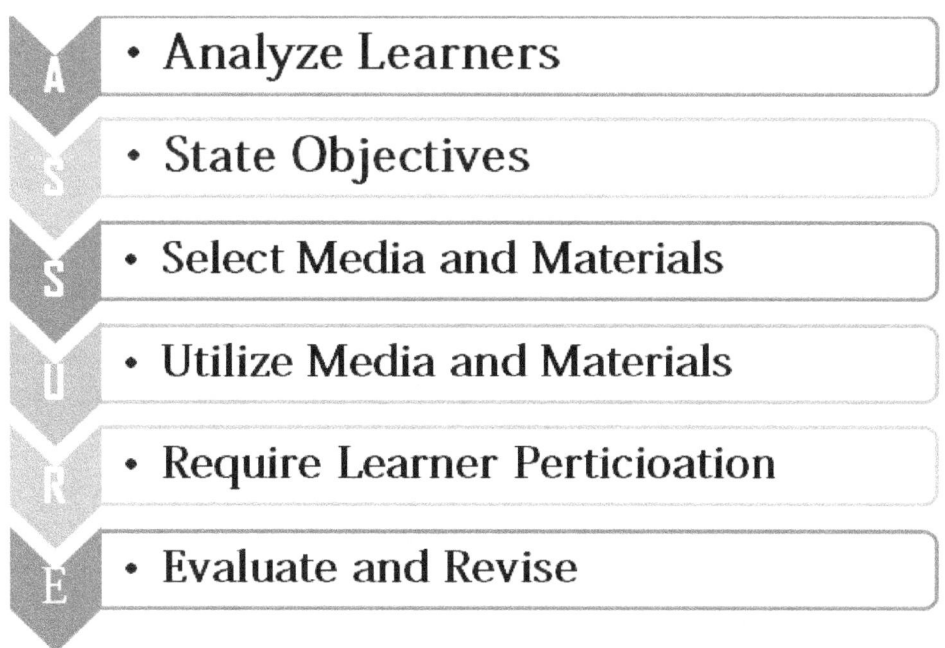

ASSURE Model/ Zuheir N. Khlaif

Heinich, R., Molenda, M., Russell, J. D., Smaldino, S. E. (2002). *Instructional Media and*

Technologies for Learning (7th ed.). Upper Saddle River, NJ: Merrill Prentice Hall.

Fig 4 Keller's Model (ARCS Model)

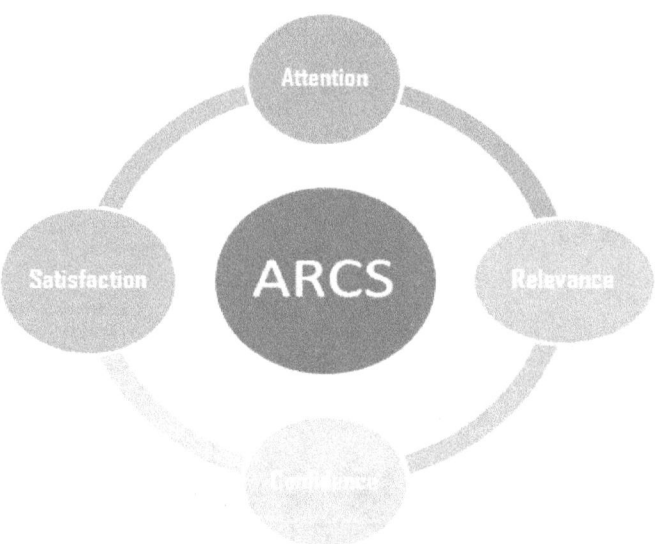

Keller, J. M. (2010*). Motivational Design for Learning and Performance 2nd Edition.* New York : Springer

Appendix A: LORI Instrument

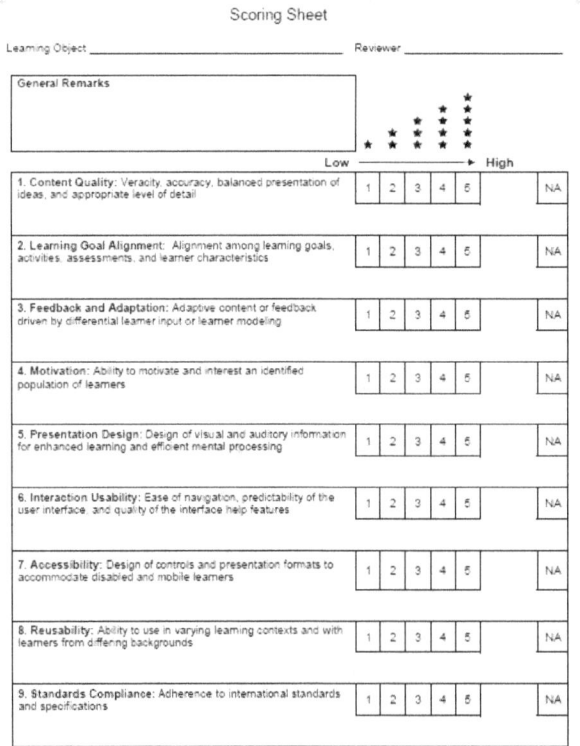

Scoring Sheet

Learning Object ____________ Reviewer ____________

General Remarks

Low ⟶ High

1. Content Quality: Veracity, accuracy, balanced presentation of ideas, and appropriate level of detail	1	2	3	4	5	NA
2. Learning Goal Alignment: Alignment among learning goals, activities, assessments, and learner characteristics	1	2	3	4	5	NA
3. Feedback and Adaptation: Adaptive content or feedback driven by differential learner input or learner modeling	1	2	3	4	5	NA
4. Motivation: Ability to motivate and interest an identified population of learners	1	2	3	4	5	NA
5. Presentation Design: Design of visual and auditory information for enhanced learning and efficient mental processing	1	2	3	4	5	NA
6. Interaction Usability: Ease of navigation, predictability of the user interface, and quality of the interface help features	1	2	3	4	5	NA
7. Accessibility: Design of controls and presentation formats to accommodate disabled and mobile learners	1	2	3	4	5	NA
8. Reusability: Ability to use in varying learning contexts and with learners from differing backgrounds	1	2	3	4	5	NA
9. Standards Compliance: Adherence to international standards and specifications	1	2	3	4	5	NA

Source: *Click Here*

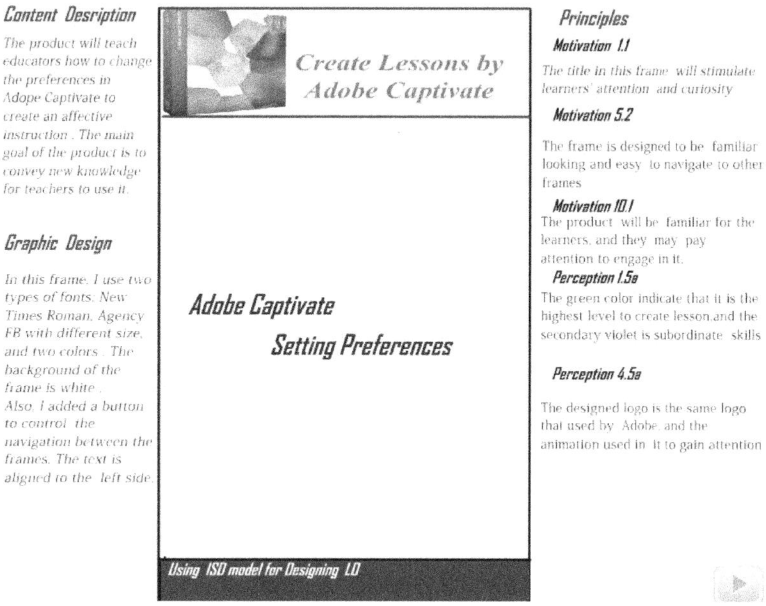

المؤتمر الدولي الثاني لتقنيات المعلومات والإتصالات في التعليم والتدريب، الحمامات-تونس، 4-6/11/2013م

Content Description

The product will teach educators how to change the preferences in Adope Captivate to create an affective instruction. The main goal of the product is to convey new knowledge for teachers to use it.

Graphic Design

In this frame, I use two types of fonts: New Times Roman, Agency FB with different size, and two colors. The background of the frame is white. Also, I added a button to control the navigation between the frames. The text is aligned to the left side.

Adobe Captivate
Setting Preferences

Using ISD model for Designing LO

Principles

Motivation 1.1
The title in this frame will stimulate learners' attention and curiosity

Motivation 5.2
The frame is designed to be familiar looking and easy to navigate to other frames

Motivation 10.1
The product will be familiar for the learners, and they may pay attention to engage in it.

Perception 1.5a
The green color indicate that it is the highest level to create lesson and the secondary violet is subordinate skills

Perception 4.5a
The designed logo is the same logo that used by Adobe, and the animation used in it to gain attention

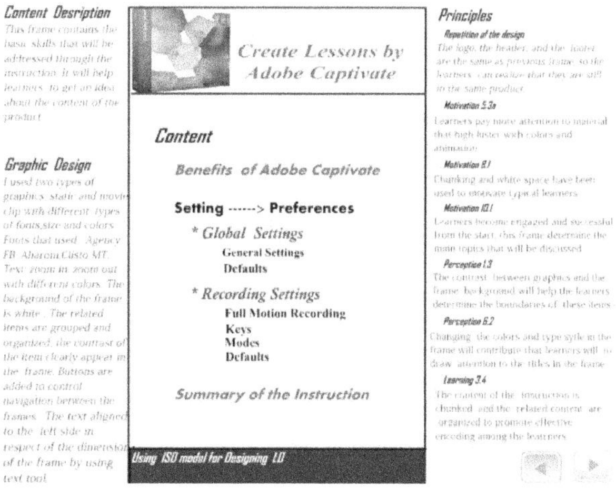

Content Description

This frame contains the basic skills that will be addressed through the instruction. It will help learners to get an idea about the content of the product.

Graphic Design

I used two types of graphics, static and movie clip with different types of fonts, size and colors. Fonts that used: Agency FB, Aharoni, Casto MT. Text zoom in zoom out with different colors. The background of the frame is white. The related items are grouped and organized, the contrast of the item clearly appear in the frame. Buttons are added to control navigation between frames. The text aligned to the left side in respect of the dimension of the frame by using text tool.

Create Lessons by Adobe Captivate

Content
Benefits of Adobe Captivate

Setting ------> Preferences
* Global Settings
    General Settings
    Defaults
* Recording Settings
    Full Motion Recording
    Keys
    Modes
    Defaults

Summary of the Instruction

Using ISD model for Designing LO

Principles

Repetition of the design
The logo, the header, and the footer are the same as previous frame, so the learners can notice that they are in the same product.

Motivation 5.3a
Learners pay more attention to material than high listen with colors and animation.

Motivation 8.1
Chunking and white space have been used to motivate typical learners.

Motivation 10.1
Learners become engaged and successful from the start, this frame determine the main topics that will be discussed.

Perception 1.3
The contrast between graphics and the frame background will help the learners determine the boundaries of these items.

Perception 6.2
Changing the colors and type style in the frame will contribute that learners will draw attention to the titles in the frame.

Learning 3.4
The content of the instruction is chunked and the related content are organized to promote effective encoding among the learners.

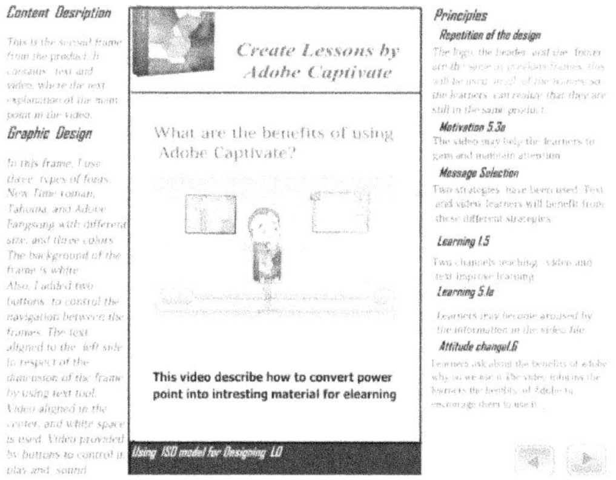

Content Description

This is the second frame from the product. It contains text and video, where the text explanation of the main point in the video.

Graphic Design

In this frame, I use three types of fonts: New Time roman, Tahoma, and Adobe Fangsing with different size, and three colors. The background of the frame is white. Also I added two buttons to control the navigation between the frames. The text aligned to the left side in respect of the dimension of the frame by using text tool. Video aligned to the center, and white space is used. Video provided by buttons to control it play and sound.

Create Lessons by Adobe Captivate

What are the benefits of using Adobe Captivate?

This video describe how to convert power point into intresting material for elearning

Using ISD model for Designing LO

Principles

Repetition of the design
The logo, the header, and the footer are the same as previous frame, so the learners can realize that they are still in the same product.

Motivation 5.3a
The video may help the learners to gain and maintain attention.

Message Selection
Two strategies have been used: Text and video. Learners will benefit from these different strategies.

Learning 1.5
Two channels: teaching - video and text improve learning.

Learning 5.1a
Learners may become aroused by the information in the video file.

Attitude change 1.6
Learners will show the benefits of adobe why to use it in the video, informs the learners the benefits of Adobe to encourage them to use it.

241

References

Khitam, Sh. & Zuheir, Kh (2010): An e-learning approach to secondary education in Palestine: opportunities and challenges, Information Technology for Development, 16:3, 159-173

Andersson, A., & Gronlund, A. (2009). A conceptual framework for e-learning in developing countries: A critical review of research challenges. The Electronic Journal on Information Systems in Developing Countries, 38(8), 1–16.

Cavanaugh, C.S. (2001). The effectiveness of interactive distance education technologies in K-12 learning: A meta-analysis. International Journal of Educational Telecommunications, 7(1), 73–88.

Chan, S. H. (2009). The roles of user motivation to perform a task and decision support system (DSS) effectiveness and efficiency in DSS use. *Computers in Human Behavior*, 25, 1, 217-228

Chang, M.M., & Lehman, J. (2002). Learning foreign language through an interactive multimedia program: An experimental study on the effects of the relevance component of the ARCS model. *CALICO Journal, 20*(1), 81–98.

Churchill, D. & Hedberg, J. G (2009). Learning Objects, Learning Tasks, and Handhelds. Available online: www.igi-global.com/chapter/learning-objects-learning-tasks-handhelds/20896

Corno, L. (2001). Volitional aspects of self-regulated learning. In B.J. Zimmerman & D.H. Schunk (Eds.), *Self-regulated learning and academic achievement: Theoretical perspectives* (2nd ed., pp. 191–226). Mahwah, NJ: Lawrence Erlbaum Associates.

Farrell, K & Carr, A.E. (2007*). A Blended Model of Instructional Design for Learning Objects.* Learning Objects and Instructional Design (2007, p. 359- 405). Informing Science Press, Santa Rose, California

Haughey M., & Muirhead, B. (2005). Evaluating learning objects for schools. *The e-Journal of Instructional Science and Technology.* 8(1), Article3. Retrieved at 15 March 2008 from http://www.usq.edu.au/electpub/e-jist/docs/vol8_no1/fullpapers/Haughey_Muirhead.pdf

Keller, J.M. (2000, February). *How to integrate learner motivation planning into lesson planning:The ARCS model approach.* Paper presented at VII Semanario, Santiago, Cuba. Retrieved March 29, 2008,from http://mailer.fsu.edu/~jkeller/Articles/Keller%202000%20ARCS%20Lesson%20 Planning.pdf

Keller, J. M. (2010*). Motivational Design for Learning and Performance 2nd Edition*. New York : Springer

Keller, J.M & Suzuki, K.(2004). Learner motivation and E-learning design: a multi nationally validated process. *Journal of Educational Media, Vol. 29, No. 3, October 2004.*

Memmel, M., Ras, E., Jantke, K.K, & Yacci,m. (2007). *Approaches to Learning Object Oriented Instructional Design.* Learning objects and Instructional Design (2007, p. 281- 325)

Merrill, M.D. (2002). First principles of instruction. *Educational Technology, Research and Development,50*(3), 43–59.

Morrison, G. R, Ross, S. M, Kalman,H.K & Kemp, J. E.(2011). *Designing Effective Instruction, Sixth Edition,.* New York: John Wiley & Son

Picciano, A., & Seaman, J. (2007). K-12 online learning: A survey of U.S. school district administrators . New York, USA: Sloan-C.

Rozgiene, I., Medvedeva, O., & Strakova´, Z. (2008). Integrating ICT into language learning and teaching: Guide for tutors. Retrieved April 10, 2009, from http://www.elearningguides.net/guides/3b-GUIDES-TUTORS-EN.pdf

Schunk, D. H., Pintrich, P. R., & Meece, J. L. (2008). *Motivation in education* (3rd ed.). Upper Saddle River, NJ: Pearson Merrill Prentice Hall.

Suzuki, K., & Keller, J. M. (1996). Creation and cross cultural validation of an ARCS motivational design matrix. Paper presented at the annual meeting of the Japanese Association for Educational Technology, Kanazawa, Japan.

Wiley, D. A. (2003). Learning objects: difficulties and opportunities. Retrieved December 4, from http://wiley.ed.usu.edu/docs/lo_do.pdf

Visualization and Analysis of Re-tweeting Activity on Twitter

Name	Email	Organization	City	Country
Dr.Imad Nazaal	Inazzal@qou.edu	Al-quds open university	Jenin	Palestine
Mr.Ibrahim Khalil	ibkhalil@qou.edu	Al-quds open university	Jenin	Palestine
Mr.Mo'min Tabash	tabash7@gmail.com	Student	khanyounis	Palestine

Abstract

A twitter allows users to rebroadcast specific tweets. Re-tweets play a role in introducing new connections to a social network, and giving a feedback that his/her tweet is interesting. Since there are users who do not follow an individual organization may see re-tweets of their tweets and eventually re-tweet which means he/she is interesting of the organization tweet status. This Research is representing the relations between re-tweeter users for a random set of tweets for politician user (Dr_alqarnee) in Saudi Arabia. In addition, drawing the hidden relations between users and representing who are the most influential users and how information diffuse via re-tweet across the network. An analysis based on data collections of Twitter tweets, a java application by using a twitter application program interface (API) has been developed to collect a random set of data of tweeters and re-tweeters, and their followers. The results were represented by using Graph visualization tool (Gephi).

Keywords: Social networks, twitter, re-tweet, API, Graph visualization tool, Java.

تحليل وتمثيل نشاط إعادة التغريده في تويتر

ملخص

لقد غيرت ثورة تكنولوجيا المعلومات والاتصالات طرق الاتصال وتلقي المعلومات ومشاركتها بين الناس وكان الويب 2 إحدى ثمار هذه الثورة من تقديم أسلوب جديد لتقديم خدمات الجيل الثاني من الانترنت، وكانت الشبكات الاجتماعية أبرزها. ويرى الباحث أن موقع تويتر من أهم المواقع الاجتماعية. وهو موقع أخذ أسمه من مصطلح (تويت) الذي يعني (التغريد)، ويستخدم تقنية التدوين القصير بحد أقصى 140 حرف و يسمح الموقع لمشترك بالتواصل مع أعضاء شبكته بشكل دائم ومجاني. وأصبح موقع تويتر ساحة الالكترونية تتيح للملايين المشاركة فيما بينهم. ويرى بعض المستخدمين أن مدى تأثير وأهمية التغاريد تقاس بعدد المتابعين الذين أعادوا تلك التغاريد في الصفحة الرئيسة لمشترك. و يرى الباحث أن مقياس أهمية التغاريد في الصفحة الرئيسة ليس دقيقا وكافيا، لوجود معايير وحسابات أخرى تضاف لتحديد مدى أهمية وانتشار التغاريد بين المشتركين بطرق أكثر دقة، وذلك من خلال تحليل العلاقات الخفية بين المتابعين الذين يبدون أهمية لتغاريد وليسوا مشتركين في الصفحة الرئيسة. فدراسة الشبكات ودوائر العلاقات بين المستخدمين كما رأينا لها أهمية كبيرة. معرفة سلوك المستخدمين في مجتمع تغريدي معين.ولقد قام الباحث بتحميل تغاريد عشوائية من موقع عائض القرني في المملكة العربية السعودية لمدة أسبوعين، ولقد احتوت هذه العينة على جميع المتابعين الذين أعادوا نشر تويت معين وأيضا متابعيهم الذين أبدو اهتمام بتلك التغريد من خلال نشرها أيضا لمتابعيهم، بالإضافة إلى ذلك، رسم العلاقات الخفية بين المستخدمين، وقد تم جمع هذه البيانات من خلال تطوير تطبيق بواسطة لغة برمجة جافا لجمع البيانات وتحليلها باستخدام أداة تمثيل البياني.

كلمات الجوهرية: ويب 2، الشبكات الاجتماعية، تويتر ،تويت، جافا، تمثيل البياني.

1. Introduction
The Web has undergone drastic changes in the last 10 years as it transitioned from a location that users would visit to retrieve information posted by a small group of content experts (Web 1.0), to a read-and-write platform (Web 2.0) that enables content contribution, sharing, remixing and participatory practices (Greenhow and Robelia,2009). The Social networks are the most famous of the social media, it allows users to share and communicate in deeper ways than many of the other social media platforms. Which Integrate other social media components into their design, e.g. a person's social network page may contain a place for friends to write notes, a blog, media such as videos and photographs, as well as private-messaging and instant-messaging capabilities (Boyd and Ellison, 2008). Twitter is the first and currently the most widely used micro-blogging platform. It started on 2006 as the first famous a social networking site that asked users to answer the question "What are you doing right now? Users could answer updating 140-character messages that people who follow them (Honeycutt and Herring, 2009). Twitter is based on Web 2.0 technology service with social network features. Others consider Twitter to be a micro-blogging platform (Ebner and Lienhardt, 2010). Twitter is micro-blog is a service that allows users to write brief text updates (140 characters in the case of Twitter) from mobile devices and personal computers and publish them on the Web (Oulasvirta and Lehtonen, 2009). Twitter service has many features and roles such as ability to tweet, re-tweet another user's post. Twitter is used for an organization, including education system, companies, political organizing in order to spread their propaganda, promotion, conversations, Important update to their follower. There are many benefits of re-tweet and they are:
- Re-tweets provides more value than tweets for your followers.
- Re-tweet lets users share the best posts from other twitter users, it is a way that you are filtering the wide range of information posted on twitter and identifying what is most relevant and informative for your audience.
- Increase your exposure, when you re-tweet another user's post, they are likely to take notice and reciprocate by re-tweeting your posts, giving you more exposure. When they re-tweet your content, it goes to the newsfeed of all their followers.

In recent years many organizations, global companies and individuals are being very interested in using twitter and how they find the interest in sharing their business information, promotions and their ideas. Also the popularity of twitter is daily increasingly. Our understanding of re-tweeting message gives us the insight into creating a more accurate way to predict which twitter users can best broadcast a message to others.

This research shows how we could draw the hidden relation between twitter users; in order to helps us to realize if our message is importance for other user, who is not following our page. With the aim, we have first gathering data from specific twitter page in order to download data from twitter we have developed java application by using API, we have crawled more than 20,000 re-tweeters of tweets then we began with analysis process and studied the distribution of users, their followers and the relations between them. The analysis process helps us to find the tweet and re-tweet relationships between users. Finally, it is very important representing the hidden relationships between re-tweeters and how they become very apparent, in order to represent hidden relations visualization tools, that lead us to say sometimes they are completely hidden without visualization. Moreover, visualization inspires us. For instance, when you look at a graph you realize what is really going on in your twitter web page.

2. Theoretical background

2.1. What is Twitter?
Twitter is an Internet social network and micro-blogging platform with both mass and interpersonal communication that allows users to send short messages, called tweets, to other people called followers. Users usually use Twitter for updating their daily activities, information, and news with their friends.

2.2. What is twitter user?
The starting point of using a twitter platform is to create a twitter profile. Twitter gives you authentication to start tweeting and communicate with the rest of the world. Twitter Profile has the following common attributes: User ID Username and screen name. URL of the user, Profile Image, Number of tweets, Created date of the account, The location of the user, Followers number, The language of the user.

2.3. What are tweets on twitter?
Twitter asks users to answer the question "What is happening?" in only 140 text characters. This response is known as a "tweet". According (Sakaki, et al., 2010) tweets is a social sensors of real-time events. In additional, a tweet from a particular user is seen initially by anyone that follows their account. Tweet has the following attributes:
- Text: The body text of the tweet.
- Id: The unique id of the tweet.
- Author: The author of the tweet.
- Re-tweeted: A Boolean variable indicating if this is a re-tweet.
- Coordinates: Co-ordinates the tweet originated from (if available).
- Followers: The number of followers the user has.
- Following: The number of users that the user follows.
- Place: Geo information, (place name, bounding box).
- Created at: Timestamp the tweet.

2.4. What are followers on twitter?
One of the most important features of twitter is followers. We can defined the followers are the people who have agreed to receive your Tweets through Twitter. When you login in Twitter you can review your main page and basic info, such as the number of people who is following your profile.

2.5. What is re-tweeted tweet on twitter and Graph Visualization?
Re-tweeting is an important action which knows a (behavior) on Twitter, indicating the behavior that user's re-post status of their friends. Therefore, a Re-tweet is a re-posting a tweet of someone else. Twitter's Re-tweet feature helps you and others quickly share that tweet with all of your followers, usually users forward a message if they are interested for the tweets. The number of re-tweets for a certain tweet is a measure of the twee's popularity and the Graph visualization is a way of representing structural information as diagrams of abstract graphs and networks. It has

important applications in networking, bioinformatics, software engineering, database and web design, machine learning, and in visual interfaces for other technical domains.

3. Methodology:

3.1. Research design

In order to collect a required data from Twitter, we have developed a java program by using Java Library which is Twiteer4J Library, Twitter developer website offer us an application to use twitter APIs with full authorization. The program was running more than two weeks by sending queries to Twitter's APIs with 350 queries per hour of crawling users id , their followers, the re-tweeters and their followers lists based on random set of tweet, then store the data in serialization java file. In order to analysis our data, all data stored in MySQL database, then representing the relations in graphs by using Gephi visualization tool.

3.2. Data sources

The data were collected by using a free sources technology sources. The Twitter API was used to retrieve lists of user tweet, re-tweet and their follower, all of our sample tweet, re-tweet and their followers were collected from a Saudi Arabia figures. All data were collected from 5 July 2013 till 20 July 2013. In our Research we have collected 11,020 users, collected 1,368,432 followers and crawled 20,000 re-tweeters of tweets of random tweets statues. The analysis process required in order to find the tweet and re-tweet relationships between users and store them in MySQL Database.

3.3. Data collection

The collection process was performed as follows
- Sending the queries to Twitter"s APIs then a twitter allows us to send up to 350 queries per hour.
- Parsing the returned results (messages) to find the users who posted these Messages and find their tweets (messages) and get the messages IDs.
- Parsing the returned results (messages IDs) and getting all re-tweeter users for these tweets.
- Crawling the follower's lists of the users we found in Step 2 and step 3.
- Crawling the messages these users have posted. Twitter allows us to collect the most recent messages for each user.
- Finally Store the results in serialization java file.

3.4. Analysis Process:

After we got the required data, we start applying our analysis steps. Therefore, nodes are twitter users who did re-tweet for tweets of other users and the edges are the connections between users. Thus, edges have directions. For example, if node A re-tweet node B, there will be an arrow pointing from A to B. Therefore, node A has one out-degree and user B has one in-degree. The sizes of the nodes are defined as the level of In-Degree. For example, if node A has more in-degree than node B, node A will have a larger node size. The importance is a node which has many in-degree, this node influential other nodes. The table 1 shows the sample data.

Dataset	Users	Followers	Re-tweeted
Political of Saudi Arabia	11,020	1,368,432	20,000

Table 1: Sample data

4. Implementation:

4.1. Data Collection

Twitter data is acquired in real-time via twitter streaming API. Twitter developer website allows us to create authentication application to use Twitter API. After getting authentication application, we use Twitter4J library in our java application for sending queries and collecting data by its methods.

4.2. Methods used:

- GetUserTimeline(): Returns the 20 most recent statuses, including retweets, posted by the authenticating user and that user's friends.
- GetRetweetedByIDs(): Show user ids of up to 100 users who re-tweeted the status represented by id.
- GetFollowersIDs():Returns an array of numeric IDs for every user the specified user is followed by.
- GetRetweetedStatus(): Re-tweets a tweet. Returns the original tweet with re-tweet details embedded.

4.3. Data Collection problems:

Our study requires data collection from twitter social network, which presents a number of problems. And these problems are:
- Twitter4J methods have default value for retrieving data
- APIs are rate limited in terms of request which implies slow crawling time,
- APIs are sometimes down,
- The re-tweet ids are changed during re-tweeting process between users.

4.4. Solving Data collection problems:

Since Twitter4J methods have default value for retrieving data, and we are need more result than the default value. Therefore, a paging method was developed in order to retrieve more result than default value. For second problem of limitation number of request between each request we set 23 second by using Thread. Sleep (23000) between each request. Third problem the twitter API sometimes down when this error occur we set 2 minutes by using Thread. Sleep (1200000) in order to solve the request problems and time for a application to start again from the last check point. Four problems each re-tweet get a new ID. Therefore, maybe we will lose trace the tweet. Therefore, we use a method in Twitter4J get the source ID of the tweet.

4.4.1. Pseudocode of Data collection:
4.4.1.1. Get the tweets of a user:
- Input Parameters: user id.

- Returns: list of tweets id(s)
- Begin:
- Initialize tweetsIDs list with the tweets of the input user id
- List Tweets
- Sleep(23000)
- Foreach tweet in tweetsIDs
- Begin:
- Tweets.add(tweet id)
- End;
- Return Tweets.
- End.

4.4.1.2. Avoid collecting same data for same tweet:
- Input Parameters: tweet id
- Returns: Boolean, true if the tweet id exist, false otherwise
- Begin:
- List tweets;
- Foreach user in users
- Begin:
- Tweets.add(user.tweetID);
- End;
- If (tweet id is in tweets)
- Return true;
- Else
- Return false;
- End

4.4.1.3. Avoid collecting same data for same user
- Input Parameters: user id
- Returns: Boolean, true if the user id exist, false otherwise
- Begin:
- List users;
- Foreach user in users
- Begin:
- Users.add(user.userID);
- End;
- If (user id is in users)
- Return true;
- Else
- Return false;
- End

4.4.1.4. Get the followers for a user

- Input Parameters: user id
- Returns: list of followers id(s)
- Begin:
- Initialize followerIds list with the followers of the input user id
- List FOL;
- Sleep(23000);
- For each follower in followerIds
- Begin:
- FOL.add(follower id);
- End;
- Return FOL;
- End

4.4.1.5. Get re-tweeters for a specific tweet:

- Input Parameters: tweet id
- Returns: list of retweeted id(s)
- Begin:
- Initialize re-IDs list with the retweeted users of the input tweet id .
- List FOL;
- Sleep (23000);
- Foreach retweeter in retweetedIDs
- Begin:
- FOL.add(retweeted id);
- End;
- Return FOL;
- End

4.5. Analysis Process

Firstly, the relationships between users are required. For each user who has a relation between other followers, a relation between them as id1 → id2 must created. Secondly we count the weight for each relation, for example if the relationship between id1 → id2 has repetition more than one time the weight between users increased.

4.5.1. Analysis Process Method

- Input Parameters tweet id
- For each re-tweeted user
- Begin:
- For each follower of the re-tweeted
- Begin:
- If(the follower id exists in the re-tweeted users list)
- Begin:
- Initialize new weight class object
- Relation. add(re-tweeted user id);
- Add the re-tweeted user id and the follower id to the weight class object
- Add the weight object to userwe

• End

After getting the relation, the weight for each relation must calculate and count. The table 2 shows how many edge re-tweet between users.

weight	Edge
1	485960
2	3318
3	2290
4	1314
5	760
6	325
7	95
8	48
9	32
10	16

Table 2: Lists of weight

4.6. Data results

As mentioned above, our goal is to represent analysis process steps in visualization graphs. Data analysis was performed to provide an overview of the available dataset. We got the relations between users then the weight and stored the data in MySQL database. By using Gephi tools we could do some experimental.

4.6.1. Representing the experiment of 24286 nodes and 66870 edges

The figure 1 shows the red edges are followers and blue edges are re-tweets when the user re-tweet a tweet of a user, there is a relationship created between these two

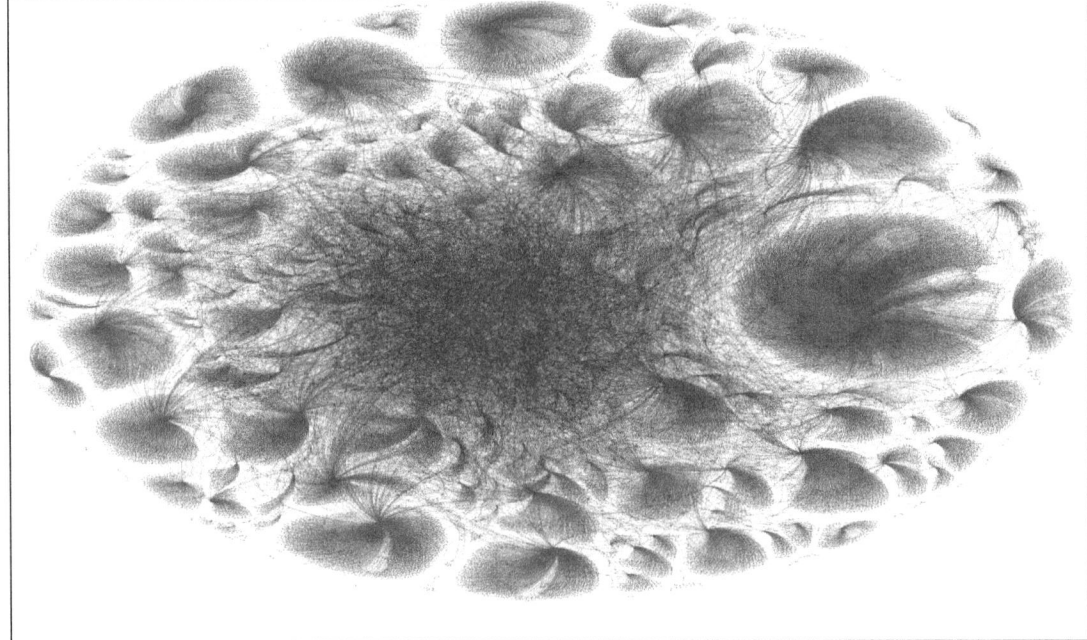

Figure 1: Representing the results by using Gephi visualization

4.6.2. Representing closed snapshot of the outputs graph

The figure 2 shows the user ID 219255067 re-tweeted a tweet of another user and then a new relationship was created, the red arrow representing the relationship and then some of these users have re-tweeted this tweet which is red edges.

Figure 2: Representing a snapshot of one node.

4.6.3. Representing the weight of edges in graph

The figure 3 shows the re-tweeters are represented by red edges and red nodes, the weight indicate us that these relationships with dark and its weight more than two are strong. Which it means the user re-tweet another user tweets many times and that's lead us the strength of the relation increased.

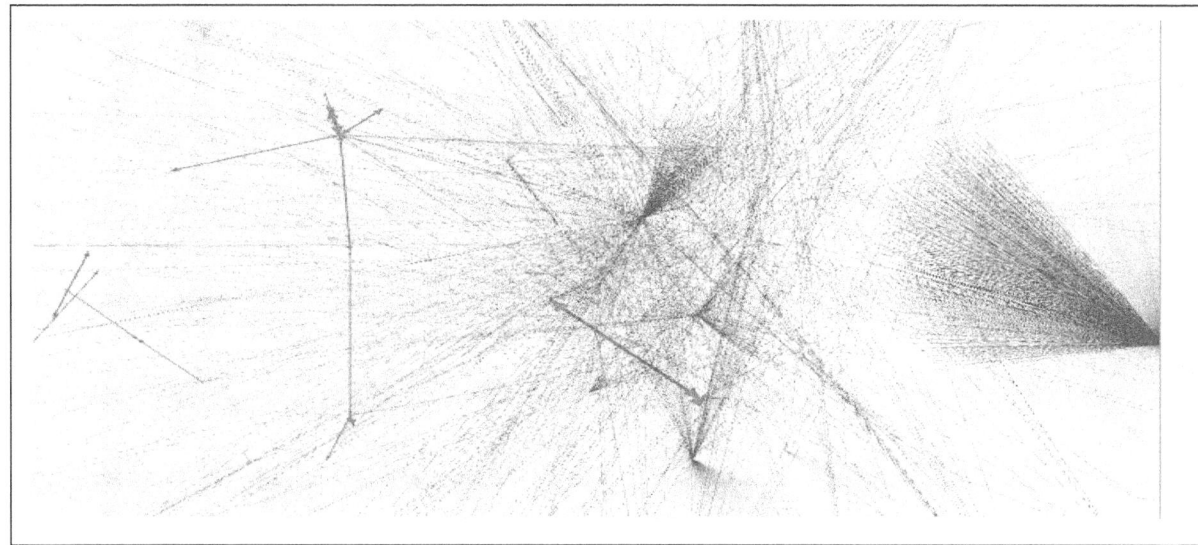

Figure 3: Representing weight of the edges.

4.6.4. Representing the strength relation between users

The figure 4 shows the weight of edges represents the strength of relationships between some users.

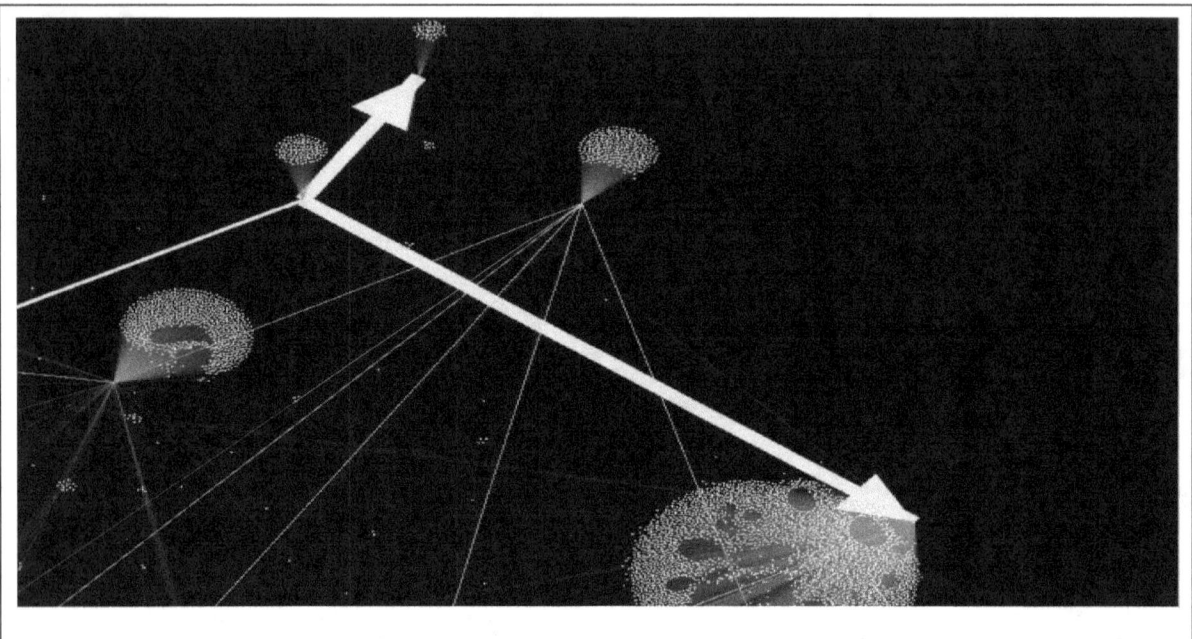

Figure 4: The weight of edges represents

4.6.5. Representing how information spread via re-tweets

The figure 5 shows we can see the re-tweeters clearly and their behavior through re-tweets and how information spread via re-tweets.

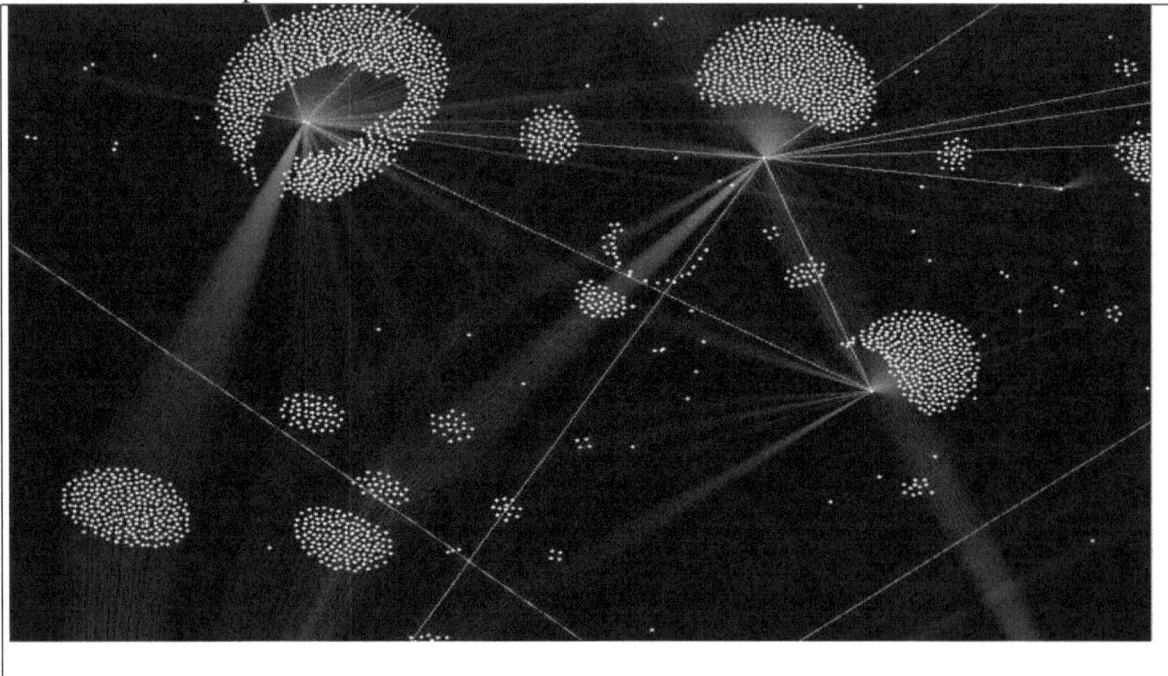

Figure 5: The re-tweeters behavior.

5. Conclusion and future works

Twitter's importance stems not only from its high traffic ranking, but also the amazingly rich structure it provides and real-time information it makes available. This research shows how message flows and re-tweet in network, how these graph could help the original twitter page monitor to see the graph in easy way in order to help for any future decision by understand who is exactly is following, interested with their tweet and show who are interested for their tweet even if they are not in original page. For example by looking for the user id 219255067 is not in their original page, but this user shows he/she is interested with their tweet. Which is meaning his/her or their status is very important for many people.

6. Future works:

Finding re-tweet and generating visualization graphs is a very time consuming process and our analysis was on simple data. In the future, we would like to expand our data collected. Therefore, the results can be improved by obtaining more details graphs and apply another analysis process in order to distinguish between users such as gender, geographic location.

References:

[1] Boyd, D. M., Ellison, N.B. (2008). Social network sites: Definition, history and scholarship. Journal of ComputerMediated Communication, pp.210-230.

[2] Chen, G.M. (2011). A uses and gratifications perspective -on how active Twitter use gratifies a need to connect with others Computers in Human Behavior, pp.755-762.

[3] Ebner M., Lienhardt C., Rohs M. & Meyer I. (2010). Microblogs in higher education – a chance to facilitate informal and process-oriented learning? Computers and Education, pp.92–100.

[4] Greenhow C., Robelia E. (2009). Old communication, new literacies: social network sites as social learning resources. Journal of Computer-Mediated Communication, pp.1130–1161.

[5] Honeycutt, C., and Herring, S.C. (2009). Beyond microblogging: Conversation and collaboration via Twitter," Proceedings of 42nd Hawaii International Conference on System Sciences, Waikoloa, Big Island, Hawaii, pp.75-79.

[6] Oulasvirta A., Lehtonen E., Kurvinen E. & Raento M. (2009) Making the ordinary visible in microblogs. Personal and Ubiquitous Computing 14, pp. 237–249.

[7] Sakaki, T., Okazaki, M., Matsuo, Y. (2010). Earthquake shakes Twitter users: real-time event detection by social sensors, pp.96-105.

[7] Sakaki, T., Okazaki, M., Matsuo, Y. (2010). Earthquake shakes Twitter users: real-time event detection by social sensors, pp.96-105.

Smart Crawler Based e-Learning

Name	Email	Organization	Country
Haytham W. Hijazi	haitham@paluniv.edu.ps	Palestine Ahliya University	Palestine
Jamil A. Itmazi	j.itmazi@gmail.com	Palestine Ahliya University	Palestine

Abstract

The majority of internet learning systems (e.g. e-learning) nowadays are closed systems where the study material is fixed and not adaptive. One on hand, the rapid changes in the educational content, the vast amount of published papers, and the ever increasing training tutorials necessitated the existence of an evolving dynamic e-learning system. On the other hand, the growing learners' dependency on the search engines to customize the retrieved learning content, necessitated the development of a personalized e-learning system. As a result, in this paper, a smart crawler based e-learning is introduced where the e-courses' material is automatically updated using an autonomous focused web crawler based on specific personal keywords. The periodic update is to enrich the repository with the evolving educational materials from specific Open Educational Resources (e.g. MIT Open Courseware).

Keywords— e-learning, focused crawler, Open Educational Resources.

Introduction

A. E-learning

The use of internet technology to deliver educational content is the latest trend in training and education development industry [1]. However, the majority of the current online based learning systems are fixed and closed. In other words, the educational content in these systems is almost fixed and not interactive Moreover, the majority of current web based learning systems content cannot be customized based on learner's interests. In a consequence, we tried in this paper to introduce a smart, dynamic and personalized e-learning system where the tutor and learner can include their interesting keywords related to some course or even exclude some others as shown in Figure 1. As a result, the system retrieves the content based on these keywords via a topical web crawler (i.e., spider) that visits the Open Educational Resources such as the MIT OpenCourseWare (OCW). Finally, the e-learning platform lists the retrieved results and rank them based on their importance to the tutor and learner.

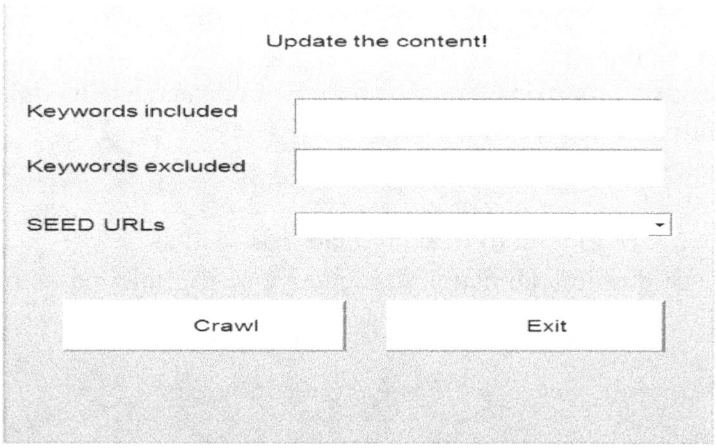

Figure 1. the update module

B. Focused crawler

The e-course content has increasingly become a focus for the learning process. The educational contents' update, however, has become a growing challenge to produce high quality and fresh educational material. Therefore, in this model we implement an effective web crawler to crawl the websites of open educational resources (OER) (e.g. http://ocw.mit.edu), download the recent course-related educational resources, and integrate these updates with the existing course materials. The web crawler [5, 6, 7] is a web application that crawl websites by taking a list of seed URLs as an input, determine the IP address of the host name, download the corresponding resources and extract the links to continue the process. For example, the courseware Watchdog [8, 9] which is part of the Personalized Access to Distrusted Learning Repositories (PADLR) framework has a focused or a topical web crawler to retrieve learning material from the WWW. In order to restrict the crawling to a material-relevant process, the crawling is done topically or focused.

C. Open Educational Resources (ORE)

Our web crawler will worth nothing if there are no open resources to crawl. Fortunately there are many educational websites allow the accessing and retrieving of their educational resource especially the Open Educational Resources websites.

The Open Educational Resources (OER) began in 2001 when Massachusetts Institute of Technology (MIT) first announced to making all of its course materials freely available [12]. Its initiative called MIT OpenCourseWare (OCW) under the Website (http://ocw.mit.edu) to publish all of its undergraduate and graduate-level courses materials online, partly free and openly available to anyone, anywhere.

As of April 2013, over 2150 courses were available online [13].

The initiative has inspired a number of other institutions to make their course materials available as OER. Nowadays there are many institutions offer their course materials available online. We can find 40 of them in [14]. As an example, the following projects and resources have been selected to illustrate the richness and diversity of the current initiatives in open educational and related resources and practices:

M.I.T. Open Courseware (OCW), http://ocw.mit.edu

AVOIR – African Virtual Open Initiatives and Resources, http://avoir.uwc.ac.za

Center for Open and Sustainable Learning (COSL) / OpenEd conferences,http://cosl.usu.edu

Commonwealth of Learning – Learning Object Repository, http://www.col.org/colweb/site/pid/2922
Connexions (online platform for managing and sharing of open course modules),http://cnx.org
Creative Commons, http://creativecommons.org
Directory of Open Access Journals, http://www.doaj.org

The term OER has been used to refer to learning materials such as:
- Learning objects (quizzes, animations, interactive maps, timelines, etc.)
- Audio lectures
- Audio-video lectures
- Images
- Sounds and music
- Entire course content
- Collections of journal articles and institutional repositories
- Textbooks

In the rest of this paper, the crawler based learning architecture with its corresponding web applications are explained. Moreover, a computing resources utilization mechanism is introduced to achieve an efficient environment. Finally, the system results are shown and discussed in coherence with the future work we are planning to do.

The crwaler based learning architecture

The coupling of various technologies, like the ones in web based learning systems and search engines optimization (SEO) technologies hit to the rock in the education. In this paper, a crawler based architecture of e-course delivery within an *distributed environment* is introduced as follows and as shown in Figure 2.

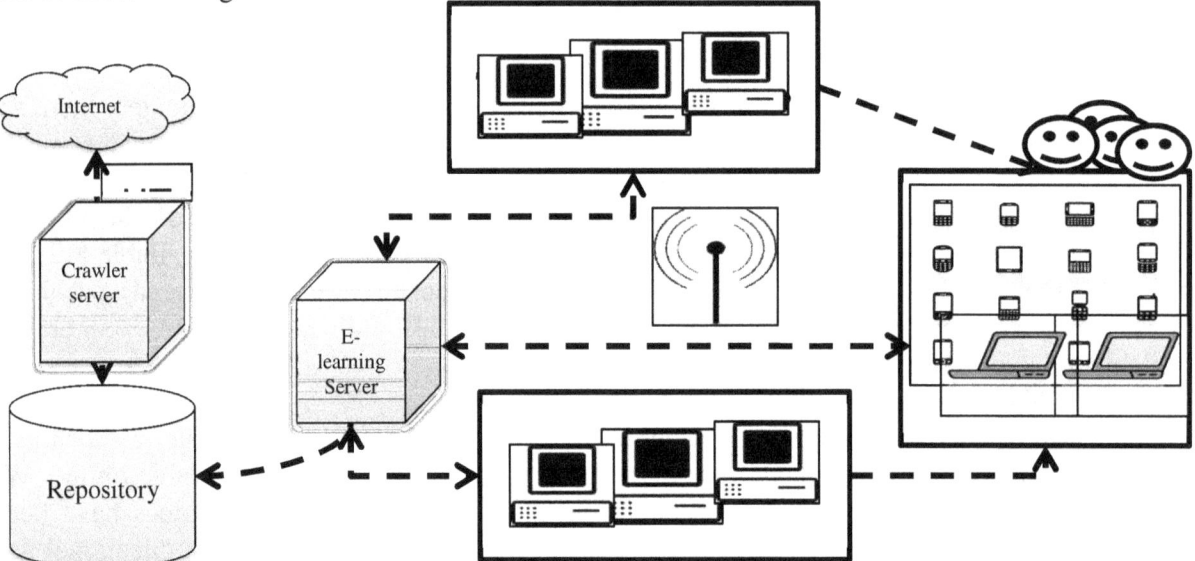

Figure 2. The e-course crawler based architecture

The model is based on using the available resources as shown in Table 1 in delivering the e-course material, updating the e-learning server with students' context and updating the e-learning repository using a specific crawling server (i.e., crawler server).

Table 1 The needed computing and network resources

Resource type	Units	Specifications	Comments
Web server	2	HP Proliant DL380 G8	e-learning +crawler
Computer PC	80	Core i5, i7.	The three labs PCs + the tutors' PCs
Computer PC	1	Core i7, 20 TB storage.	As Repository
WiFi routers	3	-	Indoor

As show in Table 1, two servers have been employed in the system. They are mainly: the e-learning server and the crawler server. The e-learning server basically stores the students database (including their context), the authentication, and the delivery services. The e-learning server is connected to a repository which is used for storing institution's educational material. Mainly, the repository is a software application that will allow the preservation and retrieving of "learning objects", making possible the use of the same e-content elements in different courses and contexts. However, this repository may not have the most coherent and updated educational material for some specific courses. Moreover, the idea of a centralized e-learning server may suffer from bottleneck issues in the large scale and particularly between the client (i.e. students) and the main e-learning server. Therefore, the system exploits the availability of some tutors' (e.g., lecturers) desktops as well as some Lab's desktops to be used as content and service delivery servers. This can be realized by providing each of which with a URL, at least one directory in a storage device with the URL, directing the access requests from a specific URL, and delivering the requested content to the student. The access requests are handled by an authentication and authorization process. The selection of the tutors' or the labs' resources as co-servers are not tackled by random. Rather, a mechanism for organizing the resources utilization is applied and discussed later in this paper.

The students are expected to provide their names, their student ID and passwords. Once they clicked on "submit" the registered courses appear and the student meta-data is automatically generated in consequence. The learners are free to select any of the courses they wish to be within the e-learning system. In a consequence, they fill their preferences such as mobile number, notifications period or automatic update choice.

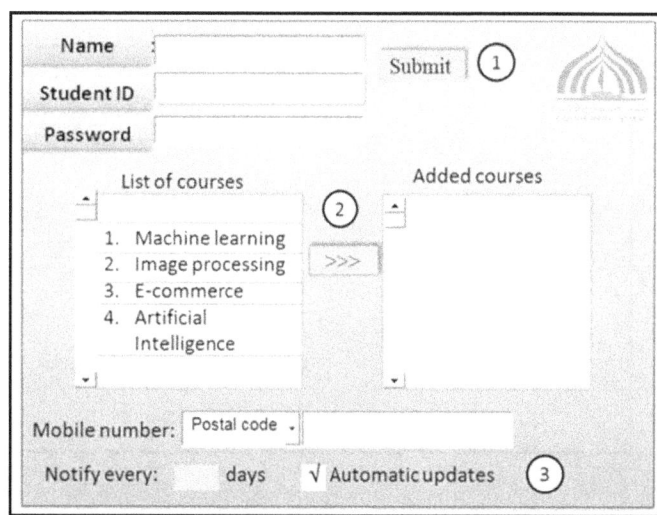

Figure 3. The student meta-data screen

Resources utlization

To ensure a smart use of bandwidth in delivering the e-course content, a proposed mechanism for testing the bandwidth and determining the deliver source is presented as shown in Figure 4.

```
Set Max_CPU_Threshold
Do (periodic CPU_Utlization test)
while(currentTime<LastLecture.time){
if (CPU_Utilization>Max_CPU_Threshold && LastRequest.location==Lab1 || Lab2 || Lab3)
for all lectures times time*i* compare {
if  LastRequest.time >=Lec.time*i*
then
Use Lec.lecturer_ID desktop as a co-server
else
deliver the contents via the main e-learning server.
}
```

Figure 4. The resources utilization mechanism

The e-learning administrator specifies the maximum CPU utilization allowed on the e-learning server frequently and based on different factors such as: the number of lectures that will use the server on a specific day. The plug-in (NSclient4j[30]) is a tool used to periodically test the CPU utilization until the last lecture time provided by the administrator (e.g. till 4:00 pm). In case that the CPU utilization exceeded the threshold and the last delivery request was sent from one of the three labs, the server detects the request time and compares it with all lecture times, if for example, the request time overlaps with the Artificial intelligence (AI) course, the e-learning server sends the last request to the AI tutor's desktop to start performing as a co-server and delivering the content to the requester. The experimental results have shown the beneficial effects of using this mechanism appears in the CPU utilization on the main e-learning server which has been measured at lecture times and on different days. The results have shown that the utilization could be minimized to about **30%** as shown in Figure 5.

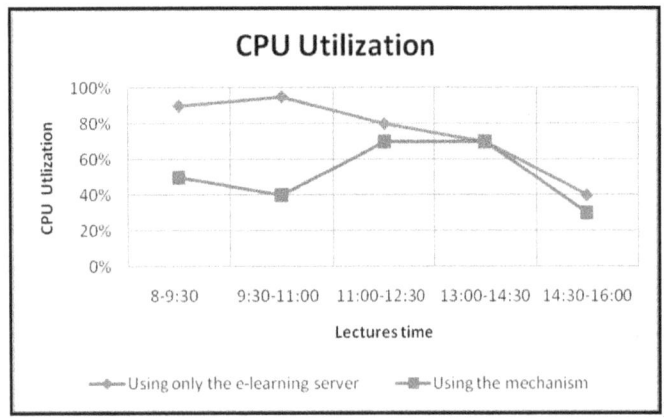

Figure 5. The CPU utilization at the main e-learning server

---

[30] A java client that allows application to access system counters for performance checking.

The focused crawler

As shown in Figure 2, the e-course repository is connected with a focused (i.e., topical) web bot or crawler. The web crawler is responsible for crawling the academic websites (websites of open educational resources), download the related educational resources (e.g. papers documents) and index them based on the keywords found. The administrator feeds the server with URL seeds (e.g. array of open academic databases URLs), then he supplies it with the e-course array of keywords based on the course ID. The crawler visits these websites and downloads the keywords-related pages and materials. The crawler follows the out-going links in these pages and recursively visits and crawls them. It has been shown in [10, 11], that if the student is provided with the required relevant content at the right time, then the student will have a solid behavior towards learning and understanding the concept. Therefore, a system that can automatically and dynamically retrieve the resources from the relevant web and organize them as a knowledge-base for the students is highly required to increase the e-course quality. As shown in Figure 6, the administrator (either at the main e-learning server or at the tutor's desktop) can provide the following parameters to the crawler server 1) the course ID. 2) The course keywords. 3) The seed URLs from which the crawling will start. 4) The crawling frequency (i.e., how often the crawler server crawls the listed URLs).

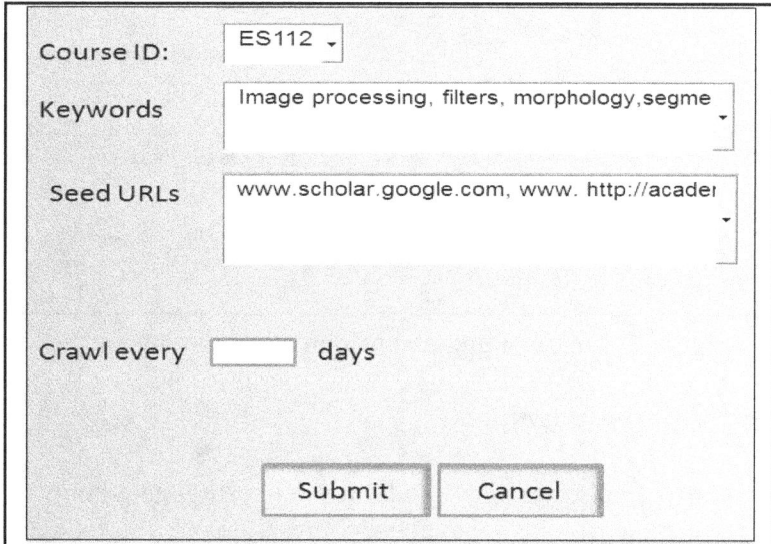

Figure 6. The crawler manager screen

Finally, the downloaded contents are integrated with the existing contents in the repository.

Displaying result via LMS

Displaying results to students and tutors could be done within many methods. As a case, it could be displayed via eLearning platform. Corresponding the Learning Management System (LMS)/ Course Management System (CMS) as well as LCMS (Learning Content Management System), are considered as an important part of eLearning solutions from the university's viewpoint [15]. Generally, LMS is software that automates the administration of training events. "All LMSs manage the log-in of registered users, manage course catalogs, track learner activities and results, and provide reports to management. An LMS may or may not include additional functions such as: Authoring of content, Management of classroom training, instructors and resources…collaboration tools (chat, discussion groups, etc.)" [16].

Respect to our paper, the appropriate LMS is the open source one which allow adding new part within the course page to display the results when the tutor/student accessing his course. Fortunately there are many Open-Source LMSs, e.g.
- MOODLE <http://moodle.org>
- ILIAS <www.ilias.de/ios/index-e.html>
- Claroline <www.claroline.net>

As an example, we will use MOODLE in our case.
The procedure could be the following:

1. when the user (student or tutor) logging into his course, moodle copy the existing contents in the repository to a "block" in the course page. Figure 7 shows this example block within Moodle course page.

Figure 7. Block of updated resource in Moodle course

conclusion and future work

A crawler based distributed architecture and model for delivering the e-course content based on a ubiquitous, context aware environment have been presented in this research. To assess the students satisfaction on the new u-learning space, a survey for 300 students has been conducted.

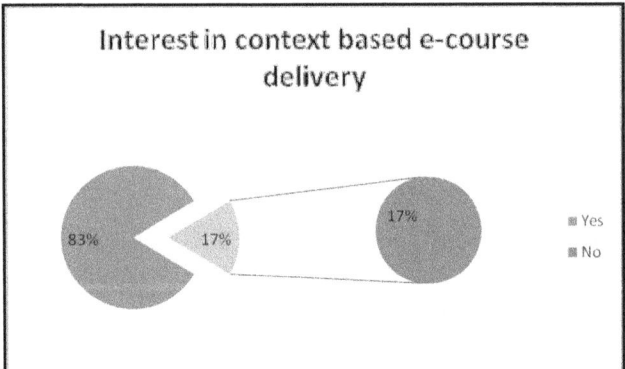

Figure8. Students' interest in context based delivery

The results have shown that the automatic updates using a separate crawler server increased the potential of having a refreshed, high quality, and up to date e-course material. Finally, the resources' utilization has been organized using a smart mechanism which adaptively decides when to use the tutor's desktop as co-server in delivering the e-course content. The future work will be focused on applying this model on various concurrent e-courses and integrate the proposed model with various current technologies (e.g. cloud computing).

References

[1] Welsh, Elizabeth T., et al. "E-learning: emerging uses, empirical results and future directions." International Journal of Training and Development7.4 (2003): 245-258..

[2] Tane, Julien, Christoph Schmitz, and Gerd Stumme. "Semantic resource management for the web: an e-learning application." Proceedings of the 13th international World Wide Web conference on Alternate track papers & posters. ACM, 2004.

[3] I.S. Jacobs and C.P. Bean, "Fine particles, thin films and exchange anisotropy," in Magnetism, vol. III, G.T. Rado and H. Suhl, Eds. New York: Academic, 1963, pp. 271-350.

[4] Sung, Joung-Souk. "U-learning model design based on ubiquitous environment." International Journal of Advanced Science and Technology13 (2009): 77-88.

[5] Yang, Stephen JH. "Context aware ubiquitous learning environments for peer-to-peer collaborative learning." JOURNAL OF EDUCATIONAL TECHNOLOGYAND SOCIETY 9.1 (2006): 188.

[6] Chakrabarti, Soumen, Martin Van den Berg, and Byron Dom. "Focused crawling: a new approach to topic-specific Web resource discovery."Computer Networks 31.11 (1999): 1623-1640.

[7] Tane, Julien, Christoph Schmitz, and Gerd Stumme. "Semantic resource management for the web: an e-learning application." Proceedings of the 13th international World Wide Web conference on Alternate track papers & posters. ACM, 2004.

[8] Tane, Julien, et al. "The Courseware Watchdog: an Ontology-based tool for finding and organizing learning material." Fachtagung Mobiles Lernen und Forschen 6.11 (2003).

[9] Schmitz, Christoph, et al. "Accessing distributed learning repositories through a courseware watchdog." Proc. of E–Learn 2002 World Conference on E-Learning in Corporate, Government, Healthcare, & Higher Education (E-Learn 2002). 2002.

[10] Thukral, Anjali, Punam Bedi, and Hema Banati. "Architecture to organize social semantic relevant web resources in a knowledgebase." Int. Journal of e-Education, e-Business, e-Management and e-Learning 1.1 (2011): 45-51.

[11] Bedi, Punam, Hema Banati, and Anjali Thukral. "Social semantic retrieval and ranking of eResources." Advances in Recent Technologies in Communication and Computing (ARTCom), 2010 International Conference on. IEEE, 2010.

[12] Use of Open Educational Resources: Challenges and Strategies. Qing Chen. ICHL, volume 6248 of Lecture Notes in Computer Science, page 339-351. Springer, (2010).

[13] Site Statistics, MIT OpenCourseWare. http://ocw.mit.edu/about/site-statistics. Retrieved April 11, 2013.

[14] Geser, G. (ed.): Open Educational Practices and Resources – OLCOS Roadmap 2012, http://www.olcos.org/cms/upload/docs/olcos_roadmap.pdf. Retrieved April 11, 2013.

[15] Itmazi, J. A. Gea, M. M. Paderewski, P. and Gutiérrez, F.L. (2005). A Comparison and evaluation OF Open source learning managment systems. IADIS International Conference-Applied Computing 2005. Algarve, Portugal. February 22th-25th.

[16] BRANDON-HALL.COM. (2003). ELearning Glossary of Terms. www.brandonhall.com/public/pdfs/glossary.pdf

التعليم الالكتروني وتطبيقات الويب 2.0

الاسم	البريد الالكتروني	مؤسسة العمل	المدينة	البلاد
سوهام بادي	souhembadi@yahoo.fr	جامعة تبسة	قسنطينة	الجزائر

ملخص

إذا كان عصرنا الحاضر هو عصر المعرفة والمعلومات فان التعليم الالكتروني بما يحققه من إتاحة للمعلومات و فرص التدريب لكل من يتطلع إليهما دون التقيد بزمان أو مكان يخلق من مواطن هذا العصر المواطن الفعال القادر على صقل مهاراته و تنمية قدراته المعرفية على نحو متواصل؛

و لقد أصبح بالإمكان أن يتفاعل الطالب و الأستاذ عن طريق ما يسمى بمؤتمرات الوسائط المتعددة وغيرها من الوسائط تفاعلاً إيجابيا يحقق للطالب الفهم التام ويحقق للأستاذ وعياً باحتياجات الطلاب و نقاط الضعف و القوة و التقييم المستمر لمستواهم العلمي بما يضمن توجيههم التوجيه الذي يحقق الهدف من العملية التعليمية بأعلى كفاءة ممكنة.

ولقد أثرت التكنولوجيا الجديدة بشكل جذري على نظم وأساليب التعليم حيث بدأت بعض المؤسسات التعليمية على اختلاف مستوياتها تعيد التفكير في نظامها التعليمي وطرق التدريس ومناهجها والتكنولوجيات المستخدمة في معاملها وفقا لوجهة نظر ترى أنه لا بديل أمامها سوى الدخول إلى هذا العالم الرقمي الجديد لتخريج إطارات بشرية مؤهلة للتعامل مع ثورة المعلومات المتجددة و المتسارعة،وللمساعدة في إعداد المتعلم للمنافسة في سوق العمل وإلى أنه من الضروري التحّول من الشكل التقليدي الذي يقوم على المفاهيم النظرية والتلقين إلى التركيز على تعليم أساليب البحث والتغطية الإلكترونية والتحليل النقدي للمعلومات الرقمية؛ومن ثم فالتحدي الحالي هو تعليم الطالب هذه المهارات الجديدة للتعامل بشكل فعّال يتناسب مع البيئة التكنولوجية والرقمية الجديدة.

إذن فهناك حاجة ماسة لتفعيل ثلاثية التعليم التقليدية(المعلم،الطالب،المؤسسة التعليمية) وتحويلها إلى عملية تعليمية أكثر حداثة وعصرية وتشمل عناصرها:المعلم العصري،الطالب المتفاعل والمشارك الايجابي،المؤسسة العصرية،تكنولوجيا التعليم والمعلومات الحديثة،والمناهج التعليمية المتطورة والتعليم غير المنهجي.

سنحاول من خلال هذه الورقة الحديث عن تطبيقات الويب 2.0 في التعليم الالكتروني بالنظر إلى بعض الجوانب التربوية التي يجب أن تأخذ بعين الاعتبار،والمتمثلة في البرامج الاجتماعية الت غيّرت مفهوم التعليم الإلكتروني وطرائق عرضه والتفاعل معه ليشمل جوانب أكثر تفاعلية وإنتاجية وشخصية أيضا مثل: المدونات Blogs،الويكى Wikis،الفيس بوك facebook،اليوتيوب YouTube،وغيرها من البرامج المستخدمة الآن فى العملية التعليمية.

الكلمات المفتاحية:

التعليم الالكتروني-الويب 2.0- تطبيقات الويب 2.0.

مقدمة

لقد انتشرت تطبيقات التكنولوجيا في شتى المجالات، وعلى جميع المستويات وعلى ما يبدو فلا حدود لتطبيقاتها إلا حدود قدرات الإنسان المستخدم و المستغل لها، فهل لنا نتصور نوعية التطبيقات المحتملة عندما تتوغل تكنولوجيا المعلومات في مجال التعليم الاليكتروني.

لذلك أصبح على عاتق المؤسسات التعليمية بوجه عام أن تتطور لتلاحق هذه الثورة المعلوماتية الهائلة (الاقتصاد المعرفي) والتكنولوجيات الحديثة للأنظمة الالكترونية لتطبيقها في مجال التعليم الاليكتروني كاستخدام تكنولوجيا الاتصال والشبكات واسعة النطاق،وإدخال وتطبيق تكنولوجيا تصميم المحتوي وتكنولوجيا إدارة المحتوي ،وتكنولوجيا المكتبات الرقمية

وتقنيات الفصول الافتراضية ،كاتجاهات حديثة في تطبيق التعليم الاليكتروني وذلك من خلال مواكبة التطور السريع في نظم التعليم.

أهمية الدراسة

حين نتحدث عن الجيل الثاني من التعليم الاليكتروني فإننا في الحقيقة نتحدث عن الميزات التي يضفيها الجيل الثاني من الويب 2.0 وهذه ملاحظة كان يجب الإشارة إليها ،فالجيل الثاني من التعليم الالكتروني تقنياته أكثر شيوعا من الجيل الأول كما أنها لا تحتاج لمطورين شأن الجيل الأول هذا لو استثنينا بعض التقنيات مثل بناء البيئات الافتراضية ؛ فتقنيات من مثل المدونات والويكي والصفحات الخاصة والتسجيلات الصوتية على مختلف البرامج كلها تقنيات يستطيع المعلم تطوير منهاجه فيها حتى لو لم يكن يملك نظام إدارة تعلم على شاكلة ما كان في الجيل الأول ولذلك تسمى تقنيات الويب الثاني أو التعليم الالكتروني الثاني بالتقنيات الاجتماعية ذلك أن كل المجتمع يستخدم هذه التقنيات أصلا وما نفعله في التعليم الالكتروني أننا ندمجها داخل تقنيات التعلم ليس أكثر بمعنى أن نستفيد منها في التعليم والتدريس وبالتالي يحتاج الأمر بالمقابل تطوير نظام إدارة التعلم ليشمل هذه التقنيات.

أهداف الدراسة

نهدف من خلال هذه الدراسة إلى التعرف على أهم تطبيقات الويب 2.0 في التعليم الالكتروني .

1- الجيل الثاني للانترنت (الويب 2.0)

قبل ظهور مصطلح الويب 2.0 ،كان هناك الويب 1.0 الذي يتضمن صفحات TML الثابتة،ثم الويب 1.5 وهي الويب الديناميكية والتي تستخدم من خلالها نظم إدارة المحتويات، وقد استخدم مصطلح الويب 2.0 من خلال ما ذكر في موسوعة ويكيبيديا[1] لأول مرة في حلقة نقاش بين شركة " أورلي الإعلامية O'Reilly Media Inc " ومجموعة "مديا لايف الدولية لتكنولوجيا المعلومات Media live "في مؤتمر حول تطوير الويب ، والذي تم انعقاده في سان فرانسيسكو سنة 2003 ،حيث ذكر نائب رئيس شركة " أورلي الإعلامية" "دل دوجتري Dale Doujetry " من خلال محاضرة ألقاها للتعبير عن تطبيقات الجيل الجديد لشبكة الانترنت ومنذ ذلك الحين أصبح يطلق مصطلح الويب 2.0 على كل ما هو جديد وشعبي على الشبكة العالمية.

ولقد خرج المؤتمر بمجموعة من التوصيات والمقترحات حول المبادئ الأساسية لتطبيقات الويب 2.0، ومن بين النتائج التي توصل إليها المؤتمر[2]:

- أن يقوم التطبيق بالتعامل مع الانترنت كـ «منصة» فقط لا غير.
- أن يتعامل مع المستخدم كمطور لا كمستخدم.
- أن تكون البيانات هي القوة الدافعة للتطبيق؛ شكل التطبيق، سمعته، وملامحه الرئيسية يتم تحديدها بواسطة المشاركين،
- أن لا يكون للتطبيق إصدار محدد وذلك يعني أن يكون التطبيق مفتوحاً للتطوير إلى الأبد.
- أن يكون التطبيق مكوناً من عدد من التطبيقات الأصغر وأن يقوم بتطويره عدد من المشاركين المستقلين من أماكن وخلفيات متنوعة.

1-1 تعريف الويب 2.0

في الواقع لا يوجد تعريفا واضحا وصريحا لمصطلح الويب 2.0، هذا المصطلح الذي تم إطلاقه ثم صرنا نسمع به كثيرا ،و هنالك من يذهب بأن الويب 2.0 :

- هي موجة المواقع الجديدة التي تعتمد في تكوينها على الشبكات الاجتماعية Social Networks مثل hi5.com وبرمجيات الويكي wiki وهي الصفحات التي يستطيع زائر الموقع التعديل عليها ،أو المواقع التي تسمح لك بوضع مفضّلتك على الانترنت (Favorites)بحيث يستطيع الآخرون الاطلاع عليها والبحث فيها[3].

- وهو التطبيقات والخدمات التي أتيحت عن طريق استخدام خصائص شبكة الإنترنت بتطوراتها وبرمجياتها وأنظمتها. [4]

- . الويب 2.0 هي تطبيقات الويب التي تستطيع استخدامها بشكل قريب جدا من طريقة استخدامك لتطبيقات الـ Desktop أي البرامج العادية التي تستخدمها دون أن يكون لها علاقة بالويب، وبالتالي فإن هذه التطبيقات مبنية باستخدام تقنية الأجاكس Ajax (Asynchronous java scriptan xml)[5]

بداية علينا أن نقر بأن المفهوم لازال ضبابياً قليلاً، كثيرة هي الانتقادات التي وجهت له كونه يخضع للعديد من التفسيرات والتأويلات ولكن الشيء المؤكد أننا أمام جيل جديد من الويب قائم بشكل أساسي على المجتمعات الافتراضية الحديثة التي تقوم على المشاركة والتعاون لإثراء المحتوى، بمعنى آخر إن أسلوب عرض المحتوى على الويب تغير الآن، وأصبح للجميع دور في إثرائه والمشاركة في إعداده وتحريره.

وفي الحقيقة هو أن الويب 2.0 ليست مجموعة من التكنولوجيات الحديثة على صعيد البرمجيات فقط، بل هو تغير في المفهوم، أسلوب أو طريقة جديدة في برمجة مواقع الويب وتغير في طريقة استثمار هذه المواقع،وهي تتيح إمكانية التبادل والتوزيع والنشر في الوقت الحقيقي.

2-1 مستويات تطبيقات الويب 2.0

قام "تيم أوريلي Tim O'Reilly " مدير شركة اورلي بوضع هيكل لتطبيقات الويب 2.0 مكوناً من أربعة مستويات، بدءًا من المستوى الثالث وحتى المستوى صفر[6].

- **المستوى الثالث** : يكون التطبيق معتمداً بصورة كلية على الانترنت، ولا يمكنه العمل من دونها، ويعتمد بصورة كلية على وجود المشاركين ومن دونهم يتوقف التطبيق عن العمل، مثل موقع eBay .

- **المستوى الثاني** : من هيكلية الويب 2.0 هو مستوى التطبيقات التي تعمل على الانترنت ولكنها تستطيع الاستفادة من مميزات العمل خارج الشبكة، مثل موقع You Tube؛

- **المستوى الأول**: تعمل تطبيقاته خارج الشبكة ولكنها تستطيع الاستفادة من وجود الشبكة، مثل برنامج.iTunes

- **المستوى الأخير**: فهو المستوى صفر وفيه تعمل التطبيقات خارج الشبكة ويمكنها أن تعمل أيضاً داخل الشبكة، مثل برنامجه Earthgoogle.

ويعتمد الويب 2.0 على الخدمات الجماعية والاجتماعية والتفاعل المميز بين المستفيدين، واستقبال ردود فعل أكثر فاعلية وإيجابية، والتفاعل مع موسوعات مفتوحة المصدر لمشاركة المستفيدين مع استخدام إمكانات محركات وأدلة بحث مميزة، وفي الأساس الاعتماد على المحتوى والبيانات التي تتاح من خلال المواقع وإمكانية إتاحة هذا المحتوى ونوعية هذا المحتوى ومدى قدرة المستفيد من التفاعل مع هذا المحتوى.

لقد وصف المختصون الويب 1.0 على أنها مصدر للمعلومات ولكن أحادي الاتجاه، بمعنى أن المعلومات تنتج من صاحب الموقع، ولا يمتلك القارئ أو المتصفح سوى إمكانية القراءة.،ولكن الموضوع يختلف مع الويب 2.0 حيث نجد أن المعلومات هنا تسير باتجاهين أو ثنائية الاتجاه وأفضل مثال على هذا فكرة التعليق " comment"فأينما وجد المحتوى سواء من خلال المدونات أو مواقع الويكي سيتيح التعليق إمكانية التفاعل المباشر مع ناشر آو صاحب المقال ؛ فصدور المعلومة من طرف كاتبها يعتبر (اتجاه أول)، يقرأها المتصفح للموقع و يمكنه أن يضيف أو يعدل في الموضوع (اتجاه ثاني) ويظهر هذا في الصفحة نفسها التي يحويها المقال.

4-مميزات الويب 2.0

يتميز الويب 2.0 بجملة من الخصائص والمميزات وهي[7]:

***الويب هي منصة تطوير متكاملة :**

يفترض في جيل الويب 2.0 أن يتعامل مع الويب كمنصة تطوير بمعزل عن أي عوامل تقنية أخرى ، الموقع يستفيد من موارد و خصائص الشبكة تماما كما يستفيد مطور التطبيقات من أوامر النظام الذي يبرمج برنامجه عليه .

***الذكاء و الحس الإبداعي :**

هناك بعض الخدمات تكاد تكون متطابقة ، و لكن ما يجعل تصنيف أحدها من ويب 2.0 و الأخرى من ويب 1.0 هو ذلك الحس الإبداعي و حزمة الخصائص الذكية في نفس الفكرة ، على سبيل المثال Google كمحرك بحث يعتبر من الويب 2.0 ، في الحقيقة Google محرك بحث ذكي جدا ، و هذا فقط ما يميزه عن بقية المحركات ، ذكاء المحرك و الحس الإبداعي الواضح

في منتجاته جعلته يصنف هذا التصنيف!

***البيانات هي الأهم :**

العصب الرئيسي لمواقع الويب 2.0 هو التركيز على المحتوى و البيانات، طريقة عرض المحتوى، نوعية المحتوى، توفر المحتوى للجميع، الخدمات الخاصة للاستفادة التامة من هذه البيانات. بشكل أكثر بساطة يمكن أن نقول أن نوعية البيانات المعروضة و طرق الاستفادة من هذه البيانات هي التي تجعلنا نطلق على بعض المواقع بمواقع الويب 2.0.

***نهاية دورة إنتاج البرمجيات:**

الفكرة في الويب 2.0 هو أن يقدم تطبيق الموقع كخدمة متاحة للجميع تستخدم بشكل يومي ، مما يجعل من الضرورة صيانة و متابعة التطبيق بشكل يومي أيضا ، عمليات التطوير ، التحديث ، المتابعة الفنية و الإدارية يجب أن تتم بشكل يومي ، لذا فإن التطبيقات التي تعمل عليها مواقع الويب 2.0 هي تطبيقات لا تخضع لدورة حياة البرمجيات ، بمعنى أن عملية التطوير مستمرة ، عملية الصيانة مستمرة ، عملية التحليل و التصميم دائما مستمرة طالما أن هذا الموقع يقدم خدماته ، هذا الأمر يتأتى بجعل المستخدم للموقع هو مطور مساعد لفريق التطوير في هذا الموقع ، عن طريق معرفة أرائه ، تصرفاته مع النظام ، طريقة تعاطي المستخدم مع الخصائص التي يقدمها النظام ، لهذا السبب نرى أن خدمات مثل flickr و بريد Google و خدمة Delicious ظلت لأشهر و لسنوات تحمل شعار .. Beta أي نسخة تجريبية.

***تقنيات التطوير المساندة :**

تتميز مواقع الويب 2.0 باستفادتها القصوى و المثلى من تقنيات التطوير المساندة ، تقنيات حديثة و رائعة مثل RSS و AJAX، تقنيات مشهورة مثل XML و XSLT ، و محاولة الحفاظ على المعايير القياسية في التصميم من الناحية الفنية Xو TML و CSS أو من الناحية التخطيطية عن طريق تحقيق قابلية الوصول و قابلية الاستخدام.

***الثقة بالزوار :**

في مواقع الويب 2.0 ، المحتوى يبنيه المستخدم أو يشارك مشاركة فعالة في بنائه ، لذا فإن أحد أهم المبادئ هنا هو إعطاء الثقة الكاملة للمستخدم للمساهمة في بناء هذه الخدمة ، خدمات مثل Flickr و Delicious

و wikipedia تمنح المستخدم الثقة الكاملة في استخدام النظام و إدراج أي محتوى يرغب بإدراجه ، و من بعد ذلك يأتي دور مراقبي الموقع أو المحررين لتصفية المحتويات التي تخالف قوانين الموقع.

***الخدمات ، و ليس حزم البرمجيات :**

من أهم مفاهيم الويب 2.0 هي أنها مجموعة من الخدمات متوفرة في المواقع أو في التطبيقات و ليست بحد ذاتها حزمة برمجيات تقدم للاستفادة منها ، على سبيل المثال ، برنامجiTunes

يعتبر من الويب 2.0 (على الرغم من انه ليس تطبيق ويب) ولكنه يقدم بحد ذاته خدمة مرتبطة بشبكة الويب ارتباط وثيق ، لذا فالفكرة في هذا البرنامج هو تنظيم الملفات الصوتية و مشاركتها أو نشرها على شبكة الويب لذا فبرنامج iTunes هو خدمة وليس حزمة برمجيات .

***المشاركة والتفاعل:**

المستخدمين هم من يبنون خدمات الويب 2.0 و ليس صاحب الموقع ، صاحب الموقع يقدم النظام كخدمة أو كفكرة قائمة أساساً على تفاعل المستخدمين بالمشاركة في هذه الخدمة ، موقع فليكر مبني على الصور الشخصية للمستخدمين ، موسوعة ويكيبيديا مبنية على جهود مئات الآلاف إن لم نقل ملايين البشر الذين يكتبون يوميا معلومة جديد تفيد البشرية.

***أنظمة تتطور إذا كثر إستخدامها :**

تلك هي أنظمة الويب 2.0 ، استخدامك لموقع فليكر بكثافة على سبيل المثال ، يعني أنك تطور خدمة flickr للأفضل ، مشاركاتك في خدمة ويكيبيديا يعني أنك تجعل موسوعة ويكيبيديا مصدراً مهماً للمعلومات ، نشرك للروابط المفضلة لديك في موقع Delecious يعني أنك تطور هذا الموقع ليكون مرجعا مهما للروابط.

***الخدمة الذاتية للوصول إلى كل مكان :**

أحد خصائص مواقع الويب 2.0 هو إمكانية نشر الخدمة خارج نطاق الموقع تقنيات مثل RSS ، ATOM و غيرها من

التقنيات يمكن من خلالها إيصال محتوى الخدمة خارج نطاق الموقع ، قابلية توصيل الخدمة Service و Ackability هو مصطلح يطلق على هذه الفكرة ، على سبيل المثال خدمة Google Adsense تتيح لإعلانك الوصول إلى أي مكان ، خارج نطاق موقع Google، و في أماكن لا تعلم أن إعلانك يظهر بها ، قابلية وصول الخدمة إلى أي مكان أحد أهم خصائص خدمات الويب 2.0.

اذن فالويب 2.0 هي جملة المواقع التي تستمد قوتها ومن تفاعل وتشارك المستخدمين أنفسهم فيما بينهم

2- الجيل الثاني من التعليم الالكتروني:

2-1 تعريف الجيل الثاني من التعليم الالكتروني

تشير بعض الأدبيات إلى أن ستيفن داونز Stephen Downes ، الباحث الكندي هو أول من صاغ عبارة التعليم الإلكتروني 2.0 على هذه التقنية من تقنيات التعليم الإلكتروني[8]. ويعد التعليم الالكتروني 2.0 تطور مستمد من التعلم الإلكتروني العام، وهو يدمج بين اتجاهات التعليم الالكتروني العام وبين تقنية الويب 2.0 التي تشكل طبيعة شبكة الإنترنت بالمستقبل، والتي تأتى انعكاس لتغير تكنولوجيا الانترنت وكذلك الأشخاص الذين يستخدمون الإنترنت. وتعد هذه التغييرات واسعة النطاق وتغطي كافة المجالات،

وقد تطورت معايير متعارف عليها عالمياً في الوحدات التعليمية، والمدونات،والويكي، وتم تعريف الجيل الثاني للتعليم الإلكتروني :

- أنه قطع صغيرة من المعلومات عبر الشبكات والتي ترتبط مع بعضها بشكل مرن والتي تدمج استعمال أدوات منفصلة ومكملة لبعضها عبر الويب وهي تعتمد على الويكي والمدونات وغيرها من برامج الانترنت الاجتماعية والتي تدعم تكوين مجتمعات التعلم عبر الشبكات[9].

- أنه التعليم الذي يستخدم أدوات الجيل الثاني من الانترنت[10].

- هو التعليم بشبكات الانترنت الاجتماعية والتي تتيح المشاركة في تحرير وتحديث المحتوى للصفحات بعدة طرق ومنها التعديل أو إدراج تعليقا و تحميل ملف وسائط من جهاز المستخدم إلى الخادم ،فالكل له إمكانية القراءة والكتابة والمشاركة دون الحاجة لمعرفة أي من لغات البرمجة[11].

2-2 مميزات الجيل الثاني من التعليم الالكتروني:

ويتميز الجيل الثاني للتعليم الإلكتروني بالخصائص التالية:

- يتألف المحتوى من أجزاء صغيرة، و يتم إيصاله على شكل أجزاء صغيرة من حزم المعلومات التي تنتقل على شكل أجزاء في البرامج الكبيرة[12].

- طبيعة الجيل الثاني للتعليم الالكتروني تجعل التعلم في بعد مسطح أفقي وتطوير الجيل الثاني للتعليم الإلكتروني لا يعني تطوير لمقررات تم تصميمها من التعليم الإلكتروني التقليدي .

- الجيل الثاني للتعليم الإلكتروني يحتوي على أدوات تعتمد على الانترنت التي تسمح بالتعديل والقراءة من قبل المستخدم وتسمح بالوصول إلى التعلم الذي يتم في نفس الوقت من خلال الفيديو الذي ينشر مباشرة على الانترنت مثل You Tube والبرامج الأخرى التي تربط بين أفراد المجتمع وتسمح بتبادل الخبرات والمشاركة في المعلومات والأداء ومن أهمها المدونات والويكي وأدوات نشر الوسائط للتسجيلات الصوتية أو لقطات الفيديو والشبكات الاجتماعية.

- يتيح التعليم الإلكتروني 2.0 فرصا جديدة للتعلم. فمجتمع التعلم يجب أن يكون في طليعة هذا الاتجاه، ويجب أن يصبح ماهرا في استخدام هذه الأدوات والتأكد من فهم الكيفية التي يمكن أن تستخدم بها كجزء من التعلم الرسمي وغير الرسمي. في نهاية المطاف، الاستخدام المبتكر للقراءة والكتابة على الشبكة العالمية وتعلم المهارات ذات الصلة سوف يكون أهم عامل يضمن الريادة في التعليم الإلكتروني 2.0 .

- يأخذ المستخدم وقتا في تعلم كيفية الاستفادة من الويب في التعلم. ويعد الاعتماد المستمر على الأدوات والممارسات التي تساعد الأفراد والمجموعة على التعلم هو المفتاح. بعد ذلك، يمكن أن تستخدم هذه الأدوات كجزء من مجمل حلول التعليم الإلكتروني في المؤسسة التعليمية.

-إن هذا الجيل يأخذ المعلومات بسرعة، سواء الصور أو الفيديو وكذلك النص، من مصادر متعددة بشكل متزامن. وهي وظيفة تسمى "السرعة الخاطفة" ونتوقع ردود الفعل المباشرة والتغذية المرتدة السريعة. ويتصلون بوسائل الإعلام بشكل عشوائي "بناء على الطلب"، ويكونون في اتصال مستمر مع شركائهم (الذين قد يكونوا قريبين أو في عبر العالم)، ومن المرجح أن يستخدموا وسائل الإعلام الخاصة بهم أو (التحميل من شخص آخر (ويميلون لشراء كتاب أو اسطوانة تعليمية عبر الشبكة.
-التعليم الإلكتروني 2.0 مؤسس على أساس أدوات الإنترنت التي تدمج بسهولة بين عملية إنشاء المحتوى، وبثه، والعمل بشكل جماعي متكامل .فأي شخص يمكن أن يبتكر المحتوى كجزء من العمل اليومي .
-إن فكرة التعليم الإلكتروني 2.0 هو أن يصبح تشارك المعلومات والتعلم عمل طبيعي حيث أصبح التعلم مزيج من الوصول إلى المحتوى، الذي كثيرا ما يتم الحصول عليه من زملاء العمل أو من الأقران، وكذلك الاتصال مع الأقران من خلال الشبكات الاجتماعية على الإنترنت. وفي الواقع، كثير من الناس يعتبر أن الشبكات الاجتماعية لها فرصة ودور أكبر في التأثير على التعليم الالكتروني.

وهناك خمس تكنولوجيات رئيسية تدخل ضمن مفهوم الجيل الثاني من التعليم الالكتروني[13]:

-المشاركة في الفيديو والتطبيقات (نصوص،جداول،عروض،قواعد البيانات) عبر الويب web based application وبالمجان.

-النقال mobile والذي يصنع منه مليار سنويا حيث أصبح تصميم الواجهة فيه -يمكن من الدخول للانترنت

-دمج البيانات data mashups وهي جمع البيانات من مصادر مختلفة في أداة واحدة مثل flickr .

-تبادل المعلومات الجماعي أو الفكر الجماعي collective intelligence حيث يؤدي جمع جهود الأفراد حول العالم في الانترنت إلى تكوين عمل ذو قيمة مثل موسوعة ويكيبيديا.

-محركات البحث الاجتماعية social operating systems وهي محركات بحث في الانترنت تعتمد على البعد الاجتماعي في البحث بدلا من التركيز على المحتوى.

3 - تطبيقا ت الويب 2.0

1-3 الويكي (التأليف الحر):wiki

كانت انطلاقة الويكي سنة 1995 م من اجل تسهيل وتيسير العمل التعاوني عبر الشبكات, وكلمة ويكي تعني بلغة شعب جزر هاواي

"بسرعة" واستخدمت هذه الكلمة للدلالة على السرعة في تعديل محتويات المواقع[14]، فهي تمكن كل مستخدم للشبكة من تحرير وإعداد صفحة انترنت من خلال برنامج المتصفح في جهاز المستخدم دون الحاجة إلى معرفة لغة الترميز أو البرمجة.

لقد بدأ مبرمج الحاسبات الآلية الأمريكي" وارد كوننكهام Ward Cunningham " في تطوير موقع باسم WikiWikiWebوقد أطلقه على الويب، وقد فكر في إطلاق اسم الويب السريع Quikweb[15] على موقعه ،إلا انه فضل استخدام مصطلح wikiwiki وهو مصطلح يطلق على الحافلات التي تتحرك بسرعة وهذا للتشابه القائم بين حركة الحافلات السريعة وسرعة تحديث وتحرير الصفحات وهي فكرة عمل الموقع الذي قام بتصميمه.

ومع مرور الزمن ازداد استخدام مواقع الويكي كبرامج لتبادل المعلومات والمشاركة فيها,وقد دخل الويكي قاموس أكسفورد Oxford English Dictionary[16] على الخط المباشر في 15 مارس 2007م

إذن فالمبدأ الذي يقوم عليه الويكي في أن كل شخص يمكنه المشاركة في تحرير محتويات الموقع,فكل صفحة تحتوي على رابط " تحرير" " **edit** " وعند الضغط عليه، يمكن لأي مستخدم أن يعدل في محتويات الموقع وهو يشجع على العمل الجماعي والتعاوني لإثراء المواقع، فمعظمها لا تجبر المستخدم على تسجيل بياناته للعضوية في الموقع,ولكن هذا لا يعني أن نترك العملية تسير بطريقة عشوائية ومعرضة للتخريب في أي وقت،أو السماح بالتعديل وإدراج أي من المعلومات الغير صحيحة بل يمكن لإدارة الموقع أن تتدخل كان تقوم بإزالة هذه المعلومات أو تعيد النسخة الأصلية التي كان عليها الموقع قبل التعديل،كما يمكن لها أيضا وضع حماية على بعض أو كل الصفحات.

1-1-3 تعريف الويكي:Wiki

هناك بعض التعاريف التي أزالت الغموض عن مصطلح الويكي ويمكن إدراجها كما يلي:

-"إنها ابسط قاعدة بيانات عبر الشبكات يمكن أن تعمل"[17]

-"هو عبارة عن برنامج يساعد على الكتابة بشكل جماعي،بحيث يمكن لأي شخص تعديل المحتوى والصفحات والإضافة إليها بسهولة وبدون قيود"[18]

-"هو نظام إدارة المحتوى على الانترنت،يجعل من صفحات الويب قابلة للتعديل من قبل جميع المستخدمين بحرية"[19]

-"الويكي قاعدة بيانات تسمح لكل مستخدم بالتعديل على الصفحات وتحرير صفحات على الخط المباشر بكل سهولة"[20]

إذن فالويكي قائم على مبدأ المشاركة الجماعية ويسمح لمستخدميه بتعديل محتوياته وحذفها أو الإضافة لها.

ومن أشهر تطبيقات الويكي wikiالموسوعة الحرة Wikipedia حيث تأسست هذه الموسوعة المتعددة اللغات سنة 2001م من طرف "جيمي والز" و"لاري سانجر" وقد بلغ عدد صفحاتها سنة 2007 حوالي 8.2م صفحة مكتوبة ب 253لغة .

وبلغ عدد المتصفحين لها 5,6م مستخدم كل يوم وعلى الأقل خمس صفحات لكل شخص وقد احتلت الموسوعة المرتبة السادسة عاميا من حيث عدد الصفحات المتصفحة[21].

وليست الموسوعات هي التطبيق الوحيد لتكنولوجيا الويكي،فمن تطبيقاته أيضا:

-جامعة الويكي Wiki versity

-الكتب الحر ة Wiki book

- الأخبار Wiki news

- الوسائط المتعددة Wiki media

يقابل مصطلح الويكي في بعض الأدبيات العربية مصطلح التأليف الحر ولكن الكثير يفضل استخدام مصطلح الويكي دون أي ترجمة باللغة العربة,وأصبح مصطلح الويكي أكثر انتشارا واستعمالا.

2-1-3 مميزات الويكي :

لمواقع الويكي ما يميزها عن غيرها وما حقق انتشارها ،بحيث أصبحت أكثر استخداما بين مختلف الأوساط الاجتماعية على اختلاف مستوياتهم العلمية, وأهم ما يميزها:

***سهولة عملية تحرير المحتوى:**

من المبادئ التي يقوم عليها الويكي هي التعديل والتحرير بدون قيود وبكل حرية،فأي مستخدم يمكن أن يغير المحتوى من خلال الرابط الذي يظهر على الصفحة،ويقوم بتحرير المحتوى ثم يرسله لإجراء التعديلات وستظهر الصفحة كما قام بتعديلها.

*** بساطة أوامر الويكي :**

لا يحتاج المستخدم لتعلم لغةTML أو لغات البرمجة للتعامل مع تطبيقات الويكيWiki،ويتم تحرير صفحات الويكي بلغة بسيطة تعرف بwiki text وهي تناسب جميع المستويات ولا تتطلب خبرة كبيرة في أمور الحاسوب وتطبيقاته.

*** تعزيز أواصر الترابط الموضوعي:**

وذلك بين صفحات الويب المختلفة،بواسطة إنشاء روابط link لصفحات غير موجودة وتتم بهدف دعوة المستخدمين للكتابة في الموضوعات الجديدة داخل الويكي.

*** الاحتفاظ بسجل لتاريخ الصفحات:**

يتم الاحتفاظ بنسخة للصفحة التي تم تحريره أو إجراء تعديل غليها،وهذا يعني انه بإمكان كل مستخدم العودة إلى النسخة الأولى للصفحة في حالة حدوث أي خطا أو تعرض الصفحة لعملية التخريب المتعمد من طرف بعض المستخدمين،كما يمكن استخدام هذا السجل لإجراء أي مقارنة بين الصفحات المحررة والصفحات الأصلية.

***تشجيع العمل التعاوني والتشاركي:**

ان مواقع الويكيwiki تسمح للجميع بإضافة المحتويات دون التسجيل في الموقع وذلك بهدف إثراء المواقع وتقاسم المعارف. تتيح هذه التكنولوجيا الاتصال المباشر والتداول بصفة دورية ومنتظمة كما توفر المعلومات بمختلف أشكالها، وإتاحتها للتداول المباشر باستخدام نقل الصورة والصوت في ذات الوقت مما ينتج التواصل ويؤكد التفاعل المستمر

*بساطة عملية تنظيم المحتويات:

تعمل مواقع الويكيwiki كقاعدة بيانات متشعبة،تمكن من تنظيم المحتوى بالطريقة المراد إتباعها،فلا توجد هيكلة محددة فيمكن لأي موقع أن ينظم محتوياته بالأسلوب المناسب له،

* التحكم في المتغيرات:

بالرغم من كون مواقع الويكيwiki مفتوحة إلا أنها توفر وسائل للتحقق من صحة الإضافات الحديثة والتعديلات الجديدة للصفحات،ومن أشهر الأساليب لعرض التغيرات " صفحة التغييراتrécent changes " وتتم عرض احدث التغييرات التي أجريت خلال فترة زمنية محددة من خلال قائمة مرقمة.

ان تكنولوجيا الويكي هي تكنولوجيا فتحت المجال للعمل التشاركي والحرية في إحداث التغييرات والتعديلات وتحرير المحتويات وهي كما عبر عنها تسمح لكل قارئ أن يكون مؤلفا وناشرا إذا أراد[22]،وبالرغم من هذا فإنها ستلاقي حتما الكثير من الانتقادات نظرا للحرية المطلقة التي تمنحها والتي تخول للكثير من المستخدمين استغلالها بطريقة سلبية قد تؤثر في الكثير من القضايا التي لها علاقة بالأمور السياسية والدينية.

3-1-3 مكونات وعناصر الويكي:

تظهر عناصر الويكي من خلال عناصر ومكونات الويكيبيديا

1 دخول / تسجيل :

يتم من خلالها تسجيل اسم المستخدم وكلمة المرور ومن هنا ينشا سجل تلقائي للمستخدم ينفذ من خلاله إلى باقي الصفحات والروابط.

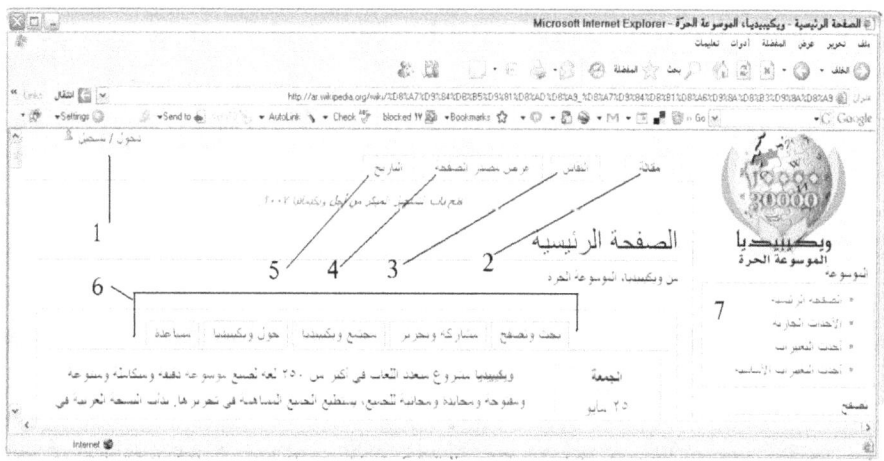

2 المقالة:

يقوم المستخدم بعد عملية التسجيل بإجراء تعديلات على محتويات سابقة أو بتحرير محتويات جديدة يشارك من خلالها في إثراء الموقع أو تقديم معلومات لإفادة باقي المستخدمين.

3 النقاش:

يفتح من خلال هذا المكون باب النقاش وذلك ضمن منتديات عامة ومتخصصة من اجل تبادل المعلومات والأفكار والآراء وهذا ما يضفي على مواقع الويكي صفة التفاعلية وذلك لتشارك اكبر قدر من المستخدمين.

4 عرض مصدر الصفحة:

من خلاله يمكن معرفة التعديلات الجديدة التي أضيفت للصفحة وذلك بالعودة إلى النسخة الأصلية قبل التعديل

5 التاريخ:

يتم توثيق تاريخ الصفحة الرئيسية ،للتمكن من العودة إلى تاريخ سابق إذا كانت غير مناسبة.

6 أدوات تصفح داخل الصفحة:

العناصر التالية(بحث وتصفح، مشاركة وتحرير، مجتمع الويكيبيديا، المساعدة،حول الويكيبيديا)؛ توصل المستخدم إلى عناصر مساعدة.

7 أدوات تصفح مختلفة :

الصفحة الرئيسية،الأحداث الجارية ،احدث التغييرات ،احدث التغييرات الأساسية تنقل المستخدم بين مختلف صفحات الويكي.

إن تكنولوجيا الويكي هي أداة مثالية لتقاسم المعلومات بين أشخاص لهم نفس الاهتمامات وهي تطبيق للعمل التشاركي من اجل إنتاج المعارف[23]

4-1-3 استخدامات الويكي في التعليم الالكتروني:

***المعلم او الموجه:**

- تمثل بالنسبة للمعلم أداة بيداغوجية جديدة تفرض نفسها وخصائصها على العملية التعليمية.

-تضع أمام المعلم أسلوبا جديدا من أساليب التعليم والتعلم.

-تشكل فضاء للاتصال،بين المعلم والمتعلم وغيرهم من أصحاب الخبرات والتجارب.

-تفاعل المتعلم مع المعلم وهو تفاعل عمودي يعتمد على استعداد الطرفين للاتصال.

-تسمح بإيجاد بيئة تفاعلية جديدة بين المعلم والمتعلم،يقدم من خلالها كل واحد منهما إبداعاته وأفكاره التي تمس موضوع معين.

- تساعد المعلم للتكيف مع الاحتياجات الجديدة للمتعلم والبيئة التعليمية.

-تساعد المعلم في اكتشاف الاتجاهات الحديثة لتقديم المعرفة والمعلومات

-تسمح بتتبع كل ما يحدث في مجال التدريب والتكوين.

-إستراتيجية تعليم تتيح التعليم التعاوني عن طريق المشاركة في التحرير، ويتم التعديل أو الحذف والإضافة مع الاحتفاظ بالنسخ.

-تمكن المعلم من متابعة التغييرات التي أحدثها كل طالب في المحتوى.

- إتاحة الفرصة للطالب لتغيير نمط عرض الصفحة و الألوان بما يتناسب مع رغباته الشخصية.

-تسمح بإنشاء مشروعا يحتوى على العديد من الملفات مثل الصور ويستخدمها المعلم في تنظيم وإدارة الفصل والأبحاث والاجتماعات وتنظيم الملتقيات العلمية.

-تحفظ جميع تفاصيل النقاش لتثري المجال الفني في العملية التعليمية و التحاور حول التوجيهات والتوصيات الإشرافية لمعرفة مدى تنفيذها وكيفية إتمام ذلك.[24]

-تسمح للمعلم أن يكون ناشرا لموضوعات علمية تخدم برامج ومناهج تعليمية.

-تسمح بفتح باب النقاش مع تربويين ومختصين في مجال التربية والتعليم من أجل الإفادة والاستفادة.

-تشجيع المعلمين على التجديد والابتكار بعرض آراء من الطرفين في هذا المجال كما يمكن العمل سوياً على حل مشكلات المعلم المهنية.[25]

*المتعلم:

-تسمع للمتعلم بتشاطر وتقاسم المعلومات والمعارف.

-اكتساب تقنيات جديدة للوصول للمعلومات والمعرفة التي تفيد في حياته اليومية خاصم أمام ما يطرح يوميا حول التربية والتعليم.

-تسمح للمتعلم باكتساب اكبر قدر من الاستقلالية في التعلم.

-إكساب المتعلم الهوية الرقمية.

-إيجاد بيئة تفاعلية جديدة تمنح للتعليم صفة المرونة.

- تفاعل المتعلم مع المتعلم وهو تفاعل أفقي وهو يزيد من اندماجهم ويحسن دافعيهم للتعلم.

- متعة التعلم وجذب المتعلم نحو التعلم ,وزيادة الرغبة فيه.

-وهو نظاما يسمح للطلاب بإدارة الأعمال المنزلية (الواجبات).

-ترك مجال للطالب بعدم الالتزام بأسلوب رسمي في الكتابة.

-تتيح إنشاء مقالات بصورة تشاركية بحيث يتم إثراء الموضوع من عدة أطراف[26].
إذن فالطلبة من خلال تقنية الويكي لديهم الخيار في الطريقة التي يريدون التعلم بها ، وأي تقنية يستخدمونها ، وأي مصدر يأخذون منه المعلومة.

2-3 المدونات:blogs

مع تطور التكنولوجيا وتأثيرها على جميع المجالات،برزت ظاهرة المدوناتblogs كدليل على رغبة وقدرة المستخدمين على المشاركة؛

وقد ظهرت مصطلح المدونة في 1997 من طرف جون بارغ و blog هو اختصار لكلمة webblogأي سجل الكتروني،وهي احد تطبيقات الويب 2.0 التي تسمح لكل مستخدم بنشر أعماله بسهولة،وأول مدونة نشأت من طرف تيم بارنار لي TIM Berners-lee[27]

وبدأت في الانتشار منذ 1999م ومع مرور الوقت عرفت انتشارا واسعا خاصة مع الظروف والأوضاع العالمية التي شهدتها فترات 2002الى 2003 ومع حرب العراق حيث كان الجنود الأمريكيون يستخدمونها للتعبير ن حالتهم في الحرب وللاتصال بذويهم.

ويتم إعداد هذه المدونات بنفس الطريقة التقليدية للصفحات الالكترونية،مع إضافة خاصية جديدة وهي القدرة على إضافة أو إدخال المقالات له posting وهذه المدخلات تشبه إلى حد كبير المذكرات اليومية،فهي سهلة الاستخدام ولا تحتاج إلا للقليل من المعرفة بالتكنولوجيا ويمكن لأي مستخدم أن يستخدمها بكل سهولة حسب رغبته.

وقد ظهرت المدونات في العالم العربي متأخرة،ولكنها خلال فترة قصيرة استطاعت أن تفرض نفسها،وشكلت تخوفا كبيرا لدى الأنظمة الحاكمة وبدأت تطارد المدونين ،ومواقع الانترنت التي تستضيف هذه المدونات إلى أن نددت منظمة العفو الدولية سنة2006 هذا العمل وقدمت دعوة للجميع للدخول إلى شبكة الانترنت وممارسة حرية التعبير.

وتتكون المدونات من مجموعة من العناصر الرئيسية وتتمثل في :

- خادم يقدم الخدمة
- محرر للمدونة (المدوّن او المستخدم)
- عرض المحتويات بشكل مرتب ترتيب زمني
- أرشيف لمحتويات المدونة
- إضافة تعليقات على محتوى المدونة

1-2-3 تعريف المدونة :

إن تعريف المدونة ليس بالأمر السهل، والدليل على ذلك التعريفات الكثيرة التي وجدت وهذه الصعوبة تكمن في كون المدونات هي عبارة عن أداة وظاهرة متعددة الأوجه في نفس الوقت[28]، ونذكر بعض التعريفات التي وضعت:

-إن المدونة هي تطبيق من تطبيقات شبكة الانترنت وهي تعمل من خلال نظام إدارة المحتوى،وهو في ابسط صورة عبارة عن صفحة ويب على شبكة الانترنت تظهر عليها تدوينات مؤرخة ومرتبة ترتيبا زمنيا تصاعديا تشير منها عدد محدد يتحكم فيه مدير أو ناشر المدونة،كما يتضمن النظام آلية لأرشفة المدخلات القديمة ويكون لكل مدخلة منها مسار دائم لا يتغير منذ لحظة نشرها. [29]

- هي صفحة عنكبوتيه تشتمل على تدوينات postes مختصرة ومرتبة زمنيا،وبصورة تفصيلية (مدخلات) ويكون لكل مدخل منها عنوان الكتروني URL دائم لا يتغير منذ لحظة نشره.....عبد الرحمان فراج[30]

-عبارة عن مواقع عنكبوتيه WEBSITES تظهر عليها تدوينات Posts مداخل مؤرخة ومرتبة ترتيبا زمنيا من الأحدث إلى الأقدم،تصاحبها آلية لأرشفة المداخل القديمة ويكون لكل مدخل منها عنوان الكتروني URL دائم لا يتغير منذ لحظة نشره بحيث يمكن المستفيدين الرجوع إلى تدوينه في وقت لاحق عندما لا تكون متاحة على الصفحة الأولى للمدونة مما يساعد على الوصول المباشر من قبل المستفيدين إليها،وتسمح بالتفاعل بين محرريها وقارئيها....الشيماء اسماعيل [31]

فالمدونة قبل كل شيء هي أداة أو وسيلة للنشر تسمح لأي مستخدم أو متصفح لوضع ما يريد على الخط المباشر بكل سهولة بواسطة برامج النصوص ودون أي خبرة في الإعلام الآلي؛ فالمدونات تندرج ضمن أدوات إدارة المحتوى CMS Content Management system [32]

وقد ذكر في إحدى الدراسات Perseus أنه في سنة 2004 بلغ عدد المدونات 10 مليون مدونة، وأنه تنشأ حوالي 12000 مدونة كل يوم[33].

2-2-3 مميزات المدونات:

*** أداة للنشر الالكتروني:**

حيث تسمح لكل مستخدم أن ينشر أعماله أو كتاباته بسهولة بالغة وذلك من خلال إنشاء مدونة خاصة به ينشر من خلالها ما يريد.

***نشر الثقافة المعلوماتية:**

وذلك من خلال تمازج الثقافات بين مختلف المستخدمين حول مواضيع معين وأيضا التعليقات التي تحقق التفاعل بين المدونين القراء.

***مصدر للمعلومات:**

خاصة في مجال موضوعي متخصص حيث تحتوي على موضوعات معينة من خلال جملة من الروابط التي لها علاقة بالتخصص الموضوعي والتي تفيد في تقديم خدمات معلومات الكترونية.

***تسويق المعلومات:**

بحيث أنها تمنح لكل مستخدم القدرة على المشاركة بآرائهم وتسويقها بشكل عالمي غبر شبكة الانترنت.

***سهولة الاستخدام والمرونة:**

فهي لا تحتاج إلا للقليل من المعرفة بالتكنولوجيا،ويمكن لأي شخص أن يستخدمها بكل سهولة ويسر وخاصة وان تصميمها مرن وقابل لتغيير.

***أداة تفاعلية:**

إن المدونات تقوم على مبدأ التفاعل والتشارك بين المدونين، فهي تقدم بيئة تفاعلية بين المدونين والمحررين من خلال تبادل الخبرات والآراء والمناقشات والحوارات الهادفة بالاستعانة بمختلف قنوات الاتصال التي تقدمها هذه المدونات.

ومن أشهر مزودوا خدمة المدونات.

-بلوجر Blogger
-مكتوب Maktoob
-جيران Jeeran

3-2-3 استخدام المدونات في التعليم الالكتروني:

*المعلم :

- القدرة على إدارة العملية التعليمية الفعالة والمتفاعلة مع البنية التكنولوجية.
- سرعة عقد الاجتماعات التعليمية بين أعضاء هيئة التدريس والإدارة التعليمية.
- استضافة الخبراء المتخصصين في جميع المجالات لمناقشتهم في خبراتهم وأفكارهم واتجاهاتهم.
- تطوير مفهوم التعليم الالكتروني ثنائي الاتجاه باستخدام الاتصال المرئي المسموع في نفس الوقت وان تعددت أماكن الطلاب.
- تشجيع المعلمين والطلاب على الحوار المباشر بصفة مستمرة وفي أي وقت لمناقشة الصعوبات التعليمية التي تواجههم.
- القدرة على استخدام التكنولوجيا الحديثة في عملية التعليم و التعلم.
- تسمح للمعلم باكتساب دراية كافية بتصميم ونشر صفحات تعليمه على الإنترنيت.
- تمكّن هيئة التدريس من حضور المؤتمرات عن بعد، وإجراء المناقشات والتفاعلات السريعة مع جميع الأطراف التي يمكن أن تشارك في العملية التعليمية.
- تساعد المعلم على نشر المعلومات والوثائق الإليكترونية في صور وأشكال متعددة،بما يوفر تشكيلة معلومات واسعة متعددة المصادر.
- إعطاء دور كامل لعمليات الاتصال المباشر بين هيئة التدريس والمتعلم والإدارة التعليمية.
- تساعد في التعرّف على الاتجاهات التربوية الحديثة.
- إمكانية ربط المدونات بالعروض.
- أداة تقييم مستمر للطلاب.فهو يستطيع أن يقيم ما أضافه إلى المدونة منذ بداية البرنامج إلى نهايته.

*المتعلم:

- تسمح لعدد كبير من المتعلمين بالاشتراك والتفاعل في مادة تعليمية واحدة.
- القدرة على تصفح والبحث عن الموضوعات ذات الصلة بتخصصه.
- تتيح إمكانية استبدال المعلومات بأشكالها المختلفة عند الحاجة إلى ذلك.
- تحقق التعلّم النشط من خلال المتعة القائمة على الإبداع العلمي والفاعلية،مما يسمح بتنمية قدرات الطالب في كافة الجوانب.
- المرونة فيما يتعلق بخطوات الدراسة ووقتها، و فيما يتعلق بالقدرات الخاصة لكل دارس أكثر من الأساليب الجماعية.
- تجعل المتعلم يفكر بنفسه لنفسه، يقوده في ذلك المعلم أو يوجهه، ولا يقدم له الحلول الجاهزة.
- تساعد على فهم المعلومات التي كان من الصعب فهمها داخل القاعات الدراسية وذلك باستخدام عناصر معلومات متنوعة.
- تساعد على تلقي الإرشادات من مختلف التربويين المتخصصين من جميع أنحاء العالم، للاستفادة من خبراتهم.
- مشاركة الطالب مع زملائه في المدونات.
- دعم نشاط التعلم التعاوني بين الطلاب .
- تقديم تعليمات للطالب لكيفية تطوير وإدارة المدونة الخاصة به.
- تشجيع تفاعل الطلاب بكتابة التعليقات على مدونات بعضهم البعض.
- تسمح للمتعلم بتقديم رؤيته وانطباعاته وأفكاره بشكل دوري ويحصل على تعليقات باقي الطلبة.

إن المدونات، بم تقدمه من إمكانية للتعليق" تتيح للجميع المشاركة في مقال (أو درس) موجود وبالتالي ستزداد الأفكار الداعمة، لنفترض أن أستاذاً أضاف درساً جديداً في مدونته،سيأتي الطلاب ويبدون ملاحظاتهم على الدرس عبر التعليقات، من

الممكن أن يضيف طالب روابط لمصادر إضافية، قد يأتي أستاذ آخر ويقرأ الدرس ويضيف تعليقه الخاص على الموضوع. فنلاحظ مقدار التنوع والتوسع في المعلومة؛ من المؤكد أن استيعاب المعلومات سيكون أفضل من قبل الطلاب خاصة وأنم سيشعرون بأنهم أطراف في العملية لتعليمية ومنشطين لها.

فهي اذن هي وسيلة تعليمية جديدة يشترك فيها كل من الطلاب والمعلمين والمدراء والخبراء للاتصال فيما بينهم وتحفز الطلاب لإيجاد أصواتهم وتمنحهم فرصة المشاركة بآرائهم وإبداء ملاحظاتهم على المعلومات التي يقدمها المعلمين إليهم وكذلك على أسلوب الإدارة التي تدار بها المؤسسة التعليمية .

3-3 تقنية التلقيم: Rich Site Summary RSS

الملخص الوافي للموقع ترجع فكرته الى العالم رامانتان جوها Ramanathan V Guha وذلك سنة1995[34]حين فكر في ابتكار طريقة لإعادة هيكلة مواقع الانترنت ،وسنة 1999 أنتجت أول إصدارة من الملخص الوافي للموقع وأطلق عليها Rss 09 وكانت الدراسات أجريت تحت إشراف شركة Netscape نت سكايب ، ثم تطورت هذه التقنية في شركة User land،وفي 2002 طرح إصدار يدعم التعامل مع الملفات الصوتية والمرئية وسميت Rss 2.0ثم توالت إصدارات Rss

ومع زيادة انتشار التقنية أصبح من الطبيعي أن تنتج الشراكات المتخصصة في البرمجيات برامج تدعم هذه التقنية،ففي عام 2007 م جاء كل من نظام التشغيل Windows vista وبرنامج Microsoft outlook 2007 ليزيد من عدد أعضاء البرامج التي تدعم RSS كما أصبح بالإمكان استخدام أجهزة الهاتف النقال لاستلام الأخبار .

1-3-3 تعريف تقنية Rss

-هي تقنية تتيح للمستخدم الحصول على معلومات ترسل إليه بشكل منتظم،بدون الحاجة لزيارة موقع الانترنت الذي يقدم هذه المعلومات،حيث يزود المستخدم برابط يوصله إلى المعلومة وتحديثه>ا[35].

-هي وسيلة لنشر المحتويات في ملفات باستخدام لغة XML يمكن قراءتها من خلال برامج تدعى برامج قارئ الأخبار rssreader أو قارئ المحتويات news aggregator،حيث تقوم المواقع في اغلب الأحيان بنشر محتوياتها في ملف فيصبح بإمكان المستخدم الحصول على المعلومة بطريقتين،الأولى بزيارة الموقع بشكل مباشر باستخدام متصفح الويبweb browser والثانية تستخدم برنامج قارئ محتويات RSS فتصل المحتويات للمستخدم بدون استخدام المتصفح ويطلق على المعلومات التي تصل بالطريقة الثانية التلقيمات Rssfeeds[36].

لكي تستخدم تقنية لابد من وجود:

***جهة الخادم** Server side حيث تجهز المحتويات على شكل ملف بلغة XML ويطلق على محتوى هذا الملف تلقيمات Rssfeedsحيث يحتوي التلقيمة على عنوان الخبر والملخص إضافة إلى رابط URL يوصل إلى الخبر الأصلي في الموقع.

***جهة المضيف** Client side يحتاج المستخدم إلى برنامج قارئ reader or Aggregatorحيث يقوم من خلال هذا البرنامج باختيار المواقع التي يرغب باستلام كل جديد عنها.

2-3-3 استخدامات تقنية RSS في التعليم الالكتروني:

ان التعليم الالكتروني شهد انتشاراً واسعاً في الآونة الأخيرة حيث إن معظم المؤسسات الأكاديمية أصبحت تستخدم هذا الأسلوب في التعليم إما بصفته النشاط الأساسي للتعليم فيها أو بصفته نشاط مساند للتعليم الأكاديمي التقليدي. ومعظم هذه المؤسسات تستخدم

- أنظمة أدارة المحتوى: Content Management Systems (CMS)
- أنظمة أدارة التعليم Learning Management Systems (LMS)
- أنظمة أدارة المحتوى التعليميLearning Content Management Systems (LCMS) ، وكون جميع هذه الأنظمة تدعم تقنية RSS فأصبح من المفيد استغلالها خدمةً لهذا المجال.

***المعلم:**

-إخبار الطلبة عن كل محاضرة جديدة تتوفر في موقعه.

-تسمح له بإرسال حلقات صوتية وفيديو عن محاضراته إلى الطلبة،مهما تباعدت واختلفت أماكن تواجدهم.

-يمكن استخدمها لتبليغ جميع الطلبة بمواعيد الأحداث المهمة في المؤسسة التعليمية.

-تتم من خلالها إدارة العملية التسجيلية مثل بدء التسجيل،آخر موعد لتسليم الوثائق المطلوبة وغيرها.

- يمكن للأستاذ استخدام تقنية RSS لجلب معلومات لموقعه حول المادة التي يقوم بتدريسها من المواقع الأخرى التي تهتم بنفس الموضوع،لتعرض بشكل آني على موقعه.

- يمكن أن يستخدمها الأستاذ للتبليغ عن مواعيد الامتحانات ومواعيد تسليم واجبات الطلبة،أو للتبليغ عن نتائج الامتحانات ودرجات الطلبة.

- يمكن أن ستخدمها لتوجيه الطلبة إلى المكتبات ومراكز البحوث لتبليغ الطلبة عن آخر المصادر والبحوث التي تصل إليها ليتمكن الطالب من استخدامها.

***المتعلم:**

- كل طالب يشترك بخدمة RSS الخاصة بالمواضيع التي يقوم بدراستها.

- الحصول على أي معلومة جديدة تضاف لجزء الموقع الخاص بالمادة التي يريدها .

-تجميع مصادر المعلومات من مختلف الصفحات في مكان واحد.

-الاطلاع على المعلومات الإدارية الخاصة بالتسجيلات وغيرها من الإجراءات الإدارية.

-الاطلاع على النتائج الدراسية وأوقات إجراء الامتحانات.

-تجنب المتعلم عناء البحث عن الكثير من المواضيع التي توجد في مواقع مختلفة.

4-3 الشبكات الاجتماعية:

لقد فرض التطور التكنولوجي الهائل الذي شهده قطاع تكنولوجيا المعلومات والاتصال في العقدين الأخيرين، خاصة مع انتشار شبكات المعلومات، حقائق جديدة على العالم, جعلت الناس يتسابقون نحو عالم افتراضي تتحكم منتجاته شيئا فشيئا في الواقع الإنساني والسياسي والاجتماعي والثقافي لسكان الكرة الأرضية.ولعل من أهم ما افرزه هذا العالم الذي لا يكاد يستقر على حال ما أصبح يعرف بالشبكات الاجتماعية التي يشترك عبرها ملايين الناس كل حسب اهتماماته وميوله وتخصصه, فما هي هذه الشبكات؟ وكيف تطورت؟ وما أهميتها ؟

لعل أول موقع ظهر على الإنترنت يستحق أن يطلق عليه اسم شبكة اجتماعية Classmates.com الذي صممه راندي كونرادز في العام 1995، وكان الهدف منه مساعدة الأصدقاء الذين جمعتهم المدارس والجامعات في فترة معينة من تاريخ حياتهم, قبل أن تفرق بينهم ظروف الدهر, في التواصل فيما بينهم من جديد؛ **ثم جاء موقع الدرجات الست**[37]SixDegress.com في العام 1997، ففتح الباب أمام مستخدميه لإعداد قائمة بأصدقائهم وأفراد عائلاتهم والتواصل فيما بين أفراد هذه القوائم وما بينها وبين غيرها. هذه الأخيرة كانت شبكة متطورة بمقاييس ذاك الوقت، وكانت توفر للمستخدم نفس ما توفره له الشبكات الحديثة، لكن على ما يبدو لم يكن العالم مستعدا بعد لهذا النوع من المواقع. فتوقف المشروع سنة 2001 لأنه لم يستطيع تحقيق دخل مادي يسمح له بالاستمرار. و بعد ذلك ظهرت مجموعة من الشبكات الاجتماعية التي لم تستطع أن تحقق النجاح الكبير بين الأعوام 1999 و 2001.

ولكن كان بعض هذه الشبكات سبق تقنية "الويب 0.2" فإنها لم تظهر بشكلها الحالي إلا مع ظهوره, إذ أتاح للأفراد والجماعات البيئة المناسبة للتواصل فيما بينهم عبر العالم الافتراضي.

في السنوات اللاحقة ظهرت بعض المحاولات الأخرى لكن الميلاد الفعلي للشبكات الاجتماعية كما نعرفها اليوم كان سنة 2002.

مع بداية العام ظهرت Friendster من طرف Jonathan abramsالتي حققت نجاحا دفع Google إلى محاولة شرائها سنة 2003. لكن لم يتم التوافق على شروط الاستحواذ.

في النصف الثاني من نفس العام ظهرت في فرنسا شبكة skyrock كمنصة للتدوين، ثم تحولت بشكل كامل إلى شبكة اجتماعية سنة 2007. وقد استطاعت بسرعة تحقيق انتشار واسع .

و مع بداية عام 2005 ظهر موقع يبلغ عدد مشاهدات صفحاته أكثر من Google و هو موقع ماي سبيس MySpace الأميركي الشهير و يعتبر من أوائل و أكبر الشبكات الاجتماعية على مستوى العالم و معه منافسه الشهير فيس بوك Face book و الذي بدأ أيضاً في الانتشار المتوازي مع ماي سبيس MySpace حتى قام فيس بوك Face book [38] في عام 2007 بإتاحة تكوين التطبيقات للمطورين و هذا ما أدى إلى زيادة أعداد مستخدمي فيس بوك Face book بشكل كبير. وقد بدأ بداية غريبة من نوعها حيث تم إنشاءه بواسطة طالب في إحدى الجامعات يدعى [39] Mark Zuckerberg وكان يهدف من إنشاء هذا الموقع إلى إيجاد وسيلة للتواصل بين طلاب جامعته الحاليين والخريجين . قام وقتها وبجهود شخصية إلى إدخال كافة أسماء الطلاب إلى الموقع ومن ثم دعوتهم للانضمام والاستفادة من الخصائص المقدمة عن طريق الموقع والتعرف على زملائهم السابقين والحاليين. الفكرة لاقت رواجا ً وسرعان ما انتشرت في أوساط طلاب الجامعات

3-4-1 تعريف الشبكات الاجتماعية:

-الشبكات الاجتماعية مواقع على الإنترنت يلتقي عبرها أشخاص أو جماعات أو منظمات تتقاطع اهتماماتهم عند نقطة معينة أو أكثر سواء تعلق الأمر بالقيم أو الرؤى أو الأفكار أو التبادلات المالية أو الصداقة أو العلاقات الحميمة أو القرابة أو الهواية أو البغض أو العداوة أو التجارة أو غيرها[40].

-الشبكات الاجتماعية هي مصطلح يطلق على مجموعة من المواقع على شبكة الإنترنت ظهرت مع الجيل الثاني للويب أو ما يعرف باسم ويب 2.0 تتيح التواصل بين الأفراد في بيئة مجتمع افتراضي يجمعهم حسب مجموعات اهتمام أو شبكات انتماء (بلد ، جامعة ، مدرسة ، شركة ... إلخ) كل هذا يتم عن طريق خدمات التواصل المباشر مثل إرسال الرسائل أو الاطلاع على الملفات الشخصية للآخرين ومعرفة أخبارهم ومعلوماتهم التي يتيحونها للعرض[41]

-مواقع تشكل مجتمعات الكترونية ضخمة وتقدم مجموعة من الخدمات التي من شأنها تدعيم التواصل والتفاعل بين أعضاء الشبكة الاجتماعية من خلال الخدمات والوسائل المقدمة.

إذن تصنّف مواقع الشبكات الاجتماعية ضمن مواقع الويب 2.0 لأنها بالدرجة الأولى تعتمد على مستخدميها في تشغيلها وتغذية محتوياتها. كما تتنوّع أشكال وأهداف تلك الشبكات الاجتماعية، فبعضها عام يهدف إلى التواصل العام وتكوين الصداقات حول العالم وبعضها الآخر يتمحور حول تكوين شبكات اجتماعية في نطاق محدد ومنحصر في مجال معين مثل شبكات المحترفين وشبكات المصورين.

في الوقت الحالي الشبكات الاجتماعية، تشبه إلى حد كبير محركات البحث والتي تزداد فعاليتها كلما زادت عدد المعلومات والمواقع التي تقوم بفهرستها والمرور عليها - الشبكات الاجتماعية هي الأخرى تظهر قوتها كلما ازداد عدد المسجلين فيها. قد تكون الشبكات الاجتماعية في المستقبل القريب أول وسيلة يمكن اللجوء إليها في حالة رغبة شخص أو جهة ما التواصل مع فرد من الأفراد والبحث عنه.

3-4-2 مميزات الشبكات الاجتماعية

المتابع والمستخدم للشبكات الاجتماعية يجد أنها تشترك في خصائص أساسية بينما تتمايز بعضها عن الأخرى بمميزات تفرضها طبيعة الشبكة ومستخدميها.

أبرز تلك المميزات[42] :

*الصفحات الشخصية: (Profile Page) :

من خلال الملفات الشخصية يمكنك التعرف على اسم الشخص ومعرفة المعلومات الأساسية عنه مثل : الجنس ، تاريخ الميلاد ، البلد ، الاهتمامات والصورة الشخصية بالإضافة إلى غيرها من المعلومات. يعد الملف الشخصي بوابة الدخول لعالم الشخص ، فمن خلال الصفحة الرئيسية للملف الشخصي يمكنك مشاهدة نشاط الشخص مؤخراً ، من هم أصدقاءه وما هي الصور الجديدة التي رفعها إلى غير ذلك من النشاطات .

*الأصدقاء و العلاقات :

وهم بمثابة الأشخاص الذين يتعرف عليهم الشخص لغرض معين . الشبكات الاجتماعية تُطلق مسمى " صديق " على هذا الشخص المضاف لقائمة أصدقائك بينما تطلق بعض مواقع الشبكات الاجتماعية الخاصة بالمحترفين مسمى " اتصال أو علاقة " على هذا الشخص المضاف لقائمتك.

*إرسال الرسائل

وتتيح هذه الخاصية إمكانية إرسال رسالة مباشرة للشخص، سواء كان في قائمة الأصدقاء لديك أو لم يكن.

*ألبومات الصور :

تتيح الشبكات الاجتماعية لمستخدميها إنشاء عدد لا نهائي من الألبومات ورفع مئات الصور فيها وإتاحة مشاركة هذه الصور مع الأصدقاء للاطلاع والتعليق حولها .

*المجموعات :

تتيح كثير من مواقع الشبكات الاجتماعية خاصية إنشاء مجموعة اهتمام، حيث يمكنك إنشاء مجموعة بمسمى معين وأهداف محددة ويوفر موقع الشبكة الاجتماعية لمالك المجموعة والمنضمين إليها مساحة أشبه ما تكون بمنتدى حوار مصغر وألبوم صور مصغر كما تتيح خاصية تنسيق الاجتماعات عن طريق ما يعرف بـ Events أو الأحداث ودعوة أعضاء تلك المجموعة له ومعرفة عدد الحاضرين من عدد غير الحاضرين.

*الصفحات:

ابتدعت هذه الفكرة face book ، واستخدمتها تجاريا ٌ بطريقة فعّالة حيث تعمل حالياً على إنشاء حملات إعلانية موجّهة تتيح لأصحاب المنتجات التجارية أو الفعاليات توجيه صفحاتهم وإظهارها لفئة يحددونها من المستخدمين وتقوم face book باستقطاع مبلغ عن كل نقرة يتم الوصول لها من قبل أي مستخدم قام بالنقر على الإعلان ، تقوم فكرة الصفحات على إنشاء صفحة يتم فيها وضع معلومات عن المنتج أو الشخصية أو الحدث ويقوم المستخدمين بعد ذلك بتصفح تلك الصفحات عن طريق تقسيمات محددة ثم إن وجدوا اهتماماً بتلك الصفحة يقومون بإضافتها إلى ملفهم الشخصي.

وللعمل داخل الشبكة الاجتماعية لابد من دعوة الأصدقاء أو الزملاء عن طريق:

1- إدخال بريدهم الالكتروني وإرسال دعوات لهم بشكل يدوي .

2- إدخال كلمة السر واسم المستخدم الخاص بالبريد الالكتروني ليقوم نظام الشبكة الاجتماعية بالتعرف على قائمة الاتصال الموجودة لدى المستخدم   ومعرفة الأشخاص المسجلين في الشبكة الاجتماعية من مَن هم في قائمة الاتصال لديه فيرشده لملفاتهم الشخصية .

3- تبحث في محرك البحث الخاص بالشبكة الاجتماعية عن زملائك عن طريق إدخال أسمائهم في محرك البحث ، أو تقوم بتصفح الشبكات لترى المسجلين لديها و عن طريقها ي المستخدم لأصدقائه .

3-4-3 استخدامات الشبكات الاجتماعية في التعليم الالكتروني:

*المعلم:

-تبادل وجهات النظر مع بعضهم حول موضوع معين يخدم العملية التعليمية

-تنمية مهارات الاتصال والتنظيم والحوار.

-إظهار أفكار المتعلم وفهمه.

-الوصول إلى المعلومات التي يحتاجها المتعلم, خاصة وان هذا الأخير قد يحبذ أكثر طريقة الحوار بعيدا عن المعلم.

-تحقيق التبادلية الايجابية في الأهداف مع الآخرين.

-إنشاء المعلم أو الطالب مجموعة أو صفحة لمادة أو موضوع تعليمي ودعوة الطلاب للمشاركة فيه وتبادل المعلومات, ونشر وتبادل روابط الصفحات المتعلقة بالموضوع أو المادة.

- نشر الصور ومقاطع الفيديو التعليمية المناسبة للمادة وتبادلها بين الطلاب والمهتمين, والتعليق عليها ومناقشة ما فيها.

- تكوين صداقات وعلاقات مع المهتمين بمادة أو موضوع تعليمي معين من جميع أنحاء العالم وتبادل المعلومات والخبرات بينهم.

- استخدامه كوسيلة لدعوة الطلاب وغيرهم للمناسبات التعليمية المختلفة

*المتعلم:

-تصميم غرف إلكترونية خاصة بكل طالب يستطيع استخدامها للحديث مع أستاذه للاستفسار أو المناقشة.

- القدرة على إتاحة التعليم لأكبر قدر ممكن من راغبي التعليم في أي مجال وفي أي بلد.

-التخلص من عقبة الزمان وتحرير المستفيدين من الاختيار بين الدراسة والعمل، كذلك بالنسبة للمعلمين، إذ يمكن لكل منهم أن يمارس أعمالاً أخرى.

-خلق علاقات فيما بينهم من اجل تبادل الأفكار وحتى مصادر المعلومات.

-تعليم الطالب أو المتعلم لغة الحوار ودعم مبدأ حوار الثقافات.

-إكساب الطالب القدرة على التطلع للغات مختلفة من خلال التواصل مع باقي الطلبة من مختلف الأماكن والدول.

-التعرف على مختلف البرامج والمناهج التعليمية التي تدرس في مختلف دول العالم وذلك من خلال تبادل المعلومات عبر الشبكات.

-إعطاء التعليم الصبغة العالمية و الكونية.

-تشجيع المتعلمين على مساعدة بعضهم البعض.

-تنوع أساليب التعلم لزيادة دافعية المتعلم.

-استخدامه كوسيلة لاستمرار العلاقة بين الخريجين للاستمرار في التعلم وتطوير الذات في ذات التخصص.

غيرت الإنترنت الطريقة التي تقدم بها المادة التعليمية للطالب والمتدرب، فالوسائل الإلكترونية مثل موقع المادة الدراسية والقوائم البريدية و منتديات النقاش قامت بدور هام في إيصال المادة العلمية للمتعلم . ولكن مع ظهور وسائل جديدة لإيصال المادة العلمية بدأت الوسائل السابقة تفقد بريقها لتحل محلها تقنيات جديدة أطلق عليها اسم تقنيات ويب 2.0 [42]
تحقق هذه التقنيات مميزات هامة للعملية التعليمية سيتم استعراضها وفق المنظومة التالية:

-مهارة البحث عن المعلومة من مصادرها المختلفة Investigate
- التواصل Communicate
- التعاون Collaborate
-التأليف والإبداع والابتكار Create
-تقاسم وتشارك المنافع والمعارف Participate
- الإثراء والمنفعة والاستفادة Appreciate

خاتمة

يهتم الجيل الثاني من التعليم الإلكتروني بدعم الجانب الاجتماعي للعملية التعليمية تعويضا للانفصال المكاني بين المعلم والمتعلمين وذلك من خلال استخدام البرمجيات الاجتماعية (البرمجيات التي تعزز الشراكة والتواصل بين المتعلمين) مثل المدونات والويكي وتشكيل مجتمعات من المتعلمين والبث الصوتي وبث الفيديو والشبكات الاجتماعية. كما أن تبادل الروابط الخاصة بالويب من خلال برامج وضع العلامات علي الروابط الهامة يساعد في تعرف المتعلم علي الآخرين من ذوي الاهتمام المماثل[43]

فمع التطور التكنولوجي الحاصل في تطبيقات الويب 2.0 يجد كل من المعلم والمتعلم أمامهم فرص متعددة لاستغلال هذه التكنولوجيا في الرفع من كفاءة العملية التعليمي؛ .وما تم ذكره ما هو إلا جزء من التكنولوجيات المتوفرة مع اقتراحات لإمكانية استخدامها لزيادة فاعلية العملية التعليمية ولازال في اعتقادنا أن هناك الكثير من الاستخدامات التي يمكن أن تظهر مع مرور الزمن وقد يثبت هذا من خلال دراسات وكتابات أخرى في هذا المجال؛ لذا فن الضروري من المؤسسات التعليمية والتدريبية في البلدان العربية بالمبادرة في الاستفادة من هذه الخدمات والتطورات الحاصلة في تقنيات الويب2.0 وتسخيرها فيما يعود بالنفع على المعلم والمتعلم والعملية التعليمية على حد السواء.

قائمة المراجع

1-الويب 2.0 . [على الخط المباشر]. [12 .04. 2009] . متاحة على:http.//ar.wikipedia.org/Web2.0

2-علي،سارة.تطبيقات الويب2.0. [على الخط المباشر]. [11 .07. 2009] . متاحة على: http//www/itforum.mpl.org/viewtopic.php ?f=17&t=108& start=0

3-راغب عماشة،محمد.التعليم الالكتروني والويب2.0, . [على الخط المباشر]. [12 .04. 2009]. متاحة على: www.syrmia.org/modules.php?name=sanc&file=view& type=cat& catid=4

4-جمال مجاهد، أماني. توظيف تطبيقات شبكة الويب2.0 في تقديم خدمات متطورة في مجال المكتبات والمعلومات. [.على الخط المباشر]. [10 .04. 2009]. متاحة على :http://knol.google.com/k/-/2/396nnnq29cc7l/1#

5-ماهي تقنية الويب2.0 . [.على الخط المباشر] [04.04. 2009]. متاحة على :www.mohtrev.com/vb/showthread.php ?t=12513

6-علي،سارة. تطبيقات الويب 2.0. [12 .04. 2009]. متاحة على : http//www/itforum.mpl.org/viewtopic.php ?f=17& t=108& start=0

7-عبد الله،احلام. [على الخط المباشر]. [12. 04. 2009]. متاحة على: www.mansvu.mans.edu.eg/mag/articles.php

8-التعليم الالكتروني2.0 . [على الخط المباشر]. [01. 05. 2009]. متاحة على : http://elearning-india.com/content/view/281/26

9-Downes, Stephen. E-Learning 2.0. [Online]. [05.07.2009].disponible sur : http://www.elearnmag.org

10-Karrer, Tony. What is e learning 2.0? [Online] [05.07.2009].disponible sur :http://elearninigtech.blogspot.com

11-بن يحيي حسن آل محيا، عبدا لله.أثر استخدام الجيل الثاني للتعلم الالكتروني2.0على مهارات التعليم التعاوني لدى طلاب كلية المعلمين في أبها. [على الخط المباشر]. [02. 04. 2009]. متاحة على www.ahmedasr.com/vb/attachement.php?attachementid=479&d=1244317716

12-بن يحيي حسن آل محيا، عبدا لله.أثر استخدام الجيل الثاني للتعلم الالكتروني2.0على مهارات التعليم التعاوني لدى طلاب كلية المعلمين في أبها . [على الخط المباشر]. [02. 04. 2009]. متاحة على www.ahmedasr.com/vb/attachement.php?attachementid=479&d=1244317716

13-بن يحيي حسن آل محيا، عبدا لله.أثر استخدام الجيل الثاني للتعلم الالكتروني2.0على مهارات التعليم التعاوني لدى طلاب كلية المعلمين في أبها. [على الخط المباشر]. [02. 04. 2009]. متاحة على : 244317716 www.ahmedasr.com/vb/attachement.php?attachementid=479&d=1

14-Augar,N,Raitman,R, Zhou,W.Teaching and Learning Online with Wikis.2007

15-دسوقي،فايزة.الويكيي: تقنية واعدة.[على الخط المباشر]. [02. 06. 2009]. متاحة على : www.syrmia.org/modules.php?name=sanc& file=topic&sid=160

16- دسوقي,فايزة. الويكيي: تقنية واعدة.[على الخط المباشر]. [02. 06. 2009]. متاحة على : www.syrmia.org/modules.php?name=sanc& file=topic&sid=160

17- بن يحيي حسن آل محيا، عبدا لله.أثر استخدام الجيل الثاني للتعلم الالكتروني2.0على مهارات التعليم التعاوني لدى طلاب كلية المعلمين في أبها . [على الخط المباشر]. [02. 04. 2009]. متاحة على : www.ahmedasr.com/vb/attachement.php?attachementid=479&d=1244317716

18- المحيسن،أفنان .استخدام تقنيات الويب2.0في التعليم والتعلم ,[على الخط المباشر]. [02. 04. 2009]. متاحة على : http.//ar.wikipedia.org/wiki

19-le web2.0dans le e-Learning et le partage des connaissances. [Online]. [05.07.2009].disponible sur : www.docstoc.com/docs/446300/le-web-20-dans-le-e-learning-et-le-partage-des-connaissance

20-Anja,Ebersbach,Markus,Glaser,Richard,Heigl.Wiki:web collaboration.berlin.newyork:springer,2008.p12.

21-Marc ,Foglia.wikipedia : media de la connaissance démocratiques ?.limoges :fyp éditions,2008.p9
22-Marc,Foglia.wikipedia : media de la connaissance démocratiques ?.limoges :fyp éditions,2008.p9
23-Jerome, Delacroix.les wikis : espaces de l'intelligence collective, créé, travaillé, découvrir ensemble sur internet. Paris : M2edition ,2008.p25

24- الشهير ،إقبال. الويكي،[على الخط المباشر].زيارة يوم10ماي2009 متواجدة على العنوان:
http://www.sociamar.com/vb/showthread.php?t=1311

25- الشهير ،إقبال. الويكي,[على الخط المباشر]. [02 .04 .2009] .متاحة على :
http://www.sociamar.com/vb/showthread.php?t=1311

26- الشهير ،إقبال. الويكي,[على الخط المباشر]. [02 .04 .2009] .متاحة على :
http://www.sociamar.com/vb/showthread.php?t=1311

27- Benoite, Desawoge, Cristofph, Ducamp, Xavier, De Mazenod, et autre....les blogs : nouveau media pour tous. Paris : M2editions, 2005.p31.

28- Benoite, Desawoge, Cristofph, Ducamp, Xavier, De Mazenod, et autre....les blogs : nouveau media pour tous. Paris : M2editions, 2005.p18.

29- النجار، وفاء. المدونة. تعريف، تاريخ، أنواع، مواقع الخدمة. ,[على الخط المباشر]. [02 .07 .2009] .متاحة على :
www.ahmedasr.com/vb/attachement.php?attachementid=479&d=1244317716

30- فراج،عبد الرحمان.المدونات الالكترونية.مجلة المعلوماتية،ع.14,[على الخط المباشر]. [02 .07 .2009] .متاحة على :
et op=viewartcle&articl=141 http://informatics.gov.sa/modules.php?name=sections

31-إسماعيل عباس،شيماء ,المدونات المصرية على الشبكة العنكبوتية العالمية مصدر للمعلومات. ,[على الخط المباشر]. [02 .04 .2009] .متاحة على :
http://www.cybrarians.info/journal/n13/blogs.htm

32-Benoite, Desawoge, Cristofph, Ducamp, Xavier, De Mazenod, et autre....Les blogs : nouveau media pour tous. Paris : M2editions, 2005.p18.

33- Benoite, Desawoge, Cristofph, Ducamp, Xavier, De Mazenod, et autre....les blogs : nouveau media pour tous. Paris : M2editions, 2005.p25.

34- بن يحيى حسن آل محيا، عبدا لله.أثر استخدام الجيل الثاني للتعلم الالكتروني2.0على مهارات التعليم التعاوني لدى طلاب كلية المعلمين في أبها , [على الخط المباشر]. [02 .04 .2009] .متاحة على :
www.ahmedasr.com/vb/attachement.php?attachementid=479&d=1244317716

35-استخدا تقنية RSSفي التعليم الالكتروني,[على الخط المباشر].[02. .04 .2009] .متاحة على :
http://knol.google.com/k/walaa-mahfouz/rss/etkes2wbl92f/19 #

36- استخدام تقنية RSSفي التعليم الالكتروني, [على الخط المباشر]. [02 .04 .2009] .متاحة على :
http://knol.google.com/k/walaa-mahfouz/rss/etkes2wbl92f/19 #

37-الشبكة الاجتماعية على الانترنت .[على الخط المباشر]. [05 .04 .2009] .متاحة على :
www.ajeal.net/tech/?cat=15

38-الشبكات الاجتماعية على الويب.[على الخط المباشر]. [02 .04 .2009] .متاحة على :
http://docs.google.doc?tab=editdr=trueid=dnfqhj7k_17d2c66ncb

39-مواقع الشبكات الاجتماعية وطريقة عملها. [على الخط المباشر]. [02 .04 .2009] .متاحة على :
http://knol.google.com/k/mazem-aldarrab/- /51pp3rt6hu1./1 #

40-الشبكة الاجتماعية على الانترنت[على الخط المباشر]. [05 .04 .2009] . متاحة على:
http://www.ajeal.net/tech/?cat=15

41-مواقع الشبكات الاجتماعية وطريقة عملها.[على الخط المباشر].[02 .04 .2009] .متاحة على :
http://knol.google.com/k/mazem-aldarrab/- /51pp3rt6hu1./1 #

42-مواقع الشبكات الاجتماعية وطريقة عملها.[على الخط المباشر]. [02 .04 .2009] .متاحة على :
http://knol.google.com/k/mazem-aldarrab/- /51pp3rt6hu1./1 #

43- سليمان الخليفة، هند. توظيف تقنيات ويب 2.0 في خدمة التعليم والتدريب الإلكتروني. [على الخط المباشر]. [06 .05 .2009] . متاحة على:
http://hend-alkhalifa.com/wp-content/uploads/2008/alkhalifa-vet2pdf

44-عبد الله، غادة.الجيل الثاني من التعليمي الالكتروني . [على الخط المباشر]. [06 05 2009] . متاحة على:
www.elearning.edu.sa/forum/showt

فلسفة المقررات الجماعية العامة المباشرة (MOOCs) وجدوى توظيفها في مؤسسات التعليم العالي في ضوء جودة التعليم وحرية الاستخدام

الاسم	البريد الإلكتروني	موسسة العمل	المدينة	البلاد
علي زهدي شقور	zuhdi4@najah.edu	جامعة النجاح الوطنية	نابلس	فلسطين

ملخص

تستعرض الدراسة الحالية تقديم إحدى التوجهات الحديثة في التعليم العالي والمتمثلة في المقررات الجماعية العامة المباشرة (MOOCs) وجدوى توظيفها في مؤسسات التعليم العالي في ضوء جودة التعليم وحرية الاستخدام. فتتناول ضرورة تفعيل دور التكنولوجيا في رفع مستوى جودة التعليم العالي والحاجة الملحة لذلك نظراً للتغيرات المجتمعية الحالية. وتستعرض الأسس النظرية التي اعتمدتها هذه المقررات وانعكاساتها على جودة التعليم العالي. وقد أبرزت الدراسة الحالية الجوانب المتعلقة بالملكية الفكرية لهذه المقررات بالنسبة لكل من المعلم والمتعلم والمؤسسة التعليمية. وأخيرا تناولت جدوى توظيف المقررات الجماعية في مؤسسات التعليم العالي في الموطن العربي. وخلصت الدراسة بالعديد من التوصيات من بينها تشجيع المؤسسات التعليمية على الانفتاح على المقررات الجماعية العامة المباشرة والاستفادة منها من خلال عقد الندوات والمحاضرات وورش العمل للتعرف عليها و التنسيق والتعاون بين مؤسسات التعليم ومؤسسات الدولة لدعم تصميم ونشر هذا النوع من المقررات وتدريب المعلمين في المؤسسات التعليمية على استراتيجيات تصميم وتطوير هذه المقررات.

Abstract

The study reviews one of current teaching trends in higher education namely; Massive Open Online Courses (MOOCs) and the feasibility of employing them in institutions of higher education in the light of the quality of education and freedom of use. It highlights the necessity of activating the role of technology in raising the quality of higher education and the urgent need for that because of the current societal changes. And reviews the theoretical foundations adopted by this type of courses and their impact on the quality of higher education. The current study has highlighted the intellectual property - related aspects of these courses for both the teacher and the learner and the educational institution. And finally addressed the feasibility of employing MOOCs in higher education institutions in the Arab homeland. The study concluded with a number of recommendations, including encouraging educational institutions to be opened to MOOCs and take advantage of them through seminars, lectures and workshops and to work collaboratively to support the design and deployment of this type of courses and training of teachers in educational institutions on strategies of design and development of these courses.

الكلمات الجوهرية

المقررات الإلكترونية المجانية، دمج التكنولوجيا في التعليم العالي، التعلم الإلكتروني، التعليم المستمر.

مقدمة

إن الدور الريادي الذي تلعبه مؤسسات التعليم العالي في بناء المجتمعات ورفدها بالكوادر المؤهلة البناءه جعلها ملزمة بمواكبة التطورات الاجتماعية السائدة التي عادةً ما تنتج عما نشهده من انفجارات معرفية وتكنولوجية وسكانية. وقد ألزم ذلك هذه المؤسسات التعليمية بضرورة الانفتاح على مجتمعاتها والبحث عن افرازات هذه الانفجارات والعمل على تقديم الحلول المناسبة لها، بل والتنبوء لما قد يحدث والاستعداد لاقتراح الحلول. فنجد الدول المتقدمة خلال العقدين الماضيين تتسارع في التحول من دول صناعية إلى دول تبني اقتصادها على المعرفة ومجالاتها الحديثة كتكنولوجيا النانو والتكنولوجيا الحيوية والعوالم الافتراضية ...وغيرها من المجالات من أجل مواجهة قضايا اجتماعية حديثة نتجت عن الزيادة الهائلة في أعداد السكان كالبيئة والعمالة والهجرة وغيرها.

إضافة إلى ما سبق، فإن التحول المجتمعي الحالي فرض على مؤسسات التعليم العالي إعادة النظر في نهجها الحالي وما تقدمه من برامج دراسية في مختلف التخصصات. فلم يعد الاهتمام بأعداد الخريجين قائما ًبل أصبحت فرص العمل مفتوحة فقط أمام ذوي التأهيل العالي من هؤلاء الخريجين. إن هذا التأهيل لا يتم من خلال إكساب هؤلاء الخريجين المهارات والمعارف الخاصة بمجال التخصص فقط، وإنما يجب أن تتوسع لتشمل المتطلبات المختلفة التي يفرضها سوق العمل الحالي كمهارات التطوير الذاتي والعمل التعاوني وحل المشكلات واتخاذ القرار وغيرها من المهارات التي أصبحت تعرف باسم مهارات القرن الحادي والعشرين (21st Century Skills). إن إكساب الخريجين مثل هذه المهارات يضمن لهم الكفايات اللازمة للدخول إلى سوق العمل وممارساته المهنية بثبات، إضافة إلى فرص التطوير المهني المستمر أثناء الخدمة.

فرض ذلك كله على المؤسسات التعليم العالي ومراكزها البحثية أن توجه اهتماماتها نحو تفعيل دور قطاع تكنولوجيا المعلومات ومصادر المعرفة من أجل اتاحة الاستخدام والوصول للاستفادة مما توصلت إليه الانسانية من معارف لجميع القطاعات المجتمعية بشكل رسمي من خلال برامج دراسية تطرحا مؤسسات التعليم العالي في برامجها الدراسية أو بشكل غير رسمي تساهم هذه المؤسسات في بناء وتصميم برامج خاصة بالتعليم المستمر (Continuous Education) والتعلم مدى الحياة (Life Long Learning). وقد دعم هذا التوجه المنافسة المتزايدة بين هذه المؤسسات محليا ودوليا في تقديم أفضل البرامج التعليمية وأكثرها مواكبة لاحتياجات السوق العالمي مستفيدة من التطورات التكنولوجية المتلاحقة على صعيدي البرمجيات (Software) والتجهيزات (Hardware). وقد دعمت هذه المنافسة ظهور اتجاهات حديثة نحو الانفتاح علميا وتكنولوجيا على المجتمعات، ومن بين هذه الاتجاهات ظهور البرامج مفتوحة المصدر(Open Source Software) والنشر متاح الوصول (Open Access Publishing) والمصادر التعليمية المفتوحة (Open Educational Resources) . كان هدف التوجه نحو تطوير ونشر المصادر التعليمية المفتوحة توفير مصادر تعليمية عالية الجودة لكل من المعلم والمتعلم مجانا ولمن يرغب. وظهر العديد من المؤسسات والهيئات الداعمة والراعية لهذا النوع من المصادر على مستوى العالم. فعلى سبيل المثال لا الحصر فقد انضم لمبادرة المناهج التعليمية المفتوحة (Open Course Ware) في معهد ماساشيسوتي التكنولوجي (MIT) العديد من المبادرات والجمعيات الداعمة التي ساهمت بشكل ملحوظ في زيادة أعداد المصادر التعليمية فيها، حيث بدأت في العام 2002 برفع 50 مقررا على صفحات موقعها على الشبكة العنكبوتية لتصل إلى 2150 مادة تعليمية لمقررات مختلفة مسجِلة حوالي 125 مليون زيارة لهذه المقررات انضم.

أهمية الدراسة

نظرا لما تلقاه التوجُهات الحديثة للمصادر التعليمية المفتوحة من اهتمام على الصعيد الفردي وعلى صعيد المؤسسات والدول فإن البحث فإن البحث الحالي واحدة من هذه المصادر وهي المقررات الجماعية العامة المباشرة Massive Open (Online Courses, MOOCs)، والتي اعتبر تقرير (New Media Horizon 2013) أن هذه المقررات أحد أهم تطورين ناشئين في تكنولوجيا التعليم جنباً إلى جنب مع الأجهزة المحمولة، والتعرف على الجوانب المختلفة لهذه المقررات وتقديم مفهومها لمؤسسات التعليم العالي العربية والتربوين فيها سيسهم في الرقي بهذا القطاع المجتمعي الهام والنهوض بأدائه من خلال استعراض التجربة الغربية في هذا السياق. لذلك تأتي هذه الورقة بعنوان:

" فلسفة المقررات الجماعية العامة المباشرة وجدوى توظيفها في مؤسسات التعليم العالي في ضوء جودة التعليم وحرية الاستخدام "

محاور الدراسة

تتضمن هذاه الدراسة العديد من المحاور وكما يأتي:

- عرض دواعي التجديد التربوي في المؤسسات التعليمية.
- بيان فلسفة المقررات الجماعية العامة المباشرة وأهميتها والحاجه إليها.
- عرض الأسس النظرية التي تعتمد عليها هذه المقررات.
- عرض تصنيفات المقررات الجماعية العامة المباشرة
- مناقشة انعكاسات هذه المقررات على الجودة الشاملة في مؤسسات التعليم العالي
- إلقاء الضوء على المسئولية الأخلاقية وحقوق الآخرين الخاصة بهذه المقررات
- بيان جدوى توظيف هذا النوع من التعليم في مؤسسات التعليم العالي العربية.

1. دواعي التجديد التربوي في المؤسسات التعليمية.

يعتبر مفهوم التجديد التربوي من الفاهيم الشائعة التي يتداولها العديد من التربويين وصانعي القرار على مختلف المستويات نظراً لأهمية التطوير والتحديث في المنظومة التربوية من أجل حل المشكلات التي تعترض سبل نجاح هذه المنظومة وتعيق تحقيق أهدافها. وبالتالي فإن التجديد التربوي لا يقتصر على حقبة زمنية معينة أو خطة تنموية محددة وإنما يعتبر عملية مستمرة مرتبطة بالمتغيرات المتلاحقة في شتى المجالات المجتمعية. وقد أوضح المفكر العربي علي فخرو (2003) في إحدى مقالاته أن التجديد التربوي لا يعني الأصلاح التربوي الذي يتطلب تغيرا شاملا وجذريا في مكونات العملية التربوية كجزء من/ وفي خط متوازٍ مع تغيرات مجتمعية كبرى تتطال السياسة والاقتصاد وكل العلاقات الاجتماعية والثقافية ...وإنما إحداث تعديلات، تتراوح بين صغيرة وكبيرة، جزئية وشامله، في الجوانب الفنية والإدارية والمعرفية للعملية التربوية. وبالتالي فإن التجديد التربوي يجب أن يهدف إلى الوصول إلى ممارسات تربوية أكثر كفاءة وفاعلية في حل المشكلات وتلبية حاجات المجتمع والإسهام في تطوره.

لقد أشار العديد من التربويين والمهتمين بقضايا التطوير التربوي في الوطن العربي إلى أن حالة المنظومة التربوية العربية في ظل التطور العلمي والتكنولوجي الذي نشهده منذ عقود من الزمن لا ترقى إلى المطلوب ولا تلبي الطموح (علي، 1994 ؛ ملكاوي، 2007 ؛ مراد 2009). وقد أشار علي (1994)، إلى أن توافر الموارد الطبيعية والمادية لا يغني عن إعداد الأجيال القادرين على مواجهة التحديات الحالية والمتوقعة وأن هذا الإعداد منوط بالمنظومة التربوية، فهي المشكلة وهي الحل على حد تعبيره. وقد أكد ملكاوي (2007) على مسؤولية المنظومة التربوية في إعداد الأجيال القادرين على استيعاب تطورات العصر والتعامل معها وقيادة التغير نحو التقدم والنماء.

إن ما نتج عن الإنفجارات الثلاث العلمية والتكنولوجية والسكانية ألقى بظلاله على المنظومة التربوية وجعلها عاجزة عن مواجهة إفرازات هذه الانفجارات بوضعها التقليدي الذي بني قبل عشرات السنين. أضف إلى ذلك أدى ظهور بعض الأفكار المبنية على ظاهرة العولمة كعولمة الانتاج وما نتج عنها من انعكاسات على المنظومة التربوية ومخرجاتها، ناهيك عن الأزمات والمشاكل الاقتصادية والاجتماعية والثقافية التي تعاني منها المجتمعات الأقل حظاً. كما أن الانتقال من العصر الصناعي المعتمد على المواد الخام ورأس المال إلى عصر المعلومات والاتصالات الذي تعتبر المعرفة الأساس في اقتصاده، كل ذلك أوجد ضرورة في إعادة النظر في المنظومة التربوية ومؤسساتها التعليمية.

يتمثل عجز المنظومة التربوية في تدني مستوى أداء المعلمين داخل الحجرات الدراسية من أجل التصدي للتحديات ومواجهتها من خلال تمكين المتعلمين واكسابهم المهارات والكفايات اللازمة لمسايرة مجريات الأحداث المعاصرة. يشير

الصيداوي (في الأمين ،2005: 261) إلى أن "المعلمين إجمالا عاجزين حاليا عن تطبيق طرائق التعليم والتقويم لاسيما استراتيجياتهما الكبرى مثل: التعلم التعاوني، والتعلم الاتقاني، والتقويم التشخيصي، والتكويني، والأدائي، والحقيقي، بكفاءة ومرونة: فضلا عن افتقارهم مزايا اخرى لازمة للتطوير التربوي بمفهومه الشامل، الذي يؤدي إلى حصول التعلم المنشود إنمائياً وتكاملياً، بالنوعية المرغوب فيها". ولكي يتم ذلك، بحسب الأمين، "لا بد من تغير معظم اهتمامات المعلمين والموجهين والمشرفين وسائر المسؤولين التربويين، ومواقفهم واتجاهاتهم وقيمهم التي يعملون بموجبها.... وهذا يعني بقاءهم جميعاً مفكرين متعلمين طول حياتهم المدرسية، شرط أن يكون هذا التعلم متطوراً باستمرار ومتكاملاً نظريا وعملياً". وهذا بالتأكيد من شأنه رفع كفايات المعلمين المهنية وتحسين أداءآتهم التدريسية مما ينعكس إيجاباً على الطالب وعمليات إعداده لمواجهة متطلبات الحياة في هذا العصر.

ولكي تكلّل جهود التجديد التربوي بالنجاح وتحقق الهدف منها لابد من أن ترتبط ارتباطاً وثيقاً بالواقع سواءً على مستوى المدرسة أو المجتمع وكذلك لابد من أن يكون القائمين عليها من ذوي الشأن المحلي حيث أن " التجديدات التي يكون اعتمادها على موارد خارجية وأشخاص آخرين تكون فرصها في النجاح أقل من غيرها .... وأن التجديدات التي تتضمن الابتعاد كثيراً عن واقع الممارسات الحالية وواقع الثقافة المدرسية تكون فرصها في النجاح أقل " (ملكاوي، 2003:45). واعتماداً على نتائج البحوث أوصى ملكاوي بأن تأخذ برامج التجديد منحنىً تطورياً في التغيير (Evolutionary) بدلاً من المنحنى الثوري (Revolutionary). فالمعلمون يحققون نجاحاً أكثر ويتعرضون لإحباطات أقل عندما يمارسون التغيير بالتدرج خطوة بعد أخرى على حد زعمه.

2. فلسفة المقررات الجماعية العامة المباشرة وأسسها النظرية.

يشير العديد من التربوين على ان الانفتاح والمشاركة هما السمتان الأبرز للتعليم في العصر الحديث. فالتعليم هو عملية مشاركة للمعرفة وليس استحواذاً لها أو التكتم عليها. فقد ظهر في بداية القرن الحالي اتجاه تأسس على العديد من المحاولات لبعض المؤسسات التعليمية لتيسير عملية الحصول على المعرفة لمن يريدها وهو المصادر التعليمية المفتوحة (Open Educational Resources) وهي عبارة عن مواد تعليمية رقمية تقدم مجانا دون شروط للمعلمين والطلبة لاستخدامها واعادة استخدامها في عمليات التعليم والتعلم والبحث العلمي. وقد تم تبني هذا المصطلح في منتدى اليونسكو في العام 2002 حول أثر المناهج التعليمي في مؤسسات التعليم العالي في الدول النامية (Wikipedia) . ويشمل هذا النوع من المصادر بحسب (OECD, 2007) الوثائق والوسائط والبرامج والإجراءات المفيدة للتعليم والتعلم والتقييم والمتاحة للجميع لأي غرض دون معيقات. ومع التزايد الهائل لهذه المصادر ووفرتها وكذلك توجه العديد من الجامعات كجامعة ماناسوشيتي وجامعة كاليفورنيا وجامعة فلوريدا وجامعة رايس وجامعة أوتوا وجامعة مومبي وكذلك المؤسسات والجمعيات المختلفة مثل مؤسسة وليام وفلورا والمصادر التعليمية المفتوحة/الصين و المقررات التعليمية/ اليابان و مؤسسة سيلور وويكيميديا واليونسكو وغيرها الكثير، نحو اتاحة هذه المصادر لملاين الطلبة والمعلمين حول العالم، لفت الأنظار لضرورة استخدامها والاستفادة منها وليس فقط توفيرها وإتاحتها. وقد تمحورت عدة تساؤلات حول كيفية الاستفادة هذه ومنها كيفية تفعيل هذه المصادر في عمليات تعلم الطلبة، وإفادة الأقليات السكانية التي لا تحظى بتوفر مؤسسات تعليمية قريبة، وزيادة معدلات التخرج والأهم من هذا وذاك كيف يمكن لهذه المصادر من تخفيض كلفة التعليم العالي. لذلك بدأ المهتمون من مؤسسات وتربوين ببلورة أفكار تسهم في الاستفادة القصوى من هذه المصادر التعليمية الهائلة. وكانت القواسم المشتركة بين هذه الأفكار تصب نحو تنظيم عمليات التوصيل (Delivery) للمستفيدين من خلال تحديد الفئات المستهدفة والأهداف المتوخاه من عملية التوصيل والاستخدام. وكان من أبرز هذه الأفكار التي أحدثت نقلة نوعية في مجالات التعلم المباشر (Online Learning) والتعليم عن بعد (Distance Education) ما أصبح يعرف بالمقررات الجماعية المفتوحة المباشرة (Massive Open Online Course, MOOCs).

تشير موسوعة الويكيبيديا إلى أن مصطلح المقررات الجماعية المفتوحة المباشرة قد تم صياغته من قبل ديفد كورمر في العام 2008 وصفا لمقرر دراسي قدمه جورج سيمنز وستيفن داونز يحمل اسم التواصلية والمعرفة المترابطة (Connectivism and Connective Knowledge) حيث التحق به 25 طالبا نظاميا من جامعة منيتوبا وأكثر من 2200 طالبا آخرا التحقوا به عبر الشبكة مجانا. وقد تم توفير محتويات المقرر من خلال تقنية التلقيمات (RSS) ومشاركة الطلبة من خلال العديد من الأدوات والبرامج التي تتيح لهم ممارسة العمل التعاوني. توالى ظهور هذا النوع من المقررات في العديد من الجامعات الأخرى كالمقررات التي قدمها كل من جرووم من جامعة ميري/ واشنطن وسميث من جامعة نيويورك. إضافة إلى كل من ثرون ونورفج من جامعة ستانفورد الذين قدما إحدى المقررات الجامعية "مقدمة في الذكاء الاصطناعي". ومن الجدير ذكره أن هذه البدايات المبكرة للمقررات قد حررها من نمط التصميم التقليدي للمقرارات الذي كان يعتمد على تحميل مصادر

التعلم على الشبكة مستخدمة أنظمة إدارة التعلم (Learning Management Systems) لتظهر بنمط جديد يعتمد على مصادر تعليمية متنوعة تتوفر على الشبكة يتم إدارتها وتنظيمها من خلال هذه الأنظمة.

تعتمد هذه المقررات مبدأ بيئات التعلم الشخصية التي تتيح للمتعلم المقررات التي تلبي رغباته واحتياجاته بغض النظر عن مكان تواجده أو إمكاناته المادية، وكذلك التعلم القائم على الكفايات (Competency-Based Learning) من خلال المشاركة الجماعية مع الزملاء والخبراء المدعمه بأدوات التواصل المتنوعة. يشير سيمنز (George Siemens,2001) في إحدى لقاءاته أن هذه المشاركة تؤدي إلى بناء قاعدة معرفية موزعة تساعد المتعلم على إكتساب مهارات التعلم مدى الحياة والاستقلالية (Independency) في التعلم وتمكينهم من إنشاء الشبكات التواصلية التي تستمر لما بعد فترة التعلم بحيث يمكن لهؤلاء الطلبة ومن خلال التكرار والممارسة أن يصبحوا الخبراء الذين يقومون بتعليم الآخرين.

إن التقييم المحوسب (Computerized Assessment) والنقاشات البينية (Intra Discussions) توفر الدعم والتغذية الراجعة للمتعلم حول تقدمه في عملية التعلم، تعتبر من السمات الأبرز لهذه المقررات (Audacity, 2012). فقد أشار كل من الشيب (2000) وحمادة (2009)، إلى أهمية تبيان حالة المتعلم الأدائية خلال تعلمة وما لذلك من آثار إيجابية وتحفيز له على الاستمرار والتقدم في عملية التعلم. وقد أوضح الكثير من مؤيدي المدرسة البنائية أمثال جوناسن (Jonassen,1991) وجلاسرزفيلد (Von Glasersfeld, 1996) وإيرنست (Ernest, 1995) وغيرهم على أن بناء المعرفة (Knowledge Construction) لا يتم إلا من خلال إحداث التفاعل المناسب بين المتعلم والبيئة المحيطة ومشاركته في العملية التعليمية حيث أن النقاش والتغذية الراجعة هما من أوجه هذا التفاعل والمشاركة. فاعتماد هذه المقررات على التكنولوجيا الحديثة التي لا يتم توظيفها لتوصيل المواد التعليمية فقط، وإنما لإتاحة الفرصة لتبادل وجهات النظر وتسهيل التواصل بين المتعلمين وكذلك تقديم أنواع مختلفة من استراتيجيات التقييم. وهذا من شأنه إثارة دافعية المتعلم وزيادة اهتمامه بالتعلم وكذلك التوجيه المناسب والمتابعة المستمرة له خلال فترة تعلمه، كل ذلك يتم أخذه بعين الحسبان عند تصميم مثل هذه المقررات الدراسية.

يحاول القائمون على تصميم هذه المقررات تخطي المشكلة التربوية في الأنظمة التقليدية وهي تقديم نوعية من التعليم بمقاس واحد بحيث يناسب الجميع (One Size Fits All)، والذي فيه يجبر جميع المتعلمين على اكتساب المعارف والمهارات المحددة ضمن فترة زمنية معينة وبطريقة واحدة وبنفس الظروف. فهيكلية هذه المقررات تعمل على مساعدة المتعلمين على إدارة المعرفة (Knowledge Management) والبحث عنها وتحليلها وتقيمها وتطبيقها بحسب خصائص وخبرات كل متعلم على حدة (Koolwich, 2012 ؛Koller,2012) . وهذا من شأنه إكساب المتعلمين مهارات القرن الحادي والعشرين كالتفكير الناقد والاستقلالية في التعلم والبحث عن المعلومة وتطبيقها وحل المشكلات والاكتشاف وغيرها، مما يسهم في التطوير المهني والتعليم المستمر لديهم.

ومن بين الأسس النظرية التي اعتمدتها المقررات الجماعية العامة المباشرة مبدأ التعلم الذاتي الموجه (-Self Directed Learning) الذي يعتمد على توفير الدعم والتشجيع للمتعلم وتحفيزه على مسايرة ومتابعة عملية التعلم بمفره (Knowles, 1975; Mezirow, 1985; Hiemstra, 2004). يعرف نولس الذي يعتبر من رواد مجال تعليم الكبار (Adult Education)، التعلم الذاتي الموجه على أنه "العملية التي تمكن الأفراد من أخذ روح المبادرة دون مساعدة الآخرين في تشخيص حاجاتهم التعليمية وتشكيل أهدافهم التعليمية وتحديد المصادر المادية والبشرية المطلوبة للتعلم وتقييم نتاجات تعلمهم" (ص:18). فتوفر مصادر التعلم المفتوحة بجانب الشبكات الاجتماعية تمكن أعداد كبيرة من المتعلمين للوصول إلى المعرفة دون الحاجة للتسجيل المسبق في مؤسسة تعليمية أو الإلزام بدخول برنامج دراسي معين أو حتى وجود توفر معلم شخصي. فالتقييم المحوسب والتحاور الجماعي وتوفير التعينات كل ذلك من شأنه تشجيع المتعلم على التعلم وتوفير التغذية الراجعة لمدى تقدمهم في التعلم في مثل هذه المقررات.

3. تصنيفات المقررات الجماعية العامة المباشرة.

يجد المتتبع لأدبيات المقررات الجماعية العامة المباشرة أن مصطلح هذا النوع من المقررات أوجد نوعاً من الخلط وسوء الفهم لدى الكثير ممن يكتبون في مجال التعليم عن بعد والتعلم المباشر. فنجد بعض الكتابات التي تبرز معنى هذا المصطلح ليشمل جميع أشكال التعلم الإلكتروني المباشر عبر الشبكة. فعلى الرغم من ظهور حركة المصادر التعليمية المفتوحة (OER) قبل أكثر من عقد من الزمن، إلا أن مصطلح هذه المقررات (MOOC) قد تمت صياغته في العام 2008 من قبل كل من كورمير (Dave Cormier) من جامعة جزيرة الأمير إدوارد وبرايان الكساندر (Bryan Alexander) من المعهد الوطني للتكنولوجيا في التعليم الليبرالي استجابة لمقرر باسم التواصلية والمعرفة المترابطة (Connectivism and

(Connective Knowledge:CCK08) الذي قدمه جورج سيمنز من جامعة أثاباسكاوستيفن دونز من المجلس الوكني للأبحاث (المصدر: Wikipedia) . ونظراً لوجود نماذج عدة للمقررات المفتوحة وليس بالضرورة أن تكون "جماعية عامة مباشرة"، وقد لا تخضع لتصميم معين، وقد لا يكون التقييم متوفراً فيها، وما دامت هذه الورقة تعني بالمقررات الجماعية العامة المباشرة، فإنه من الضروري التركيز عليها دون سواها وعلى ما إذا كان هناك نماذج معينة تقع ضمنها.

يشير العديد ممن كتبوا في المقررات الجماعية العامة المباشرة (Cormier, 2008; Masters,011; Siemens, 2012; The College of St. Scholastica, 2012) على أنه يمكن التمييز بين نوعين رئيسيين من هذه المقررات: الإكس مووكس (xMOOCs) والسي مووكس (cMOOCS) .

3.1 مقررات الإكس مووكس xMOOCs:

يمكن التعرف على هذا النوع من المقررات من خلال طبيعة الخدمة التي يقدمها والتي تعتمد بالدرجة الأولى على مصادر التعلم المصورة كالمحاضرات وأفلام الفيديو وتقديم الاختبارات وبعض المواد التدريسية الأخرى (سيمنز،2012).
يشير دونز (2013)، إلى أن حرف إكس في بداية هذا المصطلح الذ يكتنفه الغموض إلا أنه يمكن أن يكون ذا دلالة على طبيعة المقرر الذي لا يتم تقديمه كمقرر ضمن برنامج دراسي وإنما يقدم كامتداد ضمن هذه المقررات التي تتضمنها البرامج الدراسية. وقد أشار سيمنز إلى نقد البعض لتصميم هذا النوع من المقررات بسبب تركيزه على أطلق عليه ازدواجية المعرفة (knowledge duplication)، كون مصادر التعلم في هذه المقررات يمكن أن تشتمل على إعادة للمعلومات حتى وإن كانت بصيغ مختلفة. بينما وجَه أخرون انتقادات أخرى على هذا النوع من المقررات كونها لا تؤسس مجموعات تعلم طويلة الأمد بسبب اعتمادها على مبدأ نقل المعرفة فقط (كاولويج, 2012). ويدعي كاولويج أن التواصل الإجتماعي في مقررات الإكس مووكس تنتهي بنهاية الفترة التعليمية للمقرر ولا يتم استغلالها بطريقة مفيده. وعلى الالرغم من هذه الانتقادات لهذا النوع من المقررات، إلا أنها تمنح المتعلمين بالتواصل مع الخبراء في المجالات المختلفة، وهذا التواصل يتمثل في الوصول إلى المواد الدراسية ووجهات نظر خبيرة لا تتوفر للمتعلمين الآخرين.

هناك العديد من الأمثلة لمقررات دراسية تقع ضمن تصنيف الإكس مووكس ومنها:

- مقرر (CS221: Artificial Intelligence: Principles and Techniques) من جامعة ستانفورد.
- المقررات التي تقدمها كورسيرا (/https://www.coursera.org).
- المقررات التي تقدمها أوداسيتي (www.audacity.com)
- المقررات التي تقدمها أكاديمية خان (/https://www.khanacademy.org).

3.2مقررات السي مووكس cMOOCs :

إن المبدأ الذي يقوم عليه هذا النوع من المقررات إنبثق عن أفكار جورج سيمنز التي تركز على التواصلية (connectivism) والمعرفة المترابطة (connective knowledge). فقد اعتمدت السي موكس تعزيز التعلم من خلال ربط المتعلمين بشبكات التعلم بحيث تقوم مجموعات المستخدمين باستكشاف المحتوى التعليمي الذي من خلاله يتم تكوين معارف جديدة تحددها الأهداف التعليمية. يشير كلاً من موريس وستوميل (Morris and Stommel, 2012) أن تصميم هذه المقررات يتيح للمتعلمين مزيجاً من الفرص التعلمية تشتمل على التعلم الفردي والتعلم على غرار نموذج الغرفة الصفية وكذلك التعلم من خلال المجموعات الصغيرة وهذا كله يمنح المتعلمين فرصة ممارسة الخبرات التعلمية. وبحسب دونز (Downes, 2013) فإن عمليتي التعليم والتعلم في مقررات السي موكس تتضمن أربعة أنشطة هي التجميع والتعديل والتطويع لأغراض أخرى والتغذية الراجعة.

4. المسئولية الأخلاقية وحقوق الآخرين الخاصة بهذه المقررات

تعتبر مسألة حقوق التأليف والنشر الخاصة بالمقررات الجماعية العامة المباشرة مهمة لجميع الأطراف معلمين ومتعلمين وكذلك المؤسسات الراعية لهذه المقررات. فما تحتويه هذه المقررات من مواد تعليمية نصية ومحاضرات مصورة وتعيينات واختبارات وأنشطة تعليمية وغيرها، وكذلك ما تتضمنه من نقاشات ونتاجات للمتعلمين إضافة إلى ما تقدمه المؤسسة الراعية من تسهيلات، كل ذلك لا تختلف حقوقه عن حقوق المقررات التقليدية سواءً كانت وجاهية أم عبر الإنترنت. فعلى الرغم

من كون هذه المقررات مفتوح وعامة، فإن هذا لا يعني أن هذا الانفتاح هو بنفس المستوى الذي يخول المستخدم حرية التصرف كما هو الحال في مفهوم الانفتاح في حالة المصادر المفتوحة، وإنما تبقى الملكية الفكرية لمحتويات هذه المقررات خاصة وملك لأصحابها.

اعتمدت هذه المقررات الجماعية في العديد من الجامعات مبادىء الدخول المفتوح (Open Access) منذ بدايات ظهورها وقبل أن تتخذ اسمها الشائع الآن (MOOCs)، حيث تمنح هذه المبادىء بحسب موسوعة (Wikipedia) الدخول الغير مشروط للمصادر سواء كانت أبحاثاً أو دراساتٍ أو كتب أو غيرها من المؤلفات شريطة أن يكون الاستخدام ذا طابع علمي أكاديمي عبر الإنترنت. فقد اتسم مشروع المناهج التعليمية المفتوحة الذي صممه معهد ماسيشوستا التكنولوجية وكذلك مشروع مقررات جامعة ييل المفتوحة بتوفير المواد التعليمية تحت باب المشاع الإبداعي (Creative Commons) الذي يمكن المستخدمين من مشاركة وإعادة توزيع وتشكيل المواد التعليمية بالصورة التي يريدونها ما دامت نتاجاتهم سيتم استخدامها بنفس ظروف تلك المواد التعليمية. هناك بعض المؤسسات الأخرى لم تنتهج هذا النهج في تقديم مقرراتها أو موادها التعليمية كما هو الحال في نظام الدخول لدى كورسيرا واوداسيتي. فقد وضعتا ضوابط تتعلق بحقوق النشر تقيد حرية الدخول وتحدد طرائق استخدام المتعلمين للمواد الراسية. ففي شروط الخدمة التي لأوداسيتي (www.Audacity.com)نجد مثلاً تبين حقوق الملكية الفكرية لجميع المواد التي توفرها بجميع أشكالها وأنها محمية بموجب حق مؤلفيها. أما كورسيرا (www.coursera.com) فإنها تمنح المتعلمين حرية محدودة جدا تتمثل بالدخول للمواد التعليمية واستخدامها ولا تمنح القيام بأية تعديلات أو نسخ أو إعادة توزيع لهذه المواد وبالتالي تحدد طبيعة الاستخدام بالاستخدام الشخصي فقط. بينما تشترط أوداسيتي على المتعلمين أن يقروا بأن أي نتاج تعليمي يقومون به ويتم رفعه على موقعا يكون ملكية حصرية لها وبالتالي يكون لها حرية التصرف بهذه النتاجات التعليمية حتى لو كانت لأغراض تجارية. من هنا نلاحظ أن مثل هذه الشروط تكون لصالح مزودي الخدمة على حساب المستفيدين وهم المتعلمين.

إن نتاجات التعلم التي يقوم بها المتعلمين في الحالات الاعتيادية في الجامعات لا تواجه مثل هذه الشروط من قبل جامعاتهم. ولكن حتى وإن اعتمدت الجامعات على مزودي خدمة المووكس الآخرين مثل كورسيرا وأوداسيتي، فمن المفترض على هذه الجامعات أن تخضع لشروط هؤلاء المزودين من أجل الاستفادة من نتاجات تعلم طلبتهم أو حتى المواد التعليمية التي يقوم معلمي هذه الجامعات بإعدادها، فأصبحت ملك لهؤلاء المزودين ولهم حق التصرف بها كما يشاؤون. لذلك من المفترض على الجامعات ومن أجل المحافظة على سياساتها المتبعة وذات الصلة بحقوق النشر والملكية الفكرية أن يقوموا بتصميم منصاتهم الخاصة وإعداد البنى التحتية في مؤسساتهم التعليمية لكي يكون لديهم حرية التعامل مع مقرراتم ومعلميهم ومتعلميهم بحرية أكبر وبصورة تناسب سياساتهم التعليمية.

5. انعكاسات هذه المقررات على الجودة الشاملة وجدوى توظيفها في مؤسسات التعليم العالي

على الرغم من حداثة عهد التعليم العالي ومؤسساته في الوطن العربي، إلا أن هذا النوع من التعليم في تطور ونمو متسارعين. فقد أصبحت هناك مئات الجامعات والمعاهد الحكومية والأهلية والخاصةعلى امتداد الوطن العربي، وإن تفاوتت أعدادها بين دولة وأخرى. وقد حتم كل من التطور العلمي والتكنولوجي على هذه المؤسسات ضرورة إعادة النظر في أداءاتها التعليمية والبرامج التي تقدمها تزامناً مع بروز قضية من أهم القضايا التي تعايشها هذه المؤسسات وهي قضية ضمان الجودة. فقد أصبح لزاماً على كل مؤسسة تعليمية بذل الجهود لضمان جودة عملها ومخرجاتها. وقد عرَفت اليونيسكو (2008)، ضمان الجودة على أنه "عملية منظمة ذات سيرورة ممتدة زمنياً (من سنة إلى سنتين) يتم فيها تقييم مؤسسة التعليم العالي ككل (الضمان المؤسسي) أو تقييم أحد برامجها (الضمان المتخصص) بناءً على لائحة من المعايير المتفق عليها".

وبما أن الضمان المؤسسي يُعنى بمدى موائمة مخرجات التعليم وسوق العمل وكذلك مدى تلبية هذه المخرجات لحاجات المجتمع فقد ظهر تحدي أمام هذه المؤسسات يتمثل "النهوض بالتعليم لتحقيق حاجات ومتطلبات المجتمع" (عبد المجيد، 2006)، إضافة إلى مشكلة التمويل "حيث أن الاعتمادات المالية الحكومية المتاحة تتجه نحو النقص وذلك بالمقارنة بحجم الطلب علية, ويعزى ذلك إلى النمو السكاني السريع حيث تتزايد أعداد الطلاب في سن التعليم العام, ومن ثم يرتفع عدد الراغبين في الالتحاق بمؤسسات التعليم العالي, هذا فضلا عن ارتفاع تكلفة الطالب في المرحلة الجامعية مقارنة بتكلفة أي مرحلة أخرى" (نفس المصدر). وبالتالي فإن مؤسسات التعليم العالي في الوطن العربي بحاجة إلى تطوير نهجها التعليمي لمواجهة الضغط المتزايد على الطلب للالتحاق بهذه الجامعات، وتعزيز دور التعليم العالي العربي في تنمية صناعات المعرفة في عصر يسوده اقتصاد المعرفة.

إن التحديات السابقة وغيرها من التحديات يمكن التغلب عليها من خلال الاستفادة من التجارب الغربية وموائمتها لتتناسب مع السياق الخاص لمؤسسات التعليم العالي في الوطن العربي. فجودة أداءات البرامج التعليمية التي يتم طرحها في هذه المؤسسات يعتمد بالدرجة الأساس على المعلم، إضافة لعوامل أخرى، وما يقوم به من ادوار كبيرة ومؤثرة في مخرجات العملية التعليمية المتثلة بالخريجين. فالطرق التقليدية للممارسات التعليمية لم تعد تلبي متطلبات النهوض والارتقاء بمستوى مؤسسات التعليم العالي. ونظراً للتفاوت الحاصل في مستويات وطرق أداء المعلمين في هذه المؤسسات والتي ربما تعود إلى مشكلة التطوير المهني لديهم، فمن الممكن أن تلعب المقررات الجماعية العامة المباشرة دوراً مهماً في الإسهام تطوير أداء المعلمين من خلال:

- الأطلاع على تصميم هذه المقررات من حيث المواد التعليمية والأنشطة المصاحبة والاختبارات ة غيرها من أجل تصميم مقررات مماثلة.
- الاستفادة من وسائط التواصل الاجتماعية التي توظفها هذه المقررات والتعرف على امكاناتها من أجل استخدامها.
- توجيه الطلبة للتسجيل في هذه المقررات لتعزيز ودعم المقررات التي يقومون بتدريسها في برامجهم التي تطرحها مؤسساتهم التعليمية.
- التعرف على استراتيجيات وطرائق تدريسية وأساليب تقييم حديثة مما يساهم في تطويرهم المهني.
- فتح المجال للمعلمين لتنسيق والتعاون فيما بينهم على مستوى المؤسسة الواحدة وعلى مستوى القطر وعلى مستوى الوطن العربي ككل.

أضف إلى هذا كله أن التعليم المستمر "مدى الحياة" أصبح مطلباً ضرورياً يجب أن نولي له أهمية كبرى، فلم يعد التعليم الإلزامي في المدارس حتى التعليم الجامعي كافياً لتأهيل المجتمع وتنميته.

يعتبر أنموذج (EFQM)[31] الأوروبي من النماذج العالمية لضبط الجودة في المؤسسات ومن بينها المؤسسات التعليمية. يتكون هذا الأنوذج من قسمين رئيسيين الممكنات والنتائج، يحتل المعلمون في الأولى مكوناً أساسيا له مجموعة من المعايير تقيس مستوى أدائه من بينها التطوير المهني وروح المبادرة وطرائق التدريس والتقييم التي يستخدمها وغيرها. أما فيما يتعلق في قسم النتائج في هذا الأنموذج فمن بين مكوناتها نتائج العملاء (وفي حالة المؤسسات التعليمية الطلاب) فتتركز على تلبية احتياجاتهم ونتائج المجتمع التي تترتكز أيضاً على تلبية احتياجاته. وبالتالي فإن الاستفادة من طريقة المقررات الجماعية العامة المباشرة في مؤسسات التعليم العالي العربية سيسهم في رفع مستوى جودة خدماتها وتميزها.

6. الخاتمة

عرضت هذه الورقة نهج تعليمي جديد يقوم على تقديم مقررات دراسية مجانية يمكن للمؤسسات التعليمية العربية الاستفادة منها من خلال توجيه طلبتها ومعلميها نحو المؤسسات المزوده لها. حيث أن تكنولوجيا المعلومات والاتصالات ساعدت في كسر حواجز الزمان والمكان وسهلت الوصول إلى مصادر المعرفة. وقد ترتب على التقدم التكنولوجي ظهور طرق وأساليب عديدة وجديدة للتعليم، تتماشى واحتياجات المتعلمين بمختلف مستوياتهم الدراسية وتنوع تخصصاتهم الأكاديمية. وكان من بين هذه التطورات في المجال التعليمي ظهور المقررات الجماعية العامة المباشرة. إن شيوع هذا النوع من المقررات وأعداد المسجيل فيه يعتبر مؤشر واعداً يمكن الاستفادة من في مؤسساتنا العربية سواءً كان على مستوى المتعلمين أو على مستوى المعلمين فيها.

وقد بينت هذه الورقة الأسس النظرية التي تعتمدها هذه المقررات والمبنية على نتائج الأبحاث والدراسات والتي تشكل في مجملها القواعد العامة التي تشكل التوجهات الحديثة في عمليتي التعليم والتعلم. فمن خلال العمل الجماعي وكذلك استقلالية المتعلم في التعلم وتبادل الخبرات كل ذلك سيؤدي إلى تعلم أبقى أثراً يمتاز بالاستمرارية.

وأخيراً، فإن توفير هذه المقررات في مؤسساتنا التعليمية سيساعد دون شك لتفعيل التعاون بين هذه المؤسسات على مستوى الوطن العربية. وكذلك سيكون من نتائجه تبادل الخبرات بين معلمي هذه المؤسسات مما يؤدي إلى المساهمة في تطويرهم المهني. ناهيك عن المساهمة في إثراء المحتوى العربي على الشبة العنكبوتية.

[31] اعتمد الباحث خبراته السابقة في الحديث عن هذا الأنموذج حيث كان ضمن فريق تقييم جامعة النجاح الوطنية من خلال الأنموذج في العام 2011. (WWW.efqm.org)

وفى ضوء هذا يمكن التوصية بما يلي:

- تشجيع المؤسسات التعليمية على الانفتاح على المقررات الجماعية العامة المباشرة والاستفادة منها من خلال عقد الندوات والمحاضرات وورش العمل للتعرف عليها.
- مراجعة مقررات البرامج الدراسية في مؤسسات التعليم العالي العربية وموائمة المقررات الجماعية المباشرة المفتوحة كداعم ومساند لمقررات البرامج الدراسية.
- التنسيق والتعاون بين مؤسسات التعليم ومؤسسات الدولة لدعم تصميم ونشر هذا النوع من المقررات.
- لتنسيق والتعاون بين مؤسسات التعليم العالي في الوطن العربي لتبادل الخبرات في مجال المقررات الجماعية العامة المباشرة.
- تدريب المعلمين في المؤسسات التعليمية على استراتيجيات تصميم وتطوير هذه المقررات.
- إجراء دراسات علمية تعنى بفاعلية استخدام هذه المقررات كداعم ومساند لمقررات البرامج الدراسية في مؤسسات التعليم العربية.

جدول المصطلحات

	العربية	الإنجليزية
	ازدواجية المعرفة	knowledge duplication
	أنظمة إدارة التعلم	Learning Management Systems
	البرامج مفتوحة المصدر	Open Source Software
	التعلم القائم على الكفايات	Competency-Based Learning
	التعلم مدى الحياة	Life Long Learning
	التعليم المستمر	Continuous Education
	التواصلية والمعرفة المترابطة	Connectivism and Connective Knowledge
	المشاع الإبداعي	Creative Commons
	المصادر التعليمية المفتوحة	Open Educational Resources
	المقررات الجماعية العامة المباشرة	Massive Open Online Courses, MOOCs
	المناهج التعليمية المفتوحة	Open Course Ware
	مهارات القرن الحادي والعشرين	21st Century skills
	النشر متاح الوصول	Open Access Publishing
	النقاشات البينية	Intra Discussions

المصادر العربية

[1] علي محمد فخرو، **دواعي التجديد والتحديث في التعليم، .** صحيفة الوسط البحرينية - العدد 267 - السبت 31 مايو 2003.

[2] جاك حلاق، **العولمة، وحقوق الإنسان والتربية**، بيروت مكتب اليونسكو الإقليمي للتربية في الدول العربية، 2000.

[3] عدنان الأمين، **اصلاح التعليم العام في البلدان العربية**، بيروت: الهيئة اللبنانية للعلوم التربوية، 2005.

[4] فتحي ملكاوي، **ثقافة التجديد التربوي**، ورشة عمل في مجال التجديد التربوي بالتعاون بين المعهد العالمي للفكر الإسلامي والمنظمة الإسلامية للتربية والعلوم والثقافة (إيسسكو) وفي ضيافة جامعة قناة السويس، الإسماعيلية، جمهورية مصر العربية، 2003. تاريخ الدخول (2013/7/15)
http://epistemeg.com/pix/pdf_96.pdf

[5] البنك الدولي، **مستوى التعليم في العالم العربي متخلف**، عرض منى مراد، بتاريخ31 يناير 2009, (تاريخ الدخول 2013/8/20)
http://www.2lex.com/archives/25159

[6] نازم محمد ملكاوي و نجادات عبدالسلام، **تحديات التربية العربية في القرن الحادي والعشرين وأثرها في تحديد دور معلم المستقبل.** مجلة جامعة الشارقة للعلوم الشرعية والإنسانية (2:4: 2007).

[7] نبيل علي، **العرب وعصر المعلومات**. سلسلة عالم المعرفة (184:1994).

[8] فايزه أحمد محمد حمادة، **استخدام التدريس التبادلي في تنمية التفكير الرياضي والتواصل الكتابي بالمرحلة الإعدادية في ضوء بعض معايير الرياضات المدرسية**. كلية التربية، مجلة جامعة أسيوط، كلية التربية، (2009:1:1:25).

[9] أحمد شبيب، **أثر التدريب على استراتيجية الأسئلة الذاتية(المستقلة- التعاونية) على فهم طلاب الجامعة للمحاضرات وتقديرهم لدرجة فعاليتهم الذاتية مجلة التربية**. مجلة جامعة الأزهر، (2000:1;95)

المصادر الأجنبية:

[1] **MIT OpenCourseWare** (OCW): http://ocw.mit.edu (accessed 10/8/2013).

[2] Bates, T. (2012). **What's Right and What's Wrong with Coursera-style MOOCs**: Online Learning and Distance Education Resources.

[3] Daniel, J. (2012). **Making sense of MOOCs: Musings in a maze of myth, paradox and possibility**. Seoul: Korean National Open University.

[4] Sharples, M. et al. (2012). **Innovating Pedagogy**: 2012 Milton Keynes UK: The Open University Press.

[5] Siemens, G. (2005). **Connectivism: A Learning Theory for the Digital Age**: International Journal of Instructional Technology and Distance Learning, Vol. *2 No.* 1.

[6] OECD. (2007). **Giving Knowledge for Free: The Emergence of Open Educational Resources.** http://www.youtube.com/watch?v=VMfipxhT_Co (Accessed, 10/8/2013)

[7] Welcome To Udacity. (2012). http://www.udacity.com/us . (Accessed, 15/8/2013

[8] von Glasersfeld, E. (1996). **Introduction: Aspects of constructivism**. In C. T. Fosnot (Ed.), Constructivism: Theory, perspectives, and practice . New York, NY: Teachers College Press, Columbia University.

[9] Jonassen, D. (1991). **Evaluating Constructivist Learning. Educational Technology**, (36:9).

[10] Ernest, P. (1995). **The one and the many**. In L. Steffe & J. Gale (Eds.). Constructivism in education. New Jersey: Lawrence Erlbaum Associates,Inc.

[11] Koller, Daphne (2012). TED Talk: **What we are learning from online education**. http://www.ted.com/talks/daphne_koller_what_we_re_learning_from_online_education.html (Accessed 20/8/2013)

[12] Kolowich, S. (2012). **MOOCing On Site. Inside Higher Ed**. September 7. http://www.insidehighered.com/news/2012/09/07/site-based-testing-deals-strengthen-case-granting-credit-mooc-students accessed (Accessed 25/8/2013)

[13] Knowles. M.S.(1975). **Self-Directed Learning. A Guide for Learners and Teachers**. N.Y. Cambridge Books.

[14] Mezirow. J.(1985). **A Critical Theory of Self-Directed Learning. New Directions for Continuing Education**, (25).

[15] Hiemstra R.(2004). Self-Directed Learning. Syracuse (NY): Syracuse University, Department of Instructional Technology and Adult Learning. http://www-distance.syr.edu/sdlhdbk.html. (Accessed 25/8/2013).

[16] Cormier, Dave (2008). **The CCK08 MOOC – Connectivism course**, 1/4 way . Dave's Educational Blog. http://davecormier.com/edblog/2008/10/02/the-cck08-mooc-connectivism-course-14-way/ (Accessed 25/8/2013).

[17] Masters, Ken (2011). **A brief guide to understanding MOOCs**. The Internet Journal of Medical Education . (1: 2). http://www.ispub.com/journal/the_internet_journal_of_medical_education/volume_1_number_2_71/article/a-brief-guide-to-understanding-moocs.html (Accessed 30/8/2013).

[18] The College of St. Scholastica. (2012). **Massive Open Online Courses**. http://go.css.edu/learn (Accessed 30/8/2013).

[19] Siemens, G. (2012). **MOOCs are really a platform**. http://www.elearnspace.org/blog/2012/07/25/moocs-are-really-a-platform/ (Accessed 2/5/2013)

[20] Morris, S.M., & Stommel, J. (2012). **Udacity and online pedagogy: Players, learners, objects. Online Learning.** http://www.hybridpedagogy.com/Journal/files/Udacity_and_Online_Pedagogy.html (Accessed 2/9/2013)

[21] Downes, S. (2013). **Connectivism' and connective knowledge.** The Huffington Post. http://www.huffingtonpost.com/stephen-downes/connectivism-and-connecti_b_804653.html (Accessed 5/9/2013).

les EIAH basés sur le raisonnement a partir de cas pour l'apprentissage des methodes

YAHIAOUI Yasser[1], CHAKER Abd Elkader[2], RAHMANI Soad[3]
1.Centre universitaire de Naama, 2. 3.ENSET Oran
Alyahiaoui@gmail.com, chakeraa@yahoo.fr

Résumé :

Le Raisonnement à Partir de Cas propose une classification des problèmes sous forme de catégories, ce qui peut guider le raisonnement de l'utilisateur d'un Environnement Informatique pour L'apprentissage Humain (EIAH) et lui donne la possibilité d'améliorer ses performances. La chose qu'on propose de tester en faisant une évaluation à travers une première maquette d'un système conçu sur ce principe. L'objectif de notre travail est de trouver un scénario pédagogique qui permet d'introduire le paradigme de RàPC dans les EIAH afin d'améliorer l'acquisition des méthodes chez l'apprenant. De ce fait nous avons pu faire d'une part, une extraction des critères à respecter dans le développement d'un tel système et d'autre part, une évaluation de l'impact de cette introduction de RàPC sur l'apprentissage des méthodes.

Abstract :

The case based reasoning presents a classification of problems in categories, that can guide the reasoning of a user of an automated environment of human learning and gives to him opportunities to ameliorate his performance in problems resolution. The thing that we aim to evaluate by the use of a first prototype of a system created upon this same base. The aim of our work is to find a pedagogical scenario which enable us to introduce the paradigm of case based reasoning in automated environment of human learning in the goal of performing the learner's acquisition of methods. In this fact we achieve in one hand; the extraction of the criteria for the development of theses systems and in other hand; the evaluation of the impact of the introduction of the case based reasoning on methods learning.

Mots clés : *EIAH, RàPC, Apprentissage De Méthode, Enseignement Assisté Par Ordinateur.*

Introduction

L'enseignement de méthode est particulier, puisque son objectif est de faire acquérir des méthodes. La nature de son contenu pousse à réfléchir aux démarches qui peuvent être les plus efficaces et les plus pertinentes aux capacités de l'apprenant.

Le raisonnement à partir de cas (RàPC) peut donner une explication de processus de raisonnement chez l'humain. La catégorisation des problèmes qu'ils proposent, semble bien une idée qui peut permettre une amélioration des performances des apprenants.

Un des domaines d'application de RàPC est les sciences d'éducation et la didactique. Les tentatives faites concernent surtout l'enseignement des méthodes basé sur RàPC comme démarche pédagogique. Il est spécialement appliqué aux environnements informatiques d'apprentissage humain. Ces derniers se développent dans des laboratoires pluridisciplinaires qui intègrent les informaticiens, les didacticiens, les pédagogues, les enseignant et les cogniticiens. Le rôle des chercheurs et experts en sciences d'éducation est déterminant et il focalise la vision sur la partie analyse des besoins et des impacts sur l'acquisition des méthodes chez l'apprenant (utilisateur de l'EIAH).

Le problème qu'on essaie d'entamer dans ce présent article concerne l'étude préalable de l'utilité et l'utilisabilité d'un EIAH fondé sur le raisonnement à partir de cas, autrement dit ce thème de recherche pose des questions dans ce sens : Quelles sont les connaissances qu'on veut transmettre à l'apprenant ? Quelle démarche peut être la plus pertinente pour aider l'apprenant à construire ces connaissances ? Quelles sont les conditions qui sont les plus favorables à cet apprentissage.

1. EIAH et Apprentissage de méthodes

Notre étude s'articule autour des axes les plus importants à savoir: les EIAH avec leurs principales problématiques, la modélisation du processus d'acquisition des connaissance et la mise en évidence de l'enseignement de méthode.

1-1. Définition et problématique des EIAH

Les recherches sur les environnements informatiques pour l'apprentissage humain ont commencé au début des années 70 [1] avec l'utilisation de l'intelligence artificielle dans le domaine de l'éducation, afin de concevoir des environnements informatiques généralement individuels et qui sont caractérisés par l'explicitation de la représentation des connaissances et la génération du modèle de l'apprenant résultant du diagnostic de l'acquisition et des compétences de l'apprenant.

Ce champ de recherche nécessite la collaboration des disciplines aussi diverses et qui sont la didactique, l'informatique, la psychologie cognitive, et les sciences d'éducation dans le but de définir les meilleurs conditions pour favorisé l'apprentissage [1].

La participation de cogniticiens donne une idée sur le fonctionnement cognitif en situation d'apprentissage ainsi que les mécanismes et les outils d'évaluation. Alors, que l'informaticien propose une gamme d'outils permettant de jouer un rôle intermédiaire, tandis que le didacticien intervient avec des réflexions approfondies concernant les connaissances autant que contenu pédagogique et leur enseignement[2].

1-2. L'apprentissage et l'enseignement des méthodes

Rogalski et Shoenfeld et de *Cauzinille-Marméche* proposent un enseignement de méthodes basé sur la catégorisation des problèmes et des techniques de résolution. En plus pour la conception d'un tuteur intelligent, on part des connaissances telle qu'on veut qu'elles fonctionnent chez l'apprenant après son apprentissage [3].

La deuxième proposition consiste à faire une description des connaissances et leurs représentations sur trois niveaux distincts [4] et qui sont :

➤ Le premier niveau de représentation consiste pour le sujet à associer des problèmes particuliers à des processus de résolution spécifiques. Ces processus spécifiques sont utilisés d'une manière automatique pour une situation particulière.

➤ À un second niveau de représentation, on ne considère plus les problèmes particuliers mais des classes de problèmes définies par un ensemble de propriétés nécessaires ou suffisantes ou par des prototypes. Le sujet peut alors associer des plans d'action aux classes de problèmes.

➤ Le troisième niveau correspond à l'acquisition, par le sujet, des concepts du domaine. Ce niveau est essentiel car ce sont les concepts du domaine qui guident le choix des descripteurs pertinents des situations.

La maîtrise de ces trois niveaux évolue en parallèle avec l'expertise. La différence entre individus novices et experts s'exprime d'une part par le nombre de liens qu'ils font entre problèmes particuliers et processus automatisés, et d'autre part par les concepts qu'ils maîtrisent et les liens qu'ils établissent entre ces concepts[2].

1-3. Le raisonnement à partir de cas [5]

Le raisonnement à partir de cas est un paradigme qui a pour origine des études en psychologie cognitive sur le modèle de la mémoire épisodique [6], ainsi que sur le raisonnement par analogie. Le développement de ce paradigme vient des recherches en Intelligence Artificielle (IA), dans le cadre de la recherche sur la résolution des problèmes basée sur la réutilisation d'exemples. Le RàPC est donc une description computationnelle du raisonnement par analogie intradomaine qui peut être décrit par un ensemble d'étape séquentielles qui sont : remémorer, adapter, tester/réviser, et mémorer un cas, et qui sont organisés dans le cycle suivant [7].

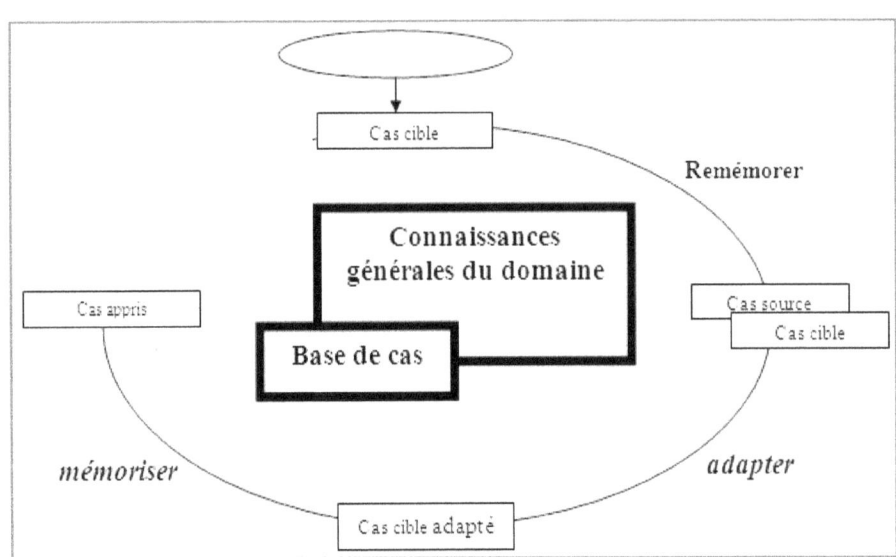

Figure n° 1- le cycle de raisonnement à partir de cas

En bref, on peut dire que les verbes : élaborer, remémorer, adapter, et mémorer dans cet ordre décrivent les étapes du raisonnement à partir de cas.

2. Travaux dans le domaine

Les recherches sur les EIAH d'enseignement de méthodes basées sur le RàPC sont de nature pluridisciplinaire ce qui explique la multitude des points de vue qui a donnée naissance a un nombre importants d'étude sur les EIAH ainsi fondues.

1. CATO [8] un système proposant à l'apprenant non seulement la solution aux problèmes comme dans les tuteurs classiques mais aussi l'ensemble des étapes du cycle de RàPC que le résolveur a réalisé pour résoudre le problème donné. Ce système est un EIAH qui propose aux étudiants en droit une argumentation complète à partir d'études de cas. Le système de RàPC génère son argumentation à partir d'une base de cas. Toutes les étapes du cycle sont couvertes dans le but de montrer à l'apprenant, le processus de raisonnement qui mène à la solution.

2. Le logiciel SARA [9] propose un problème à l'apprenant, ainsi qu'une base de cas et un ensemble d'outils pour adapter le cas source choisi et réviser la solution. Le système compare ensuite la production de l'élève à la solution qu'aurait fourni l'expert s'il avait choisi le même cas. Le modèle de l'élève est ainsi construit à partir du cas choisi par l'élève, de l'adaptation et de la solution proposée.

3. Le logiciel SPIEL [10] propose une aide pour l'apprentissage de conduites sociales adaptées par la remémoration de clips vidéo représentant des cas. La remémoration du clip peut intervenir tout au long de l'interaction entre l'étudiant et un logiciel de simulation, lorsque que le système détecte que l'étudiant a pris un risque ou a rencontré un échec dans l'interaction. Ce système a pour but de mettre en contact les étudiants avec l'expérience des experts.

4. Le projet AMBRE [11] a pour but de développer un système qui favorise la classification des problèmes et des outils de résolution en se basant sur la réutilisation de cas. L'apprentissage de méthodes s'applique dont certains domaines dans lesquels les apprenants éprouvent des difficultés à mettre en relation les cours théoriques avec la résolution de problèmes en pratique. Le raisonnement à partir de cas paraît donc approprié à ce type d'apprentissage.

3. Catégorisation des problèmes

La catégorisation fait l'objet de la partie la plus importante permettant d'intégrer la démarche fondée sur le raisonnement à partir de cas. Nous avons expliqué dans la partie précédente, l'importance de cette activité pour l'enseignement de méthodes.

Alors la classification qu'on propose est basée sur les objectifs élémentaires c.-à-d. pour chaque objectif élémentaire, on va définir une classe mère (super classe) est pour les critères et les cas spéciaux on a une sous classe comme ce que montre les figures suivantes :

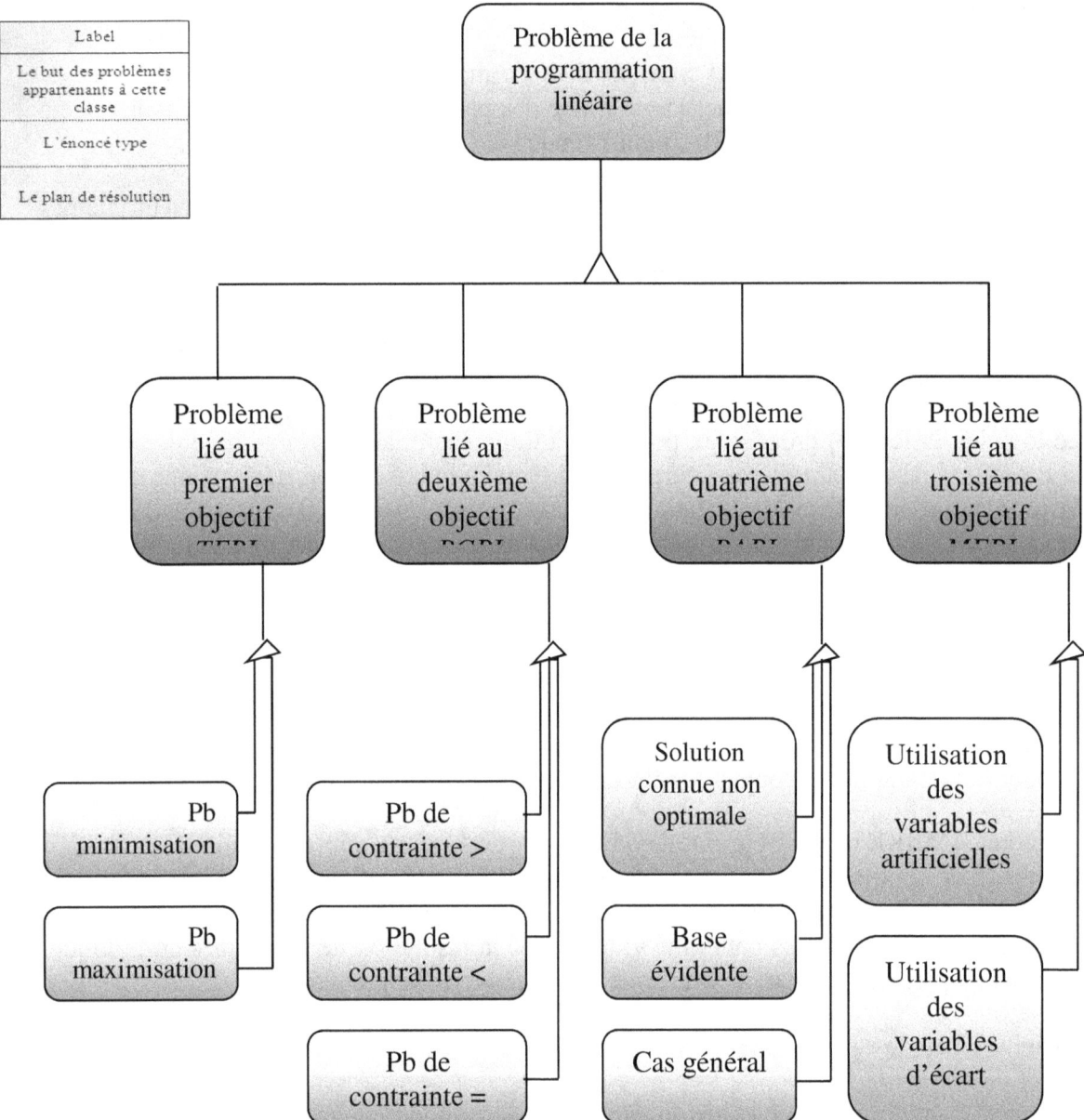

Figure n° 2 - hiérarchies des problèmes de la programmation linéaire

4. Base de connaissances initiale

On veut dire par base de connaissances initiale, l'ensemble des connaissances du domaine déjà acquises. Ce qui fait qu'il y a une condition nécessaire pour utiliser cet EIAH. Elle consiste à un minimum de connaissances du domaine qui concerne les concepts de base de la programmation linéaire, Ce qui exige l'existence d'un tutoriel pour effectuer cette conceptualisation.

5. Scénario d'une utilisation de la maquette

Dans une première étape, le système demande de l'utilisateur de saisir le problème cible comme tentative de le forcer à une lecture au moins même si elle peut être d'une façon inattentive. Cette lecture jouera le rôle d'une première lecture avant de lui demander de lire attentivement l'énoncé. Deuxièmement, l'utilisateur doit comparer l'énoncé cible avec l'ensemble des énoncés types que le système propose et il doit trouver le plus similaire au problème posé. Le système fournit donc un plan d'action pour la résolution en fonction du choix de l'énoncé type. L'utilisateur est appelé à adapter ce plan de résolution pour pouvoir résoudre le problème posé. Enfin, le système propose deux fonctions utiles à la mémoration qui sont l'impression et l'enregistrement (figure n° 2.4).

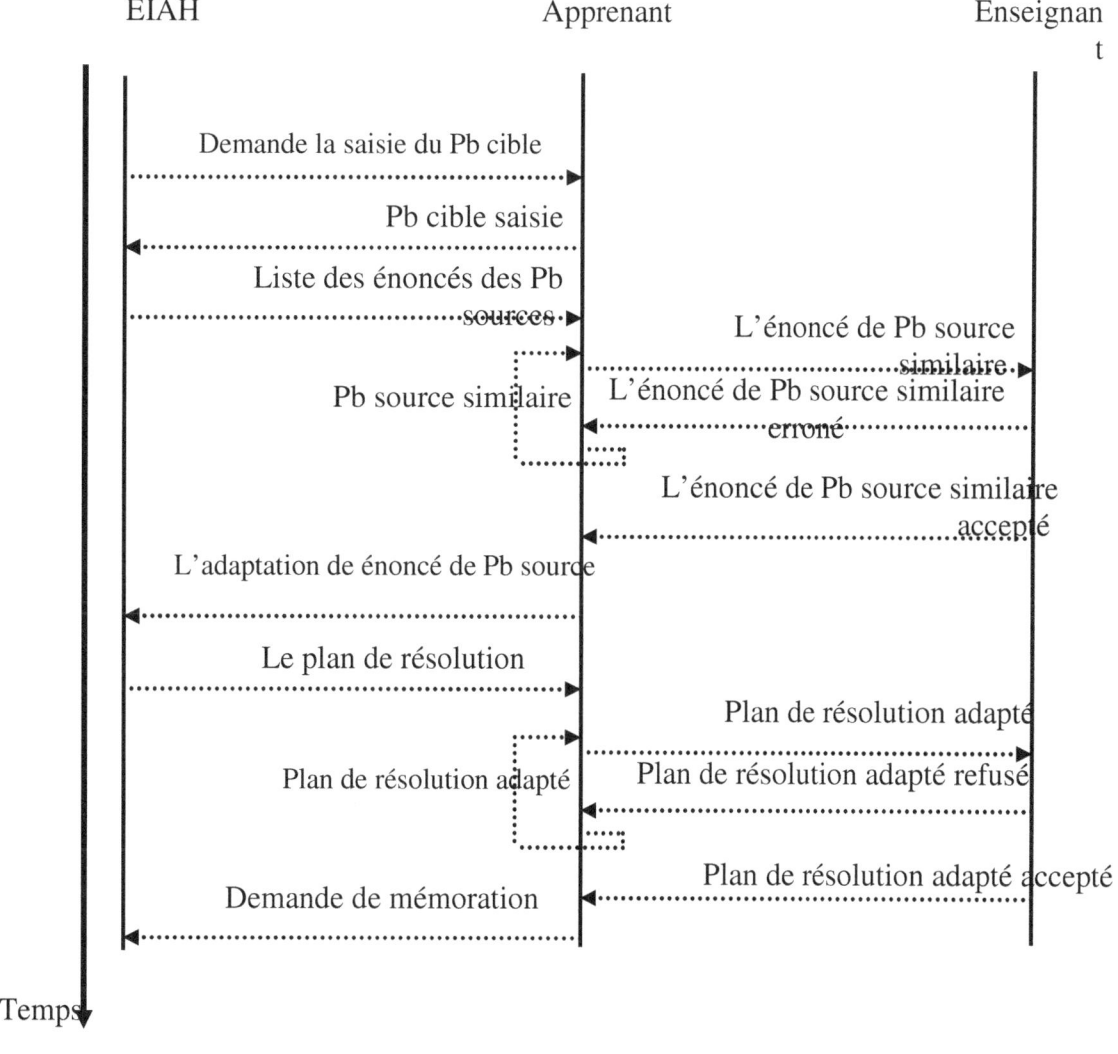

Figure n°4 : diagramme de séquence d'opérations

6. Méthode d'évaluation de la maquette

6-1. Principe de l'expérience

Pour faire une évaluation de l'impact de l'utilisation d'un EIAH fondé sur le RàPC, il faut prendre en compte les questions suivantes ; on veut évaluer quoi ? Dans quelle situation ? Par rapport à quelle référence ? et pour qui ?

Ces question nous mènent a organiser l'évaluation comme suite

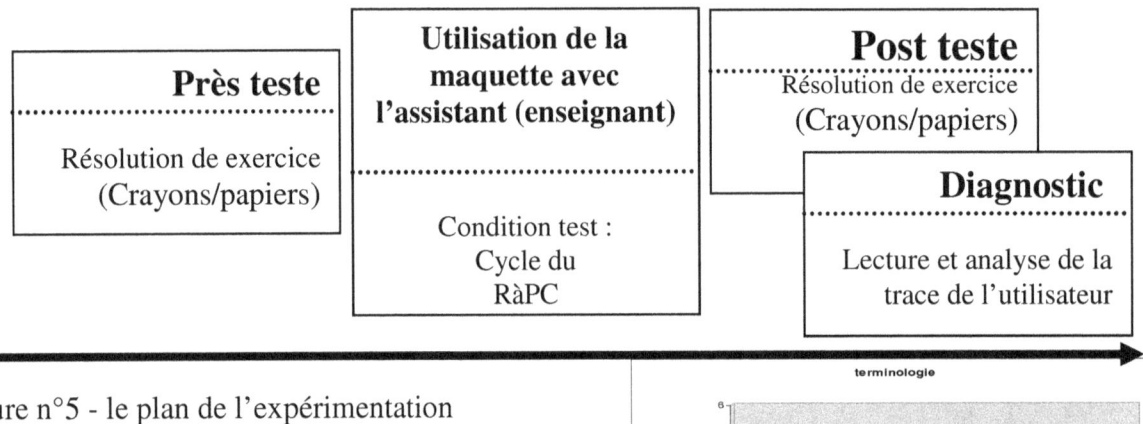

Figure n°5 - le plan de l'expérimentation

6-2. Participants

Plusieurs séances sont proposées à une population de 30 universitaires en branches techniques concernés par la programmation linéaire et d'une moyenne d'âge de 20 ans. Tous les participants sont des étudiants du Centre Universitaire de Bechar. On leur a expliqué qu'il participe à une analyse préalable à la conception d'un logiciel destiné à l'enseignement de la méthode de résolution des programmes linéaires.

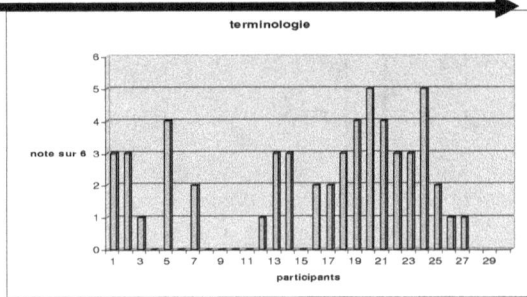

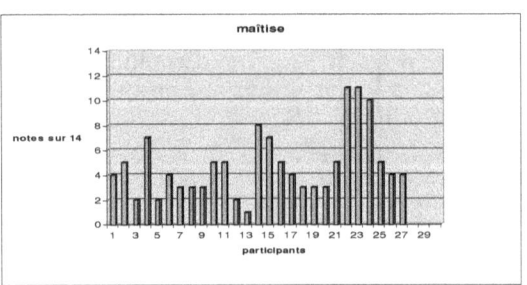

7. Résultats et discutions

7-1. Les prés-tests

Les prés-tests sont réalisés dans le but de faire un diagnostic permettant de voir l'état des connaissances chez les participants, autrement dit de prendre conscience des près requis. Donc, les participants doivent répondre à un sujet d'examen contenant trois parties dans un temps limité d'une heure et demie et dans une situation normale (papiers, crayon). Les trois parties proposées différent l'une de l'autre par rapport à leur but (terminologie, maîtrise de la méthode,

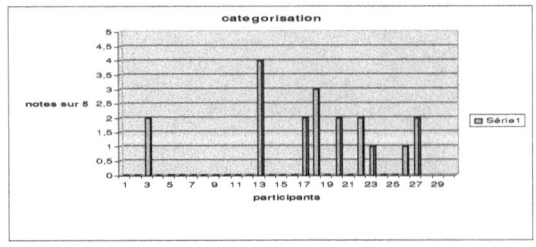

catégorisation).

Discussion pour les prés-tests

Apres les évaluations faites et les résultats obtenus, nous arrivons à tirer les points suivants :

1. Pour la partie terminologie, les résultats ne sont pas favorables (la moyenne générale est de 2,52 sur 6). Ceci est du aux concepts de base et de la terminologie du domaine qui sont très liées à la méthode et ne sont pas très connus par les étudiants. Ce qui nous mène à réfléchir à un formatage sur ce point par une séance de révision permettant de définir ces concepts. Le test de l'acquisition de ces termes se fait au fur et à mesure.

2. Pour la partie maîtrise de l'échantillon pris, les résultats obtenus sont favorables avec une moyenne de 4,84 sur 14 et avec un échantillon dispersé. Il représente une diversité de niveaux entre les participants. Cette dernière nous permet de juger de l'utilité de notre travail de ces différents cas et qui diffèrent l'un de l'autre. Ce qui nous permet de juger cette approche dans des états de connaissance existants, réels et diversifiés.

3. Les résultats de la partie catégorisation avec une moyenne de 0,62 sur 5 et une valeur médiane 0. Cela veut dire que les étudiants ayant participé non pas l'habitude de différencier entre les problèmes à travers leurs traits de structure et de surface. Cela est confirmé verbalement par les étudiants en disant qu'ils n'ont jamais rencontré des cas spéciaux influençant la résolution sauf en ce qui concerne l'utilisation des variables artificielles et la mise sous forme standard.

Pour avoir une explication plus logique sur l'avis des participants (deuxième et troisième point), une question a été posée aux différents enseignants assurant le module de recherche opérationnelle et qui ont affirmés que l'objectif des cours sur le simplexe est la maitrise de la méthode. Alors, on centralise le travail sur le cas général et sans rentrer dans les détails sur le traitement de ses dérivés. Donc, apparemment cela explique le comportement des étudiants qui est beaucoup plus dirigé vers la partie technique que la partie mathématique.

7-2. Résultats du suivi continu

Pour bien avoir une idée sur la familiarisation entre le participant et la maquette d'une part et d'autre part entre le participant et la démarche, on choisit de calculer le temps écoulé pour la résolution de chaque exercice, ce qui a donné les résultats suivants

Discussion des résultats du suivi continu

D'une façon générale, les temps écoulés pour tous les participants passent par deux périodes. La première période représente un temps équivalent à 1heure 55 minutes pour le premier exemple proposé et un temps de moins de 55 minutes pour le troisième exemple. Cela peut s'expliquer par

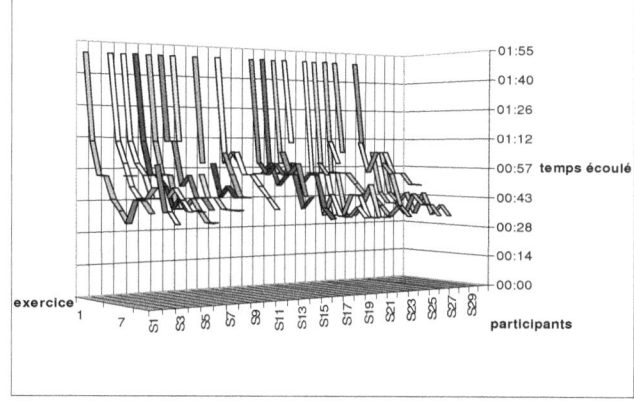

le fait que les participants apprennent rapidement l'utilisation de la maquette et aussi les points communs des plans de résolution des trois catégories présentées dans les exercices types.

La deuxième période représente des variations lentes avec une légère alternance au tour des 45 minutes. Pour expliquer cela, on dit que la variation devient lente car les participants en pris l'habitude d'utiliser la maquette et de suivre les étapes de RàPC.

Alors que pour l'alternance qui est due aux différences de niveau de difficulté, elle est croissante par rapport à l'ordre de présentation des exercices.

Une remarque est faite en ce qui concerne les demandes d'aide de l'assistant qui ont baissés rapidement avec la diminution des temps écoulés pour la résolution des exemples proposés dans la maquette.

7-3. Les résultats des post-tests

Les post-tests se font dans une salle de cours sous forme d'examen en présentant un sujet similaire à celui des pré-tests en traits de structure et traits de surface. nous présentons les notes obtenus par les étudiants selon le même barème que celui proposé lors des pré-tests. Ce qui permet de trouver les representation suivante :

Discussion des post-tests

On remarque que la variation des deux fonctions prend le même sens. Ce qui veut dire que les participants qui ont bien appris à suivre les étapes de RàPC ont répondu parfaitement aux exercices de maitrise. En plus leurs réponses par oui pour la question 04 (partie catégorisation) concernant l'acquisition des plans de résolution des trois catégories confirme cette remarque.

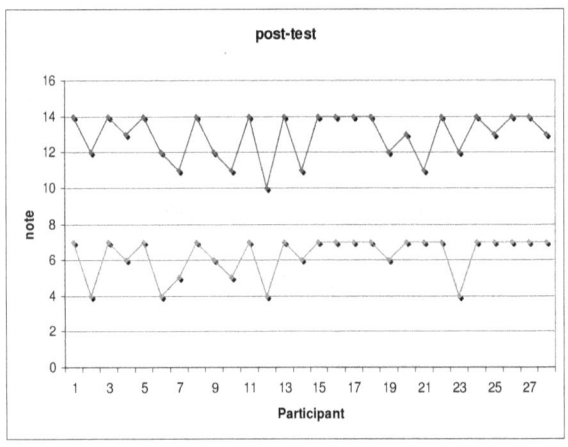

La moyenne de « 12,93 / 14 » pour la maitrise et « 6,26 / 7 » pour la catégorisation montrent que la maquette peut être jugée comme utile car les moyennes cités ci-dessus sont très proches de l'idéal. Et si on les compare à ceux des pré-tests, on trouve que la maquette répond bien aux besoins de l'apprentissage.

Le coefficient de corrélation est égal à 0,743, ce qui fait que les deux séries ne sont pas indépendante l'une de l'autre, ce qui confirme aussi les remarques précédentes.

Enfin, en observant les copies restituées par les participants, on a pu remarquer que la majorité des erreurs commises était sur le point de la mise sous forme standard. Ce point n'a pas beaucoup d'importance pour le but de notre étude car les catégories différent pour la résolution dans le point du choix de la solution de base admissible.

8. Comparaison entre les résultats des pré-tests et celles des post-tests

En regroupant les deux tests dans un même graphe, on trouvera le graphe suivant :

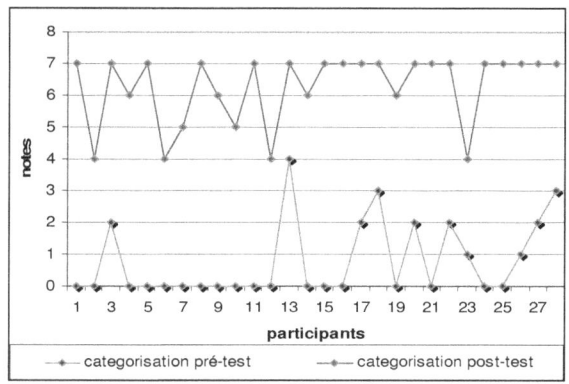 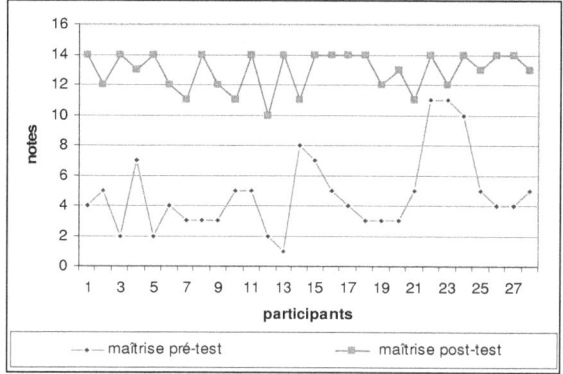

La différence importante est un bon indice qui nous permet de dire que les besoins d'amélioration des performances des apprenants sont atteints, avec une petite exception pour l'étudiant numéro 23 où on ne remarque pas d'amélioration importante pour la maîtrise. Mais, cela est explicable car ce participant est l'un des quatre participants ayant des faibles notes dans la partie catégorisation pour les post-tests et les pré-tests.

9. Conclusion et perspectives

Notre étude nous a permis de mettre en valeur le coté pédagogique de l'enseignement de la méthode du simplexe comme un coté axiale sur lequel s'articule notre vision sans mettre a part l'aspect pluridisciplinaire des environnements informatiques pour l'apprentissage humain fondés sur le raisonnement à partir de cas.

Les résultats que nous avons obtenus nous permettent de confirmer que les EIAH fondés sur le RàPC se présentent comme un outil utile pour un enseignement de la méthode de simplexe dans le même conditionnement (pré-requis, âge des participants et équipements) et pour des populations similaires (étudiants en cycle de ingéniorat en informatique). Ils nous ont aussi permis de constater d'autres apports comme la possibilité d'individualisation du suivi des apprenants dans une situation d'enseignement associatif sans perdre beaucoup de temps. En plus, nous avons pu constater que les apprenants qui trouvaient des difficultés à utiliser la méthode et apprendre par cœur, grâce aux démarches de résolution ont pu avoir une facilité pour l'utilisation de la méthode par l'intermédiaire de la catégorisation. C'est-à-dire qu'après l'utilisation des plans de résolution proposés dans la maquette, on peut constater que d'une catégorie à une autre, ces plans de résolution ne changent pas totalement. Ce qui fait que pour les apprendre par cœur, on peut organiser ces connaissances de façon qu'au lieu de mémoriser trois ou plus de plans de résolution. On se contente par mémoriser les procèdes communs une seule fois avec les points qui différent d'une catégorie à une autre, ce qui réduit la charge cognitive pour l'apprenant.

Les résultats que nous avons trouvé sont très satisfaisants pour les utilisateurs mais ne sont pas parfaits. Ce qui nous mène à dire que ceci est du aux simplifications que nous avons choisies pour la conception de la maquette. Alors, on se pose la question sur ce que devient ces résultats en dotant cette maquette par des outils intelligents pour le diagnostic et les résolveurs pour réduire le taux des interventions de l'assistant et alléger les calculs qui sont parfois compliqués et difficiles pour les participants.

Bibliographie

[1] *S. Nogry* ; «validation d'un environnement informatique d'apprentissage humain fondé sur le raisonnement à partir de cas pour l'enseignement de méthodes ». Thèse pour l'obtention du DEA de l'Université lumière lyon1 & lyon2, juillet 2001.

[2] *Yasser YAHIAOUI* ; « Analyse d'un environnement informatique pour l'apprentissage humain fondé sur le raisonnement à partir de cas » thèses pour l'obtention de diplôme de magistère de l'université de Béchar, Mars 2008.

[3] *Rogalski;* «Les concepts de l'EIAO sont-ils indépendants du domaine ? L'exemple d'enseignement de méthodes en analyse.» *Recherches en Didactiques des Mathématiques, 1994 , 14-1.2,* 43-66.

[4] *Cauzinille-Marméche, E. and Mathieu, J.* ; « Adapter les interventions tutoriels au modèle cognitif de l'étudiant » In Caverni J.-P. (ed.), *Psychologie cognitive, modèles et méthodes 1988,* pp.175-190), P.U.G.

[5] *Kolodner* «*Case Based Reasoning.*», CA : Morgan Kaufmann Publishers, 1993, San Mateo,

[6] *Schank ;* «Dynamic memory : A theory of reminding and learning in computers and people. Cambridge », Cambridge University, *1982.*

[7] Mille A. « associer expertise et expérience pour associer les taches de l'utilisateur » habilitation a diriger des recherches , université Claude Bernard, lyon1, 1998 ,

[8] *Aleven & Ashley,* «Teaching Cased-Based argumentation through a model and examples -Empirical evaluation of an intelligent learning environment.» *Artificial Intelligence in Education, 1997, pp*87-94.

[9] *Shiri A., Aimeur, E. & Frasson C.* «A Cased Based student modelling system». Fourth European workshop on Cased Based Reasoning, Dublin. *Lecture notes in artificial intelligence, 1998,* n°1488, pp 425-436.

[10] *Burke & Kass,* «Retrieving stories for Cased-Based Teaching.,» In leake D. (ed.), *Cased Based Reasoning : Experiences, Lessons, and future directions, 1996,* pp.93-110, Menlo Park : AAAI Press/MIT Press.

[11] *Sandra NOGRY, Nathalie GUIN-DUCLOSSON, Stéphanie JEAN-DAUBIAS* «Le projet AMBRE : utiliser le RàPC pour enseigner des méthodes. *RàPC'2001,* Grenoble *2001.*

Assistance bibliographique

- OLLAGNIER-BELDAME m. Sandra NOGRY & Stéphanie JEAN-DAUBIAS, ; « Évaluation des EIAH : une nécessaire diversité des méthodes. », LIRIS – ERTé ; *Université Claude Bernard Lyon 1 ; CNRS, 2004, Pris.*

- S. JEAN-DAUBIAS ; « De l'intégration de chercheurs, d'experts, d'enseignants et d'apprenants à la conception d'EIAH », LIRIS – ERTé e-Praxis, *2003.*

The Confusing Concepts:
Web 2.0, Semantic Web and Web 3.0

Name	E-mail	Organization	City	Country
Taroub issa	tessa@qou.edu	Al - Quds Open University	Jenin	Palestine

Abstract

Web 2.0 does not have a precise definition. To many people, the phrase refers to special web application technologies and websites, such as Weblogs and Wikis, which use the Internet in a collaborative way to provide services to users. Web 2.0 relies in large part on the user-as-publisher model of interaction and allows for user-created content to be developed and implemented by large groups of individuals. These technologies are increasingly being used by companies for better staff collaboration and communication. However, there are two other concepts that appeared after Web 2.0 explosion: Web 3.0 and Semantic Web. The Semantic Web vision outlined in has inspired a big community of researchers and practitioners, and they have achieved a number of goals: languages like RDF and RDF(S) were revised; the Web Ontology Language OWL was standardized. Academic research contributed methodologies for ontology engineering, evolution, debugging, and modularization, and has led to a thorough understanding of the complexity and decidability of common ontology languages. Web 3.0 is a term that is used to describe various evolutions of Web usage and interaction along several paths. These include transforming the Web into a database, a move towards making content accessible by multiple non-browser applications, the leveraging of artificial intelligence technologies, the Semantic web, the Geospatial Web, or the 3D web. This paper tries to explain the interaction and confusion in these three concepts: Web 2.0, Semantic Web and Web 3.0.

K*e*ywords

Semantic Web, Web 3.0, Web 1.0, Web 2.0, RDF, Ontology, RSS, Web services, Web Technology, Web Application.

1. Introduction

The World Wide Web is more and more used for application to application communication. The programmatic interfaces made available are referred to as web services. Most people today can hardly conceive of life without the internet. The web of documents has morphed into a web of data. The semantic wave embraces three stages of internet growth. The first stage, web 1.0, was about connecting information and getting on the net. Web 2.0 is about connecting people putting the "I" in user interface, and the "we" into a web of social participation. The next stage, web 3.0, is used now. It is about representing meanings, connecting knowledge, and putting them to work in ways that make our experience of internet more relevant, useful, and enjoyable.
A web service is a software system designed to support computer-to-computer interaction over the Internet. Web services are not new and usually take the form of an Application Programming

Interface (API). In today's world of extreme competition on the business front, information exchange and efficient communication is the need of the day. The web is an increasingly important resource in many aspects of life: education, employment, government, commerce, health care, recreation, and more. The web is a system of interlinked, hypertext documents accessed via the Internet. With a web browser, a user views web pages that may contain text, images, videos, other multimedia and navigates between them using hyperlinks[32].

The web was created in 1989 by Sir Tim Berners-Lee, working at CERN (The European Organization for Nuclear Research) in Geneva, Switzerland. Since then, Berners-Lee has played an active role in guiding the development of web standards (such as the markup languages in which web pages are composed), in recent years has advocated his vision of a Semantic web[33]. Web 1.0 was the era when people could think that Netscape was the contender for the computer industry crown. Web 2.0 is the era when people have come to realize that it's not the software that enables the web that matters so much as the services that are delivered over the web. New technologies will make online search more intelligent and may even lead to a web 3.0. Enter web 2.0, a vision of the web in which information is broken up into "microcontent" units that can be distributed over dozens of domains. The web of documents has morphed into a web of data.

In this paper we will introduce the three confusing concepts: Web 2.0, Semantic Web and Web 3.0. Section 2 identifies Web 2.0, while section 3 talks about Web 3.0. Section 4 introduces the Semantic web concept, while section 5 explains the confusion between the three concepts: Web 2.0, Semantic Web and Web 3.0. Finally the conclusion and the references.

2. Web 2.0

"Web 2.0" does not have a precise definition. To many people, the phrase refers to special web application technologies and websites, such as weblogs and wikis, which use the Internet in a collaborative way to provide services to users. Web 2.0 relies in large part on the user-as-publisher model of interaction and allows for user-created content to be developed and implemented by large groups of individuals. These technologies are increasingly being used by companies for better staff collaboration and communication. A number of Web 2.0 services and sites have appeared in the recent years. Some popular services are YouTube (http://www.youtube.com), Facebook (http://www.facebook.com), MySpace (http://www.myspace.com/), etc [32,26].

In web 1.0, a small number of writers created web pages for a large number of readers. As a result, people could get information by going directly to the source. The World Wide Web or Web 1.0 is a system of interlinked, hypertext documents accessed via the Internet.

The first implementation of the web represents the web 1.0, which, according to Berners-Lee, could be considered the "read-only web." In other words, the early web allowed us to search for information and read it. There was very little in the way of user interaction or content contribution. However, this is exactly what most website owners wanted: Their goal for a website was to establish an online presence and make their information available to anyone at any time [5].

Currently, we are seeing the infancy of the Web 2.0, or the "read-write" web if we stick to Berners-Lee's method of describing it. The newly-introduced ability to contribute content and interact with other web users has dramatically changed the landscape of the web in a short time. In alluding to the version numbers that commonly designate software upgrades, the phrase "Web 2.0" hints at an improved form of the World Wide Web. Technologies such as weblogs (blogs), social bookmarking, wikis, podcasts, RSS feeds (and other forms of many-to-many publishing), social software, web APIs, and online web services such as eBay and Gmail provide enhancements over read-only websites. It's actually an idea that the reciprocity between the user and the provider is what's emphasized. In other words, genuine interactivity, if you like, simply because people can upload as well as download"[6].

Fig. 1: Web 2.0

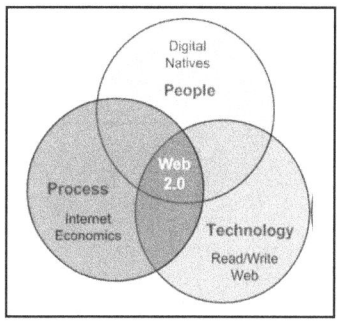

Tim O'Reilly popularized web 2.0 as an expression when he wrote a fairly coherent definition. Web 2.0 is definitely the next big thing in the World Wide Web. It makes use of latest technologies and concepts in order to make the user experience more interactive, useful and interconnecting. It has brought yet another way to interconnect the world by means of collecting information and allowing it to be shared affectively. It definitely has a bright future with so many Web 2.0 based websites coming up.

It is a revolution in the field of computers and will definitely achieve far greater success [24]. According to some sources, the term Web 2.0 has been around since about October 2004. From Wikipedia, the free Web encyclopedia, it is defined as: Web 2.0 is a term often applied to a perceived ongoing transition of the WWW from a collection of websites to a full-fledged computing platform serving web applications to end users. Ultimately web 2.0 services are expected to replace desktop computing applications for many purposes [3].

3. Web 3.0

Web 3.0 is a term that has been coined to describe the evolution of Web usage and interaction that includes transforming the Web into a database. Web 3.0 is an era in which we will upgrade the back-end of the Web, after a decade of focus on the front-end (Web 2.0 has mainly been about AJAX, tagging, and other front-end user-experience innovations). This in turn leads us to the rumblings and mumblings we have begun to hear about Web 3.0, which seems to provide us with a guarantee that vague web-versioning nomenclature is here to stay. By extending Tim Berners-Lee's explanations, the Web 3.0 would be something akin to a "read-write-execute" web. Web 3.0 is defined as the creation of high-quality content and services produced by gifted individuals using web 2.0 technologies as an enabling platform [21].

Web 3.0 is a term that is used to describe various evolutions of Web usage and interaction along several paths. These include transforming the Web into a database, a move towards making content accessible by multiple non-browser applications, the leveraging of artificial intelligence technologies, the Semantic web, the Geospatial Web, or the 3D web. Gartner suggests the need to differentiate incremental changes to Web 2.0 from Web 3.0. Tim Berners-Lee coined Giant Global Graph (GGG) as another facet of Web 3.0 [28].

Web 3.0 is a web where the concept of website or webpage disappears, where data isn't owned but instead shared, where services show different views for the same web / the same data. Those services can be applications (like browsers, virtual worlds or anything else), devices or other, and have to be focused on context and personalization, and both will be reached by using vertical search [23]. One could speculate that the Google / Sun Microsystems alliance to create a web based operating system for applications like word processing and spreadsheets is an early indicator of this trend [20].

Fig. 2: Web 3.0

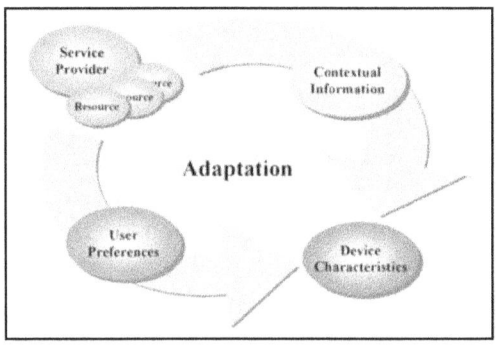

Examples of Web 2.0 based websites:
- Flickr: A photo sharing website which allows users to upload their photographs and share it with anyone and everyone.
- Orkut: Social networking site which allows the users to send messages and communicate with other members.
- YouTube: It allows the users to upload their videos and share it with everyone.
- Blogs: Maintained by individuals or groups, they can be used to convey anything.
- Google AD sense : Allows users to earn money through posting Google ads on their websites.
- Wikipedia : Online encyclopedia wherein the users contribute by writing the articles, definitions, etc. It is completely edited and maintained by the users.
- Scribd: Users can upload any documents on the website where other users can either download or view those documents online.

Fig. 3: Web 1.0, Web 2.0 and Web 3.0

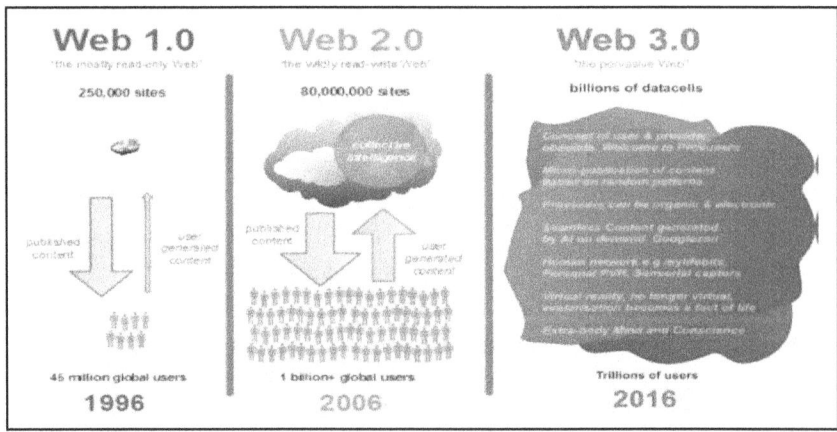

4. Semantic Web

The Semantic Web is an extension of the current Web [4] that allows the meaning of information to be precisely described in terms of well-defined vocabularies that are understood by people and computers. On the Semantic Web, information is described using a new W3C standard called the Resource Description Framework (RDF). Semantic Web Search is a search engine for the Semantic Web. Current Web sites can be used by both people and computers to precisely locate and gather information published on the Semantic Web. Ontology [11] is one of the most important concepts used in the semantic web infrastructure, and RDF(S) (Resource Description Framework/Schema) and OWL (Web Ontology Languages) are two W3C recommended data representation models which are used to represent ontologies. The Semantic Web will support more efficient discovery, automation, integration and reuse of data and provide support for interoperability problem which can not be resolved with current web technologies. Currently research on semantic web search engines are in the beginning stage, as the traditional search engines such as Google, Yahoo, and Bing (MSN) and so forth still dominate the present markets

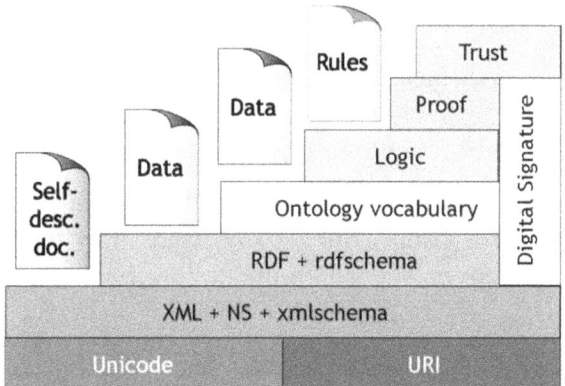

of search engines. The following figure depicts the semantic web - layers.

Fig. 4: semantic web - layers

Semantic is the process of communicating enough meaning to result in an action. A sequence of symbols can be used to communicate meaning, and this communication can then affect behavior. Semantics has been driving the next generation of the Web as the Semantic Web, where the focus is on the role of semantics for automated approaches to exploiting Web resources. 'Semantic' also indicates that the meaning of data on the web can be discovered not just by people, but also by computers. Then the Semantic Web was created to extend the web and make data easy to reuse everywhere.

Main limitations of the current Web:

- The web content lacks a proper structure regarding the representation of information.
- Ambiguity of information resulting from poor interconnection of information.
- Automatic information transfer is lacking.
- Unable to deal with enormous number of users and content ensuring trust at all levels.
- Incapability of machines to understand the provided information due to lack of a universal format[27].

So, semantic web is being developed to overcome these serious limitations.

5. interaction between concepts: web 2.0, semantic web and web 3.0

The Semantic Web can learn from Web 2.0's focus on community and interactivity, while Web 2.0 can draw from the Semantic Web's rich technical infrastructure for exchanging information across application boundaries.

The Semantic Web vision outlined in [29] has inspired a big community of researchers and practitioners, and they have achieved a number of goals: languages like RDF [16] and RDF(S) [9] were revised, the Web Ontology Language OWL [22] was standardized. Academic research contributed methodologies for ontology engineering [34, 10], evolution [2], debugging [1], and modularization [19], and has lead to a thorough understanding of the complexity and decidability of common ontology languages [14]. These insights enabled the implementation of increasingly scalable solutions for inferencing [31], and of improved modeling tools for ontologies [17]. Based on those achievements, major companies like Oracle and IBM are working on large scale data stores supporting Semantic Web standards, and a growing number of specialised companies such as Aduna, Altova, Ontoprise, and TopQuadrant provide industrial strength tool sets facilitating the use of semantic technologies in corporate settings.

The Web 2.0 technologies, as outlined in [30] and exemplified by sites such as Wikipedia1, flickr and HousingMaps3, augment the Web and allow for an easier distributed collaboration. They are distinguished from classical web technologies by various characteristic features:

Community: Web 2.0 pages allow contributors to collaborate and share information easily. The emerging result could not have been achieved by each individual contributor, be it a music database like freedb, or an event calendar like upcoming. Each contributor gains more from the system than she puts into it.

Mashups: Certain services from different sites can be pulled together in order to experience the data in a novel and enhanced way. This covers a whole range of handcrafted solutions, ranging from the dynamic embedding of AdSense advertisements to the visualization of CraigList's housing information on Google Map, as done by HousingMap.

AJAX: The technological pillar of the Web 2.0 allows to create responsive user interfaces, and thus facilitated both of the other pillars: community pages with slick user interfaces could reach much wider audiences, and mashups that incorporate data from different websites introduced asynchronous communication for more responsive pages.

It is notable that the term Web 2.0 was actually not introduced to refer to a vision, but to characterise the current state of the art in web engineering [30].

The SemanticWeb vision predates the rise of theWeb 2.0, but did not foresee the emergence of the Web 2.0 or take this into proper account. After years of successful progress in semantic technologies, we believe that the time has come for the Semantic Web community to look back at the Web, in particular Web 2.0 applications and tools. The Semantic Web community is realising the potential that communities and AJAX can bring to the Semantic Web, as exemplified in research studying the relationship of folksonomies and ontologies [25], or in the growing number of Semantic Web tools using AJAX technology [13]. On the other hand, it is time to study Web 2.0 mashups, identify their limitations, and leverage existing Semantic Web solutions in order to boldly go beyond these limitation.

5.1 TOOLS AND SERVICES OF WEB 3.0 FOR EDUCATION & RESEARCH

We are in the beginning of a new revolution in information management and sharing that will make more and more content available to any combination of human and computer processing, allowing new means of collaboration between and across disciplines. Web 3.0 offers many tools and services for different kind of web applications on Internet, as shown in figure below. Next, we describe briefly some of the Web 3.0 tools and services which are useful for the education and research.

Fig. **5: Web 3.0 Tools & Services**

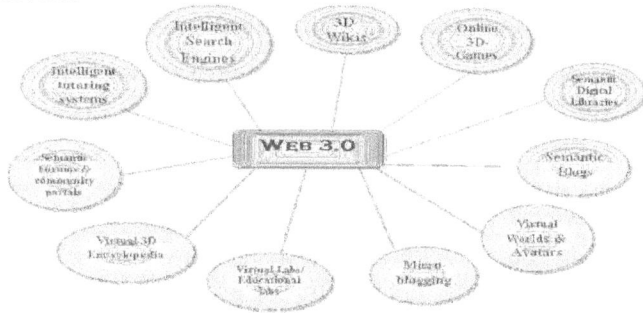

5.1.1 LEARNING WITH 3D-WIKIS / VIRTUAL 3D ENCYCLOPEDIA:

A Wiki is a system that allows one or more people to build up a collection of knowledge in a set of interlinked web pages, using a process of creating and editing pages. Wikis are playing significant role in content creation, publishing, editing, revising, and collaborating for knowledge creation. Wikis are being used for maintaining and building a repository of content and material. Students are able to work collaboratively and post large items. Ease of use of the wiki software makes it a simple matter for an editor (faculty) to delete/revert or modify the content. With the evolution of 3D web, researchers & technocrats have been working on new projects to bring a new dimension to the world of Wikis & encyclopedia. Some examples of this kind of technology can be found on software like Copernicus-3D Wikipedia (see http://copernicus.deri.ie)[35]. Suppose a Learner had performed the search and chose one of the results related to information about a specific geographical region, the camera will move to thc particular place on the spinning globe to send relevant audio/video information [35]. 3D Wikis would be able to provide rich & effective environment involving all media and animation, for learners, so that they can have better impact on learning & knowledge.

5.1.2 LEARNING WITH 3D VIRTUAL WORLDS & AVATARS:

A 3D virtual world is a mix of 3D gaming technology, augmented reality, simulated environment powered with Internet technology where users interact through movable avatars. Users create avatars on the Web and allow them to reside in the virtual worlds. Learners can create their own avatars on the web & reside in these worlds. Virtual worlds can be seen as the beginning of new era of e-learning as they allow learners to do role-play, 3D modeling, simulations, creativity and their active involvements. There is a huge space for conducting research relating to the pedagogical benefits of teaching and learning in 3D virtual worlds. Recently several web based 3D virtual worlds, such as Second Life [36], IMVU [37], Active Worlds [38], and Red Light Center [39], have gained attention by the students and teachers for education & learning worldwide. Educators may conduct classes in a variety of different settings within a 3D virtual world where they can interact in real like environment of a class. Educators & learners may collaboratively conduct sessions from geographically dispersed locations in a shared virtual 3D space. They can allow educators & learners in conducting meetings, seminars, presentations, digital exhibitions where learners can come and interact like the same way we do in our real life. 3D virtual worlds available today and in coming future will be very helpful across a diverse range of disciplines including education, medicine, business, commerce, science, communication, media, art, architecture and design, law, computer science, language learning, history and geography to mention but a few.

5.1.3 Online 3-D Virtual Labs / Educational labs / Simulations or 3D Web:

3D rich graphical user interfaces will act as a powerful platform for the users to participate and perform collaborative activities, sharing results and exchanging media information among participants in a more natural way [40]. The following are some of the examples of 3-D Virtual Labs/Educational labs/Simulations or 3D Web based applications that will shape future education:

- To visit places those are not accessible: Visiting different places in virtual worlds would benefit learners in many ways. Ancient places where students can reach there in a small span of time virtually. For example, to take a look at ancient places like Tajmahel, Red fort or Rome, Students can interact & experience with the environment of the places, other students and can have their teacher as guide through the web. Similarly, they can see the Egyptian pyramids or visit an Egyptian village in the same way. There is so much scope where we can teach the students and give them a safe and economic way of experiencing such things.
- To promote student collaboration: Students can come together & meet virtually in diverse and attractive manner. They can collaborate & work on common projects. Students & Educators may have discussions, talk, connect, and chat on the common projects. Additionally, they can fly over and move things around in a 3D world. They can even use & work in multiple 3D worlds instantaneously.
- To promote assessment through Project Based Learning: For instance, students can do research and create a (virtual) village in, say, the Roman Empire. Additionally, a whole group of students around the world could create this environment while attending a distance learning course. This way they can work together on a project & able to experience the interesting ways of learning at a distance.
- To develop scenarios and simulations: High end graphics and rich 3D internet applications can be utilized to make simulation based environments or Labs where learners can learn or even do experiments. These Labs are so-called dry labs. These Web based Labs can prove to be quite beneficial for online learners. They could go to an immersive virtual science lab to do experiments. After the simulation, students could go offline into a real science lab to perform the correct experiment and see how it works [41]. High level scientific experiments could be conducted, and expert technical training could be obtained, in ways that a university or school could not afford. For example, imagine splitting atoms, conducting surgery, flying a plane or exploring inhospitable environments

5.2 Semantic search engines

Currently research on semantic web search engines are in the beginning stage, as the traditional search engines such as Google, Yahoo, and Bing (MSN) and so forth still dominate the present markets of search engines. As web 3.0 represents the revolution for intelligent semantic search, we will make a brief review of the existing literature regarding intelligent semantic search technologies. We review their characteristics respectively. Currently many of semantic search engines are developed and implemented in different working environments, and these mechanisms can be put into use to realize present search engines.

Alcides Calsavara and Glauco Schmidt proposes and defines a novel kind of service for the semantic search engine. A semantic search engine stores semantic information about Web resources and is able to solve complex queries, considering as well the context where the Web resource is targeted, and how a semantic search engine may be employed in order to permit clients obtain information about commercial products and services, as well as about sellers and service providers which can be hierarchically organized [15]. Semantic search engines may seriously contribute to the development of electronic business applications since it is based on strong theory and widely accepted standards.

Sara Cohen Jonathan Mamou et al presented a semantic search engine for XML (XSEarch) [7]. It has a simple query language, suitable for a naïve user. It returns semantically related document fragments that satisfy the user's query. Query answers are ranked using extended information-retrieval techniques and are generated in an order similar to the ranking. Advanced indexing techniques were developed to facilitate efficient implementation of XSEarch. The performance of the different techniques as well as the recall and the precision were measured experimentally. These experiments indicate that XSEarch is efficient, scalable and ranks quality results highly.

Bhagwat and Polyzotis propose a Semantic-based file system search engine- Eureka, which uses an inference model to build the links between files and a File Rank metric to rank the files according to their semantic importance [8]. Eureka has two main parts: a) crawler which extracts file from file system and generates two kinds of indices: keywords' indices that record the keywords from crawled files, and rank index that records the File Rank metrics of the files; b) when search terms are entered, the query engine will match the search terms with keywords' indices, and determine the matched file sets and their ranking order by an information retrieval based metrics and File Rank metrics.

Wang et al. project a semantic search methodology to retrieve information from normal tables, which has three main steps: identifying semantic relationships between table cells; converting tables into data in the form of database; retrieving objective data by query languages [18]. The research objective defined by the authors is how to use a given table and a given domain knowledge to convert a table into a database table with semantics. The authors' approach is to denote the layout by layout syntax grammar and match these denotation with given templates which can be used to analyze the semantics of table cells. Then semantic preserving transformation is used to transform tables to database format.

Kandogan et al. develop a semantic search engine-Avatar, which combines the traditional text search engine with use of ontology annotations [12]. Avatar has two main functions: a) extraction and representation – by means of UIMA framework, which is a workflow consisting of a chain of annotators extracted from documents and stored in the annotation store; b) interpretation – a process of automatically transforming a keyword search to several precise searches. Avatar consists of two main parts: semantic optimizer and user interaction engine. When a query is entered into the former, it will output a list of ranked interpretations for the query; then the top-ranked interpretations are passed to the latter, which will display the interpretations and the retrieved documents from the interpretations.

6. conclusion

The web offers so many opportunities to people with disabilities that are unavailable through any other medium. It offers independence and freedom. However, if a web site is not created with web accessibility in mind, it may exclude a segment of the population that stands to gain the most from the internet. Most people do not intend to exclude people with disabilities. As organizations and designers become aware of and implement accessibility, they will ensure that their content can be accessed by a broader population.

The Semantic Web (Web 3.0) promises to "organize the world's information" in a dramatically more logical way than Google can ever achieve with their current engine design. This is specially true from the point of view of machine comprehension as opposed to human comprehension. The Semantic Web requires the use of a declarative ontological language like OWL to produce domain-specific ontologies that machines can use to reason about information and make new conclusions, not simply match keywords. The effects of Web 2.0 are far-reaching. Like all paradigm shifts, it affects the people who use it socially, culturally, and even politically. One of the most affected groups is the designers and developers who will be building it—not just because their technical skills will change, but also because they will need to treat content as part of a unified whole, an ecosystem if you will, and not just an island. First, knowledge of all kinds gets represented in a form that is interpretable both by people and machines. Second, different forms of language in which knowledge is expressed begin to be interrelated and made interchangeable with each other. Third, when knowledge is encoded in a semantic form, it becomes transparent and accessible at any time to a variety of reasoning engines.

References

[1] A Kalyanpur, B. Parsia, E. Sirin, and J. Hendler, **Debugging unsatisfiable classes in OWL ontologies**, Journal of Web Semantics, 3, 2005.

[2] A Maedche, B. Motik, and L. Stojanovic, **Managing multiple and distributed ontologies in the Semantic Web**, VLDB Journal, 12(4):286–302, 2003.

[3] Abram, S., **Web 2.0, Library 2.0, and Librarian 2.0: Preparing for the 2.0 World**, SirsiDynix OneSource 2. Available at: http://www.imakenews.com/sirsi/e_article000505688.cfm?x=b6yRqLJ,b2rpQhRM.

[4] Berners-Lee, T., Hendler, J. and Lassila, O., "**The Semantic Web**", Scientific American, May 2001.

[5] Brian **Getting. Basic Definitions: Web 1.0, Web. 2.0, Web 3.0**, Available at: http://www.practicalecommerce.com/articles/464/Basic-Definitions-Web-10-Web-20-Web-30.

[6] Chris. **Unlock knowledge with Enterprise Search**, Available at http://blog.devnet.com.au.

[7] Cohen, S. Mamou, J. Kanza, Y. Sagiv, Y., "**XSEarch: A Semantic Search Engine for XML**", proceedings of the international conference on very large databases, pages 45-56, 2003.

[8] D. Bhagwat and N. Polyzotis, "**Searching a file system using inferred semantic links**," in Proceedings of HYPERTEXT '05 Salzburg, 2005, pp. 85-87.

[9] D. Brickley and R. V. Guha., **RDF Vocabulary Description Language 1.0: RDF Schema. W3C Recommendation**, 10 February 2004. Available at: http://www.w3.org/TR/rdf-schema/.

[10] D. Vrandecic, H. S. Pinto, Y. Sure, and C. Tempich., **The DILIGENT knowledge processes.**, Journal of Knowledge Management, 9(5):85–96, Oct 2005.

[11] Deborah L. McGuinness., "**Ontologies Come of Age**", In Dieter Fensel, J im Hendler, Henry Lieberman, and olfgang Wahlster, editors. Spinning the Semantic Web: Bringing the World Wide Web to Its Full Potential. MIT Press, 2002.

[12] E. Kandogan, R. Krishnamurthy, S. Raghavan, S. Vaithyanathan, and H. Zhu, "**Avatar semantic search: a database approach to information retrieval,**" in Proceedings of SIGMOD '06 Chicago, 2006, pp. 790-792.

[13] E. Oren, R. Delbru, and S. Decker., **Extending faceted navigation for rdf data**, In I. Cruz and S. Decker, editors, Proc. 5th International Semantic Web Conference (ISWC06), pages 559–572, 2006.

[14] F. Baader, D. Calvanese, D. McGuinness, D. Nardi, and P. Patel-Schneider, editors., **The Description Logic Handbook: Theory, Implementation and Applications**, Cambridge University Press, 2003.
[15] F. F. Ramos, H. Unger, V. Larios (Eds.): LNCS 3061, pp. 145–157, Springer-Verlag Berlin Heidelberg 2004.
[16] F. Manola and E. Miller., **Resource Description Framework (RDF) primer. W3C Recommendation**, 10 February 2004. Available at http://www.w3.org/TR/rdf-primer/.
[17] H. Knublauch, R. W. Fergerson, N. F. Noy, and M. A.Musen., **The Protégé OWL plugin: An open development environment for Semantic Web applications,** In Proc. 3rd International Semantic Web Conference (ISWC04. Springer, 2004.
[18] H. L. Wang, S. H. Wu, I. C. Wang, C. L. Sung, W. L. Hsu, and W. K. Shih, "**Semantic search on Internet tabular information extraction for answering queries**," in Proceedings of CIKM '00 McLean, 2000, pp.243-249.
[19] J. Seidenberg and A. Rector, **Web ontology segmentation: Analysis, classification and use**, In Proc. 15th Int. Conf. on World Wide Web (WWW 2006), Edinburgh, Scotland, May 23–26, 2006.
[20] Jason Vallery, **What is Web 3.0?: A review of the ICWSM**, Available at http://vallery.net/2007/03/27/what-is-web-30-a-review-of-the-icwsm.
[21] Jeffrey Zeldman, **Web 3.0**, Available at http://www.alistapart.com/articles/web3point0 .
[22] M. K. Smith, C. Welty, and D. McGuinness, **OWL Web Ontology Language Guide**, 2004. W3C Recommendation 10 February 2004, available at:http://www.w3.org/TR/owl-guide/.
[23] Mind Booster Noori, **What is Web 3.0?**, Available at http://mindboosternoori.blogspot.com/2007/08/what-is-web-30.html.
[24] O'Reilly, T., **What Is Web 2.0: Design Patterns and Business Models for the Next Generation of Software,** Available at http://www.oreillynet.com/pub/a/oreilly/tim/news/2005/09/30/whatis-web-20.html (Accessed on 07/01/2008).
[25] P. Mika, **Ontologies are us: A unified model of social networks and semantics**, In Proc. 4th International Semantic Web Conferences (ISWC05), pages 522–536, 2005.
[26] Paul Anderson , **"What is Web 2.0? Ideas, technologies and implications for education"**, JISC Technology and Standards Watch, Feb. 2007.
[27] Sanjib kumar, Sanjay kumar malik, **"TOWARDS SEMANTIC WEB BASED SEARCH ENGINES"**, National Conference on "Advances in Computer Networks & Information Technology (NCACNIT-09) March 24-25.
[28] Steve Spalding, **How to Define Web 3.0**, Available at http://howtosplitanatom.com/news/howto-define-web-30-2.
[29] T. Berners-Lee, J. Hendler, and O. Lassila, **The Semantic Web**, Scientific American, 5, 2001.
[30] T. O'Reilly, **What is Web 2.0 – design patterns and business models for the next generation of software**, 2005. Available at http://www.oreillynet.com/pub/a/oreilly/tim/news/2005/09/30/what-is-web-20.html.
[31] U. Hustadt, B. Motik, and U. Sattler, **Reducing SHIQ– description logic to disjunctive datalog programs**, In Proc. of KR2004, pages 152–162. AAAI Press, 2004.
[32] Umesha Naik, D shivalingaiah, **Comparative Study of Web 1.0, Web 2.0 and Web 3.0**, International CALIBER -2008, University of Allahabad, Allahabad, February 28-29 & March 1, 2008.
[33] World Wide Web Consortium (W3C), **Introduction to Web Accessibility**, Available at: http://www.w3.org/WAI/intro/accessibility.php.
[34] Y. Sure, S. Staab, and R. Studer, **On-to-knowledge methodology**, In S. Staab and R. S. (eds.), editors, Handbook on Ontologies, Series on Handbooks in Information Systems, chapter 6, pages 117–132. Springer, 2003.
[35] Jacek Jankowski, Sebastian Ryszard Kruk ,**"2LIP: The Step Towards The Web3D"**,WWW 2008, April 21-25, 2008, Beijing, China.ACM 978-1-60558-085-2/08/04.
[36] **Second Life Official Website**: http://secondlife.com .
[37] **IMVU Official Website**: http://www.imvu.com.
[38] **Active Words Website:** http://www.activeworlds.com.
[39] **Red Light Official Website**: http://redlightcenter.com.
[40] Rajiv, Prof. Manohar Lal, **" ICT enabled Technologies for Agricultural Education and Research"**, International Conference on AGRICULTURE EDUCATION &KNOWLEDGE MANAGEMENT, August 24-26, 2010,Agartala (Tripura), India.
[41] Rajiv, Prof. Manohar Lal, **"Web 2.0 in Agriculture Education**", International Conference on AGRICULTURE EDUCATION & KNOWLEDGE MANAGEMENT, August 24-26, 2010, Agartala (Tripura), India.

محور 05: الملصقات العلمية (البوسترات).

- The role of e-learning in Algerian universities in the development of a knowledge society

    – عواد بوخليف، جامعة جيلالي ليابس - سيدي بلعباس ، الجزائر

The role of e-learning in Algerian universities in the development of a knowledge society

Pr BOUKELIF Aoued - ICT's Research Team

Communication Networks, Architectures and Multimedia laboratory

University of S.B.A - eMail:aboukelif@yahoo.fr

Summary of the study:

Many factors and actors have to be taken into account in building the Arab knowledge societies: Government, private sector, information, professional and education institutions. In this paper, focus will be put on *the role of E-learning in arab universities in the development of a knowledge society*. A case study of the Algerian universities will illustrate our study.

One of the basic requirements for education in the 21st century is to prepare populations for participation in a knowledge-based economy, including the social and cultural perspectives.

The times in which we live now is a new era - the era of civilization , information development or the era of knowledge as it is called, which paved the way for the emergence of a new global community called the "Knowledge society". This represents a challenge to the education systems in various international communities, causing a significant change in the role of educational institutions, especially after the advent of the internet in teaching and learning in developed countries and the emergence of the so-called " web Based Learning Environments''. E-learning is a cornerstone for building inclusive knowledge societies. Society and helped to grasp the opportunities offered by ICT by placing the individual at its center.

The Arab world needs to focus in the coming years on higher education quality and entrepreneurship education to bridge the gap between education supply and labor market demand, as well as tackling graduate unemployment, which was a factor driving the 2011 uprisings, according to a draft Arab research strategy.

Scope and Methodology of the study:

Our study is based on a methodology composed of two parts: the first contains the descriptive method for the analysis of reality in its various dimensions. The second part focuses on the method of analysis for future Prospective Analysis, an approach for forward-looking Predictive judgment.

Issues:

Based on the above, issues can be identified in the study the following main questions:
- What is the reality of knowledge and education in the Arab world?

- What are obstacles to the production of knowledge in the Arab educational environment?

- What are the main contributions and pioneering experiences in the field of e-learning globally and regionally?

- What are the main challenges of e-learning and its application requirements and mechanisms of activation in the learning environment?

- What are the main actors and the ways in perceptions about rooting and activate the role of e-learning in the learning environment to effectively contribute in strengthening the foundations of the knowledge society and the Arab desired information?

- What is the reality the role played by Arab universities in the generation of knowledge in the community?

- Are there differences in the evaluation of the role of Arab universities in the development of knowledge from the viewpoint of the members?

-What are the main features of long term Arab economic growth and what are its main drivers? Has the region undergone any positive structural transformation? What are the main features of the Arab labor market?

-What is the order of magnitude of the employment challenge? Is there fiscal space to address Arab structural economic deficits? If so, through which channels?

-How do Arab governance systems and institutional structures impede Arab human and economic development? How can governance systems be made more development friendly?

- What are the main features of a new Arab social contract and a new development model? What are the most pressing issues to respond to now?.

Hypothesis:

Study was based on Muslim orientations and starting points and the following:

- That the new economic equation does not depend primarily on the abundance of natural and financial resources, but on the knowledge, skills and competencies, ie on science and innovation

- The global trend towards e-learning has become a thing does not need to find evidence to prove, and circulated in the Arab countries cannot be a substitute for traditional education but a complement

- Introduction of e-learning in the Arab education and stimulating the key issue should mobilize all human and material resources and moral appropriate.

I. Current situation of Education in the Arab world

Low spending on science

Problems in higher education systems in the Arab world include reluctance to change and innovate, poor organizational frameworks, traditional management systems, financial dependence on governments, and lack of autonomy and academic freedom for universities.

There are 470 universities and educational institutions catering to 400 million people in the Arab world, roughly translating into 1.2 institutions for every million people.

There are about nine million students, 10% of whom are in postgraduate studies. Four out of five undergraduate students are enrolled in humanities, with just one in five enrolled in scientific programs.

Although there are 550 scientific centers across the Arab world including those in universities, scientific publications are scarce and Arab states spend a meager 0.04% on scientific research compared to 3% to 5% of gross domestic product spent by industrialized nations.

Arab countries now spend as much or more on education, as a share of GDP, than the world average. They have made great strides in eradicating illiteracy, boosting university enrolment and reducing gaps in education between the sexes.

But the gap in the quality of education between Arabs and other people at a similar level of development is still frightening. It is one reason why Arab countries suffer unusually high rates of youth unemployment. According to a recent study by a team of Egyptian economists, the lack of skills in the workforce largely explains why a decade of fast economic growth has failed to

II. Solutions : Roadmap for reform

In an effort to revamp Arab higher education and research systems, the strategy calls for the promotion of international collaboration and partnerships with global universities, building human capacity and skills, improving management skills and abilities, identifying successful Arab experiences in higher education and sharing expertise.lift more people out of poverty. In addition, more systematic attention should be paid to the outcomes of higher education and greater emphasis should be placed on accountability and incentive systems to improve service delivery, the strategy says. There should also be greater stress on entrepreneurship education in universities in order to produce employable graduates.

According to Said Oukil, an Algerian professor of innovation and entrepreneurship at King Fahd University of Petroleum and Minerals in Saudi Arabia and author of the June 2011 report Arab Countries Can Perform Better with Clear Emphasis on Innovation, Entrepreneurship and an Evolving Culture, Arab universities need to become more entrepreneurial. This would have a positive impact on job creation, exploitation of ideas and innovation and would therefore promote social stability and economic progress.

Promoting citizenship education and academic freedom But Hilmi Salem, director-general of applied sciences and engineering research centers at the Palestine Technical University, said the strategy lacked an implementation plan and monitoring system. He recommended that Arab universities should make use of online education resources such as Teaching Citizenship in Higher Education. He said a directory for experts and researchers, a guide to specialized international institutions and a database for best practices should be established. This view was supported by Egyptian higher education expert Manar Sabry, of the State University of New York in Buffalo, United States. "The revolutions throughout the region imply a need to improve the relevance of university education to the job market," she said. This would require strong governance, greater accountability, quality assurance and the ability to respond to changes in job markets nationally and internationally.

Conclusion

Many factors and actors have to be taken into account in building the Arab knowledge societies: Government, private sector, information, professional and education institutions. The role of e-learning in Algerian universities in the development of a knowledge society, taken as an example, has clearly shown that Arab countries need a new development model based on the following:

-The movement for change that has spread through the socio-political landscape of the Arab region asks for new development pathways that give greater prominence to the interlocking issues of democratic governance, social justice and decent employment.

-Oil-led economic growth has led to premature de-industrialization and reinforced the subordinate position of the Arab region in the global hierarchy of production.

- The Arab region as a whole and most Arab countries individually show a lower level of human development than one would expect based on their income levels.

-Sustainable use of environmental resources is perhaps the most serious long-term development challenge facing the Arab region.

محور 06: المحاضرات العامة والدروس
المتحدثون الرئيسيون (Keynote Speakers)

- د. أبو القاسم البدري، منظمة الألكسو، تونس.
التقنيات التعليمية في مشاريع الألكسو.

- **Dr. Paola Monaches, Utrecht University, The Netherlands.**
Services that facilitate learners and tutors in accessing formal and informal knowledge sources in the context of a learning task

- د. بشير العلوش، الجامعة الافتراضية بتونس، تونس.
L'Université Virtuelle de Tunis : Réalisations et Perspectives

- د. مجدي العياري، معهد الفرانكوفونية لهندسة المعرفة والتعلم عن بعد، تونس.
Quelle Approche doit-on avoir pour déployer les MOOCs dans nos Universités

- د. علي شقور، جامعة النجاح الوطنية، فلسطين.
اتجاهات حديثة في إعداد معلم المستقبل، إطار تيباك نموذجا،

- د. ماجد حمايل، جامعة النجاح الوطنية، فلسطين.
المصادر المفتوحة ودورها في بناء المعرفة

محور 07: الدروس وورش العمل

- **د. ماجد حمايل، جامعة النجاح الوطنية، فلسطين.**
  نماذج من تصاميم المقررات الإلكترونية المدمجة – تجربة جامعة القدس المفتوحة

- **سميحة خليفي، حفصي بالضيوفي، الوكالة الجامعية الفرنكوفونية، تونس**
  Les Outils Web 2 .0 pour l'enseigant

- **م. د. نذير دوما، مؤسسة e-Taalim.com، تونس.**
  Building a Multilingual eBookstore in the Cloud

- **أ. زهير خليف، مؤسسة الاوس التعليمية وجامعة النجاح الوطنية، فلسطين.**
  كتابة السيناريو لتصميم المحتوى الإلكتروني.

ISBN 978-1-304-58340-6
90000
9 781304 583406

© Copyright, Phillips Publishing, 2013

No part of this publication may be reproduced, stored in retrieval system or transmitted in any form or by any means, electronic, mechanical, photocopying, recording, scanning or otherwise, except as permitted under section 107 and 108 of the 1976 United States Copyright Act, without prior written permission of the publisher. Permission from the publisher may be requested by writing to:

                      copyright@phillips-publishing.com

ISBN: 978-1-304-58340-6

Proceedings, 2013 International Conference

On

Technologies of Information and Communication in Education and Training

Dr Jamil Itmazi, Dr Hadhemi Achour, and Dr Ahmed Ferchichi,

Co-editors

Phillips Publishing, 2013

http://www.phillips-publishing.com/